Das Reich und die Deutschen

Hans K. Schulze
Hegemoniales Kaisertum

Siedler Deutsche Geschichte

Das Reich und die Deutschen

Herwig Wolfram · Das Reich und die Germanen

Hans K. Schulze · Vom Reich der Franken
zum Land der Deutschen
Merowinger und Karolinger

Hans K. Schulze · Hegemoniales Kaisertum
Ottonen und Salier

Hartmut Boockmann · Stauferzeit und spätes Mittelalter
Deutschland 1125–1517

Heinz Schilling · Aufbruch und Krise
Deutschland 1517–1648

Heinz Schilling · Höfe und Allianzen
Deutschland 1648–1763

Die Deutschen und ihre Nation

Horst Möller · Fürstenstaat oder Bürgernation
Deutschland 1763–1815

Heinrich Lutz · Zwischen Habsburg und Preußen
Deutschland 1815–1866

Michael Stürmer · Das ruhelose Reich
Deutschland 1866–1918

Hagen Schulze · Weimar
Deutschland 1917–1933

Hans-Ulrich Thamer · Verführung und Gewalt
Deutschland 1933–1945

Adolf M. Birke · Nation ohne Haus
Deutschland 1945–1961

im
Siedler Verlag

Das Reich und die Deutschen

Hans K. Schulze

Hegemoniales Kaisertum

Ottonen und Salier

im
Siedler Verlag

Inhaltsverzeichnis

Prolog
Kaiser und Reich   9

Erster Teil
Schauplatz und Akteure   17

I. Die Landschaft   18

II. Die Menschen   31
   1. Leben und Sterben   31
   2. Rodung und Siedlung   41
   3. Die soziale Ordnung   50

III. Das Reich   67
   1. »Das deutsche Volk,
      einig in seinen Stämmen« 67
   2. Größe und Grenzen   77
   3. »Des Reiches Straßen«   82
   4. Raumgestaltung und Herrschaftsordnung   92

Intermezzo
Der glücklose König:
Konrad I. 911-918   116

Zweiter Teil
Der Aufstieg des Reiches
Das Ottonische Jahrhundert   133

I. Auftakt
Heinrich I. 919-936   134
   1. »Heinrich der Vogler«   134
   2. »Der ungesalbte König«   141

    3. Auf dem Weg zur Reichseinheit   144
    4. Die Schlacht bei Riade   156
    5. Der Mythos vom Reichsgründer   168

II. Hegemoniales Kaisertum: Otto der Große 936–973   172

    1. Die Aachener Krönung   172
    2. Ära der Rebellionen   177
    3. Von der Lechfeldschlacht zur Kaiserkrönung   193
    4. Byzantinisches und römisch-deutsches Kaisertum   211
    5. Das Reich und der Osten   223
    6. Der Herrscher über viele Völker   241

III. Der Griff nach dem Süden: Otto II. 973–983   247

IV. Im Bann der Kaiseridee: Otto III. 983–1002   264

    1. Der Sohn der Byzantinerin   264
    2. »Goldenes Rom – Haupt der Welt«   273

V. Das Heilige Kaiserpaar: Heinrich II. und Kunigunde 1002–1024   296

Dritter Teil
Macht und Ohnmacht
Das Jahrhundert der Salier   327

I. Triumph des Reichsgedankens: Konrad II. 1024–1039   328

    1. »Mehrer des Reiches«   328
    2. Zeit der Bewährung   345
    3. »Das Reich ohne Hauptstadt«   355

II. Im Zenit:
Heinrich III. 1039–1056   374

III. Im Schatten von Canossa:
Heinrich IV. 1056–1106   401

    1. Die Jugend eines Königs:
Kaiserin Agnes, Anno von Köln
und Adalbert von Bremen   401

    2. Der »Heilige Teufel«:
Papst Gregor VII. 1073–1085   412

    3. Im Schatten von Canossa   445

    4. Der »Königsmythos«   453

IV. Das Ende einer Epoche:
Heinrich V. 1106–1125 und das
Wormser Konkordat   457

Anmerkungen   486

Literaturhinweise   500

Personenregister   507

Abbildungsnachweis   517

Prolog
Kaiser und Reich

Hegemoniales Kaisertum, diese Wendung scheint eine Verherrlichung von Macht und Größe, eine Glorifizierung von Ruhm und Ehre, ein euphorisches Plädoyer für Kaiser und Reich zu beschwören. Verrät nicht schon dieser Titel eine sehr konventionelle Sicht der Vergangenheit, eine Deutung der Geschichte als großes Geschehen? Alle Geschichtsschreibung jedoch bedarf eines Leitgedankens, und die Reichsgeschichte drängt sich gebieterisch auf, wenn es um jene heroisch-tragischen Jahrhunderte geht, in denen das Reich unter der Herrschaft der Könige und Kaiser aus den Dynastien der Ottonen und Salier eine Weltmacht war, gemessen mit den begrenzteren Maßstäben jener Zeit.

Herrscher von ungewöhnlicher Tat- und Strahlungskraft lenkten damals die Geschicke des Reiches: König Heinrich, vom Mythos des Reichsgründers verklärt, Otto der Große, der Erneuerer des abendländischen Kaisertums, sein gleichnamiger Sohn, der in der Schlacht am Capo delle Colonne gegen die Araber das »Cannae des deutschen Reiches« erlebte, Otto III., der sensible Sohn der Griechin, der als Kaiser die Welt beherrschen, als asketischer Gottsucher ihr entsagen wollte, und schließlich Heinrich II., der letzte Erbe des sächsischen Kaiserhauses, den die Kirche in den Kreis der Heiligen aufnahm.

Die Kaiser aus der neuen Dynastie der Salier waren von anderer Art und Gesinnung, aber nicht weniger groß: Konrad II., der volksnahe Politiker des Wirklichen und Möglichen, Heinrich III., der über den päpstlichen Stuhl wie über ein deutsches Reichsbistum verfügte, Heinrich IV., der den bittern Gang nach Canossa gehen mußte und dessen ungewöhnlich lange Regierungszeit von der Rebellion der Fürsten und der Treulosigkeit seiner Söhne überschattet war. Schließlich Heinrich V., der letzte Salier, mit dem Makel des Verrates behaftet, der den Vater stürzte, um im Wormser Konkordat seinen Frieden mit dem Papst zu machen.

Menschliche Größe und geschichtliches Wirken aber blieben in jenen beiden Jahrhunderten kein Privileg der Männer. Die waffenklirrende, mehr von Willkür und Gewalt als vom Recht beherrschte Welt forderte auch die Frauen. Nie zuvor und erst wieder viele Jahrhunderte später haben sie eine so herausragende Rolle im politischen, religiösen und kulturellen Leben gespielt. Königin Mathilde aus der Sippe des legendären Sachsenherzogs Widukind versuchte sich in Familien- und Reichspolitik; die Kaiserinnen Adelheid und Theophanu ergriffen nach dem frühen Tod Ottos II. ohne zu zögern die Zügel des Reiches und retteten dem minderjährigen Otto III. die Krone. Als »Teilhaberin am Reich« stand die ebenso fromme wie tatkräftige Kaiserin Kunigunde zwei Jahrzehnte an der Seite ihres Mannes, und auch die zarte Südfranzösin Agnes von Poitou, vom Schicksal ganz plötzlich an die Spitze der Reichsregierung gestellt, gab den Kampf erst auf, als Erzbischof Anno von Köln ihren Sohn, den jungen König Heinrich IV., auf sein Schiff lockte und entführte.

Herrscherbild im Reichenau-Evangeliar Ottos III. (Ende 10. Jahrhundert).
Hoheitsvoll, fast unnahbar, sitzt der Kaiser auf dem Thron, den Herrscherstab in der Rechten, den mit dem Kreuz geschmückten Reichsapfel in der Linken. Neben ihm zwei Erzbischöfe und zwei Herzöge als Repräsentanten der Reichskirche und des Hochadels.
In demütiger Haltung nahen sich vier Frauen in vornehmer Gewandung, mit Kronen und Helmen geschmückt, um dem Kaiser zu huldigen und ihm Geschenke darzubringen. Die Frauengestalten personifizieren nach spätantikem Vorbild die Länder, die der Herrschaft des Kaisers unterworfen waren: Roma, Gallia, Germania und Sclavinia.
Das Herrscherbild bringt die Machtstellung des Kaisers eindrucksvoll zur Darstellung.

Die Epoche sah nicht nur große Königinnen, sondern auch tatkräftige und machtbewußte Fürstinnen wie Judith von Bayern, Hadwig von Schwaben oder Beatrix und Mathilde von Tuszien. Angesehene Damen königlicher oder hochadliger Herkunft wie die Kaisertöchter Sophia von Gandersheim, Mathilde und Adelheid von Quedlinburg oder die edle Hathui von Gernrode standen an der Spitze reicher und blühender Abteien. Es ist kein Zufall, daß in dieser Zeit auch die erste deutsche Dichterin ihre Stimme erhob, Roswitha von Gandersheim.

Zu idealisieren gibt es freilich nichts: Während des ganzen Mittelalters erwartete man, daß sich die Frau in den traditionellen Tugenden des weiblichen Geschlechts übe und sich mit dem Platz begnüge, der ihr von der Gesellschaft zugewiesen wurde. Das galt selbstverständlich auch für die Fürstinnen. Mit Frauen machte man Politik, denn die Ehe hat in der fürstlichen Welt stets auch politische Dimensionen. Aber neben sanftmütigen Wesen gab es auch herrische Naturen, die sich in dieser Welt der Männer behaupteten und deren Wirken dem ottonischen und salischen Zeitalter einen besonderen Akzent verlieh.

Natürlich erschöpfte sich Geschichte auch in der großen Zeit des römisch-deutschen Kaisertums nicht im Wechselspiel von Krieg und Frieden, im Kampf der Kaiser und Könige um die Herrschaft im Reich und die Vormacht in Europa, im Aufstieg des Papsttums, im Machtstreben der weltlichen und geistlichen Fürsten oder in den ewigen Händeln und Fehden des Adels. Geschichte vollzog sich auch in den engeren Bahnen des kleinen Lebens, in Dörfern und Städten, Kirchen und Klöstern, in denen die Menschen wirtschafteten und wohnten, säten und ernteten, beteten und arbeiteten, lebten und starben. Der einfache Mensch, der »gemeine Mann«, lebte meist im Windschatten des großen Geschehens, nicht aber geschichtslos.

Europa erlebte während des 10. und 11. Jahrhunderts eine der entscheidenden Phasen seiner Geschichte: das Werden der europäischen Nationen. Das Riesenreich Karls des Großen war zerfallen, der fränkische Vielvölkerstaat löste sich auf, die politische Landkarte Europas gewann neue Konturen. Es traf sich glücklich, daß die Welle der Normanneneinfälle verebbte, die Vorstöße der Araber an Wucht verloren, und nach dem Sieg der Deutschen in der Schlacht auf dem Lechfeld 955 endlich auch die Ungarnnot ein Ende hatte. Europa war von äußeren Feinden kaum mehr bedroht und atmete auf. Nicht nur das deutsche und französische Volk nahmen Gestalt an, auch im politisch zerklüfteten Italien wurde keimhaft ein Volksbewußtsein spürbar. Im skandinavischen Norden entstanden großräumige Monarchien, die sich dem Christentum öffneten, und auch im Osten bildeten sich aus einer Vielzahl von archaischen Stämmen und Horden allmählich christliche Völker und Reiche, die um die Jahrtausendwende in die abendländische Völkergemeinschaft hineinwuchsen.

In dieser sich wandelnden Zeit wurde das Reich der Ottonen und Salier zur politischen Führungsmacht. Es waren nicht nur die Zwänge, die sich aus der geographischen Lage im Herzen Europas ergaben, die seine Kräfte forderten, sondern auch die mit dem Reichsgedanken verbundenen Erwartungen, Verpflichtungen, Chancen und Gefahren.

Was aber war dieses Reich eigentlich, das als »Heiliges Römisches Reich Deutscher Nation« ein volles Jahrtausend überdauern sollte? Idee und Wirklichkeit des Reiches sind wohl nur aus seiner Geschichte zu verstehen.

Das Reich war karolingisches Erbe, wie so vieles im mittelalterlichen Europa. Karl der Große hatte sich am Weihnachtstage des Jahres 800 in Rom von Papst Leo III. eine Krone aufs Haupt setzen und vom römischen Volk zum Kaiser ausrufen lassen. Er konnte nun die Herrschaft über das »Imperium Romanum«, das römische Weltreich, für sich in Anspruch nehmen. Doch war das nicht nur blasse Theorie? Die Herrschaft Karls des Großen, der jetzt nicht mehr nur König der Franken und Langobarden, sondern auch Kaiser der Römer war, reichte von den Pyrenäen bis zum Böhmerwald und von der Nord- und Ostseeküste bis zu den Abruzzen. Die Länder nördlich der Alpen gehörten zum »Reich der Franken«, über Nord- und Mittelitalien erstreckte sich das »Reich der Langobarden«, aber das Römische Reich, auf das sich Karls Kaisertitel gründete, sucht man vergebens auf der politischen Landkarte jener Tage. Gehörte es nicht längst der Vergangenheit an, so daß die Zeremonie in der Peterskirche nichts anderes war als eine von ein paar altertumsbegeisterten römischen Geistlichen inszenierte Komödie?

Davon kann keine Rede sein. Die Kaiserkrönung des Jahres 800 erwies sich als ein weltgeschichtlich bedeutsamer Akt. Das vor Jahrhunderten untergegangene weströmische Kaisertum wurde zu neuem Leben erweckt. Karl der Große, bis dahin nicht viel mehr als ein germanischer Großkönig, fühlte sich tatsächlich als Erbe der römischen Kaiser Augustus und Konstantin. In den Augen der in Byzanz residierenden oströmischen Kaiser, der wahren Nachfolger der römischen Imperatoren, war er freilich nur ein barbarischer Usurpator. Damit war das »Zweikaiserproblem« geboren, die Rivalität zwischen dem abendländischen und dem byzantinischen Kaiser. Es gab nur ein Imperium Romanum, aber zwei Kaiser. Beide beanspruchten Universalität. Phasen widerwilliger gegenseitiger Anerkennung wechselten mit Perioden hochmütiger Ignorierung. Gelöst wurde diese Spannung erst sehr viel später durch den Untergang des byzantinischen Reiches nach der Eroberung Konstantinopels durch die Türken im Jahre 1453.

Ein anderes Problem erledigte sich nach einigen Jahren von selbst, die Diskrepanz zwischen der fränkischen Sitte der Reichsteilungen und der Singularität der Kaiserwürde. Ludwig der Fromme, von Karl dem Großen selbst in Aachen zum Kaiser gekrönt, war der einzige legitime Erbe, der den alten Kaiser überlebte. Auch er krönte seinen ältesten Sohn Lothar mit eigener Hand zum Kaiser und bestimmte ihn zum Herrscher, während die jüngeren Söhne mit Unterkönigtümern abgefunden werden sollten. Aber der Machthunger der Kaisersöhne, die sich auf das uralte dynastische Erbrecht berufen konnten, war stärker. Das Reich zerfiel, die Kaiserwürde wanderte nach Italien ab, verlor an Glanz und erlosch.

Nach einigen Jahrzehnten der Unruhe und Erschütterungen wurde das aus dem Zerfall des Kaiserreiches hervorgegangene ostfränkisch-deutsche Reich zur stärksten militärischen und politischen Macht Europas. Otto der Große (936–973) knüpfte bewußt an die Tradition Karls des Großen an, nahm das Königreich Italien in Besitz und ließ sich 962 in Rom vom Papst zum Kaiser krönen.

Die Wiedergeburt des abendländischen Kaisertums hatte weitreichende und tiefgreifende Folgen für die deutsche und europäische Geschichte. Das römische Reich galt als das letzte der Weltreiche, nach dessen Untergang das Zeitalter des Antichrist anbrechen und

Kaiser Augustus als Weltherrscher (Lambert von Saint-Omer, Liber floridus, um 1120).
Augustus, auf einem mit Tierköpfen und Krallen geschmückten Faltstuhl thronend, hält in der Rechten das Schwert als Symbol der Macht, in der Linken das Abbild des Erdkreises mit den im Mittelalter bekannten drei Erdteilen.
Der erste römische Kaiser hat einen festen Platz im göttlichen Heilsplan, denn unter seiner Herrschaft wurde der Heiland geboren, der Retter der Welt.
Daran erinnern das Zitat aus der Weihnachtsgeschichte und der Satz: »Oktavianus Augustus schloß am 6. Januar die Pforten des Janustempels«. Wenn im alten Rom die Pforten des Janustempels geschlossen waren, herrschte Frieden. Die Epiphanie, die Erscheinung des Herrn, die am 6. Januar gefeiert wird, bringt der ganzen Welt den Frieden.

Auf dem Aachener Weihwassergefäß, einer Elfenbeinschnitzerei aus dem 11. Jahrhundert, ist die Zweigewaltenlehre, die Theorie von der gemeinsamen Herrschaft von Kaiser und Papst, dargestellt. Zur Rechten und zur Linken des Apostels Petrus thronen Papst und Kaiser, von hohen Geistlichen umgeben. Schwerbewaffnete Krieger bewachen die Tore dieser heiligen Stadt, mit der wohl Rom, der Sitz des Apostelfürsten, gemeint ist.

der Tag des Jüngsten Gerichts heraufdämmern würde. Durch diese Einbindung in die christliche Heilsgeschichte gewann das Reich eine besondere Weihe und Würde. Die aus der römischen Antike stammende Idee der kaiserlichen Weltherrschaft verband sich mit dem christlich-universalen Primatsanspruch des Papsttums. Kaiser und Papst, die beiden höchsten, von Gott selbst berufenen Repräsentanten von Reich und Kirche, sollten in Eintracht die Christenheit lenken und leiten.

Das Kaisertum, die höchste weltliche Würde der abendländischen Christenheit, war seiner Idee nach eine universale, auf Weltherrschaft gerichtete Macht, aber in der Realität beherrschte der Kaiser nur Deutschland, Reichsitalien, Rom und den Kirchenstaat, zu denen 1032 noch Burgund kam. Die »Trias der Reiche« Deutschland, Italien und Burgund war der Raum, über den sich die kaiserliche Gewalt erstreckte. Träger des Kaisertums waren die Deutschen,

Der Reichsapfel, ein aus der heidnischen Antike stammendes Herrschaftszeichen, ist im Mittelalter zum Sinnbild der Weltherrschaft des christlichen Kaisers geworden. Das siegreiche Kreuz Christi bekrönt die Sphaira, den Erdkreis.

so daß man von einem »römisch-deutschen Kaiserreich« sprechen kann.

War die Kaiserkrone, die mehr als acht Jahrhunderte dem deutschen König gebührte, Fluch oder Segen für die Deutschen? Begann damals bereits die Tragödie des Reiches, der deutsche »Irr- und Sonderweg«, der zum Sieg der Fürsten über den Kaiser, zum inneren Zerfall des Reiches und zum übersteigerten deutschen Nationalismus des 19. und 20. Jahrhunderts führte? Oder war die Begründung einer auf Universalität gerichteten, weltliche Macht und geistliche Autorität verbindenden Herrschaftsordnung der in die Zukunft weisende Versuch einer Einigung Europas mit den Mitteln und Möglichkeiten der damaligen Zeit?

Die Frage nach Schaden oder Nutzen der Kaiser- und Italienpolitik des Mittelalters gilt längst als ein Anachronismus. Jede Epoche folgt ihren eigenen Gesetzen. Die Reichsidee war das Leitmotiv der

Politik der Ottonen und Salier. Ihr Kampf um die Kaiserkrone und um die Herrschaft über Rom und Italien kostete zwar immer wieder große Opfer, aber die Verbindung mit dem alten Kulturland Italien und mit dem von neuen geistigen Strömungen erfüllten Burgund wirkte ungeheuer befruchtend auf das politische, wirtschaftliche, religiöse und kulturelle Leben in Deutschland.

Die »deutsche Kaiserzeit« war nicht nur machtpolitisch, sondern auch religiös und kirchenpolitisch eine sehr bewegte Epoche. Die deutsche Kirche, vom Königtum gefördert und gefordert, erlebte ihre Blütezeit. Der germanische Norden und der slawische Osten wurden für das Christentum gewonnen. Die Päpste, durch das Eingreifen der Kaiser aus der Abhängigkeit von den römischen Adelscliquen befreit, erhoben ihr Haupt. Für kurze Zeit schien es, als würden Kaiser und Papst in Eintracht die Geschicke der abendländischen Christenheit leiten.

Aber der Schein trog. Das Papsttum, im Bund mit dem Kaisertum erstarkend, erneuerte seinen Anspruch auf die Führung der gesamten Christenheit und provozierte den endgültigen Bruch mit der griechisch-orthodoxen Kirche. Bald gab es auch Spannungen zwischen Kaiser und Papst. Die von dem französischen Kloster Cluny ausgehende kirchliche Erneuerungsbewegung breitete sich aus. Sie forderte die Freiheit der Kirche von der Herrschaft der Laien, das Verbot des Verkaufes kirchlicher Ämter und Würden und die Abschaffung der Priesterehe. Die Päpste, namentlich Gregor VII., rissen schließlich die Führung der Kirchenreformbewegung an sich und benutzten sie als Waffe im Kampf gegen das deutsche Königtum. Im Investiturstreit, dem Frontalangriff auf die sakrale Verankerung des Königtums in der göttlichen Weltordnung, zerstörte das Papsttum selbst die alte Allianz zwischen Monarchie und Kirche. Eine neue Epoche brach an.

Erster Teil
Schauplatz und Akteure

I.
Die Landschaft

Selbst wenn wir die Theorien eines geographischen Determinismus ablehnen, können wir doch nicht völlig die enge Beziehung zwischen der geschichtlichen Entwicklung und den Besonderheiten der von der Natur geschaffenen Umwelt übersehen, die Bedingungen schafft und Möglichkeiten bietet, welche von sehr unterschiedlicher Art sind.[1]

Oskar Halecki

Von einem prachtvollen Dreiklang hat man gesprochen, der Deutschland erfüllt, vom Dreiklang des Tieflandes, der Mittelgebirge und der Alpen.[2] Diese natürlichen Großlandschaften, die Europa in west-östlicher Richtung durchziehen, geben der deutschen Landkarte ihr unverwechselbares Gepräge. Aber das grobe Raster reicht nicht aus. Jede dieser Großlandschaften umschließt zwei eng verbundene Regionen. Zum Tiefland gehören die Nord- und Ostseeküste und die Norddeutsche Tiefebene, zur Mittelgebirgszone die Mittelgebirge und das Süddeutsche Stufenland, zum Alpenraum das Gebirgsmassiv und das Alpenvorland. Diese sechs Regionen sind in sich wieder in eine Fülle von Kleinlandschaften gegliedert.

Diese kleinen natürlichen Landschaften, meist durch eigene Namen als Individualitäten gekennzeichnet, waren der Lebensraum des mittelalterlichen Menschen. Im Zusammenspiel von naturräumlichen und anthropogenen Kräften wurden sie zu »historischen Landschaften« im vollen Sinne dieses Wortes. Die Beherrschung, Sicherung und Verbindung der vielen geschichtlichen Landschaften des Reiches war eine der Hauptaufgaben der politisch handelnden Mächte des Mittelalters.

Der Norden Deutschlands gehört zu der ausgedehnten Tieflandzone, die sich in zunehmender Breite vom nordfranzösisch-flandrischen Raum aus weit nach Osteuropa hinein erstreckt. Die Oberflächenformen des Norddeutschen Tieflandes wurden von den Eiszeiten gestaltet. Sie haben eine weitläufige Grund- und Endmoränenlandschaft mit trockenen Schotter- und Sandflächen, kleinen und größeren Seen zurückgelassen. Aus dem Flachland hebt sich der Baltische Höhenrücken heraus. Er erreicht im Osten eine Höhe von etwa 300 Metern und wird nach Westen hin zunehmend flacher. Er begleitet die Ostseeküste von Ostpreußen bis nach Schleswig-Holstein und schließt die Preußische Seenplatte mit den Masurischen Seen, die Pommersche und die Mecklenburgische Seenplatte ein. Oder und Weichsel durchbrechen diesen bis zu 100 Kilometer breiten Endmoränenwall, dem nach Süden hin waldreiche Sander vorgelagert sind. Auch die Elbe durchbricht einen niedrigen Höhenzug, zu dem der Fläming, die Höhenzüge der Altmark und des Hannoverschen Wendlandes und die Lüneburger Heide gehören.

Das Tiefland erhält sein besonderes Gepräge durch die großen Flüsse und Ströme, die alle von Süden her der Nord- und Ostsee zustreben, Schelde, Maas und Rhein, Ems, Weser, Elbe, Oder, Weichsel und Memel. In West-Ost-Richtung wird es durch die breiten Urstromtäler gegliedert, das Thorn-Eberswalder, Warschau-Berliner, Glogau-Baruther und Breslau-Magdeburger Urstromtal. So präsentiert sich die Tiefebene trotz der geringen Höhenunterschiede als eine vielgestaltige Landschaft, die durch ihre abwechslungsreiche Küstenzone zusätzlich kräftige Akzente erhält.

Nur durch die Jütische Halbinsel voneinander getrennt, zeigen die Küstenregionen der Nord- und Ostsee doch ein höchst unterschiedliches Landschaftsbild. Die Nordseeküste, von gewaltigen Meereseinbrüchen zerrissen, war und ist ständigen Veränderungen unterworfen und trotz der ausgedehnten Deichbauten noch in der Gegenwart von Sturmfluten bedroht. Die lange Kette der friesischen Inseln markiert den Saum des untergegangenen Landes. Unter dem Wattenmeer liegt fruchtbares Land, das sich die See geholt hat. Die Halligen vor der nordfriesischen Küste sind die Reste früheren Marschenlandes. Der breite Gürtel fruchtbarer See- und Flußmarschen, der die Küsten und die Mündungsgebiete der Flüsse umsäumt, bedarf ständig des Schutzes durch Dämme und Deiche.

Ohne Rückschläge ging es in dem jahrhundertelangen Kampf des Menschen gegen das Meer nicht ab. Sturmfluten suchten die Nordseeküste immer wieder heim. Ihre Wirkung wurde dadurch verstärkt, daß sich die Flut zunächst vor den Deichen staute, bis ihre Wucht zum Durchbruch ausreichte. Die verheerenden Sturmfluten des 11. bis 14. Jahrhunderts zerrissen die Küste, überfluteten weite Landstriche und zerstörten Hunderte von Siedlungen. In dieser Periode schuf das Meer die weiten Buchten von Zuidersee, Dollart und Jadebusen, die durch die im 16. Jahrhundert beginnende Eindeichung allmählich wieder von der Landkarte verschwinden.

Die Küste der Ostsee ist sanfter, aber nicht weniger abwechslungsreich. In Schleswig-Holstein reichen tiefe schmale Förden weit ins Land hinein. Für Mecklenburg und Pommern ist eine reich gegliederte »Bodden- und Haffküste«[3] charakteristisch. Östlich der Oder folgen nach der ruhigen Küstenzone Hinterpommerns die Danziger Bucht mit der Halbinsel Hela, die Frische Nehrung mit dem Frischen Haff und die Kurische Nehrung mit dem Kurischen Haff. Die Nehrungen sind sichelförmige Sandstreifen, die die flachen Strandseen vom offenen Meer trennen. Die Küsten säumen Dünen aus feinstem Sand, die der Wind leicht verweht, Wanderdünen, die Dörfer und Felder bedrohen. Seit frühester Zeit bedeutsam war die Bernsteinküste Samlands, Ausgangspunkt für die Bernsteinstraße zum Mittelmeerraum.

Auch der Ostseeküste sind einige Inseln vorgelagert, Fehmarn, Poel, Rügen, Usedom und Wollin. Mit fast 1000 Quadratkilometern ist Rügen die bei weitem größte deutsche Insel, berühmt durch ihre leuchtend weißen Kreideklippen. Am Kap Arkona an der Nordspitze der Insel erheben sich noch heute die Reste der großen Kultburg eines slawischen Stammes, der heidnischen Ranen.

An der Ostseeküste boten die vielgestaltigen Inseln, ausladenden Buchten, tiefen Förden und breiten Flußmündungen der Schiffahrt günstige Möglichkeiten. Daher entstanden schon im frühen Mittelalter zahlreiche Handelsplätze, unter denen Haithabu bei Schleswig der berühmteste war. An geeigneten Stellen entwickelten sich im 12. und 13. Jahrhundert so wichtige Hafenstädte wie Schleswig, Lübeck, Wismar, Rostock, Stralsund, Greifswald, Stettin, Danzig, Königsberg und Riga. Die Entwicklung des Hansischen Handels- und Verkehrsraumes im späteren Mittelalter beruhte nicht zuletzt auf dieser günstigen Situation.

Das Norddeutsche Tiefland reicht im Süden bis an den Mittelgebirgsgürtel heran. In tiefen Buchten schiebt sich das Flachland in die Mittelgebirgszone hinein, im Westen mit der Niederrheinischen Bucht und der Münsterländer Bucht, im Osten mit der Halle-Leipziger Tieflandsbucht und der ausgedehnten Schlesischen Bucht, die den Mittelgebirgsraum mit dem Tiefland verklammern. Vor allem die großen Ströme, die sie durchfließen, verbinden Süd und Nord. Mildes Klima und fruchtbare Böden fördern das Wirtschaftsleben in diesen verkehrsgünstig gelegenen Tieflandsbuchten, in denen wichtige Städte entstanden: Köln, die größte deutsche Stadt des Mittelalters, in der Niederrheinischen Bucht, Münster in der Münsterländer Bucht, Magdeburg, Halle, Leipzig, Meißen und Dresden in der Halle-Leipziger Tieflandsbucht, Breslau in der Schlesischen Bucht.

Der Mittelgebirgsgürtel, der das mittlere und östliche Europa durchzieht, beginnt westlich des Rheins mit den Ardennen, dem Hunsrück und der Eifel und setzt sich östlich des Stromes mit dem Rothaargebirge, dem Westerwald und dem Taunus fort. Das Hessische Bergland, das Weser-Leine-Bergland, der Vogelsberg, die Rhön, der Thüringer Wald, der Frankenwald und das Fichtelgebirge schließen sich an. Wie eine Bastion nach Norden vorgeschoben, erhebt sich das mächtige Massiv des Harzes mit dem 1140 Meter hohen Brocken, dem höchsten Berg Nord- und Mitteldeutschlands. Am Fichtelgebirge teilt sich der Mittelgebirgszug. Böhmerwald und Bayerischer Wald ziehen zum Tal der Donau hin, Erzgebirge und Sudeten zu den Karpaten.

Die Karpaten, von den Sudeten durch die historisch bedeutsame Mährische Pforte getrennt, gehören nicht zu den Mittelgebirgen, sondern sind geologisch eine Fortsetzung der Alpen. Wie die Mittelgebirgsschwelle haben auch sie immer wieder trennend gewirkt, denn sie scheiden die von Donau und Theiß durchflossene Pannonische Tiefebene vom ostmitteleuropäischen Teil des Tieflandes.

Die Mittelgebirge steigen im Schwarzwald, Harz, Erzgebirge, Sudeten, Böhmerwald und Bayerischen Wald auf mehr als 1000 Meter empor. Geologisch sehr alt, sind sie sanfter als die Alpen und zeigen nur selten schroffe Formen. Günstig für ihre Besiedlung durch den Menschen wirkte sich auch ihr vielgestaltiges Relief aus. Der Mittelgebirgsgürtel ist kein kompakter Gebirgszug, sondern eine durch Täler und Beckenlandschaften in sich reich gegliederte Großlandschaft. Die meisten Flüsse – Rhein, Maas, Mosel, Ems, Fulda, Werra, Weser, Saale, Elbe und Oder – fließen in nördlicher Richtung. Der Durchbruch der Elbe im Elbsandsteingebirge hat die Sächsische Schweiz geformt, eine romantische Landschaft, die an Schönheit mit dem Engtal des Rheins zwischen Bingen und Koblenz wetteifern kann. Durch die Flußtäler wird die Mittelgebirgszone aber nicht nur in einer Richtung aufgebrochen. Lahn, Sieg und Ruhr streben von Osten her dem Rhein zu. Die Saale nimmt die von Westen kommende Unstrut auf. Im Böhmischen Kessel sammelt die Elbe die Wasser aus allen Himmelsrichtungen, um sie dann nach Norden zu führen.

Die Mittelgebirgsschwelle scheidet den deutschen Norden vom Süden, Niederdeutschland von Oberdeutschland. Die trennende Wirkung der dicht bewaldeten und in früheren Jahrhunderten nur auf wenigen Wegen zu überwindenden Höhenzüge war in alter Zeit sehr viel stärker spürbar als heute, da Eisenbahn, Auto und Flugzeug die natürlichen Hindernisse spielend überwinden.

Der römische Vormarsch ins freie Germanien war an der Mittelgebirgsschwelle zum Stehen gekommen. Der römische Grenzwall, der Limes, zog sich am Rande von Taunus und Vogelsberg entlang und schloß, nach Norden ausbiegend, die fruchtbare Beckenlandschaft der Wetterau ein. Auch in späteren Jahrhunderten schieden die Gebirgszüge verschiedene Siedlungsgebiete und Herrschaftsbezirke voneinander.

Früh besiedelt waren die fruchtbaren, von den umliegenden Höhen geschützten Beckenlandschaften, die kleinen Becken der West- und Osthessischen Senkenzone, das große Thüringer Becken und der gewaltige Böhmische Kessel. Besiedlung und Kultivierung, aber auch politische Organisation und herrschaftliche Strukturierung der Mittelgebirge erfolgten in beträchtlichem Umfang von außen her, von Norden und Süden. Die Anrainer schoben sich in die Mittelgebirgslandschaft vor, trafen schließlich aufeinander und grenzten ihre Herrschaftsräume gegeneinander ab. So markiert der Rennsteig, der uralte Weg auf dem Kamm des Thüringer Waldes, die Grenze zwischen Franken und Thüringen. Noch heute zeugen die vielen sagenumwobenen, langsam verwitternden Grenzsteine mit den Wappen der thüringisch-sächsischen und fränkischen Fürstentümer vom Grenzcharakter des Rennsteiges.

Im frühen Mittelalter erweiterten die Sachsen ihr Stammesgebiet, indem sie von Norden her in die Mittelgebirgslandschaft vordrangen. An der Eder konnten die Franken, die das Hessische Bergland von Süden her in Besitz genommen und in ihr Reich eingegliedert hatten, das sächsische Vordringen stoppen. Für die Franken war das Hessische Bergland auch deshalb wichtig, weil durch dieses Gebiet eine der Hauptrouten vom Mittelrhein nach Thüringen führte, dessen Grenzen nicht nur durch die Sachsen, sondern auch durch die von Osten vordringenden slawischen Stämme bedroht waren.

Die um die Mitte des 8. Jahrhunderts in der osthessischen Senke gegründeten Benediktinerklöster Fulda und Hersfeld waren daher nicht nur religiöse und missionarische Zentren, sondern auch Etappenstationen und Bindeglieder zwischen Franken, Hessen und Thüringen. Der von den Karolingern geplante Angriff auf das sächsische Stammesgebiet setzte die Kontrolle über die Wege des Mittelgebirgsgürtels voraus. Auch die Ottonen und Salier mußten sich um Sicherung und Beherrschung dieses Raumes bemühen, denn die von ihnen geschaffene »Königs- und Sakrallandschaft« im östlichen Sachsen war von der alten karolingischen Kernlandschaft im Rhein-Main-Gebiet durch die Mittelgebirgsschwelle getrennt.

Das Thüringer Becken, das ungefähr die Flußgebiete von Helme, Unstrut, Ilm und der mittleren Saale umfaßt, wird im Norden vom Massiv des Harzes, im Süden vom Thüringer Wald begrenzt. Im

Westen reicht die thüringische Landschaft ins Werratal, im Osten bis zur Saale. Enge Verbindungen bestanden durch die Thüringer Pforte nach Westen und durch das Werratal und über die Pässe des Thüringer Waldes hinweg nach Süden. Im Saaletal verlief im frühen Mittelalter die Grenze zwischen dem germanischen und slawischen Siedlungsgebiet.

Eine Großlandschaft von einzigartiger Geschlossenheit ist der Böhmische Kessel, umgrenzt vom Erzgebirge, den Sudeten, dem Mährischen Hügelland und dem Böhmerwald. Gewaltige Wälder bedeckten im frühen Mittelalter die Randgebirge und schützten durch ihre Unwegsamkeit das Land. Erst allmählich wurden sie von beiden Seiten her besiedelt und der Kultur geöffnet.

Im Herzen dieser gewaltigen Beckenlandschaft liegt Prag, seit mehr als einem Jahrtausend die Hauptstadt Böhmens. Für das Reich war Böhmen als Bastion zur Sicherung der Ostgrenze bedeutungsvoll. Daher gehörte der Raum, der sich immer ein hohes Maß an Eigenständigkeit bewahrte, schon seit dem frühen Mittelalter zur Interessensphäre des Reiches. Das benachbarte Mähren, dessen Geschichte mit der Böhmens eng verbunden ist, hat seinen Namen von der March erhalten. Sein Umfang deckt sich ungefähr mit dem ausgedehnten Einzugsgebiet dieses Flusses. Nach Osten, Westen und Norden hin von Gebirgsketten und Höhenzügen geschützt, öffnet sich Mähren im Süden zur Pannonischen Tiefebene hin.

Zur Mittelgebirgszone gehören auch die Höhenzüge, die den Oberrheingraben flankieren. Westlich dieses tiefen Grabenbruchs erheben sich Hardt und Vogesen, östlich davon Odenwald, Neckarbergland und Schwarzwald. Diese Randgebirge fallen steil zur Oberrheinischen Tiefebene hin ab. Vom Schwarzwald, der im Feldberg auf 1493 Meter ansteigt, ziehen einige tief eingeschnittene Täler zur Rheinaue hinunter.

Der Rhein durchfloß die bis zu 40 Kilometer breite Oberrheinische Tiefebene im Mittelalter frei und ungezügelt; zahlreiche Altarme zeugen noch heute von den Veränderungen des Stromlaufes. Die Randgebirge schützen die fruchtbare und klimatisch begünstigte Landschaft vor rauhen Winden. Sie ist von fruchtbaren Löß- und Lößlehmplatten bedeckt, zwischen denen sich Moor und Ried, Schotter- und Sandterrassen finden. Aus der Ebene heben sich das Markgräfler Land, das Rheinhessische Plateau und die vulkanische Hügellandschaft des Kaiserstuhls heraus – Weinbaugebiete mit sehr guten Böden.

Das Rheingebiet zwischen den Rheinfällen bei Schaffhausen und dem Binger Loch war im Mittelalter eine der Kernlandschaften des Reiches. Hier lagen die alten Bischofssitze Basel, Straßburg, Speyer, Worms und Mainz, hier verfügten die Herrscher über Pfalzen, Königshöfe, Großgrundbesitz und Jagdreviere, hier erwuchsen einige der wichtigsten deutschen Städte, hier erhob sich die Kathedralkirche des mächtigsten Kirchenfürsten des Reiches, des Erzbischofs von Mainz. Hätte das mittelalterliche Deutschland eine Hauptstadt hervorgebracht, wäre das wohl Mainz gewesen, die Stadt an der Mündung des Mains in den Rhein, die Hauptverkehrsader des Reiches.

Geopolitisch wichtig war die Oberrheinische Tiefebene aber auch wegen der Burgundischen Pforte, der Senke zwischen den Vogesen und dem Schweizer Jura. Durch die Burgundische Pforte führte eine uralte Heer- und Handelsstraße von der Oberrheinischen Tiefebene ins Tal des Doubs und über Besançon zur Saône und ins Rhônetal. Die Kontrolle über diese Verbindung war für die deutschen Herrscher eine wesentliche Voraussetzung für ihre imperiale Politik gegenüber dem Königreich Burgund.

Burgund und die Provence, Landschaften mit einer sehr wechselvollen Geschichte, standen im frühen und hohen Mittelalter in enger Verbindung zum merowingisch-karolingischen Frankenreich und zum römisch-deutschen Kaiserreich. Die große Senke, von Saône, Doubs und Rhône durchflossen, ist das Herzstück dieses Raumes. Sie wird vom französischen Zentralmassiv, dem Plateau von Langres, den Monts Faucilles, den Vogesen, dem Französischen Jura, den Voralpenmassiven Chartreuse und Vercors sowie den provençalischen Alpen umrahmt. Vielfältig ist das Landschaftsbild: Hochgebirge, Mittelgebirgslandschaften, Hochebenen und Flußtäler geben ihm das Gepräge. Südlich von Arles liegt im Delta der Rhône das berühmte Sumpfland der Camargue. Schon immer führte durch das Rhônetal ein Verbindungsweg vom Mittelmeer nach Norden, vom Golfe du Lion ins Pariser Becken, zur Maas, Mosel und zum Rhein. Die burgundischen und provençalischen Städte Marseille, Arles, Avignon, Lyon, Vienne, Dijon und Besançon sind daher im Mittelalter oft Brennpunkte des Geschehens.

Zwischen dem Schwarzwald und dem vom Schwäbischen und Fränkischen Jura begleiteten Oberlauf der Donau erstreckt sich das Schwäbisch-fränkische Schichtstufenland. Vom Feldberg im südlichen Schwarzwald öffnet es sich wie ein Fächer nach Nordosten. Der Neckar nimmt Enz, Kocher und Jagst auf und schlängelt sich zwischen dem Odenwald und dem Neckarbergland zum Rhein hindurch. Tauber und Rednitz fließen zum Main, Altmühl, Naab und Regen zur Donau. Das Schwäbisch-fränkische Gäuland mit seinen teilweise recht fruchtbaren Böden gilt als die Kornkammer Süddeutschlands. Durch die Frankenhöhe und den Steigerwald wird es vom Mittelfränkischen Becken um Nürnberg geschieden. Der Schwäbische Jura, die Rauhe Alb, läuft parallel zum Oberlauf der Donau. Das Altmühltal trennt ihn vom Fränkischen Jura, der bald nach Norden abbiegt und mit seinem nördlichsten Ausläufer, der Fränkischen Schweiz, bis an den oberen Main reicht.

Die Schwäbisch-bayerische Hochebene, vom Schwäbischen Jura durch den Oberlauf der Donau getrennt, leitet zum Alpenvorland über. Die Donau nimmt bei Ulm die Iller auf und verbreitert allmählich ihr Tal. Ihre aus dem Alpenraum kommenden Nebenflüsse Iller, Lech, Isar und Inn sorgen das ganze Jahr für einen ziemlich hohen Wasserstand und sichern die Funktion der Donau als wichtigen Schiffahrtsweg.

Der Lauf der Donau verwies nach Osten. Im Zuge der nach Südosten zielenden Expansion des Frankenreiches entstand die bayerische Ostmark, die der Beherrschung und Sicherung des Donaudurchbruchs zwischen den Ostalpen und dem Böhmerwald diente. Die Wiener Pforte, Nahtstelle zwischen Mittel- und Südosteuropa, war daher stets Expansions- und Invasionstor zugleich. Karl der Große war auf diesem Weg gegen die Awaren gezogen und hatte mit der Eroberung Pannoniens begonnen. Die Vernichtung des bayerischen Heerbannes durch die Ungarn im Jahre 907 in der Schlacht bei Preßburg öffnete den Scharen der Reiternomaden den Weg nach Mittel- und Westeuropa. Viele Jahrhunderte später scheiterte im Jahr 1683 der türkische Großangriff auf das christliche Abendland vor Wien. Auch der Gegenstoß, die Gründung der »Donaumonarchie«, folgte der von der Donau vorgezeichneten Route.

Die gewaltige, bis zu 250 Kilometer breite Barriere der Alpen trennt Mitteleuropa von der Apenninhalbinsel und den beiden südlichen Meeren, der Adria und dem Tyrrhenischen Meer. Halbkreisförmig umschließen die Alpen die fruchtbare Lombardische Tiefebene. Ihre Gipfel erreichen in den Ost- und Zentralalpen Höhen von über dreitausend, in den Westalpen sogar über viertausend Meter. Von ihrem höchsten Punkt aus, dem Montblanc-Massiv, ziehen die Alpen nach Süden und erreichen mit den Seealpen die Küste des Mittelmeeres. Ihre Fortsetzung finden die Seealpen im Ligurischen Bergland und, wieder nach Süden abbiegend, im Apennin. Im Ostalpenraum liegen die Karnischen und Julischen Alpen weiter vom Meer entfernt, so daß zwischen ihnen und dem Dinarischen Karst-Gebirge der Zugang nach Oberitalien relativ bequem ist. Der Weg führte über den Predilpaß in den Julischen Alpen ins Tal des Isonzo. Deshalb diente Friaul immer wieder als Einfallstor nach Italien.

Die Alpen bestehen aus reichlich zwei Dutzend Hochgebirgsgruppen, die durch tief eingeschnittene Täler und Tallandschaften voneinander geschieden werden. Das Schweizer Alpenland wird durch die vom oberen Rhônetal (Wallis) und dem Vorderrheintal gebildete Talfurche in die Nordgruppe der Berner und Glarner Alpen und die Südgruppe der Penninischen, Lepontinischen und Rätischen Alpen geteilt. Nach Südwesten hin schließen sich die Savoyer Alpen, Grajische Alpen, Cottische Alpen und die Seealpen an. Der Zentralraum wird durch die Täler von Inn, Etsch und Eisack aufgelockert. Der Inn durchfließt in nordöstlicher Richtung das Engadin und das Tiroler Inntal und verläßt bei Kufstein-Rosenheim den Alpenraum. Südlich des Alpenhauptkammes liegen die Täler von Etsch und Eisack, durch die alten Paßstraßen über Reschenscheideck und Brenner mit dem Tiroler Inntal verbunden. Das Etschtal öffnet den Weg nach Süden. Der östliche Alpenraum wird durch die Täler von Salzach, Traun, Enns, Mur, Raab, Drau und Save gegliedert. Mur, Drau und Save verlassen die Alpen in östlicher Richtung und fließen durch die Pannonische Tiefebene zur Donau.

Während die Alpen im Süden steil zur Lombardischen Tiefebene abfallen, besitzen sie im Norden ein ausgedehntes Vorland, das sich vom Genfer See im Westen bis zum Wienerwald im Osten erstreckt. Das Relief des wellig-hügeligen Alpenvorlandes wurde von den Gletschern der Eiszeit gestaltet. Grund- und Endmoränen, zahlreiche Seen und Moore geben dem Landschaftsbild das Gepräge. Im Hügelland herrscht der Ackerbau vor; am Alpenrand, wo Wiesen und Weiden mit Waldungen und urwüchsigen Mooren wechseln, dominiert die Viehzucht.

Im Westteil des Alpenvorlandes hat der eiszeitliche Rheingletscher das Becken um den Bodensee herausgearbeitet und eine klimatisch begünstigte Landschaft geschaffen. Zum Alpenvorland gehört auch das Schweizer Mittelland mit seinen großen Seen, dem

Genfer, Neuenburger, Bieler, Thuner, Vierwaldstätter und Züricher See. Das Zentrum des östlich der Salzach wieder schmaler werdenden Alpenvorlandes bildet die ausgedehnte Schwäbisch-bayerische Hochebene. Sie wird durch die Täler von Iller, Lech, Amper, Isar und Inn in große Platten zerlegt.

Gewässernetz und Seenkarte Mitteleuropas waren im Mittelalter vielgestaltiger, lebendiger und veränderlicher als heute. Die großen Ströme und Flüsse, aber auch viele Bäche flossen ungezügelt und wild, überzogen die Talauen mit einem Gewirr von Wasserläufen, ergossen sich zur Zeit der Schneeschmelze über die Ufer, suchten sich ein anderes Bett und ließen Tümpel und tote Arme zurück, die ein neues Hochwasser leicht wieder zum Leben erwecken konnte. Sand- und Kiesbänke, mit Schilf bedeckte Inseln und sumpfige Niederungen säumten häufiger als heute die Flüsse und Ströme. Die mittelalterlichen Flußläufe sind daher streckenweise nicht dieselben wie die der modernen Flüsse. Das gilt auch für viele Bäche und Rinnsale, die sich einst in Krümmungen und Windungen durch die feuchten Auen schlängelten.

Seenketten von großer Ausdehnung geben dem Norddeutschen Tiefland das Gepräge. Kleinere Seen säumen die Havel und die Spree, die sich im Spreewald in ein Labyrinth aus zahllosen Wasserarmen und Kanälen verwandelt. Weit ins Binnenland hineingerückt sind der altmärkische Arendsee und das Steinhuder Meer. In der Mittelgebirgszone fehlen natürliche Seen. Nur in der Eifel haben Vulkane die Maare, tiefe dunkle Kraterseen, geschaffen. Am Nordrand der Alpen zieht sich die berühmte Kette der schweizerischen, bayerischen und österreichischen Alpenseen entlang, die ihr nicht minder schönes Gegenstück am südlichen Alpenrand im Lago Maggiore, Comer See und Gardasee besitzt.

Mensch und Natur haben mancherlei Veränderungen bewirkt. Seen und Teiche haben auf natürlichem Wege ihre Gestalt verändert, haben an Tiefe verloren, sind teilweise oder ganz verlandet. Stärker noch als die Natur selbst aber hat der Mensch schon im Mittelalter in das Gewässersystem eingegriffen; zwar noch nicht durch den Bau von Kanälen und großen Staudämmen, wohl aber durch die Anlage von künstlichen Fischteichen und die Errichtung von Wehren und Mühlgräben. Mit Hilfe von Deichen und Entwässerungsgräben sind sumpfige Niederungen trockengelegt worden. In den Weser- und Elbmarschen haben schon im 12. Jahrhundert niederländische Kolonisten mit der Gewinnung von Neuland begonnen, und auch die Trockenlegung der ausgedehnten Moore Nordwestdeutschlands und des Alpenvorlandes wurde bereits im Mittelalter an vielen Stellen in Angriff genommen. Die brandenburgischen Sumpfgebiete, das Havelländische Luch, das Oder-, Netze- und Warthebruch, sind allerdings erst im 18. Jahrhundert von der Friderizianischen Kolonisation erschlossen worden.

Das Klima Mitteleuropas gilt als gemäßigt, doch der Himmel bietet ein eher unbeständiges Bild, oft wolkenverhangen und nebligtrüb, selten strahlend blau. Westliche und nordwestliche Winde herrschen vor; der Zustrom feuchter Luftmassen beschert Regen und Schnee, Nebel und Rauhreif, Graupelschauer und Hagelschlag. Ein östliches Hoch bringt auch einmal eine sommerliche Hitzewelle oder winterliche Kälte mit klirrendem Dauerfrost und blaßblauem

Winterhimmel. Das westliche Deutschland wird oftmals von atlantischen Tiefausläufern überquert, das östliche stärker von dem härteren osteuropäischen Kontinentalklima beeinflußt. Dem vielen Regen, der auch im Sommer fällt, verdankt das Land das Grün der Felder, Wiesen und Wälder. In den meisten Gegenden findet sich schon in geringer Tiefe ein für die Vegetation ausreichendes Maß an Bodenfeuchtigkeit. Besonders niederschlagsreich sind die Mittelgebirge, das Alpenvorland und die Alpennordseite. Ausgesprochen trockene Gegenden wie Teile der Mark Brandenburg, der Teutoburger Wald, der Fläming oder die Rauhe Alb sind in Deutschland selten. In höheren Lagen hält sich normalerweise einige Wochen eine geschlossene Schneedecke, besonders im Januar und Februar, den kältesten Monaten des Jahres.

Größere Temperaturunterschiede bestehen nicht so sehr zwischen dem Süden und Norden Deutschlands als zwischen dem Westen und Osten, denn auch Süddeutschland liegt in einer relativ kühlen Klimazone. Schwaben und Bayern haben im Jahresmittel niedrigere Temperaturen als Friesland und Schleswig-Holstein, die nördlichsten deutschen Länder. Allerdings schwankt das Klima im Binnenland stärker als an der Küste, wo das Meer ausgleichend wirkt; es gibt wärmere Sommer und kältere Winter. Klimatisch besonders begünstigt sind die Regionen am Niederrhein, das Rhein-Main-Gebiet, die Oberrheinische Tiefebene, der Raum um den Bodensee, das Wallis und das Südtiroler Etschland. Am Kaiserstuhl und an der Bergstraße hält der Frühling mehrere Wochen früher Einzug als in Schleswig-Holstein oder in Ostpreußen.

Klimaschwankungen bewegten sich in den letzten zwei Jahrtausenden in recht engen Grenzen, und doch hatten sie nicht unbeträchtliche Auswirkungen auf die Beziehungen zwischen Mensch und Umwelt. Im Verlauf des Mittelalters und der Neuzeit hat es mehrere langfristige Veränderungen gegeben. Obwohl es nur Abkühlungen oder Erwärmungen um wenige Grad waren, brachten sie Veränderungen der Vegetation und zwangen zu Anpassungsprozessen in der Landwirtschaft. Schon ein geringes Absinken der Durchschnittstemperatur über eine Reihe von Jahren führte zum Rückgang des Weinbaus in ungünstigeren Lagen. In den Mittelgebirgen gab man die Bewirtschaftung höher gelegener Ackerflächen auf. Im Alpenraum sanken Vegetations- und Baumgrenze. Die Gletscher rückten vor, und besonders hoch gelegene Pässe wurden unpassierbar. Hochalmen konnten nicht mehr genutzt werden.

Die Klimaschwankungen während des Mittelalters und der frühen Neuzeit sind nur in groben Zügen erkennbar. Für die früheren Perioden ist die Klimaforschung auf die Beobachtungen der Chronisten angewiesen, die in lakonischer Kürze oder bewegenden Worten über bitterkalte Winter, trockene Sommer, Dürrekatastrophen, Hagelschlag, Dauerregen und Überschwemmungen berichten, besonders dann, wenn durch Naturkatastrophen dieser Art die Ernte vernichtet wurde, Hungersnöte hereinbrachen und Seuchen Mensch und Vieh heimsuchten. Aus diesen mehr oder weniger zuverlässigen Wetterbeobachtungen ergibt sich jedoch nur ein grobes Raster der langfristigen klimatischen Veränderungen.

Die Karolingerzeit war eine für europäische Verhältnisse warme Periode mit heißen Sommern und kalten Wintern. In der folgenden

Zeitspanne zwischen der Mitte des 9. Jahrhunderts und der ersten Hälfte des 16. Jahrhunderts wechselten wärmere und kühlere Phasen. Bis zum Beginn des 14. Jahrhunderts war das Klima in Mittel- und Westeuropa noch merklich wärmer als in der Neuzeit. Diese Periode hatte ihren Höhepunkt etwa zwischen 1150 und 1300. Während dieser Zeit – die Klimatologen sprechen von einem »kleinen Optimum«[4] – wurden auch höhere Lagen in den Mittelgebirgen und im Alpenraum besiedelt.

Einen kräftigen Kälteeinbruch gab es im zweiten Drittel des 15. Jahrhunderts. Sehr harte Winter zwischen 1428/29 und 1459/60 hatten verheerende Folgen für die Landwirtschaft. Es ist sehr wahrscheinlich, daß die von umfangreichen Wüstungsprozessen begleitete spätmittelalterliche Agrarkrise, die von den Pestepidemien des 14. Jahrhunderts und dem damit verbundenen Bevölkerungsrückgang ausgelöst worden war, durch diese vorübergehende Klimaverschlechterung verstärkt worden ist.

Systematische Wetterbeobachtungen und Meßergebnisse liegen erst aus der frühen Neuzeit vor (Paris und Südengland 1688, Berlin 1719, Padua 1725, Petersburg 1743). Aus allen Beobachtungen ergibt sich eine Zunahme von kalten Wintern seit 1550, die schließlich in der ersten Hälfte des 17. Jahrhunderts zu großen Gletschervorstößen, dem »Fernau-Stadium« der Vergletscherung des Alpenraumes, führte. Dieser frühneuzeitliche Kälteeinbruch ist durch Nachrichten über vergletscherte Almen, unpassierbar gewordene Pässe und aufgelassene Bergwerke deutlich faßbar. Seither sind die Gletscher im Zuge der allgemeinen Erwärmung in den Alpen wieder auf dem Rückzug.

Unter jenen von der Natur vorgegebenen Umweltfaktoren, die die geschichtliche Entwicklung der Menschheit nachhaltig beeinflußt haben, spielt die unterschiedliche Bodenfruchtbarkeit eine

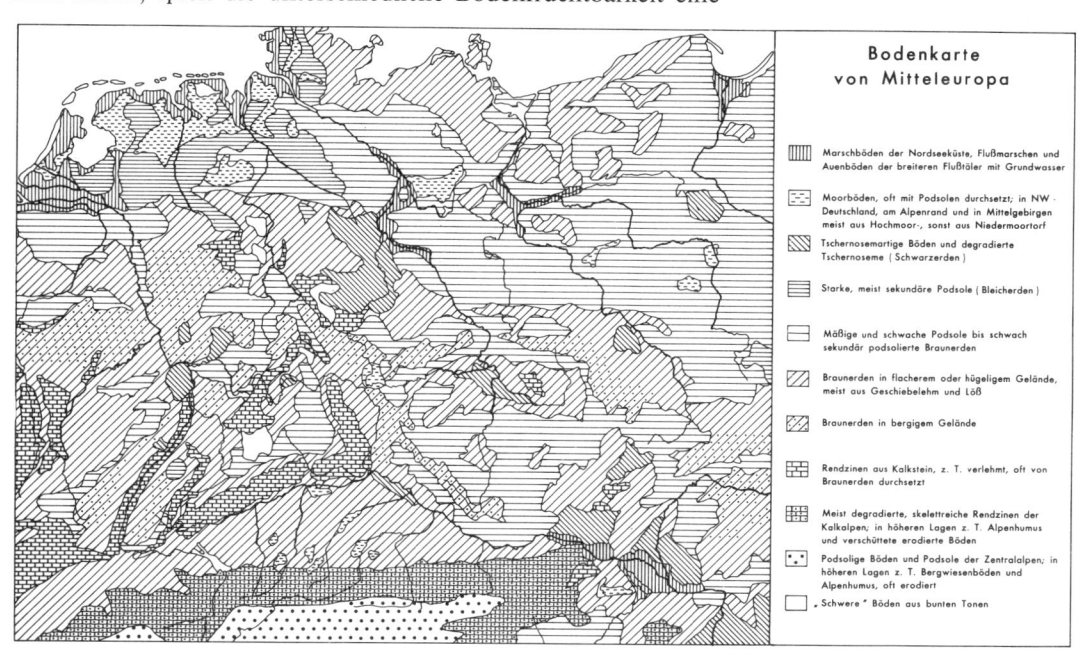

Bodenkarte von Mitteleuropa

- Marschböden der Nordseeküste, Flußmarschen und Auenböden der breiteren Flußtäler mit Grundwasser
- Moorböden, oft mit Podsolen durchsetzt; in NW-Deutschland, am Alpenrand und in Mittelgebirgen meist aus Hochmoor-, sonst aus Niedermoortorf
- Tschernosemartige Böden und degradierte Tschernoseme (Schwarzerden)
- Starke, meist sekundäre Podsole (Bleicherden)
- Mäßige und schwache Podsole bis schwach sekundär podsolierte Braunerden
- Braunerden in flacherem oder hügeligem Gelände, meist aus Geschiebelehm und Löß
- Braunerden in bergigem Gelände
- Rendzinen aus Kalkstein, z. T. verlehmt, oft von Braunerden durchsetzt
- Meist degradierte, skelettreiche Rendzinen der Kalkalpen; in höheren Lagen z. T. Alpenhumus und verschüttete erodierte Böden
- Podsolige Böden und Podsole der Zentralalpen; in höheren Lagen z. T. Bergwiesenböden und Alpenhumus, oft erodiert
- "Schwere" Böden aus bunten Tonen

entscheidende Rolle. In Mitteleuropa gibt es beträchtliche Unterschiede in der Bodengestalt und der Bodenqualität. Im Norddeutschen Tiefland reicht die Skala von den schweren fruchtbaren Böden der See- und Flußmarschen bis zu den leichten, nährstoffarmen Böden auf den trockenen Sandern. Ein großer Unterschied in der Bodenfruchtbarkeit besteht daher zwischen dem Marschland und der Geest, deren trockene und sandige Böden besser für Wald und Heide als für den Ackerbau geeignet sind. Vor allem in Nordwestdeutschland wechselten sandige und trockene Platten mit versumpften Niederungen und ausgedehnten Mooren, die erst durch harte Arbeit kultiviert und in fruchtbares Acker- und Weideland verwandelt worden sind. In Nordostdeutschland finden sich auf den Platten der Jungmoränen auch fruchtbare Landstriche, während auf den Endmoränen weniger ertragreiche Böden vorherrschen. Im Mittelalter waren auch die Endmoränenzüge besiedelt, denn ihre sandigen Böden waren technisch leichter zu bearbeiten als die schweren Böden in den Niederungen.

Im Süden der ausgedehnten Norddeutschen Tiefebene liegt ein Gürtel mit äußerst fruchtbaren Löß- und Schwarzerdeböden. Er beginnt am Mittelrhein und zieht sich in östlicher Richtung am Rand der Mittelgebirgsschwelle entlang. Fruchtbare Böden haben die Rheinischen Börden um Jülich und Zülpich, die Hellwegbörden und die Landstriche um Braunschweig und Hannover aufzuweisen. Die Mitteldeutschen Börden, die Magdeburger Börde, das Leipziger Land, das Pleißenland um Altenburg und die Lommatzscher Pflege, zeichnen sich durch ganz besonders gute Schwarzerdeböden aus. Die fruchtbare Lößzone setzt sich im Osten im Bautzener und Görlitzer Land und der Schlesischen Bucht fort.

Auch in der südlich anschließenden Mittelgebirgszone gibt es vielerorts Böden, die für den Ackerbau geeignet sind. Nährstoffreiche braune Walderde oder sogar lößhaltige Böden finden sich in der Hessischen Senke, im Thüringer Becken und im Süddeutschen Gäuland. Im Süddeutschen Stufenland und im Alpenvorland sind hauptsächlich mäßig fruchtbare Böden anzutreffen. Viele sind nur als Wiesenland nutzbar, andere können sogar auf Dauer nur Wald tragen.

Dieser Blick auf Deutschland, auf seine Landschaft, sein Klima und seine Bodenverhältnisse, ist keine Konzession an die Theorien des geographischen Determinismus, sondern eine notwendige Voraussetzung zum Verständnis der Geschichte; der Raum ist ein wichtiger Faktor des geschichtlichen Lebens. Die natürlichen Gegebenheiten wirken fördernd oder hemmend, verbindend oder trennend, verlockend oder abschreckend. Der findige Mensch weiß freilich immer wieder Mittel und Wege, um die Natur zu beherrschen und in seinem Sinne zu verändern. Daher ist der Einfluß des geographischen Milieus auf die Geschichte nicht exakt zu bestimmen.

Der Dreiklang von Tiefland, Mittelgebirge und Alpen, das besondere Merkmal der Geographie Mitteleuropas, hat auf jeden Fall auch geschichtliche Auswirkungen. Die trennende Wirkung der Mittelgebirgsschwelle, die Ober- und Niederdeutschland scheidet, war in älteren Zeiten stärker spürbar als heute. Der Süden war im frühen Mittelalter dem Norden wirtschaftlich und kulturell überlegen. Dieser Entwicklungsvorsprung war zwar überwiegend historisch bedingt, doch spielten auch geographische Faktoren wie Klima und Bodengestalt eine Rolle. Die Oberrheinische Tiefebene und das Rhein-Main-Gebiet gehörten von alters her zu den fruchtbarsten Landschaften Deutschlands; Wein und Obst gediehen in den klimatisch begünstigten Lagen des Südens schon im frühen Mittelalter. Günstige Bedingungen fand auch der Verkehr vor. Abgesehen davon, daß man wohl an die Reste des römischen Straßennetzes anknüpfen konnte, bot der im Vergleich zur Norddeutschen Tiefebene festere Untergrund recht gute Voraussetzungen für Wege und Straßen. Durch die Wiener Pforte war Süddeutschland mit dem Osten, über die Alpenpässe mit Oberitalien und dem Adriatischen Meer, durch die Burgundische Pforte mit dem Rhônetal und dem westlichen Mittelmeerraum verbunden.

Der Norden, erst zur Zeit Karls des Großen ins Frankenreich einbezogen, bot für Siedlung und Verkehr schlechtere Bedingungen. Deshalb holte Norddeutschland den Entwicklungsvorsprung des Südens und Westens nur allmählich auf. Schwere Arbeit war erforderlich, um im Norddeutschen Tiefland und den Küstenregionen fruchtbaren Boden zu gewinnen und gegen die Naturgewalten zu verteidigen. Die norddeutschen Küstenregionen waren sehr stark auf die See hin orientiert, auf Seefahrt, Fischerei und Fernhandel. Günstigere Bedingungen boten die fruchtbaren, schon früh besiedelten Lößlandschaften am Nordrand des Mittelgebirgsgürtels. Am weitesten entwickelt war das Gebiet am Niederrhein, das nicht nur zu den fränkischen Kernlandschaften gehörte, sondern einst Teil des römischen Reiches war. Römisches Kulturerbe lebte hier fort.

Im Zuge der hochmittelalterlichen deutschen Ostbewegung trat zum Westen der Osten als ein besonderer deutscher Geschichtsraum hinzu. Der alte Dualismus von Ober- und Niederdeutschland wurde ergänzt durch den Gegensatz von Westen und Osten. Die Weite der Landschaft östlich von Elbe und Saale ermöglichte eine rasche und großzügige Besiedlung. Die Natur legte der planmäßigen Anlage von Städten und Dörfern kaum Hindernisse in den Weg. So wird es auch kein Zufall gewesen sein, daß im östlichen Deutschland große geschlossene Territorialstaaten erwachsen sind, auch wenn für ihre Entstehung in erster Linie politische und verfassungsrechtliche Gründe maßgebend waren. Das im Mittelalter zunächst vorhandene west-östliche Kulturgefälle wurde bald abgebaut, in Obersachsen nicht zuletzt dank der Silberfunde im Erzgebirge, an der Ostseeküste dank der Blüte des hansischen Handels.

Ein wichtiges Kennzeichen des deutschen Geschichtsraumes ist seine geographische Vielfalt, die die politische Gestaltung des Reiches beeinflußte. Die naturräumliche Gliederung Deutschlands verwies auf die Ausbildung von regionalen Mittelpunkten. Der deutsche Zug zum Partikularismus entspricht der Natur des Landes.

Regionalismus kennzeichnete schon die politische Geographie des mittelalterlichen Deutschland. Es gab eine ganze Reihe von wichtigen Landschaften mit einem eigenen politischen, wirtschaftlichen und kulturellen Profil. Charakteristisch für diese Gebiete sind das Vorhandensein von fruchtbaren Böden, die dadurch mögliche dichte Besiedlung, die Entwicklung von wichtigen Zentralorten und gute Verkehrsverbindungen. Historische Landschaften dieser Art waren etwa die Kölner Bucht und der Niederrhein, das Rhein-Main-

Gebiet mit der Wetterau, die Oberrheinische Tiefebene mit Straßburg, die Landschaft um den Bodensee, der Donauraum um Regensburg, das Wiener und das Kärntener Becken, Mainfranken mit Würzburg, das Thüringer Becken mit Erfurt, der Harzraum oder die Halle-Leipziger Tieflandsbucht.

Eine wirkliche Zentrallandschaft hat die Natur dem Raum zwischen Meeresküste und Hochgebirge nicht gegeben. Am ehesten ist noch das Rhein-Main-Gebiet für diese Rolle geeignet. Rhein und Main waren schon im Mittelalter wichtige Schiffahrtswege. Die Oberrheinische Tiefebene bot gute Verkehrsverbindungen zum Bodenseeraum und nach Burgund, der Lauf des Rheines wies nach Norden, Straßen und Wege führten durch die Hessische Senke zum Harz und ins Thüringer Becken, durch das Maintal nach Böhmen, über den Steigerwald ins bayerische Donautal. In diesem Zentralraum lagen so wichtige kirchliche Zentren wie Mainz, Worms und Speyer, bedeutende Königspfalzen wie Ingelheim, Frankfurt, Trebur und Gelnhausen, zahlreiche Königshöfe und Reichsforsten. Mehrere Jahrhunderte lang besaß das Gebiet eine Schlüsselstellung im Herzen des Reiches, aber eine Zentralfunktion wie in Frankreich die Ile-de-France mit der Hauptstadt Paris erlangte es nicht. Es war wohl zeitweilig die wichtigste, niemals aber die einzige Kernlandschaft des Reiches. So mag in Deutschland das Fehlen einer von der Natur vorgezeichneten Mitte einer der Gründe dafür gewesen sein, daß das Reich für Jahrhunderte ein »Reich ohne Hauptstadt«[5] geblieben ist.

II.
Die Menschen

1. Leben und Sterben

Überall ist ja das, was die Chroniken und Urkunden bis zu den Kreuzzügen zu berichten haben, kaum etwas anderes als was die Adelsschichten bewegte. Die Millionen aber des lang heimgesuchten, nun allmählich sich erholenden, noch sehr dünn bevölkerten Europa lebten namenlos in ihren ländlichen Bezirken, mehr oder weniger frei, ärmer oder weniger arm, von den Herren gepflegt oder geplagt, jedoch kaum ausgebeutet, weil ihre Erzeugnisse noch keine Ware waren.[1]

       Wolfram von den Steinen

Die Geschichtsschreiber jener Jahrhunderte, Männer geistlichen Standes, erzählten von Kaisern und Königen, Päpsten und Bischöfen, Herzögen und Grafen, blickten voller Stolz zurück auf die Geschichte ihres Bistums oder ihres Klosters, erzählten Erbauliches vom heiligmäßigen Lebenswandel frommer Frauen und Männer und oft genug auch weniger Erbauliches aus der rauhen Welt des Adels. Auch derer zu gedenken, die nur dienten und arbeiteten, lebten und litten, bestand wenig Neigung.

 So erfahren wir wenig über das tägliche Leben der einfachen Menschen, über das mühselige Ringen mit der Natur, die Gewinnung und Bewahrung des Kulturlandes, die Rodung des Waldes, die Kultivierung des Moores, den Kampf mit dem Meer und den Unbilden der Witterung. Nur selten wird einmal vom Siedelwerk der Mönche oder des Adels berichtet, von der Gründung neuer Dörfer, dem Bau von Kirchen und Klöstern, von Burgen und Pfalzen, von Streitigkeiten zwischen den Grundherren und widersetzlichen Bauern, von Naturkatastrophen, Mißernten, Hungersnöten und Seuchen. Selbst für einen Geschichtsschreiber wie Helmold, der im 12. Jahrhundert als Pfarrer im holsteinischen Dorf Bosau am Plöner See lebte und die erste und spannungsreichste Phase der deutschen Ostsiedlung unmittelbar miterlebte, standen nicht Rodung und Siedlung im Mittelpunkt seines Interesses, sondern Politik und Kirchenwesen.[2]

 Und selbst wenn die Chronisten des Mittelalters die modernen Fragen an die Geschichte gekannt hätten, wäre es ihnen schwergefallen, eine Antwort zu geben. Wie hätten sie feststellen können, wie viele Menschen im Lande lebten und auf welche verschiedenen sozialen Schichten sie verteilt waren, wie hoch die durchschnittliche Lebenserwartung war, welche Opfer ein Krieg oder eine Hungersnot kostete? Gewiß tauchen auch Zahlen in den Quellen auf, aber auf ihre Genauigkeit ist wenig Verlaß. Und Statistik war die Sache des Mittelalters schon gar nicht.

So ist die Erforschung der Bevölkerungsentwicklung, der Besiedlung, des Wirtschafts- und Alltagslebens schwierig und mühselig. Die Daten und Fakten, die der Historiker in den Schriftquellen des frühen und hohen Mittelalters findet, sind unklar und lückenhaft und werden erst am Ausgang dieser Epoche reichhaltiger und genauer. Verläßt der Historiker das vertraute Feld der schriftlichen Überlieferung und benutzt andersartige Quellen wie Boden- und Skelettfunde, Überreste des Alltagslebens, Orts- und Flurnamen, Dorf- und Flurformen oder die Ergebnisse von Pollenanalysen oder dendrochronologischen Untersuchungen, so fühlt er sich auf schwankendem Boden. Auch auf diesen Wegen sind in der Regel zuverlässige Erkenntnisse nur für einzelne Orte oder kleinere Gebiete zu gewinnen, die sich nicht ohne weiteres generalisieren lassen.

Wie viele Menschen mögen am Ende der Völkerwanderungszeit auf dem Boden des späteren Deutschland gelebt haben? In welchem Tempo verlief das Bevölkerungswachstum bis zu den schweren Jahren, in denen der Schwarze Tod über Europa hereinbrach? Der Historiker zögert mit der Antwort auf diese Fragen. Einigermaßen zuverlässige, statistisch auswertbare Daten demographischer Art sind für das Mittelalter sehr rar. Nur durch den Vergleich und die Kombination verschiedener Beobachtungen, vor allem durch die demographische Auswertung siedlungsgeschichtlicher Prozesse, lassen sich wenigstens die langfristigen Trends der Bevölkerungsentwicklung feststellen.

Von einem einzigen germanischen Stamm wissen wir mit einiger Sicherheit, wie groß er war. Als die Vandalen unter ihrem König Geiserich im Jahre 429 von Spanien nach Nordafrika übersetzen wollten, ließ der König sein Volk zählen. Gegliedert in 80 Tausendschaften bestiegen die Vandalen die Schiffe. Das Unternehmen war gewagt und erforderte eine sorgsame Planung, deshalb ist in diesem Fall die Zahlenangabe durchaus glaubwürdig.[3]

Für einen wandernden Stamm waren 80 000 Menschen eine beachtliche Größe, auch wenn man berücksichtigt, daß sich kleinere Gruppen von Alanen und Goten den Vandalen angeschlossen hatten. Es ist daher sehr wahrscheinlich, daß die germanischen Völkerschaften, die auf dem Boden Germaniens lebten oder sich in den ehemaligen römischen Provinzen an Rhein und Donau niedergelassen hatten, um einiges größer waren als das wandernde Volk der Vandalen. Die Alemannen, die Bayern und die am Niederrhein und im Rhein-Main-Gebiet siedelnden Franken könnten jeweils etwa doppelt so viele Menschen gezählt haben wie die Vandalen; Thüringen war klein, aber fruchtbar und konnte eine relativ große Zahl von Menschen ernähren, während Sachsen und Friesland wohl weniger dicht besiedelt waren. So mag Altdeutschland im 6./7. Jahrhundert eine dreiviertel Million Einwohner gehabt haben.

Allerdings ist zu bedenken, daß zu Beginn des Mittelalters weite Landstriche Mitteleuropas noch mit Wald und Heide, Sumpf und Moor bedeckt waren, so daß man bei dem Versuch, die Bevölkerungszahlen zu ermitteln, von der »frühgeschichtlichen Altlandschaft«[4] ausgehen muß. Hierunter werden die fruchtbaren Offenlandschaften verstanden, in denen die Menschen schon früh seßhaft geworden sind. In diesen Gebieten gab es bereits um 500 eine ziemlich dichte Besiedlung, so daß sich auch von diesem siedlungsgeographischen Ansatz her die Bevölkerung Altdeutschlands auf eine halbe bis dreiviertel Million veranschlagen läßt.

Mit dem Ende der germanischen Völkerbewegungen und ihrer kriegerischen Nachwehen begann in Europa eine Periode eines erst langsamen, sich dann aber mehr und mehr beschleunigenden Bevölkerungswachstums. Die aufsteigende Tendenz der demographischen Entwicklung ist ablesbar an der Rodung großer Waldungen und der Trockenlegung der Niederungen, an der Gründung neuer Siedlungen und nicht zuletzt an der wachsenden Dichte archäologischer Funde. Die Zunahme der Bevölkerung, die bereits im 6. und 7. Jahrhundert einsetzte, beschleunigte sich im 8. und 9. Jahrhundert weiter. Unter den ersten Karolingern herrschten in Mitteleuropa relativ stabile politische Verhältnisse, die eine Intensivierung des Wirtschaftslebens ermöglichten. Allerdings begann schon unter Ludwig dem Frommen (814–840) eine Periode der Bruderkriege, deren negative demographische Auswirkungen durch die Raubzüge der Wikinger, Sarazenen und Ungarn verstärkt wurden. Das Bevölkerungswachstum wurde im Verlaufe des 9. Jahrhunderts offenbar zwar gebremst, nicht aber grundsätzlich unterbrochen.

Am Ende der Karolingerzeit haben im ostfränkisch-deutschen Reich etwa zweieinhalb bis drei Millionen Menschen gelebt, nach anderen Schätzungen sogar drei bis vier Millionen. Sicherheit ist nicht zu gewinnen. Nach der Beseitigung der Ungarngefahr durch den Sieg Ottos des Großen in der Schlacht auf dem Lechfeld 955 wuchs in Deutschland die Bevölkerung wieder stärker an und dürfte im 11. Jahrhundert auf fünf bis sechs Millionen angewachsen sein.

Seinen Höhepunkt erreichte das Bevölkerungswachstum nicht nur in Deutschland, sondern in weiten Teilen Europas zwischen dem Ausgang des 11. und den ersten Jahrzehnten des 14. Jahrhunderts. Es kam nicht nur zu einer weiteren Ausdehnung des Kulturlandes in Altdeutschland, sondern auch zur Gewinnung weiter Gebiete im Osten durch die deutsche Ostkolonisation und die Assimilierung großer Teile der Elb- und Ostseeslawen. Eine wichtige Rolle auch in bevölkerungsgeschichtlicher Hinsicht spielte gerade in diesen entscheidenden Jahrhunderten der rasche Aufschwung und die großflächige Ausbreitung des Städtewesens im nordalpinen Europa. Die Städte boten vielen Menschen neue Existenzmöglichkeiten und konnten daher einen großen Teil des ländlichen Geburtenüberschusses aufnehmen. Auch wenn die Masse der deutschen Städte nur aus Klein- und Zwergstädten bestand, lebte doch seither ein beachtlicher Teil der Bevölkerung in der Stadt.

In dieser Periode raschen Bevölkerungswachstums hat sich die Bevölkerung Deutschlands, das sich im Zuge der Ostbewegung auch flächenmäßig stark vergrößerte, mehr als verdoppelt und dürfte zu Beginn des 14. Jahrhunderts auf etwa zwölf bis fünfzehn Millionen Menschen angewachsen sein. Kurz vor der Mitte des 14. Jahrhunderts erfolgte dann ein gewaltiger demographischer Einbruch durch die verheerenden Folgen der Pest, die West- und Mitteleuropa heimsuchte. Der »Schwarze Tod« wütete in Deutschland

Antike Wurzeln und neue Gründungen

Der Stadtgrundriß als Geschichtsquelle.

Köln mit der erweiterten Stadtmauer von 1106

.... Mauer aus der Römerzeit
——— Mauer der Rheinvorstadt
- - - Mauer von 1106

1 Dom St. Peter
2 Stift St. Cäcilie
3 St. Columba
4 Stift St. Maria im Kapitol
5 Kloster St. Martin
6 Stift St. Aposteln
7 Stift St. Georg
8 Stift St. Jacob
9 St. Johann Baptist
10 St. Maria Lyskirchen
11 Stift St. Andreas
12 Stift St. Kunibert
13 Kloster St. Ursula
14 Hohe Pforte
15 Judenpforte
16 Johannispforte
17 Alter Markt
18 Griechenmarkt
19 Heumarkt
20 Neumarkt
21 Judengasse

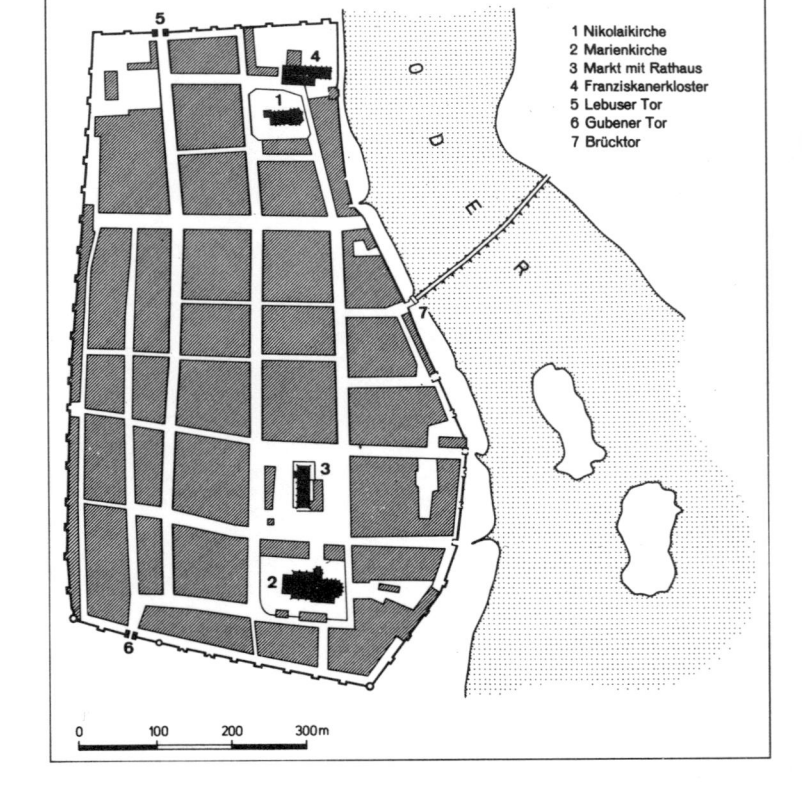

Die wichtigsten Städte an Rhein und Donau haben spätantike Wurzeln. Köln, die römische Stadt Colonia Agrippinensis, wurde nach einer Periode des Niederganges zur größten deutschen Stadt des Mittelalters. Bereits am Anfang des 12. Jahrhunderts war sie über den Bereich der Römerstadt, der sich im Stadtgrundriß deutlich abzeichnet, beträchtlich hinausgewachsen.

1 Nikolaikirche
2 Marienkirche
3 Markt mit Rathaus
4 Franziskanerkloster
5 Lebuser Tor
6 Gubener Tor
7 Brücktor

Frankfurt an der Oder.
Die 1253 von dem Markgrafen von Brandenburg gegründete Stadt besitzt einen für ostdeutsche Städte typischen regelmäßigen Grundriß. Eine ältere Marktsiedlung um die Nikolaikirche ist in der Gründungsstadt aufgegangen.

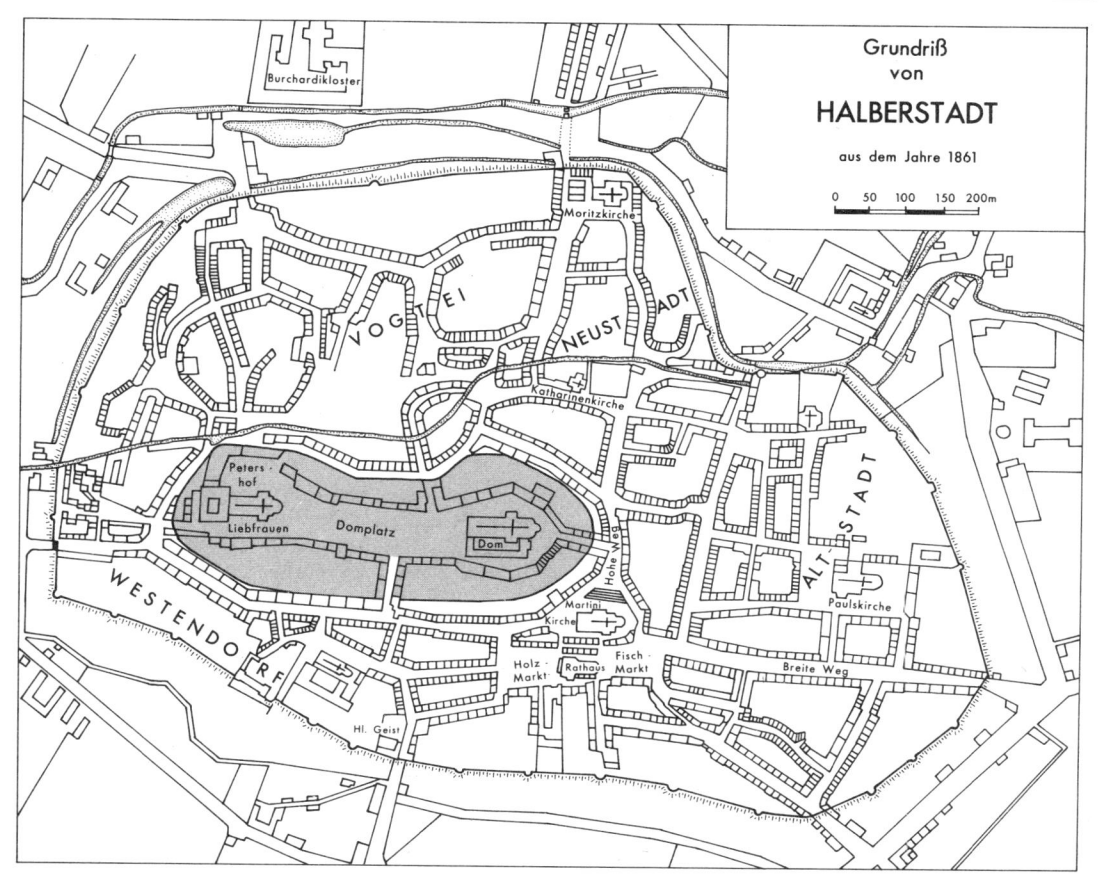

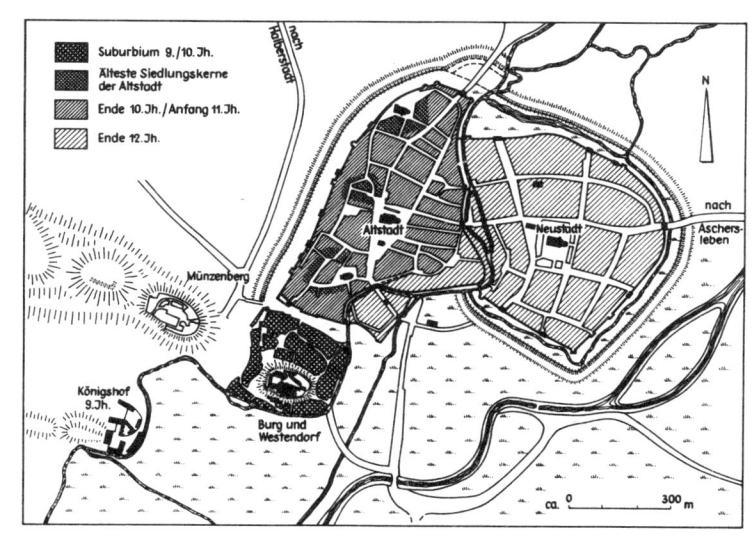

Südöstlich der Domburg entstand im 10. Jahrhundert eine Marktsiedlung, die im 12./13. Jahrhundert um Alt- und Neustadt erweitert wurde. Die bischöfliche Vogtei und das Westendorf wurden erst im 14. Jahrhundert in den Mauerring einbezogen.

Quedlinburg.
Im Schutz der Burg entwickelte sich zunächst eine kleine Siedlung, neben der allmählich die mit Marktrecht ausgestattete Altstadt erwuchs. Die Neustadt erweist sich durch ihren regelmäßigen Grundriß als eine planmäßige Gründung. Die Stadtherrschaft lag in den Händen der Äbtissin des Servatiusstiftes, die auch das Münzrecht besaß.

1347 bis 1349, 1357 bis 1362, 1370 bis 1376 und schließlich noch einmal 1380 bis 1383. Auch im 15. Jahrhundert flackerte die Pest in einzelnen Landschaften immer wieder auf und forderte ihre Opfer. Das »große Sterben« suchte vor allem die dichtbevölkerten Städte heim, in denen eine Quarantäne fast unmöglich war und die mangelhafte Hygiene der Ausbreitung der Seuche Vorschub leistete. In den Dörfern starben zwar weniger Menschen, aber da die Städte nach den gewaltigen Verlusten noch mehr als je zuvor auf den Zuzug vom Land angewiesen waren, ging auch die Zahl der Landbevölkerung stark zurück. Erst allmählich wurde das demographische Tief des Spätmittelalters wieder überwunden.

Es waren nicht allein die vielfältigen Gefährdungen des Daseins wie Kriege und Fehden, Naturkatastrophen und Hungersnöte, unheilbare Krankheiten wie die Lepra oder Seuchen wie die Pest, die das Tempo und den Rhythmus der demographischen Entwicklung im mittelalterlichen Deutschland bestimmten, sondern auch und vor allem das komplexe Zusammenspiel einer Reihe von biologischen, gesellschaftlichen und ökonomischen Faktoren: Heiratsalter und Heiratsmöglichkeiten, Altersunterschiede zwischen den Ehegatten, die Dauer der Fruchtbarkeitsphase der Frau, die Höhe der durchschnittlichen Geburtenrate, die Überlebenschancen der Neugeborenen und Kleinkinder, die durchschnittliche Lebenserwartung, der allgemeine Gesundheitszustand der Menschen, Wohnverhältnisse, Hygiene und medizinische Versorgung und nicht zuletzt Menge und Qualität der zur Verfügung stehenden Nahrungsmittel.

Das Heiratsalter lag im frühen Mittelalter nach modernen Begriffen sehr niedrig. Mädchen galten mit 12 oder 13, Knaben mit 14 oder 15 Jahren als heiratsfähig. Frühehen waren im Hochadel nicht selten; vor allem die Mädchen wurden sehr jung verheiratet. In anderen Bevölkerungsschichten dürfte es nicht anders gewesen sein.

Die Verlobung von Kindern war im Adel nicht selten. Die Eltern von Braut und Bräutigam vollziehen die Verlobung im Angesicht des Königs. Der Knabe steckt dem Mädchen den Verlobungsring an den Finger.
Illustration in einer Handschrift des Codex iuris civilis (1. Hälfte 14. Jahrhundert).

Die Familie als Fundament der Gesellschaft

Die Hochzeit fand nach dem Erreichen der Mündigkeit statt. Die Brauteltern halten ein Tuch als Symbol der Ehe über die Brautleute, die vor dem Altar knien, auf dem ein Priester die Brautmesse zelebriert.

Allerdings hatten keineswegs alle Menschen die Möglichkeit, zu heiraten und eine Familie zu gründen. Es war ein Privileg, zu denen gehören zu dürfen, die einen »eigenen Herd« besaßen. Ein großer Prozentsatz der Männer und Frauen blieb unverheiratet, weil ihnen ihr Stand oder ihre soziale und wirtschaftliche Lage die Gründung eines eigenen Hausstandes nicht gestatteten. Das galt nicht nur für Menschen niederer Herkunft, sondern auch für Angehörige der Oberschichten.

Die Familie war die fundamentale soziale Gemeinschaftsform des Mittelalters und hatte wichtige wirtschaftliche, gesellschaftliche und kulturelle Funktionen zu erfüllen. Der Ehestand war daher hoch geachtet; der Ehemann galt mehr als der Junggeselle, und das ehrenvolle Prädikat der Frau (althochdeutsch »frowe«) bedeutete Hausherrin und gebührte nur der verheirateten Frau.

Die rasche Entfaltung des Städtewesens seit dem 11. Jahrhundert und die Erschließung neuer Räume durch die deutsche Ostsiedlung während des 12. und 13. Jahrhunderts boten vielen Menschen eine neue wirtschaftliche Existenzmöglichkeit und damit eine größere Chance zur Heirat und zur Gründung einer Familie. Diese wirtschaftlichen und sozialen Wandlungen gehörten zu den wichtigsten Triebkräften des explosionsartigen Bevölkerungswachstums jener Jahrhunderte.

Kinderlosigkeit als Unglück

Die Frau stand unter der Vormundschaft ihres Mannes. Sein Tod konnte die Witwe in eine schwierige Lage bringen. Die Miniatur zeigt einen Rechtsstreit zwischen zwei Frauen mit ihren unmündigen Kindern und zwei Männern um das Witwengut und das Erbe der Kinder.

Wer im Mittelalter heiratete, wünschte sich in aller Regel Kinder, legitime Erben, die die Fortdauer des Geschlechts sicherten, aber auch später einmal für die älteren Familienmitglieder sorgen konnten. Kinderlosigkeit wurde als ein Unglück empfunden, das man durch Gelübde, Wallfahrten und fromme Stiftungen zugunsten der Kirche zu bannen suchte. Diese Einstellung des mittelalterlichen Menschen zum Kind kommt zum Beispiel in der Lebensbeschreibung des Bischofs Benno II. von Osnabrück deutlich zum Ausdruck. Die Ehe seiner Eltern war viele Jahre lang kinderlos geblieben. Erst nach einer Wallfahrt nach Rom zu den Apostelgräbern und dem Gelübde, den erstgeborenen Sohn für den geistlichen Stand zu bestimmen, ging ihr Wunsch nach Kindern in Erfüllung.[5]

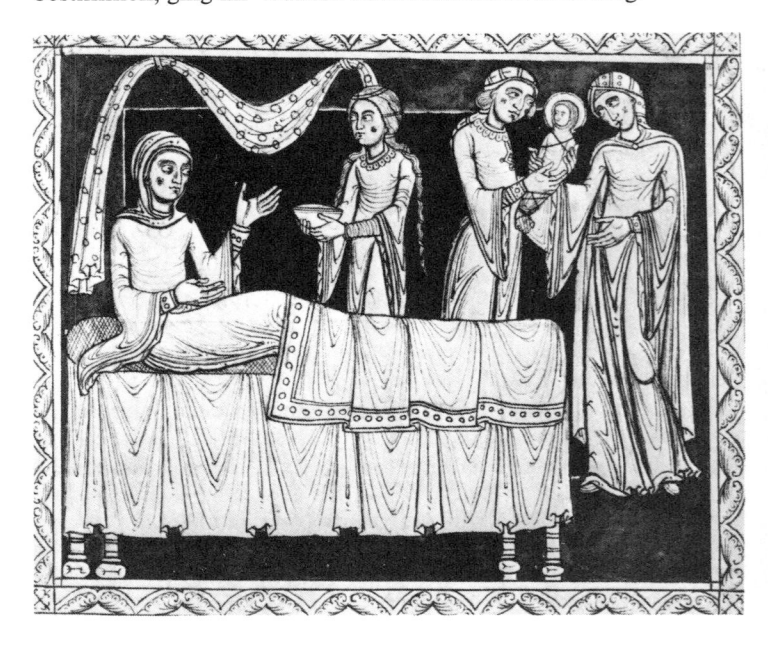

Geburt der Maria. Miniatur im Antiphonar von Sankt Peter zu Salzburg (um 1160).
Marias Mutter Anna bekommt eine Schale gereicht. Um das Köpfchen des nach mittelalterlicher Sitte fest gewickelten Kindes leuchtet schon ein Heiligenschein. Das alltägliche Ereignis einer Geburt wird so feierlich dargestellt, daß von den Schmerzen und Gefahren, die Mutter und Kind dabei bedrohen, nichts mehr spürbar ist.

Die schwangere Frau genoß nach Recht und Sitte besonderen Schutz. Die Fruchtbarkeitsphase einer Ehe war meist sehr lang und die Geburtenrate mit durchschnittlich vier Geburten recht hoch. Obgleich nach der kirchlichen Morallehre selbst der eheliche Beischlaf nur zum Zweck der Zeugung gestattet war, kannte und benutzte man auch im Mittelalter verschiedene Methoden zur Geburtenkontrolle. Längere Stillperioden sollten die Häufigkeit der Empfängnis verringern, und auch andere Mittel zur Empfängnisverhütung wurden angewandt. Abtreibungen kamen ebenfalls vor, waren aber gefährlich und wurden hart bestraft.

Die demographischen Folgen der hohen Geburtenrate wurden durch die extreme Säuglings- und Kindersterblichkeit abgefangen. Ein großer Teil der Menschen starb im Kindes- und Jugendalter, und da schon im vierten Lebensjahrzehnt die Sterblichkeitsrate wieder rasch anstieg, betrug die durchschnittliche Lebenserwartung des mittelalterlichen Menschen 28 bis 33 Jahre.

Wer die kritischsten Phasen des Lebens – Kindheit und Jugend – hinter sich gelassen hatte, hatte die Chance, ein mittleres oder sogar ein höheres Alter zu erreichen. Von den deutschen Herrschern der Zeit zwischen 919 und 1125 starben Otto II. zwar schon mit 28 Jahren, sein Sohn Otto III. sogar mit 22, Heinrich III. mit 38 und Heinrich V. mit 40, alle übrigen aber wurden älter, so daß sich für die deutschen Herrscher ein Durchschnittsalter von ungefähr 45 Jahren ergibt. Von den Kaiserinnen und Königinnen sind Edgitha, die erste Gemahlin Ottos des Großen, und Gunhild, die erste Frau Heinrichs III., jung gestorben, während einige andere recht alt geworden sind. Kaiserin Adelheid, die zweite Frau Ottos des Großen, wurde 68 Jahre alt, Königin Mathilde, die Frau Heinrichs I., sogar 72. Die durchschnittliche Lebenserwartung der Herrscherinnen der ottonischen und salischen Dynastie betrug knapp 50 Jahre.

Trotz der ständigen Gefährdung des Daseins gab es auch im Mittelalter immer wieder Menschen, die ein für mittelalterliche Verhältnisse hohes Alter erreichten. Äbtissin Hathui von Gernrode wurde 75 Jahre alt,[6] Bischof Ulrich von Augsburg wurde sogar 83.[7] Weit übertroffen wurden beide von der Gräfin Oda, der Ahnherrin des liudolfingischen Hauses. Im Jahre 806, kurz nach dem endgültigen Sieg Karls des Großen über die Sachsen geboren, erlebte sie noch die Geburt ihres Urenkels, des späteren Kaisers Otto des Großen, ehe sie 913 im wahrhaft biblischen Alter von 107 Jahren starb.[8]

Diese Angaben betreffen freilich nur den Hochadel; ob Menschen aus anderen sozialen Schichten ein ähnlich hohes Alter erreichten, läßt sich nicht sicher sagen. Die Höhe der Lebenserwartung hing schließlich nicht nur von den Erbanlagen ab, sondern auch von Umweltfaktoren wie der Ernährung, den Wohnverhältnissen und den Arbeitsbedingungen.

Im frühen Mittelalter war der allgemeine Gesundheitszustand der Bevölkerung recht gut. Die Härte des täglichen Lebens sorgte für eine natürliche Auslese, und die noch geringe Bevölkerungsdichte ermöglichte eine gesunde, eiweißreiche Ernährung, an der Milch und Fleisch einen großen Anteil besaßen. Die Menschen waren relativ groß; die durchschnittliche Körpergröße lag in Deutschland bei den Männern zwischen 170 und 175, bei den Frauen zwischen 165 und 170 Zentimeter. Es gab beträchtliche individuelle Abweichun-

Der Tod als Taufpate (Hugo von Trimberg, Der Renner, um 1400). Die Illustration zeigt anschaulich die Gefährdung des neugeborenen Lebens.

gen vom Mittelwert. Vor allem unter den Angehörigen der Oberschicht waren viele hochgewachsene Menschen anzutreffen.

Im Hochmittelalter hingegen erzwang die Bevölkerungsexplosion eine Umstellung der Ernährung auf pflanzliche Kost. Die Nahrung wurde einseitig und ungesund. Die Armen hungerten, während sich die Reichen der Völlerei hingaben. Der Gesundheitszustand verschlechterte sich; die durchschnittliche Körpergröße ging zurück und stieg erst seit 1850 wieder an.

2. Rodung und Siedlung

Wachsende Dynamik beherrschte schon im Mittelalter die Beziehungen zwischen dem wirtschaftenden Menschen und seiner natürlichen Umwelt. Immer nachhaltiger wurde die in Jahrtausenden von der Natur geformte Landschaft durch die Arbeit des Menschen verwandelt. Rodung und Siedlung kennzeichneten die Epoche und haben wesentlich zur Gestaltung der europäischen Kulturlandschaft beigetragen.

Im frühen Mittelalter haben sich die Ansiedlungen auf jene Landschaften konzentriert, die durch Bodengestalt, Bodenfruchtbarkeit, Wasserhaushalt und Klima begünstigt und für den Ackerbau besonders geeignet waren. Diese offenen und lichten, vielfach durch Wald- und Ödland, Niederungen und Moore, Höhenzüge und Gebirge voneinander getrennten Tal-, Becken- und Gäulandschaften wurden bereits im frühen Mittelalter zur Ausgangsbasis für die Gewinnung von Neuland in den angrenzenden Wäldern.

Dieses frühmittelalterliche Rodungs- und Siedelwerk kam am Ende der Karolingerzeit weitgehend zum Erliegen. Die Agonie der karolingischen Königsdynastie fiel mit einer Periode äußerer Bedrohung zusammen. Die Wirren der Bruderkriege, die Fehden des außer Rand und Band geratenen Adels, die Grenzkämpfe mit den Slawen und die Raubzüge der Wikinger und Ungarn waren blutig und forderten gewaltige Opfer. Zwar spürte die bäuerliche Bevölkerung nicht überall die Feindesnot in gleichem Maße, aber im großen

Der Grundherr verleiht den Siedlern Erbzinsrecht an ihren Gütern. Der Dorfschulze nimmt die Urkunde in Empfang. Danach wird gerodet und das Dorf erbaut.
Das Dorfgericht tagt vor der Kirche. Die Bauern berufen sich auf ihr verbrieftes Recht; für den Beklagten, einen Fremden, gilt jedoch das allgemeine Landrecht. Sachsenspiegel, Heidelberger Bilderhandschrift (1. Viertel 14. Jahrhundert).

Der Räder- oder Beetpflug, der sich seit dem 11. Jahrhundert in Mitteleuropa verbreitete, führte zu einer Steigerung der landwirtschaftlichen Produktion. Dieser asymmetrisch konstruierte Pflug mit Schar und Streichbrett dringt tiefer in den Boden ein und wirft die Schollen um. Die Anspannung mit dem Kummet ermöglichte es, die volle Kraft des Pferdes auszunutzen.
Illustration in einem Güterverzeichnis aus Flandern (um 1275).

und ganzen wuchs die Bevölkerung nur noch sehr langsam. Der Landesausbau stagnierte.

Innere Not und äußere Bedrohung zwangen die deutschen Stämme, sich unter einer neuen starken Königsdynastie zusammenzuschließen. Heinrich I. und Otto der Große gewannen das wichtige Lotharingien, organisierten den Abwehrkampf gegen die Nordmänner und die Ungarn, unterwarfen die elb- und ostseeslawischen Stämme und schoben die Reichsgrenze weit nach Osten vor. Der Sieg über die Ungarn in der Schlacht auf dem Lechfeld 955 beendete die unheilvolle Periode der Verheerungen und Verwüstungen durch fremde Heere. Das Reich war nicht mehr von äußeren Feinden bedroht. Zwar flammte im Osten der Grenzkrieg immer wieder auf, und auch im Inneren fehlte es nicht an Rebellionen, Adelsfronden und Fehden, aber mit den Maßstäben des Mittelalters gemessen, begann ein Jahrhundert des Friedens, des Bevölkerungswachstums und des wirtschaftlichen Aufschwungs.

Die ständig wachsende Bevölkerung mußte mit Nahrungsmitteln versorgt werden. Die Arbeitsproduktivität war niedrig, der Ernteertrag gering. Man bemühte sich zwar um eine Intensivierung und Rationalisierung der Landwirtschaft durch die Einführung der Dreifelderwirtschaft, die Ausdehnung des Getreideanbaues und die Verbesserung der Bodennutzung durch tieferes Pflügen, Gebrauch der Egge und verstärkte Düngung, aber die Grenzen des damals Möglichen waren bald erreicht. Einen Ausweg boten zunächst nur weitere Rodungen. Klimatisch ungünstigere, weniger fruchtbare Wald- und Gebirgsgegenden mußten besiedelt und Neuland durch die Trockenlegung von Niederungen und Mooren gewonnen werden. Im 12. Jahrhundert wurde dann mit dem Beginn der mittelalterlichen deutschen Ostsiedlung ein neues Kapitel der deutschen und europäischen Siedlungsgeschichte aufgeschlagen.

Der Landesausbau, der in der ottonischen Zeit in Altdeutschland einsetzte, hatte seinen Höhepunkt zwischen dem 11. und 13. Jahrhundert. Nachdem in den Altsiedelgebieten, wo eine weitere Verdichtung des Siedlungsnetzes kaum mehr möglich war, die letzten Landreserven unter den Pflug genommen worden waren, drangen die landhungrigen Kolonisten in die großen Waldungen der Mittelgebirgszone und des süddeutschen Raumes ein. Durch umfangreiche Rodungen, die mitunter auch höhere Lagen nicht verschonten, wurden Schwarzwald, Odenwald, Spessart, Frankenwald, Böhmerwald und Thüringerwald der bäuerlichen Siedlung erschlossen. In den großen Forsten des ostfränkischen Raumes und in den Basaltgebirgen Hessens, der Rhön, dem Vogelsberg, dem Kaufunger Wald

Die Wiesen wurden mit der Sense gemäht, während das Korn bis zum 14. Jahrhundert mit der Sichel geschnitten wurde.

Die Kolonisationsbewegung erfaßt auch den Osten

Die Form des Spatens hat sich seit dem Mittelalter nicht geändert. Der bis in die Neuzeit übliche Holzspaten war nur am Rand mit Eisen beschlagen.

und dem Reinhardswald, wurde die Rodungstätigkeit, die bereits in der Karolingerzeit eingesetzt hatte, wiederaufgenommen.

Mit der Rodung der Wälder allein war jedoch der wachsende Bedarf an landwirtschaftlicher Nutzfläche nicht zu decken. Der Mensch wagte sich mehr und mehr an die Melioration und Besiedlung der morastigen Talniederungen, der großen Moore Nordwestdeutschlands und der Fluß- und Seemarschen im Bereich der Nordseeküste heran. Die Anlage von Entwässerungsgräben und die Errichtung von Deichen waren erforderlich, um Neuland zu gewinnen und zu sichern. Die Güte des gewonnenen Bodens entschädigte die Kolonisten für die schwere und gefahrvolle Arbeit.

Die Rodung der Wälder und die Trockenlegung der Sümpfe waren in vielen Landschaften Altdeutschlands noch im Gange, als diese mächtige Kolonisationsbewegung auch auf den Lebens- und Siedlungsraum der östlichen Nachbarvölker übergriff. Der »deutsche Drang nach dem Osten« bekam eine neue Dimension: Kriegerische Expansion und christliche Mission verloren an Gewicht. Der deutsche Bürger und Bauer prägte diese Epoche. Hunderte von Städten und Tausende von Dörfern entstanden. Mecklenburg, Pommern, Ost- und Westpreußen, Brandenburg, Sachsen und Schlesien wurden deutsche Länder. Die einheimische Bevölkerung wurde nicht vertrieben, geschweige denn ausgerottet, sondern nahm nach Kräften an dem großen Siedelwerk teil. Allerdings setzte bald ein stiller Prozeß sprachlicher, kultureller und bewußtseinsmäßiger Assimilation ein. Die Elb- und Ostseeslawen und die Prußen verloren die eigene Sprache und das eigene Volkstum und gingen bis auf geringe Reste im deutschen Volk auf.

Die Ostsiedlung hatte im Südosten bereits in der Karolingerzeit begonnen, aber die Ungarnstürme hatten die damals gegründeten Dörfer wieder hinweggefegt. Im 11. Jahrhundert brachen im bayerisch-ungarischen Grenzraum wieder friedlichere Tage an. Deutsche Kolonisten siedelten sich in der Ostmark und der Böhmischen Mark an und drangen in die Täler der Ostalpen vor. Waldungen wurden gerodet und auch höhere Lagen im Gebirge erschlossen. Die slawische Bevölkerung wurde nicht verdrängt, so daß eine ausgedehnte bayerisch-slawische Kontaktzone entstand.

Auch jenseits der Reichsgrenze, im Königreich Ungarn, kam der hochmittelalterliche Landesausbau im Südosten in Gang. Die ungarischen Herrscher riefen deutsche Bürger, Bauern und Bergleute ins Land. Im Westen Ungarns entstand durch die Besiedlung der mächtigen Grenzwälder eine rein deutsche Landschaft, das Burgenland. Das wichtigste Siedlungsgebiet der Deutschen war allerdings Siebenbürgen, das Hochland im Karpatenbogen.

Vorsichtig schneidet der Bauer das Korn mit der gezähnten Bogensichel, um möglichst wenig von den kostbaren Körnern zu verlieren.
Illustration zum Hortus deliciarum der Äbtissin Herrad von Landsberg (um 1195).

Die Landesherren fördern die Einwanderung

Die Landesherren förderten die Einwanderung deutscher Kolonisten. Graf Wiprecht von Groitzsch war einer der Initiatoren der deutschen Ostkolonisation. Er rief schon kurz nach 1100 Siedler aus Ostfranken in die Ländereien, die er östlich der Saale erworben hatte. Sein Grabmal in der Pegauer Laurentiuskirche gehört zu den eindrucksvollsten Werken der deutschen Grabplastik.

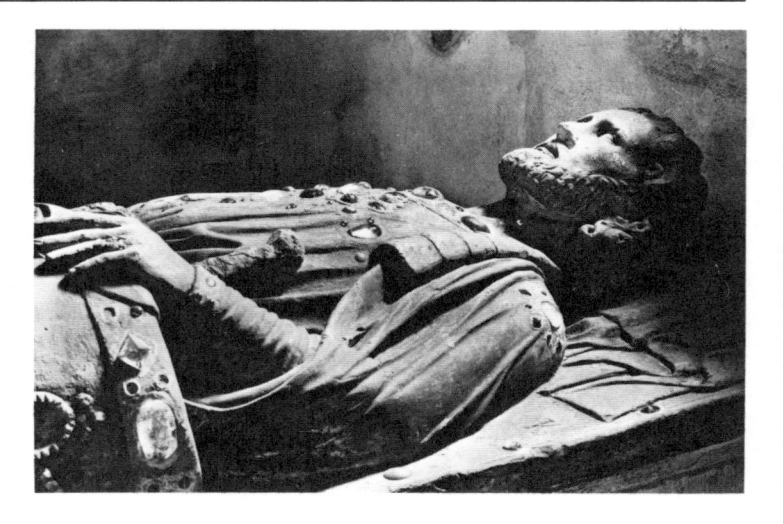

Die Gebirgszüge, die den Böhmischen Kessel umgeben, waren bis ins hohe Mittelalter hinein von riesigen Wäldern bedeckt. Fränkische und bayerische Siedler drangen im 12. Jahrhundert von Westen und Südwesten aus immer tiefer in den Böhmerwald ein. Das Egerland wurde besiedelt. Von Norden her wurden im 13. Jahrhundert Fichtelgebirge und Erzgebirge der Siedlung erschlossen, ebenso Nordböhmen und Nordmähren. Als Ergebnis dieser Siedlungsbewegung bildete sich in den Randlandschaften Böhmens eine fast rein deutsche Bevölkerung, während in den meisten böhmischen und mährischen Altsiedelgebieten die deutsche bäuerliche Zuwanderung keine Rolle spielte.

Das klassische Land der mittelalterlichen deutschen Ostsiedlung waren die nur locker besiedelten Gebiete östlich von Saale und Elbe. Die weite, nur durch die leichten Höhenzüge der Endmoränen und die flachen Urstromtäler gegliederte Landschaft Mecklenburgs, Pommerns und Brandenburgs bot den Kolonisten günstige natürliche Bedingungen für extensiven marktorientierten Getreideanbau, aber auch Sachsen und Schlesien lockten mit ihren sehr fruchtbaren Lößlandschaften und den ausgedehnten Wäldern am Rande des Erzgebirges und der Sudeten.

Nach zögerlichem Beginn an der Wende vom 11. zum 12. Jahrhundert kam die Siedlungsbewegung in der Mitte des 12. Jahrhunderts an Elbe und Saale in Schwung. Im Laufe von zwei Jahrhunderten erfaßte sie eine Landschaft nach der anderen, bis sie im 15. Jahrhundert im Ordensland Preußen ausklang. Charakteristisch für diesen Prozeß war die Verzahnung von bäuerlicher und städtischer Siedlung. Der Landesausbau führte nicht nur zur Anlage von Dörfern, sondern auch zur planmäßigen Gründung neuer deutscher oder zur Umgestaltung älterer slawischer Städte.

Im Gebiet der sorbischen Stämme, dem heutigen Sachsen, erreichte die Ostkolonisation ihren Höhepunkt schon zwischen 1150 und 1250. Viele Wälder wurden gerodet, Ödland urbar gemacht und zahlreiche neue Dörfer angelegt. Auch die meisten der heutigen Städte stammen aus dieser Periode und erlebten schon bald ihre erste Blüte.

Ausgangsbasis für die deutsche Siedlungsbewegung waren die bereits von den Sorben recht dicht besiedelten Lößlandschaften. Sie waren von Waldgebieten umgeben, die von den Kolonisten, unter denen sich auch Slawen befanden, bis auf geringe Reste gerodet und besiedelt wurden. Bald drangen die Siedler auch in die menschenleeren Wälder des Erzgebirges ein, rodeten den Wald und teilten das Land in einzelne Areale, sogenannte Waldhufen, auf. Die Höfe wurden in weitem Abstand voneinander angelegt, so daß kilometerlange Reihen- oder Waldhufendörfer entstanden.

Die Waldhufendörfer haben ihr Gegenstück in den Marschhufendörfern der niederländischen Kolonisten, die in der Mitte des 12. Jahrhunderts mit der Entwässerung und Besiedlung der sumpfigen Niederungen zu beiden Seiten der mittleren Elbe, vor allem in der Altmärkischen Wische und im Elb-Havelwinkel, begannen. In der zweiten Hälfte des 12. Jahrhunderts ließen sich deutsche Siedler dann jenseits des Stromes in der Prignitz, im Havelland und im Lande Jüterbog nieder. Im Laufe des 13. Jahrhunderts erfaßte die Siedlungswelle auch die übrigen Gebiete zwischen mittlerer Elbe und Oder und schließlich das Land östlich der Oder, die brandenburgische Neumark.

Die mittel- und ostbrandenburgischen Landschaften waren vor dem Einsetzen der deutschen Ostbewegung nur im Umkreis der zahlreichen Seen, Flüsse und Bäche von den Slawen besiedelt worden, so daß die Kultivierung der ausgedehnten Wald- und Heidegebiete großflächig und ohne Rücksicht auf ältere Wohnplätze geschehen konnte. Es entstanden hauptsächlich regelmäßige Straßen- und Angerdörfer, deren Gemarkung meist in drei große Felder, die »Gewanne«, gegliedert waren. Diese beiden Typen des Kolonistendorfes finden sich auch außerhalb der Mark Brandenburg häufig.

Die östlichen Landesteile Schleswig-Holsteins waren im frühen Mittelalter ebenfalls von Slawen in Besitz genommen und besiedelt worden. Schon in der ersten Hälfte des 12. Jahrhunderts wurden Kolonisten aus Flandern, Holland, Friesland und Westfalen ins Land gerufen. Der Landesherr, Graf Adolf II. von Schaumburg, gründete 1143 die deutsche Stadt Lübeck, die das Erbe des kurz zuvor zerstörten slawischen Fürstensitzes in Alt-Lübeck antrat. Nach der Zerstörung Lübecks durch Heinrich den Löwen und der Neugründung der Stadt 1158/59 begann ihr Aufstieg zur Handelsmetropole des Ostseeraumes.[9]

Um 1200 öffneten die mecklenburgischen Fürsten aus dem slawischen Fürstenhaus der Niklotiden ihre Länder den deutschen Siedlern, nachdem die ersten Kolonisten schon in der zweiten Hälfte des 12. Jahrhunderts in den westlichen Landesteilen um Ratzeburg und Schwerin seßhaft geworden waren. Die Siedlungsbewegung erfaßte zunächst die küstennahen Gebiete, wo die ausgedehnten Grenzwälder, die die kleinen slawischen Siedlungskammern umschlossen, gerodet und besiedelt wurden. Auf den schweren, verhältnismäßig fruchtbaren Böden entstanden die für Mecklenburg und später auch für Pommern charakteristischen Hagenhufendörfer.

Im Binnenland setzte der Landesausbau später ein und vollzog sich auch nicht mit der gleichen Intensität. Die Böden vieler Landstriche waren sandig und trocken und boten wenig Anreiz für deutsche Bauern. Deshalb behauptete sich hier eine ziemlich dichte sla-

Grabmal des Erzbischofs Wichmann von Magdeburg (1152-1192), eines tatkräftigen Förderers der Kolonisation. Er holte Holländer, Seeländer und Flamen in das Erzbistum Magdeburg.

Wald- und Marschhufendörfer

Waldhufendorf Röllingshain nördlich vom Chemnitz.
In den Wald- und Marschhufendörfern liegt das zu jedem Hof gehörige Land nicht in einzelnen Parzellen über die ganze Gemarkung verstreut, sondern in einem Stück hinter dem Gehöft. Weniger fruchtbare Böden sind noch von Wald bedeckt.

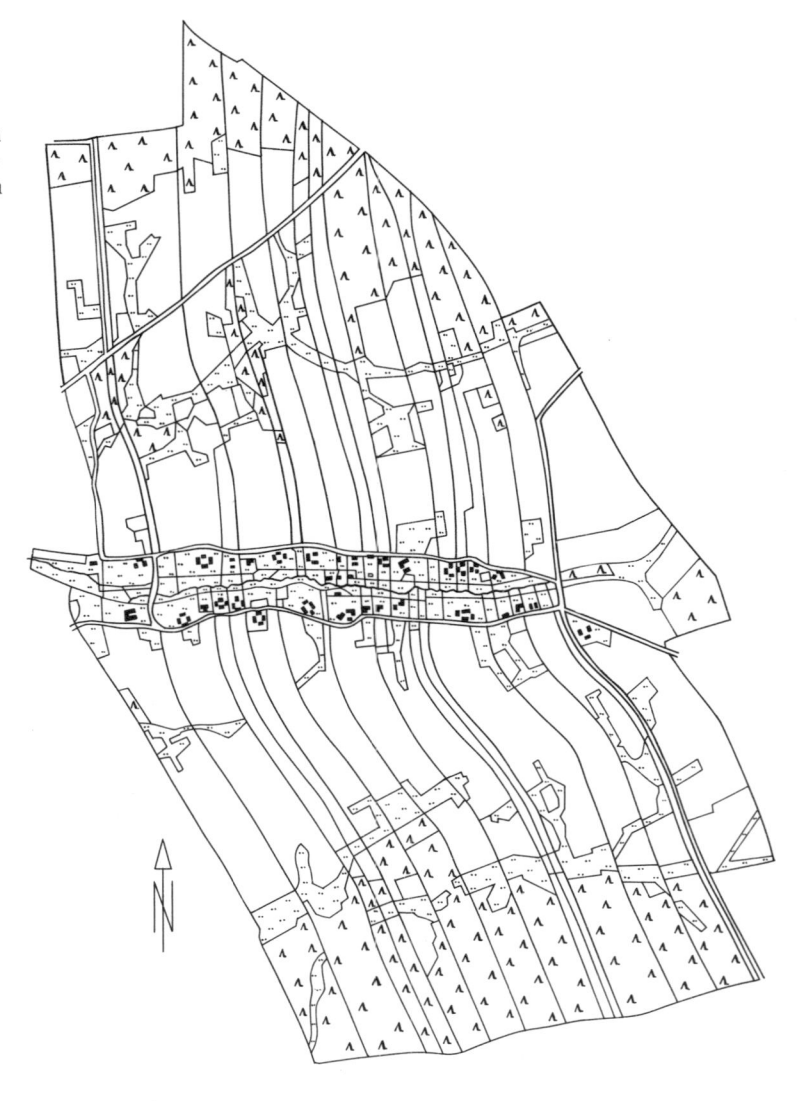

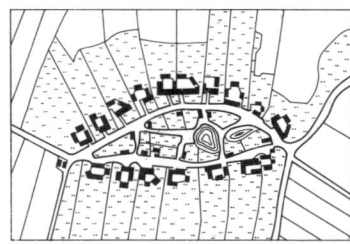

Angerdorf Tangen in Pommern (Katasterkarte 1864).

wische Bevölkerung, die ihr Volkstum im südwestlichen Mecklenburg und im westlich der Elbe gelegenen Hannoverschen Wendland bis in die frühe Neuzeit bewahren konnte.

In ähnlichen Bahnen verlief die Ostsiedlungsbewegung im Fürstentum Rügen, im Herzogtum Pommern und im Fürstentum Pommerellen, die im 13. Jahrhundert noch von slawischen Fürstengeschlechtern beherrscht wurden. Im Verlaufe des 13. Jahrhunderts entstanden im Küstengebiet vorwiegend Hagenhufensiedlungen, während im Landesinneren auf den Grundmoränenplatten überwiegend Straßen- und Angerdörfer mit Gewannfluren angelegt wurden. Gleichzeitig wurden zahlreiche deutsche Städte nach westlichem Muster gegründet, die zum Teil an ältere Handelsplätze anknüpften, darunter so bedeutende See- und Handelsstädte wie Greifswald, Stralsund, Stettin und Danzig. Östlich der Oder war die deutsche Siedlung nicht überall von gleicher Intensität, so daß sich dort eine pomoranische Volksgruppe, die der Kaschuben, bis zur Gegenwart behaupten konnte.

In Schlesien, damals noch ein polnisches Teilfürstentum unter der Herrschaft von Herzögen aus dem Hause der Piasten, begann die Gründung deutscher Dörfer und Städte in den ersten Jahrzehnten des 13. Jahrhunderts und erreichte schon in seiner zweiten Hälfte ihren Höhepunkt. Es war vor allem Herzog Heinrich der Bärtige von Niederschlesien (1201–1238), der die Einwanderung deutscher Bauern und Bürger tatkräftig gefördert hat. Ihm ging es nicht nur um die Kultivierung des Landes und die Hebung des Wirtschaftslebens, sondern auch um die Konsolidierung seines Fürstentums. Die mächtigen Grenzwälder Schlesiens bildeten seit alter Zeit einen natürlichen Schutzwall. Jetzt drohte von außen her ihre Auflösung. Der Herzog ließ daher selbst ihre Rodung in Angriff nehmen und brachte sie dadurch unter seine Landeshoheit. Neben den schlesischen Herzögen leiteten auch die Bischöfe von Breslau und die Zisterzienser der Klöster Leubus, Trebnitz und Heinrichau Siedlungsmaßnahmen ein.[10]

In Schlesien sind Altsiedelland und Neusiedelgebiete recht deutlich zu unterscheiden. Die deutschen Einwanderer rodeten vor allem in den noch unbesiedelten Waldgebieten, doch erfaßte die deutsche Siedlung auch die noch nicht vollständig erschlossenen schlesischen Altlandschaften. Hier entstanden deutsche Siedlungsinseln. Zahlreiche polnische Dörfer erhielten deutsches Recht. Damit war eine Verbesserung der rechtlichen, wirtschaftlichen und sozialen Lage der polnischen Bauern verbunden, die ihre Assimilierung durch die Deutschen erleichterte. Dies gilt vor allem für Niederschlesien, das allmählich ein deutsches Land wurde. Weniger intensiv und nachhaltig war die assimilierende Wirkung der deutschen Kolonisation in Oberschlesien, wo ungünstigere Bodenverhältnisse die Rodung der großen Waldungen der Randgebirge verhinderten und das Polentum auf dem Lande eine stärkere Stellung behauptete.

Als die deutsche Siedlungsbewegung den schlesischen Raum erfaßte, hatten sich bereits verschiedene Siedelformen herausgebildet und bewährt, mit denen man arbeiten konnte. Daher verlief die Besiedlung in Schlesien in besonders planmäßiger und großzügiger Weise. In der Mittelschlesischen Ackerebene wurden große Straßen- und Angerdörfer mit Gewannfluren angelegt, in den Gebirgsregionen Reihendörfer mit Waldhufenfluren.

Besonders charakteristisch für die Rationalität des Siedlungsvorganges war die schlesische »Stadt-Land-Siedlung«. In den Rodungsgebieten wurde eine Gruppe von zehn bis zwanzig Dörfern mit einer Stadt zu einem sogenannten »Weichbild« zusammengeschlossen. Die Stadt war Sitz des Gerichts und bildete das wirtschaftliche und verwaltungstechnische Zentrum des Weichbildes. Das Weichbild war ursprünglich nur als Sondergerichtsbezirk für die deutschen Siedler gedacht, doch ersetzte die Einteilung des Landes in Weichbilder allmählich überall die altpolnische Burgbezirks- oder Kastellaneiverfassung.

Die meisten schlesischen Städte entstanden bereits im 13. Jahrhundert. Einige von ihnen, darunter Breslau, Görlitz, Neisse und

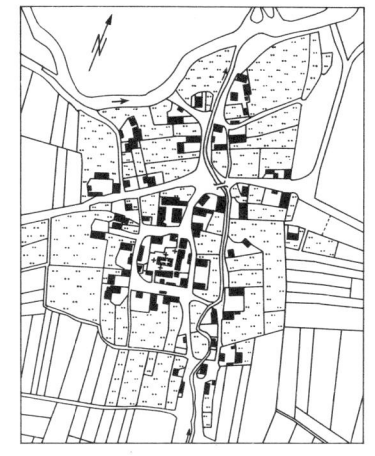

Haufendorf Singlis, Kreis Fritzlar-Homberg.
Straßen-, Anger-, Wald- und Marschhufendörfer sind planmäßig angelegte Siedlungen, die vor allem im Gebiet der deutschen Ostkolonisation anzutreffen sind, aber auch in anderen Gegenden nicht fehlen. Das Haufendorf ist eine in Altdeutschland weit verbreitete Dorfform. Der unregelmäßige Grundriß läßt auf ein allmähliches Wachstum schließen.

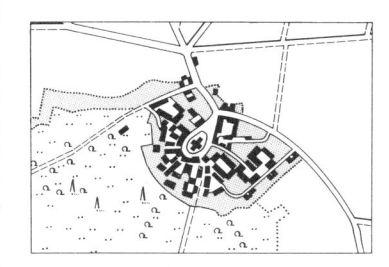

Rundplatzdorf Fahrendorf, Kreis Salzwedel.
Der »Rundling« ist charakteristisch für die slawischen Siedlungsgebiete des Hannoverschen Wendlandes und der westlichen Mark Brandenburg. Jedoch handelt es sich wohl nicht um eine urslawische Siedlungsform, sondern um Dörfer, die erst im Hochmittelalter angelegt worden sind.

Angerdorf Schönfeld mit Gewannflur.

Die gesamte Gemarkung wird für den Ackerbau genutzt. Ihren Kern bilden die drei Hauptgewanne (»Die Hufen«), die im Rhythmus der Dreifelderwirtschaft bewirtschaftet wurden. Die »Gemengelage« des Besitzes erforderte Regelungen durch den »Flurzwang«.

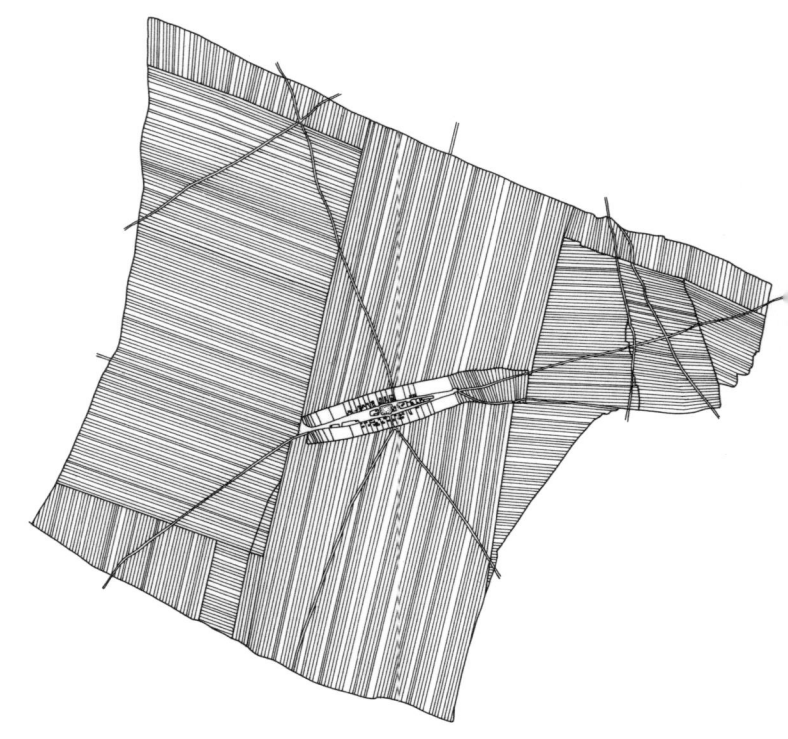

Troppau, knüpften an ältere stadtähnliche Siedlungen an, aber zum größten Teil handelt es sich um Gründungen »auf wilder Wurzel« mit Hilfe deutscher Bürger und zu deutschem Stadtrecht. Das gilt auch für die Bergbaustädte Goldberg und Löwenberg. Insgesamt sind in Schlesien während des 13. und 14. Jahrhunderts etwa 120 Städte und 1200 Dörfer gegründet worden.

Das Ordensland Preußen wurde erst in der zweiten Hälfte des 13. Jahrhunderts von der Siedlungsbewegung erreicht. Harte Kämpfe zwischen dem Orden und den Prußen verzögerten den Beginn des Landesausbaues. Zunächst gründete der Deutsche Orden, dessen Herrschaft über das noch immer unruhige Preußenland nicht zuletzt auf den gewaltigen steinernen Ordensburgen beruhte, eine Reihe von Städten: 1233 Kulm und Thorn, 1237 Elbing, 1254 Braunsberg, 1255 Königsberg.

Erst nach der Niederwerfung des Zweiten Prußenaufstands 1270 und der vollständigen Eroberung Preußens waren die Voraussetzungen für die Einwanderung deutscher Bauern gegeben. Als Ergebnis dieses Siedlungsprozesses, der seinen Höhepunkt im 14. Jahrhundert hatte, sind ungefähr 1000 deutsche Dörfer entstanden. Allerdings gab es Gebiete, die von der deutschen Einwanderung nicht oder nur wenig berührt wurden, etwa das von den Prußen dichtbesiedelte Samland. Die Siedler kamen vorwiegend aus Niedersachsen, Thüringen, der Mark Meißen und Schlesien.

Die Rodungs- und Siedlungstätigkeit hatte in Altdeutschland und in den von der deutschen Ostbewegung erfaßten Gebieten im 12. und 13. Jahrhundert zu einer gewaltigen Ausdehnung der landwirtschaftlich genutzten Flächen geführt. Der Wald war weit zurückgedrängt oder zumindest stark gelichtet worden. Große dichte Wälder waren nur noch im Alpenraum und in den höheren Lagen der Mittelgebirge anzutreffen; an der Wende vom 13. zum 14. Jahrhundert gab es in Deutschland daher weniger Wald als heute. Aber während weiterhin vielerorts Wälder, Heiden und Ödland urbar gemacht und neue Dörfer und Städte gegründet wurden, kam es in anderen Gegenden wieder zu einem Rückgang der Besiedlung. Der wachsende Bedarf an Ackerland hatte dazu verleitet, Land unter den Pflug zu nehmen, das sich für eine intensive landwirtschaftliche Dauernutzung nicht eignete. Die Fruchtbarkeit des Bodens ließ rasch nach. Die Verschlechterung des Klimas im späteren Mittelalter tat ein übriges, und als der Bevölkerungsrückgang in der ersten Hälfte des 14. Jahrhunderts die Getreidepreise zum Sinken brachte, setzte auf minderwertigen Böden in klimatisch ungünstigeren Lagen ein rapider Wüstungsprozeß ein, der bis zur Mitte des 15. Jahrhunderts andauerte. Unter unseren Wäldern liegen vielfach die Fluren wüst gewordener Dörfer. Es waren nur selten – den Sagen und Legenden zum Trotz – die Verheerungen des Dreißigjährigen Krieges, die die Dörfer vernichteten. Es war in der Regel die geringe Ertragsfähigkeit der Böden, die die Menschen zum Verlassen ihrer Dörfer gezwungen hat.

3. Die soziale Ordnung

Das Haus Gottes, das eine Einheit bildet, ist dreigeteilt; Die einen beten, die anderen kämpfen, die dritten arbeiten. Diese drei Stände gehören zusammen und dürfen nicht auseinandergerissen werden. Sie dienen der gleichen Sache, denn der Dienst des einen ist die Voraussetzung für die Werke der anderen.[11]

Bischof Adalbero von Laon (977–1030) sah sehr klar den Widerspruch zwischen der Gleichheit aller Menschen vor Gott und ihrer Ungleichheit auf dieser Erde und suchte ihn durch die Lehre vom harmonischen Zusammenwirken aller Stände zu überwinden. Zwar

Die Kluft zwischen Reichtum und Armut war groß. Im Gleichnis vom Abendmahl (Lukas 14, 16–24) wird auch Sozialkritik spürbar:
Ein vornehmer Herr lädt zum Abendmahl ein, doch seine Standesgenossen, selbstsüchtig und besitzgierig, schlagen die Einladung aus. Die Armen aber, die blinden und lahmen Bettler, folgen ihr und speisen am Tisch des Herrn.
Miniaturen im Perikopenbuch Heinrichs III. (Echternach um 1040).

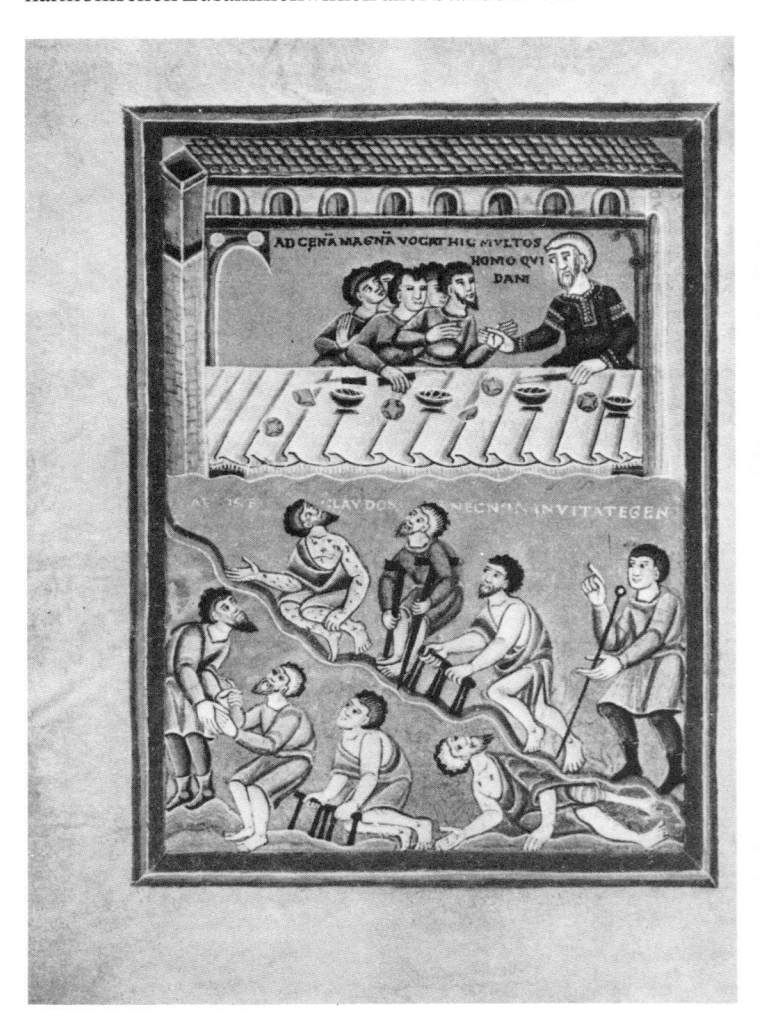

...und das Ideal: Harmonie der Stände

klingen bei ihm auch gesellschaftskritische Töne an, wenn er die ungleiche Verteilung der Lasten verurteilt und das traurige Los der Knechte beklagt, die nur zu gehorchen und zu arbeiten hatten, aber dennoch sieht er in der Gliederung der Menschen in Geistlichkeit, Ritter und Arbeiter eine notwendige Voraussetzung für die Existenz der Gesellschaft.

Das Ideal dieser christlichen Soziallehre war die Harmonie der Stände. Honorius Augustodunensis, ein zu Beginn des 12. Jahrhunderts vermutlich aus Canterbury nach Deutschland gekommener Benediktinermönch, hat die Gesellschaftsordnung seiner Zeit mit dem wohlgefügten Bau eines Gotteshauses verglichen. Wie im Kirchengebäude jeder Teil seine bestimmte Funktion hat, so wirken alle Stände zum Heil der Christenheit zusammen. Die Theologen werden mit den hellen Fenstern verglichen, die den Sturm abwehren und das Licht hereinlassen. Der Sturm, den die Kirchenlehrer fernhalten, sind ketzerische Gedanken der Häretiker; das Licht, das sie hereinströmen lassen, ist das reine Licht des katholischen Glau-

Arbeit als Fluch.
Dem Sündenfall folgt der Brudermord. Kain, der Ackerbauer, erschlägt seinen Bruder Abel, den Hirten. Auf der Bronzetür am Portal von San Zeno in Verona (Anfang 12. Jahrhundert) findet sich die älteste Darstellung eines Räderpfluges.

Arbeit als Segen.
Das neue Arbeitsethos findet seinen Niederschlag in allegorischen Darstellungen wie im Jungfrauenspiegel des Konrad von Hirsau (Ende 12. Jahrhundert).
Auf dem unteren Bild arbeiten die verheirateten Frauen, von einem Mann beim Umgraben unterstützt. Sie ernten das Dreißigfache der Aussaat. Auf der mittleren Ebene säen und ernten die Witwen und tragen die sechzigfache Frucht in die Scheune. Der edelste Stand, der der Jungfrauen, erntet die hundertfache Frucht.
Die Arbeit wird hier zum Ritual. Die Menschen tragen gepflegte Kleidung, verrichten die Arbeit in vornehmer Haltung und mit gemessenen Gesten. Hundertfache Frucht ist ein Märchen in einer Zeit, in der man höchstens das Drei- bis Vierfache der Aussaat erntete.

bens. Die Säulen, die das Gotteshaus tragen, sind die Bischöfe, die die Christenheit durch ihren vorbildlichen Lebenswandel tragen. Die Balken, die alles verbinden, sind die weltlichen Fürsten, die die Kirche schützen, und die Dachziegel, die den Regen fernhalten, sind die Ritter, die die Kirche gegen die feindlichen Heiden verteidigen. Der Fußboden, über den die Füße gehen, ist das gemeine Volk, durch dessen Arbeit die Kirche erhalten wird.[12]

Die Lehre von der Harmonie der Stände, die von der religiös fundierten Sozialethik schon seit dem 11. Jahrhundert propagiert wurde, war reine Theorie, aber mit ihrem neuen sozialen Grundschema trug sie den Veränderungen im wirtschaftlichen und sozialen Gefüge jener Zeit Rechnung. Hinter der Vorstellung von der »ständischen Trias«[13] aus Geistlichkeit, Ritterschaft und Bauerntum verbarg sich ein »weltgeschichtlicher Akt der Berufs- und Arbeitsteilung«, der um die Jahrtausendwende wirksam wurde.[14] Das heißt

Das neue Arbeitsethos

Von der geburts- zur berufsständischen Gesellschaft

Seit dem 10. Jahrhundert wurde der Weinbau intensiviert. Zu den »Weingärten« in der Ebene kamen auch »Weinberge« an den steilen Hängen der Flußtäler. Ein Winzer schneidet die reifen Trauben mit dem Winzermesser und legt sie in einen Korb. Zur Gewinnung des Mostes werden die Trauben in der von dicken Weidenruten zusammengehaltenen Bütte getreten. Der heilige Gregor prüft die Qualität der jungen Weine.
Illustration in einer Handschrift aus dem 12. Jahrhundert.

Die Illustration zum Gleichnis von den bösen Winzern im Goldenen Evangelienbuch von Echternach (um 1040) zeigt einen eingezäunten Weingarten mit einer »Baumkelter«, einem technisch aufwendigen und teuren Gerät.

nicht, daß es in den Jahrhunderten zuvor keine Berufs- und Arbeitsteilung gegeben habe, aber nicht sie hatte in erster Linie den Aufbau der Gesellschaft bestimmt, sondern die uralte Gliederung der Menschen in die Rechtsstände des Adels, der Freien, Halbfreien und Sklaven.

Die Entwicklung von der rechts- oder geburtsständischen Ordnung zu einer stärker berufsständisch strukturierten Gesellschaft hatte schon im frühen Mittelalter begonnen. Die archaische Einheit von Kriegertum und Bauerntum zerbrach endgültig. Allmählich bildeten sich als neue, gegeneinander abgegrenzte soziale Schichten der Bauernstand und das Rittertum heraus.

Zahlreiche kleine freie Grundbesitzer waren gezwungen, sich mit größerer Intensität um ihre Landwirtschaft zu kümmern. Viele von ihnen begaben sich in den Schutz und die Abhängigkeit von der Kirche oder von mächtigeren weltlichen Herren. Sie wurden nun auch nicht mehr zur Heerfahrt aufgeboten, und mit der Wehrpflicht geriet auch ihr Waffenrecht in Vergessenheit. Sie sanken zu hörigen Bauern herab. Auf der anderen Seite bekamen Unfreie und Freigelassene die Chance, im Rahmen der großen Grundherrschaften zu selbständig wirtschaftenden Bauern aufzusteigen.

Der mittelalterliche Bauernstand bildete aber niemals eine wirklich einheitliche Schicht, weder wirtschaftlich noch rechtlich oder sozial. Die Zugehörigkeit zur Gruppe der Bauern im rechtlichen

»Stadtluft macht frei«.
Zwei Männer nehmen das Bürgerrecht für sich in Anspruch. Vor dem geöffneten Stadttor tragen sie ihr Anliegen einem Vertreter des Rates vor. Der Handschuh ist wohl das Symbol für das Bürgerrecht.
Miniatur in einer Rechtshandschrift aus dem 14. Jahrhundert.

Abhängigkeiten angesehen. Das ist nur mit großen Einschränkungen zutreffend, denn der berühmte Rechtssatz »Stadtluft macht frei«, der überhaupt erst im 19. Jahrhundert diese prägnante Formulierung gefunden hat, galt keineswegs so unbedingt.

Die Stadtbevölkerung jener Umbruchszeit setzte sich aus verschiedenen Schichten zusammen. Das konnte auch kaum anders sein, denn die mittelalterlichen Städte entwickelten sich zumeist in engster Anlehnung an ältere Siedlungskerne wie ehemalige Römerstädte, Bischofssitze, Klöster, Königspfalzen, Burgen oder sogar grundherrliche Fronhöfe. An diesen frühstädtischen Siedlungskomplexen konnten Menschen aus verschiedenen Rechtskreisen zusammenleben, christliche und jüdische Kaufleute, freie und leibeigene Händler und Handwerker, hofrechtlich gebundene Leute, sogenannte Zensualen, aber auch stadtherrliche Ministeriale und nicht zuletzt zahlreiche Angehörige des geistlichen Standes wie Dom- und Stiftsherren, Pfarrer und Vikare, Mönche und Nonnen.

Allmählich fanden sich verschiedene Bevölkerungsgruppen zusammen, um ihre wirtschaftlichen, rechtlichen und sozialen Interessen gegenüber ihrem jeweiligen Stadtherren, dem König, einem weltlichen oder geistlichen Fürsten oder einem adligen Grundherrn, durchzusetzen. Die treibende Kraft dieser sogenannten kommunalen Bewegung waren die Kaufleute, an manchen Orten von Teilen der stadtgesessenen Ministerialität unterstützt. Aus reichen Kaufmanns- und Ministerialenfamilien formierte sich

Das Trierer Marktkreuz, ein Rechtsdenkmal aus dem 10. Jahrhundert, ist das Symbol für Marktrecht und Marktfrieden.

In den rheinischen Bischofsstädten gab es im frühen Mittelalter Niederlassungen jüdischer Kaufleute. Eine der ältesten Judengemeinden lebte in Worms.
Die Wormser Synagoge, mit deren Bau 1034 begonnen wurde, ist die einzige aus dem Mittelalter stammende Synagoge Deutschlands. Sie wurde nach der Zerstörung von 1938 zwischen 1959 und 1962 rekonstruiert.
Das Bild zeigt die Männersynagoge mit der Raschikapelle von 1623/24, im Hintergrund die Frauensynagoge mit der Vorhalle. In der Synagoge herrscht strenge Trennung der Geschlechter.

bald eine bürgerliche Oberschicht, die die politische Führung der werdenden Stadtgemeinde übernahm. Diese städtische Elite, die man als Patriziat oder »Ehrbarkeit« zu bezeichnen pflegt, stellte nach der Ausbildung der Ratsverfassung in der Regel auch die Ratsherren.

Auch nach der Entstehung der Bürgergemeinde, der »universitas civium«, bestand die städtische Gesellschaft aus vielen sozialen Schichten und Gruppen, aus Patriziern und einfachen Bürgern, Einwohnern ohne Bürgerrecht, Stadtadel, Geistlichkeit, Juden, Tagelöhnern, Dienstboten und Bettlern.

Das Himmlische wog schwerer als das Irdische, die Seele bedeutete mehr als der Leib, die Kirche mehr als die Welt. So konnte es keinen Zweifel geben, daß auch die Priester, die Diener Gottes und Spender der Sakramente, unvergleichlich höher standen als die Laien. Man begegnete ihnen mit Achtung und Ehrfurcht. Wo es streng nach Rang und Stand ging, wie in den Zeugenreihen der Urkunden, hatte selbst der bescheidenste Priester den Vortritt vor dem vornehmsten unter den weltlichen Fürsten. Nur für den christlichen König, den »Gesalbten des Herrn«, galt das nicht, denn er hatte durch die Königsweihe eine besondere sakramentale Würde empfangen. Aber selbst diese Ausnahme ließ Papst Gregor VII. in der Erregtheit des Investiturstreits nicht gelten, sondern sprach in

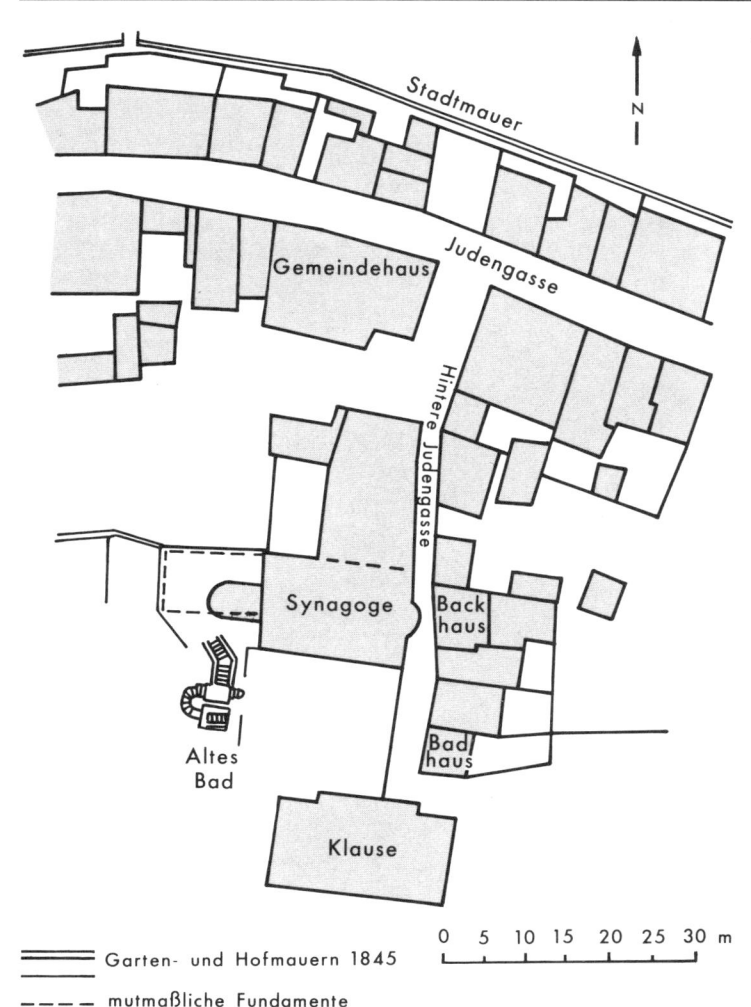

Judengasse, Synagoge und Judenbad in Worms um die Mitte des 19. Jahrhunderts.

Die Elfenbeintafel schmückte den Einband einer Prachthandschrift, die Bischof Sigebert von Minden (1022–1036) seiner Kirche stiftete. Die an byzantinische Vorbilder erinnernde Darstellung zeugt vom großen Selbstbewußtseins des Stifters. Mit seiner hohen Gestalt überragt er die beiden Priester und die beiden Diakone, die zu seinen Füßen ein Tuch ausbreiten. Er nimmt den Platz ein, der sonst dem Kaiser oder Christus vorbehalten ist. Das Lamm Gottes und die Taube des Heiligen Geistes berühren fast sein Haupt.

seinem berühmten programmatischen Sendschreiben an Bischof Hermann von Metz dem König diese sakrale Weihe ab und betonte, daß sogar der Exorzist, der Inhaber des niedrigsten kirchlichen Weihegrades, höher stehe als der König. Begeistert erinnerte er den Bischof daran, »daß es auf dieser Welt nichts Herrlicheres gibt als die Priester, nichts Erhabeneres als die Bischöfe«.[15] In seinem leidenschaftlichen Zorn neigte der Heilige Vater zwar zur Übertreibung, aber der Vorrang der Geistlichkeit vor der Laienwelt war unbestritten.

Gottesdienst, Chorgebet und Totengedenken als Lebensaufgabe verbanden alle Angehörigen des geistlichen Standes, den die mittelalterliche Ständelehre deshalb sehr treffend als den Stand der »Oratores«, der Beter, zu bezeichnen pflegte. Für die Geistlichen galt das kanonische Recht, sie unterstanden der kirchlichen Gerichtsbarkeit und genossen mancherlei Privilegien, vor allem Steuer- und Abgabenfreiheit, aber natürlich war auch der Klerus, der seine im Mittel-

Äbtissin Uta von Niedermünster (Regensburger Buchmalerei um 990).
Das reich ausgeschmückte Bild der aus dem Hochadel stammenden Äbtissin läßt den hohen Rang erkennen, den sie als Leiterin des vornehmen Regensburger Damenstifts einnahm.

Äbtissin Uta von Niedermünster. Als Stifterin eines Evangelistars naht sie sich in frommer Andacht der Muttergottes. Regensburger Buchmalerei um 1020.

alter gewonnene Gestalt in wesentlichen Zügen in die moderne Welt hinübergerettet hat, keine homogene und egalitäre Schicht, sondern war in sich stark differenziert und streng hierarchisch aufgebaut. Seit Jahrhunderten gab es die Hierarchie der geistlichen Weihegrade und der kirchlichen Würden, die Rivalität zwischen der Weltgeistlichkeit und dem Mönchtum, die Unterschiede zwischen der Lebensordnung im Kloster, Domkapitel oder Stift und nicht zuletzt den tiefen Graben, der Männer und Frauen im kirchlichen Leben trennte.

Geistliches Leben forderte zwar auch im abendländischen Mittelalter die vorbehaltlose Hingabe an Gott, nicht aber die rigorose Verdammung der Welt und die Flucht vor den Erfordernissen des irdischen Daseins. Absolute Askese und weltflüchtiges Eremitentum waren die Ausnahme; eher verstrickten sich die Diener der Kirche zu tief in die Geschäfte des täglichen Lebens und die Händel dieser Welt.

Das hatte damit zu tun, daß die Kirche des Mittelalters eine »Adelskirche« war. Königtum und Adel beeinflußten in vielfältiger

Die Adelskirche des Mittelalters

Der Konvent des Augustinerchorherrnstifts Hamersleben ist um den Stiftsheiligen versammelt. Hinter dem riesenhaften heiligen Pankratius, der wie ein Fürst gekleidet ist und Palmwedel und Schwert als Zeichen seines Martyriums trägt, ragen die Türme der Klosterkirche empor. Schutzsuchend nahen sich die Chorherren und die beiden Gründer des Stifts, Bischof Reinhard von Halberstadt und Gräfin Dietburg.

Weise das kirchliche Leben. Sie gründeten Kirchen und Klöster, bewahrten sich die Schutzherrschaft über diese Eigenkirchen und Eigenklöster und beanspruchten das Recht, den Abt oder den Pfarrer einzusetzen. Die modernen Patronatsrechte sind der letzte Nachklang dieses mittelalterlichen Eigenkirchenrechts.

Auch in der Geistlichkeit spielten die Angehörigen des Adels die führende Rolle. Bischöfe, Äbte und Prälaten waren bis zum Hochmittelalter fast ausschließlich hochadliger Abstammung, und auch in den Domkapiteln und in den Klöstern dominierte der Adel. Die adlige Herkunft prägte nicht selten die persönliche Lebensführung, so daß die Forderung nach Glaubensstrenge und Askese leicht mit

Trotz der demütigen Inschrift »Guda, die Sünderin, hat dieses Buch geschrieben und gemalt«, tritt die Nonne aus der Anonymität heraus und bekennt sich zu ihrem Künstlertum.

kriegerischem Sinn und dem Hang zum aristokratischen Lebensstil in Konflikt geriet. Der König, der die Reichskirche beherrschte, benötigte eben auch den tatkräftigen und weltklugen Bischof, der nicht nur der Kirche, sondern auch dem Reich zu dienen bereit war.[16]

Die niedere Geistlichkeit, vor allem die Priester an den ländlichen Pfarrkirchen, waren einfacherer Herkunft. Manchmal haben die adligen Eigenkirchenherren den Pfarrer für ihre Kirche sogar aus dem Kreis ihrer eigenen Sklaven genommen. Nach Kirchenrecht war allerdings vor dem Empfang der Priesterweihe die Freilassung erforderlich. Der Aufstieg in der kirchlichen Hierarchie war auch Männern aus einfachen Verhältnissen möglich, erforderte aber Glück und persönliche Tüchtigkeit und blieb lange Zeit die Ausnahme.

Die Geistlichkeit wurde von der Gesellschaft mit Aufgaben betraut, die über ihre eigentlichen liturgischen und seelsorgerischen Funktionen weit hinausgingen. Das Christentum war eine »Buchreligion« und forderte vom Klerus die Fähigkeit des Lesens und Schreibens. Die Beherrschung der Schrift eröffnete den Geistlichen

In der Schreibstube der Abtei Echternach arbeiten ein Mönch und ein Laie. Miniatur im Perikopenbuch Heinrichs III. Das Skriptorium, der Ort geistigen Lebens, ist fest eingefügt in das Kloster, die Stätte von Andacht und Gebet.

Bildungsmonopol der Geistlichkeit

Abt Theofried von Echternach blättert nachdenklich in einem Buch, das aufgeschlagen auf dem Lesepult liegt. Die Blumenschale in seiner Hand verweist auf den Inhalt des Buches.
Miniatur im Blumenbuch Theofrieds. Echternacher Buchmalerei, um 1100.

den Zugang zum Buchwissen der Vergangenheit und machte sie zum Wahrer und Vermittler der theologischen, philosophischen, wissenschaftlichen und literarischen Bildung. Höhere Bildung konnte bis zur Entstehung der Universitäten fast ausschließlich in Kloster- und Domschulen erworben werden.

Praktischeres kam hinzu. Die Geistlichkeit nutzte die Kenntnis der Schrift zur effektiveren Verwaltung ihrer Güter und zur Sicherung ihrer Rechte und Privilegien durch die Ausstellung von Urkunden. Sein Bildungsmonopol machte den Klerus auch zum unentbehrlichen Helfer in Politik, Verwaltung und Diplomatie. Geistliche dienten dem König und den weltlichen und geistlichen Fürsten als Verwaltungsbeamte, Diplomaten, Kanzler, Notare, Schreiber, Historiographen und Hofdichter.

Das Kloster als »behütete Werkstatt«

Die Geistlichen, namentlich die Mönche der großen Benediktinerabteien, besaßen technische Kenntnisse und Fähigkeiten, waren als Baumeister tätig, kannten sich auch in der Heilkunst aus und wirkten vorbildhaft im Obst-, Wein- und Gartenbau. Die Armenpflege und die Unterhaltung von Herbergen und Hospitälern lagen großenteils in ihren Händen; die Klöster dienten Behinderten als »behütete Werkstätten«. Notker der Stammler (um 840 bis 912) und Hermann der Lahme (1013–1054) fanden im Kloster Sankt Gallen und auf der Reichenau eine Stätte, wo sie trotz ihrer körperlichen Schwäche ihre geistigen Gaben frei entfalten konnten.

Notker der Stammler verdient viel eher den Namen Notker der Dichter. Er dichtete lateinische Hymnen und verfaßte ein Büchlein mit Anekdoten um Karl den Großen.
Titelbild in einer Handschrift mit den Hymnen Notkers.

III.
Das Reich

1. »Das deutsche Volk, einig in seinen Stämmen«

Das deutsche Volk, einig in seinen Stämmen und von dem Willen beseelt, sein Reich in Freiheit und Gerechtigkeit zu erneuern und zu festigen, dem inneren und äußeren Frieden zu dienen und den gesellschaftlichen Fortschritt zu fördern, hat sich diese Verfassung gegeben.[1]
  Weimarer Reichsverfassung
  vom 11. August 1919

Das wilhelminische Kaiserreich war zusammengebrochen, aber der romantische Reichs-, Volks- und Stammesgedanke blieb lebendig und beseelte selbst die demokratisch gesinnten Väter der Weimarer Verfassung. Worauf hätten sie sich auch sonst besinnen sollen? Hatte nicht die Novemberrevolution den Fürstenstaaten den Todesstoß versetzt und dem deutschen Volk die alte Freiheit zurückgegeben? Stand man 1919 nicht wieder an einem Anfang wie tausend Jahre zuvor, als sich »das deutsche Volk, einig in seinen Stämmen«, in seinem ersten Reich zusammenfand? Konnten die Stämme, die seit den Tagen der Romantik als die Urzellen des deutschen Volkskörpers galten, nicht wieder zur Grundlage der Reichsverfassung werden?

Tatsächlich dachte und plante man in dieser Richtung, aber die vorrevolutionäre Welt der Territorialstaaten wirkte zu stark nach, um einer großzügigen Raumgliederung nach Stämmen zu weichen. Überdies hätte die konsequente Umsetzung dieser Idee in die Praxis eines modernen Staates beträchtliche Schwierigkeiten bereitet.

Man mag über das romantische Pathos in der Präambel der Weimarer Verfassung lächeln; wer jedoch ohne übertriebene Skepsis in die Vergangenheit zurückblickt, wird unschwer erkennen, daß die Stammesstruktur des deutschen Volkes ein in grauer Vorzeit wurzelndes Phänomen ist. Gewiß waren die Stämme, an die die Abgeordneten der Weimarer Nationalversammlung dachten, etwas anderes als jene, die einst König Heinrich I. als ihren gemeinsamen Herrscher anerkannt hatten, aber gibt es sie nicht noch immer, die Bayern und Schwaben, die Franken und Thüringer, die Niedersachsen und Friesen? Und hatten sich zu ihnen, den »Altstämmen«, nicht die »Neustämme« der Mecklenburger, Pommern, Ost- und Westpreußen, Brandenburger, Obersachsen und Schlesier gesellt?

Völkische Emphase ist fehl am Platze, aber die deutschen Stämme sind keineswegs Traumgespinste romantischer Germanisten und Historiker, sondern sehr reale, das kulturelle, soziale und politische Leben mitgestaltende Mächte. Überhaupt sind Völker und Stämme niemals nur das Substrat der Geschichte, der geduldige Nährboden für große Taten, auch wenn sie ein Element der Beharrung, der »langen Dauer«, in sich tragen. Ihr Lebensrhythmus ist ruhiger, aber sie sind weder unveränderlich noch unvergänglich. Wer nach Ursprung und Schicksal der germanisch-deutschen Stämme fragt, muß weit zurück in die Vergangenheit.

Seit Urzeiten sind in Europa die Völker in Bewegung. In der vorchristlichen Ära dominierten die Kelten, die im mittel- und westeuropäischen Zentralraum siedelten. Sie beherrschten auch das südliche und westliche Deutschland bis weit in die Mittelgebirgszone hinein. In den ersten vorchristlichen Jahrhunderten drangen dann germanische Stämme nach Süden vor und drängten die Kelten zurück. Als die Römer Gallien und den Alpenraum ihrem Reich eingliederten, stießen die Germanen auf einen militärisch überlegenen Gegner, der ihrem weiteren Vordringen zunächst einen Riegel vorschob. Die römischen Legionslager und Kastelle an Rhein und Donau, durch den obergermanisch-rätischen Limes zu einer ausgedehnten Verteidigungslinie verbunden, erwiesen sich als ein festes Bollwerk, in dessen Schutz die neuen Provinzen wirtschaftlich, zivilisatorisch und kulturell aufblühten. Die Grenze des Römerreiches, die nach der Zeitenwende das spätere Deutschland durchschnitt, schied das Gebiet der von mediterraner Urbanität geprägten römischen Kultur von der agrarisch-kriegerbäuerlichen Lebenswelt der Germanen. Als politisch-militärische Grenze von recht kurzer Lebensdauer, blieb sie als Kulturscheide noch viele Jahrhunderte lang spürbar.

Seiner weltgeschichtlichen Rolle als Ordnungsmacht konnte das Römerreich nicht mehr lange gerecht werden. Die germanischen Völker blieben unruhig und bedrängten bald aufs neue das Imperium Romanum. Die Wanderungs- und Eroberungszüge der Ostgermanen, der gewaltige »Kampf um Rom«, brachten zwar die dramatischen Höhepunkte der germanischen Völkerwanderung, aber von der weit weniger heroischen Landnahme und Reichsgründung germanischer Stämme in Gallien und Germanien gingen die tieferen geschichtlichen Wirkungen aus. Diese ersten nachchristlichen Jahrhunderte waren für die Germanen auch eine Zeit, in der sich Wandlungen im ethnischen Gefüge vollzogen. Größere Völkerschaften lösten sich im Zuge der Völkerbewegung auf, Stammesbünde wurden gebildet, kleinere Stämme und Stammesteile von anderen aufgesogen. Aus älteren Stämmen, Stammessplittern, Wanderhaufen und Gefolgschaftsverbänden erwuchsen neue volkreiche Stämme, die sich gegen ihre Nachbarn besser wehren und den Kampf gegen das angeschlagene Römerreich mit mehr Aussicht auf Erfolg führen konnten.

Zur Gruppe der neuen Großstämme gehörten die Alemannen. Elbgermanische Sueben, durch Kriegerscharen anderer Abstammung verstärkt, hatten sich in der ersten Hälfte des 3. Jahrhunderts vor dem Limes gestaut, um 260 die römische Verteidigungslinie durchbrochen und das sogenannte Dekumatenland erobert. Den Römern gelang es, an Rhein, Bodensee, Iller und Lech einen neuen Verteidigungsgürtel aufzubauen und die land- und beutehungrigen

Scharen am weiteren Vordringen zu hindern. Die Eroberer wurden seßhaft und besiedelten die Gebiete an Main und Neckar, die Schwäbische Alb, den westrheinischen Teil der Oberrheinischen Tiefebene und die Gaue nördlich des Bodensees. Aus dem bunt zusammengewürfelten Heer- und Wanderhaufen bildete sich ein politisch nur locker organisiertes, von mehreren »Gaukönigen« beherrschtes Volk. Der Name Alemannen, der »All-Männer« bedeutet, zeigt, daß neben den Sueben auch Leute anderer stammesmäßiger Herkunft an der Bildung des neuen Stammes beteiligt waren. Unterschwellig lebte der Name des suebischen Kernvolkes aber weiter und kam im 10. Jahrhundert wieder an die Oberfläche. Aus den Alemannen wurden die Schwaben.

Auch nach ihrer Seßhaftwerdung im Dekumatenland drängten die Alemannen weiter nach Süden. Bedrohlich wurde die Lage für die Römer, als die alemannischen Könige mit einem großen Heer in der Mitte des 4. Jahrhunderts den Rhein überschritten. Der Vorstoß endete jedoch 357 mit einer blutigen Niederlage der Angreifer in der Schlacht bei Straßburg, dem römischen Argentoratum.

Am Ende des 5. Jahrhunderts brach das weströmische Reich zusammen, den Alemannen gelang die Eroberung des Elsaß und der Nordostschweiz. Bald erwuchs ihnen in einem germanischen Volk ein neuer Gegner, die Franken. Die Entscheidung in diesem Kampf fiel in der Schlacht bei Zülpich um 496. Die Alemannen wurden von den Franken unter Führung des Königs Chlodwig geschlagen und verloren große Teile ihres Siedlungsgebietes. Vor der vollständigen Unterwerfung konnten sie sich dadurch retten, daß sie sich dem Schutz des Ostgotenkönigs Theoderich anvertrauten, der damals im Kreis der germanischen Könige eine hegemoniale Stellung besaß. Nach dem Tode dieses übermächtigen Herrschers im Jahre 526 geriet das Ostgotenreich in eine tiefe Krise, in die die Alemannen unvermeidlich hineingerissen wurden. Die Franken hatten leichtes Spiel. Um 536 wurde Alemannien endgültig unterworfen.

Wohl nur wenig später wurden auch die östlichen Nachbarn der Alemannen, die Bayern, ins Frankenreich eingegliedert. Sie sind die »Findelkinder der Völkerwanderung«,[2] ein Volk dunklen, noch immer rätselhaften Ursprungs. Ihr Herkunftsland ist wohl Böhmen, wo sich offenbar Splitter mehrerer germanischer Stämme zu einem neuen Verband zusammengeschlossen hatten. Die Bajuwaren, die Männer aus Böhmen, haben dann den Böhmischen Kessel geräumt und im Verlaufe des 5. Jahrhunderts das Donautal um Regensburg und Straubing, das Voralpenland und die Täler von Altmühl, Naab und Regen besiedelt. Der Lech bildete im Westen die Grenze zwischen dem bayerischen und alemannischen Siedlungsgebiet. Schon am Ende des 5. Jahrhunderts erreichte die bayerische Siedlung im Osten das Tal der Enns. Um 600 drangen bayerische Kolonisten dann auch in die von der provinzialrömischen Bevölkerung besiedelten Alpentäler vor, überschritten den Alpenhauptkamm und ließen sich im Vintschgau und im Bozener Becken nieder.

Am Ende des 4. Jahrhunderts erscheint im Dämmerlicht der Frühgeschichte ein weiteres neues Volk, das der Thüringer. Zu den Hermunduren, die bereits im mitteldeutschen Raum wohnten, waren Warnen aus Mecklenburg und Angeln vom Süden der Jütischen Halbinsel gestoßen. Das Herrschafts- und Siedlungsgebiet dieses neuen Großstammes reichte von der Wasserscheide auf dem Kaufunger Wald und dem Seulingswald westlich des Werratales bis zur Elbe im Osten, umfaßte im Norden die Magdeburger Börde und das östliche Harzvorland und griff im Süden noch weit über den Thüringer Wald hinaus.

Das mächtige, auf einer hohen Stufe der materiellen Kultur stehende Königreich der Thüringer erlebte seine Blüte im 5. Jahrhundert. Auf die Machthöhe folgte ein jäher Sturz. Dynastische Wirren im Königshaus schwächten das Reich und ermunterten die fränkischen Könige zum Angriff. Die schwere Niederlage der Thüringer 531 und die Ermordung ihres Königs Herminafried 534 besiegelten das Schicksal des Thüringerreiches. Sein Kerngebiet, das Thüringer Becken und seine Randlandschaften, kam unter fränkische Herrschaft. Die Gebiete nördlich der Unstrut gingen an die Sachsen verloren, den Raum östlich der Saale besiedelten die allmählich nach Westen vordringenden Slawen, und das Land südlich des Thüringer Waldes wurde von den Franken in Besitz genommen.

Die Franken, auch sie ein im Kampf gegen die Römer aus mehreren kleineren Stämmen zusammengewachsener Großstamm, durchlebten am Ende des 5. und zu Beginn des 6. Jahrhunderts die aggressivste Phase ihrer älteren Geschichte. Mit List und Gewalt hatte der brutalste unter ihren Anführern, der aus dem sagenumwobenen Geschlecht der Merowinger stammende Chlodwig (482–511), die übrigen Könige umgebracht und sich zum Alleinherrscher aufgeschwungen. Seine Siege über den römischen Heermeister Syagrius und den Westgotenkönig Alarich sicherten ihm die Vorherrschaft in Gallien, und in der berühmten Schlacht bei Zülpich schlug er die Alemannen. Nur der Kriegsruhm und die Diplomatie des Ostgotenkönigs Theoderich waren in der Lage, die Angriffslust des fränkischen Heerkönigs zu zügeln.

Das von Theoderich dem Großen (493–526) mit überlegener Staatskunst geknüpfte Netz internationaler Beziehungen zwischen den germanischen Völkern zerriß nach seinem Tode. In den dreißiger Jahren des 6. Jahrhunderts konnten Chlodwigs Söhne und Enkel die fränkische Eroberungspolitik wiederaufnehmen. In Frankreich drängten sie die Westgoten bis an die Mittelmeerküste zurück, entrissen den Ostgoten die Provence, eroberten das Burgunderreich und das Reich der Thüringer. Alemannien und Bayern wurden in das Frankenreich eingegliedert.

Von den germanischen Stämmen auf deutschem Boden leisteten allein die Sachsen und die Friesen ziemlich hartnäckigen Widerstand. Die fränkischen Könige aus dem Geschlecht der Merowinger mußten sich mit der Anerkennung einer lockeren Oberhoheit über einige westfriesische Gaue begnügen. Die Sachsen, die ihrerseits bestrebt waren, ihr Siedlungsgebiet noch weiter nach Süden auszudehnen, blieben unbezwungen. Nur einige Landschaften nördlich der Unstrut scheinen zeitweilig unter fränkischer Herrschaft gestanden zu haben.

Mit dem Angriff der Langobarden auf Italien im Jahre 568 erklang gleichsam der Schlußakkord der großen germanischen Völkerwanderung. Er machte die Hoffnung auf die Wiederherstellung des weltumspannenden römischen Reiches zunichte, die durch die Erfolge der Politik des Kaisers Justinian (527–565) geweckt worden war. Tatkräftig hatte Justinian die Rückeroberung der Gebiete in Angriff genommen, die an die Wandalen, Ost- und Westgoten verlorengegangen waren. Noch einmal erstrahlte im Mittelmeerraum der Glanz der römischen Waffen; seine Armeen schlugen die Wandalen und eroberten Nordafrika, Sardinien und Korsika zurück. Belisar und Narses, die Feldherrn Justinians, besiegten in einem dramatischen Ringen die Ostgoten und unterwarfen ganz Italien wieder der kaiserlichen Herrschaft. Im Jahre 554 landeten Justinians Truppen auf der Iberischen Halbinsel, um das Land den Westgoten zu entreißen.

Das Ende der völkerwanderungszeitlichen Germanenreiche schien gekommen, doch Rückschläge für das oströmische Reich ließen nicht lange auf sich warten. Die Westgoten unter König Leovigild (568–586) zwangen die Byzantiner zum Rückzug, und auch auf der Apenninhalbinsel geriet Byzanz bald in die Verteidigung. Binnen weniger Jahre eroberten die Langobarden den größten Teil Nord- und Mittelitaliens. Pavia wurde zur Hauptstadt der Langobardenkönige, die Oberitalien und die Toskana beherrschten, während in Spoleto, Benevent und Friaul mächtige Herzöge regierten. Da den Langobarden die Kunst der Belagerung fester Städte fremd war und ihnen überdies eine Flotte fehlte, konnten die Byzantiner die Herrschaft über die Küstenregionen von Ravenna, Genua, Rom und Neapel behaupten. Auch Apulien, Kalabrien, Sizilien, Sardinien und Korsika blieben beim oströmischen Reich. Die Einheit Italiens war jedoch für fast anderthalb Jahrtausende verloren.

Justinian sollte der letzte der oströmischen Kaiser sein, der von einer Wiedergeburt des augusteischen Imperium Romanum träumen durfte. Seine Nachfolger hatten andere, brennendere Sorgen.

Die oströmischen Kaiser, schon seit zwei Jahrhunderten in Konstantinopel, dem altgriechischen Byzantion, residierend, sahen sich zwar immer noch in der Tradition der römischen Imperatoren, aber ihr Reich war ein griechisch-orientalischer Staat geworden. Der Westen des alten Römerreiches war für Byzanz verloren, und im Mittelmeerraum, in Kleinasien, auf dem Balkan und am Schwarzen Meer kämpfte Byzanz bald nach Justinians Tod ums nackte Überleben. Awaren, Slawen und Bulgaren bedrohten die Nordflanke des Reiches und überfluteten die byzantinischen Balkanprovinzen. In Kleinasien entbrannte ein langer Krieg mit den Persern, den erst Kaiser Herakleios (610–641) siegreich beenden konnte. Kaum hatte er das byzantinische Reich gesellschafts- und machtpolitisch wieder gefestigt, begann der atemberaubende Siegeszug der Araber, der zweimal bis vor die Mauern von Konstantinopel führen sollte. Sie eroberten Syrien, Palästina, Armenien, Mesopotamien, Persien und Ägypten und nach dem Fall von Karthago 693 ganz Nordafrika. Wenig später gelang ihnen 711 der Sprung über die Meerenge von Gibraltar und die Eroberung des westgotischen Spanien.

Das Zeitalter Theoderichs und Chlodwigs, Justinians und Mohammeds, jene janusköpfige Ära zwischen Antike und Mittelalter, war eine weltgeschichtliche Achsenzeit. Die große Welle der germanischen und slawischen Wanderungsbewegungen verebbte, während wenig später in Kleinasien und im Bannkreis des Mittelmeeres ein neuer Kulturkreis erwuchs, die Welt des Islam.

Im Herzen Europas war währenddessen das Frankenreich zur

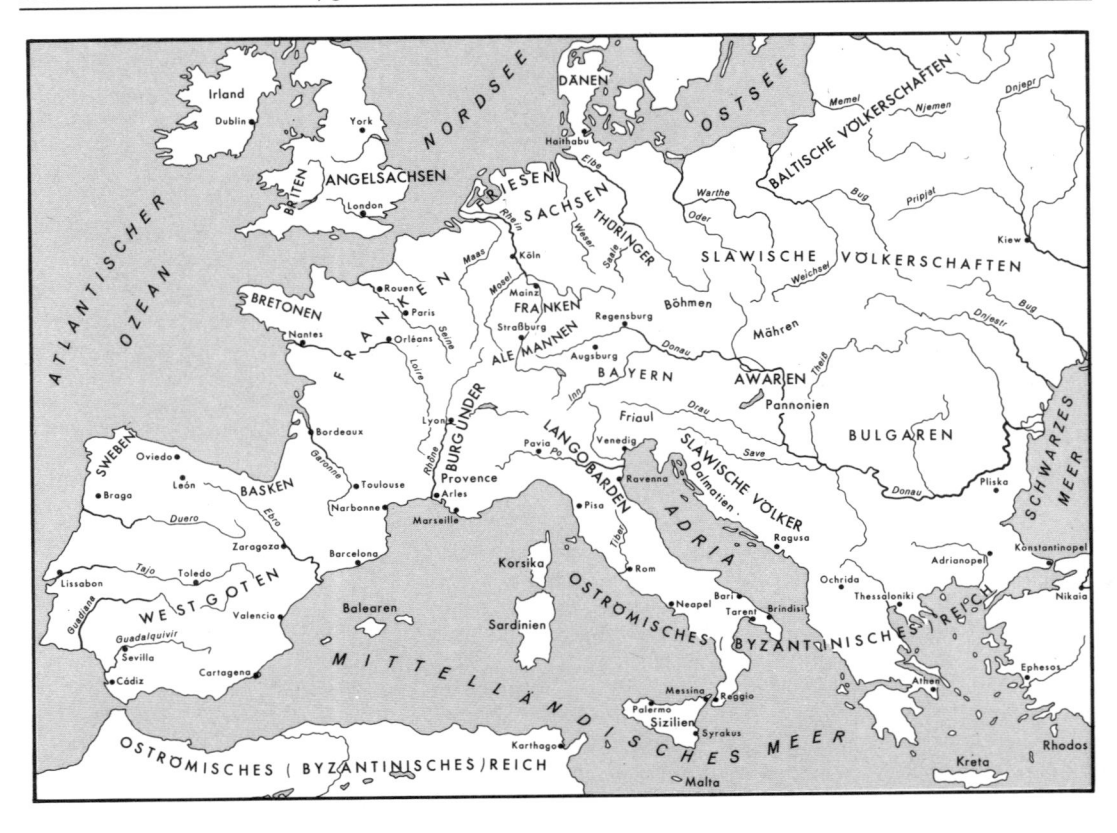

Römische Kultur im Süden, germanisches Leben im Norden

Europa am Ausgang der Völkerwanderungszeit.

neuen Ordnungsmacht geworden. Seine Könige aus dem Geschlecht der Merowinger beanspruchten die Herrschaft über die Länder zwischen den Pyrenäen und der französischen Atlantikküste im Westen und der Saale, dem Böhmerwald und der Wiener Pforte im Osten. Landschaften sehr unterschiedlicher Prägung waren unter ihrem Zepter vereint. Römisches Erbe wirkte im Süden und Westen, germanische Traditionen dominierten im Norden und Osten. Auch in seiner ethnischen Struktur war das Reich der Franken ein Vielvölkerstaat, bewohnt von germanischen und romanischen Volksgruppen und Stämmen.

Die Franken, das »Reichsvolk«, siedelten an Rhein und Mosel, Maas und Schelde, im Hunsrück, Taunus und Westerwald. In kleineren Gruppen waren die Franken nach Westen bis ins Pariser Becken vorgedrungen und hatten sich dort neben der zahlenmäßig weit überlegenen romanischen Bevölkerung niedergelassen. Im westlichen und südlichen Frankreich lebten fast ausschließlich Romanen. Das gilt auch für den burgundischen Raum, denn die germanischen Burgunder, die am Genfer und Neuenburger See, an Rhône und Saône saßen, bildeten nur noch eine bereits mehr oder weniger romanisierte dünne Herrenschicht. Die burgundische Reichstradition war allerdings so stark, daß Burgund innerhalb des Frankenreiches bald wieder eine Sonderstellung einnehmen und nach dem Zerfall des Reiches im 9. Jahrhundert zur Keimzelle eines neuen selbständigen Königreiches werden konnte.

Im östlichen Teil des Merowingerreiches, dem Siedlungsraum der Alemannen, Bayern und Thüringer, vollzog sich eine wichtige Veränderung im Siedlungsgefüge. Die Franken nutzten ihren Sieg über die Alemannen und Thüringer, um ihren Siedlungsraum in östlicher Richtung auszudehnen. Sie besetzten das Rhein-Main-Gebiet und drangen mainaufwärts bis zur fränkischen Saale, zum oberen Main und zur Rednitz vor. Zwischen die Wohnsitze der Thüringer, Alemannen und Bayern schob sich ein neues fränkisches Herrschafts- und Siedlungsgebiet, die »Francia orientalis«, deren Bewohner allmählich zum Stamm der Ostfranken zusammenwuchsen. Am Mittel- und Obermain, im Frankenwald, der Fränkischen Schweiz und dem Fränkischen Jura ist der Frankenname bis heute lebendig geblieben.

Ein weiterer wichtiger Prozeß war die allmähliche Germanisierung der Reste der provinzialrömischen Bevölkerung, die vor allem in den Städten und Kastellen am Rhein, der Mosel, dem Bodensee und der Donau die Völkerwanderungszeit überdauert hatte. Auch im Alpenvorland und den Ost- und Zentralalpen befand sich das Romanentum bald auf dem Rückzug.

Die Franken beanspruchten die führende Rolle im Reich. Ihre vornehmste Sippe, die der Merowinger, stellte den König. Fränkische Krieger bildeten den Kern des Heeres, fränkischer Herkunft waren die meisten Angehörigen der politischen Führungsschicht, der »Reichsaristokratie« oder des »Reichsadels«.[3] Den unterworfenen Völkern aber blieben Freiräume, die ihnen eine Existenz als eigenständige ethnische Gruppen ermöglichten, solange sie nicht gegen das merowingische Königtum revoltierten. Das galt besonders für die germanischen Stämme östlich des Rheins. Die fränkischen Herzöge, denen die Merowinger die Herrschaft über Alemannien, Bayern, Ostfranken und Thüringen anvertraut hatten, identifizierten sich bald mit ihren Stämmen und wurden aus königlichen Beamten zu Stammesherzögen. Diese politisch-organisatorische Zusammenfassung der Stämme durch das »ältere Stammesherzogtum«, so locker sie auch gewesen sein mag, sicherte das Überleben der Stämme im Rahmen der fränkischen Reichsordnung.

Was aber charakterisierte einen Stamm? Ein bedeutender Faktor war das Stammesbewußtsein, das vor allem auf der Vorstellung von einer gemeinsamen Abstammung und der dadurch bewirkten Blutsgemeinschaft beruhte. Zum Zusammengehörigkeitsgefühl, das die Angehörigen eines Stammes verband, kam das Kontrastbewußtsein gegenüber Stammesfremden. Äußerlich unterschieden sich die Angehörigen der verschiedenen Stämme in Tracht und Bewaffnung, in Sprache und Habitus. Unterschiede mancherlei Art gab es auch in Brauchtum und Sitte, in der Art des Wohnens, Wirtschaftens und Siedelns und in der sozialen Gliederung. Klar und eindeutig aber waren die Unterschiede im Rechtsleben. Jeder germanische Stamm besaß sein altes, geheiligtes Recht, an dem er mit großer Zähigkeit festhielt. Die Franken haben das respektiert und den unterworfenen Völkern ihr eigenes Recht gelassen. Die Romanen lebten nach römischem Recht, die Germanen nach ihrem jeweiligen Stammesrecht. Nur das Staatsrecht war das der fränkischen Monarchie.

Das Frankenreich erwies sich trotz seiner gewaltigen räumlichen

Ausdehnung, seiner ethnischen Vielfalt und seines uneinheitlichen wirtschaftlichen, sozialen und kulturellen Gefüges als ein macht- und raumpolitisch erstaunlich dauerhaftes Gebilde. In der Ära der Merowinger überstand es Bruderkriege und Usurpationsversuche, Adelsanarchie und partikularistische Revolten, um nach einer Phase des Niederganges unter den letzten Merowingern von dem neuen Herrscherhaus der Karolinger auf den Gipfel der Macht geführt zu werden.

Die ersten Herrscher aus karolingischem Hause waren zentralistisch orientierte Machtpolitiker. König Pippin (751-768) festigte die innenpolitische Stellung der Monarchie, so daß Karl der Große (768-814) auch außenpolitisch aktiv werden konnte. Karl eroberte 774 das Langobardenreich, führte erfolgreich Feldzüge gegen die Slawen, vernichtete das Reich der Awaren und gliederte Sachsen und Friesland seinem Reich ein. Die Kaiserkrönung am Weihnachtstag des Jahres 800 verlieh ihm eine Würde, die seiner Macht entsprach.

Die auf Stärkung der Monarchie gerichtete Politik der ersten Karolinger hatte auch Auswirkungen auf die Stellung der Stämme. Die Herrscher beseitigten die mächtigen Stammesherzöge, um das Reich ohne herzogliche Zwischengewalten mit Hilfe der Bischöfe, Grafen und Königsboten zu regieren. Die Stämme verloren dadurch zwar ihre politische Funktion, blieben aber als Siedlungs-, Sprach-, Rechts- und Traditionsgemeinschaften erhalten.

Das Eingebundensein in das Frankenreich beeinflußte natürlich auch das Stammesbewußtsein und die Stammeskultur, die gleichsam von einem Reichsbewußtsein und einer Reichskultur überwölbt wurden. Alle Landschaften, auch die germanischen Stammesgebiete, hatten teil an den Segnungen der fränkischen Staatsordnung, wenn auch mit unterschiedlicher Intensität. Zwar blieb manches nur Programm, aber die ordnende Hand der Monarchie war überall spürbar. Das Christentum wurde zur Reichsreligion; überall entstanden Bistümer, Pfarrkirchen und Klöster. In allen Gauen walteten Grafen ihres Amtes, erschienen die Königsboten, um dem Gebot des Herrschers Nachdruck zu verleihen. Der Adel der Stämme hatte Anteil an der Reichsverwaltung; seine Spitzengruppe stieg in die fränkische Reichsaristokratie auf.

Zwar gab es nach wie vor ein west-östliches Kulturgefälle, aber die »karolingische Renaissance«, das größte kulturelle Ereignis des europäischen Frühmittelalters, fand auch im Osten in den großen Benediktinerklöstern wie Fulda, Lorsch, Sankt Gallen und Reichenau bedeutende Pflegestätten.

Die Machthöhe, die das Frankenreich unter Karl dem Großen gewonnen hatte, ließ sich nicht halten. Schon unter Ludwig dem Frommen (814-840) geriet das Reich in eine tiefe, nicht nur durch familiäre Zwistigkeiten ausgelöste Krise. Der Vertrag von Verdun leitete 843 die Periode der Reichsteilungen ein. Die Söhne Ludwigs des Frommen teilten das Reich. Die Mitte mit Aachen und Rom erhielt Kaiser Lothar I. (840-855), den Osten Ludwig der Deutsche (840-876), den Westen Karl der Kahle (840-877). Zum Ostreich gehörten zunächst im wesentlichen die Landschaften östlich des Rheins.

Das Mittelreich, das nach dem Tode Kaiser Lothars von seinen

Söhnen geteilt wurde, war ein verletzliches Gebilde, dem Zugriff der west- und ostfränkischen Könige ausgesetzt. Durch die Verträge von Meerssen 870 und Ribemont 880 rissen Ludwig der Deutsche und sein Sohn Ludwig der Jüngere (876–882) große Teile des Mittelreiches an sich, Friesland und Lotharingien, das Gebiet zwischen Rhein, Maas, Mosel und Schelde. Damit umfaßte das ostfränkische Reich die Siedlungsgebiete der germanischen Stämme der Alemannen, Bayern, Ostfranken, Thüringer, Sachsen und Friesen, aber mit Lotharingien auch ein Gebiet, dessen Bevölkerung zu einem beträchtlichen Teil aus Romanen bestand.

In der karolingischen Spätzeit werden drei epochale Bewegungen spürbar: der unaufhaltsame Zerfall des fränkischen Großreichs, eine Renaissance des Regionalismus und die Geburtswehen der großen europäischen Nationen. Oberflächlich betrachtet, war es das Erbrecht des Königshauses, das zu den verhängnisvollen Reichsteilungen führte, aber wenn nicht alles täuscht, spielte auch das wiedererwachende, vom monarchischen Zentralismus nur überlagerte Eigenleben der einzelnen Regionen eine wichtige Rolle. Im Westen und Süden erwachten so traditionsreiche Großlandschaften wie Aquitanien, Burgund, die Provence und das langobardische Italien zu neuem politischen Leben, während im Osten der Regionalismus als »Gentilismus«, als Denken in der Kategorie des Stammes, in Erscheinung trat.

Je schwächer die monarchische Gewalt der letzten Karolinger wurde, desto stärker traten die Stämme im politischen Leben wieder hervor. Geführt und repräsentiert vom Stammesadel gewannen die Stämme zunehmend Einfluß auf die Besetzung des Thrones, bis sie schließlich zu Beginn des 10. Jahrhunderts zu Wahlkörperschaften wurden. Die Königswahl wurde zu einer Wahl durch die Stämme.

Nicht weniger bedeutsam war die Rolle der Stämme als Kampfverbände. Die Stammesaufgebote waren die Grundlage des ostfränkischen Reichsheeres, zogen aber auch selbständig unter eigenen Anführern in den Kampf. Besonders groß war die militärische Bedeutung der Stammesaufgebote in dem von Dänen und Slawen bedrohten Sachsen und in Bayern, dem ebenfalls stark gefährdeten südöstlichen Eckpfeiler des Reiches.

Welche Wirkungskraft der Gentilismus in jener Periode besaß, erweist sich am Beispiel Lotharingiens,[4] des kurzlebigen Reiches Lothars II. (855–869), eines Enkels Ludwigs des Frommen. Dieses Reich war seinem Ursprung nach nichts anderes als ein ziemlich willkürlich gestaltetes Produkt dynastischer Erbteilungen, bewohnt von einer heterogenen, teils friesisch, fränkisch oder alemannisch, teils romanisch-altfranzösisch sprechenden Bevölkerung. In überraschend kurzer Zeit entstand eine Großlandschaft besonderer Prägung, die ihr eigenes Profil auch nach der Eingliederung in das ostfränkisch-deutsche Reich nicht wieder verlor. Ihre Bewohner, die Lotharinger, das heißt Leute Lothars, entwickelten ein starkes Gefühl der Zusammengehörigkeit und gesellten sich als eine Art romanisch-germanischer Neustamm zu den älteren germanischen Stämmen hinzu.

Von nicht zu überschätzender Bedeutung war die Tatsache, daß aus den Reihen des Stammesadels Männer emporstiegen, die die Führung der Stämme an sich rissen. Es waren in der Regel Angehörige von Adelsfamilien aus den gefährdeten Grenzregionen, die die Stammesaufgebote befehligten und mehr und mehr als die Vertreter der Stämme gegenüber dem Königtum betrachtet wurden. Zunächst nur Grafen oder Markgrafen, bürgerte sich für sie der Herzogstitel ein. Mit der Herausbildung dieses »jüngeren Stammesherzogtums«[5] erweiterte sich der politische Handlungsspielraum der Stämme. Unter Führung der Stammesherzöge und des Stammesadels gewannen die Stämme das ungeschriebene Recht auf Teilhabe an der politischen Macht. Das ostfränkisch-deutsche Reich wurde nun nicht mehr allein durch die karolingischen Könige verkörpert, sondern mitgetragen von der Gemeinschaft der Stämme.

2. Größe und Grenzen

Das ostfränkisch-deutsche Reich, ein Land der Mitte mit unendlich langen Grenzen, war nach der Angliederung Lotharingiens zum größten karolingischen Teilstaat geworden. An der Wende vom 9. zum 10. Jahrhundert umfaßte es ein Gebiet von rund 470 000 Quadratkilometer. Heinrich I. und Otto der Große dehnten die Grenzen ihres Reiches auch nach Osten hin aus. Östlich von Elbe und Saale wurden zwischen 50 000–60 000 Quadratkilometer der deutschen Herrschaft unterworfen. Rechnet man die etwa 75 000 Quadratkilometer des unter der Lehnshoheit des deutschen Königs stehenden Herzogtums Böhmen hinzu, so ergibt sich eine Gesamtfläche von rund 600 000 Quadratkilometern. In der Mitte des 10. Jahrhunderts umfaßte das Reich der Ottonen ungefähr die Bundesrepublik Deutschland, Österreich, die Tschechoslowakei, die Schweiz, die Niederlande, Belgien, Luxemburg, Lothringen (Lorraine) und das Elsaß.

Dabei blieb es nicht. Otto der Große eroberte das Königreich Italien, das den größten Teil von Nord- und Mittelitalien umfaßte, und beanspruchte nach der Kaiserkrönung im Jahre 962 auch die Herrschaft über Rom und das Patrimonium Petri, den späteren Kirchenstaat. Zu den 600 000 Quadratkilometern des ostfränkisch-deutschen Reiches kamen etwa 150 000–160 000 Quadratkilometer südlich der Alpen hinzu. Durch den Slawenaufstand des Jahres 983 gingen zwar einige zehntausend Quadratkilometer im Osten wieder verloren, aber die Erwerbung des Königreichs Burgund im Jahre 1032 brachte wieder eine Vergrößerung um ziemlich genau 100 000 Quadratkilometer.

Die östliche Reichsgrenze wurde im Laufe des hohen und späten Mittelalters weiter vorgeschoben. Die Länder Mecklenburg, Pommern, Brandenburg und Schlesien wurden dem Reich eingegliedert, während der Herrschaftsbereich des Deutschen Ritterordens in Ost- und Westpreußen und im Baltikum eine staatsrechtliche Sonderstellung einnahm.

Zum Reich, das seit 1032 aus den drei Königreichen Deutschland, Italien und Burgund bestand, gehörte seit der Verbindung mit Burgund ein Gebiet in einer Größenordnung von mehr als 800 000 Quadratkilometern. Durch die Ausdehnung nach Osten kamen noch einmal etwa 130 000 Quadratkilometer hinzu.

Die Westgrenze des ostfränkisch-deutschen Reiches war durch die Erwerbung Lotharingiens weit nach Westen vorgeschoben worden. Sie begann an der Scheldemündung bei Antwerpen, folgte dem Fluß bis nach Cambrai, bog südlich der Stadt nach Osten ab, erreichte die Maas und zog dann in südlicher Richtung zu den Monts Faucilles. Dort schwenkte sie wieder nach Osten ab und erreichte bei Basel den Rhein.

Diese Grenze, ursprünglich nichts anderes als die 843 im Vertrag von Verdun festgeschriebene Westgrenze des Mittelreiches, war eine rein dynastische Teilungsgrenze, orientiert an den Verwaltungsgrenzen karolingischer Grafschaften. Obwohl ihr Verlauf weder von der Natur vorgezeichnet war, noch etwas mit Volkstum

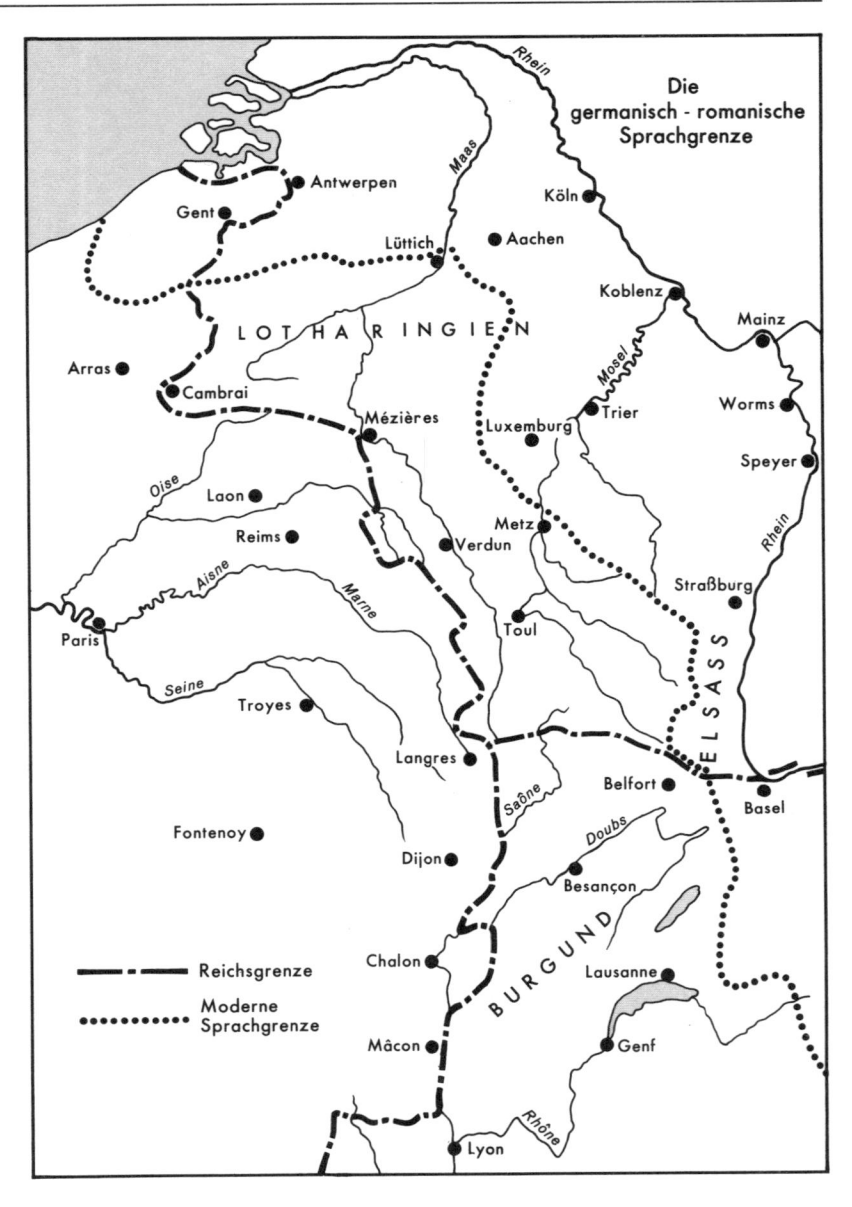

Die Reichsgrenzen sind keine Volkstumsgrenzen

Die germanisch - romanische Sprachgrenze

— · — · — Reichsgrenze
············ Moderne Sprachgrenze

und Sprache zu tun hatte, bewies sie eine ungewöhnliche Stabilität und wurde für Jahrhunderte zur Grenze zwischen Frankreich und dem deutschen Reich.

Die Nordseeküste bildete von der Scheldemündung im Westen bis zur Mündung der Eider im Osten die Nordgrenze des Reiches. Zum Reich gehörte auch das sächsische Siedlungsgebiet im Süden der Jütischen Halbinsel. Eider und Schlei markierten hier ungefähr die Grenze zu den Dänen, die auf dänischer Seite zwischen Hollingstedt und dem stark befestigten Handelsplatz Haithabu bei Schleswig durch einen gewaltigen Schutzwall, das in seinen Anfängen bis in die erste Hälfte des 8. Jahrhunderts zurückreichende »Danewerk«, gesichert war.

Die Ostgrenze begann an der Kieler Bucht und verlief in südlicher Richtung zur Elbe, die sie etwa bei Lauenburg erreichte. Ihr Verlauf in einem offenen Gelände ohne natürliche Abgrenzung führte zur Errichtung des »Limes Saxoniae«, einer künstlich geschaffenen Grenzzone. Zwischen Lauenburg und der Saalemündung war die Elbe Grenzfluß, geschützt durch eine Burgenkette, zu der die Erteneburg bei Artlenburg, der Höhbeck im Hannoverschen Wendland, Arneburg, Tangermünde und Magdeburg gehörten. Die Grenze folgte dann dem Lauf der Saale bis hinauf in ihr Quellgebiet im Fichtelgebirge.

Elbe und Saale boten sich als natürliche Grenzen an; denn sie gewährten an vielen Stellen durch sumpfige Niederungen oder steile Hochufer Schutz vor Überraschungsangriffen. In anderer Weise gilt das auch für den Böhmerwald und den Bayerischen Wald, die die Grenze zu Böhmen bildeten. Als fast undurchdringliche, nur an wenigen Stellen passierbare Urwälder boten sie natürlichen Schutz. Erst im Laufe der folgenden Jahrhunderte wurde im Zuge der Erschließung der großen Waldungen durch Rodung und Siedlung aus dem breiten, recht unbestimmt auf den Höhen der Gebirgszüge verlaufenden Grenzsaum eine feste lineare Grenze. Da das von der slawischen Dynastie der Přemysliden beherrschte Herzogtum Böhmen schon seit dem 9. Jahrhundert als ein integraler, wenn auch fast souveräner Bestandteil des Reiches betrachtet wurde, war die Grenze zwischen Deutschland und Böhmen staatsrechtlich eine Binnengrenze. Die Reichsgrenze schloß Böhmen und das zum böhmischen Herzogtum zählende Mähren ein.

Südöstlich des Böhmerwaldes bog die Grenze ins Donautal ab, zog durch die Ostalpen zu den Karawanken, lief durch den Karst, umschloß die Halbinsel Istrien und erreichte bei Rijeka die Küste der Adria.

Im Donautal, der Zentralstelle dieses Grenzabschnitts, war die Enns am Ende der Karolingerzeit wieder zum Grenzfluß geworden. Der weite Raum im Südosten, den Karl der Große nach den Siegen über die Awaren seinem Reich angegliedert hatte, war wieder verlorengegangen. Die Ungarn, ein nomadisierendes Reitervolk östlicher Herkunft, das zu der kleinen ugro-finnischen Sprachfamilie gehört, hatten das Donaubecken und die Theißebene erobert und das sogenannte Großmährische Reich, eine Böhmen und Mähren umfassende frühe slawische Großreichsbildung, vernichtet. Nach ihrem Sieg über das bayerische Stammesaufgebot in der Schlacht bei Preßburg 907 waren sie durch die Wiener Pforte nach Westen vorgedrungen und hatten das Gebiet bis zur Enns unter ihre Herrschaft gebracht.

Die Reichsgrenze im Osten und Südosten entsprach in groben Umrissen der Grenze zwischen den Wohnsitzen der germanisch-deutschen Stämme auf der einen und den Siedlungsgebieten der Slawen und Ungarn auf der anderen Seite. Im Zuge der großen, Spätantike und frühes Mittelalter erfüllenden Völkerbewegung hatten slawische Siedler die Gebiete im östlichen Mitteleuropa in Besitz genommen, die von den ostgermanischen Stämmen geräumt worden waren. Im heutigen Mecklenburg und Ostholstein siedelten die Abodriten, in Pommern die Pomoranen, im Havelland und an der Spree die Wilzen oder Liutizen, weiter im Süden zwischen Saale, Elbe und Neiße die Sorben, Lausitzer, Daleminzer und Milzener. In Böhmen saßen die Tschechen, im östlich anschließenden Flußgebiet der March Mährer und Slowaken.

Diese westslawischen Völker waren durch die Landnahme und Reichsbildung der Ungarn in der Pannonischen Tiefebene von den Südslawen getrennt worden. Zu den Südslawen zählen auch die Karantanen, die Vorfahren der Slowenen, die in den Ostalpenraum eingewandert waren und die Steiermark, Kärnten und Krain besiedelt hatten. Die größeren unter diesen slawischen Völkerschaften setzten sich aus einer Reihe von kleineren Stämmen mit eigenen Namen zusammen.

Eine scharfe Volkstumsgrenze war die Reichsgrenze freilich auch im Osten nicht. In kleinen Gruppen waren slawische Siedler über die mittlere Elbe und die Saale nach Westen vorgedrungen und hatten sich im Hannoverschen Wendland um Lüchow und Dannenberg und in der Altmark um Salzwedel, Stendal und Gardelegen niedergelassen. Slawische Siedlungen gab es auch in der Magdeburger Börde und westlich der Saale in Sachsen-Anhalt und Thüringen. Südlich des Thüringer Waldes wohnten am oberen Main und im Flußgebiet der Rednitz die »Main- und Rednitzwenden«. Die Siedlungsgebiete der Alpenslawen lagen ohnehin zum größten Teil innerhalb der Reichsgrenzen.

Die Südgrenze begann an der Adriaküste zwischen Grado und Triest, lief von dort aus nach Norden, bog in den Julischen Alpen nach Westen ab, durchquerte die Dolomiten, das Bozener Becken und den Südtiroler Vintschgau, folgte ein Stück dem Alpenhauptkamm, umschloß das Engadin und Graubünden, schwenkte am Sankt Gotthard nach Norden zum Rhein hin ab und folgte dem Strom von der Mündung der Aare bis nach Basel. Diese Grenzlinie hatte sich offenbar schon im 7. Jahrhundert als Grenze zwischen dem Langobardenreich im Süden und den Herrschafts- und Siedlungssphären der Alemannen, Bayern und karantanischen Slawen im Norden herausgebildet.

Eine wirkliche Volkstums- und Sprachgrenze war auch die Südgrenze nicht. Neben Alemannen und Bayern lebten im Alpenraum auch Romanen und Slawen sowohl diesseits wie jenseits der Reichsgrenze. Ethnische Assimilations- und Ausgleichsprozesse waren im frühen Mittelalter hier noch in vollem Gange. Sie verliefen meist zu Lasten der Romanen und Slawen. Nur in den von der Natur geschützten Regionen konnten die Alpenromanen und Alpenslawen ihre ethnische, sprachliche und kulturelle Identität auf die

Dauer bewahren, im Engadin und Graubünden die Rätoromanen, in den Dolomiten die Ladiner, in Ostkärnten die Slowenen.

Die Südgrenze war auf weiten Strecken durch das Hochgebirge geschützt, verlief aber nicht überall auf dem Alpenhauptkamm, sondern orientierte sich in den nach Süden führenden Tälern an den schwer passierbaren Engpässen, den »Klausen«. Die Hauptaufgabe der Grenzsicherung bestand daher in der Beherrschung der Pässe und Klausen. Für die Italien- und Kaiserpolitik war bestimmend, daß wichtige Paßhöhen wie der Brenner, der Reschenpaß, der Septimer und der Lukmanier auf Reichsgebiet lagen.

Während die Grenzen des Reiches im Süden, Westen und Norden viele Jahrhunderte lang stabil blieben, gerieten sie im Osten immer wieder in Bewegung.

Der »Pendelschlag von West nach Ost und von Ost nach West«[6] ist seit mehr als einem Jahrtausend das Charakteristikum der Geschichte der deutschen Ostgrenze. Der Druck ging zunächst vom Reich aus, aber die Nachbarvölker setzten sich zur Wehr. Mit der Landnahme und Herrschaftsbildung der Ungarn, der Konsolidierung des Herzogtums Böhmen durch die Dynastie der Přemysliden und der Gründung des polnischen Großreiches durch die Piasten traten Mächte auf den Plan, die den Deutschen Paroli bieten und ihrerseits zum Angriff übergehen konnten.

3. »Des Reiches Straßen«

Die Menschen des Mittelalters lebten in engeren Kreisen. Die meisten von ihnen waren heimatverbunden und überschritten kaum einmal die Grenzen ihres Dorfes oder ihres Kirchspiels. Sie besuchten allenfalls einen Markt oder ein Kirchenfest, nahmen an einer Wallfahrt oder einer Pilgerreise teil. Nicht selten war es die Not, die die Menschen auf die Straßen trieb, sie zu Bettlern oder fahrendem Volk machte. Kein Wunder, daß man sich in der Fremde bedroht und ausgeliefert fühlte; »im Elend«, wie das althochdeutsche Wort für die Fremde lautete.

Maria und Joseph auf der Flucht nach Ägypten (Deckenbild in der Martinskirche in Zillis/Graubünden).
Menschen unterwegs waren auch Maria und Joseph auf ihrer Flucht. Joseph trägt Wandersack und Weinfäßchen und treibt mit einer Peitsche den Esel, auf dem Maria mit dem Kind im Damensattel sitzt. Im Vorüberreiten pflückt sie eine Dattel.

Aber natürlich führten Wege und Straßen von Dorf zu Dorf, von Stadt zu Stadt, von Land zu Land. Sie dienten nicht nur dem nachbarschaftlichen Verkehr, sondern spielten eine eminente Rolle für das politische, wirtschaftliche, kulturelle und religiöse Leben. Für das Reich ohne Hauptstadt, dessen Kaiser und Könige »vom Sattel aus« regierten und einen riesigen Aktionsraum zu durchmessen hatten, waren gesicherte Verkehrswege von entscheidender Bedeutung.

Nicht nur der Herrscher und sein Hof reisten durch das Reich; unterwegs in Krieg und Frieden waren auch Herzöge, Markgrafen und Grafen, Aristokraten und Ritter, Bischöfe und Äbte. Mit stattlichem Gefolge zogen sie »zum Hofe«, besuchten Reichstage und Synoden, waren als Gesandte unterwegs, folgten mit ihren ritterlichen Vasallen dem Aufgebot des Königs zur Heerfahrt oder führten Kriege und Fehden auf eigene Faust. Es machte nicht viel aus, ob sie weltlichen Standes waren oder die Priesterweihe empfangen hatten, denn auch die geistlichen Herren waren im Dienst an Reich und Kirche tief in die Händel und Geschäfte der diesseitigen Welt verstrickt. Und es waren Heere, immer wieder Heere, die sich auf den großen Verkehrslinien bewegten, auf der uralten Völker- und Heerstraße, die dem Lauf der Donau folgte, über die Pässe des Böhmerwaldes und des Erzgebirges, auf sandigen oder morastigen Wegen durch Niederdeutschland und den slawischen Osten oder auf jenen Schicksalswegen für das Reich und für viele Menschen, die nach Rom und Italien führten. Manch ein Handelsweg war eher ein Heer-

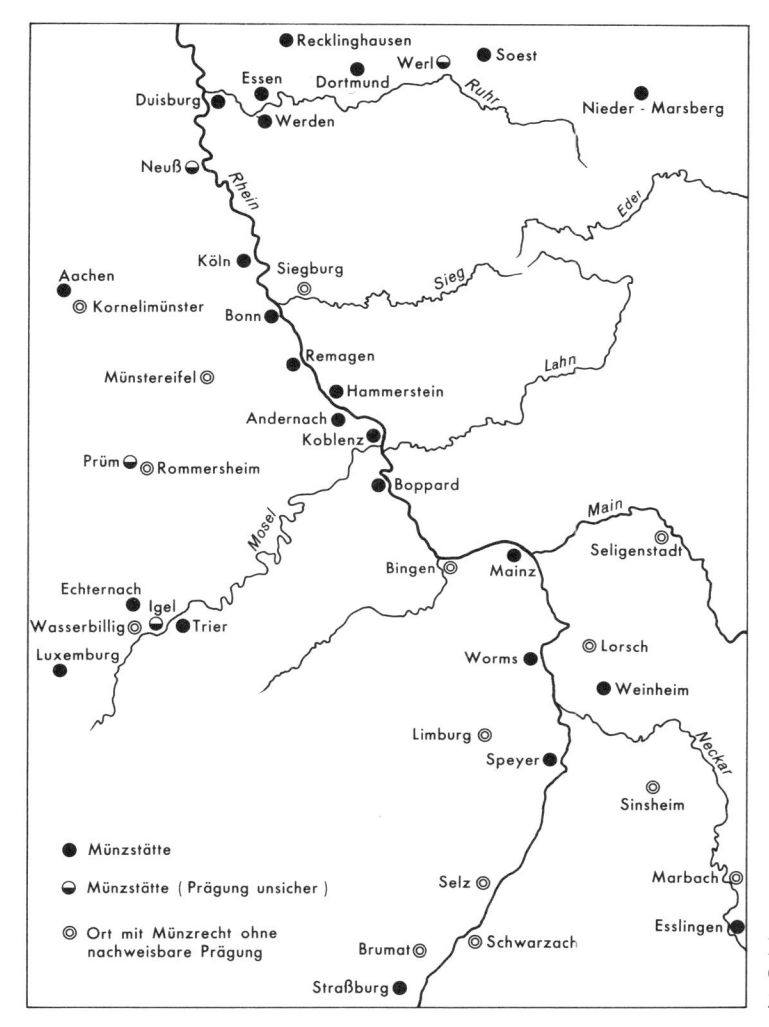

Münzstätten am Mittel- und Oberrhein in ottonisch-salischer Zeit.

weg, eine »heristrazza«. So war auf »des rîches strâze« immer auch der Atem der Geschichte spürbar.

Die Rheinstraße, Hauptverkehrsader des Reiches, verband das Bodenseegebiet und die Oberrheinische Tiefebene mit dem niederrheinisch-lotharingischen Raum. Alte Bischofsstädte wie Konstanz, Basel, Straßburg, Speyer, Worms, Mainz und Köln, die seit dem 10. Jahrhundert zugleich Markt-, Münz- und Zollstätten waren, säumten ihren Weg. Durch die Burgundische Pforte war die Rheinstraße mit jener noch aus römischer Zeit stammenden Heer- und Handelsstraße verbunden, die von Marseille aus durch die Täler von Rhône und Saône über Arles, Avignon, Vienne und Lyon nach Norden führte. Ein Verkehrsknotenpunkt auf dieser Strecke war Chalon-sur-Saône, wo sich die Wege gabelten: Über Autun und Auxerre ins Pariser Becken, über Dijon zur Maas und Mosel, über Besançon durch die Burgundische Pforte zum Rhein. Die durch Rhein und Rhône bestimmten Straßen verbanden die beiden großen mariti-

Der Rhein, Hauptverkehrsader des Reiches

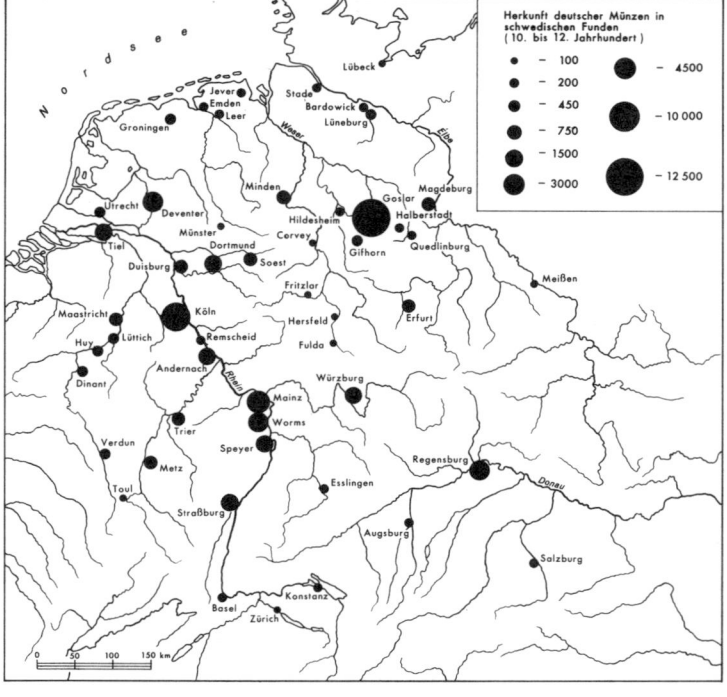

Die Auswertung der in Schweden gefundenen Münzen deutscher Herkunft zeigt, daß die wichtigsten Münzstätten des Reiches am Rhein, der Leitlinie des mitteleuropäischen Wirtschaftslebens, lagen. Die meisten Münzen stammten allerdings aus dem silberreichen Goslar.

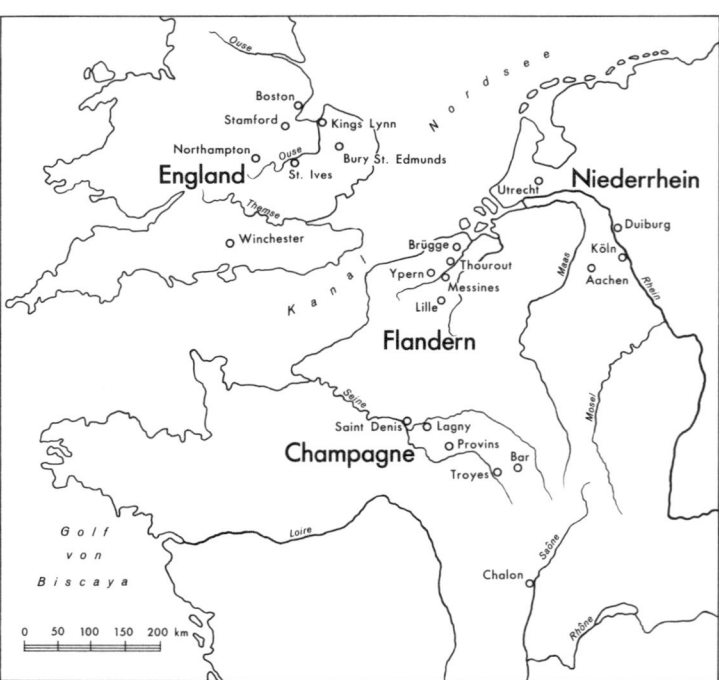

Messe- und Marktregionen im 12. und 13. Jahrhundert.

Die Kirche hat die Sklaverei nicht grundsätzlich abgelehnt. Nur der Verkauf von Christen an Heiden und Juden wurde bekämpft, um zu verhindern, daß christliche Sklaven die Religion ihrer heidnischen oder jüdischen Herren annahmen.
Das Relief an einer der Bronzetüren des Gnesener Domes aus dem 12. Jahrhundert zeigt den Bischof Adalbert von Prag bei dem Versuch, den Verkauf christlicher Sklaven an Juden zu verhindern.

men Handels- und Verkehrsräume miteinander, das Mittelmeer und den Nord-Ostseeraum. Nicht zuletzt diesem Umstand ist es zu verdanken, daß sich im Tiefland der Champagne in der zweiten Hälfte des 11. Jahrhunderts der berühmte Zyklus der Champagnemessen herausbildete, der zum Umschlagplatz für orientalische Gewürze, Teppiche und Seidenwaren, nordfranzösische und flandrische Stoffe, englische und spanische Wolle und skandinavisches und russisches Pelzwerk wurde.

Das im Herzen des Reiches gelegene und von der Natur in so vielfältiger Weise begünstigte Rhein-Main-Gebiet war auch diejenige Landschaft des mittelalterlichen Deutschland, in der die meisten Verkehrslinien zusammenliefen. Die ehrwürdige Bischofsstadt Worms, wo schon Karl der Große Hoftag und Heerschau hielt, die erzbischöfliche Metropole Mainz und die an dem alten Mainübergang gelegene karolingische Furt- und Pfalzstadt Frankfurt waren die Hauptverkehrsknotenpunkte.

Zwei wichtige Wasserwege trafen im Rhein-Main-Gebiet zusammen: Der in westlicher Richtung fließende Main, trotz seines gewundenen Laufes schiffbar, mündet bei Mainz in den Rhein, der damals wie heute den Verkehr zwischen Nord und Süd vermittelt. Auf mehreren Routen gelangte man von Worms oder Frankfurt aus nach Schwaben und Bayern, wo Ulm, Augsburg und Regensburg wichtige Verkehrszentren waren. Mit dem Westen stand das Rhein-Main-Gebiet durch eine schon in merowingischer und karolingischer Zeit vielbegangene Straße in Verbindung, die vom Pariser Becken aus über Châlons-sur-Marne, Metz und Saarbrücken nach Worms führte. Auch Verdun, der berühmteste Sklavenmarkt im mittelalterlichen Europa, lag an dieser Straße. Vom Rhein-Main-Gebiet aus zogen die Sklavenhändler dann entweder mainaufwärts über Würzburg und Bamberg nach Prag, dem östlichen Zentrum des Sklavenhandels, oder sie benutzten die »Hohe Straße« durch Hessen und Thüringen, um in die Slawenländer östlich von Saale und Elbe zu gelangen.

Von den Straßen, die in Frankfurt den Main überschritten und durch die Hessische Senke und das Hessische Bergland nach Norden und Nordosten führten, war die »Hohe Straße« die berühmteste. Von Mainz kommend, zog sie nahe bei Fulda über die Rhön und

Die Werrabrücke in Creuzburg von 1225 mit der dem heiligen Liborius geweihten gotischen Brückenkapelle ist eine der ältesten steinernen Brücken Deutschlands.

bei Eisenach durch die Thüringer Pforte nach Erfurt und über Naumburg weiter nach Breslau, Krakau und Kiew. Sie verband das Rhein-Main-Gebiet mit dem schlesisch-polnisch-russischen Raum. Verschiedene Routen zweigten von ihr ab und führten in südlicher Richtung über das unwegsame Erzgebirge nach Böhmen und in nördlicher Richtung ins östliche Sachsen.

Magdeburg, seit dem 10. Jahrhundert das zentrale Bollwerk an der Ostgrenze, war Ziel und Ausgangspunkt mehrerer Verkehrslinien. Über Brandenburg, Köpenick und Lebus führte ein Heer- und Handelsweg nach Posen und Gnesen, ein anderer durch das Havelland nach Demmin und weiter zur Odermündung, ein dritter über Havelberg und Schwerin nach Wismar. Andere Straßen führten von Magdeburg aus nach Schlesien und Böhmen.

Mit dem Westen war Magdeburg durch den Hellweg verbunden, der während der Regierungszeit der Karolinger, Ottonen und Salier eine der wichtigsten Heer- und Handelsstraßen Deutschlands war. Dieser »helle und lichte Weg«, der den lotharingisch-niederrheinischen Raum mit dem Osten verband, begann am Rhein, lief am nördlichen Rand der Mittelgebirgsschwelle entlang und erreichte in Magdeburg die Elbe. Seine nördliche Route führte über Münster, Minden, Herford und Braunschweig nach Magdeburg, die südliche berührte Dortmund, Soest, Paderborn, Corvey, Gandersheim, Goslar und Halberstadt.

Die mittelalterlichen Verkehrsstränge folgten gern dem Lauf der großen Ströme. Dies gilt auch für Elbe, Oder und Weichsel, die frei-

Die Alpen als Durchgangs- und Paßlandschaft

lich im frühen Mittelalter nicht die Bedeutung von Rhein und Rhône besaßen. Mit Rhein und Rhône vergleichbar war jedoch die Rolle der Donau, die durch ihre West-Ost-Ausrichtung besondere Perspektiven eröffnete. Sie markierte eine in Krieg und Frieden bedeutsame Verkehrslinie, eine Völker-, Heer- und Handelsstraße, die durch den Engpaß der Wiener Pforte in die Ungarische Tiefebene und weiter zum Schwarzen Meer, auf die Balkanhalbinsel und über den Bosporus ins ferne Kleinasien führte.

Der Weg nach Italien führte entweder die Rhône abwärts nach Marseille und von dort aus über das Meer nach Genua, Pisa und Rom oder über die Alpen, die nicht nur eine schwer überwindbare Barriere, sondern auch eine Durchgangs- und Paßlandschaft waren. Der Übergang über die Alpen war aus geographischen Gründen nur auf wenigen Routen möglich. Die meisten der im Mittelalter bevorzugten Alpenpässe sind schon in keltischer und römischer Zeit begangen worden. Neu erschlossen wurde bereits im frühen Mittelalter der nach Bellinzona hinabführende San Bernardino. Besondere Bedeutung erlangte der erst im 13. Jahrhundert durch den Bau der »stiebenden Brücke« in der Schöllenschlucht begehbar gemachte Sankt Gotthard (2108 m), der einen direkten Weg aus der Oberrheinischen Tiefebene nach Mailand eröffnete. Die älteren Paßwege dieses Raumes, die Bündner Pässe, führten vom Bodensee

Alpenstraßen und Alpenpässe.

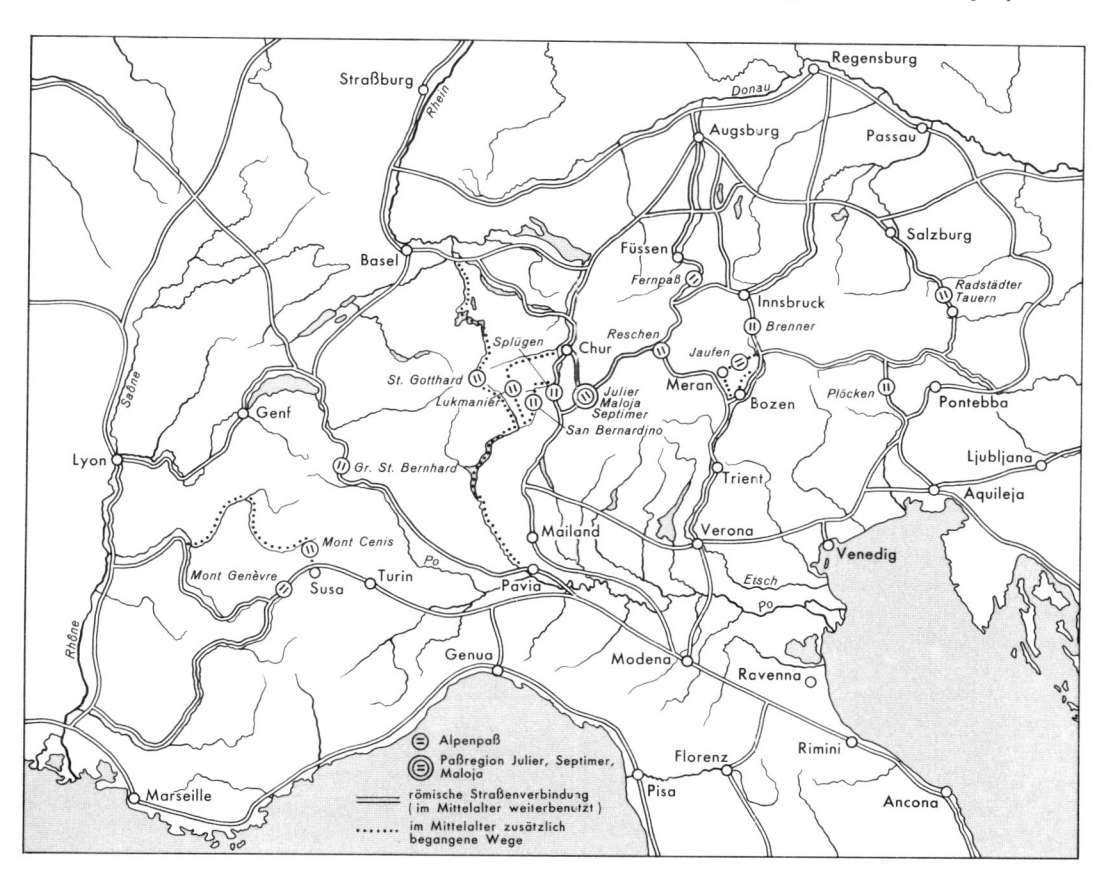

aus nach Chur und über Julier-, Septimer- oder Splügenpaß in die Lombardische Tiefebene.

Unter den hoch gelegenen Westalpenpässen waren der »Zwillingspaß« über den Großen und Kleinen Sankt Bernhard, der Mont Cenis und der Mont Genèvre die wichtigsten. Vom Genfer See aus führte eine Straße durch das obere Rhônetal nach Saint Maurice d'Agaune und über den Großen Sankt Bernhard ins Tal der Dora Baltea, wo sie auf die vom Kleinen Sankt Bernhard herabkommende Paßstraße traf. Die aus der Zeit des Kaisers Augustus stammende Stadt Aosta war der Schlüssel zu den beiden Pässen.

Aus Burgund führte die wichtige und auch berühmteste Paßstraße durch das Val d'Isère über den Mont Cenis (2083 m) ins Tal der Dora Riparia. Ob schon Hannibal mit seinen Kriegselefanten über den Mont Cenis gezogen ist, bleibt ungewiß, aber es ist sicher, daß Karl der Große sein Heer über diesen Paß führte, als er 774 das Langobardenreich eroberte. Ein ähnlich festes Bollwerk wie Aosta im Tal der Dora Baltea war Susa im Tal der Dora Riparia, denn dort vereinigte sich der vom Mont Cenis herabführende Weg mit der aus dem Tal der Durance über den Mont Genèvre (1854 m) kommenden Straße. Über Turin waren dann sowohl Mailand als auch Genua leicht zu erreichen.

Die von den Römern erbaute Via Aurelia, die die Seealpen ganz im Süden in nur 600 Meter Höhe bei Monte Carlo überwindet und Ligurien mit der Provence verbindet, ist weniger eine Paß- als eine Küstenstraße. Von Genua aus schlängelt sie sich an der Küste entlang, nur dort ins Bergland ausweichend, wo ins Meer ragende Felsen den Weg versperren.

Von großer Bedeutung für den Verkehr zwischen Deutschland und Italien waren seit der Römerzeit die beiden nicht sehr hoch gelegenen Übergänge vom Inntal ins Etsch- und Eisacktal, der Reschenpaß (1504 m) und der Brenner (1370 m). Als Ausgangspunkt für diese Route diente Augsburg, das schon im antiken Straßennetz nördlich der Alpen eine zentrale Stellung besaß. Im Mittelalter trafen hier die Straßen aus Ulm, Frankfurt am Main, Nürnberg und Regensburg zusammen. Der kürzeste Weg führte über den Fernpaß ins Inntal und entweder über den Reschenpaß oder den Brenner nach Südtirol. Vom Bodenseegebiet aus erreichte man über den Arlberg die Brennerroute, wenn man die hohen Bündner Pässe vermeiden wollte. In römischer Zeit war der Reschenpaß der wichtigere Übergang, im Mittelalter der Brenner.

Die Wege, die von Salzburg, Linz oder Wien über die Ostalpen nach Süden führen, sind länger als die Paßstraßen durch die West- und Zentralalpen. Mehrere Paßhöhen sind zu überschreiten, die allerdings nicht sehr hoch liegen, wenn man von dem ehemaligen Saumpfad über die Hohen Tauern absieht. Kärnten diente als Durchgangsland. Die wichtigsten Straßen liefen in Villach zusammen und führten durch das Kanaltal nach Friaul und Venedig.

In Oberitalien sammelten Turin, Mailand, Verona und Aquileja die Straßen, die über die Alpen oder das Dinarische Gebirge kamen, und leiteten sie weiter. Untereinander waren diese Städte durch eine sehr wichtige west-östliche Verkehrslinie verbunden, die am Fuß des Gebirges entlang von Turin über Pavia, Mailand, Bergamo, Brescia und Verona nach Vincenza und von dort nach Venedig und nach Friaul führte.

Reste einer Römerstraße mit Wagenspuren in Kärnten.

War die Lagunenstadt Venedig das Tor zum Bosporus und nach Kleinasien, so eröffnete der Hafen von Genua an der Küste Liguriens die Seewege des westlichen Mittelmeeres. Von Turin, Mailand, Pavia und Verona aus war Genua durch die Senke zwischen den Ligurischen Alpen und dem Apennin bequem zu erreichen. Über die Küstenstraße längs der Riviera konnte man auch auf dem Landweg in westlicher Richtung in die Provence oder in südlicher Richtung in die Toskana und nach Rom weiterziehen.

Das geflügelte Wort, alle Wege führen nach Rom, galt auch noch im Mittelalter. Zwar hatte das enggeknüpfte Netz der gepflegten antiken Straßen, in dessen Zentrum die Ewige Stadt lag, in der Zeit des Zusammenbruchs des römischen Weltreiches nicht nur nördlich der Alpen, sondern auch auf der Apenninhalbinsel schwer gelitten und war nur noch streckenweise intakt, aber noch immer führten fast alle Wege Italiens nach Rom. Der kürzeste Weg aus Oberitalien folgte von Bologna aus der alten Via Cassia und führte über die Pässe des Apennin nach Florenz, Arezzo und Rom. Eine zweite bedeutende Route zog erst einmal auf der Trasse der Via Aemilia über Bologna hinüber zur Adria, folgte der Küste bis Fano und nutzte dann die noch ziemlich unversehrte antike Via Flaminia, um den Apennin in Richtung Rom zu überwinden.

Die für das Mittelalter wichtigste Verbindung nach Rom war freilich der erst in langobardischer Zeit entstandene »Petersweg«, die »Via Sancti Petri«, die seit dem 10. Jahrhundert auch »Frankenstraße« hieß. Sie folgte nur streckenweise den römischen Trassen, mied die Küste und wich den versumpften, von der Malaria verseuchten Niederungen aus. Von Pavia, der langobardischen Königsstadt ausgehend, überschritt sie bei Piacenza den Po, führte über Parma zum Monte Bardone, dem heutigen Monte Pinzera, und über den Cisa-Paß hinunter in die Gegend von La Spézia, wo im frühen Mittelalter noch die längst verschwundene Hafenstadt Luni lag. Der versumpften Küste, der Maremme, ausweichend, führte die Frankenstraße über Lucca nach San Miniato al Tedesco. Südlich dieses in staufischer Zeit bedeutsamen Ortes ging es auf beschwerlichen Wegen über San Gimignano und Siena am Massiv des Monte Amiata vorbei zum Lago di Bolsena und über Viterbo nach Rom.

Die Verkehrsverhältnisse im mittelalterlichen Europa waren beschwerlich. Die gepflasterten Römerstraßen waren versunken, die Wege je nach Untergrund und Wetter steinig, staubig oder morastig. Sie paßten sich dem Gelände an, verliefen häufig am Rande der Gebirgszüge und bevorzugten die Höhen, um sumpfige Niederungen und tiefe Schluchten zu umgehen. Im offenen Gelände waren die mittelalterlichen Straßen breite Trassen, auf denen man sich seinen Weg suchte, auf den Höhen und im Gebirge schmale Pfade, nicht überall für Wagen, oft nur für Saumtiere geeignet.

Wo es ging, benutzte man deshalb die Wasserwege, die großen Ströme, aber auch kleinere, heute kaum noch schiffbare Flüsse. Die Reise zu Schiff war nicht nur leichter, sondern ermöglichte auch den Transport größerer Warenmengen. Im Nord-Ostseeraum und auch in Italien, wo nur der Po wirklich als Schiffahrtsstraße diente, spielte die Seefahrt eine herausragende Rolle; für viele Küstenstädte, die von der Landseite nur mühsam zu erreichen waren, war das Meer der große Verkehrsweg.

Unter Karl dem Großen, Ludwig dem Frommen und Karl dem Kahlen waren immer wieder Mandate und Verordnungen ergangen, die die Pflege und die Verbesserung des Verkehrssystems gewährleisten sollten. Einiges ist sicher geschehen, auch wenn die von Karl dem Großen erbaute Rheinbrücke bei Mainz bald wieder abbrannte und sein Plan einer Kanalverbindung zwischen den Wasserstraßen von Rhein und Donau an den technischen Unzulänglichkeiten der Zeit scheiterte. In der folgenden Periode, gekennzeichnet durch den Zerfall des Karolingerreiches, die Raubzüge der Wikinger, die Ungarnnot und die Überfälle sarazenischer Piraten, wurde auch das Straßenwesen in Mitleidenschaft gezogen. Erst unter den kraftvollen Herrschern der ottonischen und salischen Dynastie setzten neue Bemühungen um die Verbesserung der Verkehrsverhältnisse ein.

Vergnügen wie in antiker und moderner Zeit machte das Reisen

Bis zu 6 Meter tiefe Hohlwege markieren den Verlauf der Straße von Sachsen nach Böhmen.

wohl nur selten; beschwerlich war es, kostspielig und meist auch gefahrvoll. Hatte sich der Wanderer in der heidnischen Zeit dem Schutz Merkurs anvertraut, so betete er nun zum heiligen Christophorus und opferte auf dem Scheitel der Paßhöhe nicht mehr Jupiter oder Herkules, sondern betete zu christlichen Heiligen um glückliche Bergfahrt. Doch auch finstere Mächte trieben an Kreuzwegen und auf Brücken ihr Unwesen, und so tat man gut daran, die Brücke dem Schutz eines Heiligen anzuvertrauen und ihm eine Brückenkapelle zu weihen.

Irdischen Schutz für den Reisenden gab es zwar auch, aber er war so unvollkommen wie vieles im Mittelalter. Die großen Verkehrswege standen unter dem Schutz des Königs. Wer in friedlicher Absicht auf »des koninges straten«[7] seines Weges zog, genoß den Schutz des Königsfriedens. Auf Straßenraub stand die Todesstrafe, und man war rasch dabei, sie zu vollstrecken. Die Wahrung der Sicherheit auf den Straßen gehörte zu den Pflichten des Königs und seiner Sachwalter, in karolingischer Zeit der Grafen, später auch anderer Herren, die dafür Zölle, Brückengelder und Geleitsgebühren forderten.

Pflichten gaben aber auch Rechte. Wer die Straßen beherrschte und schützte, beherrschte und beschützte auch das Land. Das Geleitsrecht war eines der Hoheitsrechte, das vom König auf die deutschen Fürsten überging und ihnen beim Aufbau ihrer Landesherrschaft half.

4. Raumgestaltung und Herrschaftsordnung

Es war im Jahre 956, als im Palast des Kalifen von Córdoba eine denkwürdige Audienz stattfand. Kalif Abderrachman III. empfing den Gesandten des deutschen Königs, den Benediktinerpater Johannes von Gorze. Es war eine gefährliche Mission, die der Mönch aus dem lotharingischen Kloster 953 übernommen hatte, denn die wenig diplomatisch abgefaßte Botschaft des christlichen Königs an den Kalifen enthielt Angriffe auf den Islam. Abderrachman wußte das, und er wußte auch, daß er das Schreiben nicht entgegennehmen durfte, wenn er den Tod des Gesandten und ein Massaker unter den spanischen Christen verhindern wollte. Der kluge Kalif übte sich in Geduld und ließ die Gesandtschaft warten, bis Johannes von Gorze aus der Heimat die Erlaubnis erhalten hatte, das anstößige Schreiben zu unterdrücken. So dauerte es drei Jahre, bis Abderrachman dem Gesandten Ottos des Großen eine Audienz gewährte.[8]

Inmitten der märchenhaften Pracht des maurischen Audienzsaales stand der Mönch in seinem schlichten dunklen Gewand vor dem Kalifen und rühmte seinen König als den mächtigsten Herrscher dieser Erde. Aber Abderrachman war über die Zustände im Reich Ottos des Großen ausgezeichnet informiert, und aus der Perspektive eines orientalischen Herrschers war die staatliche Ordnung des Reiches ganz unzulänglich. Der König dulde es, sagte der Kalif, daß seine Fürsten Herrschaft kraft eigenen Rechtes ausübten. In der trügerischen Hoffnung, daß sie ihm treu und gehorsam dienen, habe er das Reich unter ihnen aufgeteilt, jedoch seien daraus nur Hochmut und Empörung erwachsen. Der Schwiegersohn des Königs habe den Thronfolger zu Untreue und Empörung verführt und sogar ein fremdes Volk, die Ungarn, ins Land gerufen.

Selbst im fernen maurischen Spanien kannte man die Schwächen der deutschen Reichsverfassung, die ja keine kodifizierte, alle Bereiche des staatlichen Lebens regelnde Verfassung in der Art des Grundgesetzes oder der Weimarer Verfassung war, sondern eine lockere, von Macht und Recht bestimmte, Wandlungs- und Gestaltungsmöglichkeiten bietende Herrschaftsordnung. Sie beruhte nicht auf einem dem Willen des Herrschers unterworfenen bürokratischen, weisungsgebundenen und zu Gehorsam verpflichteten Beamtenapparat, sondern sehr stark auf den persönlichen Bindungen zwischen Herrscher und Beherrschten. Die Treue zum König, bekräftigt durch heilige Eide, war ein unverzichtbares Element des Verfassungslebens. Die Reichsordnung war daher ein verletzliches System, das eines starken, stets einsatzbereiten Herrschers bedurfte, der in der Lage war, die machthungrige Aristokratie zu bändigen und an die Krone zu binden.

Vor einem halben Jahrhundert hat Theodor Mayer die Herrschaftsordnung des Frühmittelalters als einen »aristokratischen Personenverbandsstaat« charakterisiert, der sich grundlegend vom modernen »institutionellen Flächenstaat« unterschieden habe.

Das Reich um 900

Das ostfränkisch-deutsche Reich und seine Nachbarn am Ende der Karolingerzeit

Diese Antinomie, einprägsam, fast suggestiv formuliert, hat in der Forschung kanonische Geltung erlangt, obwohl ihr Urheber damit nur den Wesensunterschied zwischen der mittelalterlichen und neuzeitlichen Staatlichkeit hervorheben, nicht aber bestreiten wollte, daß auch der aristokratische Personenverbandsstaat über Institutionen verfügte und auf eine Fläche, ein Staatsgebiet, bezogen war.[9]

Das Reich des Mittelalters war zwar kein moderner, bürokratisch durchorganisierter Flächenstaat mit strenger Regelung aller Kompetenzen und festen territorialen Zuständigkeiten, besaß aber ohne Zweifel auch eine politisch-administrative Raumordnung, die den Erfordernissen der mittelalterlichen Gesellschafts- und Herrschaftsordnung einigermaßen gerecht wurde.

Raumgestaltung und Herrschaftsordnung, in denen karolingisches und sogar vorkarolingisches Erbe fortlebte, waren eng verbunden. Es war nicht allein und nicht einmal in erster Linie das Königtum, das die territoriale Gliederung des Reiches bestimmte, sondern zumindest im gleichen Maße die Stämme, der Adel und die Kirche. Unterhalb der staatlichen Verwaltungsgliederung gab es eine andere Ebene der Raumgestaltung, die den vielfältigen Erfordernissen des täglichen Lebens Rechnung trug. Elemente dieser Raumordnung waren die meist als »Gaue« bezeichneten natürlichen Siedlungslandschaften, die Dorfmarken, Talschaften, Wald- und Markgenossenschaften, die Fronhofsverbände der weltlichen und geistlichen Grundherrschaften, die Kirchspiele und Pfarreien, die Dombezirke und Klosterimmunitäten und in zunehmender Zahl und Bedeutung auch Marktsiedlungen und Städte.

Raumgestaltende Elemente erster Ordnung waren die germanisch-deutschen Stämme, die ja nicht nur Personenverbände waren, sondern auch Siedlungsgemeinschaften. Die Stammesherzogtümer Bayern, Schwaben, Franken und Sachsen bildeten das territoriale Gerüst der Reichsordnung. Auch Lotharingien wurde nach dem endgültigen Anschluß an das ostfränkisch-deutsche Reich als Herzogtum organisiert und in die Reichsverfassung eingegliedert, allerdings aus politischen Gründen bereits 959 in die Herzogtümer Ober- und Niederlotharingien geteilt. Die Teilung des mächtigen Grenzdukates war möglich, weil es sich nicht um ein auf einen wirklichen Stamm bezogenes Herzogtum handelte. Für die echten Stammesherzogtümer, deren Herzöge nicht bloß die Inhaber eines vom König verliehenen Reichsamtes, sondern zugleich die Exponenten ihrer Stämme waren, kam eine Teilung zunächst nicht in Betracht. Die Erhebung Kärntens zum Herzogtum und seine Lösung aus dem Verband des Herzogtums Bayern schon 976 war wohl deshalb möglich, weil die aus Deutschen und Slawen gemischten Kärntner oder Karantanen als eine eigenständige Volksgruppe gelten konnten.

Die sieben Herzogtümer, die seit der zweiten Hälfte des 10. Jahrhunderts die territoriale Grundlage des Reiches bildeten, beruhten der Idee nach auf den Stämmen, aber eine hundertprozentige Übereinstimmung von Stammesgebiet und Herzogtum gab es nicht.

Die Friesen gehörten teils zum sächsischen, teils zum niederlotharingischen Herzogtum, ohne dadurch ihre Identität als eigenständiger und eigenwilliger Stamm zu verlieren. Ähnlich erging es den Thüringern, die ebenfalls kein eigenes Stammesherzogtum hervorbrachten. Seit dem Ende des 9. Jahrhunderts gehörte das Thüringerland zur Interessensphäre der fränkischen und sächsischen Herzöge und der Erzbischöfe von Mainz. Erst in der ersten Hälfte des 12. Jahrhunderts wurde zum Zweck der Friedenswahrung und der Rechtssicherheit eine Landgrafschaft Thüringen gebildet. Die Landgrafen – Stellvertreter des Königs – riefen die Thüringer zu Stammeslandtagen zusammen, sorgten als oberste Richter für die Wahrung des Landfriedens und übten eine lockere Oberhoheit über den thüringischen Raum aus.

Zum Herzogtum Franken, mit seinen Kernräumen an Rhein und Main gleichsam das Herz des Reiches, gehörten nach Norden hin mehrere kleinere Siedlungslandschaften an Lahn, Eder und Diemel, die von den Hessen, den Nachkommen der germanischen Chatten, bewohnt wurden. Hingegen umfaßte das Herzogtum Schwaben keineswegs alle Landschaften, die die Alemannen im frühen Mittelalter in Besitz genommen hatten. Zwar stand das alemannisch besiedelte Elsaß, das eine Sonderstellung besaß und zeitweilig sogar als »Herzogtum Elsaß« bezeichnet wurde, unter der Oberhoheit des Herzogs von Schwaben, aber einige andere Teile des alemannischen Siedlungsraumes gehörten zum Königreich Burgund. Andererseits herrschten die schwäbischen Herzöge über das vorwiegend von Romanen besiedelte Churrätien, das ungefähr dem heutigen Graubünden entsprach.

Das ungewöhnlich große Herzogtum Bayern erstreckte sich nicht nur über das gesamte Siedlungsgebiet des bayerischen Stammes, sondern schloß auch einige romanisch besiedelte Alpentäler ein. Dazu kamen mit der bayerischen Ostmark, der Steiermark, Kärnten und Krain ausgedehnte Landschaften mit einem starken slawischen Bevölkerungsanteil. Zeitweilig beherrschte der Herzog von Bayern auch Friaul und das gesamte Tal der Etsch mit Trient und Verona.

Die sieben Herzogtümer bildeten nur ein grobes Raster für die politisch-verwaltungsmäßige Raumordnung des Reiches, denn sie setzten sich ihrerseits aus Grafschaften und Markgrafschaften zusammen. Die karolingischen Herrscher hatten im 8. Jahrhundert das ältere Stammesherzogtum beseitigt, das Frankenreich in Grafschaften aufgeteilt und die Grenzregionen durch Markgrafschaften gesichert. In den westlichen Reichsteilen konnte die Grafschaftsverfassung an die spätrömische Verwaltungsstruktur anknüpfen, während in den germanischen Stammesgebieten östlich des Rheins die Gaue als räumliche Grundlage für die Grafschaften genutzt wurden.

Unterhalb der Ebene der Grafschaft, die ihrer ursprünglichen Aufgabe nach in erster Linie ein Rechts-, Friedens- und Wehrbezirk war, gab es noch kleinere, regional unterschiedlich gestaltete Gerichtsbezirke wie Hundertschaften, Zenten, Freigerichte, Frei- und Gografschaften. Alter und Ursprung dieser Gerichte, die von bäuerlichen Bevölkerungsschichten besucht und in recht archaischen Formen abgehalten wurden, liegen im dunkeln.

Die Kriege und Grenzkämpfe im Osten erforderten besondere militärische Sicherungsmaßnahmen, die sich auch auf die Raumstruktur in den grenznahen Gebieten auswirkten. Dem Schutz des Reiches, aber auch der Vorbereitung von Feldzügen diente ein System von Grenz- oder Markgrafschaften, das sich an der Ostgrenze von der Küste der Ostsee bis zur Adria hinzog. Die Markgrafschaften, teilweise in Burgbezirke, sogenannte Burgwarde, gegliedert, erstreckten sich sowohl über Reichsboden als auch über erobertes Land. Sie waren Militärbezirke, befehligt von den Markgrafen, die weitreichende militärische Befugnisse besaßen. Sie befehligten das Heeresaufgebot ihrer Grenzabschnitte, leiteten den Bau und die Verteidigung der Grenzburgen, bekämpften die Aufstände der unterworfenen slawischen Stämme und zogen Abgaben und Tribute ein. Rang- und machtmäßig weit über den einfachen Grafen stehend, haben die Markgrafen auch in der Reichspolitik eine wichtige Rolle gespielt.

Die Anfänge der Markgrafschaften reichen bis in die Zeit Karls des Großen zurück. Der Kaiser hatte zwischen der Ostseeküste und der Unterelbe gegen die Abodriten den »Limes Saxoniae« angelegt, den anschließenden Grenzabschnitt entlang der mittleren Elbe durch eine Kette von Grenzburgen geschützt und die Saalelinie durch die Sorbische Mark, den »Limes Sorabicus«, gesichert. Ein Glacis von tributpflichtigen slawischen Fürstentümern war den Grenzbezirken vorgelagert und bot zusätzlichen Schutz.

Großräumige Markgrafschaften waren im Südosten geschaffen worden, die Ostmark zwischen Enns und March, die bis zum Donauknie reichende Pannonische Mark, die Karantanische Mark in den Ostalpen und die Istrien und Venetien umfassende Mark Friaul. Während die karolingischen Marken an Elbe und Saale vor allem aus Burgenlinien bestanden, waren die südöstlichen Marken große, der Raumbeherrschung dienende Militärbezirke. Schon während der Karolingerzeit mehrfach umorganisiert, wurden sie an der Wende vom 9. zum 10. Jahrhundert durch die Angriffe der Ungarn stark in Mitleidenschaft gezogen. Ganz Pannonien und die östlichen Teile der bayerischen Ostmark gingen verloren.

Nach der Konsolidierung des ostfränkisch-deutschen Reiches unter den Herrschern aus ottonischem Hause wurden im Zuge der expansiven Ostpolitik teils die karolingischen Marken reorganisiert, teils neue geschaffen. Der ottonische Markengürtel begann im Norden mit der von dem sächsischen Markgrafen Hermann Billung verwalteten Billunger Mark, die im wesentlichen die Siedlungsgebiete der abodritischen Völkerschaften umfaßte. An die Billunger Mark schloß sich die Geronische Mark an, zu der die Gebiete zwischen Elbe, Oder und Erzgebirge gehörten. Sie wurde nach dem Tod des großen Markgrafen Gero 965 in mehrere kleinere Markgrafschaften geteilt, aus denen später die Nordmark, die Mark Lausitz und die Mark Meißen hervorgingen.

Ein herber Rückschlag für die Stellung des Reiches im Osten war der Aufstand der Liutizen im Jahre 983, der zum Zusammenbruch des ganzen Markensystems führte. Die mittlere Elbe wurde wieder zur Reichsgrenze; nur die Marken Meißen und Lausitz und die westlichen Teile der Nordmark konnten verteidigt werden. Erst in der Mitte des 12. Jahrhunderts wurden die Reichsgrenzen wieder nach Osten vorgeschoben, allerdings nicht mehr unter Führung des deutschen Königtums, sondern einiger Reichsfürsten, unter denen Herzog Heinrich der Löwe, Markgraf Albrecht der Bär, der Wettiner Heinrich der Erlauchte und Erzbischof Wichmann von Magdeburg die herausragenden Gestalten waren. Die Nordmark wurde zur Keimzelle der Mark Brandenburg und des brandenburg-preußischen Staates, die Mark Meißen zum Kernland der wettinischen Fürstentümer und des Landes Sachsen.

Die Ostmark, Keimzelle der Donaumonarchie

Ein Gürtel von Markgrafschaften begleitete auch die Reichsgrenze vom Böhmerwald bis nach Istrien. Erwähnt werden die Marken Nabburg und Cham, die Böhmische Mark nördlich der Donau, die bayerische Ostmark im Donautal, die Steiermark, die Marken Krain, Istrien und Friaul. Eine Schlüsselposition besaß die Ostmark,

Italien im 10. und 11. Jahrhundert

das »Ostarrichi«. Sie sicherte die strategisch wichtige Wiener Pforte, das Tor nach Mitteleuropa. Von Friedrich Barbarossa 1156 zum selbständigen Herzogtum erhoben, wurde sie zur Ausgangsbasis für die Errichtung der Donaumonarchie.

Eine Sonderstellung nahm die Mark Verona und Friaul ein. Sie umfaßte das Etschtal mit Trient und Verona, Friaul und zeitweilig auch die Halbinsel Istrien. Sie diente nicht nur dem Schutz der Ostgrenze, sondern auch der Sicherung der Brennerstraße, die an den Veroneser oder Berner Klausen leicht zu sperren war.

Vielschichtig im vollsten Sinne dieses Wortes waren Raum- und Herrschaftsordnung Italiens. Die Aufsplitterung der Apenninhalbinsel in eine Reihe von langobardischen und byzantinischen Herrschaftsbereichen am Ausgang der Völkerwanderungszeit erwies sich als ein Ereignis mit ein Jahrtausend überdauernder Fernwirkung, das nicht nur die politische Landkarte, sondern auch das wirtschaftliche, soziale, kulturelle und religiöse Leben des Landes jahrhundertelang prägte und letztlich auch für den tiefgreifenden Gegensatz zwischen dem zivilisatorisch und industriell fortgeschrittenen Norden und dem zurückgebliebenen Mezzogiorno verantwortlich ist, der noch das moderne Italien kennzeichnet.

Als Otto der Große in der Mitte des 10. Jahrhunderts die Herrschaft über das Königreich Italien errang und in Rom die Kaiserkrone empfing, befand sich die Apenninhalbinsel in einem Zustand politischer Anarchie und territorialer Zerklüftung, der nur wenig durch die Gliederung des Landes in fünf großräumigere, in sich freilich wieder vielfach zersplitterte Machtsphären gemildert wurde. Über Nord- und Teile Mittelitaliens erstreckte sich das Königreich Italien, in der Mitte des Landes lagen der Kirchenstaat und die Gruppe der langobardischen Fürstentümer; zum oströmisch-byzantinischen Reich gehörten im Norden noch immer ein Küstenstreifen an der Adria mit dem aufblühenden Venedig und im Süden Neapel, Apulien und Kalabrien, während Sizilien im Laufe des 9. und 10. Jahrhunderts Stadt für Stadt und Landschaft für Landschaft den arabischen Angriffen erlag.

Das Königreich Italien, das »Regnum Italicum«, war der Rechtsnachfolger des alten Reiches der Langobarden. Es umfaßte im 10. Jahrhundert die Lombardei, Piemont, Ligurien, die nördlichen Teile der Emilia Romagna und die Toskana. Karl der Große hatte einige Jahre nach der Eroberung des Langobardenreiches 774 die fränkische Grafschaftsverfassung auch in Italien eingeführt. Machthungrige Adelsgeschlechter hatten die politischen Wirren am Ende des 9. und in der ersten Hälfte des 10. Jahrhunderts benutzt, um die kleinen, in Anlehnung an die ehemaligen römischen Stadtbezirke geschaffenen Grafschaften zu größeren Herrschaftsbereichen zusammenzufügen. Großgrafschaften dieser Art, die wohl in Analogie zur karolingischen Mark Friaul als Markgrafschaften bezeichnet wurden, waren die Markgrafschaften Turin und Ivrea am Alpenrand und die Markgrafschaft Tuszien (Toskana) im Apennin. Auch die Familie der Aledramiden, die große Teile Liguriens beherrschte und die mächtige Dynastie der Otbertiner, deren Herrschaftsbereich die Grafschaften Mailand, Tortona, Genua und Luni umfaßte, führten den Markgrafentitel.

Eine Sonderstellung im nördlichen und mittleren Italien nahmen das Exarchat Ravenna, die Pentapolis und der Dukat von Rom ein. Das Exarchat Ravenna, benannt nach dem Exarchen, dem byzantinischen Statthalter in Italien, der bis 751 in Ravenna residiert hatte, bestand bis zum 12. Jahrhundert nur noch aus der Kaiserstadt Ravenna und ihrem Umland. Die Pentapolis, das »Fünfstädteland«, umfaßte die Landschaft an der Adriaküste zwischen Rimini und Ancona. Der Dukat von Rom, auch er seinem Ursprung nach ein byzantinischer Verwaltungsbezirk, erstreckte sich über die Stadt Rom und ihre weitere Umgebung.

Der Dukat von Rom, das Exarchat Ravenna und die Pentapolis waren aus der Sicht der Päpste die Kerngebiete des Patrimonium Petri, des Kirchenstaates. Die Nachfolger des Apostels Petrus hielten zäh und beharrlich an ihren uralten, in die Spätantike und die Karolingerzeit zurückreichenden Rechtstiteln fest, doch war der größte Teil des päpstlichen Besitzes längst wieder verlorengegangen. Die Macht in Rom und seiner Umgebung hatten die großen Familien der stadtrömischen Aristokratie an sich gerissen, und das Exarchat Ravenna und die Pentapolis gerieten im 10. Jahrhundert unter kaiserliche Herrschaft, so daß der Kirchenstaat in jener Zeit mehr Anspruch als Wirklichkeit war.

Die langobardischen Herzogtümer Spoleto und Benevent besaßen seit ihrer Gründung in der zweiten Hälfte des 6. Jahrhunderts auf Grund ihrer Lage an der Grenze zum byzantinischen Süditalien ein hohes Maß an politischer Unabhängigkeit sowohl gegenüber den in Pavia residierenden Langobardenkönigen als auch gegenüber

Der spätantike »Exarchenpalast« in Ravenna, auch als Palast Theoderichs des Großen bezeichnet.

Die langobardischen Fürsten Mittel- und Süditaliens gerieten zeitweilig politisch und kulturell unter den Einfluß von Byzanz. Herzog Arichis II. als Stifter von Santa Sofia zu Benevent (Miniatur in der Chronik von Santa Sofia).
Die Palastkirche wurde nach dem Vorbild der Hagia Sophia in Konstantinopel erbaut.

deren fränkischen und deutschen Nachfolgern. Hinzu kam, daß auch die Päpste Besitzansprüche anmeldeten, denn die beiden Herzogtümer waren aus ihrer Sicht Bestandteile des Patrimonium Petri.

Die Herzöge von Benevent hatten ihre Herrschaft im Kampf gegen die Byzantiner weit nach Süden ausgedehnt. Durch Erbteilungen entstanden die Fürstentümer Benevent, Capua, Gaeta und Salerno. Der Block der langobardischen Fürstentümer wurde im Verlaufe des 10. Jahrhunderts zum Zankapfel, aber auch zur Pufferzone zwischen Byzanz und dem römisch-deutschen Kaiserreich. Die Byzantiner behaupteten die Herrschaft über Apulien, Kalabrien und die Basilikata, die sie sowohl gegen arabische als auch gegen deutsche Angriffe verteidigen konnten. So berührten sich im Süden Italiens die Macht- und Einflußbereiche der drei Großmächte jener Epoche, die der Araber, der Byzantiner und der Deutschen. Allerdings war das römisch-deutsche Kaiserreich eine reine Landmacht, während Byzantiner und Araber mit ihren Flotten das Meer beherrschten, bis ihnen in den italienischen Seestädten Venedig, Pisa und Genua mächtige Gegenspieler erwuchsen.

Wesentliche Impulse empfing die politische Raumordnung Italiens von den Städten. Die Stadt war hier ein altes und zugleich ein neues Element. Das urbane Grundmuster Italiens stammte noch aus der Antike. Die antike Stadtkultur hatte den Zusammenbruch des römischen Weltreiches und die Zerstörungen der Völkerwanderungszeit vielerorts in ansehnlichen Resten überdauert. In den folgenden Jahrhunderten wechselten Erholungsphasen mit neuen Erschütterungen. Schon im 9. und 10. Jahrhundert begann ein all-

San Nicola in Bari.
Bari, eine wichtige Hafen- und Handelsstadt und Sitz des Gouverneurs der byzantinischen Provinz Italia, geriet in der zweiten Hälfte des 11. Jahrhunderts unter die Herrschaft der Normannen. Nach der Übertragung der Reliquien des heiligen Nikolaus von Myra nach Bari 1087 wurde die Stadt ein bedeutender Wallfahrtsort.

mählicher, freilich oftmals von Rückschlägen unterbrochener wirtschaftlicher und politischer Wiederaufstieg des italienischen Städtewesens.

Es waren zuerst die Küstenstädte im Süden der Apenninhalbinsel, die dank des Seehandels einen wirtschaftlichen und politischen Aufschwung erlebten und in Krieg und Frieden eine wichtige Rolle zu spielen begannen: Amalfi, Salerno, Reggio di Calabria, Tarent, Otranto, Brindisi und Bari. Mit ihnen konkurrierte schon früh die Lagunenstadt Venedig, die zwar staatsrechtlich zu Byzanz gehörte, sich aber kühn und geschickt faktische Souveränität unter ihren Dogen ertrotzte. Als Stadtrepubliken ähnlichen Typs stiegen am Ligurischen und Tyrrhenischen Meer Genua und Pisa empor.

Auch in Nord- und Mittelitalien vollzog sich allmählich ein Wiederaufstieg der Städte. Eine wichtige Rolle spielten stets Pavia als Krönungsort und Quasi-Hauptstadt des Regnum Italicum, Verona als Schlüssel Italiens, Ravenna als ehemalige römische Kaiserstadt und natürlich Rom, die Mutter der Städte, die Stadt der Apostel und Märtyrer. Entscheidend für die künftige territoriale Struktur aber wurde die Tatsache, daß die Bewohner der Städte schon im 10. und in wachsendem Maße im 11. und 12. Jahrhundert nicht nur wirtschaftliche, sondern auch politische Rechte und Freiheiten forderten und erlangten. Ohne Kämpfe mit Kaisern und Päpsten, Markgrafen und Bischöfen ging das nicht ab, aber Italien, vor allem die Lombardei, wurde zum klassischen Land der kommunalen Bewegung und des mittelalterlichen Stadtstaates.

Neben der politisch-administrativen Raumordnung stand die kirchliche Gliederung in Erzbistümer, Bistümer, Archidiakonate und Pfarrsprengel. Die Kirchenorganisation, ein im großen und ganzen wohlgeordnetes hierarchisches System, war das Ergebnis einer langen und verschlungenen, von religiösen und missionarischen, vor allem aber von kirchen- und machtpolitischen Bestrebungen bestimmten Entwicklung. Daher fehlte es nicht an Übereinstimmungen zwischen den politischen und kirchlichen Grenzen, aber von der Idee und den Zielsetzungen her war die Kirchenorganisa-

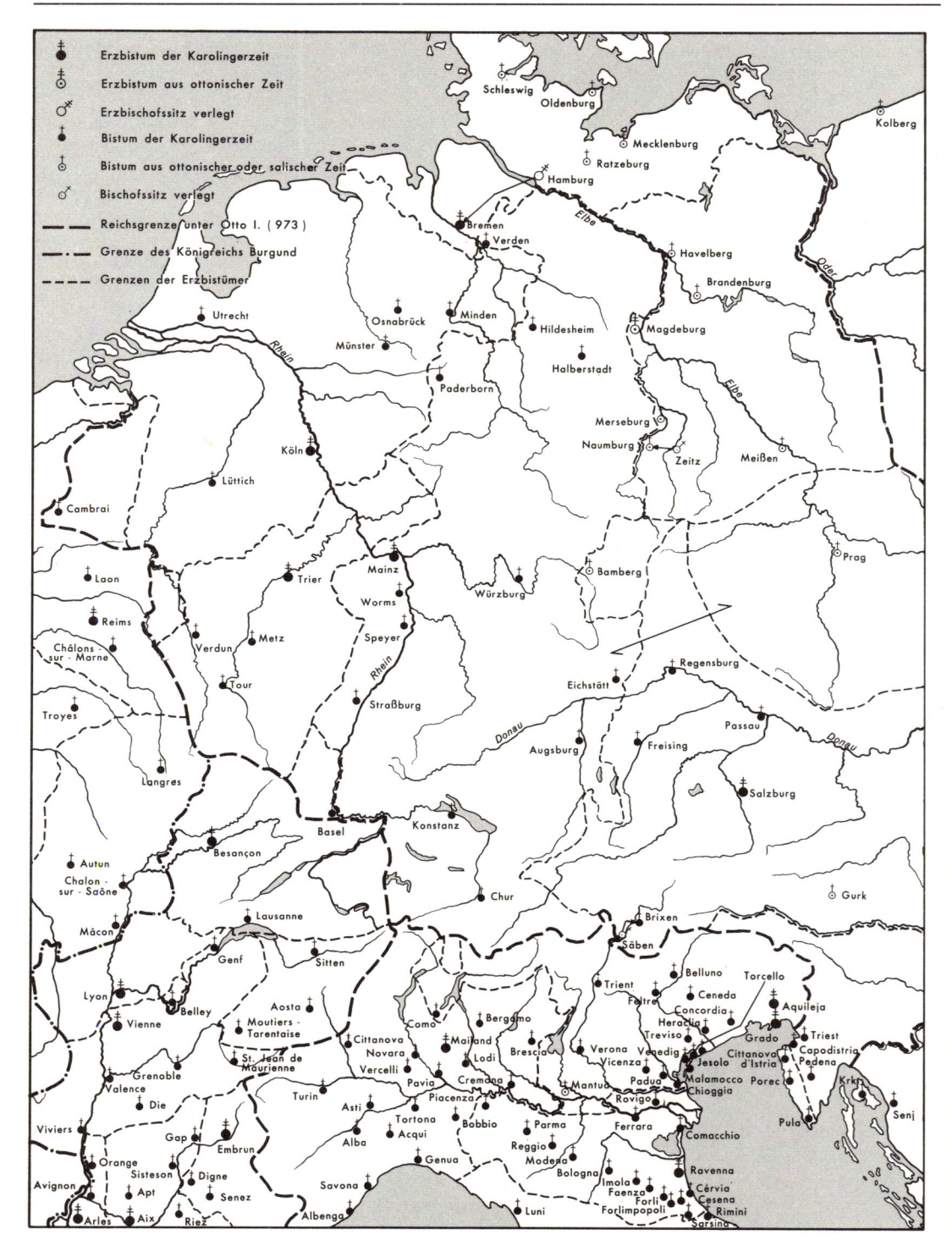

Die Kirchenorganisation als Element der Raumordnung

Die kirchliche Gliederung des Reiches (10. bis 12. Jahrhundert).

tion ein eigenes System, kein Abklatsch der weltlichen Herrschaftsordnung.

Die Anfänge der kirchlichen Organisation reichen in den Gebieten, die einst zum römischen Reich gehört haben, bis in die Spätantike zurück. Auch an Rhein und Donau haben christliche Gemeinden die Stürme der Völkerwanderungszeit überdauert, so daß wenigstens einige deutsche Bistümer ihren Ursprung in die Frühzeit des Christentums zurückführen dürfen. Ungeachtet mancher Verwerfungen und Brüche gilt das wohl für Köln, Trier, Mainz, Worms, Speyer und Straßburg.

Der Übertritt des fränkischen Königs Chlodwig und seines Volkes zum katholischen Glauben an der Wende vom 5. zum 6. Jahrhundert verhalf dem Christentum zum Siege und ermöglichte vor allem in den westlichen Reichsteilen den weiteren Auf- und Ausbau der kirchlichen Organisation. Der missionarische Eifer der fränkischen Könige und ihrer Bischöfe hielt sich jedoch in Grenzen, so daß die Christianisierung und die Schaffung einer festen Kirchenorganisation in den östlichen Reichsteilen über bescheidene Ansätze nicht hinauskamen. Es charakterisiert die Lage, daß es bis ins 8. Jahrhundert nur westlich des Rheins und südlich der Donau Bischofssitze gab.

Einen für die deutsche Geschichte fundamentalen Wandel brachte erst das missionarische und organisatorische Wirken des heiligen Bonifatius in der ersten Hälfte des 8. Jahrhunderts. Er reformierte die ein wenig wild und unorganisch gewachsene bayerische Kirche und gründete in Hessen, Thüringen und Franken die Bistümer Büraburg, Erfurt, Würzburg und Eichstätt. In Schwaben, Bayern, Franken, Hessen und Thüringen nahm die kirchliche Organisation jetzt festere Formen an, und auch in Friesland gewann die Mission durch die Gründung des Bistums Utrecht einen Stützpunkt. Nur die Sachsen hielten zäh am Glauben ihrer heidnischen Vorväter fest.

Erst ein halbes Jahrhundert später änderte sich das. Karl der Große legte durch die Unterwerfung Sachsens und die Zwangstaufe seiner Bewohner den Grundstein für die kirchliche Organisation des Landes, die unter Ludwig dem Frommen vollendet wurde. Nach und nach traten die Sachsenbistümer Paderborn, Münster, Osnabrück, Minden, Bremen, Hildesheim, Halberstadt und Verden ins Leben.

Inzwischen war auch die innere Struktur der kirchlichen Organisation durch die Entstehung von Kirchenprovinzen weiterentwickelt worden. Die Bischöfe von Trier, Köln, Mainz, Salzburg und Hamburg hatten die erzbischöfliche Würde erlangt und standen nun als Metropoliten an der Spitze einer Kirchenprovinz. Sie beriefen und leiteten die Provinzialsynoden, wirkten bei der Wahl und Weihe der Bischöfe ihrer Kirchenprovinz, der Suffragan- oder Diözesanbischöfe, mit und kontrollierten deren Amtsführung. In der kirchlichen Ämterhierarchie rangierten die Erzbischöfe hinter dem Papst, von dem sie das äußere Zeichen ihrer Würde, das Pallium, empfingen.

Die deutschen Kirchenprovinzen waren von beträchtlicher Größe. Noch relativ bescheiden nahm sich der territoriale Umfang des Erzbistums Trier aus, das neben Trier selbst nur die Diözesen

Das im 11. Jahrhundert errichtete mächtige Westwerk des Trierer Domes ist ein Zeugnis für die Frömmigkeit, aber auch für das Machtbewußtsein und Repräsentationsbedürfnis der Erzbischöfe jener Zeit.

Metz, Verdun und Toul umfaßte. Wesentlich größer war Köln, zu dem westlich des Rheins die Diözese Lüttich, östlich des Stromes das Friesenbistum Utrecht und die Sachsenbistümer Münster, Osnabrück, Minden und zunächst auch Bremen gehörten. Das Bistum Hamburg, dessen Diözese sich über Stormarn, Dithmarschen und Holstein erstreckte, wurde 832 zum Missionserzbistum für den skandinavischen Raum erhoben, besaß zunächst aber noch keine Suffraganbistümer. Nach der Zerstörung Hamburgs durch die Normannen 841 wurde der Sitz des Erzbischofs in das sicherere Bremen zurückverlegt.

Die bei weitem größte Kirchenprovinz Deutschlands war Mainz. Sie umfaßte Schwaben, Franken, Thüringen und einen großen Teil Sachsens. Zur Kirchenprovinz gehörten die Bistümer Paderborn, Hildesheim, Halberstadt und Verden, Worms, Speyer, Straßburg, Würzburg, Eichstätt, Augsburg, Konstanz und Chur. Die Bistümer Büraburg und Erfurt waren schon am Ende des 8. Jahrhunderts aufgehoben und mit der Diözese Mainz vereinigt worden, so daß Hessen und Thüringen kirchenrechtlich unmittelbar dem Mainzer Erzbischof unterstanden. Kein Wunder, daß der Erzbischof von Mainz als Nachfolger des heiligen Bonifatius, des »Apostels der Deutschen«, und als Leiter eines von der unteren Elbe bis zum Alpenhauptkamm, von den Vogesen und dem Hunsrück bis zum Böhmerwald reichenden Metropolitenverbandes zum vornehmsten Kirchenfürsten, zum »Primas Germaniens«, aufstieg.

Detail vom Westwerk des Trierer Domes.

Konkurrenten im Südosten: Salzburg und Aquileja

Die einzige Kirchenprovinz, die in Anlehnung an ein Stammesgebiet eingerichtet wurde, war das Erzbistum Salzburg. Karl der Große erwirkte 798 von Papst Leo III. die Erhebung des Bischofs Arn von Salzburg zum Erzbischof. Die bayerischen Bistümer Regensburg, Passau und Freising wurden ihm unterstellt. Dazu kam das an der Brennerstraße gelegene, ursprünglich zum Patriarchat Aquileja gehörende Bistum Säben, das gegen Ende des 10. Jahrhunderts nach Brixen verlegt wurde.

In den Ostalpen konkurrierte mit dem relativ jungen Erzbistum Salzburg das Patriarchat Aquileja, das seinen Ursprung in die apostolische Zeit zurückführte. Karl der Große bestimmte 812 die Drau zur Grenze zwischen Salzburg und Aquileja. Der Patriarch von Aquileja war de facto ein Erzbischof, betrachtete sich aber als Nachfolger des Evangelisten Markus und beanspruchte deshalb den höheren Rang eines Patriarchen. Dank der Größe seiner vom Etschtal bis nach Istrien reichenden Kirchenprovinz und der engen Verbindung zum deutschen Königtum war der Patriarch von Aquileja einer der mächtigsten Kirchenfürsten Italiens.

Aber die kirchenrechtliche und politische Stellung des Patriar-

Der Dom in Aquileja wurde 1021–1031 von dem Patriarchen Poppo erbaut. Die Vorhalle stammt aus dem 9., das Baptisterium aus dem 5. Jahrhundert.

Bescheidene Bistümer – mächtige Abteien

chen blieb unsicher, denn auf der Insel Grado residierte ein Bischof, der seinerseits behauptete, der echte Rechtsnachfolger des Evangelisten Markus zu sein. Da die Insel zunächst zum byzantinischen, dann zum venezianischen Machtbereich gehörte, blieb das Schisma zwischen Aquileja und Grado jahrhundertelang bestehen. 1105 verlegte der venezianische Patriarch seine Residenz von Grado nach Venedig. Die Lagunenstadt heftete den Markuslöwen auf ihre Fahnen.

Die Kirchenorganisation Italiens unterschied sich von der des nordalpinen Raumes durch ein sehr eng geknüpftes Netz von Bistümern, von denen die allermeisten spätantiken Ursprungs waren. Im römischen Reich besaß jede Stadt, die den rechtlichen Status einer »civitas« erlangt hatte, auch einen Bischof, und da die Städte der Apenninhalbinsel den Zusammenbruch der römischen Herrschaft überdauert hatten, blieb diese feingliedrige Diözesanstruktur auch im Mittelalter erhalten.

Östlich der Reichsgrenze begann in karolingischer Zeit die Welt der Heiden. Die missionarischen Bemühungen der bayerischen Kirche im Südosten stießen in der zweiten Hälfte des 9. Jahrhunderts auf die von der griechisch-orthodoxen Kirche getragene Mission, die mit den Namen der »Slawenapostel« Kyrill und Method verbunden ist. Der Vorstoß der Ungarn, die das Großmährische Slawenreich vernichteten, beendete auch den mit Erbitterung geführten Kampf der lateinischen und der griechischen Kirche um die Seelen der Slawen, die größtenteils noch einmal zum Heidentum zurückfanden.

Nach einem Jahrhundert der Stagnation begann in der Mitte des 10. Jahrhunderts eine neue Periode der Mission und der Kirchenorganisation. Das Erzbistum Hamburg-Bremen erlebte eine Blütezeit. Seine Erzbischöfe missionierten bei Dänen und Abodriten und

Monte Cassino, das Mutterkloster des Benediktinerordens, um 1100.
In Italien spielten große Abteien wie Monte Cassino, Bobbio, San Zeno bei Verona, San Apollinare in Classe bei Ravenna, Farfa oder Fruttuaria im religiösen, kulturellen, wirtschaftlichen und politischen Leben eine wichtigere Rolle als viele der kleinen Bischofssitze.

Benediktinerabtei Pomposa. Abteikirche 8.–12., Campanile 1. Hälfte 11. Jahrhundert.

waren bemüht, eine große Kirchenprovinz, ein »Patriarchat des Nordens«, zu schaffen. Zeitweilig unterstanden ihrer Metropolitangewalt nicht nur die Slawenbistümer Oldenburg, Ratzeburg und Mecklenburg, sondern auch die Dänenbistümer Ripen, Schleswig, Aarhus, Odense, Roskilde und Lund.

Den Höhepunkt der ottonischen Kirchenpolitik bildete zweifellos die Gründung des Missionserzbistums Magdeburg durch Otto den Großen 968, dem die Slawenbistümer Brandenburg, Havelberg, Merseburg, Meißen und das später nach Naumburg verlegte Bistum Zeitz unterstellt wurden. Auch das polnische Bistum Posen gehörte zunächst zum Magdeburger Metropolitanverband. Die Kirchenprovinz Mainz hatte durch die Errichtung des Erzbistums Magdeburg territoriale Verluste erlitten, die jedoch dadurch wettgemacht wurden, daß die Bistümer Prag und Olmütz der Metropolitangewalt des Mainzer Erzbischofs unterstellt wurden.

Adel und Kirche: Konkurrenten der Krone

Die von Deutschland ausgehende Mission und Kirchenorganisation überschritten im Norden und Osten die Reichsgrenzen. Dänemark, Polen und Ungarn gerieten zunächst unter den Einfluß der Reichskirche, begannen aber bald mit dem Aufbau einer eigenen nationalen Kirchenorganisation.

War dieses locker strukturierte Reich eigentlich regierbar? Oder hatte Kalif Abderrachman recht mit seiner Kritik an der abendländischen Herrschaftsordnung, die den partikularen Gewalten zu viel Freiheit ließ?

In der Tat stand das Königtum vor dem Dilemma, daß der Adel und die weitgehend vom Adel beherrschte Kirche Helfer und Konkurrent der Monarchie zugleich waren. Der geringe Grad der Insti-

Die Entwicklung des Klosterwesens am Oberrhein und im Raum um den Bodensee. Die ältesten Klöster liegen westlich des Rheins, am Bodensee und an den nach Italien führenden Paßstraßen. Erst im 11. und 12. Jahrhundert werden auch im Schwarzwald Klöster gegründet.

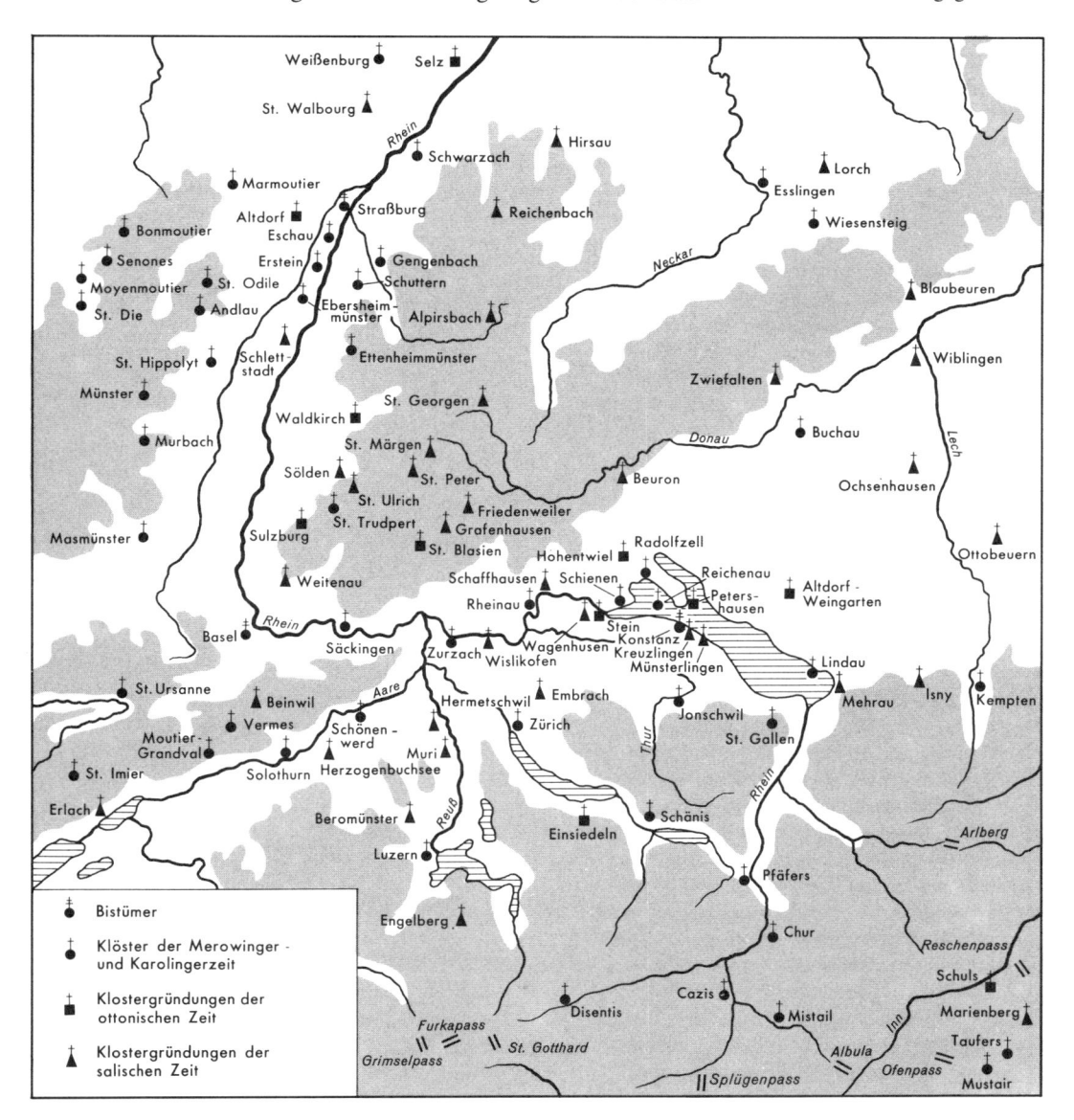

tutionalisierung der Reichsverfassung gewährte dem Adel, vor allem aber den weltlichen und geistlichen Würdenträgern, einen weiten machtpolitischen Handlungsspielraum. Wie er genutzt wurde, hing sehr stark von den Persönlichkeiten ab. Wirkten viele aufopfernd im Dienst des Königs, so erwiesen sich andere als skrupellose Machtpolitiker, deren Sinnen und Trachten allein der Festigung und Ausdehnung des eigenen Herrschaftsbereiches galt. Dazwischen gab es die große Gruppe derjenigen, die einen Mittelweg suchten zwischen den eigenen machtpolitischen Ambitionen und der Loyalität zu Kaiser und Reich.

Innenpolitik war aus der Sicht der Monarchie daher nicht zuletzt Personalpolitik. Es galt, den Amtscharakter der Herzogtümer, Grafschaften und Markgrafschaften zu bewahren und sie mit tatkräftigen und erprobten Männern zu besetzen. Leicht war das nicht, und die Herrscher mußten manche herbe Enttäuschung erleben. Unter ihren Vertrauten, aber auch in der eigenen Familie gab es wilde Charaktere, rasch zur Rebellion geneigt, wenn Vorteile winkten oder sie sich in ihrer Ehre gekränkt fühlten. So ist die politische Geschichte dieser Jahrhunderte auf weite Strecken ein Drama von Untreue und Verrat.

Der Hochadel erhob nicht nur den Anspruch, vom König die hohen Reichsämter zu empfangen, sondern war auch bestrebt, Ämter und Würden erblich zu machen und die vom Reich stammenden Herrschaftsrechte mit den eigenen Besitzungen zu verschmelzen. Dabei spielte das Lehnrecht eine wichtige Rolle, denn das Königtum bediente sich bei der Vergabe der Reichsämter lehnrechtlicher Formen. Auf der einen Seite diente das Lehnrecht, das durch Huldigung und Lehnseid den Vasallen zur Treue gegenüber seinem Lehnsherrn verpflichtete, der Stabilisierung der Reichsverfassung, da alle Würdenträger an den König als den obersten Lehnsherrn gebunden waren. Auf der anderen Seite gerieten die Ämter in den Sog des Lehnrechts, in dem sich de facto, wenn auch nicht de jure die Erblichkeit der Lehen durchgesetzt hatte.

Die größte Gefahr ging von den Herzögen aus, die durch ihr Machtstreben das Königtum immer wieder herausforderten. Der Kampf zwischen der Monarchie und den Herzögen prägte die Innenpolitik des 10. bis 12. Jahrhunderts. Die Herzöge, deren Hauptfunktionen die Führung des Stammesaufgebotes, die Einberufung und Leitung von Stammeslandtagen und die Ausübung der obersten Gerichtsbarkeit innerhalb ihres Herzogtums waren, stammten in der Regel aus den reichsten und mächtigsten Familien des Hochadels. Wenn es ihnen gelang, den Stammesadel und die Kirchenfürsten ihres Herzogtums zu gewinnen, vereinten sie eine Machtfülle in ihren Händen, die es ihnen erlaubte, dem König zur Wahrung eigener Interessen wirkungsvoll entgegenzutreten. Selbstverständlich strebten sie alle danach, die Herzogswürde in ihrer Familie erblich werden zu lassen und Herzogsdynastien zu begründen. Die vornehmsten Adelsgeschlechter des Reiches, die Konradiner, Liudolfinger, Luitpoldinger, Billunger, Welfen, Zähringer und Staufer, besaßen herzoglichen Rang.

Die Verfügungsgewalt über die Herzogtümer war deshalb von entscheidender Bedeutung für die innen- und außenpolitische Stellung des Königtums. Neben der Betonung des Amtscharakters der

Der Lehnsmann leistet kniend »Mannschaft« und Treueid und wird vom König belehnt. Das Zepter dient als Investitursymbol. Herzöge, Markgrafen und Grafen wurden mit einer Fahne belehnt (Fahnlehen), Bischöfe und Äbte mit einem Zepter (Zepterlehen).
Relief an der Vorhalle der Liebfrauenkirche in Maastricht.

Herzogswürde war es eine gezielte Personalpolitik, die dem Herrscher die Treue und den Gehorsam der Herzöge sichern sollte. Die Strategien der königlichen Personalpolitik wechselten: Verdrängung der alten, im Stamm verwurzelten Herzogsfamilien, Vergabe der Herzogtümer an landfremde Herren oder an Angehörige der königlichen Familie und sogar Beseitigung der Herzogswürde zugunsten der Krone.

Der Herzog hob sich zwar durch vornehmere Herkunft, größere Machtfülle und höheren Rang aus der Schicht des Hochadels heraus, aber seine Herrschaft war auch innerhalb seines Herzogtums nicht unangefochten. Die Herzogtümer waren keine festgefügten territorialen Machtblöcke, so daß sich die herzogliche Gewalt nicht mit gleicher Intensität über den gesamten herzoglichen Amtsbereich erstreckte. Weltliche und geistliche Herren traten mit eigenen Machtansprüchen hervor. Bischöfe und Äbte, Grafen und Markgrafen pochten darauf, daß auch sie Amt und Würde aus der Hand des Königs empfangen hatten. Der Stammesadel stand nicht immer auf der Seite seines Herzogs, sondern war bestrebt, Güter und Rechte zu erwerben, seine Besitzungen zu arrondieren, durch Burgen zu schützen und zu unabhängigen Herrschaftsbereichen auszubauen. Für den Herzog war es unter diesen Umständen nicht einfach, seine Vorrangstellung zu behaupten.

Die starken Spannungen innerhalb des politischen Machtgefüges boten der Monarchie die Chance, nicht nur auszugleichen und Frieden zu stiften, sondern auch die Gegensätze zur Stärkung der eigenen Position zu nutzen. Eine wesentliche Rolle in diesem machtpolitischen Kräftespiel war dabei der Kirche zugedacht. In der Person der hohen kirchlichen Würdenträger verband sich die große religiöse Autorität ihres geistlichen Amtes mit dem Streben nach Reichtum, Macht und Ehre in dieser irdischen Welt.

Aber die Kirche bedurfte auch ihrerseits des Schutzes gegen die Übergriffe und Gewalttaten der weltlichen Großen. In der friedlosen, von Willkür und Gewalt erschütterten Zeit des Unterganges der karolingischen Dynastie griff der Adel nach der Kirche. Die Besitzungen vieler Kirchen wurden säkularisiert, Laienäbte traten an die Spitze mancher Klöster und plünderten sie schamlos aus, die machthungrigen Herzöge tyrannisierten Bischöfe und Äbte und unterwarfen sie ihrer Herrschaft. In Not und Bedrängnis richtete die Kirche ihren Blick auf den König. Die Verteidigung des christlichen Glaubens und der Schutz der Kirche gehörte zu den vornehmsten Aufgaben des christlichen Königs, die er aber natürlich nur aus einer Position der Stärke heraus wahrnehmen konnte. Die Kirche war daher an einem starken Königtum interessiert und schlug sich im machtpolitischen Ringen zwischen Monarchie und Aristokratie auf die Seite des Königs. Diese aus der Not der Zeit geborene Interessengemeinschaft führte in Deutschland im Verlauf des 10. und 11. Jahrhunderts zu einer besonders engen Allianz von Thron und Altar, dem »Ottonisch-salischen Reichskirchensystem«.

Der König förderte nach Kräften die Macht- und Territorialpolitik der Kirchenfürsten, um ein Gegengewicht gegen die weltlichen Großen zu schaffen. Er schwächte die Stellung der Herzöge und Grafen, indem er den Erzbistümern, Bistümern und Reichsabteien das Recht der Immunität verlieh. Der kirchliche Grundbesitz wurde

Auf dem Heribertschrein, einem Meisterwerk der niederrheinischen Goldschmiedekunst des 12. Jahrhunderts, ist auf Emailmedaillons das Leben Bischof Heriberts von Köln (999–1021) dargestellt.

Die Eltern, Graf Hugo von Worms und seine Frau, bestimmen den Knaben für den geistlichen Stand. Erziehung in der Wormser Domschule und im Kloster Gorze.

Priesterweihe und Ernennung zum Reichskanzler für Italien. Otto III. übergibt Heribert das königliche Siegel.

Der Kaiser verleiht Heribert das Erzbistum Köln.
Fahnenlanze und Bischofsstab symbolisieren die in der Hand des Bischofs vereinigte weltliche und geistliche Gewalt.
Empfang des Palliums in Rom. Heribert erbittet vom Papst das Zeichen der erzbischöflichen Würde, das dieser schon auf dem Schoß bereithält.

Mit großem Gefolge kehrt Heribert über die Alpen nach Deutschland zurück und wird von den Kölnern feierlich vor der Stadt empfangen.

dem Zugriff der Herzöge und Grafen entzogen. Sie durften den Immunitätsbezirk in amtlicher Eigenschaft nicht mehr betreten und hatten nur noch das Recht, die Auslieferung von Übeltätern, die ein todeswürdiges Verbrechen begangen hatten, zu fordern. Innerhalb des Immunitätsgebietes übte der von der Kirche eingesetzte Vogt die niedere Gerichtsbarkeit aus.

Die Verleihung der Hochgerichtsbarkeit an manche Kirchenfürsten war ein wichtiger Schritt auf dem Wege zur vollständigen Unabhängigkeit von der Gewalt des weltlichen Adels. Bischöfe und Äbte erwarben außerdem wichtige Privilegien wie Markt-, Münz- und Zollrechte und empfingen schließlich aus der Hand des Königs sogar Grafenrechte und ganze Grafschaften. Der Immunitätsbezirk, der die Kirche ursprünglich nur vor den Ein- und Übergriffen weltlicher Herren schützen sollte, wurde zum geistlichen Herrschaftsbereich umgestaltet. Erzbischöfe und Bischöfe, Äbte und Prälaten, selbst Äbtissinnen wetteiferten mit Herzögen, Markgrafen und Grafen um weltliche Macht und fürstlichen Glanz.

Kirche bedeutete Kontinuität. Dem Schwertadel gegenüber, der das Schreibwerk tief verachtete, besaß die Kirche einen großen Vorteil, die Beherrschung der Schrift. Sie war eine Institution, die über eine relativ geordnete, der Schriftlichkeit verpflichtete Verwaltung verfügte, sich ihre Rechtstitel verbriefen ließ, Besitz- und Einkünfteregister anlegte und all das in ihren Archiven verwahrte. So waren die Herrschaftsbereiche der Bistümer und Klöster weit weniger verletzlich als die der weltlichen Aristokratie.

Es lag in der Natur der Sache, daß der König das Reich stärkte, wenn er den Reichtum der Bistümer und Klöster vermehrte und ihre Macht steigerte. Die deutsche Kirche war eine Reichskirche. Alle Bistümer waren Reichsbistümer. Es gehörte zu den Rechten des Königs, die Erzbischöfe und Bischöfe auszuwählen und sie durch die Überreichung der Symbole ihres Hirtenamtes, Bischofsstab und Ring, einzusetzen. Das vom kanonischen Recht geforderte Wahlrecht der Domkapitel spielte in der Wirklichkeit kaum eine Rolle. Durch eine gezielte Personalpolitik konnte der König seinen Einfluß auf den Episkopat sichern. Im Dienst von König und Reich erprobte Geistliche, oft Mitglieder der königlichen Hofkapelle, stiegen durch die Gunst des Königs zur erzbischöflichen oder bischöflichen Würde empor. Auch Angehörige des königlichen Hauses wie die Erzbischöfe Brun von Köln und Wilhelm von Mainz erlangten einen hohen Rang in der kirchlichen Hierarchie.

Was für den deutschen Episkopat generell galt, galt partiell auch für das benediktinische Mönchtum, die Kanoniker und die Kanonissen. Zahlreiche große Klöster und Stifte standen unter dem Schutz des Königs, der die Äbte und Äbtissinnen einsetzte. Die Reichsabteien, von denen die meisten schon aus karolingischer Zeit stammten, waren wichtige Glieder der Reichskirche. Die Leiter der reichsten Abteien und auch manche Äbtissin waren auf dem Wege, aus Vorstehern monastischer Lebensgemeinschaften zu Reichsfürsten zu werden. Schon im frühen Mittelalter begann eine Entwicklung, die ihre Endstufe in den Fürstäbten des Barock erreichte, deren Lebensinhalt nicht Beten und Arbeiten, sondern Repräsentieren und Bauen war.

Im Unterschied zu den Pfarrern und den einfachen Klerikern,

denen die Ehe noch nicht verboten war, lebten die Bischöfe – und natürlich auch Äbte und Äbtissinnen, Mönche und Nonnen, Kanoniker und Kanonissen – im Zölibat. Sie hatten keine Nachkommen, jedenfalls keine legitimen, und setzten deshalb nicht selten die Kirche als Erbin ein. Ihre Bindung an Familie und Verwandte, an Landschaft und Stamm war nicht so fest wie die der weltlichen Amtsinhaber, zumal Bistümer und Abteien oft mit Männern aus anderen Regionen des Reiches besetzt wurden, die als Stammesfremde keine verwandtschaftlichen Beziehungen zu den Adelsgeschlechtern der Umgebung besaßen. Sie identifizierten sich mit ihrer Kirche und dem Reich, auch wenn es einige beklagenswerte Fälle von kirchlichem Nepotismus gab.

Die tatkräftige Förderung der Hochkirchen durch das Königtum hatte aber auch eine Kehrseite. Der König war der Herr der Reichskirche und forderte von ihr, daß sie ihre Kräfte in den Dienst der Monarchie stellte. Bischöfe und Äbte waren Hirten ihrer Herde und Reichsbeamte zugleich. Sie dienten dem König als Ratgeber und Regenten, Feldherren und Diplomaten, Theologen und Propagandisten, Gelehrte und Baumeister. Der König nutzte nicht nur ihr politisches Geschick und ihre Erfahrungen in der Verwaltung, sondern griff auch auf die personellen und wirtschaftlichen Ressourcen der Bistümer und Klöster zurück. Die aristokratisch gesinnten Kirchenfürsten stellten ihm starke Truppenkontingente zur Verfügung, begleiteten ihn auf Heerfahrten und Romzügen, beherbergten ihn und sein Gefolge in ihren Bischofssitzen und Klöstern.

Auch südlich der Alpen haben die deutschen Könige die für das Reichskirchensystem charakteristischen Methoden angewandt, um Bischöfe und Äbte in den Dienst der Reichspolitik zu stellen. Sie suchten Bistümer und Klöster gegen die Unterdrückung und Ausplünderung durch weltliche Herren zu schützen, ihre wirtschaftliche Lage durch die Erteilung von Privilegien zu verbessern und die Bischofs- und Abtsstühle mit zuverlässigen Männern zu besetzen.

Für die Stabilisierung der deutschen Herrschaft in Italien haben die Bischöfe eine wichtige Rolle gespielt. Enger als die Grafen und Markgrafen, die häufiger auf ihren Burgen und ländlichen Gütern lebten, waren sie mit den in Italien so wichtigen Städten verbunden. Die reichstreuen Bischöfe bemühten sich, dem deutschen Königtum die Bischofsstädte zu sichern, ohne deren Besitz Italien nicht zu beherrschen war. Allerdings hatten es die italienischen Bischöfe schwer, sich gegenüber der einheimischen Aristokratie und der aufstrebenden Bürgerschaft zu behaupten.

Eine wesentliche Voraussetzung für das Funktionieren des Reichskirchensystems war eine geschickte Personalpolitik. Die Herrscher aus ottonischem und salischem Hause hatten dabei im großen und ganzen eine glückliche Hand. Unter den von ihnen eingesetzten Bischöfen und Äbten waren erstaunlich viele begabte, reichstreue, schwertgewaltige und zugleich glaubensstarke Männer, die sich nicht nur um das Reich verdient machten, sondern auch für die Verbesserung des religiösen Lebens sorgten, Wissenschaften und Künste pflegten, Kirchen und Klöster gründeten, Kathedralen und Paläste bauten, sich um Wirtschaft und Finanzen kümmerten und Landwirtschaft, Handel und Handwerk förderten. Weltliche Geschäftigkeit und geistliches Tun, Reichsdienst und Gottesdienst waren für die Besten unter ihnen keine Gegensätze.

Dem Erzbischof erscheint Maria und veranlaßt ihn zur Gründung der Abtei Deutz, die eines der Zentren der Gorzer Klosterreform wird.

Heribert vollbringt Wunder. Er läßt es regnen und heilt einen vom Teufel besessenen Menschen.

Die Reichskirche stabilisiert die Herrschaftsordnung

Die Reichskirche wurde rasch zu einer ehrfurchtgebietenden Macht, die der Herrschaftsordnung des Reiches ein besonderes Profil gab und ihr bis zum Ausbruch des Investiturstreites eine bemerkenswerte Stabilität verlieh. Allerdings war die Reichskirche kein bloßes Machtinstrument des Königtums, sondern eine Institution eigener Prägung. Bischöfe und Äbte waren sich ihrer besonderen geistlichen Würde und ihres hohen weltlichen Ranges wohl bewußt und vertraten ihre eigenen Interessen, wenn es sein mußte, auch gegen den König.

Natürlich war auch die Reichskirche ein Glied der universalen christlichen Kirche, an deren Spitze der Heilige Vater in Rom stand, aber Rom war fern, und der Papst bedeutete zunächst wenig. Das Papsttum durchlebte im 9. und 10. Jahrhundert die dunkelsten Tage seiner Geschichte. Als Nachfolger des Apostelfürsten Petrus, dem

Der Erzbischof versöhnt sich mit König Heinrich II., bei dem er in Ungnade gefallen war, weil er sich für Herzog Hermann von Schwaben als Thronkandidaten eingesetzt hatte.

Bischof Kuno von Regensburg (1126–1132) als Förderer theologischer Studien. Rupert von Deutz, von seinem Schreiber begleitet, überreicht ihm sein Werk »De divinis officiis«.

der Herr Gewalt gegeben hatte, zu binden und zu lösen, besaß der Heilige Vater zwar eine unvergleichliche Würde, aber Idee und Wirklichkeit des Papsttums klafften weit auseinander.

An Gegnern des Reichskirchensystems hat es schon im 10. Jahrhundert nicht ganz gefehlt. Aber es waren Einzelkämpfer wie der Erzbischof Friedrich von Mainz und sein Nachfolger Wilhelm, die die Vermischung von geistlichem Amt und weltlichen Würden kritisierten. Erst die kirchliche Reformbewegung des 11. Jahrhunderts, zunächst vom Königtum selbst gefördert, brachte die entscheidende Wende.

Die Päpste, in der Ära der gregorianischen Kirchenreform zu ungeahnter Höhe emporsteigend, vertraten jetzt kompromißlos die Theorie vom absoluten Vorrang der geistlichen vor der weltlichen Gewalt, lehnten die Vorstellung von einer besonderen, durch Salbung und Weihe vermittelten Sakralität des Königtums ab und bekämpften die Investitur der Bischöfe und Reichsäbte durch den König. Das Reichskirchensystem, ein Eckpfeiler der Reichsverfassung, war damit grundsätzlich in Frage gestellt. Die Koalition zwischen Reformpapsttum und Fürstenopposition, die dem Zeitalter des Investiturstreits das Gepräge gab, wurde zu einer ernsten Bedrohung der Stellung der Monarchie.

Intermezzo

Der glücklose König: Konrad I. 911–918

Ein Schattenkönig war er bestimmt nicht, und noch weniger ein untätiger und energieloser König.[1]
Martin Lintzel

König Konrad I., zur Herrschaft berufen während jener kurzen Zeitspanne zwischen der Ära der Karolinger und dem Jahrhundert der Ottonen, wäre längst vergessen, hätte er nicht im Angesicht des Todes eine hochherzige Tat vollbracht, die ihm im Geschichtsbewußtsein der Deutschen lange ein ehrenvolles Andenken sicherte. Nicht sein Bruder Eberhard, der legitime Erbe und treue Kampfgefährte, sollte die Krone des Reiches tragen, sondern Herzog Heinrich von Sachsen.

Der König stellte mit dieser Entscheidung das Reich über die Dynastie, und das war viel: Es war der Verzicht auf die Begründung einer konradinischen Königsdynastie. Es erregte größtes Erstaunen, daß der König für sein Geschlecht auf die Krone verzichtete, für deren Glanz und Würde er sieben Jahre hart gekämpft und dabei Ströme von Blut vergossen hatte. Der Vorschlag Konrads, den Sachsenherzog zum neuen König zu wählen, war klug und staatsmännisch gedacht und zeugte von einem anachronistisch anmutenden Gehorsam gegenüber der Staatsräson. Der Geisteshaltung der frühmittelalterlichen Aristokratie, in deren Denken die Kategorien Ruhm und Ehre, Macht und Würde des eigenen Geschlechtes weit vor dem Gedanken an ein Gemein- und Staatswohl rangierten, entsprach dieser Entschluß ganz und gar nicht.

Der beste Gewährsmann, der sächsische Chronist Widukind von Corvey, legt dem sterbenden König eine berühmte, im Wortlaut freilich erdichtete Rede in den Mund: »Mein Bruder, wir können Heere aufbieten und ins Feld führen, wir haben Burgen und Waffen, die Würdezeichen des Königtums und alles, was sich für einen König geziemt, aber es fehlen uns das Glück und die Eignung«.[2] Hier schwingen Gedanken germanischen Ursprungs mit, Vorstellungen vom Königsheil, vom königlichen Charisma, das den König beseelt und seinen Taten Wirkung und Würde verleiht. Dieses Heil war Konrad I. so sichtbar versagt gewesen, und auch der Bruder besaß es nicht, wohl aber der Herzog der Sachsen aus dem Hause der Liudolfinger. Er sollte deshalb das Reich regieren. Und weil das Wort des Königs allein noch nicht genügte, sondern der Umsetzung in symbolträchtige Handlungen bedurfte, sollte Eberhard dem Auserkorenen die Herrschaftszeichen überbringen, die Reichsinsignien, bestehend aus dem Königsmantel mit den goldenen Spangen, dem Schwert, der Krone und der Heiligen Lanze.

Siegel Konrads I.
Das Porträtsiegel zeigt den König mit Schild und Speer, alten kriegerischen Herrschaftszeichen. Indem er den Siegeltypus Ludwigs des Kindes, des letzten ostfränkischen Karolingers, übernimmt, bekennt er sich zur karolingischen Reichstradition.

Gewiß ist Widukinds Schilderung dieses Geschehens alles andere als ein Augenzeugenbericht; sie basiert auf einer legendenhaft überformten, vom Chronisten mit Gespür für dramatische Effekte wirkungsvoll stilisierten mündlichen Tradition. Sie ist ein Teil des Mythos, den die ottonische Hofpropaganda um diesen Vorgang gewoben hat, aber an einem wahren Kern ist nicht zu zweifeln, auch nicht an dem Akt der Insignienübergabe, denn die Übertragung der Herrschaft durch die Übergabe von Würdezeichen war eine alte Sitte. Die Heilige Lanze, das legendenumwobene Herrschaftszeichen des Reiches, war 918 allerdings noch nicht unter den Insignien, denn Heinrich I. hat sie selbst erst Jahre später von König Rudolf II. von Burgund erworben. Als Widukind schrieb, gehörte sie jedoch schon zum unverzichtbaren Bestand der königlichen Würdezeichen.

Die Bilanz, die König Konrad nach einer nur siebenjährigen, von schweren Kämpfen erfüllten Regierungszeit zog, war für ihn selbst und sein Haus bitter genug. Er war im Grunde gescheitert. Dabei begann alles recht verheißungsvoll. Der frühe Tod Ludwigs des Kindes im September 911 hatte eine prekäre Situation heraufbeschworen: Die ostfränkische Linie des Königshauses war erloschen und der Thron des mächtigsten der karolingischen Nachfolgestaaten vakant. Dem fränkisch-dynastischen Staatsdenken entsprechend war der westfränkische König Karl der Einfältige (893–923), der einzige damals lebende Karolinger, der legitime Erbe. So sahen es die geistlichen und weltlichen Großen Lotharingiens, die sich dem westfränkischen Herrscher zuwandten und ihm huldigten. Ganz anders die Bischöfe, Äbte und die weltlichen Herren der ostfränkisch-deutschen Stämme, die keinerlei Neigung zu einer Wiedervereinigung zeigten. Die wirkungsvollste Alternative zum Anschluß an Karl den Einfältigen war die Wahl eines Königs aus den eigenen Reihen. Erstaunlich rasch, so als wollten sie vollendete Tatsachen schaffen, traten die weltlichen und geistlichen Großen zu einem Reichstag in Forchheim zusammen und wählten zwischen dem 7. und 10. November Herzog Konrad von Franken zum König. Überraschend auch die Einmütigkeit, mit der die Repräsentanten aller Stämme diesen beinahe revolutionären Schritt getan haben.

Konrad I. verdankte seine Würde der freien Wahl, keinem erbrechtlichen Anspruch, denn er war kein Karolinger, auch wenn noch ein wenig Karolingerblut in seinen Adern floß. Die fast hektische Art der Abwendung von der karolingischen Dynastie und der Verzicht auf die Wiedervereinigung mit dem Westreich bedeuteten keine prinzipielle Absage an die fränkische Reichstradition, an die man schon durch die Wahl des Ortes anknüpfte, denn an dem alten karolingischen Pfalzort Forchheim war auch Konrads Vorgänger Ludwig das Kind zum König erhoben worden. Wahl und Krönung »am rechten Ort« waren nach mittelalterlichem Staatsdenken für die Legitimität eines Herrschers von entscheidender Bedeutung. Der Wahl- und Krönungsort Forchheim lag auch auf »fränkischer Erde«, und Konrad gehörte der Hocharistokratie des fränkischen Reichsvolkes an, so daß die Franken, repräsentiert durch ihren rhein- und mainfränkischen Stammesteil, auch unter dem neuen König die führende Rolle spielten. Das war wichtig, denn das Reich galt nach wie vor als das Reich der Franken, trotz seiner mittlerweile unübersehbar irreparablen territorialen und nationalen Zerklüftung.

Auf der Linie der fränkischen Königstradition lagen Salbung und kirchliche Weihe, die Konrad I. wahrscheinlich aus der Hand des Erzbischofs Hatto von Mainz empfing, der als »Primas Germaniens« an die Spitze der ostfränkisch-deutschen Reichskirche getreten war. Die Salbungszeremonie, durch die der neue König eine fast priesterliche Würde und Weihe, einen »character indelebilis«, erhielt, mußte besonders deshalb als bedeutungsvoll empfunden werden, weil Konrad nicht aus der geheiligten Dynastie der Karolinger stammte, sondern erst durch die Königssalbung über seine hochadligen Standesgenossen hinausgehoben und zum »Gesalbten des Herrn«, zum König im Sinne der karolingischen theokratischen Herrscherauffassung, gemacht wurde. Die Parallele zur Königserhebung Pippins I. im Jahre 751 drängt sich auf. Die Wahl Konrads I., die abrupte Negierung des karolingischen Erb- und Geblütsrechtes, war das konsequente Nein zur Idee der fränkischen Gesamtmonarchie und damit zugleich ein Ja zur Einheit des ostfränkischen Reiches.

Über die Gründe für diesen Schritt, der im Zug der Zeit lag und den Episkopat und Aristokratie anderer Großlandschaften des ehemaligen Karlsreiches schon getan hatten, lassen sich nur Vermutungen anstellen. Sicher ist nur, daß die Stämme der Rhein- und Mainfranken, Sachsen, Thüringer, Bayern und Alemannen als Einheit zusammenbleiben wollten. Die lange gemeinsame Geschichte im Rahmen des Reiches Ludwigs des Deutschen und seiner Nachfolger bis hin zu Ludwig dem Kind zeigte Wirkung. Man darf vermuten, daß diese politische Gemeinsamkeit auch zur Entwicklung eines umfassenderen Gemeinschaftsgefühles und eines Kontrastbewußtseins gegenüber dem romanischen Süden und Westen geführt hat. Mentale Prozesse dieser Art, die in der Regel in der geistigen und politischen Elite beginnen und erst allmählich in breitere Volksschichten ausstrahlen, entziehen sich dem Zugriff des Historikers, zumal in ihren frühen Stadien.

Es läßt sich daher schwer sagen, ob und in welchem Umfang der politische Einheitswille der Aristokratie mit einem in breiteren Volksschichten vorhandenen Einheitsbewußtsein korrespondierte. Als ein Indiz für das »werdende Deutschbewußtsein«[3] läßt sich die Tatsache werten, daß das ethnisch, sprachlich und kulturell gemischte Lothringen zunächst nicht gewillt war, diesen Weg der ostrheinischen Stämme freiwillig mitzugehen, sondern an der karolingisch-dynastischen Tradition festhielt.

Aber die ostfränkisch-deutschen Stämme hatten auch handfeste politische Gründe, die sie zur Wahl einer tatkräftigen und kriegserfahrenen Persönlichkeit veranlaßten. Karl der Einfältige war ein schwacher Herrscher, von dem sie unmöglich Hilfe gegen die Einfälle der Ungarn und die Bedrohung durch Dänen und Slawen erwarten konnten, geschweige denn Maßnahmen zur inneren Befriedung des Landes. Der Stammesadel mochte es sich zutrauen, die Probleme ohne Rückgriff auf den Karolingersprößling zu bewältigen, und auch die deutschen Bischöfe dürften wenig Neigung gezeigt haben, ihre führenden Positionen in der Reichsregierung mit den westfränkischen geistlichen Würdenträgern zu teilen. Aus dem östlichen Vorfeld des Frankenreiches war offensichtlich ein Land geworden, dessen Bewohner auf die in Jahrzehnten gewonnene Eigenständigkeit und Souveränität Wert legten.

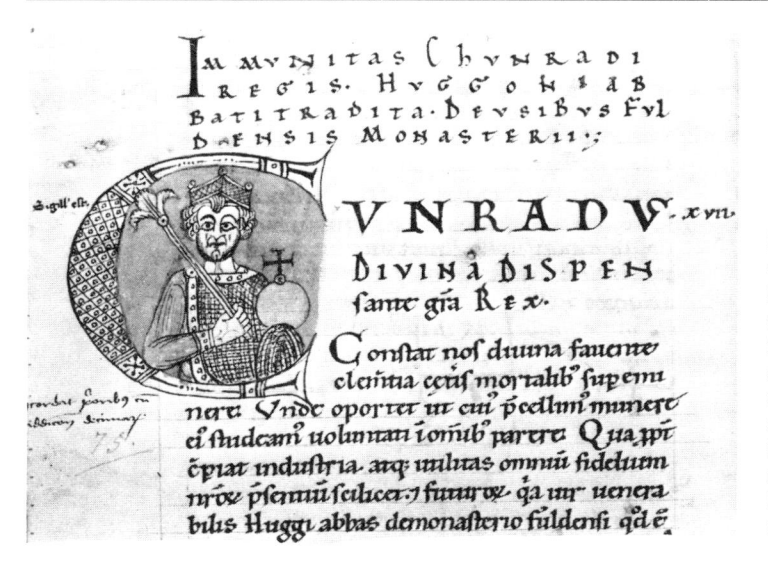

Brustbild Konrads I. mit Zepter und Reichsapfel.
Im Auftrag des Abtes Marquard I. von Fulda (1150–1165) fertigte der Mönch Eberhard Abschriften der Fuldaer Urkunden an und schmückte sein Werk, den Codex Eberhardi, mit Miniaturen von bescheidenem künstlerischen Wert. Natürlich ist das Bild Konrads I. in der Initiale reine Phantasie.

Trotz äußerer Bedrohungen und innerer Spannungen schien Konrad I. eine gute Chance zu haben, das Reich zu schützen und eine wirkungsvolle Königsherrschaft aufzubauen. Seine Wahl zum König war gleichsam der Versuch, das Reich von seinem ostfränkischen Kernraum aus neu zu gestalten und zu konsolidieren. Im Rhein-Main-Gebiet und an der Lahn lagen die Grafschaften, der Großgrundbesitz, die Burgen, Kirchen und Klöster seines Geschlechts. Die Konradiner waren eben in jenen Jahrzehnten bestrebt, ihren Einflußbereich nach verschiedenen Richtungen hin auszudehnen. Es ging um die Vorrangstellung im Herzogtum Franken, die sie sich durch die Ausrottung ihrer schärfsten Rivalen, der Babenberger, sichern konnten, aber auch um Einfluß auf Thüringen, wo nach dem Schlachtentod des Markherzogs Burchard 908 ein Machtvakuum entstanden war, das der sächsische Herzog Otto der Erlauchte (880–912) geschickt auszunutzen wußte.

Der Ausgriff nach Westen in den lotharingischen Raum gelang den Konradinern nach dem Tode König Zwentibolds von Lotharingien (895–900). Einer der ihren, Graf Gebhard, errang als Berater und Feldherr Ludwigs des Kindes die Stellung eines Herzogs von Lotharingien. Die Zugehörigkeit der Konradiner zur noch immer tonangebenden fränkischen Hocharistokratie sicherte ihnen einen beträchtlichen Einfluß auf die Reichsregierung. Zwar dominierten am Hofe Ludwigs des Kindes die Regenten geistlichen Standes, namentlich Hatto von Mainz, Adalbero von Augsburg und Salomo von Konstanz, doch gehörten die Konradiner ohne Zweifel zum engeren Führungsstab, sowohl Konrad der Ältere, der 906 in der Babenberger Fehde den Tod fand, als auch der 910 im Kampf gegen die Ungarn gefallene Herzog Gebhard und schließlich Konrad der Jüngere, der spätere König.

Als König konnte Konrad I. seine ererbte Machtbasis durch die Inbesitznahme der reichen Krongüter des Rhein-Main-Gebietes erweitern. Er konnte auf die Gefolgschaftstreue des fränkischen Adels zählen und auch mit der Unterstützung durch große Teile der höheren Geistlichkeit rechnen, an deren Spitze zunächst noch immer das alte Führungsgremium, Hatto von Mainz und Salomo von Konstanz, stand. Herzog Otto der Erlauchte von Sachsen, Herzog Arnulf von Bayern und die maßgeblichen alemannischen Großen übten solange eine wohlwollende Loyalität gegenüber dem konradinischen Königtum, wie es bereit war, ihre Machtpositionen wenigstens zu tolerieren.

Konrad I. war als Exponent der Herzöge und der Hocharistokratie auf den Thron gelangt, aber er war nicht gesonnen, sich mit einem Ehrenvorrang vor den anderen Großen zu begnügen. Er entwickelte eine hohe Meinung von seinem ihm von Gott verliehenen Königsamt, und seine geistlichen Berater werden ihn darin bestärkt haben.

Er hat sich den Forderungen gestellt, die sich aus seiner Auffassung vom Königtum ergaben. Es ging ihm um die Wiederherstellung des königlichen Vorranges im ganzen Reich, die Bändigung der aufstrebenden Aristokratie, die Wahrung der königlichen Herrschaft über die Reichskirche und die Wiedergewinnung des zum Westreich abgefallenen Lotharingiens. Alle diese Aufgaben waren innig miteinander verwoben, und ein Scheitern auf einem Sektor mußte Rückschläge auf anderen nach sich ziehen. So ist es dann auch gekommen. Der König verzehrte sich in seinen Bemühungen um eine Erneuerung der Monarchie im Geiste der Karolinger. Das Vergebliche herrschte vor, wiewohl es an Erfolgen nicht fehlte.

Konrads Kampf, ein schwer durchschaubares Wechselspiel von Siegen und Niederlagen, vollzog sich in einem Zwielicht, das von einer spärlichen und von legendenhaftem Rankenwerk umsponnenen Überlieferung kaum aufgehellt wird. Im liudolfingischen Sachsen pflegte man das Andenken an die führende Rolle, die Herzog Otto der Erlauchte angeblich als Königsmacher bei der Wahl Konrads in Forchheim gespielt hatte, und natürlich die Erinnerung an den spektakulären Akt am Sterbelager des Königs. Am Bodensee erzählte man noch lange von den Fehden zwischen den schwäbischen Adelssippen, vom erbitterten Kampf zwischen dem machthungrigen Bischof Salomo von Konstanz und den gräflichen Brüdern Erchanger und Berthold und vom blutigen Ende der beiden »Kammerboten« auf dem Schafott.

Geradezu ausschweifend bemächtigte sich die Sage der kraftvollen und energischen Persönlichkeit des Mainzer Erzbischofs Hatto, des Mannes, dessen »wachsame Sorge für das Reich« schon ein Zeitgenosse, Regino von Prüm, zu rühmen wußte.[4] Die Sage verwandelte den großen Kirchenfürsten, der unter drei Königen das Schicksal des Reiches mitgestaltet hatte und dem der »Konflikt zwischen Moral und Staatsräson«[5] ebensowenig erspart geblieben ist wie anderen Politikern auch, in einen heimtückischen Ränkeschmied, der doppelzüngig und wortbrüchig seine Ziele verfolgte. Nach der Sage von der goldenen Halskette schreckte er selbst vor zauberischen Künsten nicht zurück, um seinen Feind, den Sachsenherzog Heinrich, zu vernichten. Als gottloser Menschenverächter soll er im Mäuseturm bei Bingen am Rhein ein schreckliches Ende gefunden haben.

Den wenig glücklichen Auftakt für Konrads Wirken bildete sein Versuch, Lotharingien für das Reich zurückzugewinnen. Als erfahrener Politiker wußte er, daß kriegerische Erfolge seine Chancen im

Kampf gegen die selbstbewußte Aristokratie im Inneren verbessern würden. Außerdem gehörte Lotharingien zu den alten fränkischen Kernlanden. Seine Pfalzen, Krongüter, Bistümer und Reichsabteien waren Stützpfeiler der königlichen Herrschaft; hier lagen mit Aachen, Metz, Nimwegen, Köln, Trier, Lüttich, Maastricht und Straßburg traditionsgesättigte Zentren der geistlichen und weltlichen Herrschaft. Kein Wunder, daß seit dem Vertrag von Verdun um diese fränkische Zentrallandschaft gerungen wurde.

Die exponierte Lage zwischen Ost und West hatte freilich dazu geführt, daß dieser Raum zum klassischen Land der Adelsherrschaft, ja der Adelsanarchie, geworden war. Auch der Versuch Arnulfs von Kärnten, Lotharingien durch die Schaffung eines Sonderkönigtums in den Griff zu bekommen, war gescheitert. Nach dem Tode König Zwentibolds war Graf Reginar von Hennegau, genannt Langhals, zur beherrschenden Figur geworden, nur vorübergehend von dem Konradiner Gebhard verdrängt. Nach dem Tode des Herzogs Gebhard 910 hatte Reginar Langhals eine herzogliche Stellung errungen. Er war es vor allem, der den Anschluß der lotharingischen Großen an Karl den Einfältigen betrieben hatte. Als Lohn empfing er von dem westfränkischen König die reiche Abtei St. Maximin zu Trier.

Karl der Einfältige hatte Lotharingien persönlich in Besitz genommen, das Land durchzogen und die Huldigung der Aristokratie entgegengenommen. Konrad I. mußte reagieren. Er hat offensichtlich große Anstrengungen zur Vertreibung seines Konkurrenten unternommen, denn Karl der Einfältige betrachtete sich als den einzigen legitimen Erben der großfränkischen Monarchie, und es war nicht auszuschließen, daß er nach dem Erwerb Lotharingiens seine Hand auch nach den ostrheinischen Landschaften ausstrecken würde. Konrad I. hat daher in rascher Folge zwischen dem Frühjahr 912 und dem Frühsommer 913 drei Feldzüge unternommen, von denen ihn der eine bis nach Aachen führte. Die Unternehmungen waren Fehlschläge. Die Rückgewinnung Lotharingiens gelang nicht, und der König hatte bald keine Gelegenheit mehr, seine Versuche zu wiederholen. Eine Verzichtspolitik gegenüber dem Westen war dies sicher nicht.

Versagen im Kampf gegen den Hauptfeind des Reiches, die Ungarn, haben die Historiker Konrad I. immer wieder vorgeworfen. In der Tat ist es rätselhaft, daß er keinen einzigen Versuch gewagt hat, an der Spitze eines Reichsheeres diesem gefürchteten Feind entgegenzutreten, um durch einen Sieg sein Prestige als König aufzuwerten. Als die Ungarn 912, 913, 915 und 916/17 Deutschland durchstreiften, war es kein einziges Mal der König, der sich den magyarischen Reiterscharen in den Weg stellte. Soweit sie überhaupt auf ernstlichen Widerstand stießen, waren es kleinere Stammesaufgebote unter Anführern aus der Stammesaristokratie, die den Kampf wagten. Hat der König eine Kraftprobe mit den Ungarn gescheut, weil eine Niederlage seine Stellung an der Spitze des Reiches unhaltbar gemacht hätte? Konrad war ein unglücklicher, aber tapferer und tatkräftiger König, und so dürften die Gründe für diese merkwürdige Passivität wohl weniger leicht durchschaubar sein.

Der erste Angriff der Ungarn nach der Königserhebung Konrads im Jahre 912 auf Ostfranken und Thüringen war nur ein rascher

Streif- und Plünderungszug, auch der Erkundung der neuen Lage dienend. Als die Magyaren im nächsten Jahr mit einem großen Heer nach Südwestdeutschland vorstießen, den Rhein überquerten und in Burgund einfielen, war der König mit der Rückeroberung Lotharingiens beschäftigt. An seiner Stelle nahmen die Schwaben und Bayern den Kampf auf. Unter Führung Herzog Arnulfs, der Brüder Erchanger und Berthold und des Linzgaugrafen Udalrich schlugen sie die beutebeladen heimziehenden Ungarn am Inn. Es war kein entscheidender Sieg, aber doch ein militärischer Erfolg, der den Ungarn den Nimbus der Unbesiegbarkeit raubte und das Prestige und den Führungsanspruch der Stammesaristokratie stärkte. Nicht ein vom König geführtes Reichsheer, sondern die gentilen Kampfverbände unter ihren adligen Anführern hatten einen Sieg errungen.

Sicher war der Erfolg auch deshalb möglich gewesen, weil zwischen Königtum und Aristokratie in der Anfangszeit Konrads noch gutes Einvernehmen herrschte. Bald darauf war es damit vorbei; die Ungarn hatten wieder leichtes Spiel. Der vom König in die Defensive gedrängte Herzog Arnulf, der den aus Schwaben verbannten Pfalzgrafen Erchanger bei sich aufgenommen hatte, floh zu den Ungarn, begleitet von seinem Bruder, seiner Familie und seinen Gefolgsleuten. Eine für die Krise des Reiches bezeichnende Konstellation: der Herzog von Bayern und einer der mächtigsten Män-

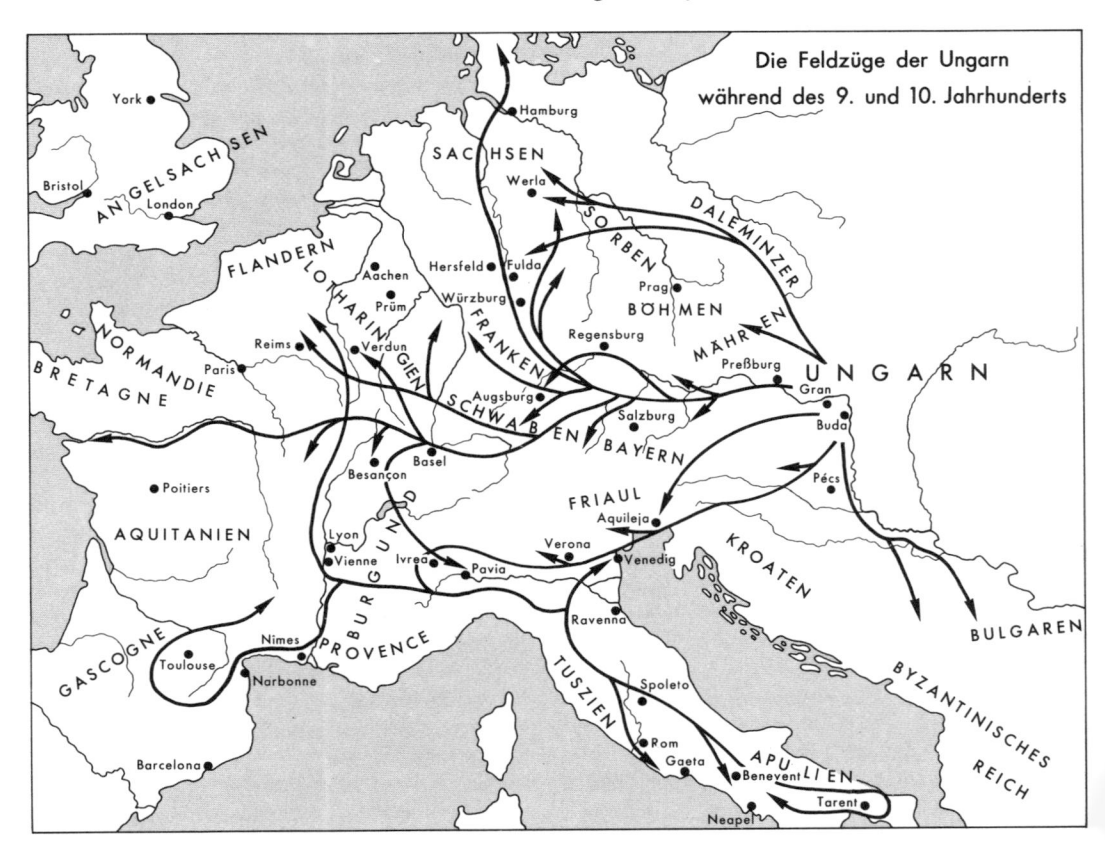

Die Feldzüge der Ungarn während des 9. und 10. Jahrhunderts

ner Schwabens im Exil, Zuflucht suchend beim Reichsfeind, dem sie ein Jahr zuvor eine schmerzliche Niederlage zugefügt hatten. Während Herzog Arnulf im ungarischen Exil war, fielen die Ungarn in Thüringen, Hessen und Sachsen ein; kleinere Verbände stießen weit nach Norden vor, verbrannten Bremen und erreichten sogar das südliche Dänemark. Zu ernsthaftem Widerstand waren die Sachsen und Thüringer nicht in der Lage, zumal sie unter den Angriffen slawischer Kriegerscharen zu leiden hatten. Wahrscheinlich haben auch die Spannungen zwischen Konrad I. und Herzog Heinrich von Sachsen den Ungarn ihren Kampf erleichtert.

Das war im Jahre 915. Im nächsten Jahr glaubte Arnulf die Zeit für die Rückkehr nach Bayern gekommen, aber das Eingreifen des Königs zwang ihn erneut zur Flucht nach Ungarn. Was nun folgte, legt den Verdacht hochverräterischer Beziehungen des vertriebenen Herzogs zu seinen Gastgebern nahe. Im Winter 916/17 unternahmen die Ungarn einen Zug nach Südwestdeutschland, wo der König gerade wieder Fuß gefaßt hatte. Im Januar ging Basel in Flammen auf; die Ungarn zogen weiter ins Elsaß und nach Lothringen. Nicht gerade im Schlepptau der magyarischen Reiterscharen, wohl aber mit ihrer faktischen Schützenhilfe konnte Arnulf sein Herzogtum und seine Hauptstadt Regensburg wieder in Besitz nehmen. Ob Hochverrat oder eine bloß zufällige Verknüpfung, eine gewisse Interessengemeinschaft zwischen dem Reichsfeind und den aufrührerischen bayerischen und schwäbischen Großen gegen den König war vorhanden.

Schon nach einer kurzen Tolerierungsphase stellte sich dem König die Frage nach dem Verhältnis zwischen der Zentralgewalt und den partikularen Gewalten. Dies war eine Frage, die von nun an zu einer der Schicksalsfragen der deutschen Geschichte werden sollte. Konrad I. ist an ihrer Lösung schließlich gescheitert. Obwohl er selbst aus der Stammesaristokratie hervorgegangen war und vor seiner Wahl zum König den Weg zu einem fränkischen Stammesherzogtum eingeschlagen hatte, schwenkte er als König ohne Zögern in eine Bahn ein, die schwere Konflikte mit den aufstrebenden weltlichen Großen unvermeidlich machte. Er versuchte, die Wirkungsmöglichkeiten der Hocharistokratie einzuschränken, die Anerkennung des Königs als der politisch ausschlaggebenden Kraft zu erzwingen, die von fremden Herren usurpierten Krondomänen und Regalien zurückzugewinnen und die Verfügungsgewalt über die Reichskirche wiederzuerlangen.

Konrads Lösungsversuch war zu konservativ. Seine politische Konzeption war ganz offenkundig den ursprünglichen Prinzipien der karolingischen Herrschaftstheorie und -praxis verpflichtet. Sie zielte auf die Wiederherstellung eines straffen königlichen Regimentes nach bewährtem Vorbild, nach der »Stabilität unseres Reiches«, wie es der König selbst programmatisch formulieren ließ.[6] Die Frage war, ob seine im wesentlichen auf Franken und Hessen beschränkte Machtbasis zur Verwirklichung dieser weitgespannten Herrschaftskonzeption ausreichen würde.

Das Scheitern war nicht ohne weiteres vorauszusehen, denn die Machtverhältnisse waren noch labil, die Strukturen nicht wirklich verfestigt, und die Herzöge saßen nicht überall fest im Sattel. Der König durfte hoffen, vorhandene Rivalitäten innerhalb des Adels

Bischof Salomo III. von Konstanz im Gespräch mit der in einer Klause lebenden Nonne Wiborada. Im Hintergrund das Kloster Sankt Gallen. Miniatur in einer spätmittelalterlichen Handschrift aus Sankt Gallen.

für die Rückgewinnung verlorenen Terrains ausnutzen zu können. Auf die Unterstützung durch den Episkopat und die Reichsäbte konnte der König ohnehin zählen. Sein Herrschaftsprogramm trägt die Handschrift seiner herausragenden geistlichen Berater Hatto von Mainz und Salomo von Konstanz.

Die Wahl Konrads I. im Jahre 911 war, wenn nicht alles täuscht, eine Wahl durch die Stämme, natürlich initiiert und gelenkt durch die Stammesaristokratie. Um politisch und militärisch wirklich handlungsfähig zu sein, bedurften die Stämme einer Führungsspitze, und so ist eine allgemeine Tendenz zur Entwicklung einer herzoglichen Spitze im Rahmen der einzelnen gentilen Verbände nicht zu übersehen. Dieser Prozeß, der schließlich zur Ausbildung des jüngeren Stammesherzogtums führte, war am Ende des 9. und zu Beginn des 10. Jahrhunderts noch in vollem Gange. Er verlief alles andere als gradlinig und reibungslos. Ein rascher Aufstieg zur herzoglichen Würde gelang den Luitpoldingern in Bayern und den Liudolfingern in Sachsen, während in Franken die Entwicklung des Herzogtums zunächst durch die Wahl Konrads I. zum König gebremst und dann durch den Tod seines Bruders Eberhard überhaupt abgebrochen wurde. Ähnlich war es in Thüringen, wo die Ansätze zur Ausbildung eines Herzogtums nach dem Tode des »Markherzogs« Burchard verkümmerten. Kompliziert und wechselvoll verliefen die Kämpfe um die Vorrangstellung in Lothringien, das erst unter den Ottonen als Dukat in Analogie zu den deutschen Stammesherzogtümern in die Reichsverfassung eingepaßt wurde. In Schwaben gelang die feste Etablierung der Herzogsgewalt erst 919 im dritten Anlauf, nachdem die beiden früheren Prätendenten ihren Griff nach der Herzogswürde mit dem Leben bezahlt hatten. Es gehört zu den nachdenklich stimmenden Zufälligkeiten der Geschichte, daß die Anfänge des schwäbischen Herzogtums genauso blutig waren wie sein Ende, das mit dem letzten Staufer Konradin kam, der auch der letzte Herzog von Schwaben war.

Das junge Herzogtum hatte am Ausgang des 9. und am Beginn des 10. Jahrhunderts noch keinen festen Platz in der Reichsordnung errungen. Es war noch keine verfassungsrechtlich verankerte Institution, sondern ein faktischer Vorrang, basierend auf der Führung des Stammesaufgebotes, der Kommandogewalt an bestimmten Abschnitten der Reichsgrenze, dem Besitz von Ämtern und Reichslehen, eigenem ererbten Großgrundbesitz, Herrschaftsrechten über Eigenkirchen und Klöster und vor allem auf der Anerkennung dieses Führungsanspruches durch den Stamm und den politisch tonangebenden Stammesadel.

Die herzogliche Würde war eine Folge der natürlich gewachsenen Autorität, die vor allem die Herren gewonnen hatten, die als Markgrafen die Grenzhüter des Reiches waren. Ausgangsbasis für die Entstehung des Stammesherzogtums waren in Bayern und Sachsen und wohl bis zu einem gewissen Grade auch in Schwaben die Markgrafschaften, deren Inhaber mit weitgehenden militärischen Befugnissen ausgestattet waren, die sie im Verein mit ihrer Kriegserfahrung zu den naturgegebenen Anführern des Stammesaufgebotes machten.

Beim Fehlen einer echten reichsrechtlichen Legitimation war die Stellung dieser »Markherzöge« anfangs prekär. Ihre Kompetenzen waren alles andere als klar umrissen, und sie hatten ihren Führungsanspruch auch innerhalb des Stammes gegen andere Geschlechter geltend zu machen und zu verteidigen. Die Entwicklung in Thüringen und seinen Marken zeigt, daß dies nicht immer gelang.

Die spätkarolingischen Herrscher hatten diese neu emporsteigende Zwischeninstanz zunächst nicht anerkannt und die Verwendung des Herzogstitels bewußt vermieden. Durch die bloße Ignorierung war diese Entwicklung natürlich nicht aufzuhalten. Es kam für das Königtum darauf an, den irreversiblen Prozeß im Sinne einer Integration des Herzogtums in die Reichsverfassung in andere Bahnen zu lenken.

Als Konrad I. seine Herrschaft antrat, war die Entwicklung der herzoglichen Gewalt in Bayern und Sachsen bereits weit fortgeschritten; Luitpoldinger und Liudolfinger hatten im eigenen Stamm keine wirklichen Konkurrenten mehr. Die Liudolfinger hatten sich nach dem Tode des Markgrafen Burchard auch im benachbarten Thüringen eine hegemoniale Stellung geschaffen. In Lothringien waren die Reginare zur führenden Familie geworden und hatten ihre Gegenspieler, die Matfridinger, in den Schatten gestellt. Franken war nach der Ausrottung der Babenberger fest in der Hand der Konradiner. Sie hatten das dritte bedeutende Adelsgeschlecht dieses Raumes, die Popponen, weit ins östliche Mainfranken abgedrängt. Unübersichtlich war die Lage in Schwaben. Die besten Karten hatten die Markgrafen von Rätien aus dem Hause der Hunfridinger und die beiden »Kammerboten« Erchanger und Berthold aus dem Geschlecht der Alaholfinger, doch spielten auch einige Grafen des Bodenseeraumes eine Rolle, darunter wohl Angehörige des Welfenhauses.

Konrad I. setzte den Hebel zuerst in Schwaben an, da hier Rivalitäten ausgenutzt werden konnten, um die Entstehung einer herzoglichen Spitze zu verhindern. Dazu kam, daß er mit der tatkräftigen Unterstützung durch den politisch erfahrenen Bischof Salomo von Konstanz rechnen konnte, der zugleich Abt des besitzmächtigen Klosters St. Gallen war. Der König schürte das Feuer und hegte die Hoffnung, die machthungrigen weltlichen und geistlichen Herren würden sich gegenseitig neutralisieren. Er griff zusätzlich zu dem probaten Mittel dynastischer Heiratspolitik, um wichtige Familien für sich zu gewinnen. Er heiratete Erchangers und Bertholds Schwester Kunigunde, die Witwe des bayerischen Markherzogs Luitpold. Damit machte er die beiden mächtigen schwäbischen Herren zu seinen Schwägern, Herzog Arnulf von Bayern aber zu seinem Stiefsohn.

Die Rechnung ging jedoch nicht auf. Schwaben kam nicht zur Ruhe. Die Spannungen waren zu groß. In einer Fehde nahm Erchanger den Bischof Salomo gefangen; der König griff zugunsten seines Vertrauten ein, befreite den Bischof und schickte Erchanger in die Verbannung. Gewonnen war damit nicht viel, denn jetzt kam der Hunfridinger Burchard, der Sohn des 911 ermordeten Markgrafen Burchard von Rätien, aus der Verbannung zurück und machte Front gegen den König. Konrad belagerte ihn vergeblich auf der Burg Hohentwiel. Als er die Belagerung aufgeben und sich gegen Herzog Heinrich von Sachsen wenden mußte, kehrte auch Erchanger aus dem Exil zurück, verbündete sich mit Burchard, in dem er eigentlich einen Rivalen hätte sehen müssen, gegen den König und schlug die Anhänger Konrads 915 in der Schlacht von Wahlwies. Noch auf dem Schlachtfeld wurde er zum Herzog ausgerufen.

Diese Adelskoalition hielt aber offenbar weiteren Belastungen nicht stand. Erchanger geriet in die Hände des Königs und wurde zusammen mit seinen Verwandten von den auf der Synode von Hohenaltheim im September 916 versammelten Bischöfen zu lebenslänglicher Klosterhaft verurteilt. Vielleicht wollten die Geistlichen den als Hochverräter angeklagten Herzog durch ihr Urteil retten, doch der König griff gnadenlos durch und ließ seine Schwäger Erchanger und Berthold und ihren Neffen, den Grafen Liutfried, am 21. Januar 917 enthaupten. Es ist freilich möglich, daß der Winterfeldzug der Ungarn den König zum raschen Handeln veranlaßte und das blutige Strafgericht auslöste. Erchanger hatte schließlich im ungarischen Exil gelebt, und der Verdacht hochverräterischer Machenschaften konnte leicht laut werden. Freilich erntete nicht der König die Früchte des grausamen Vorgehens gegen die Brüder seiner Gemahlin, sondern der Hunfridinger Burchard, der schließlich das Ziel erreichte, vor dem sein Vater gescheitert war, die schwäbische Herzogswürde.

So wie Konrad I. gegen die schwäbische Stammesaristokratie vorging, bekämpfte er auch seinen Stiefsohn Arnulf, der allerdings in Bayern schon fest im Sattel saß. Weshalb es zwischen den beiden nach anfänglichem Einvernehmen zum Zerwürfnis kam, ist unbekannt. Vielleicht hatte der Herzog den aus Alemannien verbannten Erchanger aufgenommen und mit ihm zusammen gegen den König konspiriert, vielleicht hielt Konrad die Zeit für gekommen, den selbstherrlichen und unbotmäßigen Bayernherzog in die Knie zu zwingen. Auf Rückendeckung durch die bayerischen Bischöfe konnte der König hoffen; Arnulf war nämlich bestrebt, die bayerischen Bistümer und Reichsabteien seiner Herrschaft zu unterwerfen und hatte sich auch durch die Säkularisation von Kirchengut bei der Geistlichkeit unbeliebt gemacht. So lautete jedenfalls der Vorwurf, den kirchliche Kreise gegen ihn erhoben und der ihm den Beinamen »der Böse« eingetragen hat. Arnulfs Rebellion, wenn es überhaupt eine war, scheiterte. Der Herzog floh wohl im Herbst 914 zu den Ungarn. Als er 916 zurückkehrte, rückte der König mit Heeresmacht nach Bayern vor und eroberte die Herzogsstadt Regensburg, die in Flammen aufging. Arnulf mußte erneut zu den Ungarn fliehen, kehrte aber im nächsten Jahr wieder nach Bayern zurück und vertrieb Konrads Bruder Eberhard, den königlichen Statthalter in Bayern. Wiederum sah sich der König selbst zum Eingreifen genötigt, doch konnte sich Arnulf offensichtlich behaupten. Es mag sein, daß der König tatsächlich im Kampf um Regensburg schwer verwundet wurde, wie ein Chronist berichtet. Als Konrad I. am Ende des Jahres 918 starb, hatte Herzog Arnulf die Herrschaft über Bayern wieder uneingeschränkt in den Händen.

Im königsfernen Sachsen hatte der Liudolfinger Otto der Erlauchte im Laufe seiner langen Regierungszeit die unangefochtene Vorrangstellung erlangt und eine gesicherte Machtposition aufgebaut. Der Bericht Widukinds von Corvey, daß der Herzog von Sachsen nach dem Tode Ludwigs des Kindes eigentlich der Favorit bei der Königswahl gewesen sei und nur wegen seines hohen Alters auf eine Kandidatur verzichtet und Konrad vorgeschlagen habe, mag zwar Bestandteil der liudolfingischen Geschichtslegende sein und ist nicht nachprüfbar, aber Otto der Erlauchte hat dem neuen König gegenüber eine loyale Haltung eingenommen.

Sein Sohn und Nachfolger Heinrich, der spätere König, scheint bereit gewesen zu sein, die politische Linie seines Vaters fortzusetzen. Sachsen war zwar in spätkarolingischer Zeit königsfern, aber stets königstreu gewesen; Liudolfingerinnen waren an karolingische Könige verheiratet worden, Liudgard, die Schwester Ottos des Erlauchten, an König Ludwig den Jüngeren, Heinrichs Schwester Oda an König Zwentibold von Lothringien. Am Königshof war man hingegen nicht gewillt, Herzog Heinrich die ganze Machtfülle seines Vaters zuzugestehen. »Da aber König Konrad oft die Tapferkeit des neuen Herzogs erprobt hatte, trug er Bedenken, ihm die ganze Macht seines Vaters zu übertragen«, berichtet Widukind[7]. Die sächsische Herzogswürde konnte und wollte der König ihm gewiß nicht streitig machen, aber er verweigerte ihm die Belehnung mit den thüringischen Reichslehen seines Vaters.

Im thüringischen Raum war nach dem Tode des mächtigen Markgrafen Burchard ein gefährliches Machtvakuum entstanden. Das Amt des Markgrafen der Sorbenmark war verwaist und der Stamm ohne eigene Führungsspitze. Das Land geriet ins Spannungsfeld rivalisierender Mächte. Herzog Otto der Erlauchte hatte seinen Herrschaftsbereich nach Thüringen hinein ausgedehnt und als Laienabt des sowohl in Thüringen als auch im östlichen Sachsen reichbegüterten Klosters Hersfeld sogar im osthessischen Raum Fuß fassen können. Im Thüringer Becken und im westlichen Thüringen verfügte das Erzbistum Mainz über ausgedehnte Besitz- und Herr-

Si nus ad plenum cognoscere nobilitatem tocius Saxonie

bruno dux — ludolf dux Saxonie — luttgarda regina

Otto dux

Henricus rex primus successor Cunradi impris qui ultimus de stirpe Karoloy regnum in Saxones filio suo moriens transtulit. — Mechtildis regina cui pater Teodic ex stirpe widikindi magni ducis Saxonie cui filius fuerat widikint Immit et Regibern

hadewich · Gerberg · Otto primus · heinric dux bavarie · Bruno colon archiep

hugo rex francie · Beatrix · lothar rex · karolus dux lotar · Mechtild abb · Liudolf dux · Otto imp · heinric dux

Rubert rex · Teodic dux rex · Ludolf rex · berta · berta · Ermgardis com · Otto dux · Otto imp · Mechtild · heinric imp

henric rex · Frideric dux · Gisla · Agnes · Henricus · Kuno · Ludolf · Hermin colon archiep · Otto dux bove

Philip rex · hugo agnomine magni · henric rex · Agnes imperatrix · Cunrat imp · henri imp · henric imp · heinric imp · bavarie

fideric illustris dux Sueuie · Cunrat rex · Aleidis · fideric dux · Cunr dux

heinric filius · frideric imp · heinric imp · frideric imp · Phylip rex schaftsrechte. Die ostfränkischen Popponen, die in spätkarolingischer Zeit auch einmal die thüringische Sorbenmark verwaltet hatten, betrachteten offenbar den Thüringer Wald und das Saaletal als ihren Einflußbereich, und auch die Familie des Markgrafen Burchard war noch nicht ganz ausgeschaltet; seine beiden Söhne Burchard und Bardo verwalteten thüringische Grafschaften. Einer von ihnen war ein Schwager Konrads I. Beide standen in den folgenden Auseinandersetzungen auf der Seite des Königs.

Der Versuch Konrads I., den liudolfingischen Einfluß in Thüringen zurückzudrängen, scheiterte. Herzog Heinrich vertrieb die Grafen Burchard und Bardo und okkupierte die Mainzer Besitzungen, denn hinter den Plänen des Königs stand offensichtlich Erzbischof Hatto von Mainz, der durch das sächsische Vordringen wohl seine Position im thüringischen Kernraum bedroht sah. Die Sagen, die sich um den Herzog und den Erzbischof ranken, haben offensichtlich in diesem Konflikt ihren Ursprung. Der rasch folgende Tod Hattos am 15. Mai 913 ließ sich leicht in eine Strafe Gottes umdeuten. Da Hattos Nachfolger Heriger (913-927) weniger ehrgeizig und machtversessen war als sein Vorgänger, war die hegemoniale Stellung der Liudolfinger im thüringischen Raum vorerst gesichert.

Der König war jedoch nicht gewillt, die Verbindung Thüringens mit dem sächsischen Herzogtum auf die Dauer hinzunehmen, sondern wartete nur auf eine günstige Gelegenheit, um das für die politische Geographie des Reiches so wichtige Land für das Königtum zurückzugewinnen. Wenn Konrads Bruder Eberhard im Sommer 914 den Markgrafentitel führt, so kann sich diese Würde wohl nur auf die Sorbische Mark beziehen. Durch die Übertragung dieses Reichsamtes an seinen Bruder wollte der König ohne Zweifel den liudolfingischen Einfluß auf Thüringen ausschalten. Letzlich gelang dies nicht oder nur sehr unvollkommen, denn ein Feldzug Eberhards gegen Herzog Heinrich im Sommer 915 scheiterte vor der Eresburg. Auf die Nachricht von einem Rachezug des Sachsenherzogs ins Frankenland hin eilte der König selbst vom Kriegsschauplatz in Schwaben herbei und belagerte Heinrich in der liudolfingischen Wallburg Grone bei Göttingen. Da offensichtlich keiner der Akteure an einer Eskalation interessiert war, vereinbarte man Waffenruhe und wohl auch ein politisches Stillhalteabkommen, wahrscheinlich mit einer Abgrenzung der beiderseitigen Machtsphären. Der Herzog hat Konrads Königtum niemals prinzipiell in Frage gestellt und bewahrte in den folgenden Kämpfen des Königs im deutschen Süden und Südwesten eine wohlwollende Neutralität.

Sehr deutlich meldete die Reichskirche ihren Anspruch auf Anerkennung als dritte Kraft neben Königtum und weltlicher Aristokratie an. Schon während der Regierungszeit Ludwigs des Kindes hatten hohe Geistliche eine führende Rolle in der Reichspolitik gespielt, und dies setzte sich auch unter Konrad fort. Er versuchte allerdings, das Reich mit Hilfe der Kirche zu regieren, ohne seinerseits »am Leitseil der Kirche« zu gehen. Der ostfränkisch-deutsche Episkopat demonstrierte auf der Synode zu Hohenaltheim Geschlossenheit, maßregelte den Bischof von Straßburg und die sächsischen Bischöfe, die nicht erschienen waren, und stellte sich auf die Seite des Königs:

Verwandschaftstafel der Ottonen, Salier und Staufer.
Ahnherr ist Herzog Liudolf von Sachsen. König Heinrich I. und Königin Mathilde nehmen den zentralen Platz ein. Liudgard, die Schwester Ottos des Erlauchten, wird als Königin besonders hervorgehoben. Konrad I. wird in einer Inschrift als letzter karolingischer Kaiser bezeichnet, der das Reich den Sachsen übertragen habe.
Wolfenbüttler Handschrift der Kölner Königschronik (um 1200).

Bei Gott, allen Chören der Engel, den Propheten, Aposteln und Märtyrern, bei der ganzen katholischen Kirche und der Gemeinde der Christen wage es niemand, nach dem Sturz des Königs zu streben oder das Leben des Herrschers anzutasten, ihn der Herrschaft zu berauben, sich als Tyrann die Krone anzumaßen oder sich in irgendeiner Form mit anderen gegen ihn zu verschwören. Wer sich in frecher Verwegenheit in einem dieser Punkte schuldig macht, den treffe Gottes Fluch, und er werde ohne Gnade im ewigen Gericht verdammt.[8]

Mit so volltönenden Worten propagierten die auf der Synode von Hohenaltheim im September 916 versammelten Bischöfe die Idee von der Sakralität des Königs. Sie bedrohten die Gegner des Königs mit schweren geistlichen Strafen und betonten die sakrosankte Stellung des Herrschers, der wie ein Bischof ein Gesalbter des Herrn, ein »christus Domini«, sei. Die dem König geschworenen Treueide seien ein Sakrament, so daß der Bruch zum Sakrileg würde. Die Reichssynode, auf der nur die sächsischen Bischöfe fehlten, die sich vorsichtig zurückhielten, um Konflikte mit ihrem mächtigen Herzog zu vermeiden, knüpfte an die karolingischen Traditionen an und verkündete in ihren politischen Beschlüssen die Idee der Verbindung von Königtum und Kirche. Sie stellte gleichsam den ideologisch-theologischen Gipfelpunkt der Monarchie Konrads I. dar.

Uneigennützig war dieser Einsatz der Kirche für das Königtum keineswegs. Konrad I. war auch mit den Stimmen der hohen Geistlichkeit auf den Thron gelangt. Hatto von Mainz, Salomo von Konstanz, Pilgrim von Salzburg und andere geistliche Herren hatten zu seinem Beraterstab gehört, und er hatte die Kirche gefördert und sie gegenüber den weltlichen Herren in Schutz genommen. Er hatte mit Gunstbeweisen nicht gespart und immer wieder Immunitätsprivilegien bestätigt oder verliehen, die sich natürlich im Endeffekt gegen die aristokratische Kirchenherrschaft richteten. Wenn Klöster wie Hersfeld, Corvey und Meschede Immunitätsprivilegien und das Recht auf freie Abtswahl empfingen, so hatte das Vorgehen des Königs ohne Zweifel eine antiliudolfingische Spitze; Herzog Otto der Erlauchte war schließlich Laienabt von Hersfeld gewesen.

Die Kirche, vor allem die Klöster, litten unter der Entfremdung von Besitzungen durch weltliche Große, die eigentlich zu ihrem Schutz verpflichtet waren. Leben, Gesundheit und Freiheit der Geistlichen waren bedroht. Einige Beispiele zeigen dies: Salomo von Konstanz war von Erchanger gefangengenommen worden, elsässische Grafen überfielen Bischof Einhard von Speyer und ließen ihm die Augen ausstechen. Bischof Otbert von Straßburg wurde aus der Stadt verjagt und getötet. Kein Wunder, daß die Kirche im Königtum ihren natürlichen und von der politischen Theorie der Zeit auch avisierten Partner sah.

Das Zusammentreten einer großen Reichssynode im Herbst des Jahres 916 war kein Zufall. Konrad I. hatte seine Position gefestigt, wenn auch keinen vollständigen und endgültigen Sieg errungen. Herzog Arnulf von Bayern war wiederum ins ungarische Exil geflüchtet, die Revolte der Kammerboten in Schwaben niedergeschlagen und im Verhältnis zu Herzog Heinrich von Sachsen offenbar ein annehmbarer Modus vivendi gefunden worden. Die hohe Geistlichkeit mobilisierte ihre Kräfte, versuchte ihre Position als geistlich-weltliche Ordnungsmacht zu verbessern und stellte die

Einheit von Staat und Kirche demonstrativ zur Schau. Eine Rückkehr zum theokratischen Königtum der hochkarolingischen Ära war jedoch nicht beabsichtigt. Wandlungen kündigten sich an. Waren es in der Karolingerzeit die Könige, die Reichssynoden einberiefen und leiteten und ihre Beschlüsse kraft königlicher Autorität zur Geltung brachten, so wurde die Synode von Hohenaltheim durch den päpstlichen Legaten Petrus eröffnet und gewann damit für ihre Arbeit den Segen der höchsten Autorität der katholischen Christenheit. Es ist nicht der König, der die Kirche schützt, es ist die Kirche, die unter Hinweis auf die von ihr verliehene Salbung und Weihe den König unter sakramentalen Schutz stellt.

Wieweit der König diese Auffassung der Synodalen teilte, ist unbekannt, ihm mußte aber jede Unterstützung willkommen sein. Es blieb ihm nach diesem Höhepunkt seiner Regierung in Herbst und Winter 916/17 nur noch wenig Zeit zur weiteren Konsolidierung seiner Herrschaft, im Gegenteil, sein Wirkungsbereich wurde wieder auf Franken beschränkt. Vielleicht hatte er wirklich im Kampf gegen Herzog Arnulf von Bayern eine schwere Verwundung erlitten, die seine Aktivität lähmte. Der glücklose König, wie ihn die Geschichtsschreiber gern nennen, starb schon am 23. Dezember 918 und fand seine letzte Ruhestätte vor dem Heiligkreuzaltar in der Kirche des Bonifatiusklosters Fulda, an einer Stätte mit karolingischer Tradition also, aber doch ein Königsgrab im Herzen des werdenden deutschen Reiches.

Gewiß ist jede Würdigung eines offensichtlich gescheiterten Herrschers ein fragwürdiges Unterfangen, aber es ist wohl nicht zu gewagt, in König Konrad I. die Symbolfigur einer Übergangsepoche zu sehen. Im Geiste und mit der Machtfülle der großen Karolinger wollte er herrschen und nach der schwächlichen Regierung des königlichen Knaben Ludwig dem Reich wieder neuen Glanz verleihen. Sein zäher Kampf gegen die partikularen Gewalten entpuppte sich erst im Rückblick als ein verzweifeltes Rückzugsgefecht. Es ging Konrad I. von Anfang an und unbedingt um königliche Herrschaft im karolingischen Stil, um das Gottesgnadentum des Königs, das in Salbung und Weihe seinen symbolhaften Ausdruck fand. Er forderte Anerkennung durch die Hocharistokratie. Verzichtspolitik war offenbar seine Sache nicht. So waren auch sein Ringen um die Verfügungsgewalt über die Reichskirche und sein Kampf um die Bändigung der aufstrebenden Stammesherzöge nicht ganz vergeblich. Er wahrte den Anspruch des ostfränkisch-deutschen Königtums auf das karolingische Erbe, den seine Nachfolger wieder geltend machen konnten, als die Zeit dafür reif war.

Es ist ein Indiz für die innere Konsistenz des Reiches und für das Aufkeimen eines lebendigen Zusammengehörigkeitsgefühles, sei es nun vorrangig im politisch-staatlichen Bereich oder auch in einer Sphäre angesiedelt, die wir wegen des Fehlens eines besseren Begriffes als »völkisch« bezeichnen wollen, daß das ostfränkisch-deutsche Reich die äußeren Bedrohungen und die schweren inneren Machtkämpfe zwar nicht unbeschadet, aber in der Grundsubstanz ungebrochen überdauert hat. In diesem Sinne war Konrads Königszeit ein Intermezzo zwischen dem ruhmlosen Ausklang der karolingischen Ära und dem machtvollen Aufstieg der neuen sächsischen Dynastie.

Zweiter Teil

Der Aufstieg des Reiches
Das ottonische Jahrhundert

I. Auftakt:
Heinrich I. 919–936

Allmählich aber schichteten sich auch damals die entfesselten Massen, die Nationen nahmen sich wieder in festerer Ordnung zusammen, und die Deutschen, die in dem langen Getümmel in fünf beinahe selbständige Staaten zerfallen waren, erhoben sich im Anfang des 10. Jahrhunderts wieder einen König, den ersten König der deutschen Nation. Es war Heinrich I., nach meiner Meinung der Stern des reinsten Lichtes an dem weiten Firmament unserer Vergangenheit.[1]

Heinrich von Sybel

1. »Heinrich der Vogler«

So werden wir neuerlich geradezu mit der Nase auf die alte, von der Geschichtsschreibung zeitweilig vergessene Tatsache gestoßen, daß viele Epochen der Vergangenheit nur aus »sagenartigen« Überlieferungen bekannt sind, daß Sagen, Geschichten, Anekdoten und Legenden immer »lebendiger« waren, das Bewußtsein der Menschen nachhaltiger geprägt haben als gelehrte Chroniken oder historische Untersuchungen.[2]

František Graus

Heinrich I. gehört zu den wenigen deutschen Königen des Mittelalters, die im volkstümlichen Bilde lebendig geblieben sind: Herr Heinrich am Vogelherd.[3]

Carl Erdmann

Am Vogelherd – wie es Lied und Sage schon seit dem hohen Mittelalter erzählen – hat der Sachsenherzog Heinrich sicher nicht gesessen, als ihm Herzog Eberhard von Franken die Reichsinsignien und den Kronschatz überbrachte und ihn als künftigen König begrüßte. Aber in dieser Erzählung ist ein Widerhall jener überraschenden Wendung der Dinge zu spüren, die der letzte Wille Konrads I. auslöste. Das Überraschungsmotiv wird in eine romantische Szenerie hineinkomponiert, romantisch jedenfalls in den Augen der Menschen jener Tage: Der Erwählte, von seiner hohen Berufung nichts ahnend, verbringt die Zeit mit dem Fang kleiner Singvögel am Vogelherd mit Netzen und Leimruten, einer ganz und gar unköniglichen Form waidmännischen Vergnügens.

Wollte das Volk in Heinrich I. einen Herrscher sehen, der aus der eigenen einfachen Lebenswelt emporgestiegen und gerade darum zu großen Taten fähig war? Vielleicht beruhte die Sage auf einer »Fabelhistorie«[4], weitergetragen in den Versen fahrender Spielleute.[5] Vielleicht war sie nichts als Unterhaltungsstoff für die großen Herren und das niedere Volk, dessen bunte, mit prallem Leben erfüllte Bilder hin und wieder Eingang in die Sphäre der ernsten Geschichtsschreibung fanden. Die reinliche Scheidung dieser beiden Ebenen, die Trennung von Dichtung und Wahrheit, fällt auch heute dem Historiker nicht immer leicht; die märchenhafte Geschichte vom Herzog am Vogelherd dürfen wir freilich unbedenklich ins Reich der Sage verweisen.

Wie man es auch wendet, Sagen, Anekdoten und Legenden umranken die Gestalt Heinrichs schon seit dem 10. Jahrhundert. Dies war es wohl auch, was gerade ihn zu einer so vertrauten, im Geschichtsbild der Deutschen fest verankerten Herrschergestalt gemacht hatte.

Ist nun auch die berühmte Szene am Sterbelager Konrads I. ein Produkt überschäumender Phantasie? Gehören der edelmütige Thronverzicht, die symbolische Geste der Übergabe der Reichsinsignien an den einstigen Gegner und das Zeremoniell der Königserhebung zu Fritzlar ebenfalls ins Reich der Legende?

Unstatthaft ist Skepsis nicht, denn an zeitgenössischer Überlieferung fehlt es fast ganz. Die Chronisten Widukind von Corvey, Liudprand von Cremona und Thietmar von Merseburg schildern die Ereignisse zwar ausführlich und eindringlich, aber sie schreiben erst Jahrzehnte später. Wie zuverlässig ist die mündliche Überlieferung, der sie folgen? Und wie verfahren sie selbst damit? Widukind, der als Mönch im Benediktinerkloster Corvey an der Weser lebte, weiß lebendig zu erzählen. Er liebt dramatische Effekte und wirkungsvolle Redeauftritte. Die Ereignisse, die sich zwischen dem Frühwinter des Jahres 918 und den Maitagen des folgenden Jahres vollzogen, läßt er in drei Akten in ganz komprimierter Form vor seinen Lesern abrollen. Auf die Szene am Sterbelager des Konradiners folgen die Übergabe der Reichsinsignien an den Sachsenherzog und schließlich die Königserhebung in Fritzlar:

Eberhard begab sich, wie es der König befohlen hatte, zu Heinrich, übergab sich ihm mit allen Schätzen und schloß mit ihm Frieden und Freundschaft, die er treu und ergeben bis ans Ende bewahrte. Dann versammelte er die Fürsten und Vornehmen des fränkischen Heeres in Fritzlar und rief Heinrich vor dem ganzen Volk der Franken und Sachsen zum König aus. Und als ihm von Erzbischof Heriger Salbung und Krönung angeboten wurde, achtete er sie zwar nicht gering, nahm sie aber auch nicht an. »Es genügt mir«, sagte er, »daß ich meine Ahnen dadurch überrage, daß ich dank Gottes Gnade und eurer Huld den königlichen Namen trage. Salbung und Krönung mögen einem Würdigeren vorbehalten bleiben. Einer solchen Ehre fühle ich mich nicht würdig.« Diese Rede gefiel der Menge, und die Menschen brachen mit erhobener Rechten in Heilrufe aus und riefen immer wieder laut den Namen des neuen Königs.[6]

So oder wenigstens ähnlich mag der Tag von Fritzlar in der Erinnerung derjenigen weitergelebt haben, die damals dabeigewesen sind und viele Jahre später dem wißbegierigen Klosterbruder

Königssiegel Heinrichs I.
Wie sein Vorgänger Konrad I. hat auch Heinrich I. den karolingischen Siegeltypus beibehalten, um die Legitimität seiner Herrschaft zu betonen.

davon erzählten. Die handelnden Personen stehen im Vordergrund, Herzog Eberhard von Franken als Vollstrecker des »politischen Testaments« seines königlichen Bruders, Erzbischof Heriger von Mainz als abgewiesener Koronator und natürlich der neue König, der seiner Vorfahren gedenkt und für seine bescheiden-stolzen Worte, mit denen er den Empfang der kirchlichen Weihe ablehnt, den Beifall des Volkes erhält.

Der Chronist berichtet aus sächsischer Perspektive, erfüllt von Stammesstolz und Verehrung für das inzwischen zu kaiserlichen Würden aufgestiegene liudolfingisch-ottonische Herrscherhaus. Von Objektivität kann also keine Rede sein, doch wäre es übertriebene Skepsis, Widukinds Sachsengeschichte nur als Widerspiegelung einer »ottonischen Hoflegende« zu betrachten. Aber an die naive Spontaneität des Ablaufs vermag der Historiker nicht zu glauben. Fielen doch Entscheidungen von großer Tragweite: Das Reichsvolk der Franken, das fast ein halbes Jahrtausend das Reich getragen und die Könige gestellt hatte, sollte auf sein »Erstgeburtsrecht« verzichten und einen Sachsen zum König wählen. Konrad I. mutete seinen Franken eine ganze Menge zu, und daher waren die Monate, die zwischen dem Tod des Königs und der Erhebung seines Nachfolgers vergingen, sicher eine Zeit vielfältiger politischer Aktivitäten. Konrad I., erfüllt von einem hohen, den Zeitumständen nicht mehr gemäßen Herrschaftsanspruch, hatte das Reich in eine schwierige Lage hineinmanövriert. Konnte jetzt ein Wechsel der Dynastie Hilfe bringen?

Doch zunächst einmal: Wer war der Mann, dem der gescheiterte König die Rettung des Reichs zutraute?

Heinrich I. stammt aus dem Geschlecht der Liudolfinger. Vielleicht – doch das ist recht unsicher – waren sie Nachkommen jenes altsächsischen Edlings Brun, der im Kampf gegen Karl den Großen den Heerbann der Engern angeführt hatte. In der spätkarolingischen Zeit waren sie allmählich zum führenden Geschlecht in Sachsen emporgestiegen. Der Spitzenahn war Graf Liudolf, der 866 starb. Sein ältester Sohn Brun fiel 880 als Führer des sächsischen Stammesaufgebotes in der blutigen Schlacht gegen die Normannen. Ihm folgte sein Bruder Otto als Herzog in Sachsen.

Während seiner langen Regierungszeit konnte Otto der Erlauchte die Stellung seines Geschlechtes festigen und ausbauen. Das Ansehen der Familie wuchs durch die Verschwägerung mit den Karolingern. Liudgard, die Schwester Ottos des Erlauchten, war mit König Ludwig dem Jüngeren verheiratet, seine Tochter Oda mit König Zwentibold von Lothringien, dem illegitimen Sohn Kaiser Arnulfs. Unter den letzten Karolingern war Sachsen eine königsferne Landschaft, die Liudolfinger jedoch ein königstreues Adelsgeschlecht. Mit König Konrad I. gab es zunächst ein freundschaftliches Zusammenwirken, obgleich Herzog Otto mit einer Babenbergerin verheiratet war. Dieser Verbindung verdankt ihr Sohn auch den Babenbergernamen Heinrich.

Reichtum und Macht waren von jeher Geschwister. Die unbestrittene Führungsrolle innerhalb des sächsischen Stammes, die den Liudolfingern zugewachsen war, beruhte nicht nur auf ihrer Stellung in der Hierarchie des Reiches und auf ihren militärischen Führungsqualitäten, sondern auch auf ihrem Reichtum. Umfangrei-

Im Kanonissenstift Gandersheim wurde Herzog Liudolf als Gründer verehrt. Das blanke Schwert kennzeichnet ihn als Herzog, das Kirchenmodell als Stiftsgründer. Schnitzfigur aus dem 13. Jahrhundert in der Gandersheimer Stiftskirche.

chen, breit gestreuten Besitz nannten sie ihr eigen, vor allem im östlichen Sachsen. Deutlich treten ihre Güter im Umkreis des Harzes hervor. Schon in der Mitte des 9. Jahrhunderts gründeten Herzog Liudolf und seine Frau Oda das Kanonissenstift Gandersheim. Dieses geistliche Zentrum des Geschlechts, dessen Äbtissinnenwürde immer wieder Damen aus dem liudolfingisch-ottonischen Hause bekleideten, wurde 877 zur Reichsabtei erhoben und unter den Schutz des Königs gestellt. Das Kanonissenstift blieb Damen vornehmster Herkunft vorbehalten und wurde in der sächsischen Kaiserzeit zu einem der geistlich-geistigen Brennpunkte des Reiches, berühmt durch seine Äbtissinnen, noch berühmter durch die erste deutsche Dichterin, die Stiftsdame Roswitha von Gandersheim. Im Umland des Harzes lagen weitere große Besitzungen der Liudolfinger, die Burgen und Herrenhöfe Quedlinburg, Werla, Pöhlde, Grone, Duderstadt, Nordhausen und Wallhausen. Zusammen mit Gandersheim umgeben sie wie ein Kranz den mächtigen Block des Harzes, in dem die Jagdhöfe Siptenfeld und Bodfeld lagen.

Herzog Otto der Erlauchte, ein getreuer Gefolgsmann Kaiser Arnulfs von Kärnten, den er auch auf einem Italienzug begleitete, dehnte seinen Einfluß auf Thüringen aus. Er gewann dort Grafschaften, Reichslehen und konnte sich zum Laienabt von Hersfeld aufschwingen. Als er 912 starb, folgte ihm sein Sohn Heinrich als Herzog in Sachsen. Die Stellung der Liudolfinger war schon so gefestigt, daß dieser Wechsel ohne Schwierigkeiten vonstatten ging.

Nicht nur die Männer förderten den Aufstieg der Liudolfinger, auch die Frauen, allerdings meist in der Rolle des Opfers hochadligen Machtstrebens. Aber nicht ausschließlich, wie sich hin und wieder zeigt. Ganz ohne Zweifel bestimmten machtpolitische Motive die Werbung des Herzogssohnes Heinrich um Hatheburg, eine der beiden Töchter des Grafen Erwin von Merseburg. Da er keine Söhne hatte, war sein Besitz an die beiden Töchter gefallen. Heinrich warb um Hatheburg, obwohl sie Witwe war und »den Schleier genommen«, also ein gottgeweihtes Leben zu führen gelobt hatte. Sie gab ihr Jawort, folgte den Brautwerbern und vermählte sich um 906 mit dem Herzogssohn.

Mit kirchlichem Recht war eine solche Ehe freilich nicht zu vereinbaren. Bischof Siegmund von Halberstadt, in dessen Diözese sich dieses Ärgernis ereignete, wollte einschreiten. Als einen »im Eifer für Christus erglühten Mann« charakterisiert ihn Thietmar von Merseburg in seiner Chronik.[7] Er untersagte dem sündigen Paar unter Androhung der Exkommunikation die Fortsetzung der ehelichen Gemeinschaft und lud sie vor seinen geistlichen Richterstuhl. Das Eherecht, um dessen Verbesserung sich die Kirche seit langem bemühte, galt als »geistliche Sache« und unterlag damit der kirchlichen Rechtsprechung. Ein Skandal drohte. Heinrich wandte sich an den König, der dem eifrigen Seelenhirten ein weiteres Vorgehen zunächst untersagte. Der König und seine geistlichen Berater waren an einer Zuspitzung nicht interessiert. Von Aufhebung der ehelichen Gemeinschaft konnte keine Rede sein; Hatheburg schenkte einem Sohn das Leben, Thankmar, mit Kosenamen Tammo.

Ein glückliches Geschick war allerdings weder ihm noch seiner Mutter beschieden. Kaum drei Jahre nach der Hochzeit mit Hathe-

Heiratspolitik

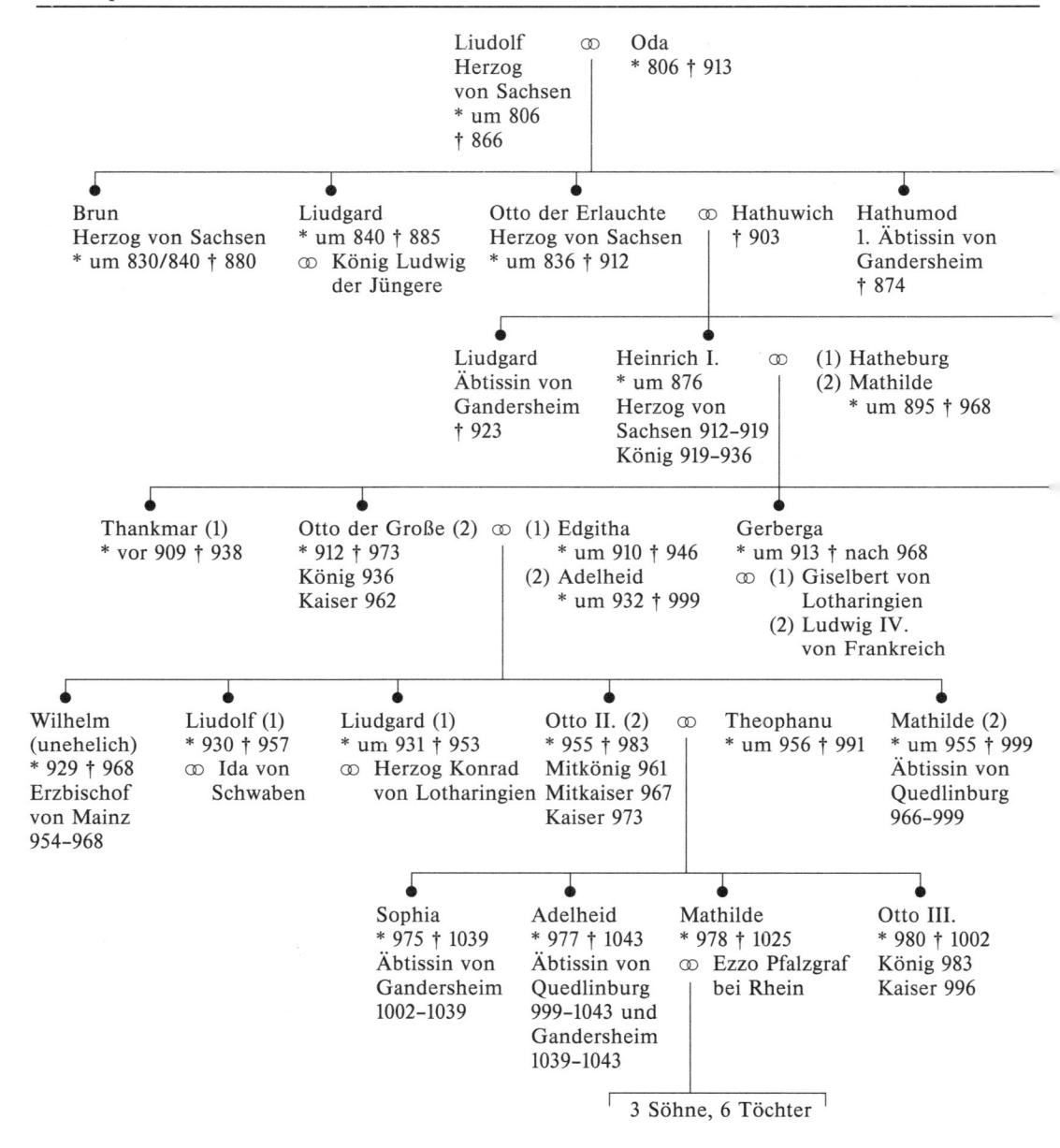

- Liudolf Herzog von Sachsen * um 806 † 866 ⚭ Oda * 806 † 913
  - Brun Herzog von Sachsen * um 830/840 † 880
  - Liudgard * um 840 † 885 ⚭ König Ludwig der Jüngere
  - Otto der Erlauchte Herzog von Sachsen * um 836 † 912 ⚭ Hathuwich † 903
  - Hathumod 1. Äbtissin von Gandersheim † 874
    - Liudgard Äbtissin von Gandersheim † 923
    - Heinrich I. * um 876 Herzog von Sachsen 912–919 König 919–936 ⚭ (1) Hatheburg / (2) Mathilde * um 895 † 968
      - Thankmar (1) * vor 909 † 938
      - Otto der Große (2) * 912 † 973 König 936 Kaiser 962 ⚭ (1) Edgitha * um 910 † 946 / (2) Adelheid * um 932 † 999
        - Wilhelm (unehelich) * 929 † 968 Erzbischof von Mainz 954–968
        - Liudolf (1) * 930 † 957 ⚭ Ida von Schwaben
        - Liudgard (1) * um 931 † 953 ⚭ Herzog Konrad von Lothringen
        - Otto II. (2) * 955 † 983 Mitkönig 961 Mitkaiser 967 Kaiser 973 ⚭ Theophanu * um 956 † 991
          - Sophia * 975 † 1039 Äbtissin von Gandersheim 1002–1039
          - Adelheid * 977 † 1043 Äbtissin von Quedlinburg 999–1043 und Gandersheim 1039–1043
          - Mathilde * 978 † 1025 ⚭ Ezzo Pfalzgraf bei Rhein
            - 3 Söhne, 6 Töchter
          - Otto III. * 980 † 1002 König 983 Kaiser 996
        - Mathilde (2) * um 955 † 999 Äbtissin von Quedlinburg 966–999
      - Gerberga * um 913 † nach 968 ⚭ (1) Giselbert von Lothringen / (2) Ludwig IV. von Frankreich

burg benutzte Heinrich den kirchlichen Einspruch gegen die Rechtsgültigkeit seiner Ehe, um sich von seiner Frau zu trennen und Mathilde, die Tochter des sächsischen Grafen Dietrich, zu heiraten.

Hatten die reichen Erbgüter der Hatheburg, die er auch nach der Trennung von ihr behielt, die Machtstellung der Liudolfinger im östlichen Thüringen verstärkt, so festigte er durch die Heirat mit Mathilde seine Position in Westfalen. Ihre Sippe, die Immedinger, war das führende Geschlecht Westfalens, verwandt mit dem legendären Sachsenherzog Widukind. Die Abstammung der Braut von

Stammtafel der Ottonen.

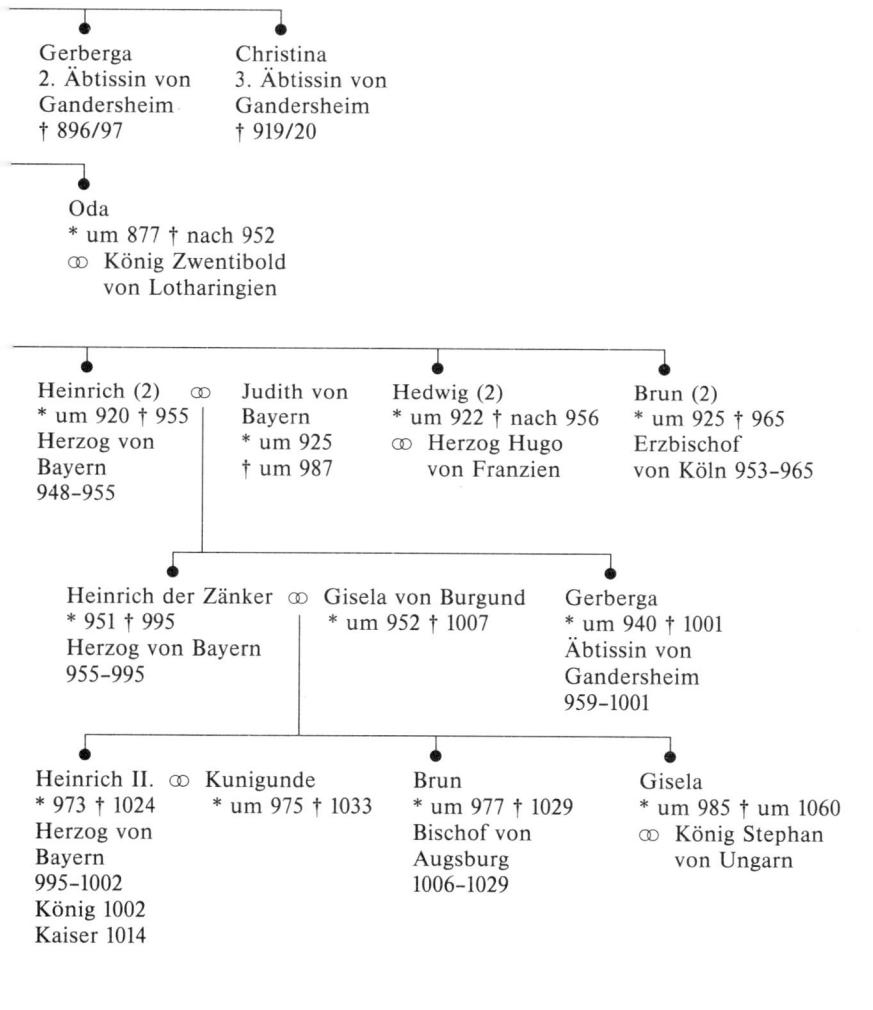

- **Gerberga**
  2. Äbtissin von
  Gandersheim
  † 896/97

- **Christina**
  3. Äbtissin von
  Gandersheim
  † 919/20

- **Oda**
  * um 877 † nach 952
  ∞ König Zwentibold
    von Lotharingien

- **Heinrich (2)** ∞ **Judith von**
  * um 920 † 955   **Bayern**
  Herzog von   * um 925
  Bayern   † um 987
  948–955

- **Hedwig (2)**
  * um 922 † nach 956
  ∞ Herzog Hugo
    von Franzien

- **Brun (2)**
  * um 925 † 965
  Erzbischof
  von Köln 953–965

- **Heinrich der Zänker** ∞ **Gisela von Burgund**
  * 951 † 995   * um 952 † 1007
  Herzog von Bayern
  955–995

- **Gerberga**
  * um 940 † 1001
  Äbtissin von
  Gandersheim
  959–1001

- **Heinrich II.** ∞ **Kunigunde**
  * 973 † 1024   * um 975 † 1033
  Herzog von
  Bayern
  995–1002
  König 1002
  Kaiser 1014

- **Brun**
  * um 977 † 1029
  Bischof von
  Augsburg
  1006–1029

- **Gisela**
  * um 985 † um 1060
  ∞ König Stephan
    von Ungarn

dem großen Gegner Karls des Großen wird besonders betont; sein Verdienst in den Augen späterer Generationen war freilich nicht der heldenmütige Freiheitskampf, sondern der zugleich mit der Unterwerfung vollzogene Übertritt zum christlichen Glauben.

Als hehrer Charakter erwies sich Heinrich in diesen Eheangelegenheiten nicht, denn die Bedenken der Geistlichkeit wegen der Sündhaftigkeit seiner Ehe mit Hatheburg drangen erst in sein Herz, als seine Leidenschaft schon zu erkalten begann. Widukind von Corvey übergeht die erste Ehe des Königs und berührt die Angelegenheit nur im Zusammenhang mit dem Aufstand Thankmars gegen seine Stiefbrüder Otto und Heinrich,[8] wobei er Thankmar nur den Sohn des Königs nennt, die Ehe wohl als nichtig betrachtet. Thietmar von Merseburg, in den Familiengeschichten des sächsischen Adels wohl bewandert, nennt die Dinge beim Namen:

Indessen war Tammo geboren worden, aber die Liebesleidenschaft des Königs zu seiner Gemahlin nahm ab. Heimlich erglühte er wegen ihrer Schönheit und ihres Reichtums für die junge Mathilde, und bald brach dann das Feuer dieser verborgenen Liebe hervor. Er gab zu, sich durch die unrechtmäßige Ehe schwer versündigt zu haben und ließ durch Verwandte und Brautwerber die Tochter Dietrichs und Reinhildes aus dem Geschlecht des Königs Widukind um ihre Hand bitten. Nun ist des Weibes Sinn nachgiebig, und da sie seine Vortrefflichkeit in allem kannte, willigte sie ein und wurde ihm als seine Gemahlin eine treue Helferin in allen religiösen und weltlichen Angelegenheiten.[9]

Kriegerische Erfolge stärkten die Stellung des Herzogs, dem nicht nur die eigene Gefolgschaft zu Gebote stand, sondern auch die waffenfähige Mannschaft des sächsischen Stammes. Die alte einfache Wehrverfassung war in Sachsen durch die Entwicklung des Lehnswesens und der Grundherrschaft noch nicht völlig außer Kraft gesetzt worden. Noch immer hatten alle waffenfähigen Männer über dreizehn Jahre dem Heerbann des Stammesführers zu folgen.[10] Auch die sächsischen Grafen hatten sich dem Gebot der liudolfingischen Herzöge offenbar untergeordnet, und die sächsischen Bischöfe hatte Heinrich schon in seiner Herzogszeit sicher im Griff. Es mag sein, daß die Bedrohung durch die Normannen und die permanenten Kämpfe mit den slawischen Nachbarn die sächsischen Großen zwangen, sich enger um den Herzog zu scharen. So saß Herzog Heinrich, inzwischen ein gereifter Mann in der Mitte der vierziger Jahre, in seinem sächsischen Herrschaftsbereich fest im Sattel. Aber würde seine Macht ausreichen, um dem Königtum im ganzen Reich wieder Anerkennung zu verschaffen?

2. »Der ungesalbte König«

*An der Schwelle der deutschen Geschichte steht
eine in der Rivalität der Stämme begründete
Doppelwahl.*[11]
                       Walter Schlesinger

Als Konrad I. am 23. Dezember 918 starb, sah es trübe aus um die Zukunft des Reiches. Ganz Lothringien hatte sich dem Karolinger Karl dem Einfältigen angeschlossen, der sich nach Kräften bemühte, dieses Land zu einem Stützpfeiler seiner Monarchie zu machen. Die Schwaben, über deren Land die Herrschaft Konrads weit mehr Unheil als Heil gebracht hatte, waren nicht gewillt, den Wunsch des Königs zu erfüllen und an der Wahl des Sachsenherzogs teilzunehmen. Noch einen entscheidenden Schritt weiter wagten sich die Bayern. Unterstützt von einer Minderheit des fränkischen Stammes, wahrscheinlich einer antikonradinisch gesinnten Adelsgruppe, wählten sie ihren Herzog Arnulf zum König.

Erst im Mai 919 versammelten sich die Franken und Sachsen zu Fritzlar, um Herzog Heinrich zum König zu erheben.[12] Schon die Wahl des Ortes läßt erkennen, daß man die süddeutschen Stämme nicht erwartete, denn Fritzlar lag weit im Norden, hart an der Grenze zum sächsischen Siedlungsgebiet. Die Schwerpunktverlagerung der Königsherrschaft, die sich unter den Ottonen vollziehen sollte, warf ihre Schatten voraus.

Die Wahl Heinrichs I. in Fritzlar war also keineswegs eine Wahl durch alle ostfränkisch-deutschen Stämme. Nicht einmal die Sachsen erscheinen als gleichberechtigte Partner der Franken, die bei dieser Gelegenheit noch einmal ihren alten Führungsanspruch als »Reichsvolk« zur Geltung bringen konnten. Der fränkische König Konrad hatte den Wahlvorschlag gemacht, und der fränkische Herzog Eberhard hatte dem Kandidaten die Herrschaftszeichen und den Kronschatz übergeben. Jetzt wählten die fränkischen Großen und der fränkische Heerbann Herzog Heinrich zum König, und Eberhard rief ihn danach vor allem Volke zum König aus. Der fränkische Charakter des Königtums wurde vielleicht deshalb so sehr hervorgehoben, weil der neue König eben kein Franke mehr war, auch wenn Heinrichs Mutter aus dem ostfränkischen Geschlecht der Babenberger stammte. Es ist möglich, daß der neue König in Fritzlar sich dem Volk sogar im fränkischen Königsornat zeigte, so wie dies für seinen Sohn Otto den Großen bei dessen Krönung 936 in Aachen berichtet wird.

Natürlich stieg das Selbstgefühl der Sachsen, deren Herzog nun die Krone trug, aber sie wurden nicht anstelle der Franken zum neuen Reichsvolk. Es war nicht viel mehr als eine gedankliche Hilfskonstruktion, eine Ausflucht zur Befriedigung des sächsischen Stammesstolzes, wenn Widukind von Corvey die These vertrat, daß Franken und Sachsen durch den gemeinsamen christlichen Glauben gleichsam zu einem Volke geworden seien.[13] Die Franken sahen das gewiß anders, und wie man mit den westlichen Franken, deren König noch immer ein Karolinger war, ins reine kommen würde, stand noch in den Sternen.

Mit dieser fränkischen Königstradition mußte sich Heinrich I. auseinandersetzen, und das war nicht ganz einfach. Es begann mit einem Eklat. Der neue König lehnte die Salbung und Krönung, die ihm Erzbischof Heriger von Mainz anbot, ab. Wenn dies in der von Widukind geschilderten Form geschah, so war es trotz der höflichen Form eine Brüskierung des mächtigsten Kirchenfürsten des Reiches. Heinrich I. ging als der »ungesalbte König« in die Geschichte ein.[14] Aber weshalb der Verzicht? Christliche Demut oder politisches Kalkül? Dabei hätte der neue Herrscher doch allen Grund gehabt, sein Königtum mit jener sakralen Weihe zu umgeben, die Salbung und Krönung nun einmal verliehen. War doch die Königsweihe schon von den Karolingern benutzt worden, als sie die merowingische Dynastie vom Thron stießen. Bot sie dem neuen König denn nicht die Möglichkeit, sich und seinem Geschlecht eine höhere Weihe zu geben?

War die Ablehnung der Salbung durch den neuen Herrscher eine Absage an die politische Konzeption Konrads I. und an die karolingische Reichstradition? Wollte Heinrich I. auf die ganze königliche Machtfülle verzichten, die ihre Wurzeln in der Sakralität des verchristlichten fränkischen Königtums hatte? War es eine Kampfansage an den machthungrigen Episkopat, der unter Ludwig dem Kind und Konrad I. eine so wichtige Rolle in der Reichsregierung gespielt und die Konflikte zwischen dem Königtum und den Stammesfürsten geschürt hatte? Wollte Heinrich kein »Pfaffenkönig« sein wie seine unmittelbaren Vorgänger?

Für die Geistlichkeit war der ungesalbte König »ein Schwert ohne Knauf«,[15] eine unbrauchbare Waffe. Selbst Bischof Thietmar von Merseburg, der die Taten Heinrichs I. preist, kann an diesem Makel nicht vorübergehen und sieht darin eine Sünde, trotz der Demutsgeste des Königs.[16]

Ein Signal war die Ablehnung der Salbung auf jeden Fall, und als ein solches sollte sie verstanden werden. Nicht als Gesalbter des Herrn, versehen mit einer sakralen Weihe, die ihn weit über die übrigen Großen des Reiches hinausgehoben hätte, wollte der König den Herzögen entgegentreten. Das sollte ihnen die Anerkennung seiner Oberhoheit erleichtern. Der Verzicht auf Salbung und Krönung konnte aber auch als Verzicht auf die uneingeschränkte Herrschaft über die Reichskirche verstanden werden. Hatte doch gerade Konrads Kampf um das königliche Kirchenregiment zu schweren Konflikten mit den Stammesherzögen in Bayern, Schwaben und Sachsen geführt.

Wenn der König auf Distanz zur Kirche ging, konnte dies die Chancen zu einer Verständigung mit den Großen des Reiches verbessern. Das darf nicht falsch verstanden werden. Eine Rückkehr zu einem Königtum altgermanischer Prägung war nicht beabsichtigt, nicht einmal vorstellbar, und Heinrich hatte die Salbung erst recht nicht deshalb abgelehnt, weil er »ein nordischer, artbewußter Sachse«[17] war, sondern weil ihn das Schicksal seines Vorgängers zur Vorsicht mahnte.

Ganz gleich, welche Gedanken Heinrich I. beseelten, als er in Fritzlar den Thron bestieg, als »Schwert ohne Knauf« hat er sich gewiß nicht gefühlt. Die Königswürde hatte ein eigenes Gewicht, einen realen und ideellen Gehalt, dem sich ihr Träger nicht nach

Belieben entziehen konnte. Er konnte ihm ein eigenes Profil geben, durfte aber weder die materiellen noch die geistigen Grundlagen des Königtums in ihrer Grundsubstanz zerstören. Bestimmte Erwartungen und Hoffnungen richteten sich traditionell auf den König. So sah sich Heinrich I. im Grunde vor die gleichen Probleme wie sein Vorgänger gestellt, vor die Aufgaben, an deren Lösung Konrad I. gescheitert war: Wiederherstellung des inneren Friedens und der überkommenen Rechtsordnung, Integration des schwäbischen und bayerischen Stammesherzogtums ins Reich, Wiedergewinnung Lotharingiens, Sicherung der Ostgrenze und Abwehr der Ungarn und Normannen. Lösbar waren diese Aufgaben nur dann, wenn es gleichzeitig gelang, die Autorität des Königtums im Reich wiederherzustellen.

Leicht war das nicht. Der Bayernherzog Arnulf (907–937) erhob ja selbst Anspruch auf die Königsherrschaft. Auch seine Wahl, die wahrscheinlich in der karolingischen Königspfalz Forchheim in Franken stattfand, wurde durch die Mitwirkung fränkischer Großer legitimiert und in die ostfränkisch-deutsche Reichstradition hineingestellt. Und außerdem: Gerade von Arnulf berichtet eine der wenigen zeitgenössischen Quellen, er sei zum König »im Reich der Deutschen« erhoben worden.[18] Ein Gegenkönigtum also, eine Doppelwahl; das schien kein gutes Omen für die Zukunft des Reiches. War das ein Menetekel, das künftige Thronstreitigkeiten anzeigte? Die Erinnerung an das Königtum Arnulfs von Bayern ist bald geschwunden. Eingang in das Geschichtsbewußtsein der Deutschen hat es nicht gefunden. Die Historiographie, die weitgehend im Zeichen der sächsischen Dynastie steht, hat es überdeckt. Die wenigen Nachrichten, die auf uns gekommen sind, lassen den Charakter dieses Königtums kaum erkennen.

Ein bloßer bayerischer Stammeskönig wollte der ehrgeizige Arnulf gewiß nicht sein. Auch ihn legitimierte die Teilnahme der Franken, selbst wenn es nur wenige waren, im Sinne des fränkischen Reichsgedankens. Anderes kam noch hinzu. Arnulf trug einen typischen Karolingernamen, den Namen des Stammvaters der Dynastie, des Bischofs Arnulf von Metz, und es ist wahrscheinlich, daß in seinen Adern auch Karolingerblut floß. Sein Königtum konnte sich auch auf die alte, seit den Tagen Ludwigs des Deutschen im bayerischen Stamm verwurzelte Königstradition stützen. Waren die Bayern doch der Stamm gewesen, der in besonderem Maße das ostfränkisch-deutsche Reich der Karolinger getragen hatte. Wir dürfen also in Arnulf von Bayern keinen Separatisten sehen; auch sein Königtum war auf das Ganze des Reiches gerichtet, und der Kampf um die Krone war unvermeidlich.

3. Auf dem Weg zur Reichseinheit

Nach dem allmählichen, unaufhaltsamen Zerfall des fränkischen Großreichs hat die Königserhebung Heinrichs I. im Jahre 919 die bereits 911 mit dem Königtum seines fränkischen Vorgängers Konrad vollzogene Abkehr von der karolingischen Dynastie besiegelt. Sie bildet einen Markstein auf dem Wege vom ostfränkischen Teilreich zu einem selbständigen »deutschen« Reich als einer die Stammesvielfalt überwölbenden politischen Einheit, der auch Lotharingien eingegliedert wurde.[19]

Helmut Beumann

Die Zukunft gehörte Heinrich I. und seiner Dynastie, aber das war an jenem Tag zu Fritzlar keineswegs vorhersehbar. Gewiß war Heinrichs Ausgangsposition günstiger als die seines Vorgängers, obgleich er nicht wie dieser von allen ostrheinischen Stämmen gewählt worden war. Das Bündnis der Stämme war nach Konrads Wahl rasch zerbrochen, während die Sachsen, Thüringer und Franken, die sich 919 in Fritzlar um Heinrich I. geschart hatten, auch fernerhin treu zu ihm standen. Treue zum Königtum beherrschte nicht nur die Königsgefolgschaft und das sächsische Volksaufgebot, sondern auch die fränkischen und sächsischen Aristokraten, die dem Königtum erst unter Otto dem Großen Schwierigkeiten bereiteten, nachdem sie Gefallen an der Machtausübung gefunden und die Rivalitäten innerhalb des ottonischen Herrscherhauses die Räume für Adelsfronden geöffnet hatten.

Die Gegner Heinrichs I. waren kampferprobte Herren, deren Sinnen und Trachten auf das gerichtet war, was einem Aristokraten jener Zeit das Leben lebenswert machte, auf Macht und Herrschaft, Ruhm und Ehre. Da war sein bayerischer Widerpart Arnulf, da war Herzog Burchard II. von Schwaben aus dem Hause der Hunfridinger, da war der ehrgeizige Giselbert aus dem Geschlecht der Reginare, der im lotharingischen Raum nach einer herzoglichen, womöglich sogar nach einer königlichen Stellung strebte. Und da waren die geistlichen Herren, die Erzbischöfe, Bischöfe und Äbte, die befürchten mußten, daß der Kampf zwischen Monarchie und Aristokratie auf ihre Kosten ausgefochten und Kompromisse zu ihren Lasten geschlossen würden.

Der Verzicht des neuen Königs auf die Salbung mußte zu solchen Befürchtungen Anlaß geben. Es ging bei dem, was da kommen mußte, nicht nur um die innere Struktur des Reiches, sondern auch um die außenpolitische Stellung des Königtums, denn Arnulf, Burchard und Giselbert hatten auch außenpolitische Interessen: Arnulf gegenüber Ungarn, Böhmen und Italien, Burchard gegenüber Burgund und dem Alpenraum, Giselbert gegenüber dem West- und Ostreich, zwischen denen er sich zu behaupten suchte.

Vorsichtig und unter Vermeidung größerer Waffengänge ging Heinrich zu Werke, um das verlorene Terrain wiederzugewinnen:

Der Kampf um die Anerkennung des Königtums

*Der Schloßberg in Quedlinburg mit der Servatiuskirche und den Stiftsgebäuden.
Quedlinburg war ein wichtiger Stützpunkt der Liudolfinger im östlichen Sachsen. Nicht zufällig lebte die Sage von König Heinrichs Vogelherd in dem Städtchen am Rande des Harzes weiter.*

Schwaben, Bayern und Lotharingien. Der König erkannte, daß dies zwar nur gegen, zugleich aber nicht ohne die Herzöge und die Stammesaristokratie geschehen konnte. Ohne Kompromisse ging das nicht ab. Heinrich wußte wohl, daß er schon viel erreicht haben würde, wenn er die Anerkennung der königlichen Oberhoheit erzwingen konnte.

Rasch und ohne Blutvergießen gelang ihm das im schwäbischen Herzogtum. Bereits im Jahre seiner Königserhebung wandte sich Heinrich I. gegen Herzog Burchard II. von Schwaben (917–926), um ihn zur Anerkennung seines Königtums zu zwingen. Der Herzog ließ es nicht auf einen Waffengang ankommen, sondern unterwarf sich und öffnete dem König seine Burgen. Zusammen mit seinen Gefolgsleuten huldigte Burchard dem König, wahrscheinlich in lehnrechtlichen Formen. Der Herzog dürfte Treue geschworen und sich zur Unterstützung des Königs mit Rat und Tat verpflichtet haben, wofür er die herzogliche Gewalt als Reichslehen empfing.

Diese Legitimation der noch jungen Herzogswürde durch den König dürfte Burchards Stellung gegenüber dem schwäbischen

Die Krypta der Wipertikirche in Quedlinburg stammt aus der Zeit Heinrichs I. Das Patrozinium deutet auf eine ehemalige Hersfelder Missionskirche hin, denn Wipert war Schutzherr der Abtei Hersfeld.

Episkopat und der Geistlichkeit, aber auch gegenüber den weltlichen Großen des Stammes gestärkt haben. Bei aller grundsätzlichen Anerkennung der königlichen Rechte wurde Burchards Herrschaft in Schwaben faktisch nicht wesentlich eingeschränkt. Bei der Besetzung der kirchlichen Ämter und Würden hatte er ein gewichtiges Wort mitzureden, wie die Erhebung Udalrichs zum Bischof von Augsburg im Jahre 923 zeigt. Es war der Herzog, der Udalrich dem König als geeigneten Kandidaten vorschlug. Der König folgte dieser Empfehlung und betraute Udalrich mit dem Bischofsamt, nachdem dieser die übliche Huldigung geleistet hatte.[20]

Eine ernstliche Konfrontation war vermieden worden, weil weder Heinrich I. noch Burchard von Schwaben daran interessiert waren. Der Herzog mußte sich gegen König Rudolf II. von Hochburgund zur Wehr setzen, der nach der Ausdehnung seines Reiches strebte. Zwar hatte Burchard den Burgunderkönig 919 in der Schlacht bei Winterthur besiegen können, aber die Gefahr eines Zweifrontenkrieges war damit nicht gebannt. Ein Bündnis der beiden Könige hätte den Herzog in tödliche Gefahr gebracht. Andererseits brauchte Heinrich I. die schwäbische Rückendeckung bei seinem Vorgehen gegen Arnulf von Bayern.

Arnulf von Bayern war eher ein ebenbürtiger Gegner für den Sachsen. »Als Thronrivale war Arnulf der entscheidende Gegner«.[21] Auch wenn ihn Konrad I. mehrfach zur Flucht aus dem Lande gezwungen hatte, saß er doch mittlerweile im bayerischen Stammesgebiet fest im Sattel. Er war der mächtigste Mann, seit er nach dem Tode seines Vaters Luitpold in der Schlacht bei Preßburg im Jahre 907 gegen die Ungarn die Führung übernommen und sich zum Herzog aufgeschwungen hatte. Mit vier Königen sollte er es während seiner langen Regierungszeit (907–937) zu tun bekommen, im Guten wie im Bösen, mit dem letzten Karolinger Ludwig dem Kind, Konrad I., Heinrich I. und Otto dem Großen. Jetzt beanspruchte er selbst, König »im Reich der Deutschen« zu sein, und es war die Frage, ob die Kräfte und der Wille des Luitpoldingers ausreichen würden, um diesen Anspruch in die Wirklichkeit umzusetzen.

Das war nicht der Fall, wie sich rasch zeigen sollte. Die schnellen Erfolge Heinrichs I. gegenüber Herzog Burchard II. von Schwaben haben Arnulf wohl die Grenzen seiner Macht vor Augen geführt. Er ergriff jedenfalls nicht die Initiative, sondern wartete ab, gewiß in der Hoffnung, daß es dem Sachsen bei einem Angriff auf Bayern nicht anders ergehen würde als seinem Vorgänger Konrad. Durch Abwarten war freilich nichts zu gewinnen, und als Heinrich I., hinter dem Sachsen, Franken, Thüringen und nun auch Schwaben standen, nach Bayern zog und Regensburg belagerte, mußte sich Arnulf fügen.

Der Geschichtsschreiber Liudprand von Cremona berichtet, daß Arnulf die Ankunft des Heeres seines Rivalen nicht abwartete, sondern ihm mit Heeresmacht entgegenzog. Heinrich schlug Verhandlungen vor. Arnulf wollte ein Gottesurteil mittels Zweikampf der Könige, doch konnte ihn Heinrich unter Hinweis auf Gottes und des Volkes Willen zum Verzicht auf die Krone bewegen.[22]

Ob sich 921 vor Regensburg diese Begegnung so oder ähnlich abgespielt hat, ist kaum zu entscheiden. Man hat sich sicher in späteren Jahren so etwas erzählt. Fest steht, daß beide Seiten den Kampf scheuten und den Ausgleich suchten. Arnulf ließ sich seinen Thronverzicht teuer bezahlen. Die Selbständigkeit seiner Herrschaft wurde de facto nicht angetastet. Er verfügte nach wie vor über den Oberbefehl im Kriege in seinem bayerischen Stammesgebiet, behielt das alte karolingische Krongut, ließ Münzen prägen, blieb außenpolitisch handlungsfähig und verfügte nach wie vor über Bistümer, Kirchen und Klöster in Bayern. Gerade die Verfügung über die bayerische Kirche, die Heinrich I. dem Herzog nun auch ganz offiziell zubilligen mußte, war ein königliches Hoheitsrecht. Daß es der Herzog erhielt, erregte Aufsehen und dokumentierte deutlich die herausragende Machtposition Arnulfs. Der Rückgriff auf das Kirchengut, ein schweres Vergehen in den Augen der Geistlichkeit, brachte ihm den Beinamen »der Böse« ein.

Der Preis, den Heinrich I. für den Thronverzicht Arnulfs und die Anerkennung seiner Herrschaft zahlte, war hoch, doch der König hatte kaum eine andere Wahl, wenn er das Reich, dem sein Herrschaftswille galt, nicht in einen Bürgerkrieg stürzen wollte. Das Herzogtum war, das dürfte Heinrich erkannt oder wenigstens gefühlt haben, eine Ordnungsmacht geworden, auf die das Königtum nicht mehr verzichten konnte. Seine eigene Herkunft aus einem Herzogsgeschlecht mag ihm diese Einsicht vermittelt haben. Ein Herzog wie Arnulf konnte, wenn er sich loyal verhielt, ein stabilisierender Faktor im Reich sein, ein Stützpfeiler im gefährdeten Südosten. Mochte er also seine »Königsgewalt ohne Königskrone«[23] zum Nutzen des Ganzen gebrauchen. Der »Regensburger Vergleich« beendete die erste zwiespältige Königswahl der deutschen Geschichte.

»Der Verlust der königlichen Kirchenhoheit an Arnulf bedeutete auf jeden Fall eine ganz außerordentliche Schwächung des herrscherlichen Machtpotentials«,[24] doch Heinrich mußte nun einmal Zugeständnisse machen, wenn er das Reich in seinem bisherigen Umfang sichern wollte. Die Stammesherzöge in Schwaben und Bayern waren zu einem Machtfaktor geworden, den ein König nicht mehr ignorieren konnte. Nicht Beseitigung dieser Kräfte, sondern ihre Einbindung in die Reichsverfassung war der zukunftsweisende Weg. Burchard von Schwaben und Arnulf von Bayern waren kraftvolle, kriegserfahrene und ehrgeizige Männer, die selbst viel dazu beigetragen haben, das Herzogtum zu einem erstrangigen Machtfaktor zu machen. Doch standen hinter ihnen auch starke Kräfte in ihren Stämmen, breitere Kreise des Stammesadels und gewiß, wenn auch weniger klar erkennbar, Teile der Geistlichkeit.

Heinrich I. brauchte den inneren Frieden, der nur mit, nicht gegen die Herzöge erreichbar war. Ein bedingungsloser Machtkampf, wie ihn Konrad I. geführt hatte, hätte seine Kräfte vielleicht überfordert, auf jeden Fall aber jegliche Aktivitäten außenpolitischer Art unmöglich gemacht, ja sogar die Abwehr äußerer Feinde paralysiert. Durch sein Vorgehen hat er die Position, die die Herzöge allmählich aus eigener Kraft errungen hatten, gleichsam legalisiert und dadurch in die politische Ordnung des Reiches eingefügt. Bei aller Machtfülle, die ihnen blieb, war nunmehr unbestreitbar, daß sie nicht aus eigener Machtvollkommenheit, sondern kraft königlicher Beauftragung regierten.

Die Versuche Konrads I., das zum westfränkisch-französischen Reich Karls des Einfältigen abgefallene Lotharingien zurückzugewinnen, waren schon im Ansatz kläglich gescheitert. Heinrich I. taktierte vorsichtiger, aber mit größerer Beharrlichkeit. Er übereilte nichts, behielt jedoch den Westen stets ebenso im Auge wie den Osten und den Süden. Die Rückgewinnung Lotharingiens, das schon im 9. Jahrhundert zum ostfränkisch-deutschen Reich gehört hatte, stand für Heinrich ebenso auf der Tagesordnung wie ein Arrangement mit Karl dem Einfältigen. Beide Ziele miteinander zu kombinieren, schien fast unmöglich, denn jeder Versuch, die »lotharingische Frage« zugunsten des Ostreiches zu lösen, mußte zum Konflikt mit dem Westreich führen.

Zunächst spielte Karl der Einfältige den aktiveren Part. Lotharingien war ihm zwar ohne eigenes Zutun zugefallen, aber er erkannte die Chance, die sich ihm damit bot. Bedrängt von den mächtigen Kronvasallen Aquitaniens, Neustriens, Burgunds und Franziens hatte er die Normandie an die Normannen abgetreten und war auf ein kleines Herrschaftsgebiet im Herzen Frankreichs zurückgeworfen worden. Verblieben waren ihm im Raum von Seine, Marne und Oise die alten karolingischen Pfalzorte und Krondomänen wie

Compiègne, Ponthion, Verberie, Attigny und Pîtres. Sehr viel war das nicht, und so war der Gedanke für Karl verlockend, seine Machtbasis durch den Zugriff auf Lotharingien zu erweitern.

Dies war die Chance, die sich ihm bot, und die er nutzen mußte, wenn er jemals mehr sein wollte als ein Kleinkönig in einem Teil Frankreichs. Und das wollte er ohne Zweifel. Er war so einfältig nicht, wie ihn die ottonische Geschichtslegende schildert, die bis in die Geschichtsschreibung unserer Tage nachwirkt. Er hat sich als Karolinger gefühlt und versucht, diesem Anspruch gerecht zu werden, so gut er es eben vermochte. Damit setzte er sich Gefährdungen aus, denn er mußte eine Reichspolitik betreiben, der er persönlich nicht gewachsen war. Diese Politik lief aber auch den Tendenzen der Zeit zuwider und ignorierte die Tatsache, daß die Großen im Westen zu stark geworden waren, um sich noch einem Königtum altkarolingischer Prägung zu beugen.

Seine Vorstellungen vom Königtum dokumentierte Karl der Einfältige durch Rückbesinnung auf seine großen Vorgänger gleichen Namens, auf Karl den Großen und Karl den Kahlen, indem er den alten Königstitel »rex Francorum« zu neuem Leben erweckte, nicht ahnend, daß von hier der Weg zur Bezeichnung für eine ganze Nation und ein großes Land führen sollte. Wichtig noch, daß Karl der Einfältige auch den Siegeltypus und das Monogramm seiner beiden gleichnamigen Vorgänger übernahm! Karolingische Großreichsideen werden hinter diesen formalen Äußerlichkeiten sichtbar.

Jedenfalls riß Karl die Zügel in Lotharingien an sich, fand freilich Widerstand bei dem mächtigsten Mann dieses Landes, bei Giselbert, dem Sohn des Grafen Reginar Langhals, der eine Führungsposition für sich beanspruchte, einen »Prinzipat«, wie es eine zeitgenössische Quelle ausdrückt. Diese fürstliche Stellung aber war schwer vereinbar mit dem königlichen Herrschaftsanspruch, auch wenn Giselbert selbst wohl nicht nach einer Königskrone gestrebt hat.

Als Giselbert höchst eigenmächtig in die Besetzung des Bistums Lüttich eingriff, provozierte er den König durch diese Anmaßung königlicher Hoheitsrechte. Schon zuvor hatte Karl gegen Giselbert und seine Sippe Front gemacht, als er ihm im Juni 919 die reiche Abtei Sankt Servatius zu Maastricht durch ein Hofgerichtsurteil absprechen und sie seinem eigenen treuen Gefolgsmann Ruotger, dem Erzbischof von Trier, übergeben ließ. Für beide Kontrahenten war die Besetzung des Bistums Lüttich sehr wichtig; für Giselbert, weil Lüttich in dem Raum lag, in dem auch sein Geschlecht seine Machtbasis hatte, für den König, weil ein königstreues Bistum Lüttich für ihn selbst ein wichtiger Stützpunkt und zugleich eine Schwächung des widerspenstigen Herrn gewesen wäre.

Giselberts Vorgehen wurde begünstigt durch die Schwierigkeiten, die Karl der Einfältige durch eine Rebellion westfränkischer Adliger bekommen hatte. Auf der Seite Karls stand offensichtlich die lotharingische Familie der Matfridinger, der auch Abt Richard von Prüm, der Kandidat des Königs für den Lütticher Bischofsstuhl, angehörte. Giselbert wurde von Erzbischof Hermann von Köln unterstützt und suchte wahrscheinlich auch bei Heinrich I. Hilfe. Mehr als moralische Unterstützung hat Heinrich I. aber wohl nicht geleistet, doch das genügte, um Karl den Einfältigen zum Angriff zu bewegen. Nachdem er der Adelsrevolte Herr geworden war, zog er nach Lotharingien und weiter zum Mittelrhein. Die Sicherung des Elsaß und der Gewinn der Rheingrenze waren wohl seine Ziele. Er operierte in der Gegend zwischen Mainz und Speyer und stieß bis nach Worms vor. Ob es viel mehr als eine Drohgebärde war, ist fraglich, denn auf die Nachricht vom Herannahen eines deutschen Heeres zog er sich wieder zurück. Auf einen ernsthaften Waffengang wollte er es angesichts seiner noch immer prekären Stellung nicht ankommen lassen.

Auch der ostfränkisch-deutsche König steckte sogleich zurück. Ein Waffenstillstand kam ihm gelegen, denn 920 war die bayerische Frage noch ungelöst. Deshalb nutzte er neue Spannungen in Lotharingien auch nicht zu einem Vorstoß über den Rhein aus, sondern hielt den mit Karl geschlossenen Waffenstillstand ein. Ein ernstlicher Kampf der Könige war vermieden worden; ein Modus vivendi freilich noch nicht gefunden. Aber man kam sich langsam näher. Karl der Einfältige brauchte freie Hand gegenüber seinen lotharingischen Widersachern, denen er durch ein Übereinkommen mit Heinrich den Rückhalt im Osten zu entziehen hoffte. Für Heinrich ging es um die diplomatische Anerkennung seines Königtums durch den in seiner Legitimität unanfechtbaren Karolinger. Sie konnte ihm innenpolitisch von großem Nutzen sein.

So kam es zum »Bonner Vertrag«, den man ein wenig anachronistisch als das erste deutsch-französische Abkommen der Weltgeschichte bezeichnet hat. Unter peinlich genauer Einhaltung eines Zeremoniells, das die Gleichrangigkeit der beiden Vertragspartner zum Ausdruck bringen sollte, wurde ein Friedens- und Freundschaftsvertrag abgeschlossen. Einigkeit und Freundschaft sollten herrschen.

Am 4. November 921 trafen die beiden Könige mit ihrem Gefolge aus geistlichen und weltlichen Großen bei Bonn am Rhein ein. Am 7. November begegneten sie sich auf einem Schiff, das in der Mitte des Stromes verankert worden war. Auf der Grenze der beiden Reiche, in der Mitte des Stromes, fand die feierliche Ratifizierung des Vertrages statt, der Sitte der Zeit gemäß durch einen Eidschwur auf die Reliquien der Heiligen.

Mit stattlichem Gefolge waren die Könige zu dieser wichtigen Begegnung erschienen: Auf seiten Karls die Erzbischöfe und Bischöfe Hermann von Köln, Ruotger von Trier, Stephan von Cambrai, Bodo von Châlons und Balderich von Utrecht sowie die Grafen Matfried, Erchanger, Hagano, Boso, Waltger, Isaak, Ragenber, Theoderich, Adalard und Adelhelm, auf seiten Heinrichs die geistlichen Herren Heriger von Mainz, Nithard von Münster, Dodo von Osnabrück, Richgowo von Worms, Hunward von Paderborn und Noting von Konstanz und die Grafen Eberhard, Konrad, Hermann, Hatto, Gottfried, Otto, Cobbo, Meginhard, Friedrich und Foldag.

Die Liste ist aufschlußreich: Karl der Einfältige hatte sich mit geistlichen und weltlichen Großen aus Lotharingien umgeben, um damit sein Anrecht auf das alte Lotharreich zu dokumentieren. Der deutsche König mußte das akzeptieren. Unausgesprochen, aber mit plastischer Eindringlichkeit wurde dies in dem Ablauf der Begegnung deutlich gemacht, die strengen protokollarischen Spielregeln folgte. Heinrichs Königtum erfuhr endlich die ersehnte Anerkennung. In der Datierung der Vertragsurkunde wird Karl, dem »ruhmreichen König der westlichen Franken«, Heinrich I. der »allererhabenste König der östlichen Franken«, gleichrangig zur Seite gestellt.[25]

Lange konnte sich Karl der Einfältige seines Erfolges nicht erfreuen. Als er versuchte, die Früchte aus dem Bonner Vertrag zu ernten und die königliche Gewalt stärker zur Geltung zu bringen, stieß er auf wachsenden Widerstand. Schwer wurde Lotharingien von ihm verwüstet, wo der Widerstand Giselberts und seiner Gefolgsleute noch ungebrochen war. Der Geschichtsschreiber der Reimser Kirche, der Kleriker Flodoard, wirft dem König vor, das Lotharreich sogar während der vorösterlichen Fastenzeit mit Raub, Mord und Brand heimgesucht zu haben.

Der Zusammenbruch von Karls Königsmacht kam rasch. Der Anlaß für eine neue Erhebung der Großen unter Führung Roberts von Franzien und seines Sohnes Hugo war die Übertragung der Abtei Chelles bei Paris an Karls Berater Hagano, einen politisch begabten Aufsteiger, der natürlich das Mißtrauen der Hocharistokratie erregte. Offenbar versuchte der König, durch die Begünstigung der kleineren Adligen ein Gegengewicht gegen die wachsende Macht der großen Kronvasallen zu schaffen. Hagano, ein Lotharinger, war der Prototyp dieser Schicht, »der Exponent der von Karl betriebenen Konsolidierungspolitik, die das Königtum auf Kosten der Adelsmacht stärken wollte«.[26]

Zu den Rebellen stießen dann Roberts Schwiegersohn, Herzog Rudolf von Burgund, und dessen Bruder Hugo der Schwarze. Giselbert von Lotharingien, von seinem König hart bedrängt, dürfte ebenfalls rasch mit von der Partie gewesen sein. An Adelsfronden war Karl gewöhnt, aber diesmal gingen die Großen einen Schritt weiter. Sie wählten am 29. Juni 922 Robert von Franzien zum König. Schon dessen Bruder, Graf Odo von Paris, hatte einmal die westfränkische Krone getragen. In immer neuen Anläufen drängten die Kapetinger zum Thron. In Reims wurde er von dem Erzbischof von Sens geweiht, wohl weil Erzbischof Heriveus von Reims zu dem karolingischen König hielt. Karl der Einfältige, der Giselbert auf dem Chèvremont, einer Burg bei Lüttich, belagerte, kam in Bedrängnis. Das Doppelkönigtum hatte verhängnisvolle Folgen für die innere Ordnung und das außenpolitische Prestige des werdenden Frankreichs. Der Usurpator suchte Kontakt zu Heinrich I., und dieser hatte keine Skrupel, auch mit Robert einen Freundschaftspakt zu schließen.

König Robert hatte freilich wenig Glück. Nur eine kurze Regierungszeit war ihm beschieden. Karl der Einfältige behauptete sich, wenn auch unter Schwierigkeiten. Teile der Lotharinger haben ihn unterstützt, und mit ihrer Hilfe sammelte er ein Heer, mit dem er im Juni 923 eine Entscheidungsschlacht wagte. Bei Soissons kam es zum Kampf. Karls Truppen wurden geschlagen, aber der Gegenkönig fand den Tod in der Schlacht. Karl nützte das wenig; seine Truppen verließen ihn. Auf der Suche nach Anhängern lockte ihn einer seiner Vasallen, Graf Heribert von Vermandois, in eine Falle und setzte ihn gefangen.

In dieser fast aussichtslosen Situation wandte sich Karl an König

Heinrich und erinnerte ihn an ihren Bonner Freundschaftspakt, indem er ihm eine kostbare Reliquie, eine Hand des Erzmärtyrers Dionysius, übersandte. Vielleicht war es eben diese Reliquie, auf die damals der Freundschaftseid geleistet worden war. Als Gegenleistung für seine Hilfe soll Karl dem deutschen König die Abtretung Lotharingiens versprochen haben. Heinrich dachte jedoch nicht daran, durch einen aktiven Einsatz für Karl die westfränkischen Wirren beizulegen, so willkommen ihm das Geschenk auch war: »Der König aber nahm das göttliche Geschenk mit dem Ausdruck der höchsten Dankbarkeit an, kniete vor den heiligen Reliquien nieder und erzeigte ihnen, indem er sie küßte, die höchste Verehrung«.[27] Sein tiefstes Bedauern über das traurige Schicksal seines französischen Amtskollegen hatte Heinrich schon zuvor zum Ausdruck gebracht,[28] aber zu mehr Einsatz ließ er sich auch durch das kostbare Geschenk der Reliquie des fränkischen Reichsheiligen nicht bewegen.

Zwar griff Heinrich gegen Ende des Jahres 923 zu den Waffen und überschritt den Rhein, aber nicht im Namen Karls des Einfältigen, sondern im eigenen Interesse. Ein Teil der Lotharinger trat auf seine Seite, darunter Giselbert, Erzbischof Ruotger von Trier und Graf Odo von Verdun. Vollenden konnte Heinrich die Eroberung des Landes allerdings nicht, denn noch regte sich Widerstand. Als der französische König Rudolf, der Nachfolger Roberts, in Franzien und Burgund ein Heer sammelte, zog sich Heinrich wieder zurück. Im östlichen Lotharingien erkannte man Heinrich I. als König an, im Westteil Rudolf von Frankreich. Entschieden war noch nichts. Das Land kam nicht zur Ruhe. Es herrschten anarchische Zustände, ein Kampf aller gegen alle. Als Giselbert wieder einmal die Front wechselte und Rudolf von Frankreich die Huldigung anbot, mußte auch Heinrich handeln. Im Frühjahr 925 zog er über den Rhein und nahm Lotharingien in Besitz, nun auch die westlichen Teile. Giselbert schloß sich ihm nun wieder an. König Rudolfs Kräfte waren durch Kämpfe gegen die Normannen gebunden, und er mußte auf einen Gegenschlag verzichten.

Heinrichs Kampf um Lotharingien, den er geduldig, aber zielstrebig geführt und ohne größere Opfer zu einem glücklichen Ende gebracht hatte, resultierte aus der »fränkischen Reichs- und Rechtstradition«,[29] die der König bei seiner Wahl übernommen hatte. Den damit verbundenen Erwartungen mußte er gerecht werden, wenn er nicht scheitern wollte. Der Erfolg über das westfränkisch-französische Königtum stärkte Heinrichs Stellung im Inneren, bewies die machtpolitische Überlegenheit der Monarchie über Herzogswürde und Adelsmacht und gab dem König die Möglichkeit, als legitimer Erbe der ostfränkisch-deutschen Karolinger aufzutreten.

Den Kampf um die Hegemonie im Konzert der europäischen Mächte entschied Heinrich I. in einem wichtigen Bereich für sich. Mit Karl dem Einfältigen starb am 7. Oktober 929 der letzte ernsthafte Konkurrent, der noch dem karolingischen Großreichsgedanken verhaftet war, im Kerker der Burg in Péronne als Gefangener seines treulosen Vasallen, des Grafen Heribert von Vermandois. Die französischen Könige waren nun keine Gegner mehr, auch dann nicht, als mit Karls Sohn Ludwig dem Überseeischen wieder ein Karolinger den Thron seiner Väter bestieg. Nur mit Unterstützung durch Otto den Großen, dessen Schwester Gerberga, Herzog Giselberts Witwe, er heiratete, konnte sich dieser Ludwig, der Vierte seines Namens, mühsam behaupten. Viel mehr Fortune als sein Vater hatte auch er nicht.

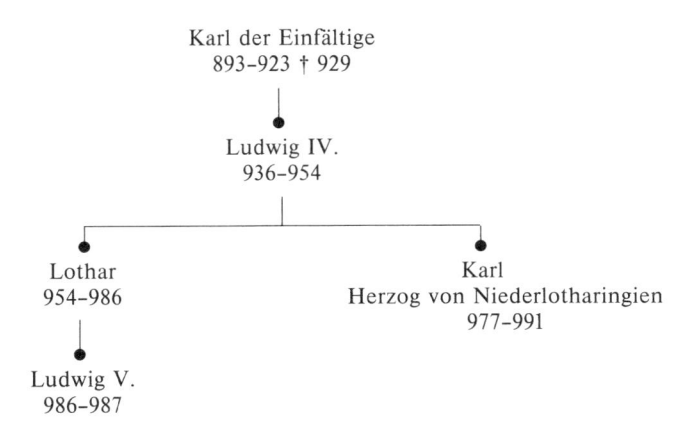

Karl der Einfältige
893–923 † 929

Ludwig IV.
936–954

Lothar
954–986

Karl
Herzog von Niederlotharingien
977–991

Ludwig V.
986–987

Stammtafel der letzten Karolinger.

Die Erwerbung Lotharingiens für das Reich brachte entscheidende Veränderungen, eine »Verschiebung der Gewichte, eine Veränderung der inneren Proportionen«.[30] Das Herzstück des Karolingerreiches war gewonnen, ein kulturell und wirtschaftlich weit entwickeltes Gebiet, ein trotz aller Verwüstungen durch Normanneneinfälle, Kriege und Adelsfehden dicht besiedeltes Land mit großen und wichtigen Bistümern, mit reichen und mächtigen Abteien, mit Plätzen, an denen sich Handel und Wandel regten, mit einem kriegerischen, den fränkischen Traditionen verhafteten Adel. Der Rhein floß nun von Basel bis zu seinen Mündungsarmen durch das Reich Heinrichs I. und konnte seine Funktion als Handelsstraße und Verbindungsweg erfüllen. Er war nicht mehr Grenze zwischen Osten und Westen, sondern Mittler zwischen Süden und Norden. Ohne Zweifel war dies ein wichtiger Schritt auf dem Wege zur deutschen Einheit, der ohne den Besitz der Rheinlande weitaus schwerer gewesen wäre. Auch die kirchliche Organisation kam nun gleichsam mit den Reichsgrenzen zur Deckung; kaum überschätzbar angesichts der Rolle, die die Metropoliten und Bischöfe bereits damals im politischen Geschehen spielten.

Anderes war wohl noch wichtiger für das Prestige Heinrichs I., nämlich der Eintritt in die karolingischen Herrschaftstraditionen, die mit dem Besitz Lotharingiens fest verbunden waren. Das Reich gewann im karolingischen Aachen einen geistigen Mittelpunkt in Thron und Grab Karls des Großen. Es war Heinrich I., der mit der Eroberung Lotharingiens den Grundstein für diesen Bau gelegt hat, natürlich auch für den Aufstieg zur kaiserlichen Würde und für die Verbindung von Kaisertum und deutschem Königtum, einem der großen Themen der mittelalterlichen Geschichte. Mit dem Erwerb des karolingischen Kernlandes an Rhein, Maas und Mosel begann der Aufstieg des Reiches zur Hegemonialmacht im mittelalterlichen Europa.

Die Eroberung war die eine, die Sicherung, Beherrschung und Befriedung des Landes die andere Seite der Medaille. Lotharingien bot ein chaotisches Bild. Erschüttert von den Machtkämpfen der eigenen Aristokratie war es zwischen die Fronten geraten. Um es zu befrieden, hatten es die Könige verwüstet, Karl der Einfältige ebenso wie seine Rivalen Robert I. und Rudolf, Konrad I. und Heinrich I. Jetzt galt es, nach einer Periode wilder Kämpfe die Friedens- und Rechtsordnung wiederherzustellen. Leicht war das nicht, denn die karolingische Grafschaftsverfassung, das Fundament der alten Herrschaftsordnung, war zerfallen; die Grafen waren zu Adelsherren geworden und hatten ihre Amtsstellung zur Ausdehnung ihrer eigenen Interessensphäre benutzt. Neue Machtkomplexe in der Hand des Hochadels waren entstanden, Konglomerate aus Grafenrechten, Lehns- und Eigenbesitz, Burgen, usurpierten Krondomänen und Vogtei- und Herrschaftsrechten über Kirchen und Klöster. Als »Laienäbte« beherrschten weltliche Herren die ehemaligen Reichsabteien; bei der Besetzung der Bistümer und der Verleihung der Abtswürde machten sie ihren Einfluß geltend. Zwar war im lotharingischen Adel noch viel von der Gesinnung der großfränkischen Reichsaristokratie lebendig, eine Gesinnung, die das Schwanken des Landes zwischen Ost und West erklärbar macht, doch hinderte diese Reichsgesinnung die großen Herren keineswegs bei der Verfolgung eigener Ziele. Die Rivalität des lotharingischen Adels hatte auch die Entstehung einer herzoglichen Spitze verhindert und den Führungsanspruch der Sippe der Reginare immer wieder in Frage gestellt.

Seit 925 war die Zugehörigkeit Lotharingiens zum Reich nicht mehr ernsthaft gefährdet, trotz der Ansprüche, auf die das französische Königtum nicht verzichtete, und trotz der Sympathien des lotharingischen Adels für den romanischen Westen. Wenn überhaupt, dann hätten diese Sympathien der lotharingischen Großen zum Abfall führen können, nicht aber Angriffe des in seiner Handlungsfähigkeit gelähmten französischen Königtums.

Ähnlich vorsichtig wie bei der Erwerbung Lotharingiens ging der König bei der Integration zu Werke. Dem wankelmütigen Giselbert traute er nicht und stellte ihn zunächst einmal kalt, ohne ihn gänzlich zu entmachten. Als Sachwalter schickte er Graf Eberhard nach Lotharingien, einen Mann, der wohl nicht mit dem Frankenherzog gleichen Namens identisch ist. Auch die Herrschaftsausübung in eigener Person ließ sich Heinrich angelegen sein; jedes Jahr kam er selbst ins Land, um Präsenz und königliche Macht zu demonstrieren. Energisch, wenn auch ohne Übereilung, brachte er die königliche Gewalt über die lotharingische Kirche zur Geltung und drängte den Einfluß der Aristokratie zurück, stets bemüht, nicht unnötig Porzellan zu zerschlagen.

Auf die Dauer konnte er freilich den noch immer angesehenen und mächtigen Giselbert nicht ausschalten, wenn er Lotharingien im Sinne der sich entwickelnden Reichsstruktur organisieren und an die Krone binden wollte. Als Modell dienten die ostrheinischen Stammesherzogtümer, obgleich die Lotharinger kein Stammesverband waren, wenn sie sich auch als besondere Volksgruppe fühlten und von den Nachbarn auch als solche angesehen wurden. Um an die Spitze dieses Landes zu treten, kam eigentlich nur Giselbert in Betracht. Freilich sollte dies weder aus eigener Machtvollkommenheit geschehen noch durch Wahl durch die lotharingischen Großen:

Giselbert sollte die herzogliche Würde als Amt aus der Hand des Königs empfangen.

So war es ein kluger Schritt auf dem Wege zur Verständigung, zugleich eine Geste der Versöhnung, wenn Giselbert im Jahre 928 zum Herzog von Lotharingien erhoben wurde und im gleichen Jahr oder wenig später Heinrichs Tochter Gerberga zur Frau erhielt. Der bislang unzuverlässige Vasall wurde Schwiegersohn des Königs und sollte auf diese Weise an das ottonische Königshaus gebunden werden; die Prinzessin, eben ins heiratsfähige Alter von dreizehn oder vierzehn Jahren getreten, sollte das Unterpfand der Treue sein. Nun ließ sich auch der Streit um den Besitz der Abtei Sankt Servatius in Maastricht beilegen. Eine Kompromißformel trug allen Ansprüchen Rechnung: Der Erzbischof von Trier war damit einverstanden, daß der Herzog die Abtei vom König auf Lebenszeit erhielt.

Giselbert stammte aus der Familie der Reginare, deren Stammvater wohl jener Graf Reginar war, der 846 eine Tochter Kaiser Lothars I. entführte und zur Frau nahm. Giselbert war ein typischer Vertreter der lotharingischen Hocharistokratie, ein Meister im Wechseln der Fronten, angetrieben von Machthunger und beherrscht von zähem Selbstbehauptungswillen. Und dies nicht nur in der Periode der lotharingisch-westfränkischen Adelsanarchie, sondern bis in die Zeit Ottos des Großen hinein. Von 915 bis 939 behauptete er sich in diesem Spiel, nahezu ein Vierteljahrhundert, ohne daß wir erfahren, was er eigentlich wollte, ob er jenseits aller Ränke und tagespolitischen Konstellationen ein größeres Ziel verfolgte, vielleicht das einer lotharingischen Königskrone. Schon den Zeitgenossen erschien er als Meister des Verrats. Vier Königen hat er Treue geschworen und sie gebrochen; ein fünfter, König Rudolf von Frankreich, lehnte es ab, sich von dieser zwielichtigen Gestalt Treue schwören zu lassen.

Allen hat Giselbert die Treue gebrochen, sich dennoch oder gerade deswegen behauptet, sogar viel erreicht. Den letzten Verrat büßte er freilich mit dem Leben. Nach der Schlacht von Andernach, die mit der blutigen Niederlage der Rebellen gegen Otto den Großen endete, ertrank er wenig heldenmütig auf der Flucht über den Rhein.

4. Die Schlacht bei Riade

Es traf sich aber glücklich, daß einer der ungarischen Fürsten gefangengenommen und in Fesseln vor den König geführt wurde. Ihn schätzten die Ungarn so sehr, daß sie als Lösegeld eine ungeheure Menge Gold und Silber boten. Doch der König wies das Gold zurück und forderte dafür den Frieden.[31]

Widukind von Corvey

Bericht Widukinds von Corvey über den Abschluß des Waffenstillstandes mit den Ungarn. Dresdner Handschrift der Sachsengeschichte aus dem Zisterzienserkloster Altzelle (um 1220).

Das war im Jahre 924. Heinrich I. hatte noch kein Mittel gegen die Ungarn, den gefährlichsten Feind des Reiches, gefunden. Als ein ungarisches Heer in Sachsen einfiel und das Land verwüstete, wagte der König keine Schlacht. Er zog sich in die stark befestigte Pfalz Werla an der Oker zurück. Ein glücklicher Zufall, die Gefangennahme eines ungarischen Fürsten, wohl eines Angehörigen des Árpádenhauses, kam ihm zu Hilfe. Die Ungarn bequemten sich zu Verhandlungen und bewilligten dem König einen Waffenstillstand auf neun Jahre. Neun Jahre Frieden! Das war ohne Zweifel ein Erfolg, wenn auch kein ungeschmälerter, denn die Freilassung des vornehmen Gefangenen war dafür nicht die einzige Bedingung. Der König mußte sich zu Tributzahlungen verpflichten. Das forderte Opfer nicht nur im Materiellen, es verletzte auch den Stolz. Der König hatte Tribute zu fordern, nicht zu leisten.

Vom Jahre 926 an sollte der Frieden gelten, nicht nur für Sachsen, sondern für das ganze Reich. Das war bedeutungsvoll, denn damit wurden Heinrichs Kompetenz und Fürsorge für alle spürbar, auch für das einfache Volk, das am politischen Geschehen nur leidend Anteil nahm.

Die Ungarn hielten ihr Wort. Es war wohl nicht nur die Sorge um das Leben eines ihrer Fürsten, die sie verhandlungsbereit gemacht hatte, sondern auch der Wunsch, durch ein Abkommen mit dem Reich freie Hand in Italien und Frankreich zu erhalten; dort lockte reichere Beute als in dem schon zu oft heimgesuchten Deutschland. Im Süden und Westen war angesichts der Machtkämpfe unter den Großen mit ernstlichem Widerstand nicht zu rechnen. Mehrfach verwüsteten die Ungarn Italien, Burgund, das Elsaß und Lothringien, durchstreiften die Provence und stießen bis an die Pyrenäen und durch das Tal der Loire bis an den Atlantik vor.

Der Abschluß eines Waffenstillstandes mit dem Reich, verbunden mit Tributzahlungen der Deutschen, schien den ungarischen Fürsten ein gutes Geschäft zu sein, erwies sich jedoch als ein schwerer Fehler. Die ungarische Bedrohung, durch den Vertrag von 926 nur auf absehbare Zeit gebannt, stärkte das Zusammengehörigkeitsgefühl der deutschen Stämme und förderte die Erkenntnis von der Notwendigkeit einer einheitlichen Führung durch das Königtum. Heinrich nutzte die Gunst der Stunde. Dem Prestigegewinn folgten praktische Maßnahmen. Eine Modernisierung der Wehrverfassung und der Aufbau eines wirkungsvollen Verteidigungssystems standen auf der Tagesordnung. Im November 926 berief der König die deutschen Fürsten zu einem Hoftag nach Worms. Zu den Beratungsthemen gehörten auch Maßnahmen zum Schutz des Reiches gegen künftige ungarische Angriffe. Im Einvernehmen mit den Großen wurde die Errichtung von Burgen und die Befestigung der Bischofssitze, Kirchen und Klöster beschlossen.[32]

Natürlich hatten sich die Menschen schon zuvor hinter schützenden Mauern geborgen; was lag näher, wenn die Flucht in die Wälder keine Rettung brachte. Aber bis zur »Burgenordnung« Heinrichs I. blieb das alles spontan und ohne System, so wie beim Angriff ungarischer Scharen auf die Abtei Sankt Gallen, von dem der Chronist Ekkehard so plastisch zu erzählen weiß: Furcht ergriff die Sankt Galler Klosterbrüder. Kein Wunder! Als »das wilde und alle Raubtiere an Grausamkeit übertreffende Volk«, als die Nachfahren der schrecklichen Skythen, erschienen die Ungarn den Menschen der Länder, die sie auf ihren Zügen durchstreiften.

Schmuckscheibe aus einem ungarischen Frauengrab. Die reiche Kultur des Reitervolkes ist vor allem aus Grabfunden bekannt.

Die Ungarn galten als Geißel Gottes wie einstmals Attila, der Führer der Hunnen, sie erschienen als Teufel in Menschengestalt, schlimme Feinde der Christenheit. So sah es auch Engilbert, der tapfere Abt von Sankt Gallen, der seine Mönche zum Kampf gegen die Ungarn bewaffnete und ihren Kampfesmut anfeuerte: »Meine Brüder, wie wir bisher voller Gottvertrauen mit unseren Seelen gegen den Teufel gekämpft haben, so laßt uns Gott bitten, daß wir jetzt dem Teufel mit unseren Fäusten zu Leibe rücken können.«[33] Schließlich aber erwiesen sich die gefürchteten Ungarn doch als Menschen, richteten im Kloster, das sie besetzt hatten, zwar Übles an, aber ließen den einfältigen Klosterbruder Heribald, der in der Abtei aus kindlichem Trotz zurückgeblieben war, ob seiner Narrheit am Leben.[34]

Vom Einfall der Ungarn erzählte man sich noch lange hinter den St. Galler Klostermauern, vom Abt Engilbert, der als ein rechter Streiter des Herrn den Panzer anlegte und die Mönchskutte darüberzog, von den Mönchen und den Klosterleuten, die eilends primitive Waffen herstellten, von der Evakuierung der Abtei und der Errichtung einer versteckten Fluchtburg auf einem Bergsporn im Walde. Provisorisch und improvisiert war das alles, und es wurde Zeit, daß man daraus die Lehren zog.

Nun sollten überall Burgen errichtet werden, flächendeckend im ganzen Reich. Vom Beschluß bis zur Verwirklichung war es natürlich ein weiter Weg, aber säumen durfte man nicht. Die Menschen mußten sich erst daran gewöhnen, im Falle der Not eine Burg aufzusuchen und sie mutig zu verteidigen, statt furchtsam in die Wälder zu flüchten. Man brauchte eine ständige Besatzung, um die Burgen vor Überraschungsangriffen zu sichern.

Ein stehendes Heer gab es jedoch nicht, und seine Vasallen und Gefolgsleute brauchte der König als ständige Begleitung; sie konnte er nicht zur Burghut abstellen. Also griff er auf das Volksaufgebot zurück, das für Angriffskriege zwar immer weniger herangezogen wurde, aber noch immer zur Landesverteidigung verpflichtet war, zur »Landwehr«. Aus diesen »bäuerlichen Kriegern«, wie sie bei Widukind, dem Mönch adliger Herkunft, genannt werden, stellte der König Gruppen von jeweils neun Mann zusammen. Einer von ihnen hatte auf der Burg Dienst zu tun, Unterkünfte zu bauen, Vorräte anzulegen und sich gewiß auch in den Waffen, speziell im Ver-

Die goldenen Ohrringe byzantinischer Herkunft dürften als Beutestücke nach Ungarn gelangt sein.

157

teidigungskrieg, zu üben. Die übrigen acht bestellten die Felder und brachten die Ernte ein.[35]

Um die Menschen daran zu gewöhnen, in den Burgen Zuflucht zu suchen, sollten auch Gerichtsversammlungen, Volksversammlungen und Festlichkeiten dort stattfinden. Der Einzugsbereich einer solchen Burg, dessen Bewohner zweifellos auch zum Burgenbau, zum »Burgwerk«, verpflichtet waren, tritt in anderen Quellen unter der Bezeichnung »Burgbann« in Erscheinung. Namentlich genannt wird keine dieser »Heinrichsburgen«. Mit einiger Wahrscheinlichkeit gehörten Werla, Pöhlde, Grone, Merseburg und Quedlinburg dazu, vielleicht auch Magdeburg, Nordhausen, Wallhausen, Memleben und Osterode.

Den Ruf eines »Städtegründers« genießt Heinrich jedoch ganz unverdient. Städte waren es nicht, was er damals schuf, sondern Burgen. Es ging auch nicht um Handels- und Marktverkehr, um Münze, Maß und Zoll, es ging um feste Plätze für den Kampf gegen die Ungarn.

Was der König an diesen Reichsburgen kraft seines königlichen Befestigungsrechtes tat, vollbrachten Bischöfe und Äbte auf Grund des Wormser Reichstagsbeschlusses. Bischofssitze und Klöster wurden befestigt. Aus dem Bischofssitz wurde die Bischofsburg, aus dem Kloster die Klosterburg, etwa im Falle von Hersfeld, wo in dem Bericht über die Wundertaten des heiligen Wigbert vom Reichstagsbeschluß und seiner Verwirklichung die Rede ist. Hier waren es die Leute aus den Besitzungen der Abtei, die Hersfeld befestigten. Schlamperei am Bau führte zum Einsturz eines Teiles der Mauer; ein Verschütteter wurde durch ein Wunder, das der Patron des Klosters vollbrachte, vor dem sicheren Tod gerettet.[36] Natürlich haben auch weltliche Herren Burgen errichtet, auch wenn dies nicht ausdrücklich überliefert wird. Der Besitz von Burgen war für die Spitzen der Aristokratie schon in der ausgehenden Karolingerzeit selbstverständlich geworden.

Heinrich I. nutzte die Jahre des Waffenstillstandes, die ihm und

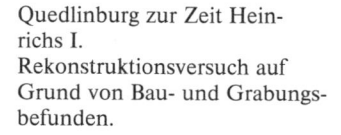

Quedlinburg zur Zeit Heinrichs I.
Rekonstruktionsversuch auf Grund von Bau- und Grabungsbefunden.

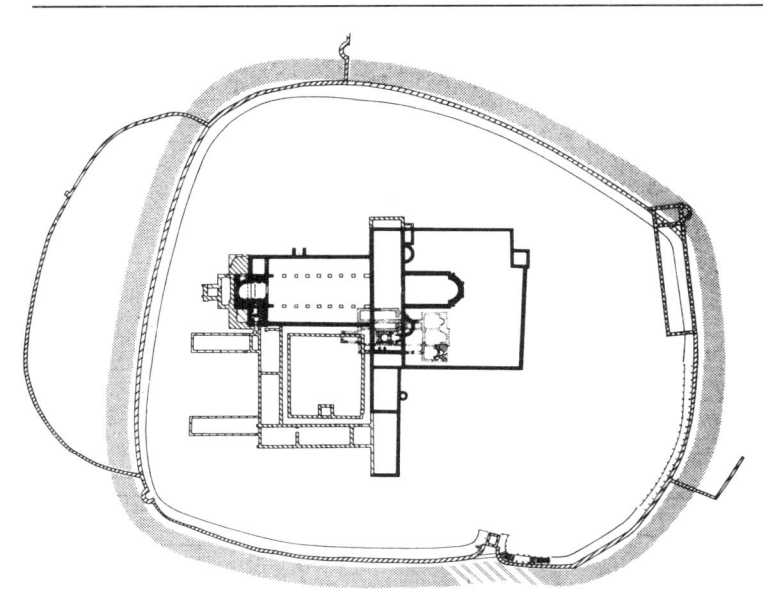

Grundriß der Abtei Hersfeld. Das Kloster war durch eine in der Karolingerzeit erbaute Befestigung geschützt, die unter Heinrich I. verstärkt wurde.

dem Land eine Atempause gewährten, nicht nur zum Burgenbau, sondern auch zur Modernisierung seines Heeres. Durch eine Heeresreform wurden die freien Bauernkrieger vor allem mit Defensivaufgaben betraut. Der Erhöhung der Kampfkraft des Heeres diente die Schaffung und Schulung einer Reiterarmee. Damit verbunden war die Ausbreitung des Lehnswesens in dem bisher noch wenig feudalisierten Sachsen.

Um die Grenzen zu sichern und die Kampfkraft zu stärken, war dem König jedes Mittel recht. So betrieb er »Resozialisierung auf altsächsisch«, begnadigte Diebe und Räuber, sofern sie tapfere Krieger waren, siedelte sie an der Slawengrenze an und erlaubte ihnen, nach Herzenslust Raubzüge in Richtung Osten zu unternehmen. Dieses Strafbataillon, die berühmt-berüchtigte »Merseburger Schar«, zog noch unter Otto dem Großen ins Feld, wurde dann jedoch im Kampf gegen Herzog Boleslav I. von Böhmen aufgerieben.[37]

Bei diesem Kleinkrieg, der an der Grenze zu den Slawen schwelte, sollte es nicht bleiben. Es war Heinrich I., der die Brandfackel des Krieges in die Gebiete östlich von Elbe, Saale und Böhmerwald warf. Er wollte seine Krieger im Kampf erproben, und er wollte mehr. Kriegerische Erfolge sollten sein Prestige erhöhen. Er mußte sich als »Heerkönig« bewähren, wenn er im Kampf mit den Ungarn bestehen wollte. Nur einem erfolgreichen, einem siegmächtigen Heerführer war eine getreue Gefolgschaft sicher. Vertrauen und Zuversicht waren für Sieg oder Niederlage oftmals wichtiger als Zahl und Bewaffnung. Daher gehörten ermutigende Worte vor der Schlacht, flammende Reden des Anführers zum Ritual.

Schon wenige Jahre nach dem Abschluß des Waffenstillstandes mit den Ungarn leitete der König eine Offensive gegen die elbslawischen Stämme ein. Der erste, offenbar ganz überraschende Angriff richtete sich gegen die Heveller, die Bewohner des Havellandes. Ihr Siedlungsgebiet war durch Flüsse und Bäche, Seen und Sümpfe auf eine natürliche Weise geschützt. Deshalb griffen die Deutschen im Winter 928/29 an, als der Frost das Gelände passierbar gemacht hatte. Die Brandenburg, die Hauptburg des Landes, wurde belagert und erobert.[38] Der Hevellerfürst Tugumir wurde gefangengenommen und blieb bis zur Zeit Ottos des Großen in deutscher Haft.[39] Die Eroberung der Brandenburg entschied über das Schicksal des Landes, das unter deutsche Herrschaft kam, wenn auch zunächst nur für einige Jahre.

Der nächste Stoß richtete sich gegen den mächtigen Stamm der Daleminzier, die im Gebiet von Elbe und Zschopau um Meißen und Dresden siedelten. Wollte der König, der schon in seiner Jugend im Auftrag seines Vaters, Herzog Ottos des Erlauchten, einen Kriegszug gegen diesen Stamm unternommen hatte, ein militärisch gesichertes Vorfeld gegen die Ungarn schaffen, so kam dem Siedlungsgebiet der Daleminzier eine Schlüsselstellung zu. Sie hatten – freiwillig oder der Not gehorchend – ein Bündnis mit den Magyaren geschlossen, das diesen den ungehinderten Übergang über die Elbe sicherte, wenn sie, durch die Mährische Pforte kommend, in Thüringen und Sachsen einfallen wollten, wie sie dies 906, 908, 913 und 924 getan hatten. Bloße Kriegslust war es mithin nicht, die den König zum Angriff auf die Daleminzier trieb. Was geschah, war freilich schlimm genug. Wie bei den Hevellern drehte sich der Entscheidungskampf um die Hauptburg des Stammes, um Jahna. Es war dies eine starke Befestigung, die von den Daleminziern zäh und helden-

Die mächtige Burg Meißen, 929 von Heinrich I. zum Schutz des Elbüberganges erbaut, beherrscht das Bild der Stadt.
Meißen, seit 968 Bischofssitz, war die Hauptburg der Mark Meißen. In ihrem Schutz entstand eine Marktsiedlung, die Keimzelle der Stadt.

Elbfront des Meißner Schloßberges.
Bischofsburg und Albrechtsburg, dahinter der gotische Dom mit seinen erst um 1900 vollendeten Westtürmen.

haft verteidigt wurde. Erst nach zwanzig Tagen fiel die Burg.[40] Mit ungeheurer Grausamkeit verfuhren die Sieger mit den Besiegten: Alle Erwachsenen, Männer und Frauen, wurden erschlagen, die Knaben und Mädchen als Sklaven weggeführt.

Heinrich aber ging es vor allem um den Schutz des Reiches, um die Sicherung der Elblinie. Thietmar von Merseburg, der zwar erst um die Jahrtausendwende schreibt, über die Verhältnisse zwischen Saale und Elbe aber sehr gut unterrichtet ist, bezeugt die Erbauung der Burg Meißen durch den König. Diese Burg, die einen wichtigen Elbübergang schützte, wurde mit einer ständigen Besatzung versehen. Sie war ein weit nach Osten vorgeschobenes Bollwerk und zugleich ein Stützpunkt für weitere Eroberungen.

Im Anschluß an den Sieg über die Daleminzier und die Errichtung der Burg Meißen zog der König weiter nach Böhmen, vermutlich über den Geiersberger Paß. Das Unternehmen war von langer Hand geplant, denn gleichzeitig rückte Herzog Arnulf von Bayern mit dem bayerischen Heeresaufgebot von Westen heran. Der Herzog nahm an diesem Zug nicht nur als Bundesgenosse des Königs teil, sondern sicher auch, um die alten bayerischen politischen und kirchlichen Interessen gegenüber Böhmen zu wahren. Der Angriff richtete sich gegen Prag, den Sitz der böhmischen Fürsten aus dem Hause der Přemysliden. Die »Burg der Böhmen«, von der Widukind berichtet, lag auf dem Hradschin. Der böhmische Herzog Wenzel I. ließ es nicht auf einen Kampf ankommen. Er erkannte die Oberhoheit des Reiches an und verpflichtete sich zur Zahlung von Tribut.[41] Die Anerkennung der Suprematie des deutschen Königs – mehr war von seiten des Reiches nicht beabsichtigt – rief jedoch bald eine böhmische Opposition auf den Plan, angeführt von Wenzels eigenem Bruder. Der Herzog wurde ermordet; an seine Stelle trat der Urheber der Bluttat, Wenzels Bruder Boleslav I. (929–967).

Die großräumige Offensive gegen die elb- und ostseeslawischen Völkerschaften hatte Erfolg. Abodriten, Wilzen, Heveller, Daleminzier, Redarier und Böhmen waren in den Jahren 928 und 929 tributpflichtig gemacht worden. Kräftige Rückschläge blieben jedoch nicht aus. Schon im Hochsommer des Jahres 929 entfachten die Redarier einen Aufstand gegen die deutsche Herrschaft. Sie drangen über die Elbe nach Westen vor und eroberten die Burg Walsleben in der Altmark; die Bewohner wurden getötet. Dieser Erfolg ermutigte auch andere slawische Stämme, sich der Erhebung anzuschließen. Ein deutsches Heer unter Führung des Markgrafen Bernhard und des Grafen Thietmar griff daraufhin die Burg Lenzen auf dem östlichen Ufer des Stromes an. Als diese von einem großen Slawenheer unterstützt wurde, kam es zu einer für beide Seiten verlustreichen Schlacht. Von den Deutschen fielen auch zwei Grafen, Liuthar von Walbeck und Liuthar von Stade, die Urgroßväter des Bischofs Thietmar von Merseburg.[42]

Es war die Reiterei, die schließlich den Kampf zugunsten des deutschen Heeres entschied. Die Verteidiger von Lenzen kapitulierten gegen die Zusicherung freien Abzugs, mußten aber nicht nur ihre Sklaven, sondern auch ihre Frauen und Kinder den Siegern als Beute überlassen.

Der Markgraf kehrte mit seinem siegreichen Heer nach Sachsen zurück und wurde vom König ehrenvoll empfangen. Man dankte Gott, durch dessen Gnade und Huld dieser herrliche Sieg errungen worden war, und ließ die Gefangenen am nächsten Tage köpfen, wie man es ihnen angedroht hatte. Widukind, unser zugegebenermaßen nicht übertrieben frommer Klosterbruder, berichtet dies ungerührt in einem Atemzuge.[43]

Zielstrebig setzte Heinrich I. auch nach der blutigen Schlacht bei Lenzen seine Expansionspolitik fort. Eine bedeutende Rolle spielte in diesem Konzept die Burg Meißen, von der aus das Land der Milzener, die spätere Oberlausitz, unterworfen wurde. Aufsehen erregte auch der Angriff auf die Burg Liubusa, das Stammeszentrum der Lusizer, der Bewohner der späteren Niederlausitz. Die Festung ist wohl in der Nähe von Luckau zu suchen. Das Gebiet zwischen Saale und Elbe, in der Hauptsache von sorbischen Stämmen bewohnt, wurde fest in das Reich eingegliedert, die übrigen Stämme nur tributpflichtig gemacht und durch deutsche Markgrafen locker in Botmäßigkeit gehalten.

Nach diesen Erfolgen, die ihm die Schlagkraft seines Heeres vor Augen geführt hatten, fühlte Heinrich sich stark genug, um den Kampf gegen die Ungarn zu wagen.

Er reizte die Ungarn zum Angriff. Zwar warf er den ungarischen Gesandten keinen toten Hund vor die Füße – das sollen die Daleminzier getan haben, als die Ungarn von ihnen Hilfe im Kampf gegen das Reich forderten –, aber er verweigerte den schuldigen Tribut noch vor Ablauf des Waffenstillstandes.[44] Im zeitigen Frühjahr des Jahres 933 fielen die Ungarn, den vertrauten Weg durch die Mährische Senke nehmend, in Thüringen ein, verheerten das Land und teilten sich schließlich in zwei getrennt voneinander operierende Heeresgruppen. Offensichtlich wollten sie den burgenbewehrten Harzraum von zwei Seiten umgehen und den König in die Zange nehmen. Die Westarmee wurde von thüringischen und sächsischen Aufgeboten angegriffen und zersprengt. Der ungarischen Ostarmee zog der König selbst entgegen. Bei Riade, wahrscheinlich Ritteburg an der Unstrut, kam es zur Schlacht. Der König befehligte ein großes Heer, in dem Aufgebote aus allen deutschen Stämmen kämpften. Den Kern bildeten die königlichen Panzerreiter, die dem ungestümen Angriff der Ungarn standhielten und im Gegenstoß die Ungarn in die Flucht schlugen. Das feindliche Lager wurde gestürmt, die Gefangenen befreit.

Eine schwere militärische Niederlage war es für die Ungarn nicht, denn dank ihrer schnellen Pferde waren die meisten von ihnen entkommen. Doch der Nimbus der Unbesiegbarkeit, der ihre wilden Reiterscharen umgab, schwand dahin. Das Ansehen des Königs wuchs gewaltig: »der Ruf seiner Macht und seiner Tapferkeit verbreitete sich weithin über alle Völker und Könige«.[45] Im Saal der Merseburger Pfalz, wo das Siegesfest gefeiert wurde, ließ der König ein Schlachtengemälde anbringen, wie Liudprand von Cremona, der es sicher selbst gesehen hatte, zu erzählen weiß. Ein Bild vom Triumph des deutschen Heeres, ein frühes Beispiel für Historienmalerei.

In der Schlacht bei Riade hatten Kontingente aus dem ganzen Reich Seite an Seite gekämpft. Die Wirkungen des Kampfes gegen die Ungarn gingen über den bloßen Prestigegewinn für den König weit hinaus, so wichtig dieser auch sein mochte. »Burgenordnung und Ungarnsieg bezeugen eine Solidarität aller deutschen Stämme, die allgemeine Anerkennung des sächsischen Führungsanspruchs. Für die Bildung eines überstammlichen deutschen Gemeinschaftsbewußtseins stellt die Schlacht an der Unstrut, deren Wirkung auch den Nachbarländern zugute gekommen ist, eine weitere Etappe dar.«[46]

Nach seinem von der ottonischen Historiographie zu einem gewaltigen Triumph hochstilisierten Sieg bei Riade ließ Heinrich I. die Waffen nicht ruhen. Wer über die kriegerische, unruhige und zu Fehden und Fronden neigende Aristokratie jener Tage herrschen wollte, durfte dies nicht tun. Es galt, gegenüber den ostelbischen slawischen Völkerschaften verlorenes Terrain gutzumachen und sie erneut zur Anerkennung der deutschen Oberhoheit zu zwingen. Gleichzeitig mußte aber auch ein alter Gegner des Reiches in die Schranken gewiesen werden, die Nordmänner, dänische Seefahrer, die nach Wikingerart die friesische Küste heimsuchten. Noch immer waren sie als Krieger gefürchtet, auch wenn die große Zeit der Wikingerzüge langsam zu Ende ging. Es erregte Bewunderung, daß Heinrich I. es 934 wagte, sie im eigenen Lande anzugreifen. Der König stieß mit seinem Heer in den Süden der Jütischen Halbinsel vor, besiegte den König Chnuba und machte ihn tributpflichtig. Chnuba, der auch zum Christentum übertrat, war freilich nur ein Kleinkönig, dessen Herrschaftsbereich sich über den alten Handelsplatz Haithabu und das Gebiet zu beiden Seiten der Schlei erstreckte. Der Kriegsruhm, den Heinrich I. durch diesen Sieg in ganz Europa gewann, war jedenfalls größer als der tatsächliche Machtgewinn, die Grenzmark an der Eider: »Heinrichs Name war damals bei den Italienern deshalb so hoch geehrt, weil er allein die bis dahin noch unbezwungenen Dänen besiegt und tributpflichtig gemacht hatte. Es ist dies nämlich ein unbändiges, im Norden am Ozean wohnendes Volk, dessen wilde Grausamkeit schon den Adel vieler Völker in Trauer gestürzt hat.«[47]

Das Jahr 935 brachte dem König noch einen weiteren außenpolitischen Erfolg. In Ivois an der Chiers traf er mit dem französischen

Die Gräber König Heinrichs I. und der Königin Mathilde in der Krypta der Quedlinburger Stiftskirche.
Die Königinwitwe Mathilde stiftete gemeinsam mit ihrem Sohn Otto im Jahre 936 das Kanonissenstift Quedlinburg, um dem toten König Fürbitte und ewiges Gedenken zu sichern.

König Rudolf und dem gleichnamigen Burgunderkönig zusammen. Auf diesem »Dreikönigstag«⁴⁸ spielte Heinrich die Hauptrolle. Er wirkte als Schiedsrichter zwischen dem französischen König Rudolf und seinem rebellischen Vasallen Heribert von Vermandois und schloß Freundschaftsverträge mit dem französischen und dem burgundischen König ab, die im Endeffekt die Anerkennung seiner Herrschaft über Lotharingien bedeuteten.

Auf der Herbstjagd in den heimischen Wäldern des Harzes erlitt Heinrich im September 935 einen Schlaganfall. Seine Kraft reichte noch aus, um die Nachfolge im Reich zu ordnen. Eine Teilung des Reiches unter seine Söhne, wie dies unter den Merowingern und Karolingern der Brauch gewesen war, kam nicht mehr in Betracht. Deshalb traf der König Maßnahmen, die einen Bruderkrieg um den Besitz der Königskrone verhindern sollten. Auf einem nach Erfurt einberufenen Hoftag im Frühjahr 936 machte er den versammelten Fürsten den Vorschlag, seinen Sohn Otto zum König zu wählen. Wenige Wochen später ist Heinrich I. am 2. Juli 936 in der Pfalz Memleben an der Unstrut gestorben. In der Pfalzkapelle auf dem Burgberg in Quedlinburg fand er seine letzte Ruhestätte.

Ein Porträt des Königs zu zeichnen ist schwer, fast unmöglich. Es ist allein Widukind von Corvey, der uns den Herrscher schildert, aber aus größerer zeitlicher Distanz und natürlich unter Verwendung des Katalogs der traditionellen Herrschertugenden. Von großer Freigebigkeit gegenüber den sächsischen Herren ist da die Rede, von Klugheit und Weisheit, doch auch von einigen schon eher individuell wirkenden Zügen:

*Zu der außerordentlichen Klugheit und Weisheit, durch die er sich auszeichnete, kam noch seine mächtige Gestalt, welche der königlichen Würde die rechte Zier verlieh. In den Kampfspielen war er allen anderen so überlegen, daß er ihnen große Furcht einjagte. Auf der Jagd war er so unermüdlich, daß er auf einem Ritt vierzig oder noch mehr Stück Wild erlegte. Obgleich er bei Trinkgelagen sehr leutselig war, vergab er der königlichen Würde dabei nichts, denn er flößte seiner Begleitung zu gleicher Zeit Wohlwollen und Respekt ein, so daß sie sich keine plumpen Vertraulichkeiten herausnahmen, selbst wenn er zu Scherzen aufgelegt war.*⁴⁹

In den Erzählungen, auf die der Chronist zurückgriff, lebte Hein-

Die Westwand der »Confessio«, eines mit Säulen und Arkaden aus Stuck reich geschmückten Sakralraumes, der den Zugang zu den Königsgräbern bildete.

Persönlichkeit des Königs

Welch herausragenden Platz Quedlinburg im Reich der Ottonen einnahm, verraten auch die Kunstwerke, die dank der Freigebigkeit der Herrscher die Schatzkammer des Stifts füllten. Eines der schönsten Stücke, der Servatiusschrein, gilt als Geschenk Ottos des Großen. Edelsteingeschmückte Goldfiligranornamente umrahmen die zwischen antikisierenden Säulen stehenden Apostel und die über ihnen in den Bogenfeldern angebrachten Tierkreiszeichen.

Silbermünze der Äbtissin Beatrix II. von Quedlinburg (1139–1161).

rich der Vogler weiter als ein Herr, wohl so recht nach dem Geschmack des 10. Jahrhunderts. Die altgermanische Herrschertugend, die den Gefolgsherrn besonders auszeichnete, die »Milde«, die Freigebigkeit gegenüber den Mannen, wird an erster Stelle genannt, noch vor Klugheit und Weisheit. Durch seine mächtige Gestalt verkörperte er Kraft und Würde des Königtums. Als gefürchteter Gegner im ritterlichen Kampfspiel stand er ebenso seinen Mann wie auf der Jagd und beim fröhlichen Gelage. Er war ein rechter Gefolgsherr, geliebt und gefürchtet zugleich. Wie weit die Erinnerung trog, vermag niemand zu sagen, und deshalb müssen wir es bei dem Bilde, das Widukind, der sächsische Mönch edler Abkunft, überliefert, sein Bewenden haben lassen. Freigebigkeit gegenüber Kirchen und Klöstern, aber auch gegenüber weltlichen Herren ist bezeugt, ebenso seine Liebe zur Jagd in den großen Waldungen des Harzes.

Was wir sonst wissen, ist nicht viel. Er war kriegserfahren, aber sicher nicht kriegslüstern. Durch kluge und vorsichtige Politik befriedete er das Reich, stets am Möglichen orientiert und unnötiges Risiko scheuend. Realpolitiker also, auch in seiner Familienpolitik. Seine erste Ehe mit Hatheburg brachte ihm Macht und Einfluß im östlichen Sachsen, die zweite mit Mathilde das gleiche im Westen. Die rasche Trennung von Hatheburg ließ ihn als einen gehorsamen Sohn der Kirche erscheinen, entsprang aber sicher weit mehr machtpolitischen Ambitionen als religiösen Zweifeln, wie man in Merseburg, Hatheburgs Heimat, noch sehr viel später nicht vergessen hatte.

Grabmal der Äbtissin Beatrix II. (1044–1061), einer Schwester Kaiser Heinrichs IV.
Das Servatiusstift in Quedlinburg genoß in ottonischer und salischer Zeit hohes Ansehen. Die Äbtissinnenwürde war bis zum Ende des 11. Jahrhunderts Angehörigen des Königshauses vorbehalten.

5. Der Mythos vom Reichsgründer

*Man kann ihn den Gründer des deutschen Reiches
und damit den Schöpfer des deutschen Volkes
nennen. Er verstand es, die einzelnen Stämme der
Franken und Sachsen, der Bayern und Schwaben
in ihrer Gemeinsamkeit zu verbinden und zugleich
in ihrer Besonderheit zu schonen.*[50]

Heinrich von Sybel

Die Vorstellung, daß Heinrich I. der Gründer des deutschen Reiches sei, ist schon recht alt. Bereits dem staufischen Geschichtsschreiber Otto von Freising war sie geläufig: »Von da an lassen manche nach dem Reich der Franken das Reich der Deutschen beginnen.«[51] Er selbst urteilte allerdings anders.

Der Mythos von Heinrich I. als dem Reichsgründer prägte dann im 19. und der ersten Hälfte des 20. Jahrhunderts das Geschichtsbild der Deutschen. Für Leopold von Ranke war die Wahl Heinrichs I. »der grundlegende Akt der deutschen Geschichte«[52], für Robert Holtzmann sogar »ein Vorgang von welthistorischer Bedeutung«.[53] Schließlich bemächtigte sich die völkische Propaganda des Königs: Im Jahre 1936 gedachten Historiker, Publizisten und Propagandisten des tausendsten Todestages Heinrichs und feierten den König als den Gründer des »Ersten Reiches der Deutschen«, in dessen Nachfolge sich das »Dritte Reich« wähnte. Heinrich Himmler, der Reichsführer der SS, ließ in der Quedlinburger Stiftskirche nach den Gebeinen seines großen Namensvetters forschen und über dem Königsgrab eine nationalsozialistische Weihestätte erbauen.

Mit dem Prädikat des »Reichsgründers«, das Heinrich I. zum Vorläufer Ottos von Bismarck macht, wird das Wirken des ersten Königs aus sächsischem Stamme jedoch nicht hinreichend gekennzeichnet. Er trat in schwieriger Zeit das Erbe seiner karolingischen Vorgänger an, das zu bewahren das eigentliche Ziel seines Handelns war. Er hat dieses Reich, das am Zerbrechen war, wieder zusammengeführt und den Partikularismus der Stämme und ihrer Aristokratie zwar nicht aus der Welt schaffen, wohl aber bändigen können. Seine durchaus realistische Politik wurde durch die stabilen Grundlagen seiner sächsischen Hausmacht und die Gunst der politischen Konstellationen im europäischen Umfeld gefördert, aber auch durch sein umsichtiges und zugleich zielstrebiges Handeln. Die traditionellen Elemente der karolingischen Königsherrschaft nahm er auf und baute sie behutsam aus. Er erkämpfte, und das war bedeutungsvoll, seine Anerkennung als »König der östlichen Franken« im Bonner Vertrag und wurde durch seine kriegerischen und diplomatischen Erfolge zum »größten der Könige Europas«.[54] Allmählich wandelte sich der Charakter seines Reiches, das mehr und mehr den Charakter eines fränkischen Teilreiches abstreifte und zum Reich der Deutschen wurde.

Der Glanz der Kaiserkrone war verblaßt; vergessen war er auch nördlich der Alpen nicht, wo Heinrich I. seine Kräfte auf die Konsolidierung des Reiches gerichtet hatte. Vielleicht war dies alles nur Vorspiel. »Zuletzt, als er alle Völker im Umkreis bezwungen hatte, beschloß er nach Rom zu ziehen«, berichtet Widukind von Corvey. Krankheit und Tod hätten diesen Plan vereitelt.[55] Man hat diese zugegebenermaßen vereinzelte Nachricht von einem Romzugsplan vielfach bezweifelt, weil der Griff nach der Kaiserkrone – denn um nichts anderes hätte es sich gehandelt – so gar nicht ins Bild dieses deutschen Nationalkönigs zu passen scheint, dieses Realpolitikers, dem Kaiserträume fremd zu sein schienen, und der die Zukunft des deutschen Reiches und Volkes im weiten und fruchtbaren Osten suchte, nicht im verderbnisbringenden Süden.

Aber hätte Heinrich I. den Süden wirklich auf die Dauer sich selbst überlassen können? Nicht nur von Burgund und der Provence aus liefen alte Verbindungen nach Italien, auch die Herzöge von Bayern und Schwaben betrieben eine Alpenpolitik; auch sie lockte der Süden. Herzog Arnulf von Bayern hatte wohl endgültig auf die deutsche Königskrone verzichtet, aber sein politischer Ehrgeiz drängte nach Betätigung. Als oberitalienische Große, eine Adelsgruppe um Bischof Rather von Verona und den Grafen Milo, gegen König Hugo von Italien revoltierten und Arnulf einluden, die Herrschaft in Italien zu übernehmen, griff dieser sofort zu. Nicht für sich, für seinen Sohn Eberhard zog er über die Alpen, nahm die Huldigung der lombardischen Aristokratie entgegen, mußte aber den Rückzug antreten, als König Hugo mit Heeresmacht heranrückte. Das war im Jahre 934.

Das bayerische Unternehmen war gescheitert; eine Wiederholung aber nicht ausgeschlossen, solange die Machtstrukturen Italiens zerrüttet und in ständiger Veränderung begriffen waren. Für das Ansehen des deutschen Königs und die Zukunft des Reiches wäre die Entstehung eines bayerischen, die Alpen übergreifenden Herrschaftsraumes verhängnisvoll gewesen. Am Hofe mußte man das wissen. »An allen Grenzen hatte sich Heinrich zur Geltung gebracht, es war innerlich sinnvoll, daß er es auch im Süden tat. Ein König, der eine schwäbische oder bairische Italienpolitik verhindern wollte, mußte sie selber machen.«[56]

Ganz abgesehen von gleichsam tagespolitischen Zwängen wies die fränkisch-karolingische Herrscherideologie den König auf den Weg nach Süden, auf einen Weg, den er nicht mehr antreten konnte, sondern seinem Sohn überlassen mußte. Gewiß, Widukind ist der einzige, der vom Romzugsplan berichtet, aber die Idee lag doch in der Luft. Heinrich I. war Herr über Aachen, die Pfalz Karls des Großen, er war Sieger über die Ungarn, die Slawen und Normannen, über heidnische Völkerschaften also, er war zur dominierenden Gestalt unter den Königen Europas geworden. Lag es nicht nahe, die hegemoniale Vorrangstellung nun auch durch die Kaiserkrone zum Ausdruck zu bringen? Die Idee eines deutschen Nationalstaates, die Beschränkung seiner Politik auf die Erwerbung aller von Deutschen bewohnten Gebiete, hat Heinrich sicher völlig ferngelegen. Sein Kampf um Lothringen mit seiner vielfach altfranzösisch sprechenden Bevölkerung zeigt dies ebenso wie sein Ausgriff nach Osten, der zur Beherrschung eines von Menschen slawischer Herkunft besiedelten Raumes führte. An deutsche Besiedlung und Germanisierung dachte damals niemand. Das Reich war – auch wenn wir es bereits das Reich der Deutschen nennen – kein Nationalstaat. Widukinds einsame Nachricht vom Romzugsplan Heinrichs ist glaubwürdig, weil sie den König als ein Kind seiner Zeit erweist, der dachte, wie ein König nun einmal zu denken hatte. Und danach ist er zu beurteilen, nicht nach den Maßstäben viel späterer Perioden:

»Aus Vorstellungen heraus, die nicht dem zehnten, sondern dem neunzehnten Jahrhundert angehören, hat man schwer daran glauben wollen, daß auch er, der kraftvolle Vertreter der Ostpolitik, den Blick nach dem Süden richtete. Und doch mußte er es tun, weil es für jeden Herrscher, der so mächtig dastand wie er, einfach selbstverständlich war. Italien, das Land der warmen Sonne und des gleißenden Goldes, der hochragenden Paläste und der ehrwürdigen Heiligtümer, Rom, die Stadt der Imperatoren und der Apostelfürsten, bedeuteten das höchste Ziel und das höchste Glück machtgesättigter Männer.«[57]

Ist es nicht sogar wahrscheinlich, daß Heinrich I. den Blick nicht erst ganz am Ende seiner Regierungszeit nach Süden richtete? Da war die Heilige Lanze, die auf Italien, auf Rom und die Kaiserwürde hinwies. Der König hatte sie 926 von Rudolf von Burgund erworben, dem sie lombardische Große übergeben hatten, als sie ihn zum König von Italien zu machen hofften. Sie galt als Symbol der Herrschaft über Italien. Heinrich erstrebte ihren Besitz, als er 926 nach dem Tode des schwäbischen Herzogs Burchard II. die Nachfolge regelte, den Konradiner Hermann mit Schwaben belehnte und das Stammesherzogtum in ein vom König abhängiges Amtsherzogtum verwandelte. Herzog Burchard von Schwaben war in Italien vor Novara gefallen, als er seinen Schwiegersohn Rudolf von Burgund im Kampf um die lombardische Krone unterstützte. Das Königreich Niederburgund und Italien traten damit nachdrücklich in den Gesichtskreis des deutschen Herrschers. Mit Kriegsdrohungen, aber auch mit territorialen Zugeständnissen, »mit Zuckerbrot und Peitsche« also, zwang Heinrich I. den Burgunderkönig, sich ihm anzuschließen und ihm die Heilige Lanze auszuliefern.

Diese legendenumwobene Waffe, Reliquie und Herrschaftszeichen zugleich, galt als die Lanze Kaiser Konstantins des Großen, auch als die Lanze des Hauptmanns Longinus, der noch unter dem Kreuz Christi auf dem Berge Golgatha zum christlichen Glauben gefunden hatte. Sie galt auch als die Lanze des heiligen Mauritius, des Anführers der Thebäischen Legion, der mit seinen Offizieren für den christlichen Glauben das Martyrium erlitten hatte und zum Schutzpatron Burgunds geworden war. So war die Lanze, in deren Spitze ein Nagel vom Kreuze Christi eingearbeitet ist, ein geheiligtes, siegverleihendes Herrschaftszeichen, mit dessen Besitz Ansprüche auf Italien und Burgund verbunden werden konnten. Ihre Siegmächtigkeit sollte die Heilige Lanze dann 955 auf dem Lechfeld im Kampf gegen die Ungarn erweisen, als Otto I. selbst sie in die Schlacht trug.

Die Heilige Lanze.

Das Streben nach dem Besitz der Heiligen Lanze und der Romzugsplan, dessen Verwirklichung der Tod des Königs vereitelte, sind Indizien dafür, daß Heinrich I. nicht bloß »der deutsche König des deutschen Volkes« sein wollte. Es wäre auch eine zu anachronistische Vorstellung, in diesem König den bewußten Schöpfer eines deutschen Nationalstaates zu sehen. Von einem Herrscher des

10. Jahrhunderts konnte man keine wohlüberlegte Politik der nationalen Selbstbeschränkung erwarten, erst recht nicht, wenn er sich den großen Traditionen der fränkisch-karolingischen Reichsidee verpflichtet fühlte. Heinrichs Selbstbeschränkung, die dazu führte, daß er den Bereich seiner Königsherrschaft nicht wesentlich über das Siedlungsgebiet der deutschen Stämme ausdehnte, erklärt sich nicht aus völkischen Motiven; sie entsprang zum einen der von Ludwig dem Deutschen begründeten ostfränkischen Reichstradition, zum anderen aber dem Blick des Königs für das Machbare. Weitergesteckte Ziele waren damit nicht ausgeschlossen, ja vielleicht sogar ins Auge gefaßt.

Die einfache Fortsetzung des spätkarolingischen Königtums war die Herrschaft Heinrichs dennoch nicht. Sie enthielt neben Elementen der Kontinuität auch solche des Neuanfangs. Im zerbröckelnden Reich der späten Karolinger hatten östlich des Rheins die stammesmäßigen Kräfte wieder an Boden gewonnen. Die Stammesaristokratie war erstarkt und zu einem Machtfaktor geworden, den das Königtum weder ignorieren noch einfach niederwerfen konnte. Die Häupter der Stämme waren zu Gegenspielern der Monarchie geworden, auch da, wo sie aus der fränkischen Reichsaristokratie, den großen Familien des karolingischen Gesamtreiches, hervorgegangen waren. Die gentilen Grundlagen des Daseins waren gestärkt und das Stammesbewußtsein zum Konkurrenten des Reichsbewußtseins geworden. Schwer faßbar und daher in seinen Wirkungen bei den Historikern umstritten, sogar in seiner Existenz überhaupt bestritten, war das deutsche Volksbewußtsein.

Unter diesen Umständen war es eine große Leistung des Herrschers, dem wir den Ruhm, der erste deutsche König gewesen zu sein, ruhig belassen wollen, daß er die verschiedenen Tendenzen aufnehmen und zusammenfassen konnte. Obwohl selbst ein stammesbewußter Sachse, trat er dennoch aus dem Schatten seines Stammes heraus und verfocht unbeirrt die Idee des Reiches, eines Reiches, das zwar im Urgestein der fränkisch-karolingischen Königsmacht wurzelte, dessen Glieder aber die deutschen Stämme unter Einschluß der Lotharinger sein sollten. Das Königtum Heinrichs ließ den fränkischen Reichsvolkgedanken allmählich verblassen und wurde zum vollendeten Ausdruck der politischen Gleichberechtigung der deutschen Stämme. Mit Recht darf man daher in seiner Wahl und seinem Wirken Meilensteine auf dem Wege zu einem Reich der Deutschen sehen.

II. Hegemoniales Kaisertum: Otto der Große 936–973

Wir stehen damit vor einer neuen Epoche, der Entstehung des deutschen Kaisertums. Es erfüllt die ganze deutsche ältere Geschichte, drei Jahrhunderte sind von ihm beherrscht, und auch später, als es in der Wirklichkeit längst vergangen war, hat seine Erinnerung noch eine starke, schließlich sogar steigernde Wirkung ausgeübt.[1]
                               Johannes Haller

1. Die Aachener Krönung

Eine politisch-religiöse Feierlichkeit hat einen unendlichen Reiz. Wir sehen die irdische Majestät vor Augen, umgeben von allen Symbolen ihrer Macht; aber indem sie sich vor der himmlischen beugt, bringt sie uns die Gemeinschaft beider vor die Sinne.[2]
                    Johann Wolfgang von Goethe

Die Krönung wurde zum Fest. »Sehet, hier bringe ich euch den von Gott erkorenen und einst von dem großmächtigen Herrn Heinrich bestimmten, jetzt aber von allen Fürsten zum König erhobenen Otto. Wenn euch diese Wahl gefällt, so bezeugt dies mit zum Himmel erhobener Rechten«.[3] Mit diesen Worten wandte sich Erzbischof Hildebert von Mainz, der höchste Kirchenfürst des Reiches, an die Volksmenge, die sich am 7. August 936 in der Aachener Marienkapelle versammelt hatte. Heilrufe erklangen. Jubelnd begrüßte das Volk seinen neuen Herrscher.

Die Wahl selbst war schon vor dem Münster vollzogen worden; natürlich keine Wahl im modernen Sinne, sondern die feierliche Erhebung des einzigen Kandidaten durch die Großen des Reiches. Sie hatten sich im Säulenhof vor der Pfalzkapelle eingefunden, Otto den Großen auf den Thron gesetzt, ihm gehuldigt und Treue und Beistand gegen alle seine Feinde geschworen. Die Geistlichkeit und das Volk hatten währenddessen im Inneren der Kirche auf den feierlichen Einzug des Königs gewartet. Nachdem ihm das Volk durch den Heilruf nach uralter, in die graue germanische Vorzeit zurückreichender Sitte seine Zustimmung, die »Vollbort«, erteilt hatte, empfing der neue König auch den Segen der Kirche. Der Mainzer Erzbischof führte ihn zum Altar und überreichte ihm die Würdezeichen des Königtums, als erstes das Schwert mit dem Wehrgehenk: »Empfange dieses Schwert und vertreibe mit ihm alle Widersacher Christi, alle Heiden und schlechten Christen, denn dir ist durch Gottes Willen die Macht im ganzen Reich der Franken übertragen worden, damit du allen Christen den sicheren Frieden bringst«. Mahnende Worte begleiteten auch die Übergabe der anderen Insignien, die zu Symbolen für die gerechte christliche Königsherrschaft erhoben wurden. Indem der Erzbischof dem König den Schutz des christlichen Glaubens, die Wahrung des inneren Friedens, die rechte Lenkung der Untertanen und die Fürsorge für die Geistlichkeit, die Witwen und Waisen ans Herz legte, bekleidete er ihn mit dem Mantel, legte ihm die Armspangen an und überreichte ihm Zepter und Stab. Dann wurde er mit dem heiligen Öl gesalbt und mit einem goldenen Diadem gekrönt. Von den beiden Erzbischöfen Hildebert von Mainz und Wigfried von Köln geleitet, stieg Otto auf die Empore zum Marmorthron Karls des Großen hinauf. Auf dem Thron seines großen Vorgängers sitzend, wohnte er dem feierlichen Gottesdienst bei.

Nach dem Gottesdienst begab man sich in die Pfalz zum Krönungsmahl. Der König, die Geistlichkeit und das Gefolge nahmen an der mit königlicher Pracht geschmückten Marmortafel Platz, während die Herzöge in symbolischer Form dem König aufwarteten. Sie hatten die Reichshofämter übernommen. Giselbert von Lotharingien diente als Kämmerer, Eberhard von Franken als Truchseß, Hermann von Schwaben als Mundschenk und Arnulf von Bayern als Marschall. Das Fest endete fröhlich. Der König ehrte die Großen des Reiches durch fürstliche Geschenke, wie man dies von einem guten Herrscher erwarten durfte, und entließ Fürsten und Volk huldvoll.

Alles, was sich in der Pfalz Karls des Großen abspielte, war wohlüberlegt und geordnet, ein perfekt und wirkungsvoll inszeniertes Schauspiel. Deshalb haftete das Geschehene fest im Gedächtnis der Teilnehmer, so daß der Chronist Widukind von Corvey noch viele Jahre später Augenzeugen traf, die ihm anschaulich und durchaus glaubwürdig darüber berichten konnten.

»Eine grundlegende Handlung für die deutsche Nation«, so hat Leopold von Ranke die Aachener Krönung Ottos des Großen genannt,[4] und das ist aus der Sicht späterer Jahrhunderte nicht einmal übertrieben. Schon die Hauptakteure wußten um das Gewicht jenes Tages, auch wenn sie seine Folgen mehr erahnen als wirklich voraussehen konnten. Hinter den äußeren Formen, dem Zeremoniellen, werden die Vorstellungen sichtbar, die der neue Herrscher und seine weltlichen und geistlichen Paladine vom Wesen des Reiches hegten. Der Tag zu Aachen war eine eindrucksvolle Demonstration des Willens zur Reichseinheit. Die Großen aller Stämme waren erschienen, angeführt von ihren Herzögen. Es war wohl das erste Mal, daß sich alle vier Herzöge um den König scharten, Arnulf von Bayern, Hermann von Schwaben, Eberhard von Franken und Giselbert von Lotharingien. Einen sächsischen Herzog gab es seit der Wahl Heinrichs I. zum König nicht mehr, aber ohne Zweifel waren zahlreiche sächsische Herren vertreten. Graf Siegfried von Merseburg, »der Sachsen trefflichster und der zweite nach dem König«,[5] fehlte freilich; er durfte seinen Platz an der Ostgrenze des Reiches nicht verlassen.

Die Stämme hatten in dem von Heinrich I. zusammengefügten Reich ihre politische Heimstätte gefunden. Für Jahrhunderte sollte ihnen ein gemeinsames Schicksal beschieden sein.

Krönungsbild in einem Pontifikale aus dem Kloster Allerheiligen bei Schaffhausen aus der ersten Hälfte des 11. Jahrhunderts. Der Herrscher im Krönungsornat wird von zwei Erzbischöfen begleitet, die die Krone und das Zepter berühren.

Die Krönung Ottos des Großen gab Anlaß zu einer zeremoniellen Selbstdarstellung des Reiches. Zunächst sind es die weltlichen Großen, die Herzöge, die mächtigsten Grafen und die hervorragendsten Krieger, die dem neuen Herrscher huldigen und ihn nach alter Sitte zum König erheben. Dann tritt das Volk als beifallspendende Menge in Erscheinung und schließlich die Geistlichkeit. Der bei Wahl und Weihe geschlossene Bund wird beim Krönungsmahl besiegelt. Die Herzöge, in ihrer hohen Würde bestätigt, waren Vasallen des Königs geworden und hatten die Ehrenhofämter übernommen. Sie warteten bei der Tafel auf, an der der König, die Bischöfe als Vertreter der Kirche und weltliche Herren als Repräsentanten des Volkes Platz genommen hatten. Der Königsdienst erscheint als die edelste Pflicht der Herzöge. Das Krönungsmahl ist die »symbolische Bewirtung des ganzen Volkes durch den neuen Inhaber der Herrschaft«.[6] Der König sitzt nach altem Brauch mit seinen Getreuen an der gemeinsamen Tafel, wie ein altgermanischer Gefolgsherr verteilt er reichlich Gaben.

»Einheit des Reiches« lautete auch in anderer Hinsicht die Devise. Obwohl Heinrich I. mehrere Söhne besaß, hatte er nur einen von ihnen, seinen ältesten Sohn aus der Ehe mit Mathilde, zum Thronfolger ausersehen. Die deutschen Fürsten trugen diesem Wunsch des alten Königs Rechnung. Das dynastische Teilungsprinzip, das den Fortbestand des Merowinger- und Karolingerreiches immer wieder bedroht und letztlich zerstört hatte, wurde 936 endgültig überwunden. Durch den Gedanken der Unteilbarkeit unterschied sich fortan das Reich der Deutschen tiefgreifend vom alten Reich der Franken. »Das deutsche Reich ist seither nie mehr geteilt worden«.[7] Fast gleichzeitig kam das Prinzip der Unteilbarkeit auch in dem werdenden Frankreich zur Geltung.

Zeremonieller Höhepunkt der Aachener Krönungsfeierlichkeiten war zweifellos der geistliche Akt im Marienmünster. Der König erneuerte den Bund zwischen Thron und Altar in der Pfalzkapelle Karls des Großen, an dessen theokratisches Herrschertum der alte und ehrwürdige Steinthron im Obergeschoß erinnerte. Was König Heinrich 919 zu Fritzlar vorsichtig vermieden hatte, nahm der Sohn ganz selbstverständlich für sich in Anspruch, die Salbung und Krönung durch die Geistlichkeit. Sie verliehen seiner Person eine sakrale Weihe, die ihn über alle Großen des Reiches, auch über die Herzöge, weit hinaushob. Der Empfang der Salbung, die damals noch als ein Sakrament galt, steigerte Ottos Königsrecht in eine charismatisch-sakrale Sphäre: »Vielleicht bediente er sich ihrer in dem dunklen Empfinden, daß nach dem Hinsterben des alten Glaubens der Ersatz des heidnisch-magischen Charakters des Königtums durch die christlich-sakrale Weihe eine Notwendigkeit war«.[8] Hat der Sachsenkönig – in dessen Heimat mehr als anderswo im christlichen Europa heidnisch-germanisches Denken und Fühlen verwurzelt waren – in der aus der alttestamentarischen Königstheologie stammenden Salbung tatsächlich einen Ersatz für das heidnisch-germanische Königsheil gesucht? Das ist schwer zu sagen. Sicher aber ist eins: Der König als »Gesalbter des Herrn« war nun nicht mehr Primus inter pares. Otto der Große wußte das und handelte danach; dieser Glaube an sein Gottesgnadentum hat ihm in verzweifelten Situationen immer wieder Kraft zum Durchhalten verliehen.

Die Aachener Krönung wies über Deutschland weit hinaus. Sie war die Antwort auf eine von Frankreich ausgehende Herausforderung. Dort hatten sich die großen Lehnsfürsten nach dem Tode des Königs Rudolf im Januar 936 zu einem überraschenden Schritt entschlossen und die Krone dem Sohn Karls des Einfältigen angeboten, der in York am Hofe des angelsächsischen Königs Aethelstan im Exil lebte. Der Jüngling kehrte nach Frankreich zurück und bestieg als Ludwig IV. der Überseeische den Thron seiner Ahnen. Am 19. Juni 936, an einem Sonntag, empfing Ludwig IV. in Laon die Huldigung der französischen Großen und wurde vom Erzbischof von Reims, dem Primas von Frankreich, gesalbt und gekrönt.

Noch einmal betrat das Geschlecht der Karolinger die Weltbühne, um sich bis zum Jahre 987 auf dem französischen Thron zu behaupten. Die Wiederherstellung der karolingischen Monarchie im Westen bedrohte die Zugehörigkeit Lotharingiens zum Ostreich, denn es war zu erwarten, daß Ludwig IV. (936–954) nach dem alten Kernland seines Hauses greifen würde. Indem sich die deutschen Stämme im lotharingischen Aachen zur Königswahl vereinten, betonten sie die Zugehörigkeit dieses sprachlich uneinheitlichen und in weiten Teilen kulturell und geistig nach Westen orientierten Landes zum Reich ihres Königs.

Pfalz, Grab und Thron Karls des Großen waren ein kostbarer Besitz, und der neue König aus dem sächsischen Geschlecht der Liudolfinger hat sich nicht gescheut, das Erbe des zur Legende

Thronbild im Schaffhausener Pontifikale. Der König sitzt auf einem Faldistorium, einem mit Löwenköpfen geschmückten Faltstuhl, unter einem Baldachin in einer von zwei Säulen flankierten Apside eines Thronsaales.

gewordenen Frankenherrschers für sich in Anspruch zu nehmen. In fränkischer Tracht betrat er die Pfalzkapelle Karls des Großen, empfing dort die Königsweihe, nahm auf dem Thron des Kaisers Platz und feierte in der karolingischen Königshalle das Krönungsmahl. Otto der Große stellte sein Königtum ganz bewußt in die karolingische Tradition und betrachtete sein Reich als eine Fortsetzung des Reiches Karls des Großen. Diente das nur der Festigung der königlichen Gewalt im Inneren und der Abwehr möglicher französischer Machtansprüche, oder träumte der König schon bei seiner Krönung von der Wiederherstellung des Karolingerreiches? Mußte derjenige, der den Thron Karls des Großen im Aachener Münster bestieg, nicht ganz von selbst auch an Rom, Sankt Peter und die Kaiserkrone denken? Führte also ein direkter Weg von Aachen nach Rom?

Die Feierlichkeiten anläßlich der Krönung Ottos des Großen erweisen sich nicht nur als eine Selbstdarstellung des Reiches, wie es sich in den vergangenen Jahrzehnten geformt hatte, sondern auch als ein Programm: »Der Tag von Aachen war auch ein Neuanfang, er war es vor allem in dem Sinne des bewußten Neuanknüpfens an das Reich Karls des Großen, von dem sich die letzten hundert Jahre weit entfernt hatten. Dem Verlaufe der deutschen Geschichte ist an diesem Tage für lange Zeit die Bahn gewiesen worden«.[9]

2. Ära der Rebellionen

*»Nimm dieses Schwert und überbringe es deinem
Herrn, damit er es zum Zeichen des Sieges
empfange und seinem Freund, dem Kaiser, über-
sende, damit dieser wisse, er könne nun einen
erschlagenen Feindes spotten oder einen Blutsverwandten beweinen«. Nach diesen Worten
wandte er sich gegen Morgen, betete in seiner
Muttersprache zum Herrn und hauchte seine mit
Elend und Jammer erfüllte Seele aus in die
Barmherzigkeit des Schöpfers aller Dinge. Dies war
das Ende Wichmanns, und so endeten fast alle,
die ihre Waffen gegen den Kaiser erhoben hatten.*[10]

Widukind von Corvey

Im fernen Italien empfing Otto der Große das Schwert des Grafen Wichmann, des letzten sächsischen Rebellen gegen Kaiser und Reich, der weit im Osten im Kampf zwischen den slawischen Pomoranen und dem polnischen Herzog Mieszko I. gefallen war. Das geschah im Jahre 967: ein letzter verspäteter Nachklang jener Ära der Rebellionen, die bald auf den Tag von Aachen gefolgt war.

Die Aachener Krönung war Ausdruck einer großen Idee vom Reich, die jedoch noch einmal im Strudel von Adelsrevolten und Bruderkriegen unterzugehen drohte. Die Königsbrüder Thankmar und Heinrich entrollten die Fahne des Aufruhrs, die Herzöge Eberhard von Franken, Giselbert von Lotharingien, der Königssohn und Thronfolger Liudolf und Herzog Konrad der Rote und immer wieder Graf Wichmann der Jüngere, der ewige Rebell. Andere wurden mitgerissen, weltliche und geistliche Herren, selbst hohe Kirchenfürsten wie die Erzbischöfe Friedrich von Mainz und Herold von Salzburg. Thankmar, Eberhard, Giselbert und Wichmann verloren ihr Leben im Kampf, ihre Anhänger wurden gehängt, enthauptet, verstümmelt, verloren ihre Güter und Lehen und mußten in die Verbannung gehen. Der unglückliche Erzbischof Herold wurde geblendet.

Rebellion war das Leitmotiv der Epoche, die schwerste Erschütterungen brachte und große Opfer kostete. Hätte Otto der Große nicht länger regiert als sein Vater, der schmückende Beiname wäre ihm nicht verliehen worden. Als ein höchst unglücklicher Herrscher wäre er in die Geschichte eingegangen, als der Sohn, der durch seine hochfliegenden Träume das väterliche Erbe verspielte. Der Sohn Heinrichs I. brauchte ein Vierteljahrhundert, um sich das Prädikat »der Große« zu verdienen. Geschichtliche Größe hat oft mit Dauer zu tun, mit hoher Lebenserwartung und physischer Stabilität.

Als Thronfolger hatte Otto im Schatten des Vaters gestanden, der ihm vorsichtig und zurückhaltend den Weg zum Thron geebnet hat. In einer Art Hausordnung hatte der König 929 sein Haus bestellt und die Nachfolge geregelt. Mit großer Pracht feierte man die Hochzeit des Thronfolgers mit der angelsächsischen Prinzessin Edgitha,

Eine gute und gerechte Regelung

Thronendes Herrscherpaar im Magdeburger Dom aus der Mitte des 13. Jahrhunderts. Der Kaiser, ohne Zweifel Otto der Große, der Gründer des Erzbistums Magdeburg und Stifter des ersten Domes, hält in der Rechten den Erdkreis und in der Linken den Rest des Zepters. Neben ihm seine erste Gemahlin Edgitha, die im Magdeburger Dom begraben liegt.

der Tochter König Edwards des Älteren, einer Halbschwester des Königs Aethelstan. Durch die Vermählung mit einer Königstochter sollte Ottos Vorrangstellung besonders betont werden. Das junge Paar residierte in den nächsten Jahren in Magdeburg, trat aber in der Politik nirgends hervor. Der König behielt die Zügel bis zuletzt fest in der Hand. Erst als er den Tod nahen fühlte, verteilte er seinen Besitz und seine Schätze an die Söhne, »Otto aber, den größten und besten, setzte er über seine Brüder und das ganze Reich der Franken«.[11]

Das schien eine gute und gerechte Lösung. Heinrichs ältester Sohn Thankmar kam als Thronprätendent nicht in Betracht, da die Ehe mit seiner Mutter Hatheburg annulliert worden war. Ottos Brüder Heinrich und Brun waren noch recht jung; der eine war dem Grafen Siegfried von Merseburg zur Erziehung anvertraut, der andere – für den geistlichen Stand bestimmt – dem Bischof Balderich von Utrecht. Es war selbstverständlich, daß auf den jungen Geistlichen aus königlichem Geblüt eine glänzende Karriere im Dienste von Kirche und Reich wartete. Der Königinwitwe Mathilde waren die reichen Güter zugefallen, die ihr der König als Wittum überschrieben hatte. Da mit Ottos und Edgithas Sohn Liudolf auch schon der Thronfolger geboren war, blickte das liudolfingische Königshaus zuversichtlich in die Zukunft.

Bald jedoch zeigten sich Risse; Spannungen und Widerstände gegen die Herrschaft des jungen Königs wurden spürbar. Schwere Krisen erschütterten fast zwei Jahrzehnte lang das Reich, ausgelöst, aber nicht allein verursacht durch Ottos neuen Herrschaftsstil und seine hochgespannten Vorstellungen vom Wesen seines Königtums. Drei große Problemfelder lagen vor Otto dem Großen, nicht reinlich geschieden, sondern in vielschichtiger Art und Weise miteinander verwoben.

Da war erstens die Frage nach der Macht- und Kompetenzverteilung zwischen dem König und den Stammesherzögen, zweitens das Verhältnis des Königs zu den adligen Geschlechtern, namentlich zu dem mit und neben den Liudolfingern emporgestiegenen sächsischen Adel, drittens die Frage, in welcher Form die Mitglieder der königlichen Familie Anteil an der Macht haben sollten. Die drei großen Aufstände, die die Herrschaft des Königs erschütterten, gewannen ihre Stoßkraft nicht zuletzt dadurch, daß sich die aristokratischen Frondeure jeweils um einen liudolfingischen Prinzen scharen konnten. Auf den von Ottos Halbbruder Thankmar 938 ausgelösten Aufstand folgte schon im nächsten Jahr die gefährliche Rebellion von Ottos jüngerem Bruder Heinrich und schließlich zu Beginn der fünfziger Jahre die Revolte des Thronfolgers Liudolf. »Viel Unheil trübte sein Glück«, urteilte Bischof Thietmar von Merseburg später über die ersten Königsjahre Ottos des Großen.[12]

Zu außenpolitischen Schwierigkeiten wie einem Einfall der Ungarn und einem unglücklichen Feldzug gegen den Böhmenherzog Boleslav kamen Spannungen und Rivalitäten im Reich, die der junge, erst vierundzwanzigjährige König durch seine autoritäre Personalpolitik vermehrte. Wie einst Karl der Große glaubte er, die Führungspositionen ohne Rücksicht auf angestammte Adelsrechte nach Gutdünken mit treu ergebenen Männern besetzen zu können. Diese Männer, die Markgrafen Hermann Billung und Gero, rechtfertigten das Vertrauen, das Otto in ihre Fähigkeiten setzte. Ihre Bevorzugung erregte aber Neid und Widerstand. Hermann Billungs älterer Bruder Wichmann fühlte sich zurückgesetzt und in seiner Ehre gekränkt. Nicht bereit, unter dem Befehl seines jüngeren Bruders zu kämpfen, verließ er unter einem Vorwand das Heer und vermehrte die Gruppe der Unzufriedenen unter den sächsischen Großen. Weitaus gravierendere Folgen hatte die Ernennung Geros zum Markgrafen im Raum an der mittleren Elbe. Geros Vorgänger Siegfried gehörte zur Sippe der Grafen von Merseburg, aus der Thankmars Mutter Hatheburg stammte. Der älteste Sohn Heinrichs I., zum Bastard gestempelt und um sein Erbrecht betrogen, hatte die Hoffnung gehegt, wenigstens das Amt seines Onkels Siegfried als Befehlshaber an diesem wichtigen Grenzabschnitt antreten zu können. Doch daraus wurde nichts. Diese letzte Kränkung wollte Thankmar nicht mehr hinnehmen. Er griff zu den Waffen. Graf Wichmann der Ältere und Herzog Eberhard von Franken schlossen sich der Revolte an; gemeinsam überzogen sie das Land mit Krieg. »Viele Freveltaten wurden von aufrührerischen Menschen began-

Siegel des Markgrafen Gero. Das spitzovale Siegel wurde um 1200 gefälscht. Da der Markgraf jedoch in der Tracht des 10. Jahrhunderts dargestellt ist, muß man mit einer echten Vorlage rechnen.

gen, Mord, Meineid, Verheerungen und Brandstiftungen. Zwischen Recht und Unrecht, Eid und Meineid machte man in jenen Tagen wenig Unterschied«, beschreibt Widukind von Corvey die unheilvollen Wirkungen der Rebellionen und Adelsfehden.[13]

Thankmars Geschick erfüllte sich bald auf tragische Weise. Bei der Eroberung einer Burg brachte er seinen jüngeren Halbbruder Heinrich in seine Gewalt und führte ihn gefesselt wie einen gemeinen Knecht hinweg. Von der Eresburg aus, die er erobert hatte, verheerte er die Umgebung. Als der König selbst mit einem starken Heer heranrückte, öffnete die Besatzung die Tore. Thankmar flüchtete in die Kirche und legte seine Waffen und die goldene Halskette, die er trug, auf dem Altar nieder. Ohne Scheu vor der Heiligkeit und dem Asylcharakter des Gotteshauses drangen die Verfolger ein und erschlugen Thankmar am Altar.[14] Das geschah am 28. Juli 938. Der König trauerte um den toten Bruder, konnte aber den Frevel nicht ahnden, weil er die Rebellion noch nicht erstickt hatte. Mit großer Strenge ging er gegen die Anhänger Thankmars vor, die in seine Hand gefallen waren. Des Hochverrats angeklagt, wurden sie zum Tode verurteilt und gehängt.

Nach Thankmars Tod brach der Aufstand rasch zusammen. Graf Wichmann der Ältere hatte schon zuvor seinen Frieden mit dem König gemacht, und auch Herzog Eberhard, von seinen Waffengefährten und sogar den eigenen konradinischen Sippengenossen verlassen, mußte sich unterwerfen. Er wurde nach Hildesheim in die Verbannung geschickt, aber nach kurzer Zeit wieder in seine herzogliche Würde eingesetzt. Das erwies sich jedoch bald als ein Fehler.

Die spontane Rebellion Thankmars war nur ein schwacher Vorgeschmack dessen, was noch kommen sollte. Der Aufstand von Ottos Bruder Heinrich, dem sich die Herzöge Eberhard von Franken und Giselbert von Lotharingien anschlossen, erschütterte die Herrschaft des Königs bis ins Mark. Schon zu Anfang des Jahres 939 versammelte Heinrich in der Pfalz Saalfeld seine Anhänger; beim festlichen Gelage schmiedete man Aufstandspläne. Heinrich, inzwischen ein Jüngling von etwa achtzehn Jahren, fühlte sich als rechtmäßiger Thronerbe, würdiger als sein älterer Bruder, denn er war zur Welt gekommen, als sein Vater schon die Krone trug, während Otto doch nur eines »Herzogs Kind« war. Die aus Byzanz stammende Idee des »Porphyrogennetos«, des »Purpurgeborenen«, leuchtet hier auf.

Der Königsbruder hat ganz offensichtlich in seiner Jugend die Gabe besessen, die Herzen der Menschen für sich zu gewinnen. So standen nicht nur seine eigenen Vasallen und Gefolgsleute treu zu ihrem Herrn, sondern bald auch größere Gruppen des sächsischen Adels, unzufrieden mit der straffen Herrschaftsführung des Königs. Die wichtigsten Verbündeten aber waren die beiden alten Herzöge, Eberhard von Franken und Giselbert von Lotharingien. Zu Buche schlug auch die Unterstützung durch die Königinmutter Mathilde. Sie hätte lieber Heinrich als Otto auf dem Thron des Vaters gesehen:

Heinrich aber, auf königlichem Thron zur Welt gekommen, war an Jahren der jüngere, an inneren Vorzügen aber nicht der geringere. Wahrlich, er war von so großer Schönheit, daß ihm kaum ein Mann seiner Zeit gleichkam. An Tugend, Tapferkeit und Aussehen war er dem Vater ähnlich, aber im Erdulden jeglichen Mißgeschicks folgte er sorgsam dem Vorbild der ruhmreichen Mutter und war deshalb dem Heiligen Geist besonders teuer. Als wäre er ihr Einziger, wandte sie alle Liebe auf ihn, gab ihm in ihrer Zuneigung den Vorrang vor ihren anderen Kindern und wünschte sehnlich, daß er, wenn es Gottes Wille sei, nach dem Tode des Königs Heinrich das Reich erhalte.[15]

Die Chronisten, die alle dem ottonischen Königshaus sehr nahe stehen, wollen uns glauben machen, daß Heinrich weniger der Führer als der Verführte war. Bevorzugt von der Mutter, umgeben von treuen Gefolgsleuten, umworben von all denen, die sich durch das Regiment seines Bruders in ihrem Handlungsspielraum eingeengt und in ihren angestammten Adelsrechten gekränkt fühlten, lieh er den Appellen an seinen Ehrgeiz bereitwillig sein Ohr: *Daraus entsprang dem Jüngling auch des Unglücks Anfang. Deswegen ist der vorzügliche Otto eine Zeitlang gegen den Bruder gereizt gewesen, und auf solche Weise erwuchs zwischen ihnen Haß und anhaltender Hader.*[16]

Ein gerüttelt Maß Schuld an dem Bruderzwist gaben schon die Zeitgenossen dem Herzog Eberhard von Franken. Er soll dem Prinzen Heinrich, den er während des Thankmar-Aufstands bewacht hatte, zum Griff nach der Krone aufgestachelt und ihm seine tatkräftige Unterstützung angeboten haben. Er habe ihn jedoch nur als Werkzeug benutzen wollen, um selbst die Krone für sich zu gewinnen, die vor zwei Jahrzehnten sein Bruder, König Konrad I., getragen hatte. Seiner Frau habe der Herzog versprochen, sie werde bald in den Armen eines Königs ruhen.[17] Bewiesen sind derartige Ambitionen Eberhards nicht, aber der Herzog hatte auch sonst allen Grund, sich an einer Rebellion gegen den König zu beteiligen. Otto der Große war nicht nur bestrebt, die Verfügungsgewalt über die königlichen Ämter und Würden zurückzugewinnen, sondern die Gerichtshoheit des Königs gegenüber dem Fehderecht des Adels durchzusetzen. Die Rigorosität, mit der sich der neue Herrscher als Sachwalter der Gerechtigkeit zu profilieren suchte, schlug tiefe Wunden.

Herzog Eberhard, der als »Königsmacher« unter Heinrich I. gleichsam »der Erste nach dem König« gewesen war, mußte eine Kränkung seiner Ehre erdulden, die er nie mehr überwinden konnte. Bruning, einer seiner Vasallen sächsischer Herkunft, hatte ihm die Huldigung verweigert, weil er meinte, als Sachse nur dem aus sächsischen Stamm entsprossenen König dienen zu müssen. Der Herzog zerstörte die Burg des unbotmäßigen Vasallen und tötete die Bewohner. Der König erkannte jedoch ein solches Recht des Adels auf Fehde und Selbstjustiz nicht an. Der Herzog wurde vom Königsgericht verurteilt, eine hohe Buße zu zahlen, nämlich Pferde im Werte von hundert Pfund. Noch schlimmer erging es den vornehmsten unter seinen Kriegern. Sie wurden zu der schimpflichen Strafe des »Hundetragens« verurteilt. Auf dem Hoftag im September 937 mußten sie öffentlich Hunde eine bestimmte Wegstrecke bis zur königlichen Pfalz in Magdeburg tragen.[18]

Die Schande der Gefolgsmannen traf auch den Herrn; Eberhard, zur Zeit Heinrichs I. eine Säule des liudolfingischen Königtums, war tief in seiner Ehre gekränkt. Hatte der junge König dies vielleicht sogar vorsätzlich getan, um seine Macht zu zeigen? Wenn ja, dann war es ein gefährliches Spiel, denn das Widerstandsrecht aus beleidigter Ehre war ein fester Bestandteil im Ehrenkodex der frühmittelalterlichen Adelsgesellschaft. Otto der Große sollte das zu spüren bekommen. Kein Wunder, daß Eberhard von Franken, der schon an der Thankmar-Rebellion teilgenommen hatte, nach der Wiedereinsetzung in sein fränkisches Herzogtum auf Rache sann.

Der Aufstand unter dem Königsbruder breitete sich rasch aus. In Sachsen und Lothringen, am Nieder- und Oberrhein wurde gekämpft. Herzog Giselbert von Lothringen, noch immer oder schon wieder von einem lotharingischen Königtum träumend, schloß sich den Rebellen an. Ein Sieg in der Schlacht bei Xanten (Birten) brachte dem König eine Atempause und stärkte seine Zuversicht: Von seiner vom Feind überraschten Vorhut durch den Rhein abgeschnitten, hatte der König die Heilige Lanze, die siegbringende Reliquie, ergriffen und sich mit dem Rest seines Heeres zum Gebet niedergeworfen. Wie einst Moses während der Schlacht der Israeliten gegen die Amalekiter flehte der König Gott um den Sieg an.[19] Die Kraft seines Gebetes brachte seinen Kriegern den Sieg über die überlegene Streitmacht der Rebellen.

Von einem wirklichen Triumph über seine Feinde war Otto der Große zu diesem Zeitpunkt aber noch weit entfernt. Heinrich eilte nach Sachsen, um dort den Widerstand erneut zu entfachen, während Giselbert und Eberhard im Westen blieben und beim französischen König um Unterstützung warben. Ludwig der Überseeische ließ sich die Chance nicht entgehen und fiel ins Elsaß ein. Ob das der Auftakt zu einer raumgreifenden Offensive gegen Osten sein sollte, ist nicht sicher, aber dem Reich drohte höchste Gefahr, falls sich der romanische Adel Lothringens wieder dem Westen zuwenden sollte. Es blieb Otto dem Großen nichts anderes übrig, als Kontakt zu Ludwigs immer unruhigen Kronvasallen Hugo von Franzien und Heribert von Vermandois aufzunehmen, um den Gegner zu schwächen. Dennoch schien seine Lage ziemlich hoffnungslos, weil während des Kampfes um Breisach und das Elsaß immer mehr Fürsten ins Lager der Rebellen überliefen, selbst Erzbischof Friedrich von Mainz und die Bischöfe Ruthard von Straßburg und Adalbero von Metz. Das Königtum der Liudolfinger war auf einem Tiefpunkt angelangt. »Und alle Hoffnung schwand, daß die Sachsen auch in Zukunft den König stellen würden«, vermerkt ein Chronist.[20]

Als Vorteil für Otto den Großen erwies sich der Riß, der die mächtige Sippe der Konradiner entzweite. Ein Neffe des Herzogs Hermann von Schwaben war im Kampf gegen Thankmar ums Leben gekommen, und sein Tod hatte seine nächsten Verwandten auf die Seite des Königs getrieben. Herzog Eberhard war innerhalb der eigenen Sippe isoliert. So waren es schließlich die Konradiner, die Otto dem Großen die Krone retteten. Herzog Hermann von Schwaben, sein Bruder Udo und Graf Konrad Kurzbold überraschten die Herzöge Giselbert und Eberhard am 2. Oktober 939 in der Nähe von Andernach, als sie beutebeladen von einem Plünderungszug zurückkehrten. Angeblich haben sie fröhlich getafelt, als die Feinde über sie herfielen. Eberhard wurde im Kampf erschlagen, Giselbert ertrank auf der Flucht im Rhein. Gott stand sichtbar auf der Seite des Königs; so sahen es alle Chronisten: »Als aber der König den Sieg der Seinen und den Tod der Herzöge vernahm, dankte er Gott dem Allmächtigen, dessen Hilfe er oftmals zur rechten Zeit erfahren hatte«.[21]

Nach dem Tode der beiden kriegserfahrenen Anführer brach der Aufstand rasch zusammen. Otto der Große gewann Lothringien zurück; Heinrich floh zunächst zu seiner Schwester Gerberga, der Witwe Giselberts, unterwarf sich aber dann dem König. Der Sieger ließ Milde walten. Erzbischof Friedrich von Mainz wurde der Obhut des Abtes Hadamar von Fulda anvertraut und nach Hammelburg an der Fränkischen Saale in die Verbannung geschickt; Bischof Ruthard von Straßburg wurde in das sächsische Kloster Corvey verbannt. Seinen Bruder behielt der König zuerst bei sich, schickte ihn dann nach Lothringien, um dort die durch Giselberts Tod vakante Stellung einzunehmen. Heinrich konnte sich jedoch als Herzog nicht durchsetzen. In Lothringien schienen die schlimmsten Zeiten der Adelsanarchie zurückzukehren.

Das Scheitern des politisch unerfahrenen Heinrich überrascht nicht in einem Land mit einer so bewegten Geschichte und einem so rebellischen und wankelmütigen Adel wie Lothringien. Selbst ein so gewandter Politiker wie Giselbert hatte seine Not damit gehabt. Im übrigen war der Prinz nicht gewillt, sich als Statthalter seines königlichen Bruders in eine Randprovinz abschieben zu lassen; er hatte seinen Traum vom Königtum noch nicht ausgeträumt. Die Konflikte zwischen dem König und der sächsischen Aristokratie schwelten weiter und flammten mit Heftigkeit wieder auf, als sich der Herrscher hinter den Markgrafen Gero stellte, gegen dessen hartes militärisches Kommando der Grenzadel revoltierte.

Der Markgraf hatte die slawischen Stämme bis zur Oder unterworfen, und die Aufrechterhaltung der deutschen Herrschaft erforderte eine ständige Kriegsbereitschaft. Die hohen Blutopfer der Slawenkriege wurden in den Augen des Adels durch die geringen Anteile an der Beute und den Tributen nicht aufgewogen. So war es für Heinrich nicht schwer, im östlichen Sachsen unter den Vasallen durch Geschenke und Versprechungen zahlreiche Anhänger zu gewinnen. Die Verschwörer waren diesmal zum Äußersten entschlossen. Sie scheuten vor keinem Frevel mehr zurück und planten, den König am Ostertag des Jahres 941 während der Feierlichkeiten in der Pfalz Quedlinburg zu ermorden und Heinrich die Krone aufzusetzen.[22] Otto der Große wurde gewarnt, umgab sich mit einer Schar treuer Gefolgsleute und feierte Ostern mit gewohnter königlicher Prachtentfaltung. Erst dann schickte er seine Leute aus, um die Verschwörer tot oder lebendig zu ergreifen. Nur der vornehmste unter ihnen, Graf Erich, der Vater des späteren Bischofs Hildeward von Halberstadt, griff zu den Waffen und fiel im Kampf. Die übrigen wurden ergriffen, die Hauptradelsführer enthauptet, die anderen in die Verbannung geschickt.

Der Plan, den rechtmäßigen Herrscher am heiligen Osterfest zu ermorden, galt den Zeitgenossen als ein abscheuliches Verbrechen, aber man bedauerte auch das edle Blut, das in diesen unseligen Kämpfen vergossen wurde. Widukind von Corvey stand ganz auf der Seite des Königs, hinter dem er immer Gottes schützende Hand gewahrte, aber er bewunderte auch seine adligen Standesgenossen, die – in die Tragik von Schuld und Sühne verstrickt – dennoch nobel zu sterben wußten:

Unter diesen war Erich der vornehmste, ein, abgesehen von dieser Schuld, hinsichtlich aller übrigen guten Eigenschaften hervorragender und ausgezeichneter Mann. Als er bemerkte, daß Bewaffnete auf ihn zueilten, sprang er, seiner Schuld bewußt, auf sein Pferd, ergriff die Waffen und wollte, umringt von Feinden, lieber sterben, als sich der Gewalt seiner Feinde unterwerfen, eingedenk der alten Tapferkeit und Ehre. Und so starb er, durchbohrt von einem Speer, ein Mann, durch Tugend und Mannhaftigkeit seinen Stammesgenossen teuer und hochangesehen.[23]

Heinrich, der Hauptschuldige, war entflohen, kehrte dann aber aus Lothringen zurück und warf sich, von einigen Bischöfen als Fürsprecher geleitet, seinem Bruder zu Füßen. Als Mitglied des Königshauses galt er wohl als unantastbar. Der König ließ ihn in die Pfalz Ingelheim bringen und in strenger Haft halten. Ein Mainzer Kleriker verhalf ihm zur Flucht, und Heinrich nutzte das Weihnachtsfest, um sich dem Bruder noch einmal zu Füßen zu werfen und an seine Großmut zu appellieren. Der König, auf dem Wege zur Frühmesse, konnte kaum anders, als an diesem heiligen Tage dem Bruder Verzeihung zu gewähren. Neben strafender Gerechtigkeit erwartete man vom König auch Milde gegenüber dem reuigen Sünder, zumal am Geburtstag des Herrn, des himmlischen Königs. Friede sollte an diesem Tage überall auf Erden herrschen. Die Versöhnungsszene, die sich am Weihnachtstag des Jahres 941 in Mainz abspielte, ist von der ersten deutschen Dichterin, der Gandersheimer Stiftsdame Roswitha, in ihrem Gedicht »Von den Taten Kaiser Ottos des Großen« dramatisch ausgeschmückt worden.[24]

Die Ära der Rebellionen schien nach der Unterwerfung Heinrichs vorüber. Otto der Große steuerte einen auf Aussöhnung gerichteten Kurs. Nicht nur der Bruder gewann seine Huld zurück, auch Hein-

Roswitha von Gandersheim überreicht im Beisein der Äbtissin Gerberga ihre Dichtungen dem Kaiser. Holzschnitt von Albrecht Dürer in der Erstausgabe von 1501, die der gelehrte Humanist Konrad Celtis besorgte. Roswithas Werke sind nur in einer einzigen Handschrift aus dem Ende des 10. Jahrhunderts überliefert.

richs Vasallen erhielten nach und nach ihre konfiszierten Güter wieder. Der Erzbischof Friedrich von Mainz wurde aus der Haft entlassen und in seine Würde wiedereingesetzt. Mit Hilfe einer Intensivierung der Familienpolitik suchte der König die innenpolitische Kardinalfrage, die Integration der Herzogtümer in die Reichsordnung, zu lösen. Die Angehörigen der Königssippe wurden auf der Ebene unterhalb der Monarchie an der Herrschaft im Reich beteiligt.

Im Herzogtum Bayern hatte es sogleich nach dem Tode Herzog Arnulfs am 14. Juli 937 die ersten Schwierigkeiten gegeben. Der alte Herzog hatte seinen Sohn Eberhard als Nachfolger ausersehen und ihn auf einem bayerischen Stammeslandtag zum Herzog erheben lassen. Von einer Mitwirkung des Königs war keine Rede; das bayerische Herzogtum dokumentierte damit seinen Charakter als echtes Stammesherzogtum. Otto der Große war jedoch nicht gewillt, dem jungen Herzog die Machtstellung seines Vaters zuzubilligen. Er forderte von ihm Unterordnung unter die königliche Gewalt und setzte sie im Jahre 938 auf zwei Feldzügen nach Bayern auch durch. Eberhard wurde abgesetzt, aber noch wagte es Otto der Große nicht, die angestammten Rechte der bayerischen Herzogssippe völlig zu ignorieren. Arnulfs Bruder Berthold empfing die Herzogswürde aus der Hand des Königs. Er mußte auf die Herrschaft über die bayerische Kirche verzichten, die damit wieder ein Bestandteil der vom König beherrschten Reichskirche wurde. Der Kompromiß glückte. Herzog Berthold hielt dem König die Treue und erwies sich als ein tapferer Hüter der Grenzen gegen die Ungarn. 944 errang er mit bayerischen und karantanischen Aufgeboten einen triumphalen Sieg bei Wels an der Traun über die Magyaren.[25] Erst nach dem Tod des Herzogs Berthold am 23. November 947 brachte Otto der Große die königliche Verfügungsgewalt über die Dukate zur Geltung und verlieh Bayern an seinen Bruder Heinrich, nicht an den Sohn des Herzogs Berthold. Eine gewisse »Ansippung« des neuen Herzogs aus dem ottonischen Königshause an die Sippe der Luitpoldinger war dadurch vollzogen worden, daß Heinrich Judith, eine Tochter Herzog Arnulfs, geheiratet hatte.

Der neue Herzog wuchs an seiner Aufgabe. Er kämpfte sehr erfolgreich gegen die Ungarn und griff sie zum ersten Mal seit der unglücklichen Schlacht bei Preßburg 907 in ihrem eigenen Machtbereich an. Von seinen herzoglichen Vorgängern erbte er nicht nur den Kampf gegen die Ungarn, sondern – wie sich zeigen sollte – auch den Drang nach Süden. Aus dem rebellischen Königssohn wurde ein Herzog, der treu zu seinem Bruder stand und den »Weg Bayerns ins Reich« vollendete.[26]

Das Herzogtum Franken behielt der König nach Eberhards Tod 939 selbst in der Hand. Es wurde zum Königsland wie zuvor schon Sachsen. In Schwaben regierte der Konradiner Hermann, dessen Tochter Ida im Jahre 947 mit dem zum Thronfolger ausersehenen Liudolf verheiratet wurde. Nach dem Tode Hermanns im Jahre 949 erhielt Liudolf die schwäbische Herzogswürde und damit ein selbständiges Betätigungsfeld.

In komplizierteren Bahnen verlief die Entwicklung im Herzogtum Lothringen, das durch den Tod Giselberts frei geworden war. Es bedurfte weiterhin des Schutzes gegen die traditionellen Ansprüche des französischen Königs und diente gleichzeitig als Basis für die ottonische Hegemonialpolitik gegenüber dem feudal zersplitterten Frankreich. König Ludwig IV. hatte die Wirren des Jahres 939 nicht ungenutzt gelassen, sondern sich rasch mit Giselberts Witwe Gerberga vermählt. Der französische König wurde dadurch der Schwager Ottos des Großen, der das Paar freilich rasch aus dem Lande trieb. Das Herzogtum wurde zunächst an den lotharingischen Grafen Otto verliehen, dann an den Prinzen Heinrich, der nach seiner mißglückten Revolte wieder von dem Lotharinger abgelöst wurde. Nach dessen Tod im Jahre 944 setzte der König einen Rheinfranken zum Herzog ein, Konrad den Roten, zuvor Graf im Worms- und Speyergau. Um ihn noch enger an sich zu binden, gab er ihm 947 seine Tochter Liudgard zur Frau. Der neue landfremde Herzog genoß beim lotharingischen Adel wenig Sympathie, konnte sich aber mit Tatkraft und Geschick behaupten.

Damit schien das schwierige innenpolitische Problem, die Eingliederung der eigenständig gewachsenen, im gentilen Sonderbewußtsein verwurzelten und mit eigenen Herrschaftsrechten ausgestatteten Stammesherzogtümer in die streng hierarchisch auf den König hin orientierte Reichsordnung, zugunsten der Monarchie gelöst zu sein. Sachsen und Franken waren der Krone unmittelbar und ohne eine herzogliche Zwischeninstanz unterstellt. Der König beherrschte damit sowohl den sächsischen Norden als auch die fränkische Mitte. Lotharingien und die beiden süddeutschen Herzogtümer wurden von Angehörigen des ottonischen Königshauses beherrscht.

Der Aufstieg des ottonischen Königtums zur europäischen Hegemonialmacht, der sich in diesem Jahrzehnt der innenpolitischen Konsolidierung und der außenpolitischen Erfolge anbahnte, wurde jedoch noch einmal unterbrochen. Es zeigte sich, daß die Zeit der Rebellionen noch nicht vorüber war. Das italienische Abenteuer Ottos des Großen, Kriegszug und Brautfahrt zugleich, geboren aus politischem Kalkül, romantischen Gefühlen und im Verborgenen schlummernden Kaiserträumen, erwies sich als verfrüht. Es brachte weder die ersehnte Kaiserkrone noch die dauerhafte Herrschaft über das Königreich Italien, wohl aber neuen Zwist im Königshause. Diesmal sollte es Liudolf sein, der Thronfolger, um den sich die Unzufriedenen sammelten.

Rom und Italien hatten bisher keineswegs außerhalb des Gesichtskreises Ottos des Großen gelegen, aber er hatte zunächst einmal andere Sorgen. Er mußte sich damit begnügen, bei passender Gelegenheit in die Machtkämpfe einzugreifen, um die Entstehung einer Großmacht im Süden des Reiches zu verhindern. Ein starkes Königreich Italien, vielleicht sogar in Personalunion mit Burgund und der Provence, hätte dem deutschen König den Weg nach Rom und damit zur Kaiserwürde versperrt. Diese Konstellation lag am Ende der dreißiger Jahre im Bereich der Möglichkeiten, denn im von inneren Kämpfen zerrissenen Oberitalien war Hugo von der Provence, ein Enkel Lothars II., zum König gewählt worden. Als er sich nach dem Tode des Königs Rudolf II. von Hochburgund mit dessen Witwe Berta vermählte und deren Tochter Adelheid mit seinem Sohn Lothar verlobte, konnte er auf die Schaffung eines alpenübergreifenden burgundisch-italienischen Reiches hoffen. Es gelang dem deutschen König jedoch, den burgundischen Thronerben Konrad an seinen Hof zu holen und das Königreich Hochburgund unter die Oberhoheit des Reiches zu beugen.

Gegen den noch immer gefährlichen König Hugo von Italien unterstützte Otto der Große dessen Rivalen, den Markgrafen Berengar von Ivrea. Der Markgraf war 941 aus Italien vertrieben worden und hatte sich an den deutschen Hof geflüchtet. Nachdem er dem König den Lehnseid geleistet hatte, war er mit Hilfe deutscher Truppen nach Italien zurückgekehrt, hatte den italienischen König in die Defensive gedrängt und nach dessen Tod 948 faktisch die Herrschaft übernommen. Die Königswürde war freilich Hugos Sohn Lothar vorbehalten geblieben. Das Machtgleichgewicht im Königreich Italien wurde ernsthaft gefährdet, als sich der Markgraf nach dem frühen Tod Lothars 950 in Pavia zum König krönen ließ. Er brachte die erst neunzehnjährige Witwe Lothars, die burgundische Königstochter Adelheid, in seine Gewalt, um sie zur Ehe mit seinem eigenen

Sohn Adalbert zu zwingen. Da sich Adelheid weigerte, ließ Berengar sie in der Burg Garda am Gardasee in »Beugehaft« nehmen. Ihren Hilferuf konnte der deutsche König nicht ungehört verhallen lassen. »Die Freiheit und das Recht der schönen und unglücklichen jungen Frau gaben die Losung, unter der im Jahre 951 der deutsche Feldzug nach Italien unternommen wurde«.[27] Adelheid war nicht nur eine junge und schöne Gefangene, sie war auch die Witwe eines Königs, deren Hand einen Rechtsanspruch auf das Königreich Italien verhieß. Otto der Große war schon seit einigen Jahren Witwer, und es schien an der Zeit, dem Reich wieder eine Königin zu geben. Aus dieser Perspektive erhält der erste Italienzug eines deutschen Königs die Aura einer romantischen Brautfahrt. Menschlich-sentimentale Regungen verklärten machtpolitische Ziele.

Im Kern ging es gewiß um Machtpolitik. Berengar, zur königlichen Würde emporgestiegen, vergaß den Vasalleneid, den er als Markgraf geschworen hatte. Sein rüdes Vorgehen gegen Adelheid kränkte den deutschen König, der seine Aufgabe als Schutzherr von Adelheids Bruder Konrad ernst nahm. Sein Prestige stand auf dem Spiel, aber auch der eigene Machtanspruch gegenüber den beiden süddeutschen Herzögen Heinrich von Bayern und Liudolf von Schwaben. Der Bruder und der Sohn des Königs nahmen nämlich die Italienpolitik ihrer herzoglichen Vorgänger wieder auf. Ein Wettlauf um die Herrschaft im Süden begann. Noch bevor Otto der Große etwas unternehmen konnte, zog Herzog Liudolf von Schwaben über die Alpen, scheiterte jedoch am Widerstand der oberitalienischen Großen, die vom bayerischen Herzog gewarnt und zum Widerstand gereizt worden waren. Heinrich von Bayern stieß seinerseits nach Süden vor und eroberte Friaul. Wenn der deutsche König die Italienpolitik nicht den Herzögen überlassen wollte, mußte er selbst eingreifen und damit das Hinauswachsen Bayerns und Schwabens aus dem Reich zu verhindern suchen.

Mit einem stattlichen Heer aus allen Reichsteilen zog Otto der Große Anfang September 951 über den Brenner nach Italien. In seinem Gefolge waren alle drei Herzöge, die Erzbischöfe Friedrich von Mainz und Ruotbert von Trier, Ottos jüngster Bruder Brun und zahlreiche weitere weltliche und geistliche Herren. König Berengar leistete keinen Widerstand, sondern wich nach Süden aus. Kampflos konnte Otto der Große in die alte langobardische Königstadt Pavia einziehen und die Herrschaft übernehmen. Die italienischen Großen huldigten ihm, und er nahm den Titel »König der Franken und der Langobarden« an, den einst Karl der Große geführt hatte. Der deutsche König und seine Berater wußten genau, wessen Spur sie in Italien folgten.

In der Ferne lockten Rom und die Kaiserkrone. Erzbischof Friedrich von Mainz und Bischof Hartbert von Chur wurden nach Rom geschickt, um die Stimmung in der Ewigen Stadt und am päpstlichen Hof zu erkunden. Agapet II. und Fürst Alberich, der wahre Herr über Rom und das Papsttum, waren an der Wiederherstellung des Kaisertums nicht interessiert, und so kehrte die Gesandtschaft unverrichteter Dinge nach Pavia zurück, vom König nicht eben freudig empfangen.

Mehr Glück hatte Otto der Große bei Adelheid. Sie war aus Berengars Haft entflohen und hatte bei Bischof Adalhard von Reggio Schutz und Zuflucht gefunden. Sie stimmte rasch zu, als der König mit reichen Geschenken um ihre Hand warb. Die Hochzeit wurde noch im Herbst des Jahres 951 in Pavia mit großer Pracht gefeiert.[28] Die Ehe mit Adelheid verstärkte Ottos Anspruch auf die italienische Königswürde und konnte benutzt werden, um Berengar zum Usurpator zu stempeln. Die »Hochzeitsreise« führte das Paar freilich nicht nach Rom zur Kaiserkrönung, sondern nach Norden zurück nach Deutschland, wo sich wieder dunkle Wolken zusammenbrauten. Herzog Liudolf, durch die Machenschaften Heinrichs von Bayern und den erfolgreichen Italienzug Ottos des Großen in seinen italienischen Plänen gestört, fürchtete nun auch noch um sein Thronrecht.

Die neue Ehe des Königs ließ erneut Risse im Hause der Liudolfinger aufbrechen. Der Thronfolger entfernte sich vom Hofe des Vaters und eilte nach Norden. Im thüringischen Saalfeld, einem unheilschwangeren Ort, an dem Jahre zuvor Ottos Bruder Heinrich seine Verschwörung gegen den König ausgebrütet hatte, schmiedete nun auch Liudolf finstere Pläne.[29] Hier feierte der Herzog mit königlicher Pracht das Weihnachtsfest, umgeben von Erzbischof Friedrich von Mainz und anderen Würdenträgern des Reiches.[30] Indem er königliche Ehren in Anspruch nahm, stellte er demonstrativ sein Thronrecht zur Schau. Die Wahl des Ortes war zweifellos als Warnung an den Vater gedacht.

Otto der Große hat das verstanden. Er hatte Weihnachten noch in Pavia gefeiert, kehrte aber schon im Februar 952 über Como und einen der Bündner Pässe nach Deutschland zurück. Das Osterfest feierte das königliche Paar in Ottos Lieblingspfalz Magdeburg. Hier erschien Herzog Konrad der Rote von Lotharingien, den der König in Italien zurückgelassen und mit der Niederwerfung Berengars beauftragt hatte. In seiner Begleitung befand sich Berengar, der bereit war, dem deutschen König zu huldigen und dessen Lehnshoheit über das Königreich Italien anzuerkennen. Als sich Berengar der Stadt Magdeburg näherte, ritten ihm die Herzöge, Grafen und die vornehmsten Paladine entgegen, empfingen ihn eine Meile vor der Stadt und bereiteten ihm einen königlichen Empfang. Damit hatten die Großen des Reiches Berengars königlichen Rang anerkannt, bevor Otto selbst eine Entscheidung getroffen hatte. Ihm waren die Hände gebunden, und er – höchst sensibel in Fragen des Protokolls – reagierte gereizt. Drei Tage weigerte er sich, den Italiener zu empfangen. Damit brüskierte er Konrad den Roten, unter dessen Geleit Berengar gekommen war. Der Herzog konnte diese Kränkung seiner Ehre nicht hinnehmen und schwenkte auf die Seite Liudolfs und Friedrichs ab. Otto der Große lenkte ein und nahm Berengars Anerbieten doch noch an.

Auf dem Reichstag zu Augsburg im August 952 leisteten Berengar und sein Sohn Adalbert dem deutschen König den Lehnseid und empfingen aus seiner Hand das Königreich Italien, das freilich zugunsten Bayerns verkleinert wurde. Die Gebiete östlich der Etsch wurden abgetrennt und als Markgrafschaft Verona und Friaul dem Herzog Heinrich von Bayern übertragen. Das war ein kluger Schachzug, der Otto dem Großen den Weg über den Brenner und die Ostalpenpässe nach Italien sicherte. Gleichzeitig wurde dem Bayernherzog damit der Schutz Italiens vor den Einfällen der Ungarn anver-

Idealbild der Kaiserin Adelheid im Chor des Meißner Domes (um 1270).

Berengar von Italien unterwirft sich Otto dem Großen. Miniatur in der Jenenser Handschrift der Weltchronik Ottos von Freising.

traut. Sein Machtbereich erstreckte sich jetzt vom Böhmerwald und der Donau bis zur Adria. Das Herzogtum Bayern und seine Marken bildeten den südöstlichen Eckpfeiler des ottonischen Imperiums.

Auf dem Augsburger Reichstag des Jahres 952, der mit einer Reichssynode verbunden war, schien die Ordnung im Reich wiederhergestellt zu sein. Erzbischof Friedrich von Mainz hatte die Kirchenversammlung geleitet, Herzog Liudolf hatte am Reichstag teilgenommen, und durch die dort vollzogene Huldigung Berengars und Adalberts hatte der König seinen Anspruch auf das Regnum Italicum wenigstens in den äußeren Formen wahren können. Aber der Schein trog. Die Unzufriedenen sammelten sich um Liudolf, dessen Furcht um sein Thronrecht neue Nahrung erhielt, als dem Königspaar Ende 952 ein Sohn geboren wurde, der nach seinem Großvater den Königsnamen Heinrich empfing.

Die Rebellion, die 953 ausbrach, zielte nicht auf den Sturz des Königs. Liudolf ging es offenbar vor allem um die Sicherung seiner Stellung als Thronfolger und die Zurückdrängung des Einflusses Heinrichs von Bayern und der Königin Adelheid auf die Regierung. Friedrich von Mainz bangte um seine Stellung als Erzkapellan, und Konrad der Rote, weniger Politiker als Kriegsmann, fühlte sich noch immer tief in seiner Ehre gekränkt. Als Schwiegersohn des Königs glaubte er Anspruch auf mehr Respekt zu haben.

Die Verschwörung breitete sich aus wie ein Steppenbrand. Schwaben und Franken standen auf der Seite des Rebellen; Anhänger in Bayern, Thüringen und sogar in Sachsen schlossen sich an. Pfalzgraf Arnulf, einer der Söhne des Herzogs Arnulf, sah die Stunde gekommen, um das Herzogtum Bayern wieder für sein Haus zurückzugewinnen. In Thüringen schlossen sich die Grafen Dedi vom Hassegau und Wilhelm von Weimar den Aufständischen an, in Sachsen die Billunger Wichmann der Jüngere und sein Bruder Ekbert der Einäugige. Während wenigstens Markgraf Hermann Billung treu zum König stand, scheint Markgraf Gero, dessen Sohn Siegfried mit Hathui, der Schwester Wichmanns und Ekberts, verheiratet war, mit den Empörern sympathisiert zu haben. Natürlich ließen sich Berengar und Adalbert diese günstige Gelegenheit nicht entgehen. Sie nutzten die Gunst der Stunde, um dem deutschen

König die Treue aufzukündigen und die Mark Verona und Friaul zurückzugewinnen.

Zunächst sah es so aus, als sei ein Kompromiß möglich. Bei einem Zusammentreffen in Mainz zwangen Erzbischof Friedrich und Herzog Liudolf den König zu Zugeständnissen, doch der Herrscher fühlte sich an diesen Vertrag, der ihm in bedrängter Lage abgezwungen worden war, nicht wirklich gebunden. Durch den Mainzer Vertrag, dessen Inhalt von keiner Quelle wiedergegeben wird, fühlte Otto der Große sich tief gedemütigt und in seiner Majestät gekränkt. Ultimativ forderte er die Rebellen auf, sich auf dem Reichstag, den er nach Fritzlar einberief, zu rechtfertigen. Die Herzöge folgten der Ladung nicht, und der König erklärte Konrad den Roten für abgesetzt. Erzbischof Friedrich und die beiden thüringischen Grafen Dedi und Wilhelm versuchten vergeblich, sich zu rechtfertigen. Der Erzbischof fiel in Ungnade, verlor das Amt des Erzkapellans, und die beiden Grafen wurden nach Bayern in die Verbannung geschickt.[31]

Zu schweren und blutigen Kämpfen kam es in Lotharingien, wo die Aristokratie den Konflikt zwischen dem König und ihrem Herzog benutzte, um das verhaßte Regime Konrads des Roten abzuschütteln:

Als aber die Lotharinger merkten, daß der König gegen den Herzog erzürnt war, griffen sie gegen ihn zu den Waffen; denn sie waren erbittert, weil er gegen ihren Willen das Herzogsamt über sie ausübte. Er aber erhob unerschrocken mit Löwenmut seine Fahnen und erschlug eine unglaubliche Menge von ihnen mit eigener Hand, weil er durch den Tod eines Blutsverwandten, nämlich Konrads, des Sohnes Eberhards, wie ein reißendes Tier ergrimmte.[32]

Der Kampf endete ohne Entscheidung, aber Konrad verließ Lotharingien und zog sich nach Franken zurück. Mainz wurde zur Zentrale der Aufstandsbewegung. Der König zog mit einem starken Heer heran, konnte den von den römischen Befestigungsmauern umgebenen Ort aber nicht bezwingen. Friedensverhandlungen scheiterten an der starren Haltung Ottos des Großen, der von Liudolf und Konrad die bedingungslose Auslieferung ihrer Mitverschworenen verlangte. Sohn und Schwiegersohn Ottos lehnten diese Forderung ab, denn sie hatten sich mit ihren Freunden und Helfern durch unverbrüchliche Eide verbunden.[33] Nun revoltierten auch die Bayern unter der Führung des Pfalzgrafen Arnulf und öffneten Liudolf die Tore der festen Stadt Regensburg. Im königlichen Lager mehrten sich die kritischen Stimmen, und der König mußte große Teile seines Heeres in die Heimat entlassen. Er befand sich nun in einer sehr schwierigen Lage, gab aber nicht auf. Seinen jüngsten Bruder Brun machte er 953 zum Erzbischof von Köln und verlieh ihm im September des gleichen Jahres auch das Herzogtum Lotharingien. Als Erzbischof und Herzog vereinte Brun geistliche und weltliche Macht in seiner Hand. Neues kündigte sich an, das ottonisch-salische Reichskirchensystem.

Im Südwesten fand der König tatkräftige Unterstützung durch den Bischof Ulrich von Augsburg, während sich der bayerische Episkopat unter Führung des Erzbischofs Herold von Salzburg gegen ihn stellte. Ein Angriff auf Regensburg schlug fehl, und der König mußte sich nach Sachsen zurückziehen. Letztlich hatte das Jahr 953 dem Herrscher eine Serie von herben Niederlagen gebracht.

Im nächsten Jahr sollte es noch schlimmer kommen. Mit der Vertreibung des kriegstüchtigen Herzogs Heinrich aus Bayern brach der Grenzschutz gegen die Ungarn zusammen, die die Wirren des Bürgerkrieges zu einem Feldzug nutzten. Von Bayern aus zogen sie zum Rhein, wo ihre Anführer in Worms feierlich bewirtet und reich beschenkt wurden. Dann verheerten sie Bruns Herzogtum Lothringien, Frankreich und Burgund, um auf dem Umweg über Italien nach Ungarn zurückzukehren. Die Rebellen hatten die Ungarn zwar nicht ins Land gerufen, wohl aber mehr oder weniger mit ihnen paktiert. Diese Konspiration mit dem gefürchteten Reichsfeind wurde ihnen nun zum Verhängnis. Die Stimmung schlug um, und sie mußten sich dem König unterwerfen, der seinerseits Zugeständnisse machte und auf strenge Bestrafung verzichtete. Erzbischof Friedrich von Mainz und Konrad der Rote unterwarfen sich, während Liudolf erst einige Wochen später aufgab und sich dem Vater im Büßergewand zu Füßen warf. Damit brach die Empörung in sich zusammen; nur in Bayern wurde noch bis zum Frühjahr 955 um Regensburg gekämpft. Der erbitterte Herzog Heinrich nahm Rache an seinen Feinden und ließ Erzbischof Herold von Salzburg seines Augenlichts berauben.

Schon im Dezember 954 fielen auf dem Reichstag im thüringischen Arnstadt wichtige personalpolitische Entscheidungen. Wie Konrad der Rote verlor jetzt auch Liudolf seine herzogliche Würde. Sohn und Schwiegersohn wurden entmachtet, aber nicht gedemütigt.

Bei der Besetzung des Herzogtums Schwaben kam die alte schwäbische Herzogsfamilie der Hunfridinger wieder zum Zug. Der neue Herzog Burchard III. (954–973) vermählte sich mit Hadwig, der Tochter Herzog Heinrichs von Bayern, und wurde auf diese Weise mit dem Königshaus verbunden. Da Erzbischof Friedrich von Mainz am 25. Oktober 954 gestorben war, stand das Erzbistum dem Zugriff des Königs offen. Er vergab die wichtigste kirchliche Würde des Reiches an seinen illegitimen Sohn Wilhelm (954–968), der seine geistlichen Aufgaben sehr ernst nahm und keineswegs ein williges Werkzeug für alle Pläne seines Vaters werden sollte.

Otto der Große hatte mit seiner Familienpolitik nicht viel Glück gehabt, vollzog aber auch jetzt keine Kehrtwendung. Das Herzogtum Bayern war in der Hand seines Bruders, der Hunfridinger Burchard von Schwaben hatte eine Liudolfingerin zur Frau bekommen, und die beiden wichtigsten Erzbistümer des Reiches, Köln und Mainz, waren mit Angehörigen des Herrscherhauses besetzt. Brun von Köln (953–963) beherrschte außerdem das Herzogtum Lothringien.

3. Von der Lechfeldschlacht zur Kaiserkrönung

Die Entstehung des deutschen Kaisertums, d.h. einer auf der inneren Entwicklung der deutschen Stämme beruhenden Ordnung, die durch die Ausbreitung der ottonischen Macht über Italien eine universale Stellung gewann, bildet das Weltereignis des zehnten Jahrhunderts.[34]

Leopold von Ranke

War die Krönung Ottos des Großen zum Kaiser wirklich ein so epochales Ereignis für die deutsche und die europäische Geschichte? Urteilt man nach der Resonanz in der zeitgenössischen Geschichtsschreibung, so regen sich Zweifel. Haben die Zeitgenossen das säkulare Gewicht der Kaiserkrönung nicht erahnen können? Nüchtern und knapp der Bericht Adalberts von Magdeburg: »Der König feierte Weihnachten in Pavia. Von dort zog er weiter, wurde in Rom günstig aufgenommen und unter dem Zuruf des ganzen römischen Volkes und der Geistlichkeit von Papst Johannes, dem Sohn Alberichs, zum Kaiser und Augustus ausgerufen und geweiht«.[35] Auch Liudprand von Cremona berichtet nur mit wenigen Worten über das Ereignis,[36] und andere übergehen es sogar mit Stillschweigen. Jubel erklingt nur in dem panegyrischen Gedicht der Roswitha von Gandersheim über die Taten Ottos des Großen. Die Dichterin feiert den Kaiser als den »gewaltigen Herrscher des caesarianischen Reiches«, als denjenigen, der »das Zepter der augustalischen Ehren« in den Händen hält und alle früheren Kaiser durch seinen Glaubenseifer weit übertrifft.[37]

Allerdings gab es im sächsischen Norden auch Kräfte, die der römischen Kaiserwürde, den transalpinen Abenteuern und der dadurch erzwungenen langen Abwesenheit des Herrschers ablehnend, zumindest aber skeptisch gegenüberstanden. Exponent dieser Haltung war der »ottonische Hofhistoriograph« Widukind von Corvey. Auch für ihn war Otto der Große der Kaiser, jedoch kein Kaiser römisch-päpstlicher Tradition, sondern ein »Heerkaiser«: »Durch seinen herrlichen Sieg erntete der König höchsten Ruhm und wurde von seinem Heer als Vater des Vaterlandes und Kaiser begrüßt«.[38] Die Kaiserkrönung in Sankt Peter erwähnt der Chronist mit keinem Wort. »Den Kaiser macht das Heer«.[39] Das war die Auffassung, die der sächsische Adelsmönch vertrat, und sicher nicht nur er allein.

In der Mitte des 10. Jahrhunderts lag eine Erneuerung des Kaisertums in der Luft. Und dafür kam niemand anderes als Otto der Große in Betracht. Ein altrömisches Soldatenkaisertum, das der siegreiche Feldherr auf dem Schlachtfeld empfing, konnte sein Kaisertum allerdings nicht sein, aber ganz unrecht hatte Widukind von Corvey nicht, wenn er einen Zusammenhang zwischen dem Kaisertum und der Schlacht auf dem Lechfeld herstellte. Der triumphale

Kaisersiegel Ottos I.
Der Herrscher ist nach byzantinischem Vorbild en face dargestellt. Schild und Speer, die alten Herrschaftszeichen des ostfränkisch-deutschen Königtums, sind durch Zepter und Sphaira (Reichsapfel) ersetzt. Otto der Große will durch den neuen Siegeltypus seine kaiserliche Würde und seine Gleichrangigkeit mit dem oströmischen Kaiser betonen.

Sieg des deutschen Heeres über die ungarische Invasionsarmee am 10. August 955 auf dem Lechfeld bei Augsburg sicherte Otto dem Großen eine hegemoniale Stellung in Europa und ebnete ihm den Weg nach Rom.

Im Jahr zuvor hatten die Ungarn auf ihrem Beutezug durch Europa keinen Widerstand gefunden. Im Sommer 955 fielen sie dann abermals mit einem gewaltigen Heer ins Reich ein und stießen durch Bayern nach Schwaben vor. Sie belagerten Augsburg, die Bischofsstadt, die reiche Beute versprach. Der Ort war zwar keine feste Römerstadt mehr, aber wenigstens durch Wälle und Palisaden geschützt. Bischof Ulrich von Augsburg, hoch zu Roß, aber ohne Waffen, leitete selbst die Verteidigung. Mit den Worten des Psalmisten David, »Wenn ich auch wandle unter Todesschatten, ich fürchte nichts Schlimmes, denn du bist ja bei mir«, ermutigte er die Verteidiger und verhieß ihnen Rettung. Daß er in dem Pfeilhagel der Ungarn unverletzt blieb, schien ein Zeichen des Himmels. Der Berichterstatter, der Verfasser der Lebensbeschreibung des heiligen Ulrich von Augsburg, war wohl ein Augenzeuge des Kampfes um die Stadt.[40] Die Ungarn, sonst immer auf schnelle Erfolge erpicht, bissen sich vor Augsburg fest. Kurz vor dem entscheidenden Sturm auf die Stadt, dem die erschöpften Verteidiger kaum hätten standhalten können, kam die Nachricht vom Nahen des deutschen Heeres. Die Ungarn sammelten ihre zerstreuten Scharen, bereit, die Entscheidungsschlacht zu wagen.

Widukind von Corvey schildert die Vorbereitungen zur Schlacht und den Verlauf des Kampfes, gestützt auf die Berichte von Teilnehmern.[41] Der König hatte nach dem Angriff der Ungarn auf den bayerisch-schwäbischen Süden rasch ein Heer gesammelt. Mit einem kleinen sächsischen Aufgebot eilte er nach Süden, denn die sächsische Hauptmacht mußte zum Schutz der Ostgrenze gegen die unruhigen Slawenstämme zurückbleiben. Nicht weit von Augsburg entfernt erwartete er die Ankunft der Franken, Schwaben und Bayern. Die Franken wurden von Konrad dem Roten angeführt, die Schwaben von ihrem Herzog Burchard. Die Lothringer unter ihrem Erzbischof-Herzog Brun von Köln standen im Rheinland bereit, falls die Ungarn dem Kampf ausweichen und nach Westen abrücken sollten. Außerdem wurde das Reichsheer durch ein Kontingent von tausend auserlesenen böhmischen Reitern verstärkt.

Das Heer Ottos des Großen, ein wirkliches Reichsheer, war nach Stämmen gegliedert, die von alters her Kampfverbände waren. Nur antikisierend spricht Widukind von Corvey von acht »Legionen«. Die süddeutschen Stämme stellten die stärksten Aufgebote, die Bayern drei, die Schwaben zwei, die Franken und die Böhmen je eine Abteilung. Die fünfte »Legion« führte der König selbst, umgeben von den besten jungen Kriegern des gesamten Heeres. Das böhmische Hilfsheer bestand nach der durchaus glaubwürdigen Angabe des Chronisten aus tausend Kriegern; die deutschen Kontingente dürften wohl etwas stärker gewesen sein, am stärksten das des Königs selbst. Das Reichsheer mag also etwa zehntausend Krieger gezählt haben, dazu eine entsprechende Anzahl Troßknechte.

Widukind von Corvey schildert die Schlacht ausführlich und anschaulich, freilich nicht aus der Sicht eines Feldherrn, sondern aus der eines Kriegers, also nicht immer aus der Warte, die den großen Überblick gewährt. Die ungarischen Scharen, beweglich und einfallsreich wie immer, waren im ersten Anlauf erfolgreich. Sie überschritten den Lech, griffen unvermutet den Troß und die böhmischen Hilfstruppen an und schlugen sie in die Flucht. Reiche Beute und zahlreiche Gefangene fielen ihnen in die Hände. Nicht besser erging es den schwäbischen Aufgeboten, die ebenfalls in die Flucht geschlagen wurden. Konrad der Rote führte die Franken heran und jagte den plündernden Magyaren ihre Beute wieder ab. Trotz dieses Erfolges war die Lage des deutschen Heeres bedrohlich.

Der König wußte, daß seine Stellung im Reich und in Europa auf dem Spiel stand. Daher führte er selbst das Hauptheer in den Kampf. Es war das einzige Mal, daß Otto der Große an der Spitze seiner Krieger in die Schlacht ritt, die Heilige Lanze als siegbringende Reliquie in den Händen. In eigener Person trug der von Gott auserwählte christliche Herrscher die Heilige Lanze in den Kampf gegen die Heiden und bewährte sich als »tapferster Krieger und hervorragendster Feldherr zugleich«. Die Ungarn wehrten sich erbittert, und es dauerte lange, bis ihre Schlachtreihe ins Wanken geriet und sie sich zur Flucht wandten. Ihr Lager wurde erobert, die Gefangenen wurden befreit. Die Verluste der Magyaren waren außerordentlich hoch. Wer nicht in der Schlacht fiel, ertrank im Lech, wurde auf der Flucht getötet oder gefangengenommen. Die Rache der Sieger kannte keine Grenzen; selbst drei ungarische Heerführer, die als Gefangene vor Herzog Heinrich von Bayern gebracht wurden, erlitten den schimpflichen Tod durch den Strang. Nur wenige Ungarn entkamen in die Heimat.

Auch das deutsche Heer hatte gewaltige Verluste erlitten: »Nicht gerade unblutig war der Sieg über ein so wildes Volk«, sagt Widukind von Corvey.[42] Das prominenteste Opfer des Kampfes war Konrad der Rote, dessen Tapferkeit und Kriegstüchtigkeit die Wende herbeigeführt hatten:

Dem Herzog Konrad nämlich, welcher tapfer kämpfte, wurde durch die Hitze des Gefechtes und der Sonnenglut, die an diesem Tage sehr heftig war, gewaltig heiß, und als er die Bänder des Panzers löste und Atem holte, starb er, von einem Pfeil durch die Kehle getroffen. Sein Körper wurde auf Befehl des Königs ehrenvoll nach Worms geleitet. Hier wurde dieser Mann, groß und ruhmvoll durch jegliche Tugend der Seele wie des Körpers, unter den Tränen und Klagen aller Franken bestattet.[43]

Die Deutschen hatten sich nach einer Zeit innerer Wirren und Krisen zur Abwehr eines gefährlichen äußeren Feindes zusammengefunden. Diese Bewährung im gemeinsamen Abwehrkampf hat ohne Zweifel das Gemeinschaftsbewußtsein gestärkt und das Zusammenwachsen der Stämme zum deutschen Volk gefördert. Auch unter diesem Aspekt ist die Schlacht auf dem Lechfeld am 10. August 955 ein Markstein in der deutschen Geschichte.

Auf dem Schlachtfeld fand eine triumphale Siegesfeier statt, bei der das Heer dem siegreichen Feldherrn die Ovationen darbrachte, die Widukind von Corvey als eine Kaiserproklamation auffaßte. Otto der Große wußte um das machtpolitische Gewicht dieses Sieges, und er tat alles, um die Kunde davon rasch zu verbreiten. Auf seinen Befehl hin sollten in allen Kirchen und Klöstern des Reiches Dankgottesdienste abgehalten und Lobgesänge angestimmt werden. Die Menschen schienen zu ahnen, daß mit der Niederlage der Ungarn auf dem Lechfeld die leidvolle Epoche der verheerenden Raubzüge dieses Steppenvolkes zu Ende ging. Wenn der Chronist behauptet, seit zweihundert Jahren habe kein König einen so glanzvollen Sieg errungen, so dachte er vermutlich an den Sieg Karl Martells über die Sarazenen in der Schlacht bei Tours und Poitiers im Jahre 732. Wie einst der fränkische Hausmeier war nun der deutsche König zum Schutzherrn des christlichen Abendlandes geworden. Kam dem Sieger über die gefürchteten Magyaren nicht die Kaiserkrone zu? Prädestinierte ihn die erfolgreiche Abwehr der Heiden nicht für die höchste weltliche Würde der abendländischen Welt?

Otto der Große, der dem Sieg über die Ungarn schon bald einen siegreichen Feldzug gegen die Elb- und Ostseeslawen folgen ließ, hatte eine hegemoniale Stellung im europäischen Machtgefüge errungen, die die Historiker als »imperiales Königtum« zu bezeichnen pflegen.[44] Jetzt besaß er ein deutliches Übergewicht gegenüber den Königen von Frankreich, Burgund und Italien, schützte erfolgreich die Grenzen der abendländischen Christenheit gegen die heidnischen Völkerschaften im Osten und Norden und hatte auch bereits die vornehmste Aufgabe eines christlichen Herrschers in Angriff genommen, nämlich die Ausbreitung des christlichen Glaubens über die Grenzen des Reiches hinaus. »Es war die Herrschaft eines Königs, der in den 50er Jahren des 10. Jahrhunderts die Vorherrschaft ausübte über die Könige Italiens, Burgunds und Frankreichs, dem sich der dux von Böhmen unterworfen hatte, der außerdem die Mission in den heidnischen ostelbischen Gebieten trug und der sich daher zu Recht als das Haupt des imperium christianum fühlen durfte«.[45]

Aber imperiales Königtum und antikes Militärkaisertum waren Ideen ohne Zukunft. Die Kaiserwürde war und blieb mit Rom und dem Papsttum verbunden; daran hatte selbst Karl der Große nichts ändern können. Auch Otto der Große mußte den Weg weitergehen, den er 936 in Aachen eingeschlagen hatte. Sein Bund mit der Kirche und die fränkisch-imperiale Tradition, in die er sich als Erbe und Nachfolger Karls des Großen bewußt gestellt hatte, wiesen nach Italien und nach Rom. »Der Bund mit der Kirche führte Otto nach Rom, wie der Bund mit Bonifatius die Karolinger dorthin geführt hatte. Es war in all dem Zwang und Notwendigkeit«.[46]

So ganz von selbst und mit gleichsam zwingender Notwendigkeit vollzog sich die Wiederherstellung des römischen Kaisertums allerdings nicht. Zufälle mischten sich in die Notwendigkeiten. Stadtrömische und initalienische Wirren waren es, die einen Hilferuf des Papstes auslösten und letztlich die Stunde bestimmten, in der das abendländische Kaisertum wiedererstehen und die deutsche Kaiserzeit beginnen sollten.

Diese Stunde des höchsten Triumphes kam nicht gleich nach den Siegen über die Magyaren und Slawen. Die blutigen Kämpfe hatten viel Kraft gekostet. Für den König gab es im Osten und Westen noch viel zu tun; deshalb vermied er überstürzte Abenteuer jenseits der Alpen. Die Abhaltung von Hoftagen und Beratungen in Ingelheim, Frankfurt am Main, Köln und Nimwegen läßt erkennen, daß sich Otto der Große um die Stabilisierung der Lage in Lotharingien bemühte. Daher griff er auch nicht selbst zu den Waffen, als beunruhigende Nachrichten aus Italien eintrafen, wo König Berengar in der Lombardei ein immer unabhängigeres und tyrannischeres Regiment ausübte. Er nutzte vielmehr diese Gelegenheit, um seinem Sohn Liudolf, der zwar die Gnade des Vaters wiedererlangt, aber sein schwäbisches Herzogsamt verloren hatte, einen neuen Wirkungskreis anzuvertrauen. Otto schickte ihn mit einem Heer nach Italien. Im Herbst des Jahres 956 überschritt Liudolf die Alpen und vertrieb Berengar aus Pavia; dessen Sohn Adalbert stellte sich zur Schlacht, wurde aber geschlagen. Liudolf unterwarf ganz Oberitalien, nahm die Treueide der lombardischen Großen entgegen und entließ das Heer, das beutebeladen den Weg über die Alpen einschlug.

Man darf vermuten, daß der Königssohn sich nun Hoffnung auf ein italienisches Unterkönigtum machen durfte, so wie es einst von Karl dem Großen für seinen Sohn Pippin eingerichtet worden war. Aber Liudolf starb am 6. September 957 in Pómbia südlich des Lago Maggiore auf dem Rückweg nach Deutschland, erst siebenundzwanzig Jahre alt. In der Albanskirche zu Mainz, wo bereits seine Schwester Liudgard ihre letzte Ruhestätte gefunden hat, wurde er bestattet; sein Halbbruder, der Erzbischof Wilhelm von Mainz, sprach die Totengebete. Im ganzen Reich trauerte man um den unglücklichen Königssohn, der eine junge Frau und zwei kleine Kinder zurückließ. Sein Schicksal hat das Volk, das fast stets eine seltsame Vorliebe für tragische Rebellen besitzt, tief bewegt. Im Laufe der Zeit verschmolz seine Gestalt mit der des Herzogs Ernst, des Prototyps des aufrührerischen Königssohnes.

Der Rückzug des deutschen Heeres und der Tod Liudolfs ermöglichten König Berengar die Rückgewinnung der Herrschaft über das Königreich Italien. Hierdurch ermutigt, war er nicht mehr bereit, sich mit Oberitalien zu begnügen, sondern griff nach Rom und dem Kirchenstaat, dem Traumziel der langobardischen Herrscher seit Jahrhunderten. Der Augenblick schien günstig, denn in Rom herrschte nicht mehr der mächtige Alberich, der »Fürst und Senator der Römer«, der die Ewige Stadt mit harter Hand regiert, sie aber auch vor jeder Fremdherrschaft bewahrt hatte.

Besorgt um sein Lebenswerk, hatte Alberich sterbend den Römern den Schwur abgenommen, seinen Sohn Oktavian zum Papst zu wählen, sobald der päpstliche Stuhl vakant werden würde. Wirklich wurde nach dem Todes des Papstes Agapit II. im Dezember 955 der Jüngling zum Papst gewählt. Unter dem Namen Johannes XII. (955-964) bestieg Oktavian, dessen altrömisch-cäsarianischer Name die Ideenwelt Alberichs und der stadtrömischen Aristokratie widerspiegelt, die Kathedra Petri, die geistliche Macht des Papstes mit dem weltlichen Prinzipat seines Vaters vereinend. Ein junger Mann von knapp zwanzig Jahren empfing die höchste geistliche Würde der lateinischen Christenheit, ein leichtlebiger Jüngling, sinnlichen Freuden des Daseins zugeneigt, der Liebe, der Jagd und selbst dem Kriegshandwerk. Auch wenn die schlimmsten Dinge Erfindungen des boshaften und klatschsüchtigen Liudprand von Cremona sein sollten, war Johannes XII. sicher einer der unwürdigsten unter den Nachfolgern des Apostelfürsten.[47]

Unfähig zu einer wirksamen Verteidigung Roms gegen Berengar, rief der Papst den deutschen König zu Hilfe, gerade jenen Herrscher, den sein Vater so sorgsam von Rom ferngehalten hatte. Trotz der Macht, die der König im Reich jenseits der Alpen besaß, schien er dem Papst und den Römern weniger bedrohlich als König Berengar, der Oberitalien beherrschte. War nicht zu erwarten, daß Otto der Große dem Papst zwar zu Hilfe kommen, nach der Kaiserkrönung aber mit seinem Heer wieder nach Norden abziehen würde?

Im Jahre 960 erschienen die Gesandten des Papstes am Hofe Ottos des Großen, um seine Unterstützung gegen König Berengar zu erbitten. Dem deutschen König eröffnete sich damit die Möglichkeit, den Kampf gegen seine unbotmäßigen Vasallen Berengar und Adalbert mit einem Romzug zu kombinieren. Es war wohl allen Beteiligten klar, daß Otto die Kaiserwürde empfangen und damit den Schutz der Päpste, der Stadt Rom und des Kirchenstaates übernehmen würde. Da auch zahlreiche oberitalienische Herren am deutschen Hofe um Hilfe gegen den recht tyrannischen Berengar und seine verhaßte Gattin Willa baten, darunter Erzbischof Walbert von Mailand, Bischof Waldo von Como und Markgraf Otbert von Ligurien, der Stammvater des Adelsgeschlechtes der Este, durfte Otto der Große auf Unterstützung durch den einheimischen Adel und die hohe Geistlichkeit hoffen. Er konnte und wollte sich deshalb dem Hilferuf des Papstes nicht entziehen. »Als Erbe der Macht fränkischer Kaiser hatte er auch deren Pflicht übernommen, die römische Kirche zu schützen, und die Zeit hätte es nicht verstanden, wenn er diese Pflicht hätte verleugnen wollen«.[48] Überdies war Berengar längst nicht mehr bereit, den deutschen König als seinen Oberherrn anzuerkennen. Otto konnte auch dies nicht hinnehmen, ohne sein Ansehen aufs Spiel zu setzen. Weil er wußte, worum es ging, übereilte er nichts, sondern bereitete den Italienzug, der ein Romzug werden sollte, sorgfältig vor.

Der König berief einen Hoftag nach Worms ein, auf dem im Mai 961 der Zug nach Italien beschlossen wurde. Und nicht nur das. Es galt, die Herrschaft der Dynastie zu sichern, denn ein Feldzug über die Alpen ins heiße Klima Italiens barg Gefahren. Der Tod Liudolfs mahnte gewiß zur Vorsicht. Von den fünf Söhnen des Königs lebten nur noch zwei, der eine kam als geistlicher Herr für die Fortsetzung der Dynastie nicht in Betracht, vom Makel seiner illegitimen Geburt ganz abgesehen, der andere war ein Kind von sieben Jahren. Fürsten und Volk wählten jetzt den Knaben, der den Namen des Vaters trug, einmütig zu ihrem König. Das Thronrecht der ottonischen Dynastie war unbestreitbar geworden; Wahl und Krönung legitimierten die Entscheidung Ottos des Großen. Freilich waren sie von rechtserheblicher Bedeutung, und der König tat alles, um Otto II. in unanfechtbarer Weise zum König erheben zu lassen. Vom Mittelrhein aus zog man daher nach Aachen. An dem Ort, der ein Vierteljahrhundert zuvor die feierliche Königserhebung des Vaters gesehen hatte, wurde der Sohn zum König gekrönt. Drei Erzbischöfe, Wilhelm von Mainz, Brun von Köln und Heinrich von Trier, vollzogen diesen feierlichen Akt am Pfingsttag des Jahres 961. Ein Knabe bestieg im Aachener Münster den Thron Karls des Großen, ein halbes Jahrhundert nach dem Tode Ludwigs des Kindes, des letzten ostfränkischen Karolingers.

Regierungsfähig war Otto II. freilich nicht, und so traf sein Vater

Maßnahmen, um die Reichsverwaltung für den Fall eines längeren Aufenthaltes in Italien sicherzustellen. Die Erzbischöfe Brun und Wilhelm übernahmen die Leitung der Regierungsgeschäfte, letzterer auch die Erziehung des jungen Königs. In Sachsen fungierte Markgraf Hermann Billung als Stellvertreter des Königs, zugleich mit dem Schutz der Ostgrenze betraut. Neben ihm amtierte mit weitreichenden Vollmachten im weiter südlich gelegenen Grenzgebiet Markgraf Gero.

Hat der König geahnt, daß der Feldzug, zu dem er im August 961 aufbrach, dreieinhalb Jahre dauern würde? Ein großes Heer sammelte sich in Augsburg. Aufgebote aus dem ganzen Reich, von zahlreichen Bischöfen und Grafen geführt, nahmen am Italienzug teil. Wie ein Jahrzehnt zuvor, wählte Otto der Große den Weg über den Brenner, jenen Alpenübergang, der für ein so stattliches Heer am gangbarsten war. Auf Widerstand stieß das Reichsheer nicht; ungehindert überwand es die Klausen des Etschtales und rückte in Oberitalien ein. Zahlreiche italienische weltliche und geistliche Herren ritten dem König entgegen und huldigten ihm. Berengar und Adalbert wichen jedem Waffengang aus und zogen sich in ihre starken und schwer zugänglichen Burgen zurück. Das erste Ziel des deutschen Heeres war die alte Hauptstadt des Königreichs Italien, die langobardische Königsstadt Pavia. Ungehindert konnte Otto der Große diese traditionsreiche Stadt in Besitz nehmen und zu seiner Residenz machen. Um für sich und die Königin Adelheid eine standesgemäße Unterkunft zu schaffen und gleichzeitig seinen Anspruch auf das italienische Königtum zu demonstrieren, ließ er die Königspfalz wiederaufbauen, die Berengar und Willa hatten zerstören lassen. Er konnte sich als Herr des Königreichs Italien fühlen. Der Zug nach Rom zur Kaiserkrönung war beschlossene Sache, aber der König schickte erst einmal Abt Hatto von Fulda, einen seiner engsten Berater, nach Rom voraus, um die Lage zu sondieren und die Ankunft des Herrschers vorzubereiten. Anfang Dezember 961 befand sich der Abt in Rom, die Gunst der Stunde nutzend, um vom Papst die Bestätigung der Privilegien seines Klosters zu erwirken. Wahrscheinlich hatte Otto der Große gehofft, wie sein Vorbild Karl der Große die Kaiserkrone am Weihnachtstag im Petersdom empfangen zu können. Doch die Verhandlungen zogen sich hin. Der König und die Königin waren in Pavia geblieben, wo sie auch das Weihnachtsfest feierten.

Anfang Januar 962 setzte sich das Reichsheer in Richtung Süden in Marsch und traf Ende des Monats in Rom ein. Vor den Toren der Ewigen Stadt schlugen die Deutschen ihr Lager auf, denn der Papst und die Römer forderten zunächst einmal Garantien für die Sicherheit der Stadt. Mißtrauen schien dem Papst am Platze. Lagerte doch vor den Mauern Roms am Monte Mario ein furchtgebietendes Heer unter dem mächtigsten König der lateinischen Christenheit. Nachdem einige deutsche Fürsten dem Papst im Namen Ottos des Großen Sicherheitseide geleistet hatten, wurde der Termin für den feierlichen Einzug in die Stadt und die Kaiserkrönung festgelegt. Der nächste Festtag, der dafür in Betracht kam, war Mariä Lichtmeß, ein Fest, das in jenem Jahr auf einen Sonntag fiel. An diesem Tage, dem 2. Februar 962, zog der deutsche König an der Spitze seines Heeres feierlich in Rom ein und wurde noch am gleichen Tage in der Peters-

Die Reichskrone (Wien, Schatzkammer).
Der thronende Christus mit der Inschrift »Durch mich regieren die Könige« deutet auf das Gottesgnadentum der Träger dieser Krone hin. König David ist der Prototyp des alttestamentlichen Königpriestertums, als dessen Erbe sich die gesalbten Könige des Mittelalters fühlten. Wahrscheinlich wurde die Reichskrone bereits für die Kaiserkrönung Ottos des Großen angefertigt, doch könnte sie auch auf Wunsch Ottos II. geschaffen worden sein.

kirche von Papst Johannes XII. zum Kaiser gekrönt. Es wird vermutet, daß der Stellvertreter des Apostels Petrus dem neuen Kaiser die berühmte Krone aufs Haupt setzte, die heute in Wien aufbewahrt wird. Sicher ist das freilich nicht. An der Seite Ottos des Großen stand seine Gemahlin Adelheid, der durch Salbung und Krönung die gleiche Rangerhöhung zuteil wurde.

Das abendländische Kaisertum, lange Zeit zur Bedeutungslosigkeit herabgesunken und zuletzt ganz erloschen, erlebte die Stunde seiner Wiedergeburt. Rom und das Papsttum hatten wieder einen mächtigen Herrn, der Schutz gewähren konnte, aber auch Rechte geltend machen würde. Kaiser und Papst bemühten sich, ihre Beziehungen zueinander zu regeln. Zunächst tauschte man Geschenke aus. Reiche Gaben an Gold, Silber und Edelsteinen empfing der Papst aus den Händen des Kaisers, dem als kostbarste Gegengaben gnadenspendende Reliquien zuteil wurden. Rom besaß sie in reicher Fülle, und die Deutschen waren begierig, sie in ihre Heimat zu bringen und ihnen ehrfurchtsvoll Stätten der Verehrung zu schaffen. Kaiser und Papst demonstrierten in den Tagen nach der Kaiserkrönung erst einmal die Eintracht, die zwischen dem weltlichen und dem geistlichen Oberhaupt der lateinischen Christenheit herrschen sollte. Der Papst und die römische Aristokratie verpflichteten sich durch heilige Eide, dem Kaiser treu zu bleiben und Berengar und Adalbert nicht zu unterstützen. In den nächsten Tagen stellte Johannes XII. einige Urkunden zugunsten geistlicher Reichsfürsten aus, ohne Zweifel den Wünschen Ottos des Großen folgend. Herausragend war das Privileg über die Erhebung Magdeburgs zum Erzbistum, das dem Kaiser auch freie Hand in der Slawenmission und dem Aufbau einer weiträumigen Kirchenorganisation im Osten gab.[49]

Seit den Tagen König Pippins und Kaiser Karls des Großen strebte das Papsttum mit allen Mitteln nach weltlicher Macht und weltlichem Besitz, und bei Johannes XII., dem Sohn des Fürsten Alberich, war dieses Streben ganz besonders ausgeprägt. Schon vor der Kaiserkrönung hatte ihm Otto der Große versprechen müssen, den Besitzstand der römischen Kirche zu garantieren und die Schenkungen seiner Vorgänger zu bestätigen. Am 13. Februar ließ der Kaiser eine große Urkunde ausstellen, das »Ottonianum«.[50] Darin bestätigte er dem Papst den umfangreichen Besitz der römischen Kirche, namentlich die Stadt Rom und den dazugehörigen Dukat, die Pentapolis, das Exarchat von Ravenna und zahlreiche weitere Burgen und Städte in Tuszien, Kampanien, Benevent, Kalabrien und Sizilien.

Zu diesen Gütern, dem »Patrimonium Petri«, dem Kirchenstaat, fügte Otto der Große aus eigener Machtvollkommenheit noch einige Besitzungen hinzu. Es waren Rechtsansprüche, nicht wirkliche Besitzrechte, die im Ottonianum verbrieft wurden. Die Gebiete standen unter der Herrschaft der Byzantiner, Sarazenen und der langobardischen Fürsten. Daher trug das Ottonianum, in Goldschrift auf Purpurpergament geschrieben, den Charakter einer »Erneuerung eines theoretischen päpstlichen Besitzrechtes«.[51]

Die Bestätigung der päpstlichen Besitzansprüche erfolgte allerdings unter dem Vorbehalt aller kaiserlichen Rechte. Wichtig war die Bestimmung, daß die Römer den Papst auf kanonische Weise wählen sollten, der Gewählte aber nicht eher die Weihen empfangen durfte, bis er vor den Abgesandten des Kaisers und seines Sohnes einen Treueid geleistet hatte, wie dies schon Papst Leo III. gegenüber Karl dem Großen getan habe. Durch diese Bestimmung behielt sich Otto der Große letztlich die Bestätigung der Papstwahl vor.

Das Einvernehmen zwischen dem Papst und dem Kaiser währte nicht lange. Was mit dem feierlichen Einzug in die Ewige Stadt, den Lobgesängen der Geistlichkeit und dem Jubel des römischen Volkes begonnen hatte, endete als ein Trauerspiel, als ein Drama aus Treuebruch und Verrat, aus Erhebung und Demütigung, aus Blut und Tod. Am wenigsten Schuld traf den Kaiser, der sich seit seinem Eintreffen in Italien bemüht hatte, die Rechtmäßigkeit seiner Herrschaft zu erweisen und jeden Anschein einer Okkupation zu vermeiden. Auch in Rom war er behutsam aufgetreten, aber es dauerte nicht lange, bis man dort die kaiserliche Herrschaft als eine entwürdigende Fremdherrschaft zu empfinden begann.

Schon der Einmarsch des Reichsheeres hatte Mißfallen erregt und Befürchtungen geweckt: Zogen die Krieger doch nicht nur in Waffen und Rüstungen, sondern auch mit Kriegswagen und Belagerungsmaschinen in die Stadt ein. Aber wer sich in Rom die Kaiserkrone holen wollte, brauchte ein starkes Heer und durfte sich nicht scheuen, es dem Papst und den Römern vorzuführen.

In Deutschland wußte man das, und man erzählte sich noch lange die Geschichte von Otto dem Großen und seinem Schwertträger, dem jungen Grafen Ansfried, eine Episode, bezeichnend für den Geist jener Tage. Beim Einzug in Rom soll der Herrscher zu ihm gesagt haben, »wenn ich heute an der heiligen Schwelle der Apostel beten werde, halte du ständig das Schwert über mein Haupt, denn ich weiß wohl um die römische Treue, die meinen Vorgängern so oft gefährlich geworden ist«.[52] Selbst an der heiligsten Stätte des christlichen Abendlandes war Vorsicht am Platze.

Tatsächlich wurde die Stadt der Apostel bald wieder Schauplatz von schweren Auseinandersetzungen und unwürdigen Geschehnissen. Der römische »Adelspapst« Johannes XII. war keineswegs gewillt, zum obersten Reichsbischof herabzusinken und die Befehle dessen entgegenzunehmen, den er selbst mit der Kaiserkrone geschmückt hatte. Und in Rom gab es nicht wenige, die so dachten wie er. Ein Kaiser, der nicht nur die Verpflichtung zum Schutz der römischen Kirche ernst nahm, sondern auch die Herrschaft über Rom und Italien ausüben wollte, war ihnen höchst unwillkommen.

Otto der Große verließ Rom schon am 14. Februar 962, aber nicht, um nun nach Deutschland zurückzukehren, sondern um seine Herrschaft über Italien zu sichern. Solange Berengar und Adalbert nicht bezwungen waren, stand die kaiserliche Herrschaft auf unsicheren Fundamenten. Kaiser und Kaiserin begaben sich nach Pavia, das ihnen als Residenz diente, und entsandten von dort aus ihre Kriegerscharen, um Berengar und seine Anhänger zu bekämpfen. Dies war schwierig, denn Berengar, Willa und ihre Söhne Adalbert und Wido hielten eine feste Burg besetzt, die sie tapfer verteidigten. Das Jahr 962 verging unter mannigfachen Kämpfen. Der Kaiser feierte Weihnachten in Pavia und brach Ostern 963 auf, um Berengar zu bezwingen, der sich in die durch ihre natürliche Schutzlage uneinnehmbare Felsenburg San Leo bei San Marino zurückgezogen hatte. An eine Erstürmung der Burg war nicht zu denken. Monatelang lagerte das kaiserliche Heer vergeblich vor San Leo.

Mit dem Abzug aus Rom hatte Otto der Große auch die Herrschaft über die Stadt aus der Hand gegeben. Papst Johannes XII. taktierte noch vorsichtig, aber er konspirierte gegen den Kaiser. Beunruhigende Nachrichten trafen ein. Man verdächtigte den Papst, sogar mit den Ungarn paktieren zu wollen. Als er gar Berengars Sohn Adalbert in Rom aufnahm und damit seinen feierlichen Schwur brach, war das Maß voll. Im Oktober 963 führte Otto der Große sein Heer wieder nach Rom, ohne die Belagerung von San Leo abzubrechen.

Dem Papst war es nicht gelungen, eine antikaiserliche Einheitsfront zu schmieden. Die römische Aristokratie war gespalten, so daß der Papst und Adalbert keinen Widerstand wagten, sondern die Flucht ergriffen. Der Kaiser konnte kampflos in Rom einziehen. Die Römer stellten Geiseln und verpflichteten sich, niemals einen Papst ohne Zustimmung Ottos des Großen und seines Sohnes wählen zu wollen. Würde der Kaiser die Einhaltung dieser Verfügung auf Dauer durchsetzen können, so würde dies die faktische Eingliederung des Papstes in die Reichskirche bedeuten.

Der Kaiser ging noch einen Schritt weiter. Er berief eine Synode ein, die über den Papst zu Gericht saß. Das war wider das Herkommen, sogar wider das Kirchenrecht, aber »ein unerhörtes Geschwür muß mit einem unerhörten Brenneisen ausgebrannt werden«, meint Liudprand von Cremona sarkastisch, der freilich höchst polemisch und aggressiv über den Prozeß gegen Johannes XII. berichtet.⁵³ Otto der Große, von dem Liudprand in diesem Zusammenhang als dem »heiligen Kaiser« spricht, leitete die Verhandlungen und machte sich faktisch zum Richter über den Papst. Unerhörte, teilweise absurde Beschuldigungen wurden vorgebracht und durch Zeugen bekräftigt. Der Papst habe nicht nur mehrfach gegen das kanonische Recht verstoßen, sondern auch Ehebruch und Blutschande begangen, »des Teufels Minne« getrunken und beim Würfelspiel sogar den Beistand Jupiters, der Venus und anderer Dämonen angerufen.⁵⁴

Die Synodalen forderten den Papst zunächst auf, zu erscheinen und sich zu rechtfertigen. Erst als dieser der Ladung nicht Folge leistete, hatte man eine Handhabe, ihn abzusetzen. Mit Zustimmung des Kaisers wurde am 6. Dezember 963 der päpstliche Kanzler Leo zum Papst gewählt und geweiht.

Auf der Synode, die Johannes XII. den Prozeß machte, waren Bischöfe aus Italien und Deutschland in großer Zahl versammelt. Sie war gleichsam ein allgemeines Konzil des Imperiums und glaubte sich als solches befugt, den Papst an seine Würde und seine Pflicht zu erinnern und ihn im Falle der Rechtsweigerung abzusetzen. Daher wurde die Absetzung Johannes XII. nicht als Rechtsbruch empfunden, jedenfalls nicht generell. Otto von Freising sah es später jedoch anders, auch wenn er sich mit seinem Urteil zurückhielt: »Ob dies alles nun gesetzmäßig vor sich ging oder nicht, das zu entscheiden ist nicht Aufgabe des vorliegenden Werkes. Denn wir wollen die Geschehnisse erzählen, nicht ein Urteil darüber fällen«.⁵⁵

Otto der Große residierte nun in Rom. Das Weihnachtsfest gab ihm Gelegenheit, kaiserliche Pracht zu entfalten. Zusammen mit der Kaiserin Adelheid kam er im Glanz der kaiserlichen Gewänder zum Gottesdienst in die Peterskirche. Die großen Kirchen Roms erhielten von dem Kaiserpaar reiche Geschenke. Doch die Anwesenheit des deutschen Heeres bedeutete für die Bewohner der Stadt eine starke Belastung, die zu Mißhelligkeiten und Differenzen führte. Der Kaiser entließ daher den größten Teil seiner Truppen.

Um diese Zeit trafen auch Siegesmeldungen aus Italien ein. Die feste Burg Garda wurde erobert, und als Berengars letzte Zuflucht, San Leo, kapitulierte, gerieten Berengar, seine Gattin Willa und seine Töchter in Gefangenschaft und wurden nach Deutschland gebracht. Der letzte der italienischen »Nationalkönige« starb am 6. August 966 im fränkischen Bamberg in der Verbannung und wurde dort mit königlichen Ehren beigesetzt. Seine Söhne, von der gleichen Zähigkeit und dem gleichen Kampfesmut beseelt wie der Vater, setzten den inzwischen aussichtslos gewordenen Kampf unbeirrt fort.

Rom war und blieb eine Stadt, die jedem Schwierigkeiten bereitete, der sie zu beherrschen versuchte. Otto der Große hatte sein Heer zu früh entlassen; die Römer waren nicht bereit, die kaiserliche Herrschaft auf Dauer zu ertragen. Der abgesetzte Papst soll sie zum Aufstand und sogar zum Mord an Otto dem Großen und dem kaiserlichen Papst Leo VIII. angestiftet haben. Am 3. Januar 964 kam es zu einem Aufruhr, der jedoch von den zahlenmäßig unterlegenen, aber kriegserfahrenen und gut bewaffneten deutschen Kriegern rasch und blutig niedergeworfen wurde. Die Besiegten mußten einhundert Geiseln stellen und dem Kaiser und Papst Leo VIII. aufs neue

Treue schwören. Schon eine Woche später verließ der Kaiser Rom, um seine Oberhoheit auch im Herzogtum Spoleto und der Markgrafschaft Camerino zur Geltung zu bringen. Auf Bitten Leos VIII., der die Römer für sich gewinnen wollte, ließ er die Geiseln wieder frei.

Kaum hatte der Kaiser die Stadt der Apostelgräber verlassen, kehrte der vertriebene Papst zurück. Der Gegenpapst Leo VIII. war in weiser Voraussicht zu Otto dem Großen geflohen, aber an einigen anderen Männern konnte Johannes XII. grausame Rache nehmen. Am bösartigsten verfuhr er mit den beiden Gesandten, die er selbst drei Jahre zuvor nach Deutschland geschickt hatte, um Otto den Großen zur Kaiserkrönung nach Rom einzuladen: Dem Kardinaldiakon Johannes ließ er die rechte Hand abhacken, dem Geheimschreiber Azzo die Zunge herausreißen und die Nase nebst zwei Fingern abschneiden. Johannes XII. vergriff sich sogar an Bischof Otger von Speyer, der als Königsbote in Rom zurückgeblieben war. Er ließ ihn geißeln und in den Kerker werfen.

Johannes XII. berief nun seinerseits eine Synode ein, die fast ausschließlich von Bischöfen aus Roms Umgebung besucht wurde. Die Dezembersynode des Jahres 963 wurde für unrechtmäßig, ihre Beschlüsse für ungültig erklärt. Als erstes erklärte man Leo VIII. für abgesetzt und alle von ihm erteilten Weihen für unwirksam. Beschlüsse jedoch, die sich unmittelbar gegen die Person des Kaisers gewandt hätten, wurden nicht gefaßt. Möglicherweise glaubte Johannes XII. doch noch an eine Einigung mit Otto dem Großen durch eine Abgrenzung der beiderseitigen Interessensphären: Rom und der Kirchenstaat für den Papst, das Königreich Italien mit Pavia für den Kaiser. Deshalb ließ er den Bischof Otger bald wieder frei und schickte ihn als Vermittler zum Kaiser, der inzwischen zum Marsch auf Rom rüstete.

Der unerwartete Tod des Papstes am 14. Mai 964 hätte die Situation entschärfen können, wenn die Römer nicht in größter Eile einen neuen Papst, den Diakon Benedikt, gewählt hätten, ohne dabei an die Rechte des Kaisers bei der Papstwahl zu denken, die sie beschworen hatten. Bald stand es schlimm um Rom, denn der Kaiser hatte mit seinem Heer, das durch frische Kontingente aus Deutschland verstärkt worden war, die Stadt eingeschlossen. Am 23. Juni konnte er abermals in Rom einziehen und Leo VIII. wieder auf den päpstlichen Stuhl setzen. Benedikt V. wurde schwer gedemütigt: *Daraufhin versammelte Papst Leo zahlreiche Bischöfe zu einer Synode, entsetzte nach dem Urteil aller Benedikt, den Usurpator des römischen Stuhls, der angemaßten Würde, riß ihm das päpstliche Pallium, das er sich angeeignet hatte, vom Leibe, entriß seiner Hand den Bischofsstab und zerbrach ihn vor aller Augen in Stücke und ließ ihm auf Fürsprache des Kaisers wenigstens die Würde eines Diakons.*[56]
Benedikt V., der Papst weniger Tage, wurde in die Verbannung geschickt, weit nach dem Norden, nach Hamburg, wo Erzbischof Adaldag sein Wärter und Gastgeber zugleich wurde. Die Heimat sah er niemals wieder. Erst Jahre später wurde sein Leichnam auf Befehl Ottos III. nach Rom zurückgebracht.

Das Heer hatte während der Belagerung die Umgebung Roms verwüstet, so daß seine Versorgung schwierig wurde. Die Sommerhitze lag drückend über dem Land, und der Kaiser beeilte sich, seine

Bildkachel vom Grabmal Benedikts V. aus dem ehemaligen Hamburger Dom.
In Hamburg erinnerte man sich noch im 14. Jahrhundert an den dort 965 im Exil verstorbenen Papst und stiftete ihm einen Kenotaph, von dem Fragmente gotischer Bildkacheln gefunden wurden.

Truppen ins kühlere Norditalien zu führen. Doch es war schon zu spät. Im Heer brach eine Seuche aus. Wieder einmal forderte der Süden seine Opfer. Unter den vielen Toten waren Erzbischof Heinrich von Trier, Abt Gerrich von Weißenburg und Herzog Gottfried von Lothringien, der auf Befehl Bruns von Köln die rheinische Reiterei nach Italien geführt hatte. Den Rest des Jahres verbrachte der Kaiser in Oberitalien. Er ritt im Herbst zur Jagd in die Wälder Liguriens, feierte Weihnachten in Pavia und kehrte im Januar 965 über Como und Chur nach Deutschland zurück.

Die Länder nördlich der Alpen hatten während der langen Abwesenheit des Herrschers keinen Schaden genommen, sicher dank der Tatkraft und Treue der Männer, denen Otto der Große sein Vertrauen geschenkt hatte, seines Bruders Brun von Köln, des Erzbischofs Wilhelm von Mainz und der Markgrafen Gero und Hermann Billung. Dennoch wurde die Heimkehr des zum Kaiser erhöhten Herrschers freudig begrüßt. Die Präsenz des Monarchen war in den Augen des mittelalterlichen Menschen eine Garantie für Frieden und Recht. So sah Brun von Köln der Rückkehr des kaiserlichen Bruders sehnsüchtig entgegen: »Mit dem Kaiser schienen ihm zugleich die Hoffnung auf Ruhe und Frieden der Seelen, Recht und Gesetz, Eintracht des Volkes und Macht und Ansehen des Königs und der Fürsten zurückzukehren.«[57]

Köln, die Residenz des Erzbischofs Brun, wurde zum Ort einer großen Reichsversammlung ausersehen. Von Ende Mai bis Anfang Juni war die ehemalige Römerstadt am Rhein der Mittelpunkt des Reiches. Der Reichstag wurde zum glanzvollen Fest und bot Otto dem Großen Gelegenheit, nun auch in Deutschland kaiserliche Pracht zu entfalten und die neue Würde zur Schau zu stellen. Überdies war es ein Fest des Wiedersehens für die Angehörigen des kaiserlichen Hauses, ein Familientag, natürlich nicht ohne politischen Hintergrund. Der Kaiser traf seine Mutter wieder, auch seine Schwester Gerberga, die Witwe des Königs Ludwig des Überseeischen von Frankreich. Sie war mit ihren beiden Kindern, König Lothar von Frankreich und seinem Bruder Karl, erschienen. Anwesend waren auch die beiden Kinder des Kaisers, der junge König Otto und seine kleine Schwester Mathilde, der junge Bayernherzog Heinrich und Erzbischof Brun von Köln.

Die Familienidylle war perfekt. Die hochbetagte Königin Mathilde, die in Sorge um eine glückliche Heimkehr ihres Sohnes aus dem Süden in Nordhausen ein Nonnenkloster gestiftet hatte, saß im Kreise ihrer zahlreichen Kinder und Enkel. Einer ihrer Söhne hatte die Kaiserkrone errungen, ihre Enkel trugen die Kronen Deutschlands und Frankreichs. Ihr Lieblingsenkel Heinrich, der sie so sehr an ihren Gatten und ihren geliebten Sohn Heinrich erinnerte, war Herzog von Bayern. Der Kölner Reichstag des Jahres 965 war ohne Zweifel ein Höhepunkt in der Geschichte des ottonischen Herrscherhauses.

Otto der Große war fast fünfzig Jahre alt, als er in der Peterskirche die Kaiserkrone empfing. Und seit mehr als einem Vierteljahrhundert trug er die Krone des deutschen Reiches. Es war also ein langer Weg, der ihn von Aachen nach Rom geführt hatte. War es ein vorgezeichneter Weg? Lag er in der Logik der Geschichte? Dafür spricht einiges, auch wenn die Protagonisten des Geschehens in ein kaum

Die Heiligkreuzkirche (Dom) in Nordhausen war die Kirche des Nonnenklosters, das Königin Mathilde 961 gegründet und mit ihrem Witwengut ausgestattet hat.

durchschaubares Wechselspiel von Zufall, Freiheit und Notwendigkeit verstrickt waren.

Bei der Krönung in Aachen hatte der junge König das Erbe Karls des Großen für sich in Anspruch genommen. Woran sollte sich ein Herrscher, der im Europa des 10. Jahrhunderts etwas bewirken wollte, auch orientieren, wenn nicht am christlichen Reichsgedanken fränkischer Prägung? Die karolingische Tradition aber wies über Deutschland hinaus, wies nach Rom, forderte gebieterisch die Verbindung mit der römischen Kirche und die Wiederherstellung des Imperium Romanum. Schon das Mittelalter sah die Parallelen zwischen dem karolingisch-fränkischen und dem ottonisch-deutschen Reich, zwischen der Kaiserkrönung Karls des Großen und der Ottos des Großen:

Siehe, wie das Reich der Deutschen einen ganz ähnlichen, sozusagen verwandten Anfang hat wie das der Franken. Hier übte Karl [Martell] ohne den königlichen Namen doch als erster das Amt eines Königs aus. Dort hatte der große Sachsenherzog Otto, obwohl es noch Könige aus karolingischem Geschlecht gab, die oberste Leitung des Reiches in den Händen. Karls Sohn Pippin war als erster nicht nur tatsächlich, sondern auch dem Namen nach König und trug den Königstitel. Ebenso wurde Ottos Sohn Heinrich der Ehre des königlichen Namens gewürdigt. Pippins Sohn Karl der Große hatte nach der Gefangennahme des Desiderius als erster Franke nicht nur den Königsthron, sondern auch die Kaiserwürde inne. Heinrichs Sohn Otto der Große wurde nach vielen Siegen und nach der Gefangennahme Berengars als erster Deutscher nach den Karolingern römischer Kaiser.[58]

Man bedenke: Als Otto der Große das karolingische Erbe antrat, regierten in Frankreich noch Könige aus dem Geschlecht Karls des Großen, Ludwig der Überseeische (936-954) und sein Sohn Lothar (954-986), echte Karolinger. Das ottonische Jahrhundert der europäischen Geschichte war in Frankreich gleichzeitig noch ein karolingisches. Auf die Kaiserwürde haben die letzten Karolinger und ihre Erben auf dem französischen Thron allerdings keine Ansprüche geltend gemacht. Es blieb Napoleon vorbehalten, die imperialen Traditionen Karls des Großen in Frankreich zu erneuern.

Als Bischof Otto von Freising in seiner Weltchronik die überraschenden Parallelen zwischen dem Aufstieg der Karolinger und dem der ottonischen Dynastie beschrieb, wurde der Anspruch des deutschen Königs auf die Kaiserwürde nicht bestritten. Die deutsche Königswahl war zugleich eine Vorwegnahme der Kaiserkrönung, auch wenn der König stets erst nach Rom ziehen mußte, um die Kaiserkrone aus der Hand des Papstes zu empfangen. Der Papst mochte sie dem einen oder dem anderen deutschen König verweigern, aber einem anderen Herrscher konnte er sie auch nicht übertragen. Den Deutschen stand das Kaisertum zu.

Im 13. Jahrhundert noch sah Alexander von Roes, ein kaiserlich gesinnter Staatstheoretiker, die rechte Ordnung der Welt durch eine Teilung der Aufgaben zwischen den drei großen europäischen Völkern gewährleistet: Den Deutschen gebührte nach seiner Auffassung das »Imperium«, das Kaisertum, den Italienern das »Sacerdotium«, das Papsttum, den Franzosen aber das »Studium«, die Gelehrsamkeit.[59] Das war freilich Theorie, sogar ein Rückzugsgefecht, denn längst stellten die europäischen Nachbarn die Frage, wer den Deutschen eigentlich die Weltherrschaft verliehen habe. Der universale Herrschaftsanspruch des Kaisertums über das Imperium Romanum wurde durch das wachsende Nationalbewußtsein der Völker in Zweifel gezogen und schließlich über Bord geworfen.

Die karolingische imperiale Tradition, die Otto der Große sehr bewußt aufgenommen hatte, war eine gute Legitimationsgrundlage für die Wiedererrichtung des Kaisertums im abendländischen Europa. Die Verwirklichung war – wie könnte es anders sein – eine Frage der Macht. Erst der Aufstieg zur mitteleuropäischen Hegemonialmacht gab dem deutschen König die Chance, auch Rom und Italien unter seine Herrschaft zu beugen, die Kaiserkrone zu erringen und seine Vormachtstellung auch durch einen angemessenen Rangtitel zu dokumentieren.

Das »imperiale Königtum« Ottos des Großen war ungeachtet aller Machtfülle bloß ein politischer Vorrang gewesen. Erst das Kaisertum verlieh eine höhere, über den königlichen Rang hinausreichende Würde. Zum hegemonialen Machtanspruch traten Universalität und gesteigerte Sakralität der monarchischen Herrschaft. Der universale Charakter des Kaisertums war geeignet, die Herrschaft über das Reich, namentlich über die nichtdeutschen Reichsteile, zu legitimieren. Das Reich wurde damit auch in der politischen Theorie zu einem supra-nationalen, mehrere Völker umschließenden Staatswesen.

Eschatologisches kam hinzu. Das römische Reich galt im politisch-theologischen Verständnis des Mittelalters als das letzte der großen Weltreiche, deren Abfolge die menschliche Geschichte strukturierte. Es würde nach der Deutung des Propheten Daniel bis ans Ende aller Tage dauern und erst von der Herrschaft des Antichrist abgelöst werden. Das Imperium Romanum war in die Heilsgeschichte eingefügt. Das sicherte ihm Kontinuität bis zum Kommen des Antichrist, unabhängig vom Wechsel der Dynastien und Völker, die es trugen.

»Während der drei Jahrhunderte der deutschen Kaiserzeit wird dem Imperium immer wieder von Historikern, Dichtern, Publizisten, Politikern und Theologen diese seine eschatologische Bedeutung bestätigt. Unter Barbarossa findet dieser Glaube in dem lateinischen Spiel vom Antichrist seine dichterische Gestaltung. Friedrich II. beruft sich sogar in seinen Staatsmanifesten auf diese endzeitliche Aufgabe seines Imperiums. Und vollends nach dem Zusammenbruch des staufischen Imperiums ist die deutsche Publizistik erfüllt von beschwörenden Mahnungen, daß der Antichrist und das Weltende zu kommen drohen, wenn das Reich vergeht, denn es ist das letzte irdische Reich«.[60]

Hoffnungen ruhten auf dem Kaiser. Als »monarcha mundi« stand er an der Spitze der Christenheit. Er sollte sie vor ihren Feinden schützen, den rechten Glauben verteidigen und die christliche Botschaft durch Mission und Heidenkrieg verbreiten helfen. An seine Person knüpfte man hohe Erwartungen: Recht und Ordnung, Friede und Gerechtigkeit erhofften die Menschen von der Herrschaft eines christlichen Kaisers. Und weil in der Gegenwart davon nicht viel zu spüren war, setzte man auf die Zukunft. Der unausweichlichen Herrschaft des Antichrist würde zuletzt noch einmal das goldene Zeitalter eines »Friedenskaisers« vorausgehen. Diese Hoffnung auf die Errichtung eines universalen christlichen Reiches, eines »Friedensreiches« unter dem »Endkaiser«, wurzelte tief im Volk.[61]

Das abendländische Kaisertum des Mittelalters war eng, fast untrennbar mit Rom und dem Papsttum verbunden. Die aus der römischen Antike stammende Idee der imperialen Weltherrschaft wurde mit dem christlich-universalen Geltungsanspruch des Papsttums verknüpft. Ein wenig emphatisch konnte Ranke deshalb sagen: »In der Verbindung zwischen Kaisertum und Papsttum lag die Kontinuität der Weltgeschichte«.[62] Die Wiedergeburt des Kaisertums unter den Ottonen löste die Päpste aus ihrer tiefen Verstrickung in die stadtrömischen Adelsfehden und schuf die Voraussetzungen für den geistigen und politischen Aufstieg des Papsttums. Für die deutschen Herrscher brachte die Schutzfunktion über die römische Kirche, die sie mit der Kaiserkrönung übernahmen, eine

Stärkung ihrer Macht und ihres Ansehens. Das Miteinander und Gegeneinander von Kaiser und Papst wurde für Jahrhunderte zu einem charakteristischen Merkmal der europäischen Geschichte. Der Kampf zwischen Kaiser und Papst, der unter den salischen und staufischen Herrschern entbrannte, verlieh der deutschen und italienischen Geschichte ihre dramatischen und tragischen Akzente.

Durch den Erwerb der Kaiserkrone hatte die hegemoniale Stellung Ottos des Großen auch sichtbar ihren Ausdruck gefunden. Der Kaiser stand an der Spitze der Hierarchie der weltlichen Fürsten. Als Herr über das Imperium Romanum war er der legitime Nachfolger Karls des Großen und der römischen Imperatoren. Zu dieser historischen Tradition trat nicht weniger wirkungsmächtig ihre christlich-eschatologische Umdeutung, die Einordnung des römischen Reiches und seiner Kaiser in den Ablauf der Heilsgeschichte. Das alles war hochbedeutend in den Augen der mittelalterlichen Menschen, die weit entfernt davon waren, dies als bloß ideelles Phänomen zu betrachten.

Gab es aber nicht außerdem realere Gründe für die Italien- und

Otto I. und Adelheid (um 1270). Das Kaiserpaar, in Meißen als Stifter des Domes verehrt, hat seinen Platz im Chor des Domes, also an bevorzugter Stelle, gefunden. Otto und Adelheid tragen alle Zeichen ihrer Würde, der Kaiser Krone, Zepter und Reichsapfel, die Kaiserin ihre Krone und den hermelingefütterten Mantel, aber sie wirken wie ein frommes Ehepaar, das einander zugewandt am Gottesdienst teilnimmt.

Kaiserpolitik, realer im modernen Welt- und Geschichtsverständnis? Auch sie lassen sich finden. Die Herrschaft über das reiche Italien war erstrebenswert. Es verfügte noch immer über Schätze, die der Norden entbehrte, Gold, Silber, Kunstgegenstände und nicht zuletzt kostbare Reliquien altchristlicher Märtyrer und Heiliger. Obwohl die mediterrane Stadtkultur stark gelitten hatte, spielten Handel, Handwerk und Gewerbe eine größere Rolle als nördlich der Alpen. Dem Herrn Italiens winkten beachtliche Einkünfte. Es lag nahe, die Herrschaft über das Königreich Italien, das alte Langobardenreich, durch den Erwerb der Kaiserkrone abzusichern und mit dieser Würde auch Ansprüche auf die langobardischen Fürstentümer Mittelitaliens und das byzantinische Süditalien geltend zu machen.

War die Wiedergeburt des abendländischen Kaisertums ein weltgeschichtlich bedeutsamer Akt?

Die Kaiserkrönung Ottos des Großen und seiner Gemahlin Adelheid am 2. Februar des Jahres 962 in Sankt Peter zu Rom leitete ohne Zweifel eine neue Epoche der deutschen Geschichte ein. In der »Deutschen Kaiserzeit« wurde Deutschland für drei Jahrhunderte zur Vormacht Europas, beherrscht von seinen drei großen Dynastien, den Ottonen, Saliern und Staufern. In der schicksalhaften Verbindung von deutscher Königs- und römischer Kaiserwürde gewann das Reich seine charakteristische, mit modernen staatsrechtlichen Kategorien kaum adäquat zu erfassende Gestalt. Die Herrschaft über das Reich, das ein Imperium Romanum und ein Imperium Christianum zugleich sein sollte, bot Chancen und schuf Probleme, zu gewaltig, um mit den Mitteln der Zeit in befriedigender Form gelöst werden zu können. Die Kaiser und Könige, von deren Schicksalen die Chroniken nun immer ausführlicher zu berichten beginnen, wuchsen an der Herausforderung, an den Aufgaben, die ihnen das Reich stellte. Mag man sie im einzelnen auch unterschiedlich beurteilen, so hat es doch in keinem anderen Land und in keiner anderen Epoche eine so eindrucksvolle Reihe von tatkräftigen, begabten und ideenreichen, auf jeden Fall außergewöhnlichen Herrscherpersönlichkeiten gegeben wie im Reich der Ottonen, Salier und Staufer, wenn sie auch nicht immer glücklich und erfolgreich waren.

Das römisch-deutsche Kaisertum verlieh der deutschen und europäischen Geschichte des Mittelalters ihre besonderen Konturen. Mehr als acht Jahrhunderte lang sollten die deutschen Könige die Kaiserkrone tragen, bis der Habsburger Franz II. am 6. August 1806 die Krone des Heiligen Römischen Reiches Deutscher Nation niederlegte und die berühmte Reichskrone, Herrschaftszeichen und Reliquie zugleich, der musealen Neugier auslieferte.

4. Byzantinisches und römisch-deutsches Kaisertum

*Eine unerhörte Sache wäre es, eine im
Purpurgemach geborene Tochter eines
purpurgeborenen Kaisers unter die fremden Völker
zu mischen. Weil Ihr aber diese hohe Gnade
begehrt, sollt Ihr empfangen, was Ihr wünscht,
sofern Ihr gebt, was sich dafür schickt,
nämlich Ravenna und Rom mit allen Ländern bis
an die Grenze unseres Reiches.*[63]

      Antwort der Räte des Kaisers Nikephoros
      Phokas an Liudprand von Cremona, den
      Gesandten Ottos des Großen

In Wolfenbüttel, nicht in der berühmten Herzog-August-Bibliothek, sondern im Staatsarchiv, wird die wohl schönste und kostbarste Urkunde des europäischen Mittelalters aufbewahrt, die Heiratsurkunde der byzantinischen Prinzessin Theophanu. Fast anderthalb Meter lang ist das Purpurpergament, auf dem in goldener Schrift von der Vermählung Kaiser Ottos II. mit der Griechin berichtet wird und die Güter aufgezählt werden, die der Kaiserin als Ausstattung zur Verfügung stehen sollten. Das Purpurpergament ist mit einem Muster aus Medaillons überzogen, Löwen und Greifen – symbolhaltige Tiergestalten – schlagen Rinder und Lämmer. Farbe und Musterung verleihen dem Pergament das Aussehen eines kostbaren orientalischen Stoffes. Die Morgengabe an die Braut war überreich und einer Kaiserin würdig: die Provinz Istrien und die italienische Grafschaft Pescara, ausgedehnte Güter am Niederrhein, in Westfalen, am Mittelrhein und in Thüringen. Ungewöhnlich und einzigartig war die Form, in der der Kaiserin dies verbrieft wurde, gewiß begründet in der außergewöhnlichen Bedeutung dieser byzantinischen Heirat.[64]

Die Hochzeit des jungen Kaisers mit der schönen Griechin, die am 14. April 972 in der Peterskirche zu Rom gefeiert wurde, war ohne Zweifel ein Erfolg für die ottonische Dynastie, wenn auch mit kleinen Schönheitsfehlern. Der oströmische Kaiser Johannes Tzimiskes (969–976) hatte sich endlich bereit gefunden, die Kaiserwürde Ottos des Großen anzuerkennen und dies durch eine Eheverbindung zwischen den beiden Kaiserhäusern zu bekräftigen. Zwar war es nicht die »rechte Braut«, die der Grieche schickte, nicht die Kaisertochter Anna, sondern Theophanu, nur eine Nichte des Kaisers. Den hochmütigen Byzantinern schien das ein eben noch tragbarer Kompromiß, denn eine in den Purpurgemächern des Palastes geborene Kaisertochter, eine Porphyrogenneta wie Anna, war noch niemals an einen fremden Herrscher, einen »Barbaren«, verheiratet worden. Und doch sollte der Prinzessin Anna dieses in den Augen der Griechen höchst beklagenswerte Schicksal nicht erspart bleiben. Der russische Großfürst Wladimir von Kiew empfing sie 989 als Preis für seine militärische Hilfe gegen die Bulgaren.

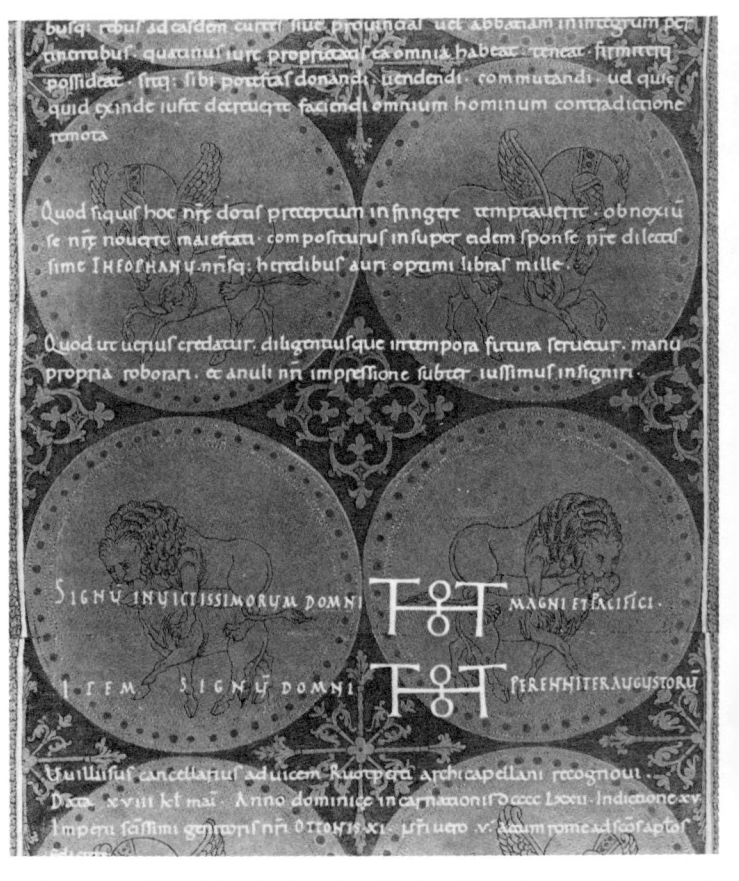

Ausschnitt aus der Heiratsurkunde der Theophanu mit dem Monogramm Ottos des Großen und seines Sohnes Ottos II. (Nachzeichnung).

Johannes Tzimiskes hatte seine Nichte Theophanu mit einer reichen Mitgift ausgestattet, aber am deutschen Kaiserhof empfand man durchaus den Affront. Stimmen wurden laut, die die Rücksendung der Braut forderten.[65] Doch Otto der Große wollte keinen endgültigen Bruch mit Byzanz, und die meisten Großen Italiens und Deutschlands stimmten ihm bei. Was wäre auch die Alternative gewesen? Ein bedingungsloser Kampf um Süditalien und ein Angriff auf Konstantinopel? Der Kaiser ignorierte das Verletzende an dem byzantinischen Vorgehen und wertete die Braut auf, so gut es eben ging. Dem Mythos von der Höherwertigkeit eines Porphyrogennetos Tribut zu zollen, hatte Otto der Große ohnehin keinen Grund. Hatte ihm doch unter diesem Vorwand sein jüngerer Bruder Heinrich Thron und Leben zu rauben gesucht. Die Hochzeit wurde mit großer Pracht in der Hauptkirche der lateinischen Christenheit, in Sankt Peter zu Rom gefeiert. Der Papst nahm selbst die Trauung vor und krönte Theophanu zur Kaiserin. Nach dem Beilager, das drei Tage später vollzogen wurde, dürfte Theophanu die Prachtausfertigung ihrer Heiratsurkunde empfangen haben. Kein Schatten sollte auf die Kaiserin fallen, und der Makel, keine Porphyrogenneta zu sein, durch hohe Ehrungen getilgt werden. Die Griechin wurde bald zur »consors imperii«, zur »Teilhaberin am Reich«.[66]

Aber wir sind dem Gang der Ereignisse vorausgeeilt. Zwischen

Gute Miene zum falschen Spiel

Theophanu-Urkunde. Nachzeichnung des Grundmusters.

Urkunde Ottos II. für das Stift Gandersheim. Der Kaiser nennt seine Gemahlin Theophanu »coimperatrix augusta necnon imperii regnorumque consors«.

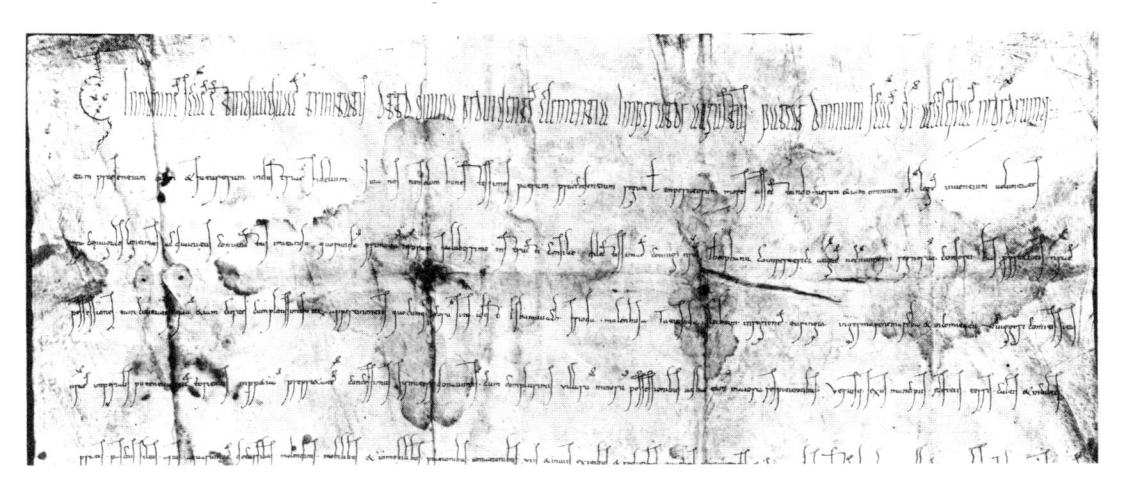

dem Kölner Reichstag und der Kaiserhochzeit in Rom lagen Jahre des Ringens um die Herrschaft über Rom und Italien und des Kampfes um die staatsrechtliche Anerkennung des abendländischen Kaisertums durch den byzantinischen Kaiser. Das »Zweikaiserproblem«,[67] einstmals von Karl dem Großen und seinem Papst Leo III. in die Welt gesetzt, war wieder drängend geworden und forderte eine Lösung.[68] Dabei ging es nicht allein um Rangordnung und Prestige, um den angemessenen Platz in der Hierarchie dieser Welt, so wichtig sie in jenen Jahrhunderten gewesen sein mögen, sondern auch um die Herrschaft über die langobardischen Fürstentümer Mittelitaliens, über Apulien und Kalabrien, über Rom und Neapel, über Venedig und Ravenna.

Kein Zweifel, die Kaiserwürde, Rom als Stadt der Apostel und das ganz fremdartige Land südlich der Alpen hatten Otto den Großen fasziniert und gefesselt. Aus der ersten flüchtigen Begegnung im Herbst und Winter 950/51 wurde durch den zweiten und dritten Italienzug eine dauerhafte Bindung. Von den letzten zwölf Jahren seines Lebens verbrachte der Kaiser zehn in Italien. Kaiser- und Italienpolitik rückten ins Zentrum seines Wirkens. Den Großteil seiner Tatkraft verwandte er auf die Lösung der drei Aufgaben, die ihm der Gewinn der Kaiserkrone aufgebürdet hatte, die Sicherung der Kaiserwürde für die ottonische Dynastie, die Befriedung und Beherrschung des immer unruhigen Italien und die Lösung des Zweikaiserproblems.

Der dritte Italienzug, zu dem Otto der Große im Spätsommer 966 aufbrach, wurde zwar wiederum von aktuellen Ereignissen in Rom und Oberitalien ausgelöst, aber er war weit mehr als ein rein militärisches Unternehmen. Dieser Zug in den Süden war der ernsthafte Versuch, in dem Land südlich der Alpen eine dauerhafte Herrschaft zu errichten, die kaiserliche Machtsphäre auf der Apenninhalbinsel auszudehnen und den oströmischen Kaiser zur Anerkennung des wiedererstandenen weströmischen Kaisertums zu zwingen. Otto der Große schickte sich an, sein Reich vom Status einer nordalpinen Hegemonialmacht zur Weltmacht emporzuheben und auch im mediterranen arabisch-byzantinischen Raum Flagge zu zeigen.

Die Lage in Deutschland war zur Verwirklichung weitreichender, eine längere Abwesenheit des Herrschers erfordernder Pläne günstig. In Erzbischof Wilhelm von Mainz stand ein geeigneter Reichsverweser zur Verfügung, der den jungen König Otto II. unter seine Obhut nehmen konnte; Sachsen und die östlichen Marken standen noch immer unter dem Oberbefehl des Markgrafen Hermann Billung. In Worms fand im August 966 noch eine Reichsversammlung statt, dann brach der Kaiser zum Romzug auf.

Über Straßburg, Chur und den Septimerpaß zog das deutsche Heer, diesmal viel kleiner als vor fünf Jahren, nach Italien. Auf Widerstand stieß es nicht. Oberitalienische Große, die im Jahr zuvor an einer gescheiterten Erhebung der Berengarsöhne Adalbert und Wido teilgenommen hatten, unterwarfen sich und wurden nach Deutschland in die Verbannung geschickt, darunter die Bischöfe Sigolf von Piacenza und Wido von Modena. Das Hauptziel des Zuges aber war Rom, die ewig unruhige Stadt der Päpste. Die Römer hatten sich nach dem Tode des kaisertreuen Papstes Leo VIII. im März 965 zwar an ihren Schwur gehalten und mit Zustimmung des

Kaisers und in Anwesenheit der kaiserlichen Gesandten, der Bischöfe Otger von Speyer und Liudprand von Cremona, im Oktober des gleichen Jahres einen neuen, kaiserlich gesinnten Papst gewählt, Johannes XIII. (965–972) aus dem römischen Adelsgeschlecht der Crescentier. Aber der Friede dauerte nicht lange. Hochmütig und anmaßend gegenüber Volk und römischer Aristokratie löste Johannes XIII. eine Revolte aus; er wurde gefangengenommen, mißhandelt und in der Campagna in Haft gehalten, aus der er jedoch bald entfliehen konnte.

Die Stimmung in Rom schlug um, als der Kaiser mit seinem Heer auf italienischem Boden erschien. Der Papst konnte in die Stadt zurückkehren, wo ihm seine Anhänger einen feierlichen Empfang bereiteten. Auf Rache wollte der Crescentier dennoch nicht verzichten, und auch der Kaiser, der zu Weihnachten in Rom mit seinem Heer eintraf, glaubte ein Exempel statuieren zu müssen. Das Strafgericht war grausam, selbst nach den Maßstäben des nicht eben zimperlichen 10. Jahrhunderts. Die Anführer des Aufstandes wurden gehängt, geblendet oder nach Sachsen in die Verbannung geschickt; selbst die Leichen verstorbener Rebellen entgingen der Rache nicht, sondern wurden aus ihren Gräbern gerissen. Der Stadtpräfekt Petrus wurde an den Haaren an der Reiterstatue Marc Aurels aufgehängt, dann nackt auf einem Esel durch die Stadt geführt, gegeißelt und nach längerer Haft nach dem Norden in die Verbannung geschickt.

Das römische Strafgericht war ein wirkungsvoller, aber kein glücklicher Auftakt. Der byzantinische Kaiser Nikephoros Phokas (963–969) – als Feldherr selbst blutbefleckt – konnte Ottos Gesandten Liudprand von Cremona höhnisch die Rachsucht und den Blutdurst seines Herrn vorwerfen.[69] Und wie ein Aufschrei klingt die Klage des Mönches Benedikt von San Andrea auf dem Monte Sorakte über das traurige Schicksal der Ewigen Stadt, erniedrigt von einem sächsischen Kaiser und seinem barbarischen Heer:

Wehe dir, Rom! Von so vielen Völkern bist du unterdrückt und zertreten. Auch von dem Sachsenkönig bist du erobert worden; dein Volk wird mit dem Schwert gerichtet, und deine Stärke ist zunichte geworden. Dein Gold und Silber schleppen sie fort in ihren Säcken. Die Mutter warst du, jetzt bist du zur Tochter geworden; was du besessen, hast du verloren, und deiner Jugendkraft bist du beraubt. Zur Zeit des Papstes Leo bist du vom ersten Julius zertreten worden. Du hast auf dem Gipfel deiner Macht über die Völker triumphiert, die Welt in den Staub geworfen, die Könige der Erde erwürgt. Du hast das Zepter und die größte Macht besessen. Jetzt bist du vom Sachsenkönig ausgeplündert und gebrandschatzt worden, so wie es von den Weisen gesagt wurde und in deinen Geschichtsbüchern geschrieben steht: Einstmals hast du die Völker bekämpft und zwischen dem Norden und dem Süden die Welt erobert, jetzt bist du von den Galliern in Besitz genommen worden. Du warst allzu schön. Alle deine Mauern trugen Türme und Zinnen, du hattest 381 Türme, 46 Burgen, 6800 Zinnen und 15 Tore. Wehe dir, leoninische Stadt, längst schon bist du gefallen, aber jetzt bist du vom Sachsenkönig in Verlassenheit gestürzt.[70]

Benedikt von San Andrea war gewiß nicht der einzige, der weniger die wiedererstandene Kaiserherrlichkeit als den Niedergang Roms sah, auch wenn seine »in einer völlig verwilderten, vom tiefsten Kulturverfall zeugenden Sprache«[71] geschriebene Klage das einzige Zeugnis für diese Sicht der Dinge ist.

Otto der Große, den der Mönch vom Berge Sorakte so beharrlich den »Sachsenkönig« nennt, weil er ihm den kaiserlichen Titel nicht gönnt, war bestrebt, den Makel des Eroberers und Usurpators abzuschütteln und sich als rechtmäßiger Herrscher Italiens zu erweisen. Auf Reichstagen und Kirchensynoden versammelte er die geistlichen und weltlichen Großen Reichsitaliens und des Kirchenstaates um sich, eifrig bemüht, Ordnung in Kirche und Staat zu schaffen. Als Garant des Rechts hielt er nicht nur selbst Gericht, den goldenen Richterstab in den Händen, sondern ließ auch das durch Mißbrauch verderbte Recht reformieren. Als Gesetzgeber führte er die rechtsschöpferische Tradition der römischen Kaiser und der langobardischen Könige fort.

Das Jahr 967 wurde ein Jahr der Erfolge. In Rom, wo im Januar eine Synode stattfand, erschien Pandulf Eisenkopf von Capua. Der Fürst, der tatkräftigste unter den süditalienischen Dynasten langobardischer Herkunft, huldigte dem Kaiser und erhielt zu seinem Fürstentum Capua noch Spoleto und die Markgrafschaft Camerino als Lehen. Im Februar zog der Kaiser nach Süden und empfing die Huldigung des Herzogs Landulf von Benevent. Wahrscheinlich hat damals auch Gisulf von Salerno die Oberhoheit des Kaisers anerkannt. Mit diesem Griff nach dem Süden nahm Otto der Große karolingische Machtansprüche wieder auf, riskierte aber auch einen Krieg mit Byzanz; denn der oströmische Kaiser rechnete diese Fürstentümer der eigenen Machtsphäre zu. Zum Zweikaiserproblem kamen territorialpolitische Spannungen und Rivalitäten hinzu.

Nach seinem Erfolg gegenüber den langobardischen Fürstentümern zog Otto der Große nach Ravenna. In der alten Kaiserstadt, in der Romulus Augustulus, der letzte der weströmischen Kaiser, residiert hatte, feierte er das Osterfest und hielt einen Reichstag und eine Kirchensynode ab. Der Papst, der Patriarch Radoald von Aquileja, die Erzbischöfe Petrus von Ravenna und Walbert von Mailand und mehr als fünfzig Bischöfe aus Nord- und Mittelitalien nahmen daran teil. Der Papst, dem Wink des Kaisers gehorchend, stellte ihn in eine Reihe mit dem römischen Kaiser Konstantin und dem Fran-

Fürst Pandulf Eisenkopf von Capua (961–981) und sein Bruder Landulf von Benevent bei der Übergabe von Privilegien für das Kloster Santa Sofia in Benevent (Chronik von Santa Sofia).

kenherrscher Karl dem Großen. Das Auftreten Ottos des Großen in Ravenna, wo er sich bei der spätantiken Kirche San Apollinare in Classe einen Palast erbauen ließ, war ein demonstratives Zurschaustellen imperialer Macht und Größe, ohne Zweifel auch für die Augen der Byzantiner bestimmt.

Das abendländische Kaisertum sollte nach dem Willen Ottos des Großen keine Episode bleiben, keine nur an die eigene machtvolle Persönlichkeit gebundene Würde. Dem dynastischen Denken der Aristokratie entsprechend, wollte er die Kaiserwürde fest mit dem ottonischen Königshaus verbinden. Der Zeitpunkt war günstig. Der Thronfolger, im Jahre 955 geboren, hatte eben das Alter erreicht, in dem er nach fränkischem Recht für waffenfähig erklärt werden konnte. Im Einvernehmen mit dem Papst beschloß der Kaiser, seinen Sohn nach byzantinischem und karolingischem Vorbild zum Mitkaiser krönen zu lassen. Auf Befehl des Vaters zog der junge König mit großem Gefolge über den Brenner nach Italien. In Verona trafen Vater und Sohn zusammen und hielten gemeinsam eine große Reichsversammlung ab. Über Mantua und Ravenna ging es weiter nach Rom zur Kaiserkrönung. Der festliche Einzug in die Stadt fand am Heiligabend statt. Mit kaiserlichen Ehren wurde Otto der Große von den Römern am dritten Meilenstein empfangen und nach Sankt Peter geleitet, wo er von Johannes XIII. erwartet und in die Kirche geführt wurde. Am Weihnachtstage empfing der erst dreizehnjährige König die Kaiserkrone, am gleichen hohen Festtag also wie einstmals Karl der Große. »Und es herrschte großer Jubel unter den Unsrigen und unter den Römern über die hocherfreuliche Übereinkunft zwischen den beiden Kaisern und dem Papst«, berichtet der deutsche Chronist Adalbert von Magdeburg.[72]

Die kaiserliche Herrschaft über Reichsitalien und das Patrimonium Petri war gesichert, die langobardischen Fürsten hatten dem Kaiser gehuldigt, und mit der Krönung Ottos II. war der Fortbestand der neuen abendländischen Kaiserdynastie gesichert. Nun mußte ein modus vivendi mit dem byzantinischen Kaisertum gefunden werden. Das war schwierig genug, denn mit Otto dem Großen und dem oströmischen Kaiser Nikephoros Phokas standen sich zwei der bedeutendsten Herrschergestalten des 10. Jahrhunderts gegenüber, beide vom gleichen unbeugsamen Willen zu imperialer Macht und Größe beseelt.

Nikephoros Phokas, der erfolgreichste Feldherr des Kaisers Romanos II., war nach dessen Tod 963 vom Heer zum Kaiser ausgerufen worden. Um seine Usurpation mit einem Hauch von Legitimität zu versehen, hatte er Theophanu, die junge und schöne Witwe seines Vorgängers, geheiratet und sogar die beiden kleinen Söhne des verstorbenen Kaisers, Basileios und Konstantin, am Leben gelassen. Die aggressive Politik des neuen Herrschers gegenüber den arabischen Staaten zeitigte Erfolge, auch wenn er das wichtige Sizilien nicht zurückerobern konnte. Kreta und Zypern wurden wieder byzantinisch, und auch in Kleinasien und Syrien waren die griechischen Armeen auf dem Vormarsch. Selbstverständlich war der von der Würde seines Amtes überzeugte Nikephoros Phokas nicht bereit, auf die universale Geltung seines Kaisertums zu verzichten. Erschwerend kam hinzu, daß der Usurpator aus dem Norden auch

Die kaiserliche Familie. Elfenbeintafel aus Magdeburg oder Mailand (vermutlich 962). Maria und Mauritius haben Otto den Großen, Adelheid und ihren kleinen Sohn vor den Thron des Heilands geführt. Die irdische und himmlische Sphäre berühren sich. Der thronende Christus ist der Erde entrückt, auf der die kaiserliche Familie kniet und gerade noch seine Füße berührt. Die beiden Heiligen vermitteln zwischen Erde und Himmel. Für die Identifizierung der Personen mit Otto I., Adelheid und Otto II. spricht der heilige Mauritius als kaiserlicher Schutzpatron, vor allem aber die Krone auf dem Kopf des Kindes, denn nur Otto II. war bereits zu Lebzeiten seines Vaters zum König gekrönt worden, nicht aber Otto III.

die byzantinischen Machtpositionen auf der Apenninhalbinsel bedrohte. Freilich hatte der Byzantiner zunächst andere Sorgen und versuchte eine Einigung auf friedlichem Wege.

Schon in Ravenna war eine griechische Gesandtschaft erschienen, um diplomatische Beziehungen herzustellen. Sie brachte Geschenke, dürfte aber auch die Forderung nach Verzicht auf die Lehnsherrschaft über die Fürstentümer Capua, Benevent und Salerno überbracht haben, die Byzanz für sich beanspruchte. Otto der Große schickte seinerseits eine Gesandtschaft unter Führung eines Venezianers namens Dominikus nach Konstantinopel, um für seinen Sohn um die Hand der Prinzessin Anna, der Tochter des Kaisers Romanos II., zu werben. Das war ohne Zweifel ein kluger Schachzug. Heiratspolitik stand bei den Ottonen wie bei allen aufstrebenden Familien hoch im Kurs, und vielleicht konnte die zarte

Hand einer byzantinischen Prinzessin – Anna war erst vier Jahre alt – den gordischen Knoten lösen. Ging man am Bosporus auf die Werbung ein, so würde dies die unausgesprochene, aber unübersehbare Anerkennung des ottonischen Kaisertums bedeuten.

Weihnachten 967 kehrte der Venezianer zurück. Er hatte Nikephoros Phokas weitreichende Zugeständnisse gemacht und damit die ihm gegebenen Vollmachten überschritten. Nikephoros Phokas war an einem Bündnis mit Otto dem Großen interessiert und hatte auch die Werbung, so unerhört sie in den Augen der Byzantiner war, nicht direkt abgewiesen. Eine griechische Gesandtschaft erschien in Rom, aber ihre Forderung nach Anerkennung aller oströmischen Besitzansprüche in Italien erschien dem Kaiser unannehmbar. Er fühlte sich stark genug, um einen Waffengang zu wagen. Schon im Januar 968 griff er die byzantinischen Besitzungen in Apulien und Kalabrien an.

Was bezweckte der Kaiser mit der Ausdehnung seines Herrschaftsraumes in den Süden der Apenninhalbinsel? Sollte das römisch-deutsche Kaisertum die Einigung des politisch zerrissenen Landes bringen? War es ein vorweggenommenes Risorgimento unter kaiserlicher Ägide, verfrüht freilich und darum zum Scheitern verurteilt? Drängte die geographische Gestalt Italiens nicht geradezu nach politischer Vereinigung? Aus der Luft gegriffen sind diese Fragen nicht: Als Kaiser Nikephoros Phokas später dem Gesandten Ottos des Großen, Liudprand von Cremona, den unprovozierten Angriff seines Herrn auf Süditalien vorwarf, rechtfertigte der Bischof die Okkupation damit, daß das Land zu Italien gehöre, wie die Abstammung und die Sprache der Bewohner bewiesen.[73] Für das 10. Jahrhundert ist diese völkisch-nationalstaatliche Argumentation in der Tat erstaunlich.

Dem Kaiser lagen derartige Überlegungen offenkundig fern. Der Wunsch, Italien unter deutscher Herrschaft zu einigen, war nicht der Antrieb für einen Angriff auf Apulien und Kalabrien. Eher war er als Druckmittel gegenüber Byzanz gedacht. In einem Brief an seine sächsischen Getreuen, den Widukind von Corvey überliefert, hat der Kaiser während seines Vorrückens nach Süditalien in groben Umrissen seine Pläne offenbart. Wenn die Byzantiner auf seine Vorschläge nicht eingehen würden, wollte er ihnen Apulien und Kalabrien entreißen. Er glaubte, die Griechen seien zu ernsthaftem Widerstand nicht in der Lage.[74] Darin täuschte er sich allerdings. Sein erster Feldzug im Frühjahr 968 scheiterte vor Bari, der stark befestigten Hauptstadt Apuliens. Das deutsch-italienische Heer war für den Kampf gegen Bergfestungen und Seestädte wenig tauglich. Nikephoros Phokas traf den wunden Punkt, als er zu Liudprand von Cremona sagte: »Dein Herr hat keine Flotte. Ich allein bin mächtig zur See.«[75]

Otto der Große kehrte nach Rom zurück, erneuerte seinen Angriff im Herbst 968, diesmal tatkräftig von Pandulf Eisenkopf unterstützt, jedoch wiederum ohne nachhaltigen Erfolg, da die Gegner sich in die festen Städte zurückzogen. Die Fortsetzung des Kampfes überließ Otto der Große seinem getreuen Vasallen Pandulf Eisenkopf, der mehr und mehr zur Hauptstütze der deutschen Herrschaft in der Pufferzone zwischen der ottonischen und der byzantinischen Machtsphäre wurde. Deshalb war es ein schwerer Schlag, als der Fürst verwundet in griechische Gefangenschaft geriet. Durch diesen Erfolg ermuntert, gingen die Griechen zur Offensive über und griffen Capua und Benevent an, doch ein Reichsheer unter dem Markgrafen Gunther von Meißen rückte aus und schlug die Griechen entscheidend. Um Nikephoros Phokas zu demütigen, wurden den Gefangenen die Nasen abgeschnitten, bevor man sie nach Hause schickte.

Trotz des mit Härte und Grausamkeit geführten Krieges, der aus byzantinischer Sicht freilich nur auf einem Nebenkriegsschauplatz stattfand, gab es diplomatische Kontakte. Otto der Große hatte im Frühjahr 968 den des Griechischen kundigen Bischof Liudprand von Cremona an den Bosporus geschickt, um die Werbung um Prinzessin Anna zu erneuern. Die Atmosphäre am Kaiserhof zu Konstantinopel war spannungsgeladen, und so stieß der Gesandte auf eisige Ablehnung und hochmütige Verachtung. Gedemütigt, mit seinen Begleitern in einem halbverfallenen Palast einquartiert und fast wie ein Staatsgefangener behandelt, verfaßte er einen boshaften Bericht über seine gescheiterte Mission, »ein geistreiches Pamphlet von unschätzbarem kulturhistorischen Wert«.[76] In seiner Erbitterung lieferte der Bischof nur eine Karikatur des mächtigen byzantinischen Herrschers und seines Hofes.

Liudprands Lage verschlechterte sich, als ein päpstliches Schreiben in Konstantinopel eintraf, adressiert an den »Kaiser der Griechen«, in dem von Otto dem Großen als dem »erhabenen römischen Kaiser« die Rede war. Am Bosporus war man empört, und die Boten konnten froh sein, nur in den Kerker geworfen zu werden. Für die Byzantiner gab es nur einen römischen Kaiser, nur einen universalen Weltherrscher, ihren Kaiser Nikephoros Phokas.[77] Fast vier Monate wurde Liudprand am Bosporus festgehalten, bevor er endlich nach Italien zurückkehren konnte.

Immerhin war Liudprand von Nikephoros Phokas empfangen und an seine Tafel geladen worden. Auch zu ernsthaften Verhandlungen war es gekommen. Für eine im Purpur geborene Prinzessin war aber ein zu hoher Preis gefordert worden: Nicht nur die langobardischen Fürstentümer, sondern auch Ravenna, Rom und die Pentapolis sollten Byzanz überlassen werden. Billiger war die byzantinische Freundschaft ohne Heirat zu haben. Nikephoros Phokas forderte nur Freiheit für Rom und die Lehnshoheit über die Fürstentümer Capua und Benevent. Der byzantinische Kaiser schickte sich an, das alte Imperium Romanum wiederherzustellen, zu dem auch das alte Rom und die mosaikenreiche Kaiserresidenz Ravenna gehörten.

Noch schien der Stern des Kaisers Nikephoros Phokas weiter emporzusteigen. Kreta und Zypern hatte er als Feldherr selbst erobert, und in Syrien waren seine Heere auf dem Vormarsch; im Oktober fiel Antiochia, ein arabischer Stützpunkt von hoher strategischer Bedeutung. Dem Druck der Bulgaren, die unter ihren Zaren Simeon und Peter zur Großmacht geworden waren, begegnete er, indem er den Großfürsten Swatoslaw von Kiew gegen sie hetzte. Es war zu erwarten, daß Nikephoros Phokas nun den Kampf um die italienischen Provinzen Apulien und Kalabrien aufnehmen und nach der Vertreibung der Deutschen von dort aus die Rückeroberung Siziliens in Angriff nehmen würde. Eine schwere und blutige Auseinandersetzung zwischen dem römisch-deutschen und dem byzantinischen Kaiserreich schien unvermeidlich.

Doch eine Palastrevolution änderte plötzlich die Lage. Der alte Soldatenkaiser hatte die Kräfte des Reiches rücksichtslos in den Dienst seiner Eroberungspolitik gestellt und sich durch seine Finanz- und Steuerpolitik unbeliebt gemacht. Seine asketische Lebensführung schuf ihm Feinde in der byzantinischen Hofgesellschaft. Auf Betreiben der lebenshungrigen jungen Kaiserin Theophanu und seines Neffen Johannes Tzimiskes, dem er den Oberbefehl über die byzantinische Ostarmee entzogen hatte, wurde er in der Nacht vom 10. zum 11. Dezember 969 heimtückisch ermordet. Schon am Weihnachtstage ließ sich Johannes Tzimiskes durch den Patriarchen Polyeukt von Konstantinopel zum Kaiser krönen. Um den Verdacht von sich abzulenken, schickte er seine Mitverschworene, die Kaiserin, in die Verbannung. Johannes Tzimiskes (969–976) war zwar ein ausgezeichneter Feldherr, aber sein Kriegsruhm reichte nicht an den seines Vorgängers heran.

Otto der Große nutzte die Wirren am Bosporus, um im Frühjahr

Das Gerokreuz im Kölner Dom, eine Stiftung des Erzbischofs Gero von Köln (969–976). Das lebensgroße, aus Eichenholz geschnitzte Gerokreuz ist das älteste noch erhaltene monumentale Abbild des gekreuzigten Christus. In der Kunst der Ottonenzeit wird das Sterben des Heilands am Kreuz ernst und realistisch dargestellt. Der Opfertod des Gottessohnes ist das Thema des Gerokreuzes, nicht der Triumph des Gekreuzigten über den Tod.

970 erneut nach Süditalien vorzustoßen. Neapel und Bovino wurden angegriffen, Apulien geplündert und verwüstet. Gegen die festen, vom Land her oft schwer zugänglichen Städte war freilich wenig auszurichten. Andererseits geriet auch Johannes Tzimiskes in Bedrängnis. Bulgarien, nach dem Tode des Zaren Peter 969 in zwei Fürstentümer zerfallen, war den russischen Angriffen hilflos preisgegeben. Swatoslaw von Kiew befand sich im Frühjahr 970 sogar auf dem Vormarsch nach Konstantinopel. Zwar konnten die Russen bei Adrianopel gestoppt werden, aber erst 972 war die von ihnen ausgehende Gefahr endgültig behoben.

Johannes Tzimiskes war daher an einer friedlichen Beilegung der Konflikte im Westen interessiert. Er ließ Pandulf Eisenkopf frei und benutzte ihn als Helfer bei seinen Friedensbemühungen. Otto der Große nahm das Friedensangebot an und räumte das byzantinische Süditalien. Pandulfs Herrschaftsbereich Capua und Benevent blieben unter der Oberhoheit Ottos des Großen, während Apulien und Kalabrien weiterhin zum byzantinischen Imperium gehörten. Eine große Gesandtschaft unter Leitung des Erzbischofs Gero von Köln schiffte sich nach Konstantinopel ein, um die Braut für den jungen Kaiser heimzuführen. Ein Arrangement, basierend auf dem status quo, war getroffen.

5. Das Reich und der Osten

Dennoch zogen die Slawen den Krieg dem Frieden vor und achteten alles Elend gering, wenn es um die teure Freiheit ging. Dieser Menschenschlag ist nämlich hart und scheut keine Anstrengung; gewöhnt an karge Nahrung halten die Slawen das für eine Lust, was uns als schwere Last erscheint. Wahrlich, viele Tage gingen in wechselvollen Kämpfen dahin; die einen kämpften für ihren Kriegsruhm und die Ausdehnung ihrer Herrschaft, die anderen aber für ihre Freiheit und gegen die schlimmste Sklaverei.[78]

          Widukind von Corvey

Mit höchster Achtung sprach Widukind, der stammesstolze Chronist der Ottonenzeit, vom unstillbaren Freiheitsdurst der Slawen, die sich mit Ausdauer und Härte gegen die Unterwerfung wehrten. Der Mönch, der die deutsche Italienpolitik mit Mißtrauen betrachtete, aber die Ereignisse im Osten wachsam verfolgte, spürte das Schicksalhafte dieses Ringens und war sich darüber im klaren, daß die deutschen Herren als Eroberer kamen, die slawischen Völker hingegen ihr Land verteidigten.

 Das Reich besaß im Osten eine Grenze von gewaltiger Länge. Wie einst zur Zeit Karls des Großen reichte sie von der Ostsee bis zur Adria. Slawische Völkerschaften lebten jenseits, aber auch diesseits der Reichsgrenze. Die von Karl dem Großen den Awaren entrissenen Gebiete im Südosten waren allerdings verlorengegangen, denn die Ungarn hatten sich im Donaubecken und der Theißebene niedergelassen. Sie hatten das Großmährische Reich, jenes frühe slawische Großreich, vernichtet und damit die südslawischen Völkerschaften von den west- und ostslawischen Stämmen abgesprengt.

 Die östliche Völkerwelt war im 9. und 10. Jahrhundert noch in Bewegung. Nicht nur äußerer Druck und kriegerische Ereignisse, sondern auch innere Assimilations- und Überschichtungsvorgänge veränderten das ohnehin nicht allzu konstante Stammesgefüge. Ein politisch-ethnischer Konzentrationsprozeß vollzog sich im Verlaufe des 10. Jahrhunderts in Böhmen. Die dort siedelnden slawischen Kleinstämme wurden unter Führung der in Mittelböhmen ansässigen Tschechen geeint. Fürsten aus dem Geschlecht der Przemysliden setzten sich gegen Rivalen aus anderen Sippen durch, stiegen zur herzoglichen Würde empor und machten Prag zur Hauptstadt des Landes. Sie mußten zwar die Oberhoheit des deutschen Königs anerkennen, konnten aber ein hohes Maß an politischer Selbständigkeit behaupten.

 Anders sah es bei den sorbischen Stämmen aus, die nördlich des dicht bewaldeten Erzgebirges saßen. Das Siedlungsgebiet dieser Kleinstämme lag im heutigen Sachsen zwischen Saale und Elbe. Den sorbischen Stämmen fehlte offenbar jede einheitliche Führung, und so konnten sie rasch unterworfen werden, als Heinrich I.

Burg und Siedlung Spandau im 10. Jahrhundert.
Der Ort an der Mündung der Spree in die Havel war bereits in slawischer Zeit ein wichtiger Platz im Grenzgebiet zwischen den Hevellern und Sprevanen. Umfangreiche Ausgrabungen machten es möglich, die Entwicklung des Spandauer Burgwalles zu rekonstruieren.

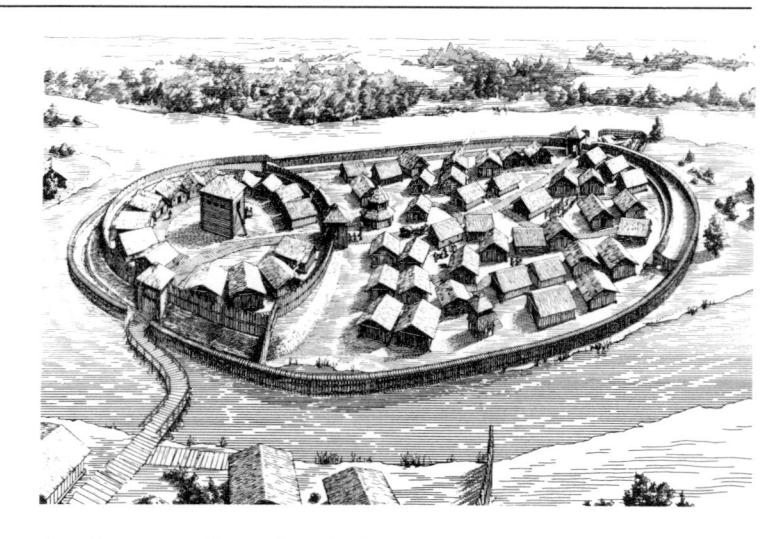

den deutschen Vorstoß nach Osten einleitete. Nur der Stamm der Daleminzier war zu ernsthaftem Widerstand fähig. Deshalb hatte Heinrich I. dort 929 die deutsche Burg Meißen als Zwingburg gegen die Daleminzier und Stützpunkt im Kampf gegen die weiter östlich siedelnden Stämme, die Milzener im Bautzener Land und die Lusizer in der Niederlausitz, erbauen lassen.

Einen höheren Grad an früher staatlicher Organisation besaßen die an Havel und Spree siedelnden Heveller (Stodoranen) und Sprewanen. Die Hauptburg des einen Stammes war Brandenburg an der Havel, die des anderen Köpenick an der Spree. Die von der Havel, Seen und Sümpfen geschützte Brandenburg, Hauptfestung der Heveller und Residenz ihres Fürstengeschlechtes, war wegen ihrer strategisch wichtigen Lage die meistumkämpfte Burg des Slawenlandes.

In Mecklenburg und Vorpommern, Teilen der Mark Brandenburg und in Ostholstein lagen die Siedlungsgebiete der Wilzen und Abodriten. Die Hauptstämme der wilzischen oder liutizischen Völkerschaft waren die Redarier, Tollenser, Zirzipanen und Ukranen. Ein selbständiger Stamm waren die Ranen auf der Insel Rügen und dem benachbarten Festland, als Seefahrer und Piraten berühmt und berüchtigt. Zur abodritischen Stammesgruppe gehörten die Abodriten mit der Hauptburg Mecklenburg, die Warnower am gleichnamigen Fluß, die Wagrier in Ostholstein mit der Hauptburg Stargard (Oldenburg) und die Polaben um Ratzeburg und westlich der Elbe im Hannoverschen Wendland. In enger Verbindung zu den Abodriten standen die Linonen, deren Hauptburg Lenzen nicht weit von der mittleren Elbe entfernt war.

Während sich bei den Wilzen eine eher archaisch-demokratische Stammesverfassung ohne eine monarchische Spitze herausgebildet hatte, gab es bei den Abodriten eine starke fürstliche Gewalt. Das mächtigste Fürstengeschlecht waren die in Mecklenburg residierenden Nakoniden. Bedeutende Herrscher aus diesem Fürstenhaus haben tatkräftig gegen die Bedrohung durch das Reich, die Dänen und die Wilzen gekämpft und versucht, einen starken Abodritenstaat aufzubauen.

...von Seen und Sümpfen geschützt

Das Osttor der Spandauer Burg um 1000. Der mit einem Hirschgeweih geschmückte Pferdeschädel sollte Unheil von den Bewohnern abwehren.

Weiter im Osten siedelten zwischen dem Unterlauf der Oder und der Danziger Bucht die Pomoranen (Pommern). Ihre östlichen Nachbarn waren die zu den baltischen Völkerschaften zählenden Pruzzen, ihre südlichen die Polanen (Polen). In Schlesien saßen einige slawische Kleinstämme, die Slenzanen, Opolanen und Golenzanen. Die größten geschichtlichen Impulse gingen in diesem Bereich von den Pomoranen und den Polanen aus, Rivalen im Kampf um die Vorherrschaft im Raum zwischen Oder, Weichsel und Ostseeküste.

Das Land östlich von Elbe und Saale war sehr ungleichmäßig besiedelt. Es gab zahlreiche, meist kleinräumige Gebiete, die dicht bevölkert waren, aber auch ausgedehnte, fast menschenleere Waldungen. In den »Siedlungskammern«, die vielfach durch Wälder, Sümpfe und Ödland voneinander getrennt waren, lagen die kleinen Dörfer dicht beieinander. Dem Schutz ihrer Bewohner diente oft eine versteckte Fluchtburg. Die Slawen legten ihre Dörfer gern an Seen, Flüssen, Bächen oder in Quellmulden an. Leichtere Böden, die sich mit dem hölzernen Hakenpflug gut bearbeiten ließen, wurden zwar bevorzugt, doch wußten die slawischen Bauern auch mit den sehr fruchtbaren, aber schweren Lößböden umzugehen, die sie vor allem im sorbischen Bereich unter den Pflug nahmen. Da der Hakenpflug den Boden nur aufriß, nicht aber die Erdschollen umwendete, mußte der Acker doppelt gepflügt werden. Daher hatten die Äcker meist eine blockförmige Gestalt, während für die Arbeit mit dem in Westeuropa verbreiteten Wendepflug lange Ackerstreifen vorteilhafter waren. Da der slawische Hakenpflug für leichte Sandböden ein sehr zuverlässiges Arbeitsgerät war, blieb er

Ackerbau und Viehhaltung bei den Slawen

Slawische Völker zwischen Elbe und Weichsel im 10. Jahrhundert

in manchen Gegenden auch nach dem Einsetzen der deutschen Ostsiedlungsbewegung noch jahrhundertelang in Gebrauch.

Die intensiven Forschungen der letzten Jahrzehnte haben gezeigt, daß die slawische Wirtschaftsweise überwiegend vom Ackerbau geprägt war. In einer Art »Fruchtwechselwirtschaft« wurden vor allem Roggen, Weizen und Hirse angebaut, aber auch Gerste, Hafer und Flachs (Lein). Sehr wichtig war die Viehhaltung, vor allem die Rinder- und Schweinezucht. Sie deckte im wesentlichen den Fleischbedarf, während die Jagd nur bei einzelnen Stämmen eine größere Rolle spielte. In gewässernahen Gegenden wurde der natürliche Fischreichtum ausgiebig genutzt, während in den Wäldern und Heiden die Waldbienenhaltung sehr verbreitet war. Unter den Tributen, die von den slawischen Stämmen gefordert wurden, werden immer wieder Abgaben in der Form von Honig und Wachs genannt.

Die handwerkliche Produktion diente vor allem der Deckung des Bedarfs einer bäuerlichen Wirtschaft, eines Dorfes oder einer lokalen Siedlungsgemeinschaft. Besondere Handwerkersiedlungen erwuchsen nur in der Nachbarschaft von Burgen, die als Herrschaftszentren dienten. In den frühen slawischen Handelsplätzen und den ihnen folgenden stadtartigen Siedlungen entwickelte sich ein Handwerk, das offensichtlich für den Markt produzierte. Die

Hauptrolle spielten Töpferei, Eisengewinnung und Eisenverarbeitung, die Herstellung von Schmuck und die Verarbeitung von Holz, Leder und Knochen.

Durch den Handelsverkehr waren die Länder der Slawen mit dem westeuropäischen Wirtschaftsraum verbunden, vor allem mit dem Ostseeraum, aber auch mit der byzantinisch-arabischen Welt. Einige große Handelswege durchzogen das Siedlungsgebiet der Westslawen. Besonders wichtig war die »Hohe Straße«, die vom Rhein-Maingebiet aus durch Hessen und Thüringen über Erfurt, Bautzen und Breslau nach Kiew führte; aber auch die von Magdeburg ausgehenden Wege waren von großer handels- und verkehrspolitischer Bedeutung. Im Handel mit dem Westen führte man Häute, Felle, Pelzwerk, Honig, Wachs und vor allem Sklaven aus, importierte dafür Luxusgüter und Waffen. Der Warenaustausch, der in ottonischer Zeit intensiviert wurde, ist schon in karolingischer Zeit nicht unbeträchtlich gewesen, denn in einer Verfügung Karls des Großen, dem »Diedenhofener Kapitular« von 805, wird eine Kette von Grenzhandelsplätzen genannt, die sich von Bardowick an der Unterelbe bis nach Lorch an der Donau hinzieht.[79] Sie dienten auch der Kontrolle eines Waffenembargos, das der Kaiser gegen Slawen und Awaren verhängt hatte.

Im 9. und 10. Jahrhundert wuchs die Bevölkerung auch bei den Westslawen rasch an. Die Rodung von Wäldern, die Ausdehnung des Siedlungslandes, die wachsende Zahl von Dörfern und der Ausbau des Burgenwesens deuten darauf hin, daß sich die Bevölkerung

Steigbügel (11. Jahrhundert).

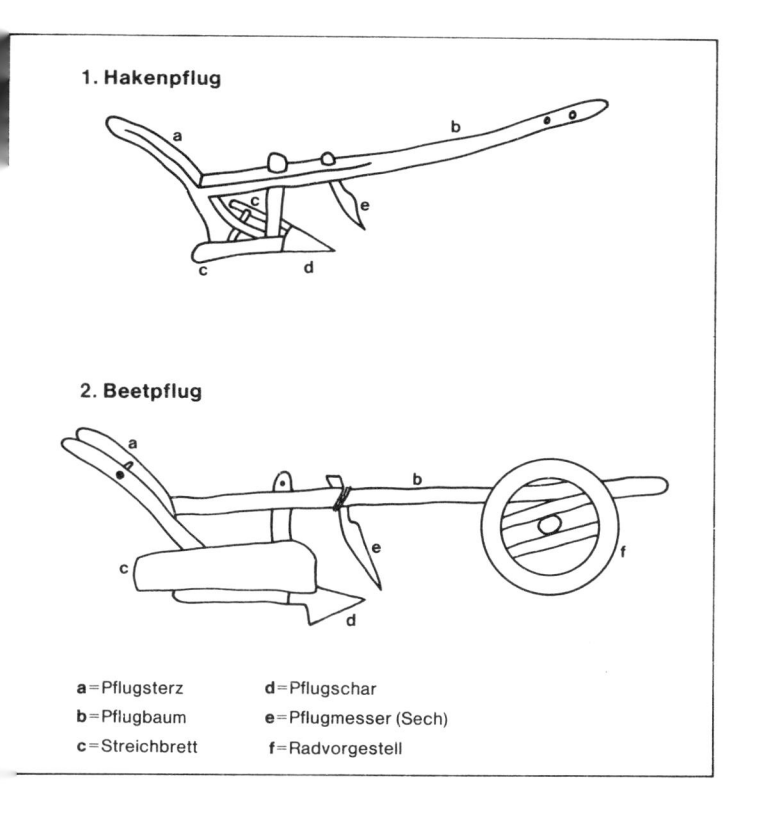

1. **Hakenpflug**

2. **Beetpflug**

a = Pflugsterz   d = Pflugschar
b = Pflugbaum   e = Pflugmesser (Sech)
c = Streichbrett   f = Radvorgestell

Demographische Entwicklung

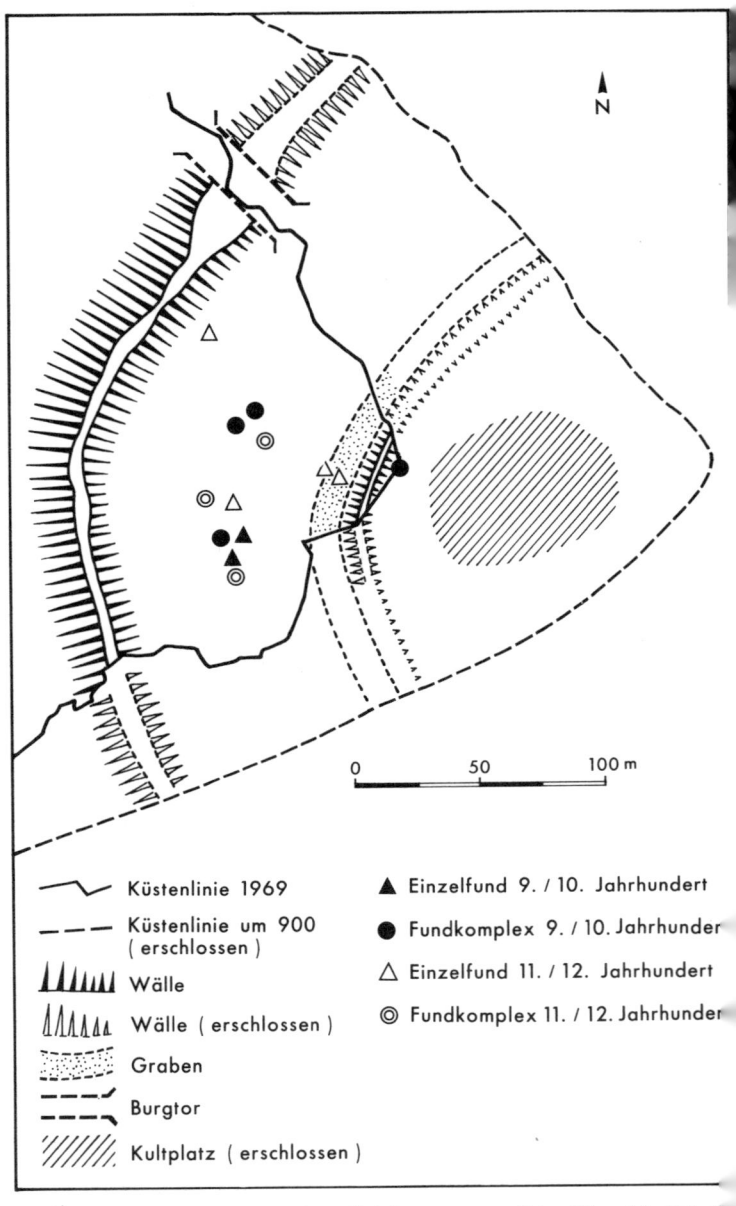

Die Tempelburg der Ranen am Kap Arkona auf Rügen, im 8./9. Jahrhundert erbaut, 1186 von den Dänen zerstört.
Die Kreidefelsen sind der Gewalt der Wellen so stark ausgesetzt, daß bereits große Teile der Burg ins Meer gestürzt sind.

Legende:
- Küstenlinie 1969
- Küstenlinie um 900 (erschlossen)
- Wälle
- Wälle (erschlossen)
- Graben
- Burgtor
- Kultplatz (erschlossen)
- ▲ Einzelfund 9. / 10. Jahrhundert
- ● Fundkomplex 9. / 10. Jahrhundert
- △ Einzelfund 11. / 12. Jahrhundert
- ◎ Fundkomplex 11. / 12. Jahrhundert

kräftig vermehrte, nach groben Schätzungen auf das Vier- bis Fünffache. Um 800 mögen zwischen Elbe und Oder etwa 50 000 Menschen gelebt haben, deren Zahl bis zum Ende des 10. Jahrhunderts auf eine Viertelmillion anwuchs. In der Mitte des 12. Jahrhunderts, als der Zustrom deutscher Kolonisten mit Macht einsetzte, dürften im gleichen Gebiet etwa 400 000 Menschen slawischer Nationalität gewohnt haben.

Diese demographische Entwicklung stand in engstem Zusammenhang mit der Intensivierung des Wirtschaftslebens, die ihrerseits eine der Grundvoraussetzungen für wichtige Wandlungen in gesellschaftlichen Gefüge war. Die archaische, im wesentlichen patriarchalisch strukturierte Familien- und Gesellschaftsordnung zerfiel und wurde von einer neuen Ordnung abgelöst, in der die herrschaftlichen Züge immer stärker hervortraten. Die Macht des Stammesadels wuchs, wohl nicht zuletzt auf Grund der führenden Rolle, die er in den permanenten Kämpfen dieser unruhigen Jahrhunderte spielte. Die teils freibäuerliche, teils halb- oder unfreie Bevölkerung geriet in Abhängigkeit vom Stammesadel, da dieser über Herrenburgen und eine kriegerische Gefolgschaft verfügte.

Stämme und Stammesverbände bildeten zunächst weiterhin die Grundlage der politischen Ordnung: Ansätze eines Überganges von der Stammesgemeinschaft zum Staatswesen werden sichtbar, die allerdings nur bei den Polen und den Böhmen zur Reife gediehen. Dementsprechend bedeutsam war die Stellung der Stammesfürsten, der Anführer der Stämme in Krieg und Frieden. Sie befehligten das Stammesaufgebot, besaßen große Gefolgschaftsverbände und geboten über die Hauptburg ihres Landes, die deshalb schon früh zur festen Residenz wurde. Das Stammesfürstentum war offenbar generell eine erbliche Würde, und manches slawische Fürstengeschlecht hat sich sehr lange an der Macht halten können, so die Piasten in Polen, die Nakoniden und später die Niklotiden in Mecklenburg, die Greifen in Pommern, das in Brandenburg residierende Fürstenhaus der Heveller sowie die Przemysliden und Slawnikiden in Böhmen.

Fürstengeschlechter und Stammesaristokratie prägten maßgeblich das religiöse Leben ihrer Völker und spielten im Prozeß der Christianisierung eine wesentliche Rolle; denn dabei handelte es sich zumeist um eine Christianisierung von oben: Zuerst traten der Stammesfürst, seine Familienangehörigen und Gefolgsleute zum neuen Glauben über, dann folgten Adel und Volk. Daher waren christliche Slawenfürsten als Herrscher über eine überwiegend dem alten Glauben verbundene Bevölkerung nicht selten. Ohne blutige Konflikte ging das nicht immer ab, zumal sich in manchen Situationen religiöse Überzeugung mit handfesten dynastischen und politischen Ambitionen mischten. So ist es kein Zufall, daß die bedeutendsten slawischen Heiligen und Märtyrer fürstlichen Geblüts waren, die heilige Ludmilla, der heilige Wenzel und der heilige Adalbert von Prag.

Für die westslawischen Stämme war das 10. Jahrhundert tatsächlich eine Epoche schicksalhafter Entscheidungen: Würden sie in der Lage sein, die alten Stammesstrukturen zu überwinden und übergreifende Herrschaftsformen auszubilden? Würden die einzelnen Stämme und Völkerschaften den Weg zu größeren politischen Einheiten beschreiten oder nicht? Würden sie sich gegen das deutsche Reich behaupten können, das mehr und mehr zur europäischen Hegemonialmacht aufstieg und seine Hand energisch nach dem Osten ausstreckte?

Wir erinnern uns. Mit dem Angriff auf die Heveller, die Sorben und die Daleminzier hatte Heinrich I. 928/29 eine neue Epoche der ostfränkisch-deutschen Ostpolitik eingeleitet. Otto der Große hat sie tatkräftig und zielstrebig fortgesetzt. Im östlichen Sachsen aufgewachsen, waren ihm die Probleme, die sich an der Ostgrenze stellen, von Jugend an vertraut. Fast ein Knabe noch, eben waffenfähig

Doppelköpfiges Götterbild aus dem 11. oder 12. Jahrhundert, gefunden auf der Fischerinsel im Tollensee bei Neubrandenburg.

geworden, hatte er an Feldzügen gegen die slawischen Nachbarn teilgenommen. Eine junge slawische Fürstentochter gehörte zu seinem Anteil an der Beute. Sie gebar ihm einen Sohn, der den Namen Wilhelm erhielt und trotz seiner illegitimen Geburt zum Erzbischof von Mainz aufsteigen konnte. Das Schicksal seiner Mutter freilich liegt im Dunkel; keine Quelle nennt auch nur ihren Namen. Otto der Große blieb als »Kronprinz« dem Osten verbunden. Seine Gemahlin, die angelsächsische Prinzessin Edgitha, hatte Magdeburg als Morgengabe erhalten, und das junge Paar hat wohl vorwiegend an diesem Ort gewohnt.

So verwundert es nicht, daß der junge König schon zu Beginn seiner Regierungszeit einige wichtige ostpolitische Entscheidungen traf. Er brauchte stabile Verhältnisse im Osten. Maßnahmen organisatorischer und personalpolitischer Art waren dafür erforderlich. Das noch aus der Karolingerzeit stammende Grenzsystem wurde reorganisiert und der Oberbefehl über die grenznahen Grafschaften und die sächsischen und thüringischen Marken tatkräftigen Helfern anvertraut, den Markgrafen Hermann Billung und Gero. Der eine befehligte im nördlichen, der andere im südlichen Grenzabschnitt. Die beiden Markgrafen waren echte Repräsentanten ihres heroischen Zeitalters, rauhe Krieger und hochmütige Aristokraten, herrschsüchtig, skrupellos und doch zugleich von tiefer Frömmigkeit erfüllt. Ihrem Herrscher haben sie die Treue gehalten, auch wenn ihre Loyalität in den Konflikten zwischen Königtum und Adel zuweilen auf eine harte Probe gestellt wurde.

Markgraf Gero, gewaltig von Gestalt und gewalttätig in seinem Handeln, war ein gefürchteter Kriegsmann, in vielen Kämpfen erprobt. Skrupel gegenüber seinen Gegnern kannte er nicht; selbst zu abscheulichen Taten ließ er sich hinreißen. Dreißig slawische Stammesfürsten wurden auf seinen Befehl nach einem Gastmahl, zu dem er sie eingeladen hatte, heimtückisch ermordet, angeblich, um seiner eigenen Ermordung zuvorzukommen. Doch war das gewiß nur eine Schutzbehauptung, um diesen eklatanten Bruch des Gastrechts zu rechtfertigen; in Wahrheit ging es ihm darum, mit den ihrer Anführer beraubten Stämmen leichteres Spiel zu haben. In ständigen Kämpfen dehnte er seinen Machtbereich immer weiter nach Osten aus. Das Havelland, das Stammesgebiet der Heveller, kam wieder unter deutsche Herrschaft; Markgraf Gero, der den sächsischen Grenzadel mit großer Härte immer wieder in den Kampf führte, stieß bis zur Oder vor.

Geros Kriegszug gegen den Polenherzog Mieszko im Jahre 963 war der erste Polenfeldzug eines deutschen Heeres. Dieser ein Jahr nach der Kaiserkrönung unternommene Vorstoß war der Versuch, die deutschen Waffen auch im Osten in den Dienst der hegemonialen Kaiserpolitik zu stellen. Durch den Zug über die Grenze sollten die kirchen- und missionspolitischen Pläne des Kaisers abgesichert werden, denn die Schaffung einer großräumigen, die slawischer Völkerschaften östlich von Elbe und Saale umfassenden Kirchenprovinz Magdeburg schien damals in greifbarer Nähe.

Der Polenherzog Mieszko wiederum brauchte Frieden zur Verwirklichung eigener machtpolitischer Pläne, die auf die Schaffung eines großpolnischen Herrschaftsbereiches gerichtet waren. So kam es rasch zu einem Verständigungsfrieden. Die Deutschen verzichte-

Markgraf Gero.
Das Tafelbild aus dem Anfang des 16. Jahrhunderts gibt Rätsel auf. Gero trägt die Tracht der Ottonenzeit, einen mit Edelsteinen besetzten Überrock und fest geschnürte Gamaschen. Die Fahnenlanze und der Titel »dux et marchio« weisen ebenfalls ins 10. Jahrhundert. Langschwert, Adlerschild und Hund sind Zutaten des Malers, dem wohl eine Grabplatte des Markgrafen als Vorlage gedient hat.

Die strenge Architektur der »Ottonischen Renaissance«

Die Stiftskirche in Gernrode, ein gut erhaltenes Denkmal ottonischer Baukunst, zeugt vom Reichtum Geros, der seinen Besitz dem Kloster vermachte. Die dreischiffige Basilika, um 960 begonnen, wurde am Ende des 10. Jahrhunderts vollendet. Äbtissin Hedwig II. (1118–1152) ließ die Türme erhöhen und den Westchor erbauen, so daß eine doppelchörige Kirche entstand.

ten auf ein weiteres Vordringen, während Mieszko sich zu Tributzahlungen bereit erklärte, allerdings nicht für seinen gesamten Herrschaftsbereich, sondern nur für das Land bis zur Warthe. Das Reich und Polen begegnen einander; die letztlich für beide Seiten leidvolle deutsch-polnische Schicksalsgemeinschaft hatte begonnen.

Markgraf Gero, kein Emporkömmling, sondern ein Mitglied des Geschlechts der Grafen von Merseburg, war in seiner Art eine der hervorragendsten Persönlichkeiten des ottonischen Jahrhunderts. »Er war ein bedeutender Mann und hieß auch der Große«, sagt der Geschichtsschreiber Thietmar von Merseburg, der ihm auch den Ehrennamen »defensor patriae«, Schutzherr des Vaterlandes, verlieh.[80] Widukind von Corvey zeichnet ein wohl zutreffendes Bild von seinem Charakter:

Gero hatte viele gute Eigenschaften, war kriegskundig und ein guter Ratgeber im Frieden, nicht ohne Beredsamkeit, von vielem Wissen, auch wenn er seine Klugheit lieber durch Taten als durch Worte bewies. Im Erwerben zeigte er Tatkraft, im Geben Freigebigkeit, und was das Vorzüglichste an ihm war, war sein Eifer im Dienste Gottes.[81]

Am Rande des Harzes erbaute sich der Markgraf eine Burg, Gernrode, die Rodung des Gero also, gewiß als Herrschaftszentrum gedacht, denn wie alle Großen des Reiches bemühte sich auch Gero um den Aufbau eines eigenen adligen Herrschaftsbereiches. Königliche Schenkungen vermehrten den Familienbesitz. Er hatte zwei Söhne, Siegfried und Gero. Für Siegfried hatte kein Geringerer als Otto der Große selbst die Patenschaft übernommen und ihm als Patengeschenk die Lehen seines Vaters im Schwabengau zu Eigen übertragen. Das Schicksal meinte es jedoch nicht gut mit dem Markgrafen. Er verlor beide Söhne, und ihr Tod machte alle Ansätze zu einer hochadligen Herrschaftsbildung zunichte.

Gero dachte nun an das eigene Seelenheil und das seiner Familie, für das es dringend einiges zu tun galt. Er wandelte seine Burg Gernrode im Jahre 959 in ein Kanonissenstift um, dessen Leitung seine Schwiegertochter Hathui übernahm. Sie war beim Tode ihres Gatten Siegfried noch sehr jung, denn sie hatte schon im Alter von dreizehn Jahren geheiratet. Noch fünfundfünfzig Jahre lang, bis zu ihrem Tod am 4. Juli 1014, sollte sie das Amt der Äbtissin innehaben. Gero selbst zog zweimal nach Rom, weihte seine blutigen Waffen dem Apostel Petrus und erhielt vom Papst für das von ihm gegründete Stift eine kostbare Reliquie, einen Arm des heiligen Cyriakus.[82]

Der Ruhm seiner Kriegstaten, der noch im hohen Mittelalter in Deutschland verbreitet war und der ihm zu einem literarischen Denkmal im Nibelungenlied als Vorbild für die Gestalt des Markgrafen Rüdiger von Bechlarn verhalf, ist verklungen. Doch am Rande des Harzes erhebt sich noch immer die romanische Kirche des Stifts Gernrode, ein schönes Zeugnis der ottonischen Kirchenbaukunst. Dort hat der Markgraf auch seine letzte Ruhestätte gefunden. In einem mächtigen Hochgrab aus dem Anfang des 16. Jahrhunderts ruhen die sterblichen Überreste des zur Legende gewordenen Markgrafen.

Mächtiger noch und einflußreicher bei Hofe war Geros Amtskollege Hermann Billung, auch er ein kampferfahrener Mann, der in harten Kämpfen bis zur unteren Oder vordrang und die in diesem Raum lebenden slawischen Völker und Stämme der deutscher

»Äbtissin Hathui«.
Die an der Westwand des Heiligen Grabes stehende Frauengestalt ist keine Heilige, denn ihr fehlt der Nimbus. Die Ähnlichkeit mit den Grabplatten der Quedlinburger Äbtissinnen zeigt, daß eine Äbtissin, vermutlich die hochverehrte Gründeräbtissin Hathui, dargestellt ist.

Das Heilige Grab in der Gernroder Stiftskirche, das im alljährlichen Osterspiel an Leiden, Sterben und Triumph Christi erinnerte, stammt aus der Zeit um 1100. Die Skulpturen und phantasievollen Ornamente der Westwand könnten das Werk oberitalienischer Künstler sein.

Herrschaft unterwarf. Er war politisch begabter als Gero, eher zu Kompromissen geneigt und von einer großzügigeren Haltung gegenüber den Unterworfenen, denen er größeres Eigenleben zubilligte. Von Otto dem Großen mehrfach mit der Aufgabe betraut, als Statthalter die königlichen Rechte im sächsischen Stammesgebiet wahrzunehmen, erlangte er eine herausragende Stellung, die seinen Nachkommen, den Billungern, den Aufstieg zu herzoglicher Würde ermöglichte.

Im Osten herrschte fast immer Krieg. Die Fronten waren nicht immer klar. Slawische Stämme kämpften gegeneinander, verbündeten sich mit den Deutschen gegen andere Stämme. Böhmen und Polen, die stärksten politischen Faktoren im westslawischen Raum, waren fast stets Rivalen, kaum einmal Verbündete. Panslawistische Ideen waren jener Zeit noch fremd. Verrat war nicht selten; im Kampf um Macht und Einfluß war jedes Mittel recht – auch den sächsischen Herren, die auf seiten der Slawen gegen Kaiser und Reich kämpften. Graf Wichmann der Jüngere, dessen letztes Abenteuer in einen sinnlos-heroischen Tod mündete, war nur der berühmteste jener Rebellen.

Mit Erbitterung wurde gekämpft, auf beiden Seiten. Das von dem Geschichtsphilosophen Johann Gottfried Herder gezeichnete romantische Bild vom friedlichen Volk der Slawen entspricht nicht der historischen Wirklichkeit. Zu welcher Brutalität beide Seiten fähig waren, mögen die Geschehnisse verdeutlichen, die dem Abodritenaufstand des Jahres 955 ihren blutigen Stempel aufdrückten. Die slawischen Stämme zwischen Elbe und Ostsee hatten sich unter Führung der Abodriten erhoben, als das Reich durch den liudolfingischen Aufstand und die Einfälle der Ungarn 954/55 in eine tiefe Krise geraten war.

Die deutsche Herrschaft in den östlichen Marken war auf das Äußerste bedroht. Die Markgrafen, die der König trotz der Ungarngefahr zurückgelassen hatte, konnten die Grenzen nicht mehr schützen. Die demoralisierende Wirkung der Niederlagen, die die Deutschen erlitten, wurde verstärkt durch himmlische Zeichen, die Unheil verkündeten. Slawische Heere, geführt von dem sächsischen Grafen Wichmann, einem Neffen Hermann Billungs, drangen in Sachsen ein. Die Übergabe einer sächsischen Burg, in die sich viele Menschen geflüchtet hatten, endete in einem Massaker: Die Männer wurden ermordet, die Mütter mit ihren Kindern in die Sklaverei verschleppt.[83] Es stand schlimm um die deutsche Herrschaft im Osten.

Da änderte der Sieg in der Schlacht auf dem Lechfeld die Lage. Der siegreiche König eilte nach Sachsen und rüstete zu einem Feldzug gegen die Slawen. Kern des Widerstandes waren die Redarier unter ihren Fürsten Stoinef und Nakon, unterstützt und bestärkt von den sächsischen Rebellen Wichmann und Ekbert. Das Reichsheer, in dem auch der Böhmenherzog Boleslav mitmarschierte, drang tief ins Slawenland vor. Im unwegsamen Gelände geriet es in arge Bedrängnis, als ihm Stoinefs großes Heer den Übergang über die Raxa, wahrscheinlich die Recknitz in Mecklenburg, sperrte. An einen Rückzug war nicht zu denken, Krankheiten und Hunger schwächten die Kampfkraft der Deutschen. Aber Kriegserfahrung und Tapferkeit des Markgrafen Gero, der durch eine Kriegslist den Übergang über den Fluß erzwingen konnte, brachten schließlich doch den Sieg. Stoinef fiel auf der Flucht, und die Sieger übten fürchterliche Rache:

Am selben Tage wurde das Lager der Feinde gestürmt und viele Menschen getötet oder gefangengenommen. Das Morden währte bis tief in die Nacht. Am nächsten Morgen wurde der Kopf des Fürsten auf dem Schlachtfeld ausgestellt und um ihn herum siebenhundert Gefangene enthauptet; dem Ratgeber Stoinefs wurden die Augen ausgestochen und die Zunge herausgerissen, und so ließ man ihn mitten unter den Leichen hilflos liegen.[84]

Ein wahrhaft apokalyptisches Szenarium. Der fromme Mönch im Kloster Corvey, der den Verlauf der Schlacht an der Raxa mit der Akribie eines Kriegsberichterstatters schildert, berichtet ebenso sachlich und ungerührt von ihrem grausigen Ende. Das Morden unter den Barbaren berührte sein christliches Gewissen nicht.

Im Osten ging es aber nicht nur um militärische Expansion und Raumbeherrschung, sondern auch um die Ausbreitung des christlichen Glaubens. Bei der Krönung in Aachen hatte Otto der Große das Schwert empfangen, um mit ihm das Reich gegen alle Feinde

Der Magdeburger Dom, weithin sichtbar am Hochufer der Elbe gelegen, war das Zeichen des Sieges des christlichen Glaubens über das Heidentum. Der ottonische Dom wurde nach dem Brand 1207 durch einen gotischen Kirchenbau ersetzt.

Christi zu verteidigen. Der König nahm diese Aufgaben ernst, nicht allein den Heidenkrieg. Es waren großartige Pläne, die allmählich Gestalt gewannen: Der christliche Glaube sollte den heidnischen Nachbarvölkern vermittelt werden, den Menschen im slawischen Osten und im heidnisch-germanischen Norden. Die kriegerische Ausdehnung des deutschen Machtbereiches und die auf Hegemonie ausgerichtete Machtpolitik des Reiches verbanden sich mit missionarischen Bestrebungen und dem Aufbau einer Kirchenorganisation.

Zum geistig-geistlichen und organisatorischen Zentrum für die Christianisierung des Ostens war Magdeburg vorgesehen. Bereits im Jahre 937 hatte der König in Magdeburg ein Benediktinerkloster gegründet. Die überreiche Ausstattung dieses Reichsklosters läßt erkennen, daß ihm besondere Aufgaben übertragen werden sollten. Im Laufe von drei Jahrzehnten empfing das Magdeburger Moritzkloster mehr als fünfzig Königsurkunden, weit mehr als jede andere Kirche des Reiches.[85] Die unvergleichlich großzügige Ausstattung bestand aus Grundbesitz im Reichsgebiet und aus Einkünften verschiedener Art, nicht zuletzt aus Tributen im Slawenland. Man darf vermuten, daß dem Moritzkloster von Anfang an eine Rolle als Missionskloster für den slawischen Osten zugedacht war.

In diese Richtung weist auch die Wahl des Titelheiligen, des altchristlichen Märtyrers Mauritius. Als Anführer römischer Truppen, der Thebäischen Legion, soll er die Teilnahme an einer Christenverfolgung abgelehnt und deshalb zusammen mit seinen Offizieren im

Rhônetal das Martyrium erlitten haben. Kriegsmann und Bekenner des christlichen Glaubens zugleich, war er als Schutzpatron für ein der Heidenmission gewidmetes Kloster trefflich geeignet. Zudem galt die Heilige Lanze, die der deutsche König als Herrschaftszeichen führte, auch als Mauritiuslanze. Der heilige Mauritius war durch die Erwerbung der Heiligen Lanze zu einem der vornehmsten Reichsheiligen geworden.

Ob der junge König schon 937 daran gedacht hat, das Moritzkloster in ein Erzbistum umzuwandeln und Magdeburg zur Metropole des slawischen Ostens zu machen, ist kaum zu entscheiden. Erst mit der Gründung der Bistümer Brandenburg und Havelberg im Jahre 948 im Siedlungsgebiet der Heveller und der Linonen gewinnen die missionarischen und kirchenpolitischen Pläne Ottos des Großen festere Konturen.

Wie eng Heidenkrieg und Christianisierung miteinander verbunden waren, zeigte sich bei der Schlacht auf dem Lechfeld. Am Vorabend der Schlacht gelobte der König dem heiligen Laurentius, dem Tagesheiligen des 10. August, für den Fall eines Sieges die Gründung eines ihm geweihten Bistums in der Königspfalz Merseburg. Für das mittelalterliche Denken war dies ein typisches Motiv. Gott und die Heiligen waren Helfer in den Nöten des irdischen Daseins.

Nach dem Sieg auf dem Lechfeld schickte der König Abt Hadamar von Fulda nach Rom, um mit dem Papst über die Verwirklichung seines missionspolitischen Programms zu verhandeln. Geplant waren offenbar die Verlegung des Bistums Halberstadt nach Magdeburg, seine Erhebung zum Erzbistum und die Errichtung einer neuen Kirchenprovinz. Diese Konzeption stieß jedoch bei dem wichtigsten geistlichen Reichsfürsten, dem Erzbischof Wilhelm von Mainz, auf erbitterten Widerstand. Halberstadt gehörte seit karolingischer Zeit zu seinem Metropolitanverband, und auch die Slawenbistümer Brandenburg und Havelberg waren diesem 948 eingegliedert worden. Begreiflicherweise wehrte sich der Erzbischof gegen die Verkleinerung seines Zuständigkeitsbereiches.

Otto der Große mußte sich gedulden. Erst die Kaiserkrönung 962 bot ihm wieder Gelegenheit, seine Pläne weiterzuverfolgen. Bevor er dem Papst die Privilegien bestätigte, die seine Vorgänger dem Papsttum wirklich oder angeblich verliehen hatten, verlangte er von Johannes XII. die Zustimmung zu seinen eigenen kirchenpolitischen Plänen. Der Papst gestattete die Errichtung eines Erzbistums in Magdeburg und die Umwandlung des Klosters Merseburg in ein Bistum. Dem Kaiser verlieh er das Recht, bei den bereits zum Christentum bekehrten und den noch zu bekehrenden Slawen weitere Bistümer einzurichten und dem neuen Erzbistum zu unterstellen. In diesem päpstlichen Privileg, das freilich eher die Gedankenwelt des Kaiserhofes als die der Kurie widerspiegelt, wird auch die Kaiserkrönung Ottos des Großen mit seinem erfolgreichen Kampf gegen das Heidentum in Verbindung gebracht.[86]

Otto schien am Ziel seiner Wünsche, denn auch der ernsthafteste Gegner der Magdeburger Pläne, sein eigener Sohn Wilhelm von Mainz, hatte zugestimmt, weil Halberstadt, Brandenburg und Havelberg auch weiterhin zu seinem Metropolitanverband gehören sollten. Aber nun widersprach Bischof Bernhard von Halberstadt. Der Umwandlung seines Bistums in ein Erzbistum, die für ihn eine

Fragment einer Mauritiusstatue im Magdeburger Dom (um 1240). Der Heilige Mauritius, seit der Zeit der Kreuzzüge als Afrikaner aufgefaßt, ist als Ritter dargestellt.

Abt Hadamar von Fulda (927–956), von Otto I. mehrfach in diplomatischer Mission nach Rom geschickt, behielt dabei auch die Interessen seines Klosters im Auge. Papst Marinus II. verlieh ihm und seinen Nachfolgern das Recht, eine Mitra zu tragen. Der Papst überreicht dem Abt die Verleihungsurkunde. Initiale M im Codex Eberhardi (Mitte 12. Jahrhundert).

Rangerhöhung gewesen wäre, hätte er gern zugestimmt, nicht aber der nun geplanten Verkleinerung seiner Diözese um ihren östlichen Teil, in dem Magdeburg lag. Vor dem Widerstand des greisen und überaus widerspenstigen Bischofs mußte selbst der Kaiser kapitulieren und sich erneut in Geduld üben.

Erst während des dritten Italienzuges konnte der Kaiser seine Pläne verwirklichen. Auf der Synode in Ravenna zu Ostern 967, auf der die beiden Häupter der lateinischen Christenheit Einigkeit demonstrierten, wurde erneut ein Beschluß über die Gründung des Erzbistums Magdeburg gefaßt. Die Kirchenprovinz sollte die Diözesen Brandenburg und Havelberg und die der noch zu errichtenden Bistümer Merseburg, Zeitz und Meißen umfassen.[87] Allerdings mußte der Kaiser damit Abstriche an seinen ursprünglichen Plänen hinnehmen. Die Kirchenprovinz Magdeburg wurde durch die Nennung der Bistümer fest abgegrenzt und war nicht mehr, wie zunächst geplant, nach Osten hin offen. Das Papsttum begann, sich auf seine kirchenpolitische Führungsaufgabe zu besinnen und die Geschehnisse im Osten schärfer zu beobachten. Der polnische Herzog Mieszko war 966 zum Christentum übergetreten, und damit rückte die Schaffung einer polnischen Nationalkirche in greifbare Nähe. Papst Johannes XIII. betonte auch – ungeachtet aller Reverenzen, die er dem Kaiser erwies – den päpstlichen Anteil an der Gründung des Erzbistums Magdeburg. Kirchenorganisatorische und machtpolitische Faktoren vermischten sich und sollten noch lange für Zündstoff im Verhältnis zwischen Kaiser und Papst, Deutschland und Polen sorgen.

Den Widerstand der beiden betroffenen Kirchenfürsten zu überwinden, half dem Kaiser der Tod: Fast gleichzeitig starben Anfang 968 Bernhard von Halberstadt und Wilhelm von Mainz. Auf den Mainzer Erzstuhl setzte der Kaiser den Fuldaer Abt Hatto, einen seiner engsten Vertrauten und kirchenpolitischen Berater. In Halberstadt ergaben sich zunächst für den Kaiser Probleme, denn das Domkapitel machte von seinem Wahlrecht Gebrauch und wählte den Dompropst Hildeward zum Bischof. Hermann Billung scheute sich nicht, gestützt auf sein Mandat als kaiserlicher Statthalter in Sachsen, den Gewählten auf einer Stammesversammlung der Sachsen zu Werla in sein Amt einzusetzen. Hildeward war vornehmer sächsischer Herkunft, und hinter seiner Wahl standen gewiß einflußreiche Adelsgruppen. Der Kaiser konnte das eigenmächtige Treiben nicht hinnehmen und ließ Hildeward nach Italien rufen. Allerdings wollte und konnte er Hermann Billung nicht brüskieren, zumal er an Hildeward noch etwas gutzumachen hatte. Hildewards Vater Erich war 941 als Teilnehmer am Aufstand Heinrichs getötet worden. Mit den Worten »Empfange hiermit das Wergeld für deinen Vater«,[88] soll ihm der Kaiser den Bischofsstab überreicht haben.

Erzbischof Hatto von Mainz und der neue Halberstädter Bischof stimmten nun der Errichtung des Erzbistums Magdeburg zu; Hildeward nicht ohne zuvor noch manche Güter und Privilegien für seine eigene Kirche herausgeschlagen zu haben. Man sieht, die Herrschaft des Kaisers über die vom Hochadel beherrschte Reichskirche hatte ihre Grenzen. Das wichtige Amt des neuen Metropoliten erhielt Adalbert, der schon als Missionar in Rußland Erfahrungen gesammelt hatte. Er kam aus dem alten Reichskloster Sankt Maximin in Trier und war Abt des elsässischen Klosters Weißenburg. Auch er gehörte dem hohen Adel an; durch seine Schwester war er mit den Billungern verschwägert.

Auf den ersten Blick war die Reise des Trierer Mönchs Adalbert ins ferne Rußland nur eine Episode im missionarischen Weltgeschehen, denn sie scheiterte auf der ganzen Linie. Ein Erfolg hätte allerdings weltgeschichtliche Auswirkungen gehabt. Die russische Großfürstin Olga, eine der bemerkenswertesten Frauen jenes an bedeutenden Frauengestalten reichen Jahrhunderts, hatte 957 während eines Staatsbesuches in Konstantinopel den christlichen Glauben angenommen und war gewillt, die Bekehrung ihres Volkes weiter voranzutreiben. Wohl um eine einseitige theologische und kirchenpolitische Abhängigkeit von Byzanz zu vermeiden, wandte sie sich bald darauf an Otto den Großen und bat ihn um die Entsendung eines Missionsbischofs und einiger Priester. Der König war dazu gern bereit, aber es zeigte sich, daß der missionarische Eifer unter der deutschen Geistlichkeit gering war. Der 960 zum Missionsbischof geweihte Mönch Libutius aus dem Mainzer Albanskloster zögerte seinen Aufbruch so lange hinaus, daß er noch in Frieden zwischen den heimatlichen Klostermauern sterben konnte. Auf Vorschlag des Mainzer Erzbischofs Wilhelm wurde nun der Trierer Mönch Adalbert für diese wichtige Aufgabe auserwählt. Der so Geehrte empfand das freilich eher als Strafe, und es ist zu vermuten, daß die Missionare in der fernen Kiewer Rus nicht eben mit glühendem Eifer bei der Sache waren. Olgas Sohn Swjatoslaw lehnte das Christentum ab. Adalbert selbst geriet in Lebensgefahr, einige seiner Gefährten fanden auf dem Rückweg den Tod. Erst der Enkel der Großfürstin, Wladimir der Heilige, verhalf 988 dem Christentum in Rußland zum Sieg. Als Lohn der Angst erhielt Adalbert zunächst die Abtei Weißenburg im Elsaß, dann das Erzbistum Magdeburg.

Die Gründung des Erzbistums Magdeburg und seiner neuen Suffraganbistümer Merseburg, Zeitz und Meißen gab der Mission unter den slawischen Stämmen zwischen Elbe und Oder einen festen

Otto der Große, von Mauritius geleitet, bringt Christus das Modell des Magdeburger Domes dar. Das Elfenbeinrelief vom Antependium des Magdeburger Hauptaltars betont die Rolle des Kaisers für die Ausbreitung des christlichen Glaubens.

kirchenorganisatorischen Rahmen. Die neue Kirchenprovinz erstreckte sich über die Siedlungsgebiete der Sorben, Heveller, Linonen und Wilzen. Ohne Zweifel war Magdeburg das Herzstück der ottonischen Kirchen- und Missionskonzeption für den Osten, und das nicht nur im geographischen Sinne, aber diese Konzeption reichte über den sorbisch-wilzischen Bereich weit hinaus.

Ein zweiter Pfeiler in diesem Bau war das Erzbistum Hamburg-Bremen, zu dessen Missionsfeld zur Zeit des heiligen Ansgar Dänemark und Südschweden gehört hatten. Auch das benachbarte Abodritenland lag im Gesichtskreis der bremen-hamburgischen Kirche. Unter Otto dem Großen machte die Christianisierung in Dänemark Fortschritte, und 948 konnten die Dänenbistümer Ripen, Schleswig und Aarhus gegründet und dem Erzbistum Hamburg-Bremen unterstellt werden. Ein weiterer wichtiger Schritt war der Übertritt des Dänenkönigs Harald Blauzahn (950–986) zum Christentum. Schließlich konnte Erzbischof Adaldag (937–988) auch die Mission unter den Abodriten aufnehmen und um 972 in Oldenburg (Stargard) in Wagrien ein Missionsbistum errichten.

Das letzte kirchenorganisatorische Vakuum in der unmittelbaren ottonischen Interessensphäre im Osten wurde 973 durch die Gründung des Bistums Prag ausgefüllt. Das neue Bistum, dessen Kathedralkirche auf der Prager Burg, dem Hradschin, dem heiligen Veit geweiht war, wurde dem Erzbistum Mainz unterstellt und damit eng mit der deutschen Reichskirche verklammert.

Die Schaffung eines kirchenorganisatorischen Rahmens durch die Gründung von Bistümern war eine Sache, die tatsächliche Verbreitung des christlichen Glaubens eine andere. Immer wieder gab es Schwierigkeiten und Rückschläge.

Die fränkisch-deutsche Kirche hatte sich schon im 9. Jahrhundert um die Ausbreitung des christlichen Glaubens unter den östlichen Nachbarn bemüht und im Südosten gewisse Erfolge erzielt. In Böhmen und Mähren war es sogar zu einem Konkurrenzkampf zwischen der fränkisch-deutschen Geistlichkeit und einer von Byzanz ausgehenden griechisch-orthodoxen Missionsbewegung gekommen, die mit den Namen der Slawenapostel Kyrill und Method verknüpft ist. Vieles machte das Auftauchen der Ungarn zunichte, aber ganz hat die deutsche Kirche die Slawenmission nie aus den Augen verloren. Im 10. Jahrhundert werden missionarische Bemühungen sichtbar, die sich zunächst auf Böhmen und das Sorbenland richteten. Im Gebiet zwischen der mittleren Saale und der Elbe war der Regensburger Mönch Boso tätig, der der slawischen Sprache kundig war und sogar ein slawisches Missionshandbuch verfaßte. Wegen seiner Verdienste um die Christianisierung der Slawen sollte er Bischof werden und durfte 968 zwischen den neugegründeten Bistümern Merseburg, Zeitz und Meißen wählen, und er entschied sich für das am stärksten befriedete Merseburg. Über Wege und Formen, Erfolge und Mißerfolge dieser Mission wissen wir wenig. Auch die Gestalt des Sankt Emmeramer Mönches Boso wird uns nur deshalb faßbar, weil der Chronist Thietmar von Merseburg begreiflicherweise besonderes Interesse an der Geschichte seines Bistums und seiner Vorgänger zeigte.[89]

Gewaltmission und Zwangstaufen scheint es nicht gegeben zu haben, aber es ist klar, daß die Unterworfenen der Religion der Sieger mit Mißtrauen begegneten. Auch Boso, der ein eifriger und ernsthafter Glaubensbote war, hatte noch Mühe mit seinen Schäfchen, die ihren Spott mit ihm trieben und statt »Kyrie eleison« immer »wkrivolsa« sangen, was auf sorbisch »die Erle steht im Busch« bedeutete.[90] Noch etliche Jahrzehnte später lehnte es in Merseburg ein blinder slawischer Bettler ab, sich in seiner Not an einen Heiligen zu wenden, dessen Fest gerade gefeiert wurde. Der Heilige sei ein Deutscher und werde ihm deshalb doch nicht helfen.[91] Das Christentum galt bei den slawischen Stämmen als die Religion der Deutschen. Diese Sicht sollte noch oft dazu führen, daß der Kampf gegen das Reich mit einer heidnischen Reaktion verbunden wurde.

6. Der Herrscher über viele Völker

Drei Jahrzehnte dauerte es, bis Otto der Große seine ost- und missionspolitischen Pläne endlich verwirklicht sah. Als sie im Jahre 968 in der Gründung des Erzbistums Magdeburg ihren krönenden Abschluß fanden und der Erzbischof von Magdeburg und seine bischöflichen Amtsbrüder feierlich in ihr Amt eingeführt wurden, fehlte der Kaiser. Der Kampf um die Herrschaft über Italien und das Ringen um die Anerkennung seiner Kaiserwürde durch Byzanz hielten ihn im Süden fest. Zwar sprach er 968 in einem Schreiben an die sächsischen Großen von baldiger Heimkehr, vier Jahre später aber war er noch immer in Italien. Dabei war es längst hohe Zeit, nach Deutschland zurückzukehren, denn die Regierung aus der Ferne war auf die Dauer weder mit den Möglichkeiten der Herrschaftspraxis noch mit den Vorstellungen des Volkes von den Pflichten eines Herrschers in Einklang zu bringen. Das Fehlen herrscherlicher Präsenz führte zu Mißständen, zu unbotmäßigem und eigenmächtigem Handeln. Besonders die Sachsen, die den Druck der Dänen und Slawen zu spüren bekamen, vermißten den Kaiser. Seinem strikten Gebot, den Kampf gegen die Redarier mit allen Kräften fortzusetzen, gehorchten sie nicht. Sie hielten an dem Frieden, den sie mit den Redariern geschlossen hatten, fest, weil ein Waffengang mit den Dänen drohte. Die sächsischen Herren glaubten die politische und militärische Situation besser beurteilen zu können als der Kaiser im fernen Kampanien. Die Urteilsfähigkeit des Monarchen wurde angezweifelt, und damit stand seine Autorität auf dem Spiel.

Noch größeres Aufsehen erregte in der Öffentlichkeit ein anderes Vorkommnis. Hermann Billung nahm mit Tatkraft und Energie seine Aufgaben als Markgraf und als Stellvertreter des Herrschers im östlichen Sachsen wahr, erlag aber dann den Verlockungen der Macht und scheute sich nicht, Ehrungen zu empfangen, die allein dem König vorbehalten waren. Als er einmal zu einer Zusammenkunft des sächsischen Adels in Magdeburg einritt, wurde er von Erzbischof Adalbert mit königlichem Gepränge empfangen und in den Dom geleitet, während die Glocken geläutet und alle Lichter entzündet wurden. An der Festtafel nahm er auf dem Hochsitz des Herrschers Platz. Sein Quartier schlug er in der Pfalz auf, wo er sogar im Bett des Königs geschlafen haben soll. In einer Zeit, die es gewohnt war, Rang und Stand im Zeremoniell in den subtilsten Formen zur Darstellung zu bringen, erregte das Magdeburger Schauspiel die Gemüter. Als dem Kaiser im fernen Italien das Geschehen durch den sächsischen Grafen Heinrich, dem Großvater des Bischofs Thietmar von Merseburg, berichtet wurde, geriet er in Zorn und befahl dem Erzbischof, ihm zur Sühne für diese Anmaßung so viele Pferde nach Italien zu schicken, wie er für den Markgrafen habe Glocken läuten und Kerzen anzünden lassen.[92]

Im Sommer des Jahres 972 mußte der Kaiser nach Deutschland zurückkehren, so sehr sein Herz inzwischen auch für den Süden schlug. Beunruhigende Gerüchte von drohenden Revolten in Sachsen trafen ein; die Sorge erwies sich zwar als unbegründet, veranlaßte den Kaiser dennoch zur Heimkehr. Er schlug den direkten Weg

Triumphale Heimkehr

über die Alpen ein, nicht den Umweg über die Seealpen und die Provence, wie ursprünglich geplant. Er verzichtete also auf den Feldzug gegen die Sarazenenfestung La-Garde-Freinet, deren Erstürmung ihm den Ruhm des Sarazenensiegers eingetragen hätte. Wurde doch dieses Felsennest, von dem aus die Sarazenen seit Jahrzehnten ihre Raubzüge gegen Südfrankreich, Italien und den Westalpenraum unternahmen, als Pfahl im Fleische des christlichen Abendlandes empfunden.

Die Heimkehr des Kaisers wurde zum Fest und zum Triumph. Erster Höhepunkt war die Synode, die Otto der Große im Einvernehmen mit dem Papst im September 972 einberufen hatte. In der alten Karolingerpfalz Ingelheim versammelte der Kaiser die Repräsentanten der Reichskirche um sich. Alle sechs Erzbischöfe, zahlreiche Bischöfe und Äbte waren erschienen, natürlich auch viele weltli-

Christus, gefolgt von seinen Jüngern, segnet Jerusalem. Die Bewohner, durch ihre Hüte als Juden gekennzeichnet, bereiten ihm einen feierlichen Empfang vor den Toren der Stadt. Sie legen ihre Gewänder unter die Füße der Eselin, schwingen Palmwedel und stimmen Lobgesänge an.
Brandenburger Evangelistar, Anfang 13. Jahrhundert.

Die Langhausarkaden der Abteikirche in Memleben.
Otto II. gründete 979 am Sterbeort seines Vaters und Großvaters eine Benediktinerabtei und ließ eine große Kirche errichten. Nachdem die reiche Abtei 1015 von Heinrich II. der Abtei Hersfeld unterstellt wurde, verfiel der gewaltige Bau. Vom Neubau, einer dreischiffigen spätromanischen Basilika, sind eindrucksvolle Ruinen erhalten.

che Würdenträger. Das Weihnachtsfest feierte der Kaiser in der Frankfurter Pfalz. Im Frühjahr weilte er dann in seiner engeren Heimat, in Sachsen. Am Palmsonntag hielt er seinen feierlichen Einzug in der neuen Metropole, in Magdeburg, durch das Datum an den Einzug Christi in Jerusalem erinnernd, eine Imitatio Christi, die die skandalösen Vorgänge um den Einzug Hermann Billungs vergessen machte.

Glanzvollster Höhepunkt, der die Weltgeltung des römisch-deutschen Kaisertums machtvoll demonstrierte, war der Osterhoftag, der in Quedlinburg gefeiert wurde. Die weltlichen und geistlichen Großen des Reiches nahmen daran teil, die Herzöge Mieszko von Polen und Boleslav von Böhmen waren erschienen, Gesandtschaften aus Byzanz, Benevent, Ungarn, Bulgarien, Dänemark und den Slawenländern hatten sich eingefunden.[93]

Der Kaiser blieb in der ostsächsischen Königs- und Sakrallandschaft, begab sich von Quedlinburg aus in die Pfalz- und Bischofsstadt Merseburg, wo er Gesandtschaften aus den arabischen Reichen Nordafrikas und Siziliens empfing. Bis ins ferne Sachsen hatten die Fatimidenherrscher ihre Gesandtschaften geschickt, um dem Kaiser Ehre zu erweisen und reiche Geschenke zu überbringen. Auch dies ein Zeichen für die Weltgeltung des abendländischen Kaisertums.

Aber die Mahnung »Mitten im Leben sind wir vom Tode umfangen« galt auch für den Kaiser, den Widukind von Corvey den Herrn der Welt nannte. In Mainz hatte er schon am Grabe seiner ältesten Tochter Liudgard und den Gräbern der Söhne Liudolf und Wilhelm gebetet. Im Magdeburger Dom kniete er tief bewegt am Sarkophag seiner ersten Gemahlin, der Königin Edgitha, in der Quedlinburger Stiftskirche besuchte er die Gräber seiner Eltern.

Während des Quedlinburger Reichstags starb am 27. März 973 auch sein alter Kampfgefährte Hermann Billung. Es wurde einsam um den Kaiser. Ritt er schon voller Vorahnungen am Dienstag vor Pfingsten nach Memleben, in jene Pfalz, in der sein Vater den Tod erwartet hatte? Er fühlte sich plötzlich unwohl, versäumte aber am nächsten Tag – es war der 7. Mai – morgens und abends den Gottesdienst nicht. Allein der Tod war stärker. Auf einem Sessel sitzend empfing der Kaiser die Sterbesakramente und gab ruhig und gefaßt seine Seele seinem Schöpfer zurück, während die Geistlichen der

Krypta der Memlebener Abteikirche.

...und frommes Sterben eines großen Kaisers

Das Grab Ottos des Großen im Magdeburger Dom.
Der Kaiser ruht in einem schlichten, von einer Marmorplatte bedeckten Grab im Chor des von ihm gestifteten Gotteshauses. Die antike Marmorplatte und die aus Ravenna stammenden Säulen im Chor erinnern an den römischen Ursprung der Kaiserwürde.

Pfalzkapelle die liturgischen Sterbegesänge erklingen ließen. Der Tod des Herrschers wurde noch in der Nacht dem Volke verkündet, das den Toten nach altgermanischem Brauch ehrte:

Das Volk aber sprach viel zu seinem Lob in dankbarer Erinnerung, wie er mit väterlicher Milde seine Untertanen regiert und sie von den Feinden befreit, die übermütigen Feinde, Awaren, Sarazenen, Dänen und Slawen, mit Waffengewalt besiegt, Italien unterworfen, die Götzentempel bei den benachbarten Völkern zerstört, Kirchen erbaut und Geistliche eingesetzt habe. Und indem die Menschen untereinander noch vieles andere Ruhmvolles von ihm erzählten, wohnten sie der Totenfeier des Königs bei.[94]

Ein offenkundig lebensnahes, wenn auch an Einhards Bild Karls des Großen orientiertes Porträt Ottos des Großen hat Widukind von Corvey gezeichnet. Würde, Wärme und ernste Frömmigkeit werden als herausragende Herrschertugenden gepriesen:

Er selbst also, der großmächtige Herr, der älteste und beste der Brüder, war vor allem ausgezeichnet durch Frömmigkeit, war in seinen

Unternehmungen unter allen Sterblichen der beständigste, abgesehen vom notwendigen Schrecken der königlichen Strafgewalt immer freundlich, im Schenken freigebig, im Schlafen mäßig. Während des Schlafens redete er immer, so daß es den Anschein hatte, als ob er immer wache. Seinen Freunden gegenüber war er in allen Dingen willfährig und von übermenschlicher Treue, denn wir haben gehört, daß einige Angeklagte und ihres Verbrechens Überführte an ihm selbst einen Rechtsbeistand und Fürsprecher hatten, der an ihre Schuld nicht glauben wollte und sie auch später so behandelte, als ob sie nie etwas gegen ihn verbrochen hätten. Seine Geistesgaben waren bewunderungswürdig, denn nach dem Tod der Königin Edgitha lernte er die Schrift, die er vorher nicht beherrschte, so gut, daß er Bücher lesen und verstehen konnte. Außerdem sprach er Romanisch und Slawisch, doch geschah es selten, daß er es für angemessen hielt, sich ihrer zu bedienen.

Auf die Jagd ging er häufig, liebte das Brettspiel und nahm bisweilen mit Anmut und königlichem Anstand am Reiterspiel teil. Hinzu kam noch der gewaltige Körperbau, der die volle königliche Würde zeigte, das Haupt mit ergrauendem Haar bedeckt, die Augen funkelnd und wie ein Blitz durch plötzlich treffenden Blick einen besonderen Glanz ausstrahlend. Der Bart wallte voll herab, ganz wider die alte Sitte. Die Brust war wie mit einer Löwenmähne bedeckt, der Bauch nicht zu stattlich, der Schritt einst rasch, jetzt gemessener. Seine Tracht war die heimische, die er nie mit fremder vertauschte. So oft er aber unter der Krone gehen mußte, bereitete er sich stets durch Fasten sorgfältig darauf vor.[95]

Der Leichnam des Kaisers wurde von Otto II., seinem Sohn und Nachfolger, mit großem Geleit nach Magdeburg überführt. Die Beisetzungsfeierlichkeiten leiteten die Erzbischöfe Adalbert von Magdeburg und Gero von Köln, assistiert von zahlreichen anderen Geistlichen. In einem Marmorsarkophag im Magdeburger Dom, seiner größten und wichtigsten Kirchengründung, hat Otto der Große seine letzte Ruhestätte gefunden.

III. Der Griff nach dem Süden: Otto II. 973–983

Die Idee einer allgemeinen Gewalt und des Übergewichtes über die christliche Welt überhaupt war eben dem Deutschen Reich durch Otto den Großen unvertilgbar eingepflanzt. Konnte diese Idee aber wirklich realisiert werden, war Deutschland stark genug, sie durchzuführen? Otto der Große hat sie aufgenommen, aber keineswegs vollendet. Er hat sein Leben unter stetem inneren und äußeren Kampf zugebracht, feste Formen einer Verfassung hat er nicht hinterlassen. Das ist, man möchte sagen, das Charakteristische der großen Naturen: sie begründen wohl, aber sie vollenden nicht.[1]

Leopold von Ranke

Otto der Große hatte das römisch-deutsche Imperium begründet, nicht aber vollendet. Nach seinem Tode am 7. Mai 973 erhielt das Reich einen neuen Herrscher, der vor der großen Aufgabe stand, das Erreichte zu bewahren und das noch Unvollendete zu vollenden. Zur Herrschaft geboren, hatte Otto II. schon als Kind die Königs- und die Kaiserkrone empfangen und war als Siebzehnjähriger mit einer byzantinischen Prinzessin vermählt worden. Nun trat er, gerade achtzehn Jahre alt, als Kaiser an die Spitze der abendländischen Christenheit. Kein Wunder, daß er – erfüllt vom Gedanken an die Erhabenheit dieser Würde – gewillt war, die Politik des Vaters fortzusetzen und den Glanz des römisch-deutschen Kaisertums zu steigern.

Durch seine Siege über das Reiterheer der Ungarn und die kampferprobten Scharen der dänischen Wikinger hatte sich Otto der Große einen Namen gemacht. Er hatte die Hegemonie des Reiches gegenüber dem französischen und burgundischen Königreich begründet, die Grenzen des Reiches weit nach Osten in das Siedlungsgebiet der Slawen vorgeschoben und sich gegenüber den heidnischen Völkerschaften der Magyaren, Normannen und Slawen als Vorkämpfer des christlichen Glaubens bewährt.

Im Konflikt mit dem oströmischen Kaiserreich hatte sich der Kaiser hingegen mit einem Kompromiß begnügen müssen, und zu einem Kräftemessen mit dem gefährlichsten, weil aggressivsten Feind der Christenheit, dem Islam, war er überhaupt nicht mehr gekommen. So mußte es für seinen Nachfolger höchst verlockend sein, den Blick nach dem Süden zu richten, um im mediterranen Raum den beiden großen alten Mächten, dem oströmischen Reich und der arabischen Staatenwelt, den Rang streitig zu machen. So

Otto II.: Herrscher im Herzen Europas

bald sollte die Gelegenheit zur Verwirklichung solcher hochfliegender Pläne allerdings nicht kommen.

Die Regierung Ottos II. begann wie die seines Vaters. Der Wechsel an der Spitze des Reiches wurde ohne Schwierigkeiten vollzogen. Die deutschen Fürsten huldigten einmütig dem neuen Herrscher, der längst zum König und Kaiser gekrönt worden war. Das Imperium, das Otto der Große dem Sohn hinterließ, schien ebenso gefestigt wie der Anspruch der ottonischen Dynastie auf die kaiserliche und königliche Herrschaft. Doch der Schein trog. Im Reich und an seinen Grenzen regte sich bald Widerstand. Die Rivalitäten innerhalb der Dynastie, von Otto dem Großen mühsam gebändigt, flammten wieder auf.

Die Unruhen gingen von den beiden süddeutschen Herzogtümern aus, von Bayern und Schwaben. Der mächtigste Herr war hier der Bayernherzog Heinrich der Zänker, der Cousin des Kaisers. Er war der Sohn des Liudolfingers Heinrich und Judiths, der Tochter des Bayernherzogs Arnulf. In seinen Adern floß das Blut der sächsischen Liudolfinger und der bayerischen Luitpoldinger, der hervorragendsten deutschen Hochadelsgeschlechter jener Zeit. Die bayerische Linie des liudolfingisch-ottonischen Hauses hatte ihren Frieden mit Otto dem Großen gemacht und das Erbe Arnulfs des Bösen um die bayerische Ostmark und die oberitalienische Mark Verona und Friaul vermehrt. Die Herzogin Judith, ehrgeizig und begabt, eine der eindrucksvollsten Frauengestalten jener Tage, hatte nach dem Tode ihres Mannes die Vormundschaft für ihren kleinen Sohn ausgeübt und das bayerische Herzogtum regiert. Ihre Tochter Hadwig hatte sie mit dem Herzog Burchard von Schwaben verheiratet, und für ihren Sohn gewann sie sogar eine burgundische Königstochter als Frau, Gisela, die Tochter König Konrads von Burgund und Nichte der Kaiserin Adelheid.

Heinrich der Zänker, auch er eine bedeutende, wenn auch zwielichtige Gestalt, nutzte seinen Einfluß auf den jungen Kaiser, um seine Machtposition weiter auszubauen. Im Zusammenspiel mit dem Schwabenherzog Burchard gelang es ihm, das durch den Tod des kaisertreuen Bischofs Ulrich verwaiste Bistum Augsburg einem Verwandten in die Hände zu spielen. Als Herzog Burchard Ende 973 starb, schien ganz Süddeutschland unter die Herrschaft des bayerischen Herzogshauses zu geraten, denn die noch junge Herzoginwitwe Hadwig hoffte nun, als Regentin die gleiche Stellung in Schwaben einnehmen zu können wie zuvor ihre Mutter Judith in Bayern.

Der Kaiser erkannte die Gefahr. Er nutzte die erste Gelegenheit, die sich bot, um den bayerisch-schwäbischen Machtblock zu sprengen und den weiteren Aufstieg Heinrichs des Zänkers zu stoppen. Ohne sich um die Ansprüche der jungen Herzoginwitwe Hadwig zu kümmern, verlieh er das Herzogtum Schwaben seinem treuen Freund und Neffen Otto, dem Sohn seines Halbbruders Liudolf. Da Liudolf, der älteste Sohn Ottos des Großen, einst als Thronfolger mit dem schwäbischen Herzogtum belehnt gewesen war, konnte auch der neue Herzog alte Rechte geltend machen. Von dem Prinzip, bei der Besetzung der höchsten Würden im Reich die Verwandten des Kaiserhauses zu bevorzugen, wich also auch Otto II. nicht ab. Wie ihre Väter Liudolf und Heinrich standen sich jetzt Otto von

Kaiserbild im Registrum Gregorii.
Der Kaiser thront unter einem von Säulen getragenen Baldachin und empfängt die Huldigung von vier Frauen, die die Provinzen Germania, Francia, Italia und Alamannia versinnbildlich
Das Bild dokumentiert den Herrschaftsanspruch des Kaisers über das Abendland.
Der Meister des Registrum Gregorii, der die Handschrift kurz nach dem Tod Ottos II. 983 im Auftrag des Erzbischofs Egbert von Trier schuf, entwickelte aus antiken und mittelalterlichen Formen einen eigenen Stil.

Schwaben und Heinrich der Zänker als erbitterte Feinde gegenüber.

Wie einst sein Vater probte nun Heinrich der Zänker den Aufstand und strebte selbst nach der Krone. Er fand Anhänger in Bayern und Sachsen und konspirierte mit den Herzögen Boleslav von Böhmen und Mieszko von Polen. Dann mußte er sich dem Richterspruch der Fürsten unterwerfen, wurde in Haft gehalten, floh und erhob sich aufs neue. Erst im Frühjahr 978 war der Kaiser endgültig Herr der Lage. Er hatte die Kämpfe benutzt, um das gewaltige Herzogtum Bayern auch in seiner räumlichen Substanz anzugreifen. 976 hatte er Kärnten und die Mark Verona und Friaul von Bayern gelöst und ein eigenes Herzogtum Kärnten geschaffen. Die bayerische Ostmark wurde an den kaisertreuen Babenberger Luitpold vergeben, einen Gegner Heinrichs des Zänkers. Die Babenberger schufen sich in der Ostmark, dem »Ostarrichi«, eine feste Position, die schließlich im Jahre 1156 zur Erhebung der Ostmark zum Herzogtum Österreich durch Kaiser Friedrich Barbarossa führte.

Das Reich war durch diese Kämpfe nicht in seiner Substanz bedroht, und am Vorrang der Monarchie vor allen anderen Gewalten wurde nicht gerüttelt. Es war kein Kampf zwischen Königtum und zentrifugalen Kräften wie in der Zeit Heinrichs I., sondern ein Ringen um die Macht selbst und um Anteil an der Macht. Die Protagonisten waren Angehörige des Hochadels, mit dem Kaiserhaus verwandt oder verschwägert. Die Frauen mischten in diesem Spiel mit, auch sie mit wechselndem Erfolg. Judith von Bayern mußte schließlich im Regensburger Kloster Niedermünster den Schleier nehmen, Herzogin Hadwig zog sich auf ihren Witwensitz, den Hohentwiel, zurück, und Kaiserin Adelheid verließ verstimmt den Hof Ottos II., um nach Burgund und später nach Italien zu gehen. Ihren Platz nahm die junge Kaiserin Theophanu ein, deren politischer Einfluß wuchs.

Die innenpolitischen Schwierigkeiten des Kaisers hatten mancherlei Rückwirkungen außenpolitischer Art. Die Koalition zwischen Heinrich dem Zänker, Boleslav von Böhmen und Mieszko von Polen beschwor Gefahren für die deutsche Vormachtstellung im Osten herauf, denen Otto II. durch mehrere, nicht immer sehr erfolgreiche Feldzüge zu begegnen suchte. Immerhin gelang es dem Kaiser, den böhmischen und den polnischen Herzog zur Anerkennung seiner Oberhoheit zu zwingen.

Harte Kämpfe gab es 974 an der deutsch-dänischen Grenze. Der Dänenkönig Harald Blauzahn (945–986) hatte die Oberhoheit Ottos des Großen anerkennen müssen und war zum Christentum übergetreten. Er hatte inzwischen seine Herrschaft über Norwegen ausgedehnt und wollte die zwar nicht drückende, wohl aber kränkende Abhängigkeit vom Reich abschütteln. Von norwegischen Scharen unter Jarl Hakon unterstützt, ging der König zur Offensive über und drang über den dänischen Schutzwall, das Danewerk, nach Süden vor. Der Gegenangriff Ottos II., der in großer Eile ein Heer aus Sachsen, Friesen, Franken und Slawen aufgeboten hatte, scheiterte vor dem von Jarl Hakon und seinen Norwegern zäh verteidigten Danewerk. Erst im Herbst, nachdem die norwegischen Wikinger wieder nach Norden abgesegelt waren, gelang dem Kaiser der Durchbruch durch die dänische Verteidigungslinie. Wie wichtig der Kampf gegen Harald Blauzahn war, zeigt die Tatsache, daß der Kaiser das Heer zweimal selbst nach Norden führte.

Kaisersiegel Ottos II.

Mit der Schlacht am Danewerk und dem Sieg des Jarl Hakon über das kaiserliche Heer schienen noch einmal die alten Zeiten der Wikingerfahrten heraufzuziehen. In Lied und Sage fanden die Kämpfe ihren Niederschlag. Thietmar von Merseburg, dessen Großvater, Graf Heinrich von Stade, an der Seite des Kaisers gekämpft hatte, kennt die Erzählung vom heldenhaften Kampf um die Schlüsselstellung, das »Wieglesdor«.[2] Der Skalde Snorri Sturluson (1179–1241) überliefert in der »Heimskringla«, dem Gedicht von den Taten der norwegischen Könige, ein Heldenlied über Jarl Hakon und seinen Sieg am Danewerk.[3]

Für Furore sorgte auch ein anderes Ereignis, der überraschende Angriff des französischen Königs Lothar auf Aachen im Sommer des Jahres 978. Es war Lothar auf einem Hoftag zu Laon gelungen, die Großen seines Reiches, darunter auch den mächtigen Herzog Hugo Capet von Franzien, zu einem Feldzug nach Lotharingien zu gewinnen. Otto II. und Theophanu hielten sich gerade in Aachen auf; die Kaiserin war guter Hoffnung. Völlig überrascht und mit ungläubigem Staunen hörte der Kaiser die Kunde vom Nahen eines großen französischen Heeres, denn er glaubte, König Lothar wäre wegen der Unzuverlässigkeit seiner Kronvasallen zu einem solchen Unternehmen überhaupt nicht in der Lage. Aber er hatte sich getäuscht und mußte überstürzt die Flucht ergreifen. König Lothar zog in Aachen ein und genoß seinen Triumph:

Nun wurde die Königspfalz vom Feinde eingenommen, die königlichen Tafeln wurden umgeworfen und die schon vorbereitete Mahlzeit eine Beute der Troßknechte. Aus den Gemächern wurden die Reichsinsignien herausgeholt und fortgeschleppt. Den ehernen Adler mit den ausgebreiteten Flügeln, den Karl der Große auf den Giebel seiner Pfalz hatte setzen lassen, drehte man um und wandte ihn nach Osten, denn die Deutschen hatten ihn nach Westen gerichtet, um auf feine Art anzudeuten, daß sie die Franzosen mit ihrem Kriegsheer besiegen könnten.[4]

Das Kaiserpaar war in höchste Gefahr geraten und zu schimpflicher Flucht gezwungen worden, die geheiligte Pfalz Karls des Großen war geplündert worden, die Reichsinsignien waren in die Hände des Feindes gefallen, und nun noch dies! Der Adler Karls des Großen blickte wieder nach Osten, ein unübersehbares Zeichen dafür, daß König Lothar das karolingische Erbe für sich beanspruchte. Der Kaiser empfand das als eine persönliche Schmach und als eine Herausforderung des Reiches. Schon Mitte Juli des Jahres 978 wurde auf einem Reichstag in Dortmund ein Feldzug gegen Lothar beschlossen, der am 1. Oktober beginnen sollte. Fast ohne Widerstand zog das Reichsheer, dessen Stärke Richer von Reims sicher etwas übertreibend mit dreißigtausend Kriegern angibt, nach Paris. Die Königspfalzen Attigny und Compiègne wurden geplündert, das Kloster Chelles zerstört und die Umgebung von Paris dem Heer drei Tage lang zur Plünderung freigegeben. Der Kaiser verzichtete auf einen Angriff auf das von Herzog Hugo Capet verteidigte Paris und begnügte sich damit, auf dem Montmartre das Heer zu einer Siegesfeier zusammentreten und von der Geistlichkeit das Halleluja singen zu lassen. Jenseits der Seine sammelte sich ein französisches Heer. Das Reichsheer trat daraufhin den Rückzug an. Beim Übergang über die Aisne wurde die Nachhut angegriffen und zusammengehauen. »Es waren ihrer viele, doch keine Männer von Bedeutung darunter«, berichtet der Chronist Richer von Reims; ein Satz, der die Einstellung zum Wert menschlichen Lebens deutlich macht.[5]

An einer ernsthaften Fortsetzung dieses Kampfes, der im Grunde nur dem Prestige galt, war weder der französische noch der deutsche Herrscher interessiert. Otto II. hatte durch den spektakulären Feldzug nach Paris seine Ehre wiederhergestellt. Die hegemoniale Stellung des Kaisers im Westen war ohnehin nie wirklich bedroht gewesen; dazu war die innere Macht der französischen Monarchie viel zu gering. König Lothar fürchtete überdies ein Bündnis des ehrgeizigen Herzogs Hugo Capet mit dem Kaiser und suchte deshalb seinerseits einen ehrenvollen Frieden, der im Mai 980 an der Grenze der beiden Reiche in Marguet-sur-Chiers auf der Basis des Status quo geschlossen wurde.[6]

Sieben Jahre lang hatte der Kaiser nördlich der Alpen für die innere Stabilität und die äußere Sicherheit des Reiches kämpfen und Italien und Rom sich selbst überlassen müssen.

Der kaiserlichen Herrschaft über Nord- und Mittelitalien kam es dabei zustatten, daß Otto der Große dort eine feste politische Ordnung geschaffen hatte, die dieser Belastungsprobe standhielt. Reichsitalien blieb ruhig.

In Oberitalien hatten sich die weltlichen und geistlichen Herren mit der Herrschaft der Deutschen abgefunden. Im ewig unruhigen Rom gab es natürlich politische Querelen, aber die Herrschaft des Kaisers über die Stadt der Päpste war nicht ernsthaft bedroht. Trotz des Aufstieges der Crescentier, einer mächtigen römischen Adelsfamilie, war an die Wiederkehr einer Zeit stadtrömischer Souveränität und Unabhängigkeit wie unter dem Fürsten Alberich nicht zu denken.

Für die Sicherung gegenüber den byzantinischen Machtansprüchen war es ein Glücksfall, daß Otto der Große in dem langobardischen Fürsten Pandulf Eisenkopf einen schwertgewaltigen Paladin gefunden hatte, der seine unverbrüchliche Treue auch auf den Sohn übertrug. Mit kaiserlicher Hilfe hatte der Fürst einen Machtbereich aufgebaut, der die Fürstentümer Capua und Benevent, das Herzogtum Spoleto und die Markgrafschaft Camerino umfaßte und auch das von Pandulfs gleichnamigem Sohn regierte Fürstentum Salerno einschloß. Der Herrschaftsbereich der kaisertreuen langobardischen Fürsten bildete einen Sperriegel gegenüber dem byzantinischen Süditalien.

Dennoch war zu befürchten, daß eine zu lange Abwesenheit des Kaisers für die Herrschaft südlich der Alpen negative Auswirkungen haben würde. Auch im Königreich Italien, dessen Führungsschicht seit langobardischer und großfränkischer Zeit zumindest zum überwiegenden Teil germanischer Herkunft war, erwartete man vom Herrscher wenigstens von Zeit zu Zeit die persönliche Wahrnehmung seiner Rechte und Pflichten. Die Großen jener Zeit fühlten sich weit mehr an die Person ihres Herrschers als an abstrakte Begriffe wie den Staat oder das Gemeinwohl gebunden. Der Kaiser hatte also zu erscheinen, seine Getreuen zusammenzurufen, Hoftage und Synoden abzuhalten, Recht zu sprechen und Gesetze zu verkünden; auch Fest und Feier gehörten zum Instrumentarium mittelalterlicher Herrschaftsführung.

Die Zeit war reif. Ein Hilferuf des Papstes Benedikt VII. im Sommer des Jahres 980 mag den Entschluß zum Aufbruch in den südlichen Teil des Imperiums verstärkt haben. Das Papsttum war nach dem Tode des kaisertreuen Papstes Johannes XIII. im September 972 wieder in eine Krise geraten. Zwar wurde mit Zustimmung Ottos des Großen ein neuer Papst, Benedikt VI., gewählt, aber er konnte sich gegen den mächtigen stadtrömischen Aristokraten Crescentius I. nicht behaupten, sondern wurde gefangen genommen, in der Engelsburg eingekerkert und 974 von dem Gegenpapst Bonifaz VII. erdrosselt. Die römische Aristokratie war in rivalisierende Gruppen zerfallen, von denen manche offenbar in geheimen Verbindungen zum oströmischen Hof standen, andere jedoch ihre Hoffnungen auf das römisch-deutsche Kaisertum setzten. Die Päpste jener Jahre lebten deshalb gefährlich; Benedikt VI. sollte nicht der einzige bleiben, der eines gewaltsamen Todes starb.

Nach der Ermordung Benedikts VI. zwang Graf Sikko, der kaiserliche Statthalter in Rom, den Gegenpapst zur Flucht in den byzantinischen Süden und ließ einen neuen Papst wählen, Benedikt VII. Mit den Crescentiern verwandt, war er offenbar ein Kompromißkandidat, doch das nützte ihm zunächst wenig. Bonifaz VII. konnte nach Rom zurückkehren und Benedikt VII. vertreiben, der sich nun mit der Bitte um Hilfe an seinen kaiserlichen Herrn wandte.

Es wurde spät im Jahr, bis der Kaiser endlich zum Italienzug bereit und gerüstet war. Als Statthalter ließ er den Erzkanzler und Erzkapellan für Germanien, den Erzbischof Willigis von Mainz (975–1011), in Deutschland zurück. Ende Oktober brach er auf und zog im November über die Bündner Pässe nach Süden. Es war kein großes Heer, das der Kaiser aufgeboten hatte, denn ein Kriegszug war zu diesem Zeitpunkt nicht beabsichtigt. Der Kaiser kam mit großem Gefolge, das natürlich zugleich ein kleines Heer darstellte. In seiner Begleitung waren die Kaiserin Theophanu und der erst wenige Monate alte Thronerbe, einige Bischöfe, Herzog Otto von Schwaben und Bayern und mehrere weltliche Herren, vor allem sächsische Grafen. In der feierlichen Form eines »Umrittes«, wie ihn der deutsche König nach der Krönung vorzunehmen pflegte, wollte Otto II. nun auch in Rom und Italien seine kaiserliche Herrschaft zur Geltung bringen.

Das erste Ziel war die alte Königsstadt Pavia. Kaiserin Adelheid hatte sich dorthin zurückgezogen. Der Kaiser suchte die Versöhnung mit seiner Mutter, gewiß nicht nur aus emotionalen Gründen, sondern auch um ihr Ansehen und ihren Einfluß im Königreich Italien zur Stabilisierung der eigenen Herrschaft ausnutzen zu können. Theophanu, deren wachsender politischer Einfluß Adelheid zum Verlassen des Hofes veranlaßt hatte, konnte der Großmutter nun den kleinen Thronfolger in die Arme legen. Wie hätte Adelheid unter diesen Umständen die ihr zur Versöhnung dargebotene Hand zurückweisen können? Zumal auch ihr Bruder, König Konrad von Burgund, und der hochgeachtete Abt Majolus von Cluny zur Beilegung der familiären, politisch aber brisanten Zwistigkeiten rieten.

Den würdigen Rahmen für das Weihnachtsfest bot Ravenna, dessen Kirchen mit ihren goldglänzenden Mosaiken damals wie heute die Macht und Größe des römischen Kaisertums und seine Verbindung zum Transzendentalen sichtbar machten. Kein Chronist berichtet, welche Gefühle das Kaiserpaar vor den Bildnissen des

Kaisers Justinian und der Kaiserin Theodora bewegt haben, doch dürften Otto II. und Theophanu im Bewußtsein ihres unvergleichlich hohen Ranges in dieser Welt bestärkt worden sein.

Während seines Aufenthaltes in Ravenna pflegte der Kaiser, der selbst eine gute literarisch-philosophische Erziehung genossen hatte, seinen Ruf, ein Freund und Förderer der Wissenschaften zu sein. Auf seinen Wunsch wurde eine gelehrte Disputation zwischen einem Mitglied der kaiserlichen Hofkapelle, dem Sachsen Ohtrich, und dem Reimser Domscholaster Gerbert von Aurillac veranstaltet. Dieses Streitgespräch ist freilich nicht nur ein Zeugnis für wissenschaftlich-philosophisches Interesse und Bildungsstreben am Hofe des Sachsenkaisers, sondern auch für ein uraltes und unausrottbares Phänomen, nämlich Neid und Mißgunst unter den Gelehrten. Vor seiner Berufung in die Hofkapelle hatte Ohtrich nämlich die Magdeburger Domschule, eine hochangesehene Lehranstalt, geleitet und während dieser Zeit vom wissenschaftlichen Ruhm seines Reimser Kollegen Gerbert erfahren. Ein nach Reims, ins berühmte französische Bildungszentrum, entsandter Schüler und Späher lauschte den Vorlesungen Gerberts, ohne sie jedoch recht zu verstehen. Er lieferte seinem Lehrer Material, und Ohtrich behauptete nun, der Reimser Domscholaster verbreite grobe wissenschaftliche Irrlehren.

Der Kaiser hat das Streitgespräch selbst mit wohlgesetzten Worten eingeleitet. Der Geist paradierte vor der Macht. Gerbert von Aurillac erwies sich als der überlegene Disputator, wenn wir dem Bericht Richers von Reims Glauben schenken, der als Schüler des Franzosen allerdings kein ganz objektiver Gewährsmann sein dürfte.[7] Ein Sieger wurde nicht verkündet; der Kaiser beendete die Disputation, denn die Kontrahenten verloren sich in Spitzfindigkeiten, und die zur Teilnahme gezwungene Hofgesellschaft zeigte starke Ermüdungserscheinungen.

Ende Januar 981 brach Otto II. mit großem Gefolge auf, um endlich nach Rom zu ziehen. Von Ravenna aus überschritt er den Apennin. Papst Benedikt VII. wurde vom Kaiser nach Rom zurückgeleitet, während der Gegenpapst Bonifaz VII. an den byzantinischen Hof nach Konstantinopel floh. Das Osterfest, das höchste Fest des Kirchenjahres, feierte der Kaiser in den Kirchen der Ewigen Stadt, umgeben von hervorragenden Mitgliedern der kaiserlichen Familie wie den Kaiserinnen Adelheid und Theophanu und seiner Schwester, der Äbtissin Mathilde von Quedlinburg. Unter den Großen weltlichen Standes ragten König Konrad von Burgund, Herzog Otto von Schwaben und Bayern und Hugo Capet, der Herzog von Franzien, heraus. Zahlreiche Kirchenfürsten hatten sich eingestellt, nicht nur aus Deutschland und Italien, sondern auch aus Frankreich und sogar aus Spanien. »So wurde das römische Osterfest, dem im Petersdom eine Synode unter dem Vorsitz von Papst und Kaiser folgte, zum Höhepunkt dieses einzigen Italienzuges Ottos II.«.[8]

Im Mai 981 war der Kaiser noch in Rom, dann wich der Hof vor der unerträglichen Hitze des südlichen Sommers in die Berge aus, wo an der Rocca di Cedici an der Straße von Celano nach Aquila für den Kaiser eine Sommerresidenz erbaut worden war. Für einige Wochen wurde diese Pfalz zur Regierungszentrale des ganzen Reiches, bis der Kaiser im Frühherbst wieder nach Rom zurückkehrte.

Das erste Jahr des Italienaufenthaltes war eine Zeit des Friedens, der Versöhnung, der Ordnung, der Repräsentation und der Feste, hin und wieder sogar der Pflege der Künste und Wissenschaften.

Noch deutete wenig auf die kommenden Ereignisse, auf Krieg und Tod, auf die Katastrophe des deutschen Heeres am Capo delle Colonne. Allerdings waren schon beunruhigende Nachrichten aus dem Süden Italiens eingetroffen. Im Frühjahr 981 war Pandulf Eisenkopf gestorben. Der Machtbereich des Fürsten zerfiel. Pandulfs Sohn Landulf erbte zwar das Kerngebiet, die Fürstentümer Capua, Benevent und Spoleto, verlor Benevent aber rasch an einen entfernten Verwandten namens Pandulf. Landulfs Bruder Pandulf konnte sich nach dem Tode des Vaters in Salerno nicht mehr behaupten und wurde von Herzog Manso von Amalfi vertrieben. Der Kaiser hatte durch den Tod seines getreuen Gefolgsmannes nicht nur die wichtigste Stütze seiner Herrschaft in Mittelitalien verloren, sondern es war zu befürchten, daß der Zerfall des großen Machtblockes in seine ursprünglichen Bestandteile die kaiserliche Herrschaft in diesem Raum prinzipiell gefährden würde, denn Byzanz hatte seine Ansprüche auf die Oberhoheit über die langobardischen Fürstentümer keineswegs wirklich aufgegeben.

Zu größeren Unternehmungen, die die Herrschaft der Ottonen auf der Apenninhalbinsel ernsthaft hätten bedrohen können, waren die Byzantiner in jenen Tagen allerdings nicht in der Lage. Kaiser Johannes Tzimiskes, eine der großen byzantinischen Herrschergestalten, war 976 gestorben. Mit Basileios II. (976–1025) und seinem Bruder Konstantin VIII., den Söhnen des Kaisers Romanos II. (959–963), gelangte zwar wieder die legitime makedonische Dynastie auf den oströmischen Kaiserthron in Konstantinopel, aber es gab innere Schwierigkeiten und äußere Bedrohungen in Hülle und Fülle. Vor allem die Kämpfe mit den Bulgaren banden die militärischen Kräfte des oströmischen Reiches. Von Byzanz war also wenig zu befürchten, doch war inzwischen in Süditalien ein alter Feind wiederaufgetaucht, die Sarazenen.

Mit dem Aufstieg der arabischen Dynastie der Fatimiden in Nordafrika und Ägypten schien eine neue Periode der islamischen Expansion anzubrechen. Das Kalifat der Fatimiden, Rivalen der in Bagdad residierenden Abbasiden, war im Verlaufe des 10. Jahrhunderts zur islamischen Vormacht im Mittelmeerraum geworden. Im Besitz einer schlagkräftigen Flotte, konnte es den Kampf um die Seeherrschaft mit Ostrom aufnehmen, vor allem seit der vollständigen Unterwerfung Siziliens unter die arabische Herrschaft. Vom Emirat Sizilien aus überquerten die Sarazenen mühelos die schmale Meerenge der Straße von Messina und verheerten die Küstenregionen Kalabriens und Apuliens, schufen sich festländische Stützpunkte und unternahmen Streifzüge gegen die langobardischen Fürstentümer.

In jenen Tagen wird im Herzen des Kaisers der Plan zum Kampf gegen die Sarazenen und zur Eroberung des byzantinischen Süditaliens Gestalt gewonnen haben. Mußten ihn nicht die Eindrücke, die ihm Ravenna und Rom von der Kaiserherrlichkeit vergangener Zeiten vermittelten, dazu treiben, sich hohe Ziele zu stecken, höhere als sie sein Vater verfochten hatte? Ist es nicht sehr wahrscheinlich, daß ihn seine byzantinische Gemahlin in diesen Ideen bestärkt hat?

Konnte er sich als Herr Italiens fühlen, solange der Süden den Byzantinern Tribut zahlte? Und hielt der Kaiser in Konstantinopel nicht nach wie vor an der Zugehörigkeit des Dukats von Rom und des Exarchats Ravenna zu seinem Imperium fest? Und was war auf die Dauer von den Sarazenen zu erwarten? Die Gefahr bestand, daß der Islam vom Emirat Sizilien aus, diesem riesigen Stützpunkt und Brückenkopf, einen Großangriff auf das christliche Abendland unternehmen würde. War es da nicht die Pflicht eines christlichen Kaisers, den Sarazenen entgegenzutreten?

Im Frühherbst des Jahres 981 machte der Kaiser Ernst mit dem Griff nach dem Süden, dem Mezzogiorno. Das Heer sollte durch neue Kontingente aus Deutschland verstärkt werden; mehr als zweitausend Panzerreiter traten den Weg über die Alpen an. Der Kaiser ritt währenddessen nach Süden, hielt sich im Oktober in Benevent auf, zog als erster deutscher Herrscher in Neapel ein und unterwarf anschließend das widerstrebende Salerno. Die deutschen Aufgebote trafen allmählich ein und verstärkten das aus Deutschen und Italienern bestehende Reichsheer. Im nächsten Frühjahr mußte Tarent nach kurzer Belagerung dem Kaiser die Tore öffnen. Vor den Mauern der Stadt schlug das Heer sein Lager auf. Die Einnahme dieser mächtigen byzantinischen Hafenstadt verbitterte den oströmischen Kaiser, zumal der militärischen Provokation noch ein protokollarischer Affront folgte. Otto II. untermauerte seinen Anspruch auf die Herrschaft über Süditalien durch die Annahme eines neuen Titels: »Romanorum imperator Augustus«, »erhabener Kaiser der Römer«.[9] Damit brüskierte er den oströmischen Kaiser, der nach wie vor behauptete, der rechtmäßige und alleinige »Kaiser der Römer« zu sein. Am Bosporus, wo man in allen Fragen des Protokolls ohnehin von mimosenhafter Empfindlichkeit war, verfolgte man die Aktivitäten Ottos II. mit stärkstem Mißtrauen. Man war sich darüber im klaren, daß der Rivale im Falle eines Sieges über die Sarazenen Kalabrien und Apulien seiner Herrschaft unterwerfen würde. Kein Wunder, daß sich bald Gerüchte über geheime Verbindungen zwischen Byzanz und den Arabern verbreiteten.

Otto II., in seinem imperialen Selbstgefühl sicher durch Kaiserin Theophanu noch bestärkt, konnte sich auf den Standpunkt stellen, der oströmische Kaiser habe sich als unfähig erwiesen, das christliche Süditalien gegen die Angriffe des Islam wirksam zu verteidigen, und habe dadurch seinen Anspruch auf Herrschaft im christlichen Abendland verwirkt. Deshalb müsse er, der Kaiser des Westens, in die Bresche springen. Wie dem auch sei, die imperiale Politik der Sachsenkaiser wurde imperialistisch.

Im Juni 982 brachen der Kaiser und sein Heer nach Kalabrien auf. In Rossano, einem strategisch wichtigen Platz an der Küstenstraße nach Cotrone, blieben die Kaiserin und der Thronfolger unter dem Schutz des Bischofs Dietrich von Metz zurück, während das Heer weiter nach Süden zog, der blutigsten Niederlage entgegen, die jemals ein Reichsheer erlitt.

Die Speerspitze der islamischen Expansion im Mezzogiorno war Abul Kasim, der Emir von Sizilien. Er hatte auf die Nachricht vom Nahen des kaiserlichen Heeres den Djihad, den »Heiligen Krieg«, verkünden lassen. Am 13. Juli 982 trafen die beiden Heere bei Cotrone in der Nähe des Vorgebirges des Capo delle Colonne auf-

Sieg und Niederlage am Capo delle Colonne

Christus krönt Otto II. und Theophanu.
Das nach byzantinischem Vorbild geschaffene Elfenbeintäfelchen veranschaulicht das Gottesgnadentum des Herrscherpaares. Kaiser und die Kaiserin empfangen ihre Kronen aus den Händen Christi. Sie tragen griechische Gewänder und werden durch die griechisch-lateinischen Inschriften als Otto II. und Theophanu gekennzeichnet. Der Stifter der Tafel, wahrscheinlich der Grieche Johannes Philagathos, erweist Christus und dem Kaiserpaar die aus dem byzantinischen Hofzeremoniell stammende Proskynese. Durch die Größe der Gestalten wird die Rangordnung zum Ausdruck gebracht. Theophanu steht gleichberechtigt neben ihrem Gemahl, allerdings auf der weniger vornehmen linken Seite des Heilands.

einander. Dem gewaltigen Angriff der Panzerreiter des Reichsheeres hielt die arabische Schlachtreihe nicht stand; sie wurde durchbrochen, Abul Kasim fand den Tod, seine Krieger stoben in wilder Flucht davon. Der Sieg schien vollkommen, doch der Emir hatte starke Reserven in den Schluchten der Berge aufgestellt, um die sich die Flüchtenden sammelten. Bei der Verfolgung hatten sich die Kampfverbände des Reichsheeres gelockert und aufgelöst. Den Angriffen der Sarazenen waren sie nicht mehr gewachsen, und aus dem Sieg wurde eine blutige Niederlage, das »Cannae des deutschen Reiches«, wie es Leopold von Ranke ausdrückte.[10] Das stattlichste

Heer, das ein deutscher Herrscher jemals ins Feld geführt hatte, wurde fast völlig aufgerieben.

Die Verluste waren furchtbar, gerade in den Reihen des kampfesfrohen deutschen Adels. Mit poetischen Worten beklagte Brun von Querfurt die Opfer: »Hingestreckt zur Erde lag die purpurne Blüte des Vaterlandes, die Zierde des blonden Germaniens, die der Kaiser so sehr geliebt hatte«,[11] während Thietmar von Merseburg die Namen der Gefallenen aufzählt, düster und wortkarg wie die Eintragungen in einem Totenbuch: »Richer, der Lanzenträger, und Herzog Udo, meiner Mutter Oheim, die Grafen Thietmar, Bezelin, Gebhard, Gunther, Ezelin und sein Bruder Bezelin, ferner Burchard, Dedi und Konrad und unzählige andere. Gott weiß ihre Namen.«[12] Unter den Toten waren auch Bischof Heinrich von Augsburg und zwei Söhne des Herzogs Pandulf Eisenkopf, Fürst Landulf von Capua und sein Bruder Atenulf. Bischof Petrus von Vercelli und viele andere waren in Gefangenschaft geraten.

Die beiden Anführer des Reichsheeres, der Kaiser selbst und Herzog Otto, überlebten die Katastrophe. Auf abenteuerliche Weise konnte der Kaiser entkommen:

Der Kaiser rettete sich mit Herzog Otto und anderen ans Meer. In der Ferne sah er ein Schiff, eine Salandria, das er auf dem Pferd des Juden Kalonymus zu erreichen suchte. Aber es nahm ihn nicht an Bord, sondern fuhr vorbei. Als er zum Strand zurückkehrte, fand er den Juden dort noch stehen, besorgt um das Schicksal seines geliebten Herrn. Und als die Feinde nahten, fragte der Kaiser ihn bekümmert, was aus ihm nun werden sollte. Da sah er eine zweite Salandria kommen und bemerkte an Bord einen Freund, auf dessen Hilfe er rechnen konnte, stürzte sich nochmals zu Pferde ins Meer, erreichte das Schiff und wurde aufgenommen. Nur sein Ritter Heinrich, dessen slawischer Name Zolunta lautete, wußte, wer er war. Man legte ihn auf das Bett des Kapitäns, der ihn schließlich auch erkannte und fragte, ob er der Kaiser sei. Nach vergeblichem Leugnen mußte er das zugeben und sagte: »Ich bin es. Meine Sünden haben mich mit Recht in dieses Unglück gebracht. Aber hört, was wir tun sollten. Ich Unseliger habe die Blüte meines Reiches verloren. Von diesem Schmerz getrieben, will ich meine Länder und meine Freunde niemals wiedersehen. Laßt uns Rossano anlaufen, wo meine Gemahlin auf meine Rückkehr wartet. Wir wollen sie und meine reichen Schätze an Bord nehmen und euren Kaiser, meinen Bruder, aufsuchen. Gewiß wird er mir ein Freund in der Not sein.«[13]

Der Kapitän willigte ein, lief den Hafen von Rossano an und gestattete Bischof Dietrich von Metz mit einigen Begleitern an Bord zu kommen. Der Kaiser begab sich an Deck und sprang in einem unbewachten Moment im Vertrauen auf seine Gewandtheit im Schwimmen über Bord. Er war, so erzählt Thietmar weiter, bereit, die Griechen reich zu belohnen, doch sie trauten dem Frieden nicht, sondern segelten verärgert davon.

So oder ähnlich mag es sich zugetragen haben; die Phantasie der Mit- und Nachwelt hat sicher einiges ausgeschmückt. Interessant sind ein paar Details, etwa die Selbstlosigkeit des Juden Kalonymus ben Meschullam aus Lucca, später Rabbiner in Mainz, der im Kaiser »seinen geliebten Herrn« sieht, die griechischen Schiffe, die vor der Küste operieren, der kaiserliche Ritter slawischer Abstammung, der – wohl bei der Taufe – seinen slawischen Namen Zolunta abgelegt und den deutschen Königsnamen Heinrich angenommen hatte.

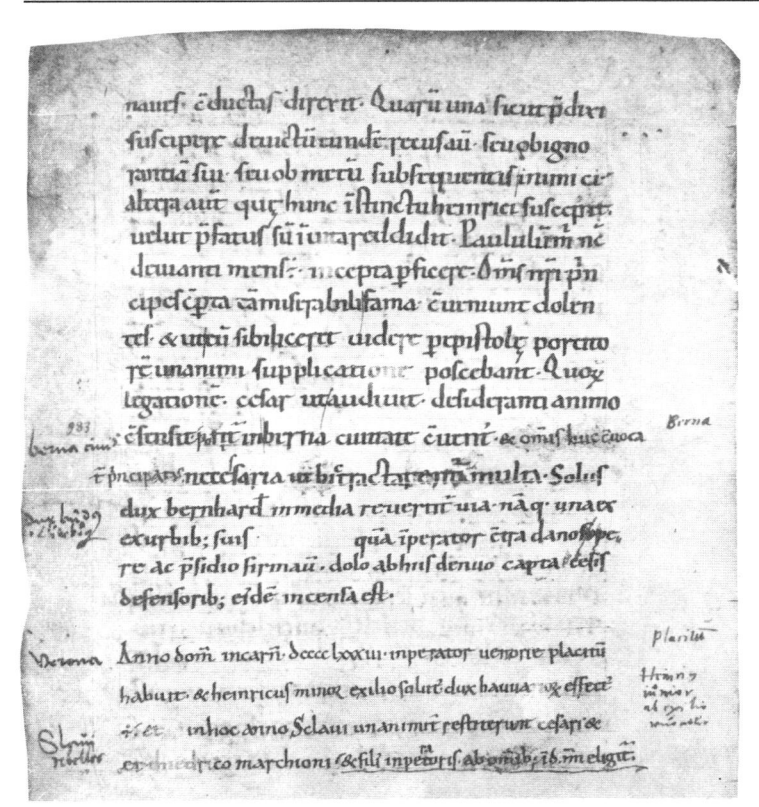

Dresdner Handschrift der Chronik Thietmars von Merseburg. Der Codex, im Krieg schwer beschädigt, ist Thietmars Originalmanuskript. Den Bericht über den Reichstag von Verona hat der Autor eigenhändig geschrieben.

Trotz der Niederlage hatte sich der Kaiser den düsteren Beinamen »Der bleiche Tod der Sarazenen« verdient.[14] Die von religiösem Fanatismus erfüllten und heldenhaft kämpfenden Sarazenen hatten große Opfer bringen müssen. Der Tod ihres Feldherrn Abul Kasim war ein schwerer Verlust und schmälerte die Freude über den Sieg in der Schlacht. Sie nutzten ihren Erfolg nicht zum weiteren Vordringen, sondern zogen sich nach Sizilien zurück.

Der Kaiser gab nicht auf. Er wußte, daß er die verlorene Schlacht, die so viele Opfer gefordert hatte, durch neue Taten wettmachen mußte. Und in seiner Umgebung dachte man nicht anders. Mit dem Rest des Heeres trat er, von Kaiserin Theophanu begleitet, den Rückzug an und entließ dann die dezimierten deutschen Kontingente in die Heimat. Auf dem Rückweg starben in Lucca Ende Oktober zwei der engsten Vertrauten Ottos II., Abt Werinhar von Fulda und Herzog Otto. Der Kaiser selbst zog über Capaccio, Salerno und Capua nach Rom, wo er mehrere Monate blieb und auch Weihnachten und Ostern feierte.

Die Katastrophe im Süden brachte die kaiserliche Herrschaft nicht ins Wanken, weder nördlich noch südlich der Alpen. Die deutschen Fürsten standen fest zum Kaiser, baten ihn aber in einem Schreiben im Frühjahr 983 um ein Treffen.[15] Ende Mai bis Anfang Juni wurde in Verona ein Reichstag abgehalten, eine glänzende Versammlung weltlicher und geistlicher Fürsten aus dem gesamten Reich. Die Kaiserinnen Adelheid und Theophanu waren zugegen,

Mathildenkreuz im Essener Domschatz.
Die Stifter, Äbtissin Mathilde von Essen (973–1011) und ihr Bruder, Herzog Otto von Schwaben und Bayern, haben sich am Fuß des Kreuzes auf einer Zellenschmelzplatte verewigen lassen.

der Patriarch von Aquileja ebenso wie die Erzbischöfe von Mainz, Trier und Magdeburg, zahlreiche Bischöfe und Äbte, darunter Abt Majolus von Cluny, Herzog Otto von Kärnten und viele Grafen und Herren. Auf der Tagesordnung standen wichtige Punkte. Einige Herzogtümer und Grafschaften, Bischofsstühle und Abteien waren neu zu besetzen, das Verhältnis zu Venedig bedurfte einer Klärung und vertraglicher Regelungen.

Vor allem mußte die Thronfolge geregelt werden, bevor der Kaiser den Kampf um Süditalien wieder aufnahm. Die Personalunion zwischen dem schwäbischen und dem bayerischen Dukat wurde wieder gelöst; mit dem Herzogtum Schwaben wurde der Bruder des in der Schlacht am Capo delle Colonne gefallenen Herzogs Udo von Rheinfranken, der Konradiner Konrad, belehnt, während Bayern an den aus der Verbannung zurückgekehrten Luitpoldinger Heinrich den Jüngeren gegeben wurde. Bemerkenswert und in die Zukunft weisend war die Einsetzung des aus dem böhmischen Fürstengeschlecht der Slavnikiden stammenden Adalbert zum neuen Bischof von Prag durch den Kaiser. Zum ersten Mal empfing ein Slawe den Bischofsstab aus den Händen des Kaisers.

Das bei weitem wichtigste Ereignis aber war die Wahl des gerade erst dreijährigen Thronfolgers Otto zum König, die erste Wahl eines deutschen Königs auf italienischem Boden, gemeinsam vollzogen von deutschen und italienischen Fürsten.

Die Erzbischöfe Willigis von Mainz und Johannes von Ravenna, die beiden höchsten Kirchenfürsten Deutschlands und Italiens, reisten mit dem königlichen Kind über die Alpen, um in der Aachener Pfalzkapelle Krönung und Salbung zu vollziehen. Die Veroneser Königswahl macht deutlich, daß Deutschland und Italien enger miteinander verbunden wurden. »Das Programm eines Einheitsreiches aus Deutschland und Italien zeichnete sich ab.«[16]

Der Kaiser blieb in Italien, um einen neuen Feldzug in den Süden vorzubereiten und die Niederlage gegen die Sarazenen wieder wettzumachen. Im Sommer des Jahres 983 aber brach eine neue Katastrophe über das Reich herein, der Aufstand der slawischen Liutizen, der die deutsche Vormachtstellung im Osten schwer erschütterte.

Die deutschen Waffen hatten den Nimbus der Unbesiegbarkeit verloren. Im kaiserlichen Heer hatten auch slawische Krieger mitgekämpft, und sicher hat sich die Kunde von dem Debakel am Capo delle Colonne und den schweren Verlusten mit Windeseile im Slawenland verbreitet. Dort gab es Kräfte, die die Gunst der Stunde nutzen wollten, um das Joch abzuschütteln, das nun schon seit einem guten Vierteljahrhundert auf den Stämmen zwischen Elbe und Oder lastete. Der Freiheitsdrang der Slawen, dem auch die deutschen Chronisten ihre Anerkennung nicht versagten, war durch die drückende, oft sogar grausame deutsche Herrschaft nicht gebrochen worden. Nicht nur Dienst- und Tributpflicht, sondern auch das anmaßende Auftreten des Markgrafen Dietrich von der Nordmark, der im Umgang mit dem slawischen Adel jedes Fingerspitzengefühl vermissen ließ, verletzte den Stolz der Unterworfenen.

Ohne Vorwarnung und für die deutschen Herren völlig überraschend erhoben sich die liutizischen Stämme Ende Juni 983 gegen die deutsche Herrschaft. Ein slawisches Heer überfiel am 29. Juni

Havelberg. Die Besatzung wurde niedergemacht, der Bischofssitz zerstört.[17] Drei Tage später fiel Brandenburg. Bischof Folkmar hatte sich rechtzeitig in Sicherheit bringen können, sogar unter Mitnahme des Kirchenarchivs. Nur mit Mühe konnten sich Markgraf Dietrich und seine Leute retten. Einige Geistliche wurden gefangengenommen und umgebracht, die Kathedralkirche geplündert und zerstört, das Grab des Bischofs Dodilo aufgebrochen und die Leiche ausgeraubt.

Die Aufstandsbewegung, deren treibende Kraft die Redarier waren, griff um sich. Der Abodritenfürst Mstivoy schloß sich an, obwohl er Christ geworden war. Verletzter Stolz könnte eine Rolle gespielt haben. Markgraf Dietrich, so wird erzählt, soll ihn tödlich beleidigt haben. Mstivoys Sohn Mistislaw hatte mit 1000 Reitern am Italienzug Ottos II. teilgenommen und forderte nach seiner Rückkehr die ihm versprochene Braut, eine Nichte des Herzogs Bernhard von Sachsen. Markgraf Dietrich lehnte diese Eheschließung mit den Worten ab, die Verwandte eines Herzogs dürfe nicht einem Hund gegeben werden.[18] Der Abodritenfürst rächte sich, griff Hamburg an und ließ es in Flammen aufgehen.

Ein starkes slawisches Heer überschritt südlich von Havelberg die Elbe und verwüstete die Altmark, das Gebiet nördlich von Magdeburg. Auch Mstivoy schloß sich an und zerstörte in Calbe an der Milde die Burg und das Laurentiuskloster. Dadurch zog er freilich den Zorn des heiligen Laurentius auf sich, der ihn später mit Wahnsinn heimsuchte, wie Thietmar von Merseburg berichtet, der dies von Mstivoys Kaplan Aviko erfahren hatte.[19] Der Angriff des großen Slawenheeres richtete sich ohne Zweifel gegen Magdeburg, das als Festung, Erzbischofssitz und Grabstätte Ottos des Großen eine überragende Bedeutung besaß. Die Eroberung dieser Stadt durch ein slawisches Heer hätte verhängnisvolle Auswirkungen gehabt, und so rafften die ostsächsischen Fürsten alle Kräfte zusammen und warfen sich auf den Feind. An der Tanger kam es zur Schlacht. Unter Führung des Erzbischofs Giselher von Magdeburg (981–1004), des Bischofs Hildeward von Halberstadt und des Markgrafen Dietrich gelang es den sächsischen Aufgeboten, den Vormarsch der Slawen zu stoppen und sie zum Rückzug über die Elbe zu zwingen.

Das Werk Ottos des Großen hatte einen schweren Rückschlag erlitten. Die slawischen Stämme zwischen der mittleren Elbe und der Oder hatten die deutsche Herrschaft abgeschüttelt und ihre Freiheit wiedergewonnen, die sie zwei Jahrhunderte lang sowohl gegen das Reich im Westen als auch gegen das aufstrebende Polen im Osten unter großen Opfern, aber erfolgreich verteidigen konnten. Der große Slawenaufstand des Jahres 983 war kein Religionskrieg, auch wenn die Bischofssitze die bevorzugten Angriffsziele waren und der Zorn der Slawen besonders die deutsche Geistlichkeit traf. Allerdings war mit dem Aufstand das Wiederaufleben des Heidentums verbunden. Die Bischofssitze Havelberg und Brandenburg waren zerstört, in ihrer Nähe wurden die Tempel der heidnischen Götter wiedererrichtet. In deutscher Hand blieben nur die Bistümer Merseburg, Zeitz und Meißen, denn die sorbischen Stämme beteiligten sich nicht am Aufstand.

Im Sorbenland hatte Markgraf Gero offenbar die politische Führungsschicht ausgerottet und die Stammesstruktur zerschlagen.

Eine neue Katastrophe:

Außerdem war das System der Burgwarde so fest gefügt, daß eine Erhebung gegen die deutsche Herrschaft wohl chancenlos gewesen wäre.

Der Aufstand war 983 überraschend gekommen, ist aber wahrscheinlich von längerer Hand vorbereitet worden. Es war den Redariern gelungen, die benachbarten Stämme der Zirzipanen, Tolensanen und Kessiner zu einem Bündnis zu bewegen, das auch über die Zeit des erfolgreichen Aufstandes hinaus erhalten blieb und sogar festere Formen gewann. Diese wilzischen Teilstämme bildeten einen Stammesbund, den »Liutizenbund«, der in den Kämpfen des ausgehenden 10. und des 11. Jahrhunderts eine wichtige Rolle spielen sollte. Falls der Name »Liutizen« wirklich »Leute des wilden Gottes« (l'utyi bog) bedeutet, so wäre das ein Beweis für den kultisch-religiösen Charakter dieses Verbandes. An der Spitze des Stammesbundes standen keine Fürsten, sondern eine Volksversammlung, auf der natürlich der Adel und die Priesterschaft das Sagen hatten. Kultzentrum und wohl auch politischer Mittelpunkt war das Heiligtum des Swarozyc in der Tempelburg Rethra.[20]

Den deutschen Fürsten gelang es, durch den Sieg in der Schlacht an der Tanger die Elbgrenze zu halten, die durch eine Kette von Burgen gesichert wurde. Mehr war im Augenblick nicht zu erreichen, denn am Jahresende 983 traf das Reich ein neuer schwerer Schlag, der Tod des erst achtundzwanzigjährigen Kaisers. Otto II. war nach dem Reichstag von Verona noch einmal nach Süden aufgebrochen und bis nach Bari vorgedrungen. Im September 983 ging er wieder nach Rom, um dort einen Nachfolger für den im Juli verstorbenen Benedikt VII. wählen zu lassen. Da sein Wunschkandidat, der Cluniazenserabt Majolus, zu einer Kandidatur nicht bereit war, ließ er seinen italienischen Erzkanzler, den Bischof Petrus von Pavia, zum Papst wählen. Dies war der letzte Erfolg des Kaisers, der an der Malaria erkrankte, starke Mittel nahm, um rasch wieder zu Kräften zu kommen, aber gerade deshalb der Krankheit erlag. Er starb am 7. Dezember 983 und wurde in einem antiken Marmorsarkophag im Atrium der Peterskirche beigesetzt. Es wirkt wie ein Symbol für die Richtung seines Strebens, daß er als einziger deutscher Herrscher in der Ewigen Stadt seine letzte Ruhestätte fand.

»Unter den Herrschern aus dem sächsischen Hause erscheint Otto II. als eine Gestalt von geringerem Glanz, im Schatten des Vaters, der in einem längeren Leben schwere Krisen, von denen auch er nicht verschont wurde, hatte überwinden können und an seinem Ende auf dem Höhepunkt seiner Erfolge stand. Aber auch die umstrittene und zugleich faszinierende Erscheinung Ottos III., der schon nach siebenjähriger Regierungszeit mit 22 Jahren dahingerafft wurde, hat die seines Vaters zum Verblassen gebracht. Eine dunkle Tönung im Bilde Ottos II. wird vor allem durch die Rückschläge erzeugt, die sich, am Ende seiner bis dahin sehr wohl erfolgreichen Laufbahn, in Italien und im Osten einstellten. Die Interdependenz von Italien- und Ostpolitik Ottos des Großen erscheint jetzt sozusagen im Negativ. Man möchte meinen, sie sei gegen die Konzeption zurückgeschlagen, habe sie widerlegt, als unrealistisch entlarvt. So ist Otto II. in der neueren Geschichtsschreibung zum Zeugen derer geworden, die des Vaters Kaiserpolitik für illusionär, ja für ein nationales Unglück hielten«.[21]

Kirche in gefahrvoller Umwelt. Als die Bischöfe von Havelberg in der zweiten Hälfte des 12. Jahrhunderts ihre Kathedrale wiederaufbauten, zogen sie die Lehren aus dem Slawenaufstand. Wie eine Burg ragt das Westwerk des Havelberger Domes empor, um den Christen im Fall der Not als letzte Zuflucht zu dienen. Auf der anderen Seite befindet sich der in sechs Meter Höhe gelegene Zugang.

IV.
Im Bann der Kaiseridee: Otto III. 983–1002

1. Der Sohn der Byzantinerin

*Dies war die Sünde des Königs: Das Land seiner
Geburt, das liebe Deutschland, wollte er nicht
einmal mehr sehen, so groß war seine Sehnsucht,
in Italien zu bleiben, wo in tausend Mühen,
tausend Todesgefahren schreckliches Unheil
bewaffnet heranstürmt. Es wütet das Schwert im
Blut der Edlen, es trieft vom Herzblut der
erschlagenen Getreuen und verwundet zutiefst das
Herz des kaiserlichen Herrn.
Nichts hilft ihm sein Reich, nichts die überflüssigen
Schätze, nichts jenes gewaltige Heer, das er
vergebens um sich gesammelt hatte; weder die
Lanze noch des Schwertes Schärfe vermochten ihn
der Hand des Todes zu entreißen, der allein keine
Ehrfurcht vor Königen kennt.*[1]

Brun von Querfurt

Erst im Tode kehrte der Kaiser in seine Heimat zurück. In der engen Burg Paterno am Fuße des Monte Sorakte war Otto III. am 24. Januar 1002 gestorben. Italien, das Land, das der Lebende so sehr geliebt und um das er so hart gekämpft hatte, verschloß sich auch dem Toten. In Italien loderte die Flamme des Aufruhrs, und mit dem Schwert in der Hand mußten die Deutschen ihren toten Herrn in die Heimat geleiten. Sieben Tage lang glich der Trauerzug einer Heerfahrt; dann erreichte das Heer Verona und konnte ungehindert die Alpen überschreiten. »Endlich brachten die Unsrigen nach allseits glücklichen Siegen in treuer Ergebung ihren kostbaren Schatz, die teure Last, über die schneebedeckten Gipfel der Alpen in Sicherheit.«[2]

Rom, die Stadt seiner imperialen Träume, war dem Kaiser verschlossen, und deshalb hatte er den Wunsch geäußert, in der Aachener Marienkirche an der Seite Karls des Großen begraben zu werden. Der tote Kaiser durchzog noch einmal sein Reich. Über Augsburg, Regensburg und Köln gelangte der Trauerzug endlich nach Aachen, wo der Kaiser am Palmsonntag im Beisein einer großen Trauergemeinde im Chor der Pfalzkapelle zur letzten Ruhe gebettet wurde.[3]

Aachen und Rom, das waren die beiden Pole, die beiden Kraftquellen, die das Denken und Handeln Ottos III. bestimmt hatten. In

Aachen hatte er, erst dreieinhalb Jahre alt, am Weihnachtstage des Schicksalsjahres 983 aus der Hand der höchsten Kirchenfürsten Deutschlands und Italiens die Krone empfangen. Die Freude wich tiefer Trauer, denn noch während der Krönungsfeierlichkeiten traf die Kunde vom Tod seines kaiserlichen Vaters in Aachen ein. Wie am Ende der karolingischen Ära saß jetzt plötzlich wieder ein Kind auf dem Thron.

Widerstand regte sich. Brauchte das bedrohte Reich nicht einen starken Herrscher? War ein Kind in der Lage, verlorenes Terrain gutzumachen und die hegemoniale Stellung Deutschlands wiederherzustellen? Wie jedes andere Kind bedurfte auch der unmündige König eines Vormunds; dennoch galt er als regierungsfähig. Zur Ausübung der Herrschaft war ein solcher Kinderkönig natürlich nicht in der Lage, und es war klar, daß die tatsächliche Regierungsgewalt dem Vormund oder einem Regenten zufallen würde. Die Reichsverfassung war ganz auf die Person des Königs zugeschnitten, aber es gab keine festen Regeln für eine Regentschaft im Falle seiner

Heinrich der Zänker. Miniatur im Regelbuch von Niedermünster zu Regensburg (um 995). Der Herzog – mit Lanze und Buch – ist von den Stiftsdamen eigenmächtig mit einem Heiligenschein versehen worden, weil er für eine strengere Zucht gesorgt und damit ihr Stift gleichsam neu gegründet hat.

Theophanu war mit reichen Geschenken aus Byzanz gekommen und hat den Lebensstil ihrer griechischen Heimat beibehalten, so gut es eben ging. Religiöse Eiferer warfen ihr vor, durch die Pracht ihrer Kleidung auch die bisher weniger modebewußte Weiblichkeit Deutschlands und Frankreichs zu übertriebenem Luxus verführt zu haben.
Diese 45 cm hohe byzantinische Alabastervase könnte aus dem Brautschatz der Theophanu stammen und als Geschenk in das mit dem Kaiserhaus eng verbundene Damenstift Quedlinburg gelangt sein. Sie wurde fast wie eine Reliquie verehrt, weil sie als einer der Weinkrüge galt, in denen Christus auf der Hochzeit zu Kanaa Wasser in Wein verwandelt hatte.

Minderjährigkeit. In dieser Lage glaubte Heinrich der Zänker, der entmachtete und verbannte Bayernherzog, seine Stunde gekommen. Als nächster männlicher Verwandter, als »Schwertmagen«, erhob er nicht nur Anspruch auf die Vormundschaft über den jungen König, sondern machte sich selbst Hoffnungen auf die Krone des Reiches. Er fand Anhänger unter den weltlichen und geistlichen Fürsten, begab sich ins östliche Sachsen, in die ottonische Königs- und Sakrallandschaft, zog am Palmsonntag in Magdeburg ein und feierte das Osterfest in Quedlinburg, der traditionellen »Osterpfalz« seines Hauses. Am Grabe Heinrichs I., seines Großvaters, machte er sein Anrecht auf die Krone geltend. Seine Anhänger begrüßten ihn als König und feierten ihn mit Lobgesängen. Sein Ansehen wurde noch dadurch gesteigert, daß sich Mieszko von Polen, Boleslav II. von Böhmen und der Abodritenfürst Mstivoj zur Huldigung einfanden.[4]

Heinrich der Zänker hatte allerdings die Rechnung ohne die Damen des kaiserlichen Hauses gemacht. Die Kaiserinnen Adelheid und Theophanu waren nicht bereit, sich von ihrem männlichen Verwandten so einfach beiseiteschieben zu lassen. Theophanu eilte zu Adelheid nach Pavia, wo sich auch die tatkräftige Äbtissin Mathilde von Quedlinburg, die Schwester Ottos II., einstellte. Das von den Damen gebildete »Triumvirat« erhielt Unterstützung aus Deutschland, wo sich bald eine königstreue Fürstenopposition gegen Heinrich den Zänker formierte, an deren Spitze Erzbischof Willigis von Mainz trat. Der Usurpationsversuch des Bayernherzogs scheiterte; er mußte den jungen König, den er in seine Gewalt gebracht hatte, ausliefern und konnte froh sein, daß ihm das Herzogtum Bayern wieder zugesprochen wurde.

Merkwürdig und für den modernen Menschen schwer verständlich scheint das alles: Ein Kinderkönig sitzt auf dem Thron, drei Frauen, Adelheid, Theophanu und Mathilde, und zwei geistliche Herren, Erzbischof Willigis von Mainz und Bischof Hildebald von Worms, lenken die Geschicke des größten europäischen Reiches.

Die Einigkeit war freilich nicht von langer Dauer. Theophanu, unterstützt von Erzbischof Willigis von Mainz und dem Kanzler, Bischof Hildebald von Worms, übernahm die Regentschaft, während sich Adelheid wieder ins Königreich Italien zurückzog, wo sie hohes Ansehen genoß und das sie als ihre angestammte Macht- und Einflußsphäre betrachtete.

Theophanu war eine sehr tatkräftige Frau, die sich nach Kräften bemühte, das Reich in den Griff zu bekommen und die Machtpolitik ihres Gatten fortzuführen. Ein Höhepunkt ihrer Regierungszeit war der Osterhoftag zu Quedlinburg im Jahre 986. Vier Herzöge, kriegserfahrene Männer, bedienten das königliche Kind, Heinrich von Bayern als Truchseß, Konrad von Schwaben als Kämmerer, Heinrich von Kärnten als Mundschenk und Bernhard von Sachsen als Marschall. Die Slawenherzöge Boleslav II. von Böhmen und Mieszko von Polen waren zugegen, und der mächtige Polenherzog beugte vor aller Augen sein Knie vor dem König, legte die gefalteten Hände in die des Knaben und gelobte ihm Treue und Gehorsam.[5]

Vielleicht wollte Theophanu sogar mehr sein als die bloße Statthalterin für ihren Sohn. Einiges deutet darauf hin. Im Herbst des Jahres 989 zog sie ohne den König nach Rom, wo sie die kaiserliche

Kaiserin Theodora, die Gattin Kaiser Justinians. Mosaik in San Vitale in Ravenna.

Herrschaft wieder zur Geltung brachte und kaiserliche Hoheitsrechte ausübte. War es imperialer Ehrgeiz, der Theophanu nach Rom trieb und sie beflügelte, sich nicht nur »imperatrix«, also Kaiserin, sondern auch »imperator«, also Kaiser, zu nennen und im eigenen Namen Urkunden ausstellen und nach den eigenen Regierungsjahren datieren zu lassen? Das geschah wohl nicht zufällig in Ravenna, wo überall goldglänzende Mosaiken sie an ihre griechische Heimat erinnerten und wo in San Vitale die Kaiserin Theodora hoheitsvoll auf sie herabblickte. Dachte Theophanu an die Kaiserin Irene, die zur Zeit Karls des Großen das byzantinische Kaiserreich allein regiert hatte?

Der Traum war kurz. Im Frühsommer 990 kehrte Theophanu nach Deutschland zurück, und hier herrschte gewiß keine Atmosphäre, in der die Kaiserträume einer Frau gedeihen konnten. Der Kaiserin blieb auch nur noch wenig Zeit. Schon am 15. Juni 991 ist sie

Ein Vierzehnjähriger wird regierungsfähig

in Nimwegen gestorben. In der Kölner Kirche Sankt Pantaleon wurde sie beigesetzt. Die alte Kaiserin Adelheid kehrte aus Italien zurück und schaltete sich wieder in die Reichspolitik ein, in der nach wie vor der Erzkanzler Willigis von Mainz und der Kanzler Hildebald von Worms die führenden Persönlichkeiten waren. Trotz mancherlei Schwierigkeiten haben sich die beiden Kaiserinnen der schweren Aufgabe der Regentschaft gewachsen gezeigt und wesentlich dazu beigetragen, dem jungen König die Krone zu retten.

Schon im Herbst des Jahres 994 ging das Jahrzehnt der vormundschaftlichen Regierung zu Ende. Dem jungen König, der im Juni das vierzehnte Lebensjahr vollendet hatte, wurden die Waffen überreicht. Nach fränkischem Königsrecht war er jetzt voll regierungsfähig. Der feierliche Akt der »Schwertleite« fand auf einem Reichstag statt, an dem auch italienische Große teilnahmen, darunter der mächtige Markgraf Hugo von Tuszien und Erzbischof Johannes Philagathos von Piacenza, zwei Herren, denen die Geschichte noch wichtige Rollen zugedacht hatte. Der Markgraf war und blieb die verläßlichste Stütze der deutschen Herrschaft in der Toskana, während der Erzbischof noch höher steigen und dann tief fallen sollte.

Der Übergang von den Prinzipien der regentschaftlichen Herrschaftsführung unter Theophanu und Adelheid zum »persönlichen Regiment« Ottos III. vollzog sich zwar allmählich, aber spürbar. Der Einfluß der alten Kaiserin auf die Reichsregierung schwand mehr und mehr. Zu den bisher dominierenden Beratern Willigis von Mainz und Hildebald von Worms trat Heribert, ein junger Geistlicher, der zum Reichskanzler für Italien und zum Erzbischof von Köln (999–1021) aufstieg. Es ist sicher, daß die Gedanken des jungen Herrschers und seiner Berater schon in diesen Tagen auf Rom und die Kaiserkrone gerichtet waren.

Für den künftigen Kaiser des Abendlandes kam nur eine Braut aus der vornehmsten Familie der damaligen Welt in Betracht, eine Prinzessin aus dem byzantinischen Kaiserhaus. Spätestens im Frühsommer des Jahres 995 machte sich eine Gesandtschaft auf den Weg, um für den erst fünfzehnjährigen König in Konstantinopel um eine Prinzessin zu werben. Der geeignete Brautwerber schien der aus Kalabrien stammende Erzbischof Johannes Philagathos von Piacenza zu sein, dessen Muttersprache das Griechische war und der zu den Lehrern Ottos III. gehört hatte. Ihn begleitete Bischof Bernward von Würzburg als Vertreter des deutschen Episkopats. Bernward sollte die Heimat nicht wiedersehen. Auf der Insel Euböa fand er sein Grab.

Bevor Otto III. nach Italien aufbrach, unternahm er einen Feldzug gegen die Liutizen und Abodriten, die mehrfach in das auch von den Dänen bedrohte Sachsen eingefallen waren. Der junge König stellte sich an die Spitze eines großen Heeres, in dem auch polnische Streiter unter Boleslaw Chrobry und ein böhmisches Kontingent kämpften. Die Hauptburg der Abodriten, die Mecklenburg, wurde erobert, und das Heer drang weit nach Osten vor. Die dauernde Beherrschung des Landes war nicht beabsichtigt. Es war eher eine Demonstration der Stärke, mit der der König sein Feldherrntalent und seine »Siegmächtigkeit« unter Beweis stellen konnte. Die Sicherung der Elbgrenze blieb dann wieder den sächsischen Markgrafen überlassen.

Die Rolle der Kaiserin Adelheid als Regentin kommt auch in der Prägung einer Gemeinschaftsmünze in der Reichsmünzstätte Goslar zum Ausdruck. Der erstmals 991/994 geprägte Otto-Adelheid-Pfennig war bis um 1040 die wichtigste deutsche Silbermünze.

Aus Rom waren inzwischen beunruhigende Nachrichten eingetroffen. Papst Johannes XV. hatte die Stadt verlassen müssen, in der sich der aus dem stadtrömischen Adel stammende Johannes Crescentius zum Herrn aufgeschwungen hatte. Noch am Ende des Jahres 995 beschloß man am deutschen Hof die Romfahrt. Im zeitigen Frühjahr sammelten sich die Heerscharen in Regensburg. Mit einer gewaltigen Streitmacht zog der König über die Alpen. Die Heilige Lanze, das siegbringende Herrschaftszeichen, ließ er sich vorantragen. Widerstand regte sich angesichts der militärischen Übermacht der Deutschen nicht, aber in Verona, der ersten Station der Reise, kam es zu blutigen Händeln zwischen der Stadtbevölkerung und Angehörigen des deutschen Heeres. Vielleicht werden in diesen Auseinandersetzungen die Anfänge eines italienischen Nationalgefühls und einer deutschfeindlichen Stimmung spürbar.

In Verona, wo die weltlichen und geistlichen Großen der Mark Verona und Friaul erschienen waren, kam es zu Verhandlungen mit der aufstrebenden See- und Handelsstadt Venedig. Der Doge Peter Orseolo war wegen der venezianischen Besitzungen und Interessen auf dem Festland, der »Terra ferma«, an guten Beziehungen zum Reich interessiert, während Otto III. dem byzantinischen Einfluß auf Venedig und den adriatischen Raum entgegenwirken wollte. Noch immer beanspruchte Konstantinopel die Herrschaft über die Lagunenstadt. Die Herstellung einer geistlichen Verwandtschaft zwischen dem ottonischen Hause und der Familie des Dogen sollte die staatsrechtlichen Abmachungen sichern. Der Doge schickte seinen Sohn zur Firmung nach Verona, wo er den Namen seines königlichen Firmpaten erhielt und sich nun Otto Orseolo nannte.

Über Brescia zog das Heer zunächst nach Pavia, wo die lombardischen Großen dem König huldigten und damit seine Herrschaft über das Regnum Italiae nochmals ausdrücklich anerkannten. Pavia mit seiner Pfalz und seinen zahlreichen Kirchen bot den festlichen Rahmen für das Osterfest. Die nächste Station war Ravenna, das auf dem Wasserweg rasch und bequem zu erreichen war.

»Die Fahrt ging auf den Schiffen der Paveser Bürgerschaft den Po abwärts in dem warmen Glanz der Frühlingssonne durch ein blütenüberdecktes Land und an mächtigen Städten vorbei, die mit ihren Mauern und Türmen eine stolze Vergangenheit, aber auch in dem Gewühl der Menge auf den Hafenplätzen eine in Deutschland noch unbekannte Dichte der Bevölkerung und der Wohlhabenheit erkennen ließen«.[6]

In Rom hatte die Nachricht vom Herannahen eines großen deutschen Heeres einen Umschwung zugunsten des Papstes Johannes XV. herbeigeführt. Johannes Crescentius wurde entmachtet, und der Papst konnte in die Stadt zurückkehren. Auch der Tod des Papstes im März 996 verhalf dem Creszentier nicht wieder zur Macht. Die Römer schickten Otto III. eine Gesandtschaft entgegen und baten ihn, einen Nachfolger für den Papst zu bestimmen. Der König nutzte die Gunst der Stunde. Obwohl er noch nicht einmal die Kaiserkrone trug, verfügte er frei und souverän über die Kathedra Petri und nominierte seinen Hofkapellan Brun, den Sohn des Herzogs Otto von Kärnten. Der Kandidat war der Enkel Konrads des Roten und der Liudgard, also ein Urenkel Ottos des Großen. Von Erzbischof Willigis von Mainz und dem italienischen Reichskanzler

Hildebald nach Rom geleitet, bestieg er dort als Gregor V. (996–999) den päpstlichen Stuhl.

Otto III. mutete den Römern allerhand zu: Zum ersten Mal in der Geschichte des Papsttums trat ein Deutscher an die Spitze der katholischen Christenheit. Das Papsttum sollte aus seiner Verstrickung in die Machtkämpfe des stadtrömischen Adels gelöst und für seine universalen Aufgaben frei gemacht werden. Obwohl Otto der Große sich um die Erneuerung der römischen Kirche bemüht hatte, stand es wieder schlimm um Rom und das Papsttum. In drei Jahrzehnten hatte es neun Päpste gegeben, zwei von ihnen waren in den Kerkern der Engelsburg ermordet worden, ein dritter war in Hamburg in der Verbannung gestorben. Rom hatte viel von seinem Ansehen verloren und galt kritischen Männern wie dem Bischof Arnulf von Orléans eher als ein Ort des Schreckens: »O beklagenswertes Rom. Unseren Vorfahren brachtest du das helle Licht der Kirchenväter, unsere Gegenwart hast du mit so schrecklicher Nacht geschwärzt, daß sie noch in der Zukunft berüchtigt sein wird«.[7] Durch die Wahl des Namens Gregor wollte der neue Papst an eine glanzvollere Epoche der römischen Kirchengeschichte anknüpfen, an die Gregors des Großen (590–604).

Zu Christi Himmelfahrt, am 21. Mai 996, krönte Gregor V. »unter dem Zuruf nicht nur des römischen, sondern auch fast des gesamten Volkes Europas«[8] Otto III. zum Kaiser. Ein Jüngling von knapp sechzehn Jahren hatte die höchste Würde des Abendlandes erlangt und brachte durch den Titel »Otto von Gottes Gnaden erhabener Kaiser der Römer« seinen Anspruch auf Ranggleichheit mit dem oströmischen Kaisertum zum Ausdruck.[9] Etwas Neues war das nicht, denn schon Otto II. hatte mit diesem Titel demonstrativ die römische Tradition seiner Kaiserwürde hervorgehoben und die Ebenbürtigkeit mit dem oströmischen Kaisertum betont.

Nach der Krönung tagte in Rom eine Synode unter dem Vorsitz von Kaiser und Papst. Der alten Gelasianischen Zweigewaltenlehre entsprechend, demonstrierten Gregor V. und Otto III. Einmütigkeit. Der Kaiser setzte seine eigenhändige Unterschrift unter Synodaldekrete und päpstliche Urkunden, während der Papst betonte, daß er »Macht und Ehre der kaiserlichen Herrschaft durch die väterliche apostolische Autorität« stärken wolle. Der neue Papst war ein – wenn auch sehr entfernter – Angehöriger des ottonischen Hauses. Otto III. hatte keine Bedenken gehabt, das Prinzip, Angehörige der Dynastie mit hohen und höchsten weltlichen und geistlichen Würden zu versehen, auch in Rom zur Geltung zu bringen. Er hatte über den päpstlichen Stuhl wie über ein Reichsbistum verfügt, obgleich er sicher nicht die Absicht hatte, den Papst, den Stellvertreter der Apostel, seiner universalen Funktionen zu entkleiden und ihn zum obersten Reichsbischof zu degradieren.

Bald jedoch wurden Probleme sichtbar. Der deutsche Papst war nicht gewillt, nur der Erfüllungsgehilfe des deutschen Kaisers zu sein. Schon mit der Wahl seines Papstnamens hatte er zum Ausdruck gebracht, wie sehr er sich der päpstlichen Tradition verpflichtet fühlte. Um überhaupt die Chance zu haben, sich in Rom ohne die ständige Präsenz des Kaisers und seines Heeres behaupten zu können, mußte Gregor V. die weltliche Macht der Kurie wiederherstellen. Otto III. hat sich jedoch offensichtlich geweigert, die Privilegien

Kaisersiegel Ottos III.
Mit dem neuen Siegeltypus propagierte Otto III. seinen Anspruch auf das Erbe der römischen Imperatoren. Der in Siegerpose abgebildete Kaiser trägt die Toga und hält die Heilige Lanze und die Weltkugel in seinen Händen.

zu bestätigen, auf denen der Kirchenstaat beruhte. Diese prinzipielle Abkehr von der Politik aller seiner kaiserlichen Vorgänger bedrohte nun die materielle Grundlage des Papsttums und gefährdete dessen Stellung in Rom und Italien, was der deutsche Papst, der in der Gedankenwelt der Reichskirche groß geworden war, nur zu gut erkannte. Er war deshalb nicht bereit, diesen Angriff auf die Machtstellung des römischen Stuhls einfach hinzunehmen. Auf der anderen Seite wollte der Kaiser seinen Papst aber auch nicht durch ein zu rigoroses Vorgehen kompromittieren. Deshalb verließ er schon im Juni 996 die Ewige Stadt und zog Richtung Norden. Aus gesundheitlichen Gründen, so teilte der Kaiser dem Papst mit, müsse er nach Deutschland zurückkehren; Markgraf Hugo von Tuszien und Graf Konrad von Spoleto sollten als kaiserliche Legaten den Schutz der römischen Kirche übernehmen. Die Entscheidung über eine Bestätigung der Konstantinischen Schenkung und der anderen päpstlichen Privilegien wurde vertagt.

Gregor V. hoffte jedoch vergeblich, sich in Rom ohne kaiserliche Rückendeckung behaupten zu können. Johannes Crescentius, der von Otto III. und dem neuen Papst sehr milde behandelt worden war, riß die Herrschaft wieder an sich, vertrieb Gregor V. und ließ sogar einen Gegenpapst wählen. Sein Kandidat war niemand anderes als Johannes Philagathos, der gerade mit einer byzantinischen Gesandtschaft aus Konstantinopel zurückgekehrt war. Die Brautfahrt war kein Erfolg gewesen, aber immerhin wurde der Brautwerber von einem byzantinischen Unterhändler begleitet, der die Verhandlungen fortsetzen sollte. Johannes Philagathos konnte der Versuchung, die Johannes Crescentius und der diesen insgeheim unterstützende byzantinische Gesandte Leo an ihn herantrugen, nicht widerstehen. Er ließ sich zum Papst wählen und nahm den Namen Johannes XVI. an. Die von Johannes Crescentius geführten Römer waren wohl der Meinung, der junge Kaiser würde Gregor V. zugunsten des Gegenpapstes fallenlassen. Man rechnete in Rom auch nicht damit, daß der Kaiser bald wieder nach Italien kommen würde. In den Augen der Römer hatte der Kaiser in ihrer Stadt nichts mehr verloren, sobald ihm der Papst die Kaiserkrone aufs Haupt gesetzt hatte.

Otto III. und seine politischen Berater sahen das anders. Zwar verhinderte die Lage in Deutschland, vor allem die andauernden Kämpfe an der Ostgrenze, ein sofortiges Eingreifen in Rom, aber man verlor Italien nicht aus dem Auge, denn auch in der Lombardei regte sich Widerstand gegen die deutsche Herrschaft, geschürt von dem Markgrafen Arduin von Ivrea. Es kam zu Verhandlungen zwischen den Gesandten des Kaisers und den Römern, die jedoch scheiterten und den endgültigen Bruch herbeiführten. Zwar war Johannes Philagathos, der das Prekäre seiner Stellung erkannt hatte, zum Verzicht auf seine unsichere Würde bereit, aber sein Schutzherr Johannes Crescentius fühlte sich stark genug, dem Kaiser die Stirn zu bieten. Als er die kaiserlichen Gesandten in den Kerker werfen ließ, gab es kein Zurück mehr.

Am Ende des Jahres 997 brach der Kaiser zum Romzug auf. Die schwachen Flammen des Aufruhrs und der Unbotmäßigkeit, die Arduin entfacht hatte, erloschen von selbst beim Herannahen des deutschen Heeres. Ohne auf Widerstand zu stoßen, konnte der Kaiser die Herrschaft über die Lombardei wieder antreten. In Pavia feierte er das Weihnachtsfest, umgeben von zahlreichen deutschen und italienischen Fürsten; unter ihnen waren die Herzöge Heinrich von Bayern und Otto von Kärnten, die Markgrafen Hugo von Tuszien und Ekkehard von Meißen, die Bischöfe von Lüttich, Straßburg, Como und Brescia. Dann ging es weiter nach Ravenna und schließlich mit einem durch italienische Streitkräfte verstärkten Heer nach Rom.

Die Herrschaft des selbsternannten »Senators« Johannes Crescentius brach wie ein Kartenhaus zusammen. Die Zeiten, in denen sich ein Fürst Alberich zum Souverän der Stadt Rom und des Papsttums aufschwingen konnte, waren vorüber. An eine Verteidigung Roms wagte der Crescentier nicht zu denken. Er floh in das Grabmal Hadrians, die Engelsburg, die er zur Festung hatte ausbauen lassen. Das zyklopisch anmutende Monument schien uneinnehmbar. In der Tat, Mitte Februar 998 hatte der Kaiser seinen Einzug in Rom gehalten, aber erst nach Wochen wagten die kaiserlichen Truppen, angeführt von Markgraf Ekkehard von Meißen, den Sturm auf die Festung. Der verzweifelt kämpfende Johannes Crescentius wurde überwältigt und enthauptet, sein Leichnam von den Zinnen der Engelsburg herabgestürzt und schließlich zwischen zwölf seiner Anhänger auf dem Monte Mario an den Füßen aufgehängt.

Ein noch weitaus schrecklicheres Schicksal erlitt Papst Johannes Philagathos. Er war aus Rom geflohen, wurde entdeckt und von seinen Verfolgern entsetzlich verstümmelt. Man stach ihm die Augen aus und schnitt ihm die Ohren, die Nase und die Zunge ab. Man schleppte ihn in die Stadt zurück und warf ihn in den Kerker. Damit nicht genug. Er mußte auch noch die entwürdigende Zeremonie der Papstabsetzung über sich ergehen lassen. Vergeblich bat der greise Abt Nilus aus Gaeta, ein Grieche wie Johannes Philagathos und einer der angesehensten Männer Italiens, um Gnade für seinen Landsmann. Hämisch, fast lustvoll und ohne jede Spur von Mitleid erzählt der byzantinische Gesandte Leo vom Sturz des unglücklichen Papstes, dessen Aufstieg er selbst gefördert hatte. Im Mai 998 schreibt er an einen Freund in Konstantinopel über das Schicksal des Gegenpapstes:

Er wurde von der westlichen Kirche mit dem Bann belegt; dann wurden ihm die Augen ausgerissen; drittens wurde ihm die Nase abgeschnitten und viertens die Lippen, fünftens die Zunge, die viele Geheimnisse ausgeschwatzt hatte, die wirklich unverschämte; sechstens schließlich hielt er prunkend auf einem elenden und jammervollen Esel, dessen Schweif er festhielt, seinen Triumphzug. Über sein Haupt war ein Stück von einem alten Tierbalg gestülpt, das oben die Stelle des abgeschnittenen Kopfes aufwies. Siebtens kam er vor Gericht, wurde verurteilt; man zog ihm das Priestergewand (noch einmal) an und wieder aus; dann schleppte man ihn rückwärts durch die Kirche, die Vorhalle und den Brunnenhof und zuletzt wurde er in den Kerker – als Ruhestätte – geworfen.[10]

Die Engelsburg, die letzte Bastion des auf die Wahrung seiner Macht und seines Einflusses bedachten römischen Adels, war gefallen. Johannes Crescentius war tot, Johannes Philagathos verstümmelt, gedemütigt und in einem römischen Kloster sicher verwahrt. Der Kaiser war Herr der Ewigen Stadt, und er wollte es bleiben.

2. »Goldenes Rom – Haupt der Welt«

Rom, als »Haupt der Welt und Herrscherin der Städte« gefeiert, war auch im 10. Jahrhundert noch ein eindrucksvoller Ort. Von gewaltigen Mauern und Türmen bewacht, barg die einstige Hauptstadt des alten Römerreiches noch die steinernen Zeugen ihrer glanzvollen Vergangenheit. Nicht wenige Bauten hatten die Jahrhunderte überdauert, waren in christliche Kirchen verwandelt worden, dienten dem römischen Adel als Burgen oder Paläste, wurden als Steinbrüche benutzt oder dämmerten als riesige Ruinenstätten ihrer endgültigen Auflösung entgegen. Noch überspannten Triumphbögen die Straßen; Säulen und Statuen standen noch aufrecht, und neben der kapitolinischen Wölfin, dem ehernen Wahrzeichen der Stadt, wurde im 10. Jahrhundert noch Gericht gehalten.

»Die alte Aurelianische Stadtmauer aus dem letzten Drittel des dritten nachchristlichen Jahrhunderts legt sich wie ein viel zu weit gewordener Mantel um den entvölkerten Riesenraum, sie umschließt ganze Stadtteile von verlassenen Gebäuden, verwilderten Gärten, totenstillen Winkeln und Trümmerfeldern, aus deren Einöden und Einsamkeiten nun jene ›tiefe Schwermut‹ aufsteigt, die ›einen Grundzug Roms im Mittelalter bildet‹ und die noch lange später die romantisch-ehrfürchtigen Schauer aller nordischen Rompilger wachrufen wird«.[11]

Im Laufe der Jahrhunderte waren diese verfallende heidnisch-antike Stadt und das frühchristlich-mittelalterliche Rom eine innige Verbindung eingegangen. Aus der Stadt der Imperatoren war die der Apostel und ihres irdischen Stellvertreters, eine Stadt der Kirchen und Klöster geworden. »Wo waren auf gleichem Raum so viele heilige Stätten beisammen, so viele Reliquien und Erinnerungen an die Kampfzeit des christlichen Glaubens?«[12]

Freilich bot das Rom des 10. Jahrhunderts nur noch einen schwachen Abglanz des Lebens, von dem es in der Antike erfüllt gewesen war. Die Zahl seiner Bewohner ist schwer zu schätzen; es mögen dreißig-, vierzig- oder allenfalls fünfzigtausend gewesen sein. Gemessen an anderen Städten in Italien oder gar nördlich der Alpen war dies noch immer eine große Zahl. Der junge Kaiser, der Sohn

Ruinen der Thermen des Caracalla (Etienne du Pérac: Vestigi dell'antichità di Roma, 1575).

Die Aurelianische Stadtmauer in der Nähe der Porta Ostiense.

der Byzantinerin, verfiel dem Zauber dieser Stadt. War er nicht der Kaiser der Römer? Macht nicht Rom erst »Könige zu Kaisern«?[13] Hatte er nicht die Aufgabe, Macht und Größe Roms und des römischen Reiches wiederherzustellen? Die Diskrepanz zwischen der Stadt des 10. Jahrhunderts und der Idee von Rom als dem Haupt der Welt war gewaltig, aber sie wurde überwunden durch den Mythos.

»Mit der Zähigkeit großer geschichtlicher Ideen hat der Romgedanke den Niedergang der Stadt Rom überdauert ... Der Begriff Rom bedeutet für das Mittelalter mehr als eine Stadt, mehr als Weltwunder, Paläste, Volksmenge und Straßenpracht. Es bedeutet, seit Vergils Zeiten in den Bereich des Mythos erhoben, Herrschaft und Macht, Reich und Kaisertum, Weltglück und Weltuntergang. An Rom und seinen Namen erscheint nach dem Willen der Gottheit Schicksal und Bestand des Reiches unwiderruflich gebunden.«[14]

Das »Goldene Rom«, die »Aurea Roma«, ausgezeichnet durch einen einzigartigen Platz in der Menschheits- und Heilsgeschichte, sollte nach dem Willen des Kaisers wieder zur Hauptstadt seines Reiches gemacht werden. Die Idee der Wiederherstellung des römischen Reiches, der »Renovatio imperii Romanorum«, gewann Gestalt. Sie beherrschte das politische Denken und Handeln des

Kaisers während der kurzen Zeitspanne, die ihm das Schicksal noch gönnte.

Zunächst ging es darum, die kaiserliche Herrschaft über Rom und seine Umgebung zu sichern. Die Crescentier und ihre Anhänger wurden aus ihren Positionen verdrängt und durch ein anderes römisches Geschlecht, das der Grafen von Tuskulum, ersetzt. Um den einheimischen Adel zu gewinnen, vergab der Kaiser großzügig Ämter und Titel, gestaltet und benannt nach altrömisch-byzantinischen Vorbildern. Struktur und Wirksamkeit dieser kaiserlichen Administration, die in Rom neben die päpstliche Verwaltung trat, bleiben im Dunkeln. Die spärlichen Quellen lassen nicht erkennen, ob mit den Titeln auch Machtbefugnisse verbunden waren. Das wichtigste Amt, das des »Patricius der Römer«, wurde allerdings mit einem Deutschen besetzt, dem aus einem sächsischen Adelsgeschlecht stammenden Ziazo.[15] Er war Statthalter des Kaisers in Rom, und in seinen Händen sollte wohl die tatsächliche Gewalt über die Stadt und ihr Umland liegen.

Rom sollte wieder Kaiserresidenz werden. Otto III. ließ sich einen neuen Palast erbauen. Er wurde auf dem Palatin errichtet, jenem Hügel, auf dem sich schon die Paläste und Villen der antiken Imperatoren erhoben hatten. Die mittelalterlichen Vorgänger Ottos III. hatten während ihrer zumeist kurzen Besuche in Rom in einer Pfalz neben der Peterskirche Wohnung bezogen und durch die Nähe zu den Apostelgräbern den zutiefst christlichen Charakter ihrer Würde zur Schau gestellt. Otto III. betonte hingegen die altrömische Komponente seiner Herrschaft, indem er zum Ursprungsort des Kaisertums, dem Palatin, zurückkehrte.

Die Idee der »Renovatio imperii Romanorum« war nicht von Anfang an das Leitmotiv der Politik Ottos III. Er hatte zunächst – an karolingische Traditionen anknüpfend – Aachen als die vornehmste Stadt seines Reiches betrachtet, ausgezeichnet durch die Erinnerung an Karl den Großen, den längst zur Legende gewordenen größten Herrscher des Abendlandes. Otto III. gründete in Aachen mehrere Kirchen und Klöster, brachte aus Italien kostbare Reliquien mit und erwirkte 997 von Papst Gregor V. ein Privileg, durch das je sieben Diakone und Presbyter der Aachener Pfalzkapelle den Kardinalsrang erhielten. Aachen wurde dadurch aufgewertet und in seinem Rang der Stadt am Tiber wenigstens angenähert. Die »Aachener Kaiseridee« Karls des Großen war also noch nicht gänzlich in Vergessenheit geraten. Aber letztlich hatte diese Konzeption keine Zukunft mehr; zu eng waren die Verbindungen zwischen Rom und dem Kaisertum inzwischen geworden.

Abstammung und Bildung Ottos III. hatten der Kaiser- und Romidee, die den letzten Regierungsjahren des jungen Herrschers das unverwechselbare Gepräge gab, den Boden bereitet. Der Knabe hatte neben der ritterlich-weltlichen Erziehung durch einen Waffenmeister, den sächsischen Grafen Hoiko, eine gediegene literarische Bildung erhalten. Im Griechischen, der Sprache seiner Mutter, war er von dem aus Kalabrien an den Hof gekommenen Johannes Philagathos unterrichtet worden. Seit 987 wirkte der aus einer sächsischen Grafenfamilie stammende Priester Bernward, ein hochgelehrter Zögling der Hildesheimer Domschule, als Lehrer des jungen Königs.[16] Zu Bernward, der 993 Bischof von Hildesheim wurde,

Lotharkreuz im Aachener Domschatz (Ausschnitt).
Das reich verzierte Kreuz ist ein Geschenk Ottos III. an das Aachener Münster. Auf der schmucklosen Rückseite, die der Kaiser anblickte, wenn er hinter dem Kreuz schritt, ist der gekreuzigte Christus zu sehen, die prunkvolle Vorderfront schmückt ein antiker Augustuskameo. Unter Augustus wurde Christus, der neue Herr der Welt geboren, als dessen irdischer Stellvertreter sich Otto III. fühlte. Das Lotharkreuz symbolisiert die Kontinuität zwischen dem heidnisch-antiken und dem mittelalterlich-christlichen Kaisertum.

gesellte sich als Lehrer Heribert, der später ebenfalls eine steile Karriere als politischer Berater und Mitarbeiter durchlaufen sollte. Er wurde zunächst Kanzler für Italien, leitete dann auch noch die deutsche Reichskanzlei und stieg schließlich zum Erzbischof von Köln auf (999–1021). So besaß Otto III. schon eine hohe literarische Bildung, als er einem Manne begegnete, der Denken und Fühlen des jungen Herrschers nachhaltig beeinflußte, Gerbert von Aurillac.

Gerbert von Aurillac hatte den jungen Kaiser durch seine Persönlichkeit tief beeindruckt, als er brillant und wortgewandt, aber vergeblich auf der römischen Synode des Jahres 996 seinen Anspruch auf die Würde eines Erzbischofs von Reims durchsetzen wollte. Der Franzose war schon einige Jahre zuvor einmal am deutschen Hof aufgetaucht. Er war damals noch Leiter der Reimser Domschule und hatte in Ravenna vor Kaiser Otto II. mit seinem ehemaligen Magdeburger Kollegen über wissenschaftliche Fragen disputiert. Die Domschulen erfüllten in der ottonischen Zeit etwa die Aufgaben, die in der Neuzeit von den Universitäten wahrgenommen werden, und an ihrer Spitze standen die bedeutendsten Gelehrten der Zeit. Unter ihnen war Gerbert noch eine Ausnahmeerscheinung. Er war ein unruhiger Geist, ein Mann, der nach gelehrtem Wissen, aber auch nach äußerer Ehre und Anerkennung strebte. Seine Kenntnisse auf vielen Gebieten, in Theologie und Philosophie, Mathematik, Physik, Astronomie und Musik, die auch aus arabischen Quellen gespeist wurden, setzten die Menschen in Erstaunen. Naiveren Gemütern war dieser Mann unheimlich, und so sagte man ihm, dem Urbild des Doktor Faustus, einen Pakt mit dem Teufel nach.

Gerbert war von einer uneingeschränkten Begeisterung für die Antike erfüllt, die ihm zu einem Lebenselement geworden war. Er schrieb ein fast klassisches Latein und suchte in Not und Bedrängnis nicht im Glauben Trost, sondern in der Philosophie, nicht in der Bibel, sondern in der Consolatio Philosophiae des Boethius und den Schriften Ciceros.

Da sich Gerbert in Reims gegen seinen Konkurrenten nicht durchsetzen konnte, folgte er an der Jahreswende 996/97 gern der Aufforderung des Kaisers, an seinen Hof nach Deutschland zu kommen. Er fand seinen Platz in der kaiserlichen Hofkapelle und gewann das Vertrauen des Kaisers als Lehrer und als politischer Berater. Der Einfluß des Philosophen auf den für hochfliegende Gedanken und Pläne sensiblen Jüngling wuchs. Die Philosophie verband sich mit der Macht: »Otto, jung, nach großen Gedanken begierig, nach Taten durstend – ein neuer Alexander – hatte seinen Aristoteles gefunden«.[17] Gerbert steigerte nicht nur die Begeisterung des Kaisers für die Antike, sondern er schmeichelte ihm auch mit seiner griechischen Abstammung und seiner Herrschaft über Rom: »Es ist etwas Göttliches, wenn ein Mensch, durch seine Herkunft Grieche, durch seine Herrschaft Römer, gleichsam nach erblichem Recht die Schätze der griechischen und römischen Weisheit erwirbt.«[18]

Gerbert fachte den Stolz des Jünglings auf seine griechische Herkunft und seine römische Kaiserwürde an und wirkte nachdrücklich auf die Ausgestaltung der imperialen Reichskonzeption ein: »Unser, unser ist das Römische Reich! Die Kräfte liefern ihm das an Früchten reiche Italien, das an Kriegern reiche Gallien und Germanien, und auch der Skythen mächtige Länder sind uns nicht fremd. Unser bist du, Caesar, Imperator der Römer und Augustus. Aus edelstem griechischen Blut entsprossen, übertriffst die Griechen an Macht, gebietest den Römer kraft Erbrecht und überragst beide an Geist und Beredsamkeit.«[19]

Gerbert von Aurillac, neben dem juristisch geschulten Italiener Leo von Vercelli einer der einflußreichsten Ratgeber Ottos III., erlangte endlich eine hohe geistliche Würde. Im April des Jahres 998 empfing er aus der Hand seines Kaisers das Erzbistum Ravenna. Otto III. tilgte damit nicht nur die Erinnerung an die Niederlage Gerberts im Streit um Reims aus dem Herzen seines Lehrers, sondern gab auch das vornehme, auch strategisch wichtige Erzbistum Ravenna in die Hand eines zuverlässigen Mannes. War doch Ravenna einer der »Hauptpfeiler der Brücke«, die von Deutschland nach Rom führte. Um die territoriale Basis Ravennas zu verbreitern, übergab der Kaiser dem neuen Erzbischof drei Grafschaften in der Pentapolis, vorsichtshalber nur auf Lebenszeit.

Gerbert von Aurillac sollte nicht lange in Ravenna bleiben, sondern bald noch höher steigen. Der Kaiser hatte an Papst Gregor V. wenig Freude, denn der Deutsche nahm seine Würde als Stellvertreter Petri sehr ernst und war nicht gewillt, auf die päpstlichen Ansprüche in Rom und dem Kirchenstaat zu verzichten. Als er im März des Jahres 999 starb, ließ Otto III. seinen Vertrauten Gerbert zum Papst wählen. Bei der Weihe am 9. April 999 wählte Gerbert den Papstnamen Silvester II. (999–1003).

Das imperiale Sendungsbewußtsein, das Otto III. beseelte, und seine übersteigerten Vorstellungen von Wert und Würde des Kaisertums waren nur die eine Seite im Wesen des jungen Kaisers. Die andere war seine tiefe und echte religiöse Hingabe, die weit über jenen Grad an Frömmigkeit hinausging, den man im Mittelalter von jedem Herrscher erwartete. In den ersten Lebensjahren erzogen und geführt von geistlichen Herren deutscher Herkunft, die ihm die in der Reichskirche herrschende weltoffene Frömmigkeit vermittelten, entwickelte Otto III. bald eine gesteigerte Sensibilität für die neuen religiösen Strömungen, die sich namentlich in Frankreich und Italien bemerkbar machten.

Das ausgehende 10. Jahrhundert war eine Zeit religiöser Erregung; nicht wenige Menschen suchten neue Wege zum Heil ihrer Seele. Im Mönchtum breiteten sich die Ideen der vom Kloster Cluny ausgehenden Reformbewegung aus, in den einsamen Bergregionen und Sumpfgebieten Italiens lebten Eremiten in strenger weltabgewandter Askese, allein oder in kleinen Gemeinschaften. Diese asketische Frömmigkeit ließ auch das missionarische Märtyrerideal wiederaufleben. Faszinierende Persönlichkeiten wie der mächtige Abt Odilo von Cluny, die ehrfurchtgebietende Gestalt des greisen Nilus aus Gaeta, der strenge Eremit Romuald von Camaldoli und der fromme Bischof Adalbert von Prag prägten diese religiöse Szene.

Mit diesen religiösen Neuerern kam der junge Kaiser in Berührung und wurde von ihrem ernsten Streben tief beeindruckt, vom bitteren Zorn des Abtes Nilus wegen des römischen Strafgerichts über Johannes Philagathos, von der asketischen Rigorosität eines Romuald von Camaldoli und seiner Gefährten und nicht zuletzt von der eher milden, hingebungsvollen Frömmigkeit des Gottsuchers Adalbert von Prag. Der Kaiser suchte das Gespräch mit diesen glaubensstarken Männern, verbrachte viele Stunden mit ihnen im Gebet und in mystischer Meditation, prüfte sich durch strenges Fasten und gab sich asketischen Bußübungen hin.

Die leidenschaftliche, sich ständig steigernde Frömmigkeit Ottos stand freilich zunächst nicht im Gegensatz zu seiner Kaiseridee, sondern ging mit ihr eine höchst eigenartige Symbiose ein. Die religiösen Gefühle und Sehnsüchte des jungen Kaisers verwoben sich mit seinen Träumen von einem universalen, die ganze abendländische Christenheit umfassenden Imperium. Die enge Verbindung zwischen der religiösen und der politischen Sphäre, zwischen dem Glauben und der Macht, die ohnehin für das Mittelalter charakteristisch ist, sollte bald nach dem Märtyrertod des Bischofs Adalbert von Prag im Jahre 997 in besonderer Schärfe hervortreten.

Otto III. war während der Jahre 994 bis 996 mehrfach mit Adalbert in Berührung gekommen und durch diesen ungewöhnlich frommen und demütigen Bischof in seinem religiösen Eifer bestärkt worden. Adalbert warnte den durch seine hohe weltliche Würde besonders gefährdeten Jüngling vor Hochmut und Selbstüberschätzung und führte ihm die Nichtigkeit und Vergänglichkeit des irdischen Daseins mit bewegten Worten vor Augen.

Denn bei Tage und Nacht, wenn die Menge Raum gab, führte er mit ihm heilige Gespräche und ermahnte ihn, es nicht für etwas Verdienstliches zu halten, daß er Kaiser sei. Er solle bedenken, daß er als Mensch sterben müsse, daß seine Schönheit zu Asche, zu Verwesung und zur Speise der Würmer werde. Deshalb solle er den Witwen ein Gatte, den Armen und Waisen ein Vater sein, Gott als den gerechten und strengen Richter fürchten und ihn als den gütigen Vergeber und den Quell aller Barmherzigkeit lieben.

So wird es in der Lebensbeschreibung des heiligen Adalbert berichtet,[20] und es gibt keinen Grund, den Wahrheitsgehalt dieser Erzählung zu bezweifeln.

Adalbert wußte, wovon er sprach. Er hatte in seinem Leben schon Höhen und Tiefen durchwandert und war selbst noch immer ein Suchender. Um 955 als Sohn des böhmischen Fürsten Slavnik von Libice geboren, hatte er zwischen 972 und 981 die Magdeburger Domschule besucht und bei der Firmung seinen slawischen Namen Vojtech abgelegt und zu Ehren des ersten Erzbischofs von Magdeburg den Namen Adalbert angenommen. Er war dann nach Prag gegangen und hier 983 zum Nachfolger des Prager Bischofs Thietmar gewählt worden. Im Juni 983 wurde er von Otto II. auf dem Reichstag zu Verona eingesetzt und schließlich von Willigis von Mainz geweiht, zu dessen Metropolitanverband die Diözese Prag gehörte.

Adalberts Wirken als Bischof war offensichtlich wenig erfolgreich. Heidnische Bräuche waren in seinem Volk noch weit verbreitet und schwer auszurotten, und der Verkauf christlicher Sklaven an Juden und Heiden war gang und gäbe. Als Angehöriger des Fürstenhauses der Slavnikiden hatte der Bischof außerdem unter der Feindschaft des Herzogshauses der Przemysliden zu leiden. Ein großer Kämpfer war Adalbert nicht. Er verzweifelte, verließ Böhmen und ging nach Rom, wo er schließlich in dem strengen Bonifatiuskloster auf dem Aventin Zuflucht fand. Sein Oberhirte, Erzbischof Willigis von Mainz, »ein weitsichtiger Politiker und erfahrener Verwaltungsfachmann«[21], hatte kein Verständnis für Adalberts Verhalten. Es war ein gravierender Verstoß gegen das kanonische Recht und die kirchliche Disziplin, denn ein Bischof durfte sein Bistum nicht verlassen. Der Hirte gehört zur Herde.

So dachte man auch in Prag. 992 kehrte Adalbert in seine Diözese zurück, mußte sie jedoch schon nach zwei Jahren wieder verlassen. Seine Stellung war offenbar unhaltbar geworden, nachdem die Przemysliden seine Familie entmachtet und fast ausgerottet hatten. Er ging an den Hof Ottos III. nach Aachen, dann nach Rom, wo er wieder in das Bonifatiuskloster eintrat. Wieder setzte Willigis seine Forderung nach Rückkehr des Bischofs in seine Diözese durch; allerdings wurde Adalbert gestattet, eine Missionsreise anzutreten, falls ihm die Rückkehr nach Prag mit Gewalt verweigert würde. Das war der Fall, und Adalbert ging zunächst nach Ungarn an den Hof des magyarischen Großfürsten und dann zu Herzog Boleslaw Chrobry

Adalbert von Prag wird von heidnischen Prußen erschlagen; seine Gefährten kommen mit dem Leben davon (Bronzerelief am Portal des Domes in Gnesen).

nach Polen. Nach einigen wenig erfolgreichen Missionsversuchen bei den liutizischen Stämmen zog Adalbert mit seinen wenigen Gefährten nach Danzig und von dort aus auf dem Seeweg zu den Pruzzen. Seine missionarischen Bemühungen waren auch hier erfolglos. Als die kleine Schar schon auf dem Rückweg war, wurde sie überfallen. Adalbert erlitt den Märtyrertod.[22]

Im Leben war Adalbert gescheitert. Als Bischof war er dem Zweifrontenkrieg gegen das Heidentum und die feindselige Herzogsdynastie nicht gewachsen gewesen, und sein missionarisches Wirken, sprunghaft und planlos, geprägt von Rastlosigkeit und Ungeduld, hatte wohl kaum eine Seele für den christlichen Glauben gewonnen. Hinter seinem Wunsch, den Heiden das Evangelium zu predigen, stand wohl das ichbezogene Streben nach Erfüllung im Glauben, vielleicht sogar die Sehnsucht nach dem Martyrium. So paradox es klingt: Erst der tote Adalbert bewirkte Bleibendes. Der Besuch Ottos in Polen im Jahre 1000, der »Tag von Gnesen«, war sein Tag. Die endgültige Hinwendung Polens zum Westen und die Schaffung einer polnischen Nationalkirche, deren vornehmster Heiliger er wurde, waren nicht zuletzt die Folge seines Märtyrertodes.

Während der zweiten Hälfte des 10. Jahrhunderts waren im Osten bedeutsame Veränderungen in den ethnischen und politischen Strukturen eingetreten. Die kleinen slawischen Stämme und Völkerschaften, die in den von Oder und Weichsel durchflossenen Gebieten siedelten, wurden unter der Führung der Polanen und ihres Fürstengeschlechts, der Piasten, in einem großen Staatswesen vereinigt. Dieses bedeutende Fürstengeschlecht brachte einige kraftvolle Herrschergestalten hervor und schuf durch seine auf Expansion und Unterwerfung gegründete Herrschaftsbildung die machtpolitischen Voraussetzungen für das Zusammenwachsen der verschiedenen slawischen Stämme zum polnischen Volk.

Unter der Herrschaft Mieszkos I. (960–992) und seines Sohnes Boleslaw Chrobry (992–1025) wurde der Übergang von den noch recht archaischen gentilen Herrschaftsformen zum Staat im mittelalterlichen Sinne vollzogen. Der Name des beherrschenden Stammes wurde zur Bezeichnung für das ganze Volk. An die Stelle des

Namens »Sclavinia« trat der neue Name »Polonia«. Die beiden Herrscher Mieszko I. und Boleslaw Chrobry nehmen in der Geschichte des polnischen Volkes und Staates einen ähnlich hohen Rang ein, wie ihn Heinrich I. und Otto der Große in der deutschen Geschichte besitzen.

Als Adalbert bei den Pruzzen den Märtyrertod fand, war Polen auf dem Wege, ein christliches Staatswesen zu werden. Bereits Herzog Mieszko hatte erkannt, daß die Christianisierung seines Volkes notwendig war, um seine Herrschaft zu befestigen und seinem Staat so etwas wie internationale Anerkennung zu sichern. Polen war seit der Zeit Heinrichs I. und Ottos des Großen an seiner Westflanke bedroht. Um diesem Druck des Reiches entgegenzuwirken, war Mieszko 966 zum Christentum übergetreten und hatte sein Land dem Apostel Petrus geschenkt.[23]

Boleslaw Chrobry hatte 992 von seinem Vater die Herrschaft über ein in sich gefestigtes Reich übernommen. Als er die missionarischen Bemühungen Adalberts unterstützte, hegte er gewiß auch die Hoffnung, auf diese Weise seinen Herrschaftsraum ausdehnen zu können. Der Herzog wollte sich damit zum Vorkämpfer des Christentums im Osten aufschwingen. Den Märtyrertod des Missionars nutzte er überaus geschickt für seine kirchenpolitischen Ziele aus. Er löste den Leichnam Adalberts für eine große Summe Silber aus und ließ ihn in Gnesen, seiner Hauptstadt, beisetzen.

Es ging dem Herzog ohne Zweifel nicht nur darum, den ersten Bischof slawischer Herkunft zum polnischen Nationalheiligen zu machen, sondern auch um die Schaffung einer von der deutschen Reichskirche unabhängigen polnischen Kirche. Sicher wußte er auch von der großen Verehrung, die der Kaiser dem Prager Bischof entgegenbrachte. Sie konnte der Verwirklichung seiner Pläne dienlich sein, und in der Tat hat Otto III. bald die Heiligsprechung des Märtyrers betrieben und ihm zu Ehren Adalbertskirchen in Aachen und Rom gegründet. Boleslaw Chrobry schickte eine Gesandtschaft unter Führung von Adalberts Halbbruder Radim-Gaudentius nach Rom, um Papst und Kaiser für seine kirchenpolitischen Ziele zu gewinnen. Sein Plan aber, am Grabe des heiligen Adalbert ein Erzbistum zu errichten und einen polnischen Metropolitanverband zu schaffen, war aus der Sicht der deutschen Reichskirche problematisch; das 968 gegründete polnische Bistum Posen gehörte zum Erzbistum Magdeburg, und der Magdeburger Erzbischof Giselher war nicht ohne weiteres bereit, auf die Rechte seiner Kirche im Osten zu verzichten. So empfing Radim-Gaudentius gegen Ende des Jahres 999 in Rom zwar das ersehnte Pallium, aber die Entscheidung über seinen Zuständigkeitsbereich wurde noch vertagt. Als »Erzbischof des heiligen Märtyrers Adalbert« entsprachen seine Würde und sein Rang etwa denen eines Missionserzbischofs. Aber ohne Zweifel stand die Errichtung einer polnischen Kirchenprovinz, gegen die es im deutschen Episkopat ernsthafte Widerstände gab, weiterhin auf der politischen Tagesordnung.

Schon am Ende des Jahres 999 rüstete man am Kaiserhof in Rom zu einem ganz ungewöhnlichen Unternehmen, einer Pilgerfahrt nach Gnesen zum Grab des heiligen Adalbert. Zum ersten Mal in der Geschichte des abendländischen Kaisertums wollte ein Kaiser einem fremden, noch dazu tributpflichtigen Herrscher die Ehre eines Besuches erweisen. Diese Mißachtung der strengen hierarchischen Rangordnung war nur mit dem religiösen Charakter dieser Reise zu rechtfertigen. Es war eine Pilgerfahrt, kein Staatsbesuch, und doch haben sich selten Religion und Politik so innig miteinander vermischt. Das konnte auch kaum anders sein, denn in der Idee des jungen Kaisers von der Wiedergeburt des Römischen Reiches waren politische und religiöse Gedanken längst zu einer untrennbaren Einheit verschmolzen.

Der Kaiser brach mit einem prächtigen Gefolge aus weltlichen und geistlichen Herren auf, unter ihnen der päpstliche Oblationar Robert, einige Kardinäle und Bischöfe als Vertreter der Kirche, der Patricius Ziazo als Repräsentant der Stadt Rom und der italienische Pfalzgraf Otto von Lomello. Niemals, so berichtet Thietmar von Merseburg, hatte ein Kaiser in Rom beim Auszug und der Wiederkehr größere Pracht entfaltet.[24] Das Weihnachtsfest feierte man in Ravenna, dann ging es über Verona und die winterlichen Alpen nach Regensburg und weiter durch Franken, Thüringen und die Mark Meißen nach Schlesien, wo Boleslaw Chrobry den Kaiser und sein Gefolge ehrenvoll empfing und nach Gnesen geleitete. Der Herzog benutzte die Gelegenheit, durch einen aufwendigen Empfang Reichtum und Macht seines Landes ins rechte Licht zu rücken. Der Kaiser bewies seine Demut und betonte den religiösen Charakter seiner Reise dadurch, daß er im Angesicht der Stadt Gnesen vom Pferd stieg und den Ort, in dem der Heilige ruhte, wie ein Pilger mit bloßen Füßen betrat.[25]

Die tiefe Frömmigkeit, die der Kaiser durch seine Pilgerfahrt zum Grab des Märtyrers und durch seine Selbsterniedrigung vor dem Heiligen zur Schau stellte, ging einher mit einer ungeheuren Steigerung der sakralen Seite seiner Kaiserwürde. Während der Pilgerreise nahm er den Titel »Servus Jesus Christi« an, den der Apostel Paulus in seinen Briefen gebraucht hatte.[26] Der Kaiser übertrumpfte mit dem Titel »Knecht Jesu Christi« den Heiligen Vater, der nur den Titel »Servus servorum Dei«, »Knecht der Knechte Gottes«, für sich beanspruchte.

Otto III. fühlte sich als neuer Apostel, der sich aufmachte, um fernen Völkern das Evangelium zu bringen. Kraft seines kaiserlichen Apostolats gründete er in Gnesen ein Erzbistum, zu dem als Suffraganbistümer Kolberg, Krakau und Breslau gehören sollten. Adalberts Bruder Radim-Gaudentius wurde Erzbischof von Gnesen. Seine drei Suffraganbischöfe Reinbern von Kolberg, Poppo von Krakau und Johannes von Breslau waren sicher Deutsche; ein Zeichen dafür, daß die nationale Herkunft bei der Besetzung kirchlicher Ämter keine große Rolle spielte. Ein Schönheitsfehler war es, daß die Eingliederung des Bistums Posen in den neuen Metropolitanverband am Widerspruch des Bischofs Unger scheiterte, doch war der Grundstein für eine selbständige polnische Nationalkirche gelegt. In den Kreisen des deutschen Reichsepiskopats war die kirchenpolitische Linie Ottos III. freilich nicht unumstritten, denn die Gründung des Gnesener Metropolitanverbandes verhinderte die weitere Ausdehnung der Magdeburger Kirchenprovinz.[27]

Eng mit dem kirchenpolitischen Programm verbunden waren die imperialen Ziele des Kaisers: Polen, bisher ein tributpflichtiger Nachbar, sollte in das Imperium Romanum eingefügt werden, um

– eine Pilgerfahrt, kein Staatsbesuch

Der Anspruch Ottos III. auf Weltherrschaft ist im Widmungsbild des Aachener Evangeliars in höchster Vollendung dargestellt. Der Kaiser wird von Gott gekrönt. Als »Vicarius Christi« hat er den Platz eingenommen, der dem Heiland gebührt. Christusgleich sitzt er in der Mandorla auf dem Weltenthron, den die Erdgöttin Gaia trägt. Wie Christus am Kreuz hat der Kaiser die Arme ausgebreitet. Das Wort Gottes, von den Symbolen der Evangelisten gehalten, bedeckt sein Herz.
Respektvoll schauen Könige, Fürsten und Bischöfe zu dem in die himmlische Sphäre entrückten Herrscher auf.

dessen Erneuerung sich Otto III. und seine Berater bemühten. Nicht durch eine militärische Eroberung sollte der Piastenstaat in diesen universalen Rahmen eingegliedert werden, sondern dadurch, daß seinem Fürsten ein angemessener Platz in der hierarchischen Rangordnung des Imperiums zugewiesen wurde. In welcher Form das geschah, ist schwer zu sagen. Thietmar von Merseburg, der gut unterrichtete zeitgenössische Chronist, betrachtet die Polenpolitik des Kaisers mit Unmut und Mißtrauen und verschweigt offensichtlich manches, was zur Rangerhöhung des Polenherzogs beigetragen hatte. Nach einer späteren polnischen Quelle, in der die Ereignisse recht phantasievoll ausgeschmückt werden, habe der Kaiser Boleslaw Chrobry zum »Bruder und Mitarbeiter des Reiches« und zum »Freund und Bundesgenossen des römischen Volkes« ernannt, ihm alle kaiserlichen Rechte gegenüber der polnischen Kirche verliehen und ihn mit seiner eigenen Krone zum König gekrönt.[28]

Sicher ist, daß der Kaiser den polnischen Herzog aus der Tributpflicht gegenüber dem deutschen Reich entließ und ihm eine Nachbildung der Heiligen Lanze überreichte, die noch heute im Krakauer Domschatz aufbewahrt wird. Man darf vermuten, daß Boleslaw

Chrobry damit die Verpflichtung zum Kampf gegen die Heiden und zur weiteren Verbreitung des christlichen Glaubens übertragen wurde. Als Gegengabe empfing Otto III. eine kostbare Reliquie, einen Arm des heiligen Adalbert. Die Eingliederung des Piastenstaates in das Imperium wurde durch den Austausch von Reliquien der Reichsheiligen Mauritius und Adalbert unter den Schutz himmlischer Mächte gestellt.

Der polnische Herrscher wurde in Gnesen rangmäßig über die anderen Fürsten des Imperiums hinausgehoben, auch wenn damals noch keine Königskrönung stattgefunden hat. Boleslaw Chrobry hat sich erst im Jahre 1025 selbst die Krone aufs Haupt gesetzt.[29]

Die Steigerung seines Ansehens, die Boleslaw Chrobry durch den Besuch des Kaisers in seinem Reich erfuhr, wurde in Deutschland keineswegs überall beifällig aufgenommen. »Gott verzeihe es dem Kaiser«, so faßt Thietmar von Merseburg die Stimmung wohl zutreffend zusammen, »daß er einen Tributpflichtigen zum Herrn erhoben hat.«[30] Eine weitere Rangerhöhung durch die Erhebung des Herzogs zum König wäre ein Akt gewesen, den man den deutschen Fürsten, vor allem Herzog Bernhard I. von Sachsen und dem Markgrafen Ekkehard I. von Meißen, kaum hätte zumuten können. Die Königsweihe, die dem polnischen Herzog verweigert wurde, empfing aber nur wenig später ein anderer Herrscher, der ungarische Großfürst Stephan der Heilige (997–1038).

Für die Ungarn hatte nach der blutigen Niederlage in der Schlacht auf dem Lechfeld 955 eine neue Epoche begonnen. Sie ließen das Reich in Frieden, wagten zwar noch ein paar Feldzüge gegen Byzanz, wurden aber doch mehr und mehr zu einem seßhaften, nun bäuerlich lebenden Volk. Die Magyaren vermischten sich mit den von ihnen unterworfenen Slawen, die allmählich sprachlich magyarisiert wurden. Die Fürsten aus dem Geschlecht des mächtigen Heerführers Árpád hatten die nur locker verbundenen ungarischen Stämme unter ihrer straffen Herrschaft vereinigt. Großfürst Geza (970–997), der sich dem Westen annäherte und diplomatische Beziehungen zum deutschen Reich aufnahm, erkannte die außenpolitische Notwendigkeit und die innenpolitische Nützlichkeit der Christianisierung. Er öffnete sein Land der Mission und entschied sich für die westliche, das heißt die lateinische Kirche. Das bayerische Grenzbistum Passau hatte in den siebziger Jahren des 10. Jahrhunderts Missionare nach Ungarn entsandt und zumindest missionarische Teilerfolge verzeichnet. Die byzantinische Konkurrenz konnte verdrängt werden. Als sich der ungarische Thronfolger Waic, der Sohn des Großfürsten Geza, in der Mitte der neunziger Jahre taufen ließ, empfing er den Namen des Märtyrers Stephan, des Patrons der Passauer Kathedralkirche. Bischof Pilgrim von Passau (971–991), unter dessen Episkopat die Ungarnmission begann, verband damit weitgespannte kirchenorganisatorische Pläne. Er wollte die Würde eines Erzbischofs erlangen und seinen Sitz zur Metropole einer ungarischen Kirchenprovinz machen. Um diesen abenteuerlichen Plan zu verwirklichen, erfand er ein uraltes Erzbistum Lorch, dessen Metropolitangewalt sich über sieben pannonisch-ungarische Bistümer erstreckt habe und dessen Rechtsnachfolger Passau sei. Kaiser- und Papsturkunden, die seine Ansprüche bewiesen, konnte er dem Papst Benedikt VI. (972–974) in reicher Fülle vorlegen; sie hatten nur den einen Fehler, samt und sonders gefälscht zu sein. Doch Pilgrim hatte den Bogen überspannt. In Rom fiel niemand auf diesen Betrug herein, und aus der erhofften Rangerhöhung für Passau wurde nichts.

Der Übertritt des ungarischen Thronfolgers zum katholischen Christentum war natürlich weniger Ausdruck individueller Frömmigkeit als Ergebnis politischen Kalküls. Es war eine folgenreiche staatspolitische Entscheidung.

Das Ereignis fand wahrscheinlich in der Aachener Pfalzkapelle im Beisein des Kaisers statt. Stephan heiratete schon im Jahre 996 Gisela, die Tochter Herzog Heinrichs des Zänkers. Durch diese Ehe mit einer Dame aus einer Nebenlinie des Kaiserhauses wurde das Ansehen der Árpáden weiter gesteigert und ihre Aufnahme in die »Familie der Könige« vorbereitet.

Die Ambitionen des Großfürsten Stephan trafen sich mit den Plänen Ottos III. und Silvesters II. Diese zielten darauf ab, Ungarn für die lateinische Kirche zu gewinnen und das Land in das christliche Universalreich einzugliedern. Die Art, in der das geschah, zeigt Parallelen zu Polen, aber auch einen bemerkenswerten Unterschied. Auf dem Hoftag von Ravenna im Jahre 1001, an dem auch Papst Silvester II. teilnahm, erschien eine ungarische Gesandtschaft unter der Führung des Abtes Anastasius-Ascherich von Pécsvárad, um die Erlaubnis zur Schaffung einer ungarischen Kirchenprovinz zu erwirken. Nach dem Vorbild des Polenherzogs Mieszko übertrug der Großfürst sein Land dem heiligen Petrus und unterstellte es damit dem Schutz von Kaiser und Papst. Dafür wurde die Errichtung einer ungarischen Kirchenprovinz genehmigt. Gran, der Sitz des Großfürsten, wurde zum Erzbistum erhoben, dem alle anderen ungarischen Bistümer unterstehen sollten. Die deutschen Bistümer Passau, Regensburg und Salzburg, die sich bisher in der Ungarnmission versucht hatten, verloren durch die Gründung einer ungarischen Nationalkirche ihr Missionsfeld.

Kaiser und Papst erfüllten aber nicht nur die kirchenpolitischen und kirchenorganisatorischen Wünsche des Großfürsten, sondern

Die Stephanskrone, im Hochmittelalter aus älteren Goldschmiedearbeiten byzantinischer und ottonischer Herkunft zusammengefügt, ersetzte die ursprüngliche Krone König Stephans des Heiligen.

Gran (Esztergom).
Burgberg mit Königspalast und Palastkapelle. Die Burg beherrschte den Übergang der Fernhandelsstraße von Regensburg nach Kiew über die Donau.

ließen ihm auch eine Erhöhung seines fürstlichen Ranges zuteil werden. Sie übersandten ihm eine Krone, mit der er von seinem Metropoliten zum König gekrönt wurde. Anders als Boleslaw Chrobry war Großfürst Stephan unbezweifelbar ein souveräner Herrscher, gegen dessen Krönung zum König niemand Einwände erheben konnte. Auf diese Weise sollte das Königreich Ungarn mit dem Imperium verbunden werden. Wahrscheinlich erhielt auch Stephan eine Nachbildung der Heiligen Lanze, gleichsam als Symbol für seine Verpflichtung zur Bekämpfung des Heidentums und zum Schutz der christlichen Kirche.

König Stephan, der später wegen seiner Verdienste um die Christianisierung seines Volkes unter die Heiligen der römischen Kirche aufgenommen wurde, setzte die Konsolidierungs- und Modernisierungspolitik seines Vaters zielstrebig fort. Während seiner vierzigjährigen Regierungszeit bemühte er sich, Recht und Verfassung, Wirtschaft und Gesellschaft des ursprünglich asiatischen Nomadenvolkes nach westlichem Muster zu modernisieren. Es war klar, daß dabei das Reich als Vorbild diente, vor allem für die Organisation der Hof- und Reichsverwaltung. Die Grafschaft, der »Komitat«, wurde zur Grundlage der Landeseinteilung und ist es bis zur Gegenwart geblieben. Latein wurde auf der oberen Ebene zur Amts- und Verwaltungssprache. Die Hauptresidenz des Königs war zunächst die

Die Palastkapelle aus der Zeit um 1200 ist der jüngste Teil des ungarischen Fürstensitzes.

Burg Gran (Esztergom), dann seit 1018 Stuhlweißenburg (Székesfehérvár); als Residenz der Königin diente die Burg Veszprém.

Der Zug des Kaisers aus seinem geliebten Rom über die Alpen in den Norden galt aber nicht nur dem Besuch am Grabe des Märtyrers Adalbert; auch einem anderen großen Toten wollte Otto III. seine Verehrung erweisen, Karl dem Großen, seinem kaiserlichen Vorbild.

Von Gnesen aus zog er mit großem Gefolge nach Magdeburg und Quedlinburg, dann weiter durch Thüringen nach Trebur und schließlich rheinabwärts nach Aachen. Hier tat der Kaiser etwas Unerhörtes und allen christlichen Geboten Widersprechendes. Er ließ das Grab Karls des Großen, das wohl in der Zeit der Normanneneinfälle unkenntlich gemacht und in Vergessenheit geraten war, heimlich suchen und öffnen. Das Beispiel für diese von den Menschen des Mittelalters als Untat empfundene Störung der Grabesruhe hatten vielleicht Caesar und Augustus gegeben, die das Grab Alexanders des Großen in Alexandria aufgesucht und geöffnet hatten. Der Kaiser, der vom Grab eines Heiligen kam, erwies nun dem Grab eines Herrschers seine Verehrung. Wie Reliquien nahm er das goldene Brustkreuz des Toten und Teile seiner Gewänder an sich.[31] Karl der Große war aber kein Heiliger, und so erregte diese seltsame Mischung aus Heldenverehrung und Reliquienkult Befremden. Der frühe und unerwartete Tod des jungen Kaisers wurde als Strafe für die frevelhafte Schändung des Kaisergrabes aufgefaßt.

Die Heimlichkeit der Grabesöffnung gab zu Gerüchten und Legendenbildung Anlaß. Karl der Große habe nicht in einem Sarg gelegen, sondern mit der Krone auf dem Haupt und in königliche Gewänder gekleidet fast unversehrt auf einem Thron gesessen:

Wir traten bei Karl ein, denn er lag nicht, wie die Körper anderer Verstorbener, sondern er saß auf einem Hochsitz, als lebe er. Er war mit einer goldenen Krone gekrönt und hielt das Zepter in den Händen, die mit Handschuhen bekleidet waren, durch die die Fingernägel hindurchgewachsen waren. Die Decke über ihm war aus Kalk und Marmor gefertigt. Als wir an sie kamen, brachen wir sogleich ein Loch hinein. Als wir dann zu ihm hereinkamen, empfanden wir einen sehr starken Geruch. Wir richteten sofort mit gebeugten Knien ein Gebet an ihn. Dann bekleidete ihn Kaiser Otto mit weißen Gewändern, schnitt ihm die Nägel und stellte alles Fehlende um ihn wieder her. Von seinen Gliedern war bis dahin nichts durch Verwesung vernichtet, außer daß von seiner Nasenspitze etwas fehlte, was der Kaiser aus Gold ergänzen ließ. Aus seinem Munde zog er einen Zahn, dann ließ er die Decke wiederherstellen und verließ den Ort.[32]

Otto III. hatte Rom nicht nur verlassen, um an den Gräbern zweier großer Toten zu beten. An vielen Orten glänzend empfangen und immer und überall von einem prächtigen Gefolge umgeben, hat er die weiten Räume seines Imperiums durchzogen, von Rom nach Gnesen, von Gnesen nach Aachen. Von dort wandte sich der Kaiser wieder nach Süden, um nach Rom zurückzukehren. Er zog rheinaufwärts an den Bodensee und im Juni des Jahres 1000 über die Alpen nach Pavia. Dort wurde wieder eine Gesandtschaft unter der Führung des Erzbischofs Arnulf von Mailand nach Konstantinopel abgeschickt, um endlich eine byzantinische Prinzessin als Braut für den Kaiser zu erlangen. Erst im August, wahrscheinlich zu Mariä Himmelfahrt, traf der Kaiser wieder in Rom ein, wo ihm ein überaus prächtiger und eindrucksvoller Empfang bereitet wurde.

Otto III. ging jetzt endgültig daran, Rom wieder zur Haupt- und Residenzstadt seines universalen Imperiums zu machen. In Gerbert von Aurillac, dem Papst Silvester II., hatte er einen Papst gefunden, der den Kaiser in seinen Plänen und Vorstellungen bestärkte und uneingeschränkt unterstützte.

Hatte Gerberts Vorgänger auf dem päpstlichen Stuhl die Tradition Gregors des Großen wiederaufnehmen wollen, so sah sich der neue Papst in der Nachfolge des Papstes Silvester I. (314–335), jenes Papstes, der nach der Legende den Kaiser Konstantin den Großen (306–337) durch ein Wunder von der Lepra geheilt hat. Durch die Wahl dieses beziehungsreichen Papstnamens wurde Otto III. gleichsam zur Wiedergeburt Konstantins des Großen, der als Förderer des christlichen Glaubens in dem damals noch heidnischen Römischen Reich den Prototyp eines christlichen Kaisers verkörperte. Allerdings barg diese Erinnerung an Silvester I. und Konstantin den Großen auch Zündstoff. Die Päpste hatten am Ende des 8. Jahrhunderts die von Papst Gelasius formulierte Zwei-Gewalten-Lehre zu ihren Gunsten durch die »Konstantinische Schenkung«, das »Constitutum Constantini«, uminterpretiert.

Nach diesem Dokument hatte der Kaiser dem Papst Silvester die westliche Hälfte des Römischen Reiches geschenkt, ihm die kaiserlichen Insignien übergeben und seine Residenz nach Konstantinopel verlegt, weil es unstatthaft sei, daß dort, »wo der Kaiser des Himmels den Fürsten der Priester und das Haupt der christlichen Religion eingesetzt hat, der Kaiser dieser Welt seine Herrschaft ausübe«.[33] Otto III. aber wollte in der Stadt Rom residieren, deren Rang als »Haupt der Welt«, als »Caput Mundi«, sie zur einzig angemessenen Kaiserstadt machte.

So versuchten Papst und Kaiser als »neuer Silvester« und »neuer Konstantin« mit vereinten Kräften, eine jahrhundertelange Entwicklung rückgängig zu machen und Rom wieder zur Kaiserresidenz zu erheben; Kaiser und Papst wollten gemeinsam das christliche Abendland leiten, der eine durch das Schwert, der andere durch das Wort.[34]

Otto III. hatte sich zur Zeit Gregors V. geweigert, die den Päpsten von seinen fränkischen und deutschen Vorgängern verbrieften Besitzungen und Rechte zu bestätigen. Und nicht nur das. In einer für die Kaiser- und Romidee Ottos III. und seiner Berater höchst aufschlußreichen Urkunde vom Jahre 1001 betonte der Kaiser zwar uneingeschränkt die Würde der römischen Kirche als »Mutter aller Kirchen«, brandmarkte aber schonungslos die Mißwirtschaft der Päpste, die erst den Besitz der Kurie verschleudert und dann versucht hätten, sich das Eigentum des Reiches anzueignen.

Nie zuvor war das irdische Machtstreben der Päpste mit solch schonungsloser Härte an den Pranger gestellt worden. Die Konstantinische Schenkung, die dem Kaiser in einer Prunkausfertigung vorgelegt worden war, erklärte er für eine Fälschung. Der Diakon Johannes, genannt »Stummelfinger«, habe das Machwerk geschrieben.[35] Die Entlarvung der Konstantinischen Schenkung als kuriales Machwerk ist bemerkenswert, denn es dauerte wieder Jahrhunderte, bis die aufkommende kritische Geschichtswissenschaft die Fälschung erneut nachweisen konnte. Auch die übrigen Privilegien, auf denen die weltliche Macht des Papsttums beruhte, wurden verworfen oder einfach ignoriert. Aus eigener Machtvollkommenheit und ohne einen päpstlichen Rechtsanspruch übergab der Kaiser dem Papst die acht Grafschaften der Pentapolis zum Nutzen der Kurie und des Reiches. Die Unterstellung dieser Grafschaften unter den kaisertreuen Papst sollte die Verbindungswege zwischen Rom und Ravenna sichern helfen.

Otto III., der sich als Nachfolger und Erbe Konstantins des Großen und Karls des Großen fühlte, beanspruchte mit Nachdruck die Herrschaft über Rom und über das Papsttum. Er war von der unvergleichlichen Hoheit und Würde seiner Stellung erfüllt und bemühte sich, dies auch durch seinen Lebens- und Herrschaftsstil zum Ausdruck zu bringen. Altrömische Ämter und Titel wurden wiedereingeführt und deutsche und italienische Herren mit griechischen

Titeln wie Protosphathar, Logothet oder Archilogothet geschmückt. Von einer wirklichen »Byzantinisierung« des ottonischen Kaiserhofes kann sicher nicht gesprochen werden, aber dieser Versuch, byzantinischen Pomp zu imitieren, erregte bei konservativ denkenden Männern Anstoß. Als höchst befremdlich wurde das neue, auf das Vorbild des byzantinischen Hofes zurückgehende Speisezeremoniell empfunden. Der junge Kaiser tafelte nicht mehr nach väterlicher Sitte im Kreise seiner Getreuen, sondern pflegte allein an einem erhöhten, halbkreisförmigen Tisch zu speisen.[36] Der tiefere Sinn der neuen Hofetikette, das Streben, die Gleichrangigkeit des römisch-deutschen Kaisertums mit dem byzantinischen auch im Zeremoniell zu demonstrieren, blieb vielen Zeitgenossen, auch dem aus einem sächsischen Grafengeschlecht stammenden Merseburger Bischof Thietmar, verborgen.

Um die Jahrtausendwende schien der junge Kaiser auf der Höhe seiner Macht zu stehen. Er beanspruchte die Herrschaft über ein Imperium, zu dem nach den Vorstellungen seiner Hofideologen Italien, Gallien, Germanien und das Slawenland gehörten. Souverän gebot er über Rom und den päpstlichen Stuhl und wies die traditionellen Ansprüche der Kurie auf weltliche Herrschaftsrechte in schroffer Form zurück.

Doch der Umschwung kam rasch und unerwartet. Die Römer waren von der Aussicht, wieder auf Dauer Kaiserresidenz und imperiales Machtzentrum zu sein, nicht so begeistert, wie es der Kaiser und seine Berater erhofft hatten. Die römischen Aristokraten sahen in der unmittelbaren Herrschaft des Kaisers über ihre Stadt doch wohl eher eine Fremdherrschaft, denn natürlich war der Herrscher von einem großen bewaffneten Gefolge umgeben, und auch in der Stadt und ihrer Umgebung waren kaiserliche Truppen stationiert. Auf jeden Fall brachte die Anwesenheit des Kaisers für die Römer materielle Belastungen und eine Einschränkung ihres eigenen politischen Handlungsspielraumes mit sich. So dauerte es nicht lange, bis sich der angestaute Unmut zwischen Ende Januar und Anfang Februar 1001 in einer offenen Empörung entlud.

Der Kaiser, der kurz zuvor Roms rebellische Nachbarstadt Tivoli wieder unterworfen hatte, wurde von dem Aufstand in Rom völlig überrascht. Es gelang den Rebellen, unter denen sich auch Ottos römischer Günstling, Graf Gregor von Tuskulum befand, die Herrschaft in der Stadt an sich zu reißen, die Tore zu besetzen und den Kaiser und sein Gefolge in der Pfalz auf dem Palatin einzuschließen. Die Lage war ernst, denn das kaiserliche Heer unter Führung Heinrichs von Bayern und Hugos von Tuszien stand weit außerhalb der Stadt, und die Pfalz war sicher nicht so angelegt, daß sie einem Angriff der Rebellen hätte standhalten können. Deshalb wagten die Deutschen einen Ausfall, durchbrachen die Reihen der Belagerer und brachten sich in einem starken Turm, wahrscheinlich der Engelsburg, in Sicherheit.

Am Hofe des Kaisers befand sich damals gerade Bischof Bernward von Hildesheim, begleitet von seinem Mitarbeiter und späteren Biographen Thangmar, so daß uns in der Lebensbeschreibung des Bischofs der authentische, wenn auch literarisch ausgeschmückte Bericht eines Augenzeugen vorliegt:

Die Insassen des kaiserlichen Palastes aber ließen sich von Bischof

Bernward heilsam unterweisen, reinigten sich durch die Beichte und stärkten sich während der Feier der heiligen Messe mit der heiligen Wegzehrung. So rüsteten sie sich zum Ausfall und zum tapferen Angriff auf die Feinde. Bischof Bernward ergriff die heilige Lanze, segnete sich und alle anderen mit dem schützenden Zeichen des lebenspendenden Kreuzes und erteilte feierlich den Segen. Während er den anderen Mut und Kraft zusprach, rüstete er sich selbst, um als Bannerträger mit der heiligen Lanze an der Spitze der Streitmacht auszubrechen. Am nächsten Morgen stärkte der ehrwürdige Bischof Bernward nach dem feierlichen Gottesdienst den Kaiser und seine Leute mit den himmlischen Sakramenten und mit frommen Ermahnungen. Dann zogen sie hinaus in den Kampf, in vorderster Reihe der Bischof selbst. Schreckenerregend funkelte die heilige Lanze in seiner Hand, in seinem Herzen aber erflehte er inständig den Frieden vom Urheber des Friedens. Und wirklich: Auf das Gebet seines frommen Dieners war bald Christus, der Friedensfürst, selbst zugegen, er, der schon am Anfang seines Lebens, bei seiner Geburt, die Wonnen des Friedens künden ließ und später in seinem Evangelium die Liebhaber des Friedens Kinder Gottes nennt. Durch seine Gnade also wurde aller Kampf und Streit beigelegt. Die Feinde baten um Frieden, legten die Waffen nieder und versprachen, am nächsten Tag an den Palast zu kommen. Durch Gottes Gnade waren sie am nächsten Morgen auch wirklich zur Stelle, baten um Frieden, erneuerten ihren Eid und versprachen dem Kaiser ewige Treue.[37]

Die Kampfpause benutzte der für dramatische Effekte empfängliche Kaiser zu einer Ansprache an die Römer, die in der Lebensbeschreibung Bernwards in einer sicher hochstilisierten, die Grundgedanken wohl aber doch richtig wiedergebenden Fassung überliefert ist. Der jugendliche Kaiser dürfte bei seiner Rede auf den Mauern der Engelsburg gestanden haben, vielleicht gerade an jener Stelle, von der der tote Johannes Crescentius herabgestürzt worden war. Tief enttäuscht beklagte er in bewegten Worten die Treulosigkeit der Römer, denen er doch Macht und Glanz längst vergangener Tage hatte zurückgeben wollen. Diese berühmte Rede ist ein interessantes Zeugnis für die euphorische Rombegeisterung Ottos III., zeigt aber auch, daß er sich letztlich trotz seiner sächsisch-griechischen Abstammung als Deutscher fühlte:

Seid Ihr nicht meine Römer? Euretwegen habe ich mein Vaterland und meine Gesippen verlassen, aus Liebe zu Euch habe ich meine Sachsen und alle meine Deutschen, mein eigenes Blut, gering geachtet. Euch habe ich in die fernsten Teile unseres Reiches geführt, wohin selbst Eure Vorväter, als sie den Erdkreis unterwarfen, niemals den Fuß gesetzt hatten. So wollte ich Euren Namen, Euren Ruhm bis an die Grenzen der Erde ausbreiten. Euch habe ich an Kindesstatt angenommen, Euch habe ich allen anderen vorgezogen. Euretwillen habe ich mich bei allen unbeliebt und verhaßt gemacht, weil ich Euch allen anderen vorgezogen habe. Und dafür habt Ihr jetzt Euren Vater verstoßen und meine Freunde grausam umgebracht. Mich habt Ihr ausgeschlossen, obwohl Ihr mich gar nicht ausschließen könnt, denn nie lasse ich zu, daß Ihr, die ich mit ganzer väterlicher Liebe umfange, aus meinem Herzen verbannt seid.[38]

Die Verhandlungsbereitschaft der römischen Rebellen, die tatsächlich die Stadt beherrschten, war sicher darauf zurückzuführen, daß kaiserliche Truppen zur Unterstützung ihres Herrn heranrückten. Die Lage blieb jedoch so gespannt, daß der Kaiser den gefährlichen Ort verließ und über Perugia nach Ravenna zog. Der römische Aufstand war für den Kaiser weit mehr eine seelische als eine militärische Niederlage, denn seine Herrschaft über Italien war dadurch in keiner Weise bedroht. Auch der Prestigeverlust hielt sich sicher in Grenzen, denn man war es gewohnt, daß es von Zeit zu Zeit Schwierigkeiten mit den herrschsüchtigen und unberechenbaren römischen Aristokraten und ihrem plebejischen Anhang gab. Rom hatte aber in den Vorstellungen des Kaisers von einem christlichen Universalreich einen so hohen Stellenwert bekommen, daß er das Scheitern seines römischen Erneuerungsgedankens nicht wahrhaben wollte. Verstärkungen aus Deutschland sollten herangeführt werden. Mit Heeresmacht wollte er Rom zurückerobern, Rache an den Rebellen nehmen und die Stadt auf Dauer seiner Herrschaft unterwerfen.

Aber konnte das Debakel von Rom nicht auch ein himmlisches Zeichen sein? Wollte Gott den Kaiser warnen und auf einen anderen Weg weisen? Vielleicht auf einen Weg, wie ihn Adalbert gegangen war? Otto III., von Zweifeln an seiner Sendung gequält und schon immer zu einer exaltierten Frömmigkeit neigend, geriet in den Bannkreis des heiligen Romuald. Im Delta des Po, in den sumpfigen Niederungen bei Pereum, hatte dieser eine Niederlassung von Eremiten gegründet. Sein Einfluß auf den Jüngling wuchs, und er ermahnte ihn, auf Rache zu verzichten, der Welt zu entsagen und künftig als Einsiedler zu leben. Gefesselt von der Unbedingtheit und Strenge der asketischen Frömmigkeit Romualds und seiner Gefährten gab sich der Kaiser strengen Buß- und Gebetsübungen hin. In der religiösen Erregung jener Tage soll der Herrscher sogar das Gelübde abgelegt haben, nach drei Jahren die Kaiserwürde abzulegen und als Mönch nach Jerusalem zu gehen. Vielleicht fühlte sich Otto III. als der »Endkaiser«, von dem prophezeit worden war, daß er vor dem Erscheinen des Antichrist nach Jerusalem ziehen und sein Reich in die Hände Gottes legen würde? Wie würde das leidenschaftliche Ringen in der Seele des Kaisers enden? Gab es einen Weg zwischen imperialer Weltherrschaft und demütiger Weltentsagung?

Doch der Kaiser brauchte die Entscheidung zwischen dem Dasein als Imperator oder als Mönch nicht mehr zu fällen; der Tod nahm sie ihm ab. Noch immer von dem Gedanken besessen, »die gewaltigen Mauern der übergroßen Roma zum Einsturz zu bringen«,[39] hatte sich der Kaiser schon Rom genähert. Die Truppen der deutschen Fürsten trafen allmählich ein; Erzbischof Heribert von Köln verstärkte mit seinem Aufgebot das Heer des Kaisers, und Abt Erchanbald von Fulda und die Bischöfe Burchard von Worms und Heinrich von Würzburg waren im Anmarsch. Der Sturm auf Rom schien nur noch eine Frage der Zeit zu sein. Da erkrankte der Kaiser an der Malaria und starb am 24. Januar 1002 in der Burg Paterno in der Nähe von Città Castellana. Für fromme Menschen war es ein Symbol für die Eitelkeit menschlichen Strebens: »Der große Kaiser starb in einer engen Burg.«[40]

Der Tod des Kaisers machte alle Pläne zunichte. Nicht zum Sturm auf Rom sammelten sich seine Kriegerscharen, sondern zum beschwerlichen und opferreichen Rückzug in die Heimat. Es war eine seltsame Fügung des Schicksals, daß auch der letzte Karolinger,

Herzog Otto von Niederlotharingien, mit dem Schwert in der Hand den toten Kaiser aus dem Hause der Liudolfinger nach Aachen begleitete. Rom, die Stadt der Apostel, blieb unter der Herrschaft von wechselnden Adelsfraktionen, und Italien wurde wieder zum Nebenland des deutschen Reiches. Mitte Februar 1002 landete im Hafen von Bari das Schiff, auf dem Erzbischof Arnulf von Mailand mit einer byzantinischen Prinzessin von erfolgreicher Brautwerbung aus Konstantinopel zurückkehrte. Das Gerücht vom Tod des Bräutigams war schon während der Überfahrt zu ihnen gedrungen. Als die Bestätigung in Bari eintraf, schiffte sich die Prinzessin mit ihrem Gefolge wieder ein und kehrte in die Heimat zurück.

Otto III., hoch begabt, gebildet und sehr sensibel, »eines schönen Kaisers schöner Sprößling«,[41] war neben dem Staufer Friedrich II. sicher »die geistig komplizierteste und umstrittenste Persönlichkeit unter den mittelalterlichen Kaisern«.[42] Die Faszination, die seine Persönlichkeit ausstrahlte, war groß. »Mirabilia mundi«, »Wunder der Welt«, wurde er schon im Mittelalter genannt,[43] aber die Bewunderung war nicht ungeteilt. Schon unter den Zeitgenossen wurde Kritik an seiner Kaiserpolitik geübt und sein hoffnungsloses Bemühen, »den erstorbenen Glanz des altersmorschen Rom aufs neue zu beleben«,[44] getadelt. Die Deutschen fühlten sich durch die Bevorzugung der Römer zurückgesetzt, das neue Hofzeremoniell erregte ihr Befremden, die protokollarische Aufwertung der polnischen und ungarischen Herrscher empfanden sie als eine Schädigung der wahren Interessen des Reiches, und in der Errichtung der polnischen und ungarischen Nationalkirche sahen viele Bischöfe eine Beeinträchtigung der Rechte der deutschen Reichskirche.

Auch für den modernen Historiker ist eine gerechte Würdigung der historischen Rolle Ottos III. nicht leicht. Mit dem im vergangenen Jahrhundert geläufigen Bild eines weltfremden Träumers, der in »der luftigen Höhe seines Kaisertums«[45] den Kontakt zur Realität verloren hatte und mit seinen verstiegenen Plänen die Existenz des Reichs aufs Spiel setzte, sind Wesen und Wirken des Kaisers nicht hinreichend zu erfassen. Der Kaiser und seine ideologischen Berater dachten universal, nicht national; sie sahen nicht, daß das Zeitalter der Nationen in Europa allmählich, aber spürbar anbrach. So bleibt die Frage aktuell, ob die Vorstellung Ottos III. von einem christlichen Universalreich mehr war als eine phantasievolle Idee, die die Wirklichkeit hochmütig ignorierte und zudem die Kräfte des Reiches weit überspannte?

Doch auch bei einer kritischen Betrachtung erscheinen die Ideen des Kaisers keineswegs nur phantastisch und realitätsfern, auch wenn ihre Umsetzung in die Wirklichkeit wohl nicht nur deshalb scheiterte, weil ihm zu wenig Zeit blieb, die Widerstände zu überwinden. Otto III., dem kluge, ideenreiche und machtbewußte Berater zur Seite standen, setzte in Italien die Politik seines Vaters und Großvaters fort. Hatte nicht Otto der Große seine letzten Regierungsjahre fast ausschließlich in Italien verbracht? Und hatte nicht Otto II. sogar die Eroberung der gesamten Apenninhalbinsel auf seine Fahnen geschrieben? War es daher nicht konsequent, wenn Otto III. nun mit dem Versuch ernst machte, Italien wirklich zu beherrschen?

Herrschaft über Italien aber hieß, nicht nur in Pavia und Mailand,

Verona und Ravenna präsent zu sein, sondern auch in Rom. Nicht nur von Zeit zu Zeit und als Eroberer mit Heeresmacht wie die Kaiser vor und nach ihm wollte Otto III. Rom beherrschen, sondern dauerhaft und als der legitime Herr der Stadt. Deshalb sicherte er den Weg von Deutschland nach Rom, besetzte das Erzbistum Ravenna mit treuen Gefolgsleuten, sicherte die Ostflanke dieser wichtigen Trasse durch Verträge mit der aufstrebenden See- und Handelsmetropole Venedig und vertraute seinem Freund Gerbert von Aurillac die Grafschaften der Pentapolis an. Deshalb suchte er die Römer für sich zu gewinnen, gab ihnen Ämter und Titel, ließ sich auf dem Palatin eine Kaiserpfalz errichten, baute eine kaiserliche Verwaltung auf, setzte erst einen Deutschen, dann einen Franzosen auf den päpstlichen Stuhl und besetzte das wohl wichtigste Amt in Rom, das des Patricius, mit dem Grafen Ziazo, einem seiner sächsischen Gefolgsleute.

Das abendländische Kaisertum war in Idee und Wirklichkeit fest mit Rom verbunden. War es nicht an der Zeit, der Stadt am Tiber, »der heiligen Burg, der Herrscherin der Städte, dem Haupt der Welt«, den alten Rang als Kaiserstadt zurückzugeben? Rom als Sitz des Kaisers, als Haupt- und Residenzstadt des wiedererstandenen Imperium Romanum, das war ein großartiger und zugleich revolutionärer Gedanke. Seine Verwirklichung wäre der Abschied vom traditionellen »Reisekönigtum« der deutschen Herrscher gewesen. Das westliche Imperium, »das Reich ohne Hauptstadt«, hätte einen geistigen, politischen und administrativen Mittelpunkt erhalten, wie ihn das oströmische Reich in Konstantinopel von jeher besaß, aber dieses Herrschaftszentrum hätte nicht in Deutschland gelegen, sondern in Italien. Deutschland wäre zum Nebenland des Reiches herabgesunken, für Italien dagegen hätte es eine Schicksalswende sein können, der erste Schritt zur nationalen Einheit.

Aber diesen großen Traum vom christlichen Universalreich träumten weder die Deutschen noch die Italiener und schon gar nicht die Römer; ihn träumten der jugendliche Kaiser und sein gelehrter Papst mit ihren Vertrauten, und das war zu wenig. Materielle und machtpolitische Gründe sprachen dagegen. Der Kaiser war nichts ohne seine nordalpine Machtbasis, ohne die Pfalzen und Krongüter, ohne die weltlichen und geistlichen deutschen Fürsten und ihre Vasallenaufgebote. Die Machtmittel Italiens und die wenigen Getreuen, die dort auf seiner Seite standen, wogen das nicht auf.

Für die künftige Gestaltung Europas gewann ein anderer Aspekt der universalen Reichskonzeption Ottos III. große Bedeutung, seine Idee, die östlichen Nachbarvölker in das Imperium zu integrieren, ohne sie zu unterwerfen und ihre politische Autonomie zu zerstören. Allerdings stießen diese Pläne auf Widerstand unter den Großen des Reiches, deren Interessen mehr auf machtpolitische Expansion gerichtet waren. Auch die betroffenen Völker, die sich eben ihrer nationalen Identität bewußt wurden, dachten in anderen Kategorien und verfolgten andere Ziele. Die Universalreichsidee des Kaisers bot den Nachbarn Raum zu eigenständiger Gestaltung ihrer Geschichte:

»Der Ostpolitik Ottos III. verdanken Polen und Ungarn die politische und kirchliche Selbständigkeit als Glieder der christlichen Staatenwelt Europas, nicht, wie beabsichtigt, eines Imperiums, das weni-

Evangelist Lukas im Reichenauer Evangeliar Ottos III.

Die Regierungszeit Theophanus und Ottos III. ist ein Höhepunkt der »ottonischen Renaissance«. Impulse aus Byzanz werden aufgenommen und die antiken Formen mit christlichem Geist erfüllt. Die Miniaturen der Reichenauer Malerschule gehören zu den wertvollsten Werken der mittelalterlichen Buchmalerei. Der Evangelist Lukas sitzt in einer Mandorla auf einem Regenbogen, über seinem Haupt sein Symbol, der geflügelte Stier. Mit starken Armen hält er die Sphären mit König David und den Propheten des Alten Testaments, deren Gedanken auf ihn herabströmen und ihn mit visionärer Kraft erfüllen. Im auffälligen Kontrast zu der fast ekstatischen Bewegtheit der Szene steht die Ruhe der beiden Lämmer, die zu Füßen des Evangelisten vom Wasser des Lebens trinken.

ger in der politischen Wirklichkeit angesiedelt war als auf einer sublimen gedanklichen Ebene«.[46]

Eine Verwirklichung der christlich-universalen Reichskonzeption Ottos III. hätte der Geschichte eine andere Wendung gegeben. Ein Europa der Nationen unter der hegemonialen Herrschaft des Kaisers und der geistlichen Leitung des Papstes – ein berückender Gedanke, dessen Faszination sich auch der moderne Historiker bei aller Skepsis nicht ganz entziehen kann. »Vielleicht bedurfte die Geschichtsschreibung der Erfahrung von Jahrhunderten, um Bedeutung und drängende Gewalt der Aufgaben zu verstehen, um deren Erfüllung der Letzte der Ottonen in der kurzen Spanne seines Daseins unablässig gerungen hat«.[47]

V. Das heilige Kaiserpaar: Heinrich II. und Kunigunde 1002–1024

Heiliger Kaiser Heinrich, Zierde Europas,
Das Glück Deines Reiches mehre der König,
Der da herrscht in Ewigkeit.
Segenswunsch auf dem Sternenmantel Heinrichs II.

Kaiserin Kunigunde.
Legende vom »Gerechten Lohn« (Holzschnitt von 1511).

Das Leben Kaiser Heinrichs II. und der Kaiserin Kunigunde wurde bald zur Legende. Kinder waren dem frommen Herrscherpaar versagt geblieben, und deshalb sollte Gott ihr Erbe sein. Freigebig hatten sie Klöster und Kirchen beschenkt, Seelenmessen und Almosen für die Armen gestiftet und sich und dem Reich durch die Gründung des Bistums Bamberg ein neues sakrales Zentrum geschaffen.

Im Bamberger Dom, der doppelchörigen Königskirche, wurde das Kaiserpaar zur letzten Ruhe gebettet. Ihre Gräber wurden bald zu einer Stätte frommer Verehrung. Die Kinderlosigkeit des Kaiserpaares, nach mittelalterlicher Auffassung eher eine Strafe Gottes als ein Verdienst, erfuhr in der Legende von der Josephsehe ihre fromme Umdeutung, die ihren volkstümlichen Ausdruck in der Sage von dem Pflugscharenordal fand, mit dem die Kaiserin ihre Keuschheit vor aller Augen bewies. Der Kaiser, zeit seines Lebens im Bann seiner geistlichen Erziehung, hat die sakralen Elemente des mittelalterlichen Königtums betont und seine Würde mit fast priesterlichen Zügen umkleidet.

So konnte Papst Eugen III., der den Kaiser im Jahre 1146 kanonisierte, darauf verweisen, daß Heinrich II., »der doch die Krone und das Zepter des Kaiserreiches getragen, nicht kaiserlich, sondern geistlich gelebt habe«. Im Jahr 1200 wurde dann auch die fromme Kaiserin unter die Heiligen der römisch-katholischen Kirche aufgenommen.

Der heilige Kaiser.
Federzeichnung in einem Bamberger Gebetbuch.

Heinrich II.
Widmungsbild im Evangelistar aus dem Chiemgaukloster Seeon (1007–1014). Der König, der der Gottesmutter das Evangelistar übergibt, steht wie Maria auf goldenem Grund, der die Sakralität der Szene symbolisiert.

»Heinrich II. war kein Heiliger in Rosa und Himmelblau.«[1] Seine Frömmigkeit kam aus dem Herzen, seine Sorge für die Kirche war tief und echt, aber sein Herrscheramt ließ seine Sehnsucht nach einem heiligmäßigen Leben keinen Raum. Die Zeit verlangte Härte, wenigstens Strenge gegenüber Kirche und Welt. Um die Kirchenzucht stand es aber nicht zum besten. Die rigorose Kirchenherrschaft Heinrichs II. förderte zwar die Reform, aber laut oder insgeheim erklangen die Klagen der Weltgeistlichen und der Mönche, die der Herrscher gegen ihren Willen dem unbequemen und ungewohnten Regiment gestrenger Bischöfe und Äbte unterwarf.

Auch der Friede im Reich und an seinen Grenzen war nur unter Kraftanstrengungen und Opfern zu gewinnen. Adelsfehden, vielfach um nichtigen Anlaß, waren an der Tagesordnung. Zwar erschütterten sie das Reich nicht, sie schlugen aber Wunden, die schlecht vernarbten. Oft war es mit Sühne und Versöhnung nicht getan; der Herrscher mußte dem Recht mit hartem Urteil zum Siege verhelfen. Kein Ende nahmen die Kämpfe an den Grenzen. Es wurden keine großen Schlachten geschlagen, eher Vernichtungs- und Ermüdungskriege geführt, keine heiligen Kriege, eher unheilige, blutig ausgefochten Seite an Seite mit den heidnischen Liutizen gegen die christlichen Polen.

Schon der Auftakt Heinrichs II. war mühsam und ohne großen Glanz gewesen. Der frühe Tod Ottos III. hatte Idee und Gestalt des Imperiums schlagartig verändert. Mit dem jugendlichen Kaiser waren auch seine imperialen Wachträume zu Grabe getragen worden. Machtpolitik trat an die Stelle anspruchsvoller Konzeptionen. Italien rebellierte, in Rom erhoben machthungrige Adelscliquen ihr Haupt, und die Kathedra Petri fiel wie eine reife Frucht in ihre Hände. An der Ostgrenze des Reiches klirrten wieder die Waffen. In Deutschland drohte ein Kampf um die Krone, denn einen Erben hatte Otto III. nicht hinterlassen, weder für seine Ideen noch für das Reich. Die königliche Linie des liudolfingischen Hauses war im Mannesstamm erloschen. An Anwärtern auf den Thron fehlte es nicht: Neben Herzog Heinrich von Bayern kamen Herzog Otto von Kärnten und Herzog Hermann II. von Schwaben in Betracht; Markgraf Ekkehard von Meißen machte sich Hoffnungen, und auch der sächsische Graf Brun von Braunschweig soll Ansprüche angemeldet haben.[2]

Unter den deutschen Fürsten gab es eine starke Gruppe, angeführt von Erzbischof Heribert von Köln, die vom Wahlrecht Gebrauch zu machen und den neuen König auf einem allgemeinen Reichstag zu wählen gedachte. Aber dazu kam es nicht mehr. Der Bayernherzog bekam nach und nach alle Trümpfe in die Hand. Ihm glückte, was seinem Vater Heinrich dem Zänker und seinem Großvater so gründlich mißlungen war, der Griff nach der höchsten weltlichen Würde des Abendlandes. Als Urenkel Heinrichs I. hatte er das Erbrecht auf seiner Seite, zumal Herzog Otto von Kärnten, der Sohn Konrads des Roten und Liudgards, also ein Enkel Ottos des Großen, in den Kampf um die Krone nicht eingriff.

Herzog Heinrich zögerte nach dem Tode Ottos III. keinen Augenblick, seinen Anspruch auf den Thron geltend zu machen. Ehrerbietig zog er dem toten Kaiser entgegen und geleitete ihn durch sein Herzogtum. Die Eingeweide ließ er in Augsburg beisetzen und sorgte durch reiche Stiftungen für das Seelenheil des ohne Nachkommen verstorbenen Kaisers. Aber er sorgte auch für sich. Die Reichsinsignien brachte er in seine Gewalt, auch die Heilige Lanze, die der mißtrauische Erzbischof Heribert nach Aachen vorausgesandt hatte. Vergebens, denn der Herzog verhaftete den Erzbischof, nahm dessen Bruder Heinrich von Würzburg als Geisel und erzwang durch dieses brutale Vorgehen die Herausgabe der symbolträchtigen Reliquie. Kein Wunder, daß die deutschen Fürsten, die dem toten Kaiser das letzte Geleit gaben, nicht bereit waren, dem Herzog auch noch ihre Unterstützung für die Königswahl zu versprechen.

Heinrichs Macht war groß. Das Herzogtum Bayern reichte

damals über den Brenner bis nach Bozen, vom Lech bis an die March und den Wienerwald. Auf seine Bayern konnte sich der Herzog verlassen, und auch die Franken unter Erzbischof Willigis von Mainz, dem mächtigsten Kirchenfürsten des Reiches, waren ihm gewogen. Das Hauptproblem waren die sächsischen Fürsten, die den Bayernherzog – seiner Abstammung von Heinrich I. zum Trotz – nicht als einen Sachsen betrachteten. Sie versammelten sich in Frohse, einem Königshof bei Magdeburg, um über die Zukunft des Reiches zu beraten.

Der Thronkandidatur des mächtigen Markgrafen Ekkehard von Meißen widersprach Markgraf Liuthar von der sächsischen Ostmark mit den sibyllinischen Worten: »Merkst Du nicht, daß Dir das vierte Rad am Wagen fehlt?« In Ekkehards Adern floß kein Tropfen königlichen Blutes, und deshalb reichten auch Macht, Reichtum und höchste Tapferkeit nicht aus, um ihm den Thron zu verschaffen. Erst auf einem Stammeslandtag in Werla, dem traditionellen Versammlungsplatz des sächsischen Stammes, wollten sich die Großen auf einen Kandidaten einigen. Die Chance war vertan: »Eine Nacht Aufschub ist ein Jahr Verzug«, schrieb Thietmar von Merseburg, »das aber heißt Verzögerung bis ans Ende des Lebens.«[3]

In Werla sprachen sich die meisten sächsischen Herren für Heinrich aus, und auch die beiden Schwestern Ottos III., Adelheid und Sophia, konnte der Herzog für sich gewinnen. Markgraf Ekkehard aber gab nicht auf, maßte sich in Werla demonstrativ königliche Rechte an, ließ sich von Bischof Bernward von Hildesheim einen königlichen Empfang bereiten und warb um Bundesgenossen im westlichen Deutschland. Doch auch der mächtigste Herr lebte gefährlich in dieser Welt des Faustrechts. Persönliche Feinde, Siegfried und Brun von Northeim und ihre Freunde Heinrich und Udo von Katlenburg, überfielen den Markgrafen bei Nacht in der Pfalz Pöhlde. Mit dem Schwert in der Faust fand er den Tod. Thietmar von Merseburg rühmt ihn als einen tapferen, von christlicher Demut freilich unberührten Fürsten:

Er war eine Zierde des Reiches, ein Hort des Vaterlandes, eine Hoffnung für die ihm Anvertrauten, ein Schrecken seiner Feinde; er wäre vollkommen gewesen, wäre er nur demütig geblieben. Beispielhaft war sein Lebenslauf. Sein Herr gab ihm den größten Teil seiner Lehen zu eigen. Die freigeborenen Milzener zwang er unter das Joch der Knechtschaft. Den Böhmenherzog Boleslav mit dem Beinamen der Rote gewann er zum Vasallen und den anderen Boleslaw durch Milde und Strenge zum vertrauten Freund. Über ganz Thüringen erhielt er durch eine allgemeine Wahl des ganzen Volkes die Herzogsgewalt.[4]

Nach dem Tode des Markgrafen Ekkehard stand Heinrich von Bayern auf dem Weg zum Thron nur noch Herzog Hermann II. von Schwaben (997–1003) entgegen. Erzbischof Willigis von Mainz wurde zum Königsmacher. Der Schwabenherzog versuchte vergeblich, die Krönung seines Rivalen mit Waffengewalt zu verhindern. Am 7. Juni 1002 wurde Heinrich in Mainz von Erzbischof Willigis gesalbt und gekrönt. Hermann von Schwaben wurde dadurch zum Rebellen gestempelt. Die Schwaben eroberten das königstreue Straßburg und plünderten die Stadt aus. Der König verwüstete im Gegenschlag die Besitzungen Hermanns von Schwaben, verzichtete aber auf einen Rachezug gegen den Bischofssitz Konstanz, dessen

Der König macht Zugeständnisse

Erzbischof Willigis von Mainz (975–1011):
Kanzler unter Otto dem Großen, Erzkapellan und Erzkanzler für Deutschland unter Otto II., Theophanu und Adelheid, Erzkanzler für Italien unter Heinrich II.
Miniatur in einer in Moskau liegenden Handschrift aus dem 12. Jahrhunderts mit der Liturgie und den Wundertaten des zum Mainzer Lokalheiligen aufgestiegenen Kirchenfürsten.

Hirte auf der Seite des Herzogs stand. Eine Entscheidung war nicht zu erzwingen, und so bemühte sich Heinrich zunächst um die Anerkennung seiner Königswürde durch die anderen Stämme. Er zog nach Thüringen, wo ihm die Großen des Landes unter der Führung des mächtigen Grafen Wilhelm von Weimar huldigten, nachdem er ihnen einen in graue Vorzeit zurückreichenden Schweinezins erlassen hatte. Selbst der kleine Stamm der Thüringer ließ sich also seine Zustimmung zur Mainzer Königswahl mit Zugeständnissen abkaufen.

Entscheidendes Gewicht kam der Haltung der sächsischen Fürsten zu. In Merseburg erwarteten sie den König. Heinrich II. erschien vor ihnen im königlichen Ornat, mußte ihnen aber die Erhaltung ihres alten Stammesrechts zusichern. Erst dann übertrug ihm Herzog Bernhard von Sachsen »die Sorge für das Reich«.[5] Die Heilige Lanze diente als Investitursymbol. Huldigung und Treueid der sächsischen Großen schlossen sich an.

Leopold von Ranke hat die Merseburger Wahlkapitulation Heinrichs II. von 1002 mit der englischen Magna Charta von 1215 verglichen: »Das deutsche Königtum kam dadurch in einen verfassungsmäßigen Zustand; die höchste Gewalt, die in der Idee eine unbeschränkte gewesen war, wurde bestimmten Beschränkungen unterworfen.«[6] Das ist sicher übertrieben. Den sächsischen Großen ging es um Mitwirkung bei der Königswahl und um Macht und Einfluß, nicht um die Verwandlung des deutschen Königtums in eine Art von konstitutioneller Monarchie.

Eine schwere Hürde war genommen. Es galt, Wahl, Krönung und Salbung zu Mainz durch die Thronbesteigung in Aachen zu ergänzen. Der deutsche König, das forderte mittlerweile der Brauch, hatte auf dem Thron Karls des Großen im Aachener Münster Platz zu nehmen, um seine Herrschaft in die Tradition seines erhabenen Vorgängers zu stellen. Auf dem Weg nach Westen besuchte der König das wichtigste sächsische Kloster, die Abtei Corvey, von Abt Thietmar ehrenvoll empfangen. Heinrichs Gemahlin Kunigunde schloß sich dem Zug an und wurde am 10. August, dem Laurentiustag, in Paderborn von Erzbischof Willigis gekrönt. Die Grafentochter aus dem damals nicht eben bedeutenden Hause der Grafen von Luxemburg war Königin geworden. Sie sollte sich dieser hohen Ehre würdig erweisen.

Heinrich II. als König von Gottes Gnaden.
Die Heiligen Emmeram von Regensburg und Ulrich von Augsburg, die Heinrich als Herzog von Bayern besonders verehrte, haben ihn vor den Thron des Höchsten geleitet. Die hohe Gestalt des Herrschers ragt bis in die Mandorla hinein, in der Christus auf dem Weltenbogen thront. Der Herr setzt ihm die Krone auf, zwei Engel überreichen ihm die Heilige Lanze und das Reichsschwert.
Regensburger Sakramentar (1002/1014), von Heinrich II. dem Bamberger Dom gestiftet.

In Duisburg erwartete der König die lotharingischen Großen. Der einflußreiche Erzbischof Heribert von Köln zögerte, doch die Bischöfe von Lüttich und Cambrai erschienen vor dem König und brachen damit die Front der Lotharinger auf. Nach Besuchen in Nimwegen und Utrecht wurde Heinrich am 8. September auch von den lotharingischen Fürsten als König begrüßt und nach alter Sitte in Aachen auf den Thron gesetzt. Schließlich erlangte er durch einen Zug zum Oberrhein auch die Anerkennung seiner Würde durch seinen Rivalen Hermann von Schwaben. Heinrich II. hatte sich nach und nach gegen alle Widerstände durchgesetzt: »Der Begriff des Reiches hatte unerschütterlich in den Gemütern Wurzel geschlagen und beherrschte sie. Darin liegt die Bedeutung Heinrichs II., daß er das Werk seiner Vorgänger in dieser Beziehung aufrechterhielt. Von unendlicher Wichtigkeit war es für die Folgezeit, daß die Provinzen sämtlich das Königtum anerkannten und ein Gesamtreich bildeten. Von dieser Zeit an erscheint das regnum Teutonicum als eine besondere Gesamtheit«.[7]

Hatte Otto III. im Bann seiner universalen Ideen das Reich in weiten Zügen durchmessen und Aachen, Rom und Gnesen gleichsam durch große Kraftlinien zusammengezwungen, so bewegte sich Heinrich II. zwar gleichfalls in diesem Raum, aber in engeren Bahnen, dafür nachdrücklicher und tiefer wirkend. Der neue König steckte erst einmal zurück. Den Wahlspruch Ottos III. »Wiederherstellung des Römerreiches« ersetzte er auf seinem Königssiegel durch die Devise »Wiederherstellung des Frankenreiches«. Verzichtspolitik bedeutete das nicht, denn mit diesem Motto stellte auch er sich in die alte karolingische Herrschertradition, mit der auch der Anspruch auf die Kaiserwürde verbunden war. Nur sollte das Herz des Imperiums nicht in Rom, sondern im Reich nördlich der Alpen liegen. Heinrich II. dachte realpolitisch. Erst einmal galt es, Deutschland als den Machtkern des Imperiums in den Griff zu bekommen und die Lage in Italien und in den gefährdeten Grenzregionen zu stabilisieren. Rom und die Kaiserkrone konnten warten.

War diese Kurskorrektur durch die politische Situation, die der jähe Tod Ottos III. heraufbeschworen hatte, erzwungen, oder fehlte es dem neuen König an schöpferischer Phantasie, um die genialen Pläne seines Vorgängers fortzuführen? Das Imperium Christianum, von Otto III. als gemeinsames Haus für die europäischen Nationen konzipiert, zeigte nach dem Tode seines Bauherrn tiefe Risse. War es abbruchreif? Oder hätte Europa eine ganz andere, in die Zukunft weisende Gestalt gewinnen können, wenn die Nachfolger Ottos III. die kühne Konstruktion auf festere Fundamente gegründet und vollendet hätten?

Wie verletzlich die politische Ordnung war, zeigten die Spannungen im Osten, ausgelöst durch die Ermordung des Markgrafen Ekkehard von Meißen. Der Tod dieses mächtigen Mannes riß eine Lücke, die der polnische Herzog Boleslaw Chrobry sofort nutzte. Er drang bis an die Elbe vor und besetzte die wichtigen Burgen Bautzen und Strehla. Einen Krieg gegen das Reich wollte der Herzog nicht entfesseln, denn er kam 1002 nach Merseburg, huldigte dem neuen König und empfing einen Teil seiner Eroberungen, die Niederlausitz und das Bautzener Land, als Reichslehen. Boleslaw Chrobry, dessen Tochter Reglindis mit Ekkehards Sohn Hermann verheiratet war,

...und Beginn der Polenkriege

Markgraf Hermann von Meißen und seine Frau Reglindis, eine Tochter des Herzog Boleslaw Chrobry von Polen. Stifterfiguren im Westchor des Naumburger Doms.
Markgraf Hermann (1009–1038) aus der Sippe der Ekkehardinger war der Initiator für die Verlegung des Bistums Zeitz nach Naumburg 1028 und die Gründung einer Stadt durch Ansiedlung von Kaufleuten 1033.

handelte also nicht anders als die anderen Reichsfürsten auch. Er nutzte die Gunst der Stunde, um die eigene Macht zu vergrößern. Dazu hatte er bald eine weitere Gelegenheit. Thronwirren in Böhmen ermunterten ihn zum Eingreifen und schließlich zur Übernahme der böhmischen Herzogswürde. Der deutsche König war bereit, auch diesen Machtzuwachs hinzunehmen, Boleslaw Chrobry jedoch war nicht gewillt, die deutsche Lehnshoheit über das Herzogtum Böhmen anzuerkennen.

Das war der Bruch, der Auftakt zu einem zähen, fünfzehn Jahre währenden Ringen zwischen dem deutschen Herrscher und dem polnischen Herzog. Kampfhandlungen wechselten mit Friedensschlüssen. Die Feldzüge, in der Regel von Heinrich II. selbst geführt, scheiterten fast regelmäßig im unwegsamen Gelände. Boleslaw Chrobry war ein geschickter Feldherr; er wich der offenen

Feldschlacht gegen die überlegenen deutschen Heere aus, bis Hunger, Krankheit und Kriegsmüdigkeit die Deutschen zum Rückzug zwangen. Um den Herzog niederzuringen, scheute Heinrich II. nicht einmal vor einem Bündnis mit den heidnischen Liutizen zurück, zum Entsetzen der Geistlichkeit, die mit ansehen mußte, wie die Liutizen ihre Götzenbilder in die Schlacht trugen.[8]

Ein scharfer Kritiker dieses unheiligen Bundes gegen das christliche Polen war Brun von Querfurt, der als Missionserzbischof in Ungarn, Rußland und Polen wirkte. Er ermahnte den König, von diesem Bündnis Abstand zu nehmen: »Wie können Svaroczic, nämlich der Teufel, und unser Mauritius, der Führer der Heiligen, zusammen kämpfen? In welcher Front vereinigen sich die Heilige Lanze und die Feldzeichen des Teufels, genährt mit Menschenblut?«[9]

Die Eckartsburg auf dem Sachsenberg bei Eckartsberga, ein eindrucksvolles Zeugnis romanischer Burgenbaukunst.
998 von Markgraf Ekkehard I. zur Beherrschung einer von Thüringen nach Merseburg führenden Straße erbaut, war die Burg einer der Eckpfeiler des ekkehardingischen Machtbereiches. Nach dem Aussterben der Ekkehardinger 1064 kam sie über die Grafen von Weimar an die Landgrafen von Thüringen, die sie zu einer der stärksten Burganlagen der damaligen Zeit ausbauten.

Herzog Boleslaw Chrobry löste die Bindungen an das Reich mehr und mehr: Dem Anspruch des deutschen Herrschers auf Oberhoheit setzte er eine eigene großpolnische Reichskonzeption entgegen. Nach allen Richtungen ausgreifend, schuf der Herzog ein großes Reich, das durch den Frieden von Bautzen 1018 endgültig seine volle Unabhängigkeit erlangte. Erst ein Vierteljahrhundert nach dem Tag von Gnesen konnte Boleslaw Chrobry sein Lebenswerk durch die Annahme des Königstitels krönen. Freilich war die Existenz dieses frühpolnischen Großreiches so sehr das Werk der überragenden Persönlichkeit Boleslaw Chrobrys, daß es seinen Tod im Jahre 1025 nicht lange überdauerte. Die »großpolnisch-piastische« Idee lebte jedoch weiter, feierte als jagiellonische Idee Triumphe und lieferte »die historische Legitimation für die politische Wirklichkeit unserer Tage«.[10] Das piastische Großreich Boleslaw Chrobrys gewann zentrale Bedeutung für das nationalpolitische Geschichtsbewußtsein und half der polnischen Nation im Kampf ums Überleben.

Rom und die Kaiserkrone lagen für den neuen König zunächst einmal in weiter Ferne, aber Italien durfte er nicht aus den Augen verlieren. Dort hatte der Tod Ottos III. einen Aufstand gegen die deutsche Herrschaft ausgelöst. Markgraf Arduin von Ivrea, einer der machthungrigen norditalienischen Fürsten, nutzte die Gunst der Stunde, ließ sich von seinen Anhängern zum König wählen und am 15. Februar 1002 in Pavia krönen. Italien hatte wieder einen eigenen König, aber nicht alle Großen des Landes waren bereit, dessen Herrschaft anzuerkennen. Eine starke Fraktion, angeführt von Bischof Leo von Vercelli und Markgraf Thedald von Canossa, hielt sich abseits und hoffte auf das Eingreifen des deutschen Königs. Bischof Leo von Vercelli erschien schon im November 1002 am Hof Heinrichs II. und forderte ihn auf, nach Italien zu kommen und Arduin zu stürzen. Der König konnte zwar einen Italienzug mit ungewissem Ergebnis nicht riskieren, wollte aber seine italienischen Anhänger nicht ganz enttäuschen und schickte deshalb Herzog Otto von Kärnten mit einem kleinen Heer über die Alpen. Arduin von Ivrea erwies sich als ein überlegener Feldherr und brachte dem deutschen Expeditionskorps im Januar 1003 in der Schlacht an der Brenta eine schwere Niederlage bei.

Für den deutschen König gab es gewiß brennendere Probleme, aber die Schlappe im Süden konnte er nicht einfach hinnehmen. Im Frühjahr 1004 überschritt er mit einem Heer die Alpen. König Arduin lagerte mit seiner Hauptstreitmacht in der Gegend von Verona und hatte die Klausen des Etschtals gesperrt. Die Deutschen änderten deshalb ihre Marschrichtung. Bergerfahrene Truppen aus Kärnten stürmten die Klausen an der Brenta bei Primolano und öffneten dem Heer den Weg nach Süden. Arduins Armee löste sich auf. Zahlreiche italienische Fürsten begrüßten den deutschen König als ihren rechtmäßigen Gebieter und folgten ihm über Verona, Brescia und Bergamo nach Pavia. Dort ließ sich Heinrich II. am 14. Mai unter Lobgesängen in die alte Krönungskirche San Michele geleiten, zum »König der Langobarden« wählen und feierlich auf den Thron setzen. Er erkannte also die Eigenständigkeit des oberitalienisch-langobardischen Königtums an, das er in Personalunion mit der deutschen Königswürde vereinigte.

Ein Glückstag sollte dieser Sonntag im Mai allerdings für die Beteiligten nicht werden. Was als Fest begonnen hatte, endete in Mord und Brand, in Blut und Tränen. In trunkener Festesfreude kam es am Abend zu Wortgefechten und Raufereien zwischen Deutschen und Italienern. Das Volk rottete sich zusammen und belagerte die Pfalz. Der König und seine Getreuen gerieten in Bedrängnis, aus der sie erst im Laufe der Nacht durch das Eingreifen der vor Pavia lagernden schwäbischen, fränkischen und lothringischen Truppen befreit wurden. Große Teile der Stadt gingen in Flammen auf; die Sieger mordeten und plünderten, bis der König diesem barbarischen Treiben ein Ende machte.

Das brutale Vorgehen gegen die Pavesen zeigte Wirkung. Arduin hatte sich nach Ivrea zurückgezogen, und ganz Oberitalien erkannte Heinrichs Herrschaft an. Nach einem Hoftag in Pontelungo nördlich von Pavia und einem Besuch in Mailand kehrte der König schon im Frühsommer 1004 nach Deutschland zurück. Dringendere Aufgaben erforderten seine Anwesenheit. Fast zehn Jahre lang mußte Heinrich II. auf ein erneutes Eingreifen in Italien verzichten und die Bekämpfung Arduins seinen italienischen Gefolgsleuten überlassen. Boleslaw Chrobry war der gefährlichere Gegner. Erst der Frieden, der zu Pfingsten 1013 zwischen dem König und dem Polenherzog in Merseburg geschlossen wurde, schuf die Voraussetzungen für den längst fälligen Zug nach Rom zur Kaiserkrönung.

In Rom war auf die Zeit der kaiserlichen Päpste wieder eine Zeit der Adelspäpste gefolgt. Silvester II. – nach dem Tode seines Kaisers mehr mit der Beobachtung der Gestirne als mit der Welt beschäftigt – war am 12. Mai 1003 gestorben. Das Adelsgeschlecht der Creszentier hatte wieder die Macht an sich gerissen. Johannes Creszentius der Jüngere, ein Sohn des 998 hingerichteten Patrizius, beherrschte Rom und das Papsttum. Von der Wiederherstellung des Kaisertums durch die Deutschen hielt er wenig.

Rivalen der Creszentier im Kampf um die Macht in der Ewigen Stadt waren die Grafen von Tuskulum, die nach dem Tode des Johannes Creszentius und seines Papstes Sergius IV. im Jahre 1012 die Herrschaft an sich reißen konnten. Die Tuskulaner begnügten sich natürlich nicht mit der Übernahme der weltlichen Herrschaft in Rom, sondern besetzten auch den päpstlichen Stuhl mit Angehörigen ihrer Familie. Die Erhebung Theophylakts, eines Sohnes des Grafen Gregor I. von Tuskulum, leitete die Epoche der »Tuskulanerpäpste« ein, die erst mit dem großen Schisma und der Synode von Sutri im Dezember 1046 ihr Ende finden sollte. Als Benedikt VIII. (1012–1024) bestieg Theophylakt den päpstlichen Stuhl.

»Er war ein Laie, militärisch bewährt, nicht frei von Simonie, aber in dieser harten Zeit ganz der richtige Mann. Er besaß Eigenschaften, die ihn vom Papsttum hätten ausschließen sollen, und gerade ihnen verdankte er es, daß er den damaligen Aufgaben seines Amtes gerecht wurde.«[11] Seine Nachfolger waren von ähnlicher Art, sein Bruder Romanus (Johannes XIX. 1024–1032) und sein Neffe Theophylakt (Benedikt IX. 1032–1046).

Ganz reibungslos ging die Machtübernahme des Tuskulaner freilich nicht über die Bühne. Die Creszentier favorisierten den Gegenpapst Gregor (VI.), der nach Deutschland eilte, um die Unterstützung des Königs zu gewinnen. Auch Benedikt VIII. spielte rasch

Königssiegel Heinrichs II.
Seine konservative Reichsidee dokumentierte Heinrich II. durch die Rückkehr zum älteren Siegeltypus der Ottonen, dem Brustbild des Königs mit Zepter und Reichsapfel.

seine Trümpfe aus, bestätigte die Gründung des Bistums Bamberg und bot Heinrich II. die Kaiserkrönung an. Die Entscheidung über die Rechtmäßigkeit der Papstwahl war damit faktisch in die Hände des deutschen Königs gelegt. Thietmar von Merseburg berichtet: »Bei der Wahl siegte Papst Benedikt über einen gewissen Gregor. Deshalb kam dieser am Geburtstagsfest des Herrn in vollem päpstlichen Ornat zum König nach Pöhlde und unterrichtete alle klagend von seiner Vertreibung. Der König aber nahm sein Kreuz in Verwahrung, gebot ihm, sich aller Amtshandlungen zu enthalten und versprach ihm, wenn er selbst (nach Rom) komme, werde er seine Angelegenheit nach römischem Rechtsbrauch sorgfältig entscheiden.«[12]

Die Entscheidung für Benedikt VIII. und die Tuskulaner stand offenbar schon nach kurzer Zeit fest. Heinrich II. überschritt im Dezember 1013 mit einem stattlichen Heer die Alpen und zog nach Pavia, wo er das Weihnachtsfest feierte. Arduin wagte keinen Widerstand. Über Ravenna, wo der König im Januar 1014 eine Synode abhalten und seinen Halbbruder Arnulf wieder als Erzbischof einsetzen ließ, zog man weiter nach Rom zur Kaiserkrönung. Der einflußreiche Abt Odilo von Cluny war schon in Pavia zum Gefolge des Königs gestoßen. Thietmar von Merseburg berichtet über den glanzvollen Empfang des künftigen Kaisers und seiner Gemahlin durch die Römer und die Zeremonie der Krönung in Sankt Peter:

Da begab sich am Sonntag, dem 14. Februar, der berühmte und von Gott begnadete König Heinrich mit seiner geliebten Gemahlin Kunigunde, umgeben von zwölf Senatoren, die auf Stäbe gestützt einherschritten, sechs von ihnen nach geheimnisvollem Brauch rasiert, die anderen mit wallendem Bart, zur Kirche Sankt Peter, wo ihn der Papst erwartete. Bevor er hineingeleitet wurde, fragte ihn der Papst, ob er ein verläßlicher Schirmer und Schützer der römischen Kirche sein wolle, ihm und seinen Nachfolgern in allem treu. Der König versprach das demütig und empfing zusammen mit seiner Gemahlin vom Papst Salbung und Krönung. Seine frühere Krone ließ er über dem Altar des Apostelfürsten aufhängen. Am gleichen Tage gab ihnen der Papst im Lateranspalast ein glänzendes Festmahl.[13]

Der Papst hatte dem neuen Kaiser bei den Krönungsfeierlichkeiten einen mit einem Kreuz überhöhten goldenen Globus als Zeichen der kaiserlichen Weltherrschaft überreicht. In stolzer Bescheidenheit übergab der Kaiser dieses Symbol der Macht über die Welt dem Abt Odilo von Cluny, damit es in jenem Kloster, in dem die Mönche auf allen irdischen Glanz verzichtet hatten, im Mutterkloster der Cluniazenser, eine würdige Stätte finde. Was bedeutete diese Geste? Wollte der Kaiser zeigen, daß die Herrschaft über die Welt allein Christus, dem »König der Könige«, gebührte? Oder war er der Auffassung, daß der Kaiser die imperiale Herrschaft nicht aus der Hand des Papstes, sondern von Gott selbst empfangen habe?

Nach der Krönung zögerte der Kaiser nicht, die kaiserliche Herrschaft über Reich und Kirche in vollem Umfang auszuüben. Es war der Kaiser, der auf Synoden in Rom, Ravenna und Verona seinen Willen zur Geltung brachte, in kirchenpolitischen, kirchenrechtlichen und sogar theologisch-liturgischen Fragen. Das Zusammenwirken zwischen Kaiser und Papst vollzog sich in der entspannten Atmosphäre einer »entente cordiale«.[14] Benedikt VIII. bewahrte

Christus krönt Heinrich II. und Kunigunde. Dedikationsbild im Perikopenbuch Heinrichs II. Auf der unteren Ebene des Bildes huldigen die Personifikationen der Völker und Stämme dem Königspaar. Die imposante Frauengestalt in der Mitte wird durch die Mauerkrone als die Roma aeterna, das ewige Rom, gekennzeichnet. Die Gestalt der Roma, die die Symbole der Weltherrschaft emporhebt, aber auch die Apostel Petrus und Paulus, die Heinrich und Kunigunde vor den Thron Christi geführt haben, weisen auf Rom und die Kaiserwürde hin.

auch in den folgenden Jahren uneingeschränkte Loyalität gegenüber seinem Kaiser.

Bei seinen Bemühungen, Recht und Ordnung in Italien wiederherzustellen, stieß der Kaiser naturgemäß auch auf Widerstände. Die weltlichen Herren waren nicht gewillt, die von ihnen säkularisierten Güter der Kirche zurückzugeben. Schon wenige Tage nach der Krönung kam es in Rom zu einer Erhebung des Volkes, als der Kaiser in einem Streit zwischen der Abtei Farfa und einigen Angehörigen der Familie der Creszentier zugunsten des Klosters entschied. Wie ein Jahrzehnt zuvor in Pavia kam es zu blutigen Kämpfen zwischen den Römern und den Deutschen. Zwar konnte der Aufstand niedergeschlagen werden, aber der Kaiser zog es vor, die Stadt zu verlassen und durch die Toskana über Arezzo und Piacenza nach Pavia zu ziehen. Über Verona kehrte er dann nach Deutschland zurück, »nachdem er an allen Orten ungeheuer viel Geld zusammengescharrt hatte«, wie die Jahrbücher des Klosters Quedlinburg ungeschminkt zu berichten wissen.[15]

Die Erwerbung der Kaiserkrone wurde in Deutschland als ein

Erfolg gefeiert. »Als Kaiser kehrt er zurück von der weltbeherrschenden Roma«, schreibt der bayrische Dichter Fromund von Tegernsee,[16] und Thietmar von Merseburg widmet seinem Herrn, »der den Thron der Cäsaren besteigt«, begeisterte Verse.[17] Aber von einer wirklichen Herrschaft über Italien und Rom konnte keine Rede sein. Arduin von Ivrea hatte sich 1013 vor dem überlegenen Heer des deutschen Königs zurückgezogen, die Stellung von Geiseln und sogar den Verzicht auf die Königswürde angeboten, allerdings unter der Bedingung, daß ihm wenigstens der Besitz einer Grafschaft garantiert würde. Heinrich II. hatte das abgelehnt, und nach dem Abzug des deutschen Heeres versuchte Arduin noch einmal in einem wilden Aufbäumen, die Herrschaft im italienischen Königreich an sich zu reißen. Von zahlreichen Herren unterstützt, bekämpfte er die kaisertreuen Bischöfe von Vercelli, Novarra und Como. Das Land wurde furchtbar verwüstet. Erst nach harten Kämpfen wurde Arduin in die Defensive gedrängt. Krank und entmutigt trat er als Mönch in sein Familienkloster Fruttuaria bei Turin ein, wo er nach kurzer Zeit am 15. Dezember 1015 starb. Mehr als acht Jahrhunderte sollten vergehen, bis das italienische Volk mit Viktor Emanuel 1861 wieder einen »Nationalkönig« hervorbringen würde.

Die beiden Revolten, die die Königs- und Kaiserkrönung Heinrichs II. überschatteten, sind doch Indizien dafür, daß Italiener und Deutsche sich ihrer nationalen Unterschiede bewußt wurden, sie zumindest dunkel zu fühlen begannen. Weshalb, so werden sich nicht wenige unter den Italienern gefragt haben, muß eigentlich ein Deutscher kommen, um unser König zu werden? Und mußten die Römer nicht 1014 zum vierten Male erleben, wie ein König aus dem Norden mit einem riesigen Heer heranrückte, um sich in der Peterskirche die Kaiserkrone zu holen, dem Papst Befehle zu erteilen und in ihrer Stadt zu Gericht zu sitzen? Nur selten sprechen die Chroniken davon, daß sich die Deutschen auch den Beutel füllten. Dafür wird immer wieder von Gefangenen, Geiseln und Verbannten berichtet, die in die rauhen Gefilde Deutschlands verschleppt wurden, für viele ein Weg ohne Wiederkehr.

Auf deutscher Seite beklagte man die Opfer, die die Italienzüge forderten. Der Süden erschien manchem als ein zwar reizvolles, den Deutschen aber durch sein Klima und den Charakter seiner Menschen gefährliches Land. Thietmar faßt diese Stimmungen zusammen, wenn er über die Heimkehr Heinrichs II. von der Kaiserkrönung schreibt: *Dann brachte er die schwierige Reise über die Alpen glücklich und ruhmvoll hinter sich und betrat wieder unser freundliches Land. Zu unserer Art passen Klima und Menschenschlag jenes Landes nicht. Schlimme Hinterlist herrscht leider im Römerland und der Lombardei. Allen, die dorthin kommen, wird nur wenig Zuneigung entgegengebracht. Jeder Bedarf der Gäste muß dort bezahlt werden; man wird noch dazu betrogen, und viele kommen durch Gift ums Leben.*[18]

Noch ein drittes Mal sollte Heinrich II. mit einem Heer den Weg über die Alpen antreten, der ihn diesmal über Rom hinaus weit nach Süden führte. Im Jahre 1020 kam Papst Benedikt VIII. in Begleitung zahlreicher italienischer Kirchenfürsten nach Deutschland, um mit dem Kaiser über die Lage in Italien zu verhandeln. Heinrich und Kunigunde erwarteten ihn – natürlich nicht ohne Absicht – in Bamberg. Am Gründonnerstag, dem 14. April 1020, bereitete man dem

Papst und seinem großen Gefolge, in dem sich auch die beiden Spitzen des italienischen Episkopats, der Erzbischof Heribert von Ravenna und der Patriarch Poppo von Aquileja, befanden, einen feierlichen Empfang. Sicher ist in Bamberg nie wieder ein Osterfest mit größerer Pracht gefeiert worden als anläßlich des Besuches Benedikts VIII. Das Erscheinen des Heiligen Vaters, ein seltenes Ereignis nördlich der Alpen, war eine günstige Gelegenheit, um Glanz und Ansehen des jungen Bistums zu erhöhen.

Nicht nur der Papst, der Kaiser und eine große Zahl von weltlichen und geistlichen Reichsfürsten waren in Bamberg zusammengekommen, auch zwei abenteuerliche Persönlichkeiten hatten sich eingefunden. Melus von Bari, der Anführer des apulischen Aufstandes gegen die byzantinische Herrschaft, und sein normannischer Kampfgefährte Rudolf. Nach ihrer blutigen Niederlage gegen den oströmischen Feldherrn Basileios Bojoannes in der Schlacht bei Cannae in Apulien im Oktober 1018 waren sie an den deutschen Hof geflohen, um die Hilfe des Kaisers zu gewinnen. Melus, ein kriegstüchtiger und wagemutiger Bürger aus Bari, der auch den Namen Ismael führte, überreichte dem Gastgeber ein kostbares und beziehungsreiches Geschenk, einen Sternen- oder Himmelsmantel als Symbol für den allumfassenden Anspruch des Kaisers auf die Herrschaft über die Welt. Heinrich II. verstand den Sinn dieser Gabe, machte die Sache der aufständischen Süditaliener zu der seinen und verlieh Melus die Würde eines Herzogs von Apulien. Allein das Glück hatte nicht auf seiten des Rebellen Melus gestanden und lachte auch dem Herzog nicht. Er sah seine ferne Heimat nicht wieder, denn er starb schon am 23. April 1020. Im Dom zu Bamberg wurde er mit fürstlichen Ehren beigesetzt.

Der Tuskulanerpapst, den die Sorge um die römische Kirche und das Reich nach Deutschland getrieben hatte, war dank seiner aktiven und energischen Politik zu einer Schlüsselfigur im politischen Geschehen der Apenninhalbinsel geworden. Er hatte die antibyzantinischen Aufstände in Apulien unterstützt, seinen Einfluß auf die als Pufferstaaten dienenden langobardischen Fürstentümer Salerno, Capua und Benevent ausgedehnt und im Bündnis mit den Seestädten Genua und Pisa einen großen Erfolg gegen die Araber errungen, die unter ihrem Emir Mudjahid von Spanien aus Sardinien erobert und von dieser Basis aus die italienische Westküste gebrandschatzt hatten. Die reiche Hafen- und Handelsstadt Luni am Golf von La Spézia war dem Erdboden gleichgemacht worden. 1016 gelang es den Geschwadern der beiden Seestädte, die Flotte Mudjahids vor der Küste Sardiniens zu vernichten und die Insel zu befreien. Reiche Beute fiel in die Hände der Sieger, und der Papst schickte einen Anteil davon an seinen Herrn, den Kaiser.

Nach der Niederlage der apulischen Rebellen 1018 war der Papst allerdings in Schwierigkeiten geraten, denn die langobardischen Fürsten hatten wieder die byzantinische Oberhoheit anerkennen müssen. Der siegreiche byzantinische Feldherr begnügte sich zunächst zwar mit der Sicherung der Grenzen, aber war es auszuschließen, daß er den Weg nach Rom einschlagen würde, der offen vor ihm lag?

Die italienischen Pläne, die Kaiser und Papst im Jahre 1020 in Bamberg besprochen hatten, wurden auch nach dem Tod des apulischen Rebellenherzogs nicht aufgegeben. Aber erst am Ende des folgenden Jahres sammelte sich das deutsche Heer in Augsburg. Die Teilnehmer kamen vornehmlich aus Schwaben, Bayern und Lotharingien. Die Sachsen wurden an der noch immer unruhigen Ostgrenze gebraucht. Der Weg führte über den Brenner nach Verona, wo das Heer durch die Aufgebote zahlreicher oberitalienischer Bischöfe und weltlicher Herren verstärkt wurde. Das Weihnachtsfest feierte man in Ravenna. Das gewaltige Heer rückte dann in drei Marschkolonnen nach Süden vor. Erzbischof Pilgrim von Köln führte die »Westarmee« über Rom nach Capua, Patriarch Poppo von Aquileja zog durch Mittelitalien, während Kaiser und Papst mit der Hauptmacht an der Ostküste entlang marschierten und im März in Benevent eintrafen.

Es gab Erfolge. Fürst Pandulf von Capua geriet in Gefangenschaft, wurde zum Tode verurteilt, dann aber vom Kaiser begnadigt und nach Deutschland verbannt. Das Fürstentum Capua wurde an den kaisertreuen Pandulf von Teano verliehen. Salerno mußte zwar vierzig Tage lang belagert werden, doch schließlich war Fürst Waimar zur Unterwerfung und zur Stellung von Geiseln bereit. Abt Atenulf von Monte Cassino, der mit den Byzantinern paktiert hatte,

Kaiser Heinrich II.
Das Evangeliar aus Regensburg ist ein Geschenk des Kaisers an die Erzabtei Monte Cassino. Die Taube des Heiligen Geistes schwingt sich auf dem thronenden Herrscher hinab, der von den Gestalten der Tugenden Gerechtigkeit, Frömmigkeit, Weisheit und Klugheit umgeben ist. In den unteren Ecken die Personifizierungen von Gesetz und Recht, dazwischen eine Gerichtsszene: Der Verurteilte fleht um Gnade, der Henker zückt das Richtschwert, blickt aber fragend zum Kaiser empor. Das Medaillon zeigt die Verurteilung und Begnadigung Pandulfs IV. von Capua.

verließ sein Kloster und ertrank auf der Flucht nach Konstantinopel. Unter dem neuen Abt Theobald wurde das Kloster wieder der römischen Kirche und dem Imperium eingefügt.

Der Hauptangriff richtete sich gegen die Festung Troja, die die Byzantiner zum Schutz der Grenze nach Norden erbaut hatten. Erst nach langer Belagerung kapitulierte die Besatzung. Die Festungswerke wurden zerstört. Das war sicher ein vorzeigbarer Erfolg, aber der byzantinische Feldherr Bojoannes stellte sich nicht zur Schlacht, denn ihm war sicher klar, daß die Deutschen mit dem Beginn der heißen Jahreszeit wieder nach Norden abziehen würden. Tatsächlich geschah dies bald nach dem Fall von Troja. Krankheiten brachen aus und schwächten das kaiserliche Heer. Über Monte Cassino trat der Kaiser den Rückzug an. Nach kürzeren Aufenthalten in der Toskana und der Lombardei kehrte er im Spätherbst des Jahres 1021 wieder nach Deutschland zurück.

Der Kaiser hatte bewiesen, daß das Reich zu raumgreifenden militärischen Aktionen in der Lage war; er hatte die starke byzantinische Festung Troja bezwungen und die langobardischen Fürstentümer wieder mit dem Imperium verbunden, aber gemessen an den gewaltigen Anstrengungen waren das keine überzeugenden Ergebnisse. Der letzte Kampf zwischen dem römisch-deutschen und dem byzantinischen Kaisertum um die Herrschaft über Süditalien sah keinen Sieger.

Es mutete wie eine Ironie des Schicksals an, daß auf der Apenninhalbinsel schon diejenigen aufgetaucht waren, denen bald die uneingeschränkte Herrschaft über Sizilien, Kalabrien und Apulien zufallen sollte, die Ritter aus der Normandie.

Zwei unruhige Jahrzehnte lagen hinter dem Kaiser. Ein fortdauernder Krieg im Osten, militärisch-diplomatische Aktionen im Westen, strapaziöse Unternehmungen im Süden, Aufstände und Adelsfehden im Inneren bildeten das Szenarium, auf dem er zu agieren hatte. Er hat sich vorbehaltlos den Forderungen seines Amtes gestellt, beseelt von dem Glauben an die Würde des christlichen Herrschertums und getrieben von einem unbeirrbaren Willen zur Macht. Zugleich erfüllte ihn aber – wenn nicht alles täuscht – immer auch die Sehnsucht nach dem geistlichen Leben, nach einem Leben im Dienste Gottes und seiner Kirche. Er war als Knabe – wohl im Zusammenhang mit der Rebellion seines Vaters – zur Erziehung nach Hildesheim gebracht worden und hatte dort in der Domschule, einer der berühmtesten Bildungs- und Kulturstätten des Reiches, eine hervorragende Erziehung genossen. Die Begnadigung Heinrichs des Zänkers ermöglichte auch dem Sohn, der vielleicht zunächst für den Eintritt in den geistlichen Stand bestimmt war, die Rückkehr nach Bayern.

Bischof Wolfgang von Regensburg vollendete die Erziehung des Herzogssohnes, auf den nun nicht mehr eine geistliche, sondern eine weltliche Aufgabe wartete, die Übernahme der bayerischen Herzogswürde. Die tiefe Frömmigkeit, die Heinrich II. erfüllte, hielt ihn als König und Kaiser nicht davon ab, die uneingeschränkte Herrschaft über die Reichskirche zu beanspruchen. Das war auch kaum anders möglich, denn die Kirche war mehr und mehr zu einem der wesentlichsten Machtinstrumente des Königtums geworden. Heinrich II. förderte vor allem die Bistümer durch Schenkungen und Pri-

Heinrich II. auf einem Relief von 1510 im Merseburger Dom. Der König wurde in Merseburg als Stifter verehrt, weil er das 981 von Otto II. aufgehobene Bistum 1004 wiederhergestellt hat.

vilegierungen, um den Episkopat als Gegengewicht gegen Herzöge und Grafen zu stärken. Deshalb kam es für ihn nicht zuletzt darauf an, die Bistümer und Klöster mit Männern seines Vertrauens zu besetzen. Bei der Vergabe von Bistümern und Klöstern nahm er wenig Rücksicht auf das Wahlrecht der Domkapitel und Konvente, sondern entschied eigenmächtig und eigenwillig, wer den Krummstab empfangen sollte. Vielfach waren es jüngere Geistliche aus seiner Umgebung, aus der »Hofkapelle«, die nach politisch-diplomatischen Lehrjahren am Hofe auf diese Weise Karriere in der kirchlichen Hierarchie machten.

Der Herrscher hat bei seinen personalpolitischen Entscheidungen fast ausnahmslos eine gute Wahl getroffen. Es waren reichs- und königstreue Männer, denen er die Bistümer und Abteien anvertraute, in Politik und Administration bewandert, meist kunstsinnig und gebildet, von tiefer, aber keineswegs weltabgewandter Frömmigkeit erfüllt. Bedeutende Persönlichkeiten waren darunter, etwa die Erzbischöfe Tagino von Magdeburg, Aribo von Mainz, Pilgrim von Köln, Poppo von Trier und Unwan von Bremen oder die Bischöfe Godehard von Hildesheim, Meinwerk von Paderborn oder auch der Chronist Thietmar von Merseburg.

Hildesheim läßt trotz der Zerstörungen im Zweiten Weltkrieg noch viel vom kulturellen Reichtum eines ottonisch-salischen Reichsbistums spüren. Der tatkräftige, gelehrte, kunstsinnige und kunstfertige Bischof Bernward (993–1022) machte seine Bischofsstadt zu einem Zentrum des künstlerischen Schaffens. Von seinen Nachfolgern setzten besonders Godehard (1022–1038) und Hezilo (1054–1079) diese Tradition fort.

Widerstand in den Domkapiteln duldete Heinrich nicht. Das Wahlrecht deklassierte er zum bloßen Formalakt. Er achtete auf die persönliche Eignung seiner Kandidaten, erwartete aber auch Opfer von ihnen, nämlich materielle Leistungen, Geld und Gut, zugunsten von König und Kirche. Zumindest in einigen Fällen konnten schon die Zeitgenossen dem Herrscher den Vorwurf der Simonie, der Verleihung kirchlicher Würden gegen Geld, nicht ersparen. Nach dem Tode des Erzbischofs Giselher von Magdeburg 1004 verlieh der König das Erzbistum gegen den Willen der Magdeburger Geistlichkeit seinem Jugendfreund Tagino, von dem Thietmar von Merseburg berichtet: »Er aber ehrte seinen geliebten Herrn, die Königin und alle Angehörigen des Hofes wie üblich mit vielen reichen Geschenken.«[19] Für besonders arme Bistümer wählte der König Herren aus begüterten Geschlechtern, die ihren Kirchen mit eigenen Mitteln wieder auf die Beine helfen mußten. So ging es auch dem aus dem Hause der Grafen von Walbeck stammenden Thietmar. Erzbischof Tagino fragte ihn im Auftrag des Königs, ob er bereit sei, im Falle seiner Ernennung zum Bischof von Merseburg dem Bistum sein Erbgut zu überlassen.[20] Was blieb dem Auserwählten anderes übrig, als in dies moralisch und kirchenrechtlich bedenkliche Verlangen einzuwilligen?

Köstlich eine Szene in der Lebensbeschreibung des Bischof Meinwerk von Paderborn: Der König hatte 1009 Meinwerk, einen Angehörigen des sächsischen Adelsgeschlechts der Immedinger, zum neuen Paderborner Oberhirten ausersehen. Die Begeisterung

Sankt Michael.
Blick von Südwesten auf das östliche Querschiff und den Vierungsturm.

des Auserwählten hielt sich in Grenzen, und er fragte den König, was er denn mit diesem armen Bistum anfangen solle, wo er doch aus eigenen Mitteln ein viel reicheres stiften könne? Anmaßend war das im höchsten Grade. Hatten Heinrich und Kunigunde nicht kurz zuvor das Bistum Bamberg gegründet und ausgestattet? Der Herrscher reagierte auf diese Herausforderung ruhig und überlegen: »Das habe ich bedacht, und ich hoffe, daß Du diese Armut behebst, damit Du im Himmel Anteil am Erbe dessen erhältst, dessen heilige Mutter Du auf Erden als Deine Erbin einsetzen wirst.« Dem guten Meinwerk blieb nur die hochherzige Antwort: »In dieser Hoffnung und unter dieser Bedingung nehme ich das Bistum an.«[21]

Meinwerk hat als Bischof von Paderborn (1009–1036) seinen König nicht enttäuscht. Aus eigenen Mitteln mehrte er den Reichtum seiner Kirche, erwarb zu ihren Gunsten Besitz- und Herrschaftsrechte, schuf eine leistungsfähige Verwaltungsorganisation, stiftete Klöster und Kirchen und entfaltete an seinem Bischofssitz

Sankt Michael.
Nordempore im östlichen Querschiff.

eine fast hektische Bautätigkeit. Er war ein für die spätottonisch-frühsalische Zeit typischer Reichsbischof. Während er sein Bistum zu höchster Blüte brachte und zu einem geistlichen Fürstentum gestaltete, stellte er seine Person vorbehaltlos in den Dienst von Kaiser und Reich.

Der Herrscher hat seine uneingeschränkte Verfügungsgewalt über die Bistümer und Reichsabteien aber nicht nur im Interesse des Reiches ausgeübt, sondern damit auch die Kirche selbst gefördert. Die Einsetzung von Bischöfen und Äbten ohne Rücksicht auf die Wünsche der Domkapitel und Konvente schränkte die Einflußmöglichkeiten lokaler Adelsgruppen auf die Verwaltung der Bistümer und Klöster ein und sicherte den vielfach landfremden Kirchenfürsten eine relativ unabhängige Stellung. Die königlichen Maßnahmen zur Stärkung des Episkopats verbesserten auch den allgemeinen Zustand der Kirche. Nicht wenige Bistümer erlebten am Anfang des 11. Jahrhunderts eine materielle, kulturelle und religiöse Blüte.

Heinrich II. war ungeachtet seines Anspruchs auf Beherrschung und Leitung der Reichskirche den kirchlichen Reformbewegungen

Bernwardsäule (Detail): Salomes Tanz.

seiner Zeit gegenüber sehr aufgeschlossen. Er bevorzugte zwar die lotharingische Richtung der Klosterreform, weil sie die Vorrangstellung des Episkopats weniger scharf attackierte und mit dem ottonischen Reichskirchensystem leichter zu vereinbaren war, als die von Cluny ausgehende Strömung, aber auch mit dem mächtigen Abt Odilo von Cluny (994–1048) stand er in enger Verbindung. Der politisch erfahrene Abt dürfte erkannt haben, daß eine Reform der Kirche nicht gegen, sondern mit dem Kaiser größere Erfolgsaussichten hatte. Deshalb erkannte er die kaiserlichen Rechte gegenüber der Kirche an, und vorübergehend schien es, als könne aus der Allianz zwischen dem Papst, dem Kaiser und dem Cluniazenserabt eine allgemeine Kirchenreform erwachsen.

Die Bemühungen Heinrichs II., die Stellung der Bischöfe zu festigen und ihre materielle Machtbasis im Interesse von Kaiser und Reich zu stärken, verbanden sich mehr und mehr mit innerkirchlichen Reformbestrebungen. Während der Herrscher in den beiden führenden Persönlichkeiten der abendländischen Christenheit, Papst Benedikt VIII. und Abt Odilo von Cluny, verständnisvolle

Zu den Kunstwerken, die unter Bernwards Leitung geschaffen wurden, gehört neben den berühmten Bronzetüren, dem silbernen Kruzifix des Bischofs und zwei Silberleuchtern die aus Bronze gegossene Bernwardsäule.
Die Vorbilder für diese »christliche Triumphsäule« (Ernst Schubert) waren die Trajanssäule und die Ehrensäule Marc Aurels in Rom; aber nicht irdische Siege werden verherrlicht, sondern der Triumph des Gottessohnes.

Innerkirchliche Reformen...

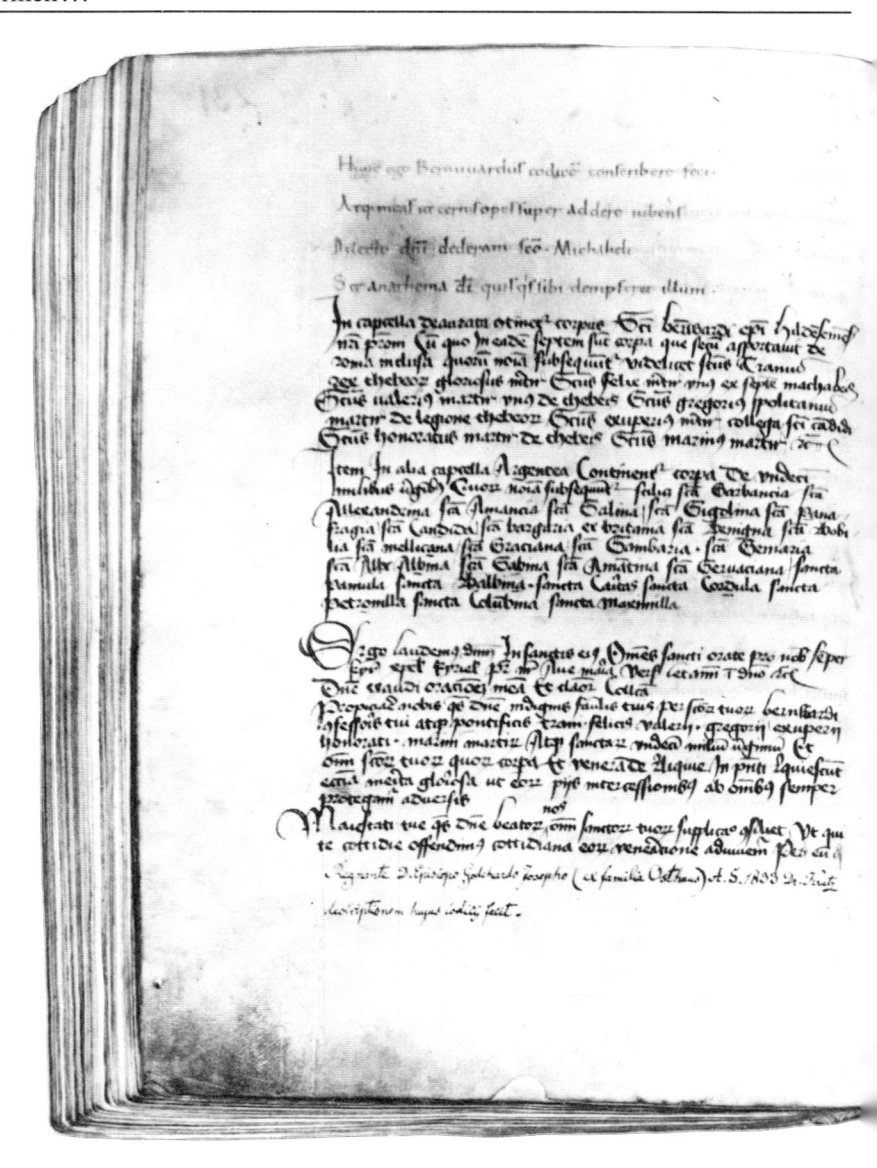

Mitarbeiter fand, stieß er bei den unmittelbar betroffenen Kreisen nicht immer auf Gegenliebe. Die Domkapitel lehnten es ab, die Einkünfte ihres Bistums im Dienste des Königs verbrauchen zu lassen, beharrten auf ihrem verbrieften Wahlrecht und versuchten nicht selten, durch eine rasche Bischofswahl den Herrscher vor vollendete Tatsachen zu stellen.

Noch lauter klagten die Mönche der wohlhabenden Benediktinerabteien, wenn Heinrich II. ihnen Teile ihres überreichen und zum Wohlleben verführenden Besitzes entzog und reformfreudige Äbte einsetzte, die die Einhaltung der Regula Benedicti forderten und dem gewohnten beschaulich-kontemplativen Dasein ein Ende bereiteten. Für die konservativen und reformfeindlichen Kräfte im

Bernward stiftete für Sankt Michael ein Evangeliar, eines der schönsten Werke der sächsischen Buchmalerei jener Zeit. Er ließ sich nicht nur auf dem Widmungsbild darstellen, sondern fügte – ein ungewöhnlicher Akt – mit eigener Hand hinzu, daß das Buch auf seinen Wunsch hin geschaffen und dem heiligen Michael geweiht worden sei.

Mönchtum war Heinrich II. nichts anderes als ein Tyrann, der sich an Gütern, Rechten und Lebensformen geheiligter Institutionen vergriff. Selbst in den mit dem Herrscherhaus eng verbundenen Quedlinburger Annalen werden die Eingriffe des Herrschers in die Rechte der ehrwürdigen Reichsabteien beklagt. So berichtet der Annalist zum Jahre 1013: »Der weise König Heinrich, vielleicht durch den Rat schlechter Menschen verführt, beraubte das Kloster Fulda kläglich seiner Güter, weil ihm das Leben der Brüder mißfiel.«[22]

Die Fuldaer Mönche verließen scharenweise das Kloster und irrten umher. Sie trugen das Joch Christi, wie der Chronist diesen Bruch der Ordensregel beschönigend beschreibt. Die Flucht war das

Die Abtei Cluny. Lithographie von Emile Sagot (um 1800). Unter den großen Äbten Odo (927–942), Maiolus (954–994), Odilo (994–1048) und Hugo (1049–1109) war die Benediktinerabtei das Zentrum der auf eine Reform des Mönchtums gerichteten Reformbewegung, die vor allem Frankreich, Deutschland und Italien erfaßte.
Abt Hugo begann 1088 mit dem Bau einer monumentalen Kirche, die die Kirchenbauten des Kaisers und des Papstes übertrumpfen und den Vorrang des Mönchtums in dieser Welt dokumentieren sollte.
Die Abteikirche von Cluny, eine fünfschiffige Basilika von 187 Meter Länge und 50 Meter Höhe, war bis zur Errichtung des Petersdomes die größte Kirche des Abendlandes. Sie fiel bis auf das südliche Querhaus der Französischen Revolution zum Opfer.

übliche Mittel, um sich gegen die königlichen Eingriffe in Besitz und Rechte der Klöster und gegen die Verschärfung der Disziplin zur Wehr zu setzen. Noch empörter waren die Mönche in Corvey, die 1014 zur Abwehr der kaiserlichen Reformbestrebungen sogar zu den Waffen griffen:

In diesem Jahr kam der Kaiser nach Corvey zur Untersuchung über das Leben der Brüder, das ihm mißfiel und das er nach seinem kaiserlichen Gutdünken verbessern wollte. Deshalb wollten mehrere von ihnen die Gewohnheiten der Vorfahren verteidigen und tobten mehr als recht und billig gegen das Recht des Kaisers. So töricht waren sie in ihrem Elend, daß sie auf die eine Backe geschlagen, nicht auch noch die andere darboten, sondern sich in ihrer Verzweiflung als Mönche wie Rebellen zum Kampf rüsteten. Was daraufhin geschah, darüber mag man sich in unserer Zeit eher wundern als es der Feder anvertrauen. Siebzehn von jenen wurden gefangen und unter Bewachung gestellt, die übrigen befolgten die Befehle des Kaiser.[23]

Jedoch gelang es Heinrich II. nach und nach mit Hilfe reformfreudiger Kräfte in Mönchtum und Episkopat, fast alle wichtigen Klöster reformieren zu lassen.

Vom Leben und Wirken des heiligen Kaiserpaares zeugt noch heute die mainfränkische Bischofsstadt Bamberg. Tiefe Frömmigkeit, Sorge um das Seelenheil und emotionale Anhänglichkeit an den Ort ihrer Jugend verbanden sich bei der Gründung des Bistums Bamberg weiter mit kirchen- und reichspolitischen Konzeptionen. Kunigunde hatte Bamberg nach ihrer Vermählung als Morgengabe empfangen, und auch der Herzog dürfte sich recht oft dort aufgehalten haben. Mit der Übernahme der Herrschaft im Reich änderte sich natürlich der Aktionsradius Heinrichs, und damit gewann auch Bamberg an Bedeutung. Der Ort lag zwischen dem bayerischen Stammland des Königs und den beiden Kernlandschaften des ottonischen Reiches, der thüringisch-ostsächsischen und der mittelrheinisch-mainfränkischen Königslandschaft. An der östlichen Peripherie des Reiches gelegen, war Bamberg zwar gefährdet, doch konnten von dort aus auch Böhmen und der Elbe-Saale-Raum leicht erreicht werden.

Nach der Rebellion und dem Sturz des Markgrafen Heinrich von Schweinfurt, der am Obermain eine beeindruckende Machtstellung aufgebaut und sich Hoffnung auf die bayerische Herzogswürde gemacht hatte, mußte der König diesen strategisch wichtigen grenznahen Raum für das Reich sichern. Seiner Herrschaftskonzeption entsprechend, sollte die Kirche diese Aufgabe übernehmen. Das weit im Westen gelegene Bistum Würzburg schien dazu nicht in der Lage, und so faßte der König den Plan, ein neues Bistum in Bamberg zu gründen. Das Königspaar hatte nach fast zehnjähriger kinderloser Ehe die Hoffnung auf Nachkommenschaft aufgegeben und beschlossen, Gott und die Heiligen als Erben einzusetzen. An Mitteln zur Ausstattung eines Bistums fehlte es also nicht.

Ohne Schwierigkeiten ließ sich der Plan freilich nicht verwirklichen, denn das Gebiet am Obermain gehörte zu den Diözesen Würzburg und Eichstätt, deren Oberhirten eifersüchtig über ihre bischöflichen Rechte wachten. Bischof Heinrich von Würzburg ließ sich für die Pläne gewinnen, denn der König versprach ihm das Pallium, die erzbischöfliche Würde.[24] War das ein Trick, oder dachte man wirklich an die Erhebung Würzburgs zum Erzbistum und an die Errichtung einer neuen Kirchenprovinz? Sollten Böhmen und Mähren vielleicht auf diese Weise fester an die Reichskirche gebunden werden, als dies von dem fernen Mainz aus möglich war? Auf jeden Fall wäre das auf Kosten des Erzbistums Mainz gegangen, und um die Zustimmung des machtbewußten Erzbischofs Willigis hätte der König sicher vergeblich nachgesucht.

Zu Pfingsten 1007 stimmten die Bischöfe auf einer Synode zu Mainz der Gründung des Bistums Bamberg zu, und bald darauf traf auch die Bestätigung dieses Beschlusses durch Johannes XVIII. ein. Als Bischof Heinrich von Würzburg merkte, daß es mit dem Pallium nichts werden würde, protestierte er heftig gegen den Beschluß, den er in Mainz selbst mitgetragen hatte. Noch einmal mußte sich eine Reichssynode mit der Angelegenheit befassen. Unter Leitung des Erzbischofs Willigis trat sie im November 1007 in Frankfurt zusammen. Sie verlief dramatisch. Nur unter Einsatz seiner ganzen Person konnte der König die Synodalen bewegen, den Einspruch des Würzburgers zurückzuweisen. Natürlich wurde nun auch einer der königlichen Günstlinge, der Kanzler Eberhard, zum Bischof von Bamberg erhoben und von Willigis geweiht.

Kaiser Heinrich II. an der Adamspforte des Bamberger Domes (erste Hälfte 13. Jahrhundert).

»Pflugscharenordal« der Kaiserin Kunigunde. Miniatur in der Vita der heiligen Kunigunde (13. Jahrhundert).
Nach der Legende haben Heinrich und Kunigunde eine »Josephsehe« geführt. Als die Kaiserin dennoch des Ehebruchs angeklagt wurde, reinigte sie sich durch ein Gottesurteil: Von zwei Geistlichen geführt, geht sie über glühende Pflugscharen, ohne sich zu verletzen. Der Kaiser und sein Gefolge haben sich vor ihr niedergeworfen. Die Geste der zu Unrecht beschuldigten Kaiserin deutet an, daß sie ihnen Verzeihung gewährt.

König und Königin waren am Ziel ihrer Wünsche und überhäuften das neue Bistum mit großzügigen Schenkungen. Großgrundbesitz im Volkfeld- und Radenzgau, in Bayern und sogar in Kärnten gewährleistete die materielle Existenz des Bistums, gestatteten aber gleichzeitig den gezielten Einsatz im Interesse von Kaiser und Reich. Die Einordnung Bambergs in die macht- und raumpolitischen Konzeptionen des Königs zeigt sich namentlich an der Ausstattung des Bistums mit Besitzkomplexen in Kärnten, die ganz offensichtlich der Sicherung der Straßen und Pässe im Ostalpenraum diente. »Die herausragende Rechtsstellung und die reichen Güterzuwendungen außerhalb der Diözese, namentlich im Alpenraum, in Kärnten zumal und an wichtigen Alpenstraßen, haben dem Bamberger Bistum eine einzigartige Stellung unter den Reichskirchen verschafft.«[25]

Bamberg blühte auf, Herrschaftszentrum und neue geistliche Metropole zugleich, Schauplatz politischer Ereignisse und kirchlicher Hochfeste. Mit großer Pracht konnte der Dom schon im Jahre 1012 geweiht werden. Thietmar von Merseburg erzählt: »Nach der Errichtung der Kathedralkirche in der Stadt Bamberg versammelten sich dort am 34. Geburtstag des Königs, dem 6. Mai, alle Großen zur Weihe dieses Heiligtums. Diese Braut Christi empfing ihre Weihe aus der Hand des Patriarchen Johannes von Aquileja und mehr als dreißig anderer Bischöfe. Auch ich Sünder war zugegen und fand sie in allem so prachtvoll, wie es sich für den höchsten König gebührt.«[26] Reiche Gaben aus der Hand des Herrscherpaares füllten Domschatz und Dombibliothek: Priestergewänder und liturgisches Gerät, kostbare Handschriften für den Gottesdienst, für geistliche und profane Studien. Die Bamberger Domschule wurde zu einer der vornehmsten Bildungsstätten Deutschlands.

Der Dom, die doppelchörige Königskirche, sollte nicht allein bleiben. Unter Mitwirkung Heinrichs II. und Kunigundes wurden die

Heinrich II. als Kenner und Förderer der theologischen Literatur. Ein Mönch überreicht ihm den Kommentar Gregors des Großen zum Propheten Ezechiel. Widmungsbild in einer Bamberger Handschrift (1014–1024).

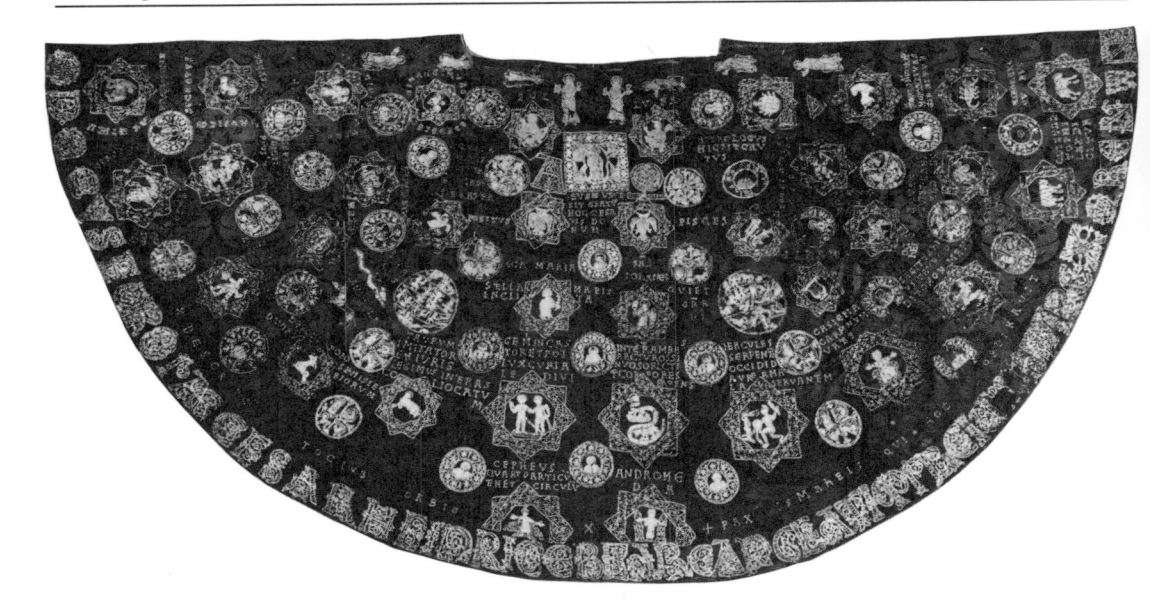

Sternen- oder Himmelsmantel Heinrichs II. (Bamberger Domschatz).
Die Goldstickereien auf dem blauen, ursprünglich purpurvioletten Grund zeigen Christus, den Weltenherrscher. Um ihn herum die Evangelistensymbole, Maria als »Stern des Meeres«, Johannes der Täufer, das Lamm Gottes, Seraphim und Cherubim, Sonne, Mond und Sternenhimmel.

beiden Benediktinerklöster St. Stephan und St. Michael gegründet, noch im Verlaufe des 11. Jahrhunderts das Stift St. Maria und Gangolf und das Augustinerchorherrenstift St. Jakob. So gewann das neue geistliche Zentrum Konturen. Gewiß stand das Religiöse im Vordergrund, doch diente es auch der herrscherlichen Repräsentation. Es erhöhte den Glanz des sakralen Herrschertums, wenn der Kaiser als Vicarius Christi, Stellvertreter Christi, seinen Dom im Sternenmantel des Weltenherrschers betrat oder als weltlicher Ehrenkanoniker im reichverzierten Chormantel am liturgischen Geschehen teilnahm.

Nach der Rückkehr von seinem dritten Italienzug hatte der Kaiser seine rastlose, fast hektische Regierungstätigkeit wiederaufgenommen. Viel Zeit zur Vollendung seiner Pläne blieb ihm freilich nicht mehr. Schon immer von zarter Konstitution und oftmals von schmerzhaften Erkrankungen heimgesucht, gingen seine Kräfte zur Neige. Von Weihnachten 1023 bis Ostern 1024 blieb das Kaiserpaar in Bamberg, dann aber forderte die Politik wieder gebieterisch ihr Recht. Über Magdeburg und Goslar zog der Hof zur Pfalz Grone bei Göttingen. Dort ereilte den Kaiser der Tod.

Als im Jahre 1024 nach der Menschwerdung des Herrn das Reich wohlgeordnet und ohne äußere Feinde dastand und Kaiser Heinrich nach langen Mühen die reife Frucht des Friedens zu ernten begann, wurde er im Vollbesitz seiner geistigen Kräfte von einer körperlichen Krankheit heimgesucht, die sich rasch verschlimmerte. Am 13. Juli schied er aus diesem Leben.[27]

Es war gleichgültig, wo man starb, so wie es gleichgültig war, wo man geboren wurde. Wichtig war allein der Ort, an dem der Mensch seine letzte Ruhestätte fand, wo das Requiem erklang, die Totengebete gesprochen und des Verstorbenen im immerwährenden Gebet gedacht würde. Für den Kaiser war dieser Ort natürlich Bamberg. Seinem Wunsch gemäß wurde seine Leiche dorthin geleitet.

Ein letztes Mal war die Kaiserin gefordert. Das Geschlecht der

Liudolfinger war mit Heinrich II. im Mannesstamm erloschen. Eine neue Dynastie würde an die Spitze des Reiches treten. Bis zur Wahl des neuen Königs übernahm Kunigunde die Würde einer Reichsverweserin: »Die Kaiserin Kunigunde trat nach Kräften für das Reich ein, obwohl sie der Stütze des Gatten beraubt war, beraten von ihren beiden Brüdern, Herzog Heinrich von Bayern und Bischof Dietrich von Metz. Mit klarblickender Einsicht war sie zielbewußt bemüht, dem Reich seine Festigkeit wiederzugeben.«[28] Sie war dieser Aufgabe gewachsen, denn sie hatte ihren Gatten seit ihrer Krönung in Paderborn 1002 fast auf allen seinen Zügen durch das Reich begleitet und ihn sogar mehrfach als Statthalterin vertreten. Aber schon nach wenigen Wochen wurde sie dieser Bürde ledig und konnte dem neuen König Konrad II. feierlich die Reichsinsignien überreichen und ihn in die Herrschaft einweisen.

Der Tod ihres Gatten hat Kunigunde schwer getroffen. Kein Herrscherpaar war enger miteinander verbunden gewesen, hatte einander mehr gebraucht als Heinrich und Kunigunde. Die Kaiserin zog sich nun in das Kloster Kaufungen bei Kassel zurück, das sie selbst gegründet und reich ausgestattet hatte. Am 13. Juli 1025, am Todestag des Kaisers, wurde die Klosterkirche geweiht. Ein letztes Mal zeigte sich Kunigunde in der Pracht kaiserlicher Gewänder, um sie dann für immer abzulegen und aus der Hand des Erzbischofs Aribo von Mainz das schlichte Ordenskleid der Benediktinerinnen zu empfangen. Als einfache Ordensschwester, das bescheidene Amt der Pförtnerin versehend, lebte sie noch anderthalb Jahrzehnte bis zu ihrem Tode am 3. März 1039 im Kloster Kaufungen. Erst vor der toten Kaiserin öffnete sich die Klosterpforte, damit sie im Bamberger Dom wieder mit ihrem Gemahl vereint werden konnte.

Dritter Teil

Macht und Ohnmacht
Das Jahrhundert der Salier

I. Triumph des Reichsgedankens: Konrad II. 1024–1039

1. »Mehrer des Reiches«

Das Reich besteht, auch wenn der König stirbt, so wie das Schiff besteht, wenn der Steuermann fällt.[1]

König Konrad II.

Auf dem Konstanzer Hoftag des Jahres 1025 erschienen vor Konrad II., dem neuen deutschen König, die Abgesandten der lombardischen Städte, darunter auch eine Gesandtschaft aus Pavia. Die Bewohner dieser Stadt hatten die Königspfalz in ihren Mauern als Zwingburg empfunden und nach dem Tode Heinrichs II. dem Erdboden gleichgemacht. Damit hatten sie es gewagt, sich an dem ehrwürdigen Symbol des italienischen Königtums zu vergreifen und einen Palast niederzureißen, den der Ostgotenkönig Theoderich der Große erbaut und in dem die langobardischen, karolingischen und ottonischen Herrscher residiert hatten. Das war ein Affront, und die Schuldigen wußten das. Durch reiche Geschenke wollten sie die Gnade des neuen Herrschers gewinnen. Zur Rede gestellt, rechtfertigten sie ihr Vorgehen: »Wen haben wir denn gekränkt? Unserem Kaiser haben wir bis ans Ende seines Lebens die Treue gehalten und die schuldige Ehre erwiesen; nachdem er gestorben war, hatten wir keinen König mehr, und deshalb können wir zu Recht auch nicht angeklagt werden, den Palast des Königs zerstört zu haben«.

Aber der neue Herrscher ließ diese Entschuldigung nicht gelten: »Ich weiß, daß Ihr nicht Eures Königs Palast zerstört habt, denn damals hattet Ihr ja keinen König mehr, aber daß Ihr einen königlichen Palast zerstört habt, könnt Ihr nicht leugnen«.

Und erfüllt vom Glauben an die Unvergänglichkeit des Reiches fügte er die berühmten Worte hinzu: »Das Reich besteht, auch wenn der König stirbt, so wie das Schiff besteht, wenn der Steuermann fällt«.

Bei dieser Auseinandersetzung zwischen dem König und den Gesandten aus Pavia, die der Hofkaplan Wipo in seiner Kaiserbiographie in wirkungsvoller Stilisierung, im Kern wohl aber wahrheitsgetreu schildert, prallten zwei unterschiedliche Auffassungen vom Wesen der mittelalterlichen Königsherrschaft aufeinander, eine extrem personalistische und eine transpersonale Staatsauffassung. Für die Bürger der Stadt Pavia waren Herrschaft und Reich so untrennbar mit der Person des Herrschers verbunden, daß dessen Tod eine Königspfalz herrenlos machte und sie jedem fremden Zugriff preisgab. In ihren Augen erlosch die Königsherrschaft mit dem

Konrad II. und seine Gemahlin Gisela.
»Goldenes Evangeliar« Heinrichs III. (Madrid, Escorial). Heinrich III. hat dieses Evangeliar, eine Spitzenleistung der mittelalterlichen Buchmalerei, zwischen 1043 und 1046 in Echternach herstellen lassen und dem Speyerer Dom, der Grabstätte seiner Eltern, geschenkt.

Die Person oder die Institution?

Das ottonische Kaiserhaus ist erloschen

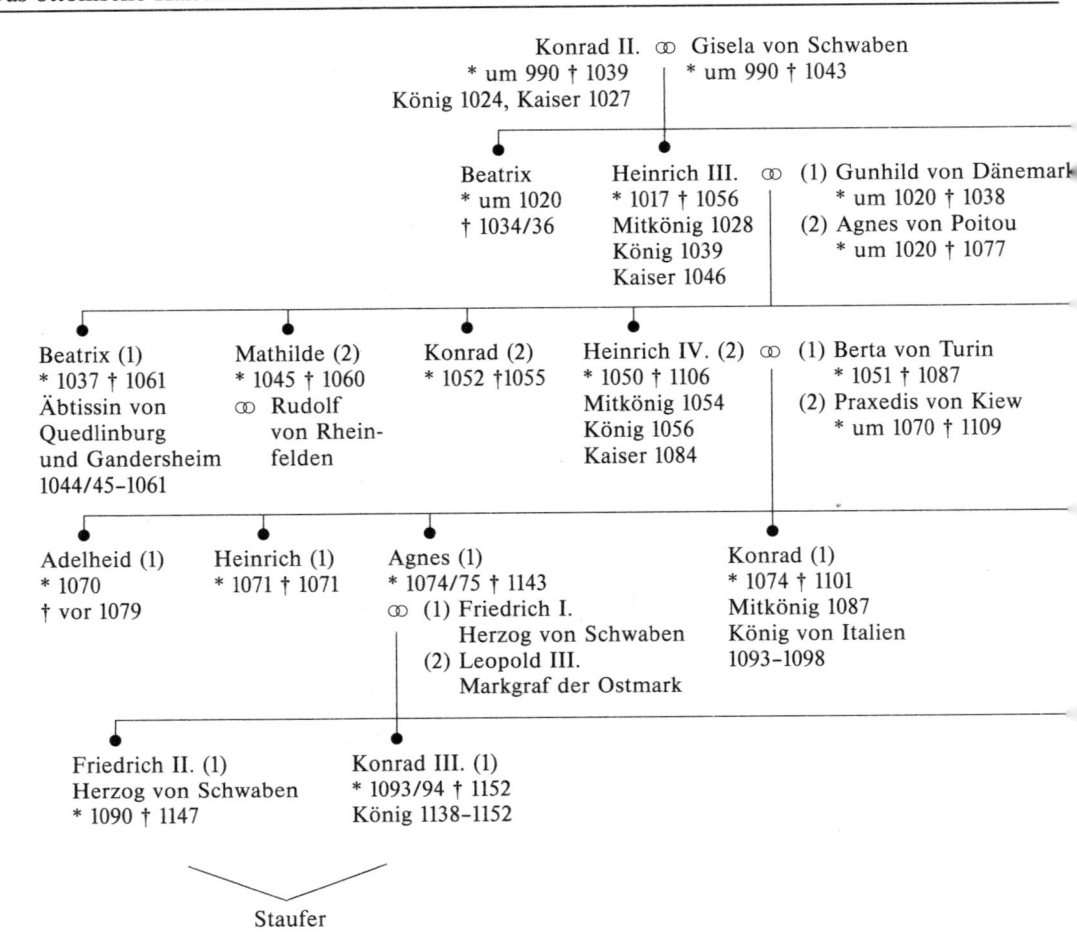

```
                    Konrad II.  ∞  Gisela von Schwaben
                 * um 990 † 1039   * um 990 † 1043
                 König 1024, Kaiser 1027
```

Beatrix
* um 1020
† 1034/36

Heinrich III. ∞ (1) Gunhild von Dänemark
* 1017 † 1056   * um 1020 † 1038
Mitkönig 1028   (2) Agnes von Poitou
König 1039   * um 1020 † 1077
Kaiser 1046

Beatrix (1)
* 1037 † 1061
Äbtissin von
Quedlinburg
und Gandersheim
1044/45–1061

Mathilde (2)
* 1045 † 1060
∞ Rudolf
von Rhein-
felden

Konrad (2)
* 1052 †1055

Heinrich IV. (2) ∞ (1) Berta von Turin
* 1050 † 1106   * 1051 † 1087
Mitkönig 1054   (2) Praxedis von Kiew
König 1056   * um 1070 † 1109
Kaiser 1084

Adelheid (1)
* 1070
† vor 1079

Heinrich (1)
* 1071 † 1071

Agnes (1)
* 1074/75 † 1143
∞ (1) Friedrich I.
   Herzog von Schwaben
  (2) Leopold III.
   Markgraf der Ostmark

Konrad (1)
* 1074 † 1101
Mitkönig 1087
König von Italien
1093–1098

Friedrich II. (1)
Herzog von Schwaben
* 1090 † 1147

Konrad III. (1)
* 1093/94 † 1152
König 1138–1152

Staufer

Tod des Herrschers. Der neue König fühlte sich hingegen nur als der Steuermann des Staatsschiffes. Das Reich war für ihn eine Institution, die unabhängig vom jeweiligen Herrscher Bestand hatte.

Gewiß standen hinter den Argumenten der streitenden Parteien auch recht handfeste politische Interessen, zeitbedingt und an besondere Umstände gebunden, doch waren sie zugleich Ausdruck einer archaisch-volkstümlichen Vorstellung von Herrschaft auf der einen und eines modernen Staatsgedankens auf der anderen Seite. Die Pavesen benutzten die an die Person des Königs gebundene Staatsauffassung zur Rechtfertigung ihres politischen Handstreiches, während Konrad seine Königsherrschaft auf der institutionellen Kontinuität des Reiches aufzubauen suchte. Das war auch kaum anders möglich, denn mit ihm war eine neue Dynastie an die Spitze des Reiches getreten. Nachdrücklich und ohne Abstriche forderte e alle Rechtstitel ein, die seine Vorgänger besessen hatten.

Mit dem Tod Kaiser Heinrichs II. im Jahre 1024 war die Dynastie der Ottonen im Mannesstamm erloschen, vom Bruder des Kaisers dem Bischof Bruno von Augsburg, einmal abgesehen, der als geistlicher Herr für eine Nachfolge auf dem Thron nicht in Betracht kam

Stammtafel des salischen Hauses.

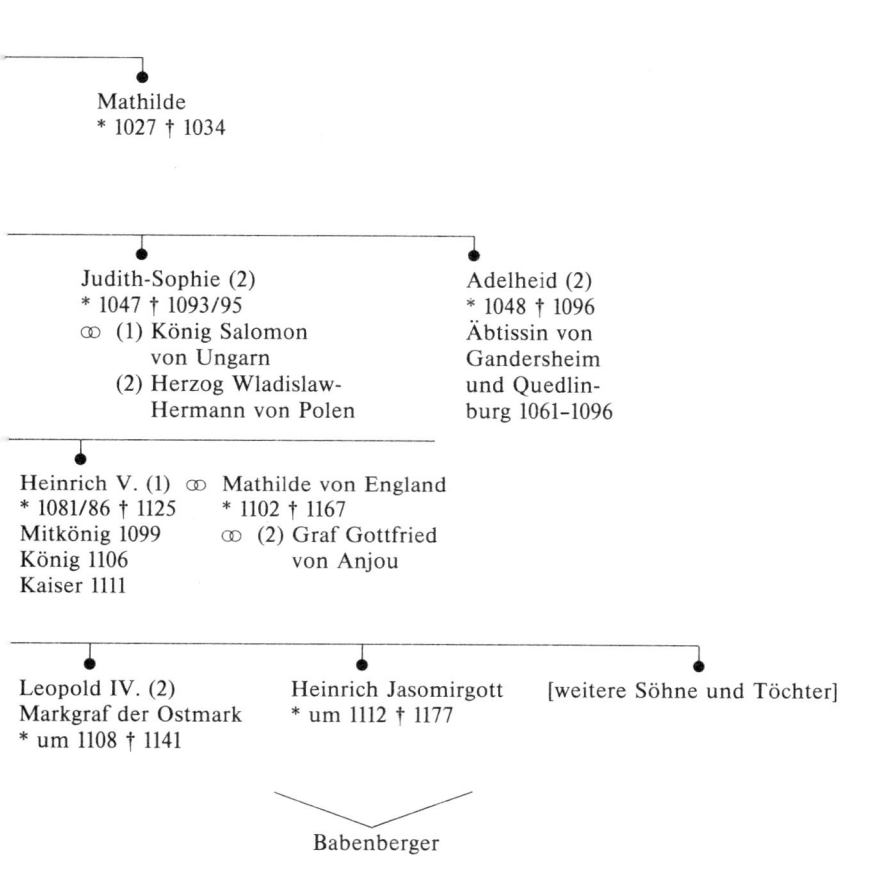

Mathilde
* 1027 † 1034

Judith-Sophie (2)
* 1047 † 1093/95
∞ (1) König Salomon
   von Ungarn
   (2) Herzog Wladislaw-
   Hermann von Polen

Adelheid (2)
* 1048 † 1096
Äbtissin von
Gandersheim
und Quedlin-
burg 1061–1096

Heinrich V. (1) ∞ Mathilde von England
* 1081/86 † 1125   * 1102 † 1167
Mitkönig 1099   ∞ (2) Graf Gottfried
König 1106   von Anjou
Kaiser 1111

Leopold IV. (2)
Markgraf der Ostmark
* um 1108 † 1141

Heinrich Jasomirgott
* um 1112 † 1177

[weitere Söhne und Töchter]

Babenberger

Als ernsthafte Bewerber traten bald zwei Männer aus dem rheinfränkischen Adelsgeschlecht der Salier hervor, Konrad der Ältere und Konrad der Jüngere.[2] Ein erbliches Anrecht auf die Krone besaßen sie zwar nicht, aber über ihre Urgroßmutter Liudgard, die Frau Konrads des Roten, konnten sie doch ihre Ahnenreihe auf Heinrich I. und Otto den Großen zurückführen. Das sprach für sie, auch wenn, oder gerade weil sie nicht zu den allermächtigsten Fürsten des Reiches gehörten.

Konrad der Ältere, der nicht einmal den Grafentitel führte, war bis zu seiner Thronkandidatur in der Geschichte wenig hervorgetreten, hatte allerdings sein Ansehen in der Adelswelt durch eine glänzende Partie gesteigert, als er sich 1016 mit der schönen und klugen Gisela vermählte, der jungen Witwe des Herzogs Ernst I. von Schwaben. Sie war edelster Herkunft; karolingisches Blut floß in ihren Adern. Unbedenklich war diese Heirat nicht, denn Konrad und Gisela waren nach kanonischem Recht zu nahe miteinander verwandt. Für Gisela, 990 als Tochter des schwäbischen Herzogs Hermann II. geboren, war es schon die dritte Ehe. Drei Söhnen hatte sie schon das Leben geschenkt, und aus der Verbindung mit Konrad

Salierstammbaum. Miniatur in der Weltchronik Ekkehards von Aura.
Konrad II. als Stammvater des salischen Herrscherhauses.
Der majestätisch thronende Kaiser hält in der Linken den Reichsapfel als Herrschaftszeichen, in der Rechten die Dynastie. Die Medaillons zeigen seinen Sohn Heinrich III., seinen Enkel Heinrich IV. und dessen Söhne Konrad und Heinrich. Heinrich V. (1106–1125) ist durch Zepter und Reichsapfel als der regierende Herrscher ausgewiesen.
Nur eine einzige Frau ist in den Stammbaum aufgenommen worden, Agnes, eine Tochter Heinrichs IV., von der sowohl die schwäbischen Staufer als auch die österreichischen Babenberger abstammen. Sie wird in der Umschrift des Medaillons irrtümlich Adelheid genannt.

dem Älteren gingen noch ein Sohn und zwei Töchter hervor, Heinrich, Beatrix und Mathilde.

Im Wettstreit der beiden Bewerber um die Krone konnte Konrad der Ältere, ein hochgewachsener Herr im besten Mannesalter, bald Pluspunkte sammeln und den Erzbischof Aribo von Mainz (1021–1031) und die Kaiserinwitwe Kunigunde für sich gewinnen. Anfang September 1024 versammelten sich die deutschen Fürsten, nach Stämmen gegliedert, auf dem rechten Rheinufer gegenüber von Oppenheim, um gemeinsam einen neuen König zu wählen.

Unter den Augenzeugen war auch Wipo, ein Mitglied der Hofkapelle. In seiner Biographie Konrads II. liefert er uns eine der besten Schilderungen einer mittelalterlichen Königswahl, klug beobachtet, wirkungsvoll stilisiert, dramatisch zugespitzt und lebendig erzählt. Freilich bemüht sich Wipo, seinen Helden dem Idealtypus eines mittelalterlichen Herrschers anzunähern, seinen Herrschaftsantritt zu idealisieren und als »Musterbeispiel einer Königswahl«[3] erscheinen zu lassen:

Die weite Ebene zwischen Mainz und Worms faßt eine sehr große Menschenmenge; abgelegene Inseln verleihen Sicherheit und eignen sich für geheime Beratungen. Als sich alle Fürsten, gewissermaßen die Lebenskräfte des Reiches, versammelt hatten, errichtete man Lager diesseits und jenseits des Rheins, der Gallien und Germanien scheidet. Aus Germanien fanden sich die Sachsen mit ihren slawischen Nachbarn, ferner die Ostfranken, Bayern und Schwaben ein. Aus Gallien kamen die Rheinfranken, Niederlothringer und Oberlothringer. Man verhandelte über die Kernfrage des Reiches, war sich über den Ausgang der Wahl im Unklaren und bangte zwischen Erwartung und Besorgnis; Verwandte besprachen ihre Wünsche miteinander, Freunde erörterten ausführlich die Lage. Ging es doch nicht um eine beliebige Angelegenheit, sondern um eine Sache, die zum Verderben für den gesamten Reichskörper ausschlagen mußte, wenn man sie nicht mit warmer Anteilnahme und mit tiefer Verantwortung erwog.[4]

Der Kreis der Kandidaten verengte sich auf Konrad den Älteren und seinen gleichnamigen Vetter. Wahrheit und Mythos vermischend, schildert Wipo ihre hochadlige Herkunft, über die sicher in jenen Tagen viel gesprochen wurde. Für den Älteren sprachen charakterliche Vorzüge, für den Jüngeren die größere Machtfülle. Eine zwiespältige Wahl, die das Reich gefährdet hätte, sollte vermieden werden, daher trafen die beiden Thronbewerber eine Vereinbarung, die sie mit dem Friedenskuß besiegelten. Sie versprachen einander, sich dem Votum der Wähler zu beugen. Der Unterlegene verpflichtete sich, der Wahl zuzustimmen und dem Sieger zu huldigen.

Die Gefahr eines Thronstreites war gebannt. Zum erste Mal in der deutschen Geschichte war eine Wahl im wirklichen Sinne möglich, eine im Prinzip offene Entscheidung zwischen zwei Kandidaten. Die Fürsten nahmen Platz, umgeben von den dichten Reihen des Volkes. Die Wahl konnte beginnen. Als erster gab Erzbischof Aribo von Mainz seine Stimme ab, auch das eine Neuerung. Er entschied sich für den älteren Konrad, den er »zu seinem Herrn und König, zum Lenker und Schützer des Reiches« wählte. Die übrigen geistlichen Fürsten schlossen sich diesem Votum an. Auch Konrad der Jüngere gab als erster unter den weltlichen Großen dem Rivalen seine Stimme. Sein Vetter ergriff ihn bei der Hand und ehrte ihn dadurch, daß er ihn neben sich Platz nehmen ließ. Die übrigen weltlichen Herren wiederholten alle einzeln den Kürspruch, den das versammelte Volk durch seine Zustimmung, die »Vollbort«, bekräftigte. Feierlich überreichte die Kaiserinwitwe Kunigunde dem neuen König die Reichsinsignien und übertrug ihm damit die Symbole der königlichen Macht.[5] Danach zog man nach Mainz, wo Krönung und Weihe stattfanden und der König die Huldigung der Großen empfing.

Aber Wahl und Krönung hatten Konrad nicht automatisch die Anerkennung durch alle deutschen Stämme gesichert. Die lotharingischen Großen unter Führung des Erzbischofs Pilgrim von Köln und des Herzogs Friedrich hatten Konrad den Jüngeren favorisiert und waren der Wahl ferngeblieben. Auch die Sachsen, von denen nur eine Minderheit zur Wahl an den Rhein gekommen war, mußte der König noch für sich gewinnen. So begab sich Konrad II.

zunächst nach Aachen, um den Thron Karls des Großen zu besteigen. Dann aber unternahm er den »Königsumritt«, der ihn durch alle deutschen Stammesgebiete führte. Dies forderte nicht nur der Brauch, die Reise diente auch der Durchsetzung der königlichen Herrschaft im Reich.[6]

Südlich der Alpen, in der Lombardei, zogen freilich dunkle Wolken empor. Schon auf dem Konstanzer Hoftag des Jahres 1025 war Konrad mit den Problemen Italiens konfrontiert worden. Sie waren nicht gering. Das politische und soziale Klima war rauher geworden. Die machtpolitischen Ambitionen der weltlichen Fürsten Oberitaliens bedrohten die Vorrangstellung der reichstreuen Bischöfe. Zudem zerrütteten soziale Wandlungen auf den unteren und mittleren Ebenen der Gesellschaft das alte Machtgefüge. Eine Zeit des Aufbruchs und Umbruchs begann, in der die Ziele noch undeutlich, die Fronten unklar und die Wege unsicher waren.

Der weltliche Hochadel Reichsitaliens hatte dem herrscherlichen Gestaltungswillen der Ottonen nur widerstrebend Tribut gezollt. Auch sie, nicht nur die Bürger Pavias, glaubten, der Tod des letzten Herrschers aus der Dynastie der Ottonen habe die Verbindung zwischen Deutschland und Italien nun endgültig gelöst. Wie nach dem Tode Ottos III. wollten sie selbst einen König wählen und nicht einfach auf jenen Herrn warten, für den sich die deutschen Fürsten entscheiden würden.

Die mächtigsten Herren der Lombardei und der Toskana, die Adelsgeschlechter der Otbertiner und Aledramiden, schlossen sich unter Führung der Markgrafen Manfred von Turin und Rainer von Tuszien zu einer separatistischen Partei zusammen. Keiner von ihnen fühlte sich freilich stark genug, um selbst die Krone zu tragen und dem deutschen König mit Heeresmacht entgegenzutreten. Das Schicksal König Arduins von Ivrea war sicher noch in lebendiger Erinnerung. Und dann waren da noch die Bischöfe, die dem Abfall vom Reich Widerstand entgegensetzten. Sie wollten an der Personalunion mit dem deutschen Reich festhalten, denn sie sahen in einem starken Kaiser den Garanten für die Freiheit und die Unversehrtheit ihrer Kirchen.

Die »Separatisten« luden daher zunächst den französischen König Robert II. (995-1031) und seinen Sohn Hugo zur Übernahme der Herrschaft ein. Als dieser ablehnte, boten sie dem mächtigen und reichen Herzog Wilhelm V. von Aquitanien (955-1029) für seinen gleichnamigen Sohn die italienische Krone und sogar die Kaiserkrone an. Auch andere französische Kronvasallen waren zum Angriff auf das Reich bereit, vor allem der mächtige Graf Odo II. von der Champagne (995-1037). Er war ein Neffe des burgundischen Königs und machte sich Hoffnung auf die Nachfolge in Burgund, denn Rudolf III. fühlte sich nach dem Tod Heinrichs II. nicht mehr an den mit dem Kaiser geschlossenen Erbvertrag gebunden. Das Gespenst einer großen Koalition zwischen den italienischen Rebellen, dem französischen König und aquitanischen und nordfranzösischen Fürsten tauchte auf.

Doch dazu kam es nicht. Im französischen Königshaus gab es familiäre Zwistigkeiten, und unter den französischen Baronen brachen alte Feindschaften hervor. Der Burgunderkönig war und blieb eine kraftlose Figur, und dem vorsichtigen Herzog Wilhelm schien das italienische Abenteuer zu riskant, weil er die von dem reichstreuen Leo von Vercelli und dem ehrgeizigen und machtbewußten Aribert von Mailand geführten Bischöfe nicht für sich gewinnen konnte. Bald kam es ihm nur noch darauf an, ohne allzugroßen Ehr- und Prestigeverlust nach Aquitanien zurückkehren zu können. Damit war der Versuch der Frondeure gescheitert, durch die Wahl eines eigenen Königs dem deutschen Herrscher zuvorzukommen. Konrad II. setzte seinen Ehrgeiz daran, das staatsrechtliche und politische Erbe seines Vorgängers auch südlich der Alpen ungeschmälert zu bewahren. Schon auf dem Konstanzer Hoftag hatte ihn Erzbischof Aribert von Mailand zum Italienzug aufgefordert und ihm die Krönung zum König Italiens versprochen. Konrad handelte rasch. Nachdem er die Anerkennung seiner Herrschaft in ganz Deutschland durchgesetzt hatte, brach er schon im Februar 1026 mit einem starken Heer nach Italien auf. Nicht nur die Krönung mit der italienischen Königskrone stand auf dem Programm dieses militärischen Großunternehmens, sondern auch die Romfahrt und die Kaiserkrönung.

Das Heer überschritt den Brenner und zog über Verona und Bergamo nach Mailand. Pavia fürchtete das Strafgericht des Königs und verschloß die Tore. Daher empfing der König am 23. März 1026 in Mailand aus der Hand des Erzbischofs die Eiserne Krone der Langobarden. San Ambrogio, eine der ehrwürdigsten Kirchen der abendländischen Christenheit, gewann den Rang einer italienischen Krönungskirche, den bisher San Michele in Pavia unangefochten behauptet hatte. Das Osterfest feierte der König in Vercelli, dem reichstreuen Bischof Leo zu Ehren. Dessen überraschender Tod 1026 war ein schwerer Schlag für das Reich. Damit übernahm Erzbischof Aribert von Mailand (1018–1045) endgültig die Führung des oberitalienischen Episkopats.

Italien, von Willkür und Gewalt, Machtkämpfen und sozialen Konflikten erschüttert, brauchte den Frieden, doch der neue König brachte nur neue Not über das Land. Zwar begrüßten die Bischöfe die Wiederherstellung der königlichen Gewalt, aber die oberitalienischen Markgrafen verharrten im Widerstand. Nur der mächtige Markgraf Bonifaz von Canossa, der Herr der Grafschaften Reggio, Modena, Mantua, Brescia und Ferrara, erwies sich als verläßliche Stütze der deutschen Herrschaft. Im Kampf gegen Pavia und die die Stadt unterstützenden Otbertiner und Aledramiden verwüstete der König das Land, das er schützen sollte:

Schweres Unheil widerfuhr Italien damals wegen des Kampfes gegen die Bewohner von Pavia. Viele Kirchen und viele Burgen ringsum wurden niedergebrannt, und das Volk, das sich in sie geflüchtet hatte, kam durch Feuer und Schwert ums Leben. Felder wurden verwüstet, Weinberge niedergehauen. Der König sperrte Ausfahrt und Zufahrt, kaperte die Schiffe und machte jeden Handelsverkehr unmöglich. Auf diese Weise quälte er die Tessiner zwei Jahre lang, bis sie alle Forderungen ohne Verzug erfüllten.[7]

Die Durchsetzung der Herrschaft über Reichsitalien erwies sich als mühevoll. In Ravenna, einem der Stützpfeiler der deutschen Herrschaft in Italien, mußten die Deutschen böse Erfahrungen machen, als sich die unterdrückten Ravennaten in blinder Wut gegen das Heervolk aufbäumten:

Zu jener Zeit hielt König Konrad seinen Einzug in Ravenna und übte dort mit großer Kraft die Herrschaft aus. Eines Tages erhob sich Streit zwischen den elenden Ravennaten und dem Heer des Königs; die Ravennaten versuchten im Vertrauen auf ihre große Zahl, die Truppen aus der Stadt zu vertreiben und an dem engen Tor die draußen lagernden Mannschaften daran zu hindern, der Besatzung drinnen Hilfe zu leisten. Nachdem der Aufruhr einmal ausgebrochen war, flammten überall schwere Kämpfe auf. Manche griffen in den Häusern ihre Einquartierung an, andere kämpften in den Gassen, wieder andere besetzten die Tore. Sie warfen von den Mauern oder gar aus der Höhe der Türme hinterhältig mit Steinen und Balken. Die Deutschen setzten sich dagegen mit ihren Waffen überlegt zur Wehr, bildeten Schlachtreihen, umringten die Ravennaten von vorn und hinten, schlugen sich mit fressendem Schwert freie Bahn und ließen eine Spur von Toten, Verwundeten und Fliehenden hinter sich. Graf Eppo, ein wackerer bayerischer Ritter, stürmte mit der Fahne aus der Stadt heraus, überrannte eine Brückenbesatzung und stürzte ganz allein viele davon von der Brücke, so daß sie im Wasser umkamen. Als König Konrad in seinem Gemach den Aufruhr bemerkte, griff er so, wie er war, zu den Waffen, rief nach einem Pferd und verließ den Palast. Da sah er, daß die besiegten Ravennaten in die Kirche flüchteten und sich überall versteckten. Er erbarmte sich ihrer; waren doch beide Parteien seine Untertanen. Er befahl dem Heer, die Verfolgung der Bürger einzustellen und kehrte in seine Pfalz zurück. Am nächsten Morgen aber erschienen die überlebenden Ravennaten in härenen Gewändern, barfuß und mit bloßen Schwertern vor dem König, wie es ihr Gesetz besiegten Bürgern vorschreibt, und zahlten vollständig die von ihnen geforderte Buße.[8]

Der König hatte dem Morden rasch ein Ende gemacht und den rebellischen Bürgern Verzeihung gewährt. Er nutzte den Triumph aber auch, um seinen Kriegern seine Großzügigkeit zu beweisen und ihre Tapferkeit zu belohnen: *König Konrad erwies in gewohnter Weise seine außerordentliche Freigebigkeit an einem verwundeten Deutschen, dem im Kampfe der Fuß und ein großes Stück vom Bein glatt über dem Knöchel abgehauen worden war. Der König ließ dessen Lederstiefel bringen, alle beide mit Münzen füllen und auf das Lager neben den verletzen Ritter stellen.*[9]

Inzwischen war es Sommer geworden. Der König wich mit seinem Heer vor der Hitze in die kühleren Regionen am Alpenrand zurück, bevor er im Herbst den Kampf gegen die oberitalienischen Markgrafen wieder aufnahm. Erst nach der Unterwerfung Pavias Anfang 1027 konnte der König zum Romzug aufbrechen. Unterwegs wurde Lucca bezwungen, und nach der Unterwerfung des mächtigen Markgrafen Rainer von Tuszien war Konrad wirklich Herr der Lage. Am 21. März 1027 zog er in Rom ein, von Papst Johannes XIX. (1024-1032) und dem römischen Volk mit der gebührenden Pracht empfangen. Der Ostersonntag war für die Kaiserkrönung vorgesehen. Es wurde ein großes Fest. Konrad wurde vom römischen Volk durch Zuruf zum Kaiser erwählt und in der Peterskirche vom Papst gekrönt. Auch Gisela empfing Weihe und Krönung. Mehr als 50 Erzbischöfe und Bischöfe aus Deutschland und Italien, zahlreiche geistliche und weltliche Würdenträger und sogar zwei Könige, Rudolf III. von Burgund und Knut der Große von Dänemark und England, wohnten den Feierlichkeiten bei. Die beiden Könige erwiesen dem neuen Kaiser ihre Ehrerbietung, indem sie ihn nach der Messe feierlich in seine Gemächer begleiteten.

Die Ostertage waren noch nicht vorüber, der Jubel kaum verhallt, als die Stimmung umschlug. Ein wahrhaft lächerlicher Streit um eine Kuhhaut löste einen blutigen Straßenkampf zwischen Deutschen und Römern aus. Die aufgestauten Aggressionen entluden sich in heftigen Kämpfen, in denen viele Römer, aber auch ein vornehmer schwäbischer Grafensohn ums Leben kamen. Der Widerstand der Stadtbewohner brach dank der besseren Bewaffnung und größeren Kampferfahrung der Deutschen bald zusammen. Wie in Ravenna folgte dem Sieg ein demütigendes Schauspiel: *Am folgenden Tage erschienen die römischen Rebellen barfuß vor dem Kaiser, die Freien mit entblößten Schwertern, die Unfreien mit geflochtenen Weidenruten um den Hals, als wollten sie sich hängen lassen, und leisteten die vom Kaiser gebotene Buße«.*[10]

Auf der Lateransynode Anfang April demonstrierten Papst und Kaiser die Einheit von geistlicher und weltlicher Gewalt, aber es war letztlich der Kaiser, dessen Wille das Konzil beherrschte. Um den Triumph zu vollenden, wandte sich der Kaiser noch im April nach Süden und brachte seine Oberhoheit über die langobardischen Fürstentümer zur Geltung.

Im Verlauf von zweieinhalb Jahren hatte der Salier das Reich in den Griff bekommen. Sein »Königsritt« hatte ihn durch alle deutschen Stammesgebiete und durch Reichsitalien bis nach Rom und Apulien geführt. Italien war befriedet und seiner Herrschaft unterworfen. Die Machtstrukturen hatte er nicht grundsätzlich verändert. Wer sich unterwarf, konnte in der Regel seine Position bewahren. Auch in Rom tolerierte er nicht nur die Stadtherrschaft der Grafen von Tuskulum, sondern auch den Tuskulanerpapst Johannes XIX., der 1024 als Nachfolger seines Bruders Benedikt VIII. den päpstlichen Stuhl bestiegen hatte. Von Apulien aus kehrte er ziemlich schnell nach Deutschland zurück, wo das skrupellose Machtstreben der Großen das Erreichte schon wieder in Frage stellte.

In Deutschland zwang der Kaiser energisch, aber ohne unnötige Härte die Rebellen zur Unterwerfung und traf Maßnahmen zur Regelung der Nachfolge auf dem Thron. Die Herrschaft der neuen Dynastie sollte so rasch wie möglich gesichert werden. Bereits vor dem Italienzug hatte der König seinen Sohn Heinrich zum Nachfolger bestimmt. Nachdem Konrad die Kaiserkrone erlangt hatte, stand der Königserhebung des Sohnes nach ottonischem Vorbild nichts mehr im Wege. Am Ostertag des Jahres 1028 wurde Heinrich in Aachen zum König gewählt und von Erzbischof Pilgrim von Köln gekrönt. Er war erst zehn Jahre alt; seine Jugend ließ auf eine lange Regierungszeit und damit auf Stabilität und Kontinuität in der Herrschaftsführung hoffen.

Natürlich sollte der junge König, den der Vater auf einem Siegel einmal »Spes imperii«, »Hoffnung des Kaiserreiches«[11] nannte, später auch die Kaiserkrone tragen. Für den zukünftigen Kaiser kam nur eine Braut aus vornehmsten Hause in Betracht, und so hatte sich schon im September 1027 eine Gesandtschaft unter Leitung des Bischofs Werner von Straßburg auf den beschwerlichen Weg nach Konstantinopel gemacht, um für den Knaben um eine byzantinische Prinzessin zu werben. Das Vorbild der Ottonen war verpflichtend, aber die Umstände waren merkwürdig genug. Als Pilgerzug getarnt, war die große Gesandtschaft aufgebrochen, aber der ungarische König Stephan war mißtrauisch geworden und verwehrte ihr den Durchzug durch sein Land. Er fürchtete wohl eine Achse Aachen-Konstantinopel, denn nach den Siegen des Kaisers Basileios II. (976–1025) über die Bulgaren drohte Byzanz auf dem Balkan übermächtig zu werden. Die Gesandten nahmen daher den Weg über die Ostalpen, schifften sich in Venedig ein und gelangten schließlich auf dem Seeweg nach Konstantinopel.

Im oströmischen Reich war auf Kaiser Basileios II. sein Bruder Konstantin VIII. (1025–1028) gefolgt, doch stand es nicht gut um den Fortbestand des makedonischen Kaiserhauses. Konstantin VIII. hatte keinen Sohn, sondern nur zwei Töchter, Theodora und Zoe. Mit der Hand der makedonischen Prinzessinnen waren daher nach oströmischem Brauch erbrechtliche Ansprüche auf den byzantinischen Kaiserthron verbunden. Das wußte man sicher am deutschen Hof, aber kannte man wirklich den Altersunterschied zwischen dem knapp zehnjährigen deutschen Thronfolger und den Prinzessinnen, von denen zumindest die eine schon hoch in den Vierzigern war? Hegte man den wahrhaft phantastischen Plan einer Personalunion zwischen den beiden Reichen, einer Wiederherstellung des römischen Reiches in seiner ursprünglichen Ausdehnung und Gestalt?

Falls man im Westen derartig abenteuerliche Gedanken verfolgte, der Osten spielte nicht mit. Konstantin VIII. wies die Werbung ab und vermählte die achtundvierzigjährige Zoe kurz vor seinem Tode 1028 mit Romanos Argyros, der als Romanos III. (1028–1034) sein Nachfolger wurde. Auf die Kaiserin Zoe warteten aufregende Jahre. Noch zwei Männern sollte sie die Hand zur Ehe reichen und ihnen zur Kaiserwürde verhelfen, Michael IV. dem Paphlagonier (1034–1041) und Konstantin IX. Monomachos (1042–1055). Das Schicksal, in den rauhen Norden geschickt und mit einem Knaben vermählt zu werden, blieb ihr erspart. Die deutsche Gesandtschaft reiste ab, nachdem der Brautwerber Werner von Straßburg in Konstantinopel gestorben war. Das Angebot Romanos III., statt der erbetenen Prinzessin seine eigene Schwester nach Deutschland zu schicken, lehnte Konrad II. ab.

Krone des byzantinischen Kaisers Konstantin IX. Monomachos. Budapest, Ungarisches Nationalmuseum.

Byzanz, die traditionsbewußte alte Großmacht, von äußeren Feinden bedroht und von inneren Krisen geschüttelt, oft genug am Rande des Abgrunds, aber immer wieder wie Phönix aus der Asche emporsteigend und den alten Glanz erneuernd, hatte sich dem Werben des abendländischen Rivalen versagt. Aber im Norden war eine neue Großmacht emporgestiegen, das Reich Knuts des Großen (1016–1035). Der Dänenkönig Sven Gabelbart (986–1014) hatte den Grundstein für ein Königreich gelegt, das sein Sohn Knut zu einem Dänemark, England und Norwegen umspannenden »Wikingerimperium« ausbaute.[12] Zwischen dem nordischen Seereich und dem kontinentalen Kaiserreich war eine Verständigung leichter möglich, da ein so tiefgreifender ideologischer Gegensatz wie zwischen Byzanz und dem Reich fehlte und die vorhandenen kirchen- und territorialpolitischen Differenzen nicht unüberbrückbar waren.

Als Pilger war Knut der Große im Jahre 1027 nach Rom gekommen, hatte aber auch Politik gemacht und anläßlich der Kaiserkrönung den Vorrang des Kaisers anerkannt. Durch Verträge mit dem Kaiser und König Rudolf III. sicherte er die Handelsinteressen der nordischen Kaufleute im Reich und in Burgund. Die allmähliche Annäherung des nordischen Herrschers an das Reich führte schließlich zur Verlobung seiner ungewöhnlich schönen Tochter Gunhild mit dem jungen König Heinrich. Als im Juni 1036 die Hochzeit gefeiert und Gunhild von Pilgrim von Köln zur Königin gekrönt wurde, war Knut der Große allerdings schon tot. Das nordische Großreich, zusammengefügt und zusammengehalten allein durch seine gewaltige Persönlichkeit, brach auseinander.

Gute Beziehungen zum nordischen Großreich waren für Deutschland nicht zuletzt deshalb wichtig, weil Knut der Große auch die südliche Ostseeküste zu seiner Einflußsphäre rechnete. Konrad II. aber brauchte Flankenschutz für seine Interventionspolitik im Osten. In Polen hatte der ewig unruhige und ehrgeizige Boleslaw Chrobry einen letzten Triumph erlebt. Das Erlöschen der ottonischen Dynastie schien ihm der rechte Zeitpunkt, um endlich die Königswürde zu erlangen: »Als Boleslaw, der Herzog von Polen, den Tod des erhabenen Kaisers Heinrich erfuhr, ward er hohen Mutes, und das Gift des Übermuts ergoß sich dermaßen in seine Eingeweide, daß er frevelhaft wagte, sich selbst die geweihte Krone aufzusetzen«.[13]

Das war im Jahre 1025. Lange konnte Boleslaw Chrobry seinen Königstraum freilich nicht träumen, denn er starb schon am 17. Juni des gleichen Jahres. Dem Verfasser der Quedlinburger Jahrbücher erschien sein Tod als Strafe Gottes für seinen frevelhaften Übermut.[14]

Mit Boleslaw Chrobry (992–1025) trat eine der größten Herrschergestalten des frühen Mittelalters von der Weltbühne ab. Ihm folgte sein Sohn Mieszko II. (1025–1034), der im Rang hinter seinem Vater nicht zurückstehen wollte und sich und seine Gattin Richeza ebenfalls gleich krönen ließ. Er hatte zwar nicht das Format Boleslaw Chrobrys und Mieszkos I., aber er bemühte sich, den von diesen beiden Herrschern eingeschlagenen innen- und außenpolitischen Kurs weiterzuverfolgen. Das erwies sich als schwierig genug. Zwar hatte Mieszko, dessen Gemahlin Richeza eine Enkelin Ottos II. war, auch Freunde in Deutschland, aber es war zu befürchten, daß der neue

Knut der Große und Königin Aelfgyfu. Zeichnung im Gedenkbuch der Abtei Winchester. Auch die angelsächsischen Herrscher fühlten sich als Könige von Gottes Gnaden. Engel bringen dem König eine Krone, der Königin einen Schleier. Knut und seine Gemahlin haben ein Kreuz für den Altar gestiftet, um des fürbittenden Gebets der Mönche teilhaftig zu werden.

Der polnische König Mieszko erhält von der Herzogin Mathilde, einer Schwester der Kaiserin Gisela, eine Handschrift mit Pseudo-Alkuins »Liber de divinis officiis«.
Bücher, vor allem illuminierte Prachthandschriften, dienten als kostbare Geschenke an Kirchen oder hochgestellte Persönlichkeiten. Vielleicht wurde das Buch dem König anläßlich seiner Thronbesteigung gewidmet.

deutsche König nach einer Revision des Friedens von Bautzen streben würde. Die Liutizen, nach wie vor von den polnischen Expansionsgelüsten bedroht, suchten Anlehnung an das Reich, und im Osten lauerte der von Boleslaw Chrobry durch die Schändung seiner Schwester gedemütigte Großfürst Jaroslaw von Kiew auf den Tag der Rache. Widerstand gegen die Ausbreitung und Festigung des christlichen Glaubens in Polen und dynastische Streitigkeiten vermehrten die Schwierigkeiten. Mieszko mußte auch gegen seinen Stiefbruder Bezprym kämpfen, der seinen Anspruch auf die Krone mit Hilfe fremder Mächte durchzusetzen suchte.

Der Anspruch der polnischen Herrscher auf die mit der Königswürde verbundene Rangerhöhung war im Reich als Provokation empfunden worden. Als sich ein Bündnis zwischen Konrad II., Knut dem Großen und den Liutizen abzeichnete, griff Mieszko 1028 zu den Waffen und verwüstete das Land bis zur Elbe. Im Sommer des folgenden Jahres ging der Kaiser zum Gegenangriff über, doch der Feldzug scheiterte vor der starken Festung Bautzen. Im Winter 1030 griff Mieszko wieder an, diesmal mit liutizischer Hilfe. Der Krieg dauerte an, aber dann brach Mieszkos Herrschaft zusammen. Im Bunde mit Konrad II. und Jaroslaw von Kiew zwang ihn sein Stiefbruder Bezprym zur Flucht. Bezprym übernahm die Herrschaft, begnügte sich aber mit dem bloßen Herzogstitel und tat dies durch eine symbolische Geste kund. Er sandte dem Kaiser den Stein des

Anstoßes, die polnische Königskrone. Nach Bezpryms Ermordung im Jahre 1032 kehrt Mieszko wieder zurück. Auch er verzichtete nun auf die Königswürde, gab im Frieden von Merseburg im September 1032 die Eroberungen seines Vaters, die Lausitz, Bautzen und das Milzenerland, zurück und erkannte die hegemoniale Stellung des Kaisers an.

Dem polnischen Herzog blieb wenig Zeit, um die Lage wieder zu stabilisieren. Er starb schon im Jahre 1034, und weder seine Witwe Richeza noch sein Sohn Kasimir bekamen das Land in den Griff. Die Königswürde war dahin, das Ansehen des Herrscherhauses geschmälert und die Eroberungen Boleslaw Chrobrys waren zum größten Teil verlorengegangen. Dynastische Wirren, frondierende Adelsgruppen, Bauernaufstände und eine heidnische Reaktion stürzten das Land ins Chaos. Schon nach drei Generationen war die große Zeit des piastischen Herrschergeschlechts vorüber. Polen sollte in den folgenden drei Jahrhunderten nur noch eine bescheidene Rolle spielen.

Am 6. September 1032 starb König Rudolf III. von Burgund. Nun brauchte auch der Kaiser an der Ostgrenze des Reiches dringend Frieden, zumindest eine Atempause, denn es galt, das Königreich Burgund dem Imperium anzugliedern. Schon längst hatten die Burgunderkönige die Hegemonie des deutschen Königs anerkennen müssen, und der Anschluß Burgunds an das Reich stand seit Jahrzehnten auf dem außenpolitischen Programm. Das lange Leben des kinderlosen Königs, der von 993 bis 1032 regierte, hatte bisher den Zugriff verhindert. Konrad II. hatte Rudolf III. gezwungen, die mit Heinrich II. getroffene Nachfolgeregelung zu erneuern.

Eine Gesandtschaft aus Burgund überbrachte nun dem Kaiser die burgundische Krone und die Reichsinsignien. Ein Teil des burgundischen Adels erkannte ihn damit als seinen neuen Herrscher an. Das war ein staatsrechtlich wichtiger Akt, aber noch keine politische Entscheidung. Denn gleichzeitig trat ein französischer Thronprätendent hervor, Graf Odo II. von der Champagne, einer der mächtigsten nordfranzösischen Barone. Als Neffe des Burgunderkönigs konnte er erbrechtliche Ansprüche geltend machen, die ihn als Nachfolger im Königreich Burgund legitimierten. Das dynastische Erbrecht, das er den vertraglich fundierten Ansprüchen des Kaisers entgegensetzte, galt viel in jener Zeit. Deshalb fand er Unterstützung in burgundischen Adelskreisen. Er nutzte die Tatsache, daß der Kaiser noch im Osten beschäftigt war, um große Teile Burgunds seiner Herrschaft zu unterwerfen. Der Aufstieg zum König von Burgund war greifbar nahe, als der Erzbischof von Vienne auf seine Seite trat und sich zur Krönung bereit erklärte.

Der Kaiser handelte rasch und energisch. Militärische Operationen und diplomatische Aktionen miteinander verbindend, zwang er den Rivalen in die Knie. Leicht war das nicht. Die kriegerischen Erfolge des Winterfeldzuges 1033 waren gering. Bei extremer Kälte scheiterte die Belagerung der Festungen Murten und Neuenburg. Staatsrechtlich bedeutungsvoll war jedoch die Krönung Konrads II. zum König von Burgund, die am 2. Februar 1033 in der von Kaiserin Adelheid gestifteten Kirche zu Payerne (Peterlingen) im Kanton Waadt vollzogen wurde. Auf der Habenseite konnte der Kaiser auch die Anerkennung seiner Herrschaft durch die Königinwitwe Ermen-

Siegel der Königin Richeza von Polen.
Richeza lebte nach ihrer Vertreibung aus Polen 1036 auf ihren ererbten Besitzungen am Niederrhein und in Thüringen. Auf einer Urkunde von 1054 für die Abtei Brauweiler, die Richeza besonders reich beschenkte, findet sich ihr Siegel mit dem Brustbild der Königin, das älteste im Original erhaltene Damensiegel Deutschlands.

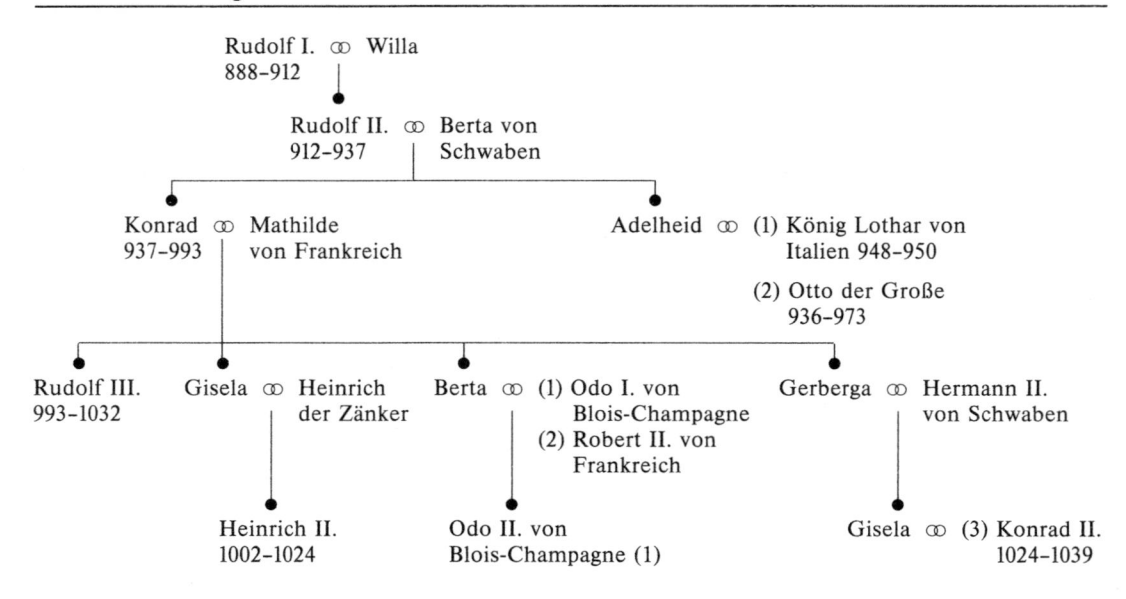

```
Rudolf I. ⚭ Willa
888-912
    │
    Rudolf II. ⚭ Berta von
    912-937      Schwaben
        │
┌───────┴───────────────────────────────────────┐
Konrad ⚭ Mathilde                   Adelheid ⚭ (1) König Lothar von
937-993  von Frankreich                         Italien 948-950
    │                                        (2) Otto der Große
    │                                            936-973
┌───┬──────────┬──────────────────┐
Rudolf III.  Gisela ⚭ Heinrich   Berta ⚭ (1) Odo I. von      Gerberga ⚭ Hermann II.
993-1032             der Zänker          Blois-Champagne              von Schwaben
                        │            (2) Robert II. von                  │
                        │                Frankreich                      │
                    Heinrich II.      Odo II. von               Gisela ⚭ (3) Konrad II.
                    1002-1024         Blois-Champagne (1)                1024-1039
```

Stammtafel des burgundischen Königshauses.

gard und den Grafen von Savoyen verbuchen. Die Grafschaft Savoyen war wichtig wegen der Beherrschung der Verbindungswege zwischen Italien und Burgund.

Durch ein Bündnis mit dem neuen französischen König Heinrich I. (1031-1060) bereitete der Kaiser den nächsten Schlag vor. Der französische König befand sich in bedrängter Lage und war an einer Machtsteigerung und Rangerhöhung seines stets unruhigen und ehrgeizigen Vasallen nicht interessiert. Das politische Bündnis wurde durch die Verlobung des französischen Königs mit Konrads Tochter Mathilde besiegelt. Der Kaiser konnte nun den Krieg ins Herzland des Gegners, in die Champagne, tragen. Das Land wurde furchtbar verwüstet. Der Graf unterwarf sich, gab aber die Hoffnung auf den Erwerb der burgundischen Krone nicht auf.

Erst im dritten Anlauf konnte der Kaiser seinen Rivalen im Kampf um Burgund aus dem Felde schlagen. Im Sommer des Jahres 1034 fiel er mit überlegenen militärischen Kräften von Norden und Süden her in Burgund ein. Während er mit dem deutschen Heer über Basel nach Genf vorstieß, überschritten italienische Aufgebote unter Erzbischof Aribert von Mailand und Markgraf Bonifaz von Tuszien den Großen Sankt Bernhard. Zum ersten Mal kämpfte ein italienisches Heer im Dienste des Kaisers im Raum nördlich der Alpen. War das ein Zeichen für ein wachsendes Reichsbewußtsein auch bei den oberitalienischen Fürsten? Nachdem sich die deutschen und italienischen Truppen im Rhônetal vereinigt hatten, rückten sie auf Genf vor. Der gewaltigen Militärmacht des Reiches hatte Graf Odo wenig entgegenzusetzen. Er wich einer Schlacht aus und zog sich zurück. Nur das stark befestigte Murten wurde von seiner Besatzung ein weiteres Mal tapfer verteidigt und mußte im Sturm genommen werden.

Mit dem triumphalen Einzug des Kaisers in Genf und der Huldigung durch die burgundischen Fürsten ging der Burgundische Erbfolgekrieg zu Ende. Am 1. August 1034 wurde der Kaiser, »unter der

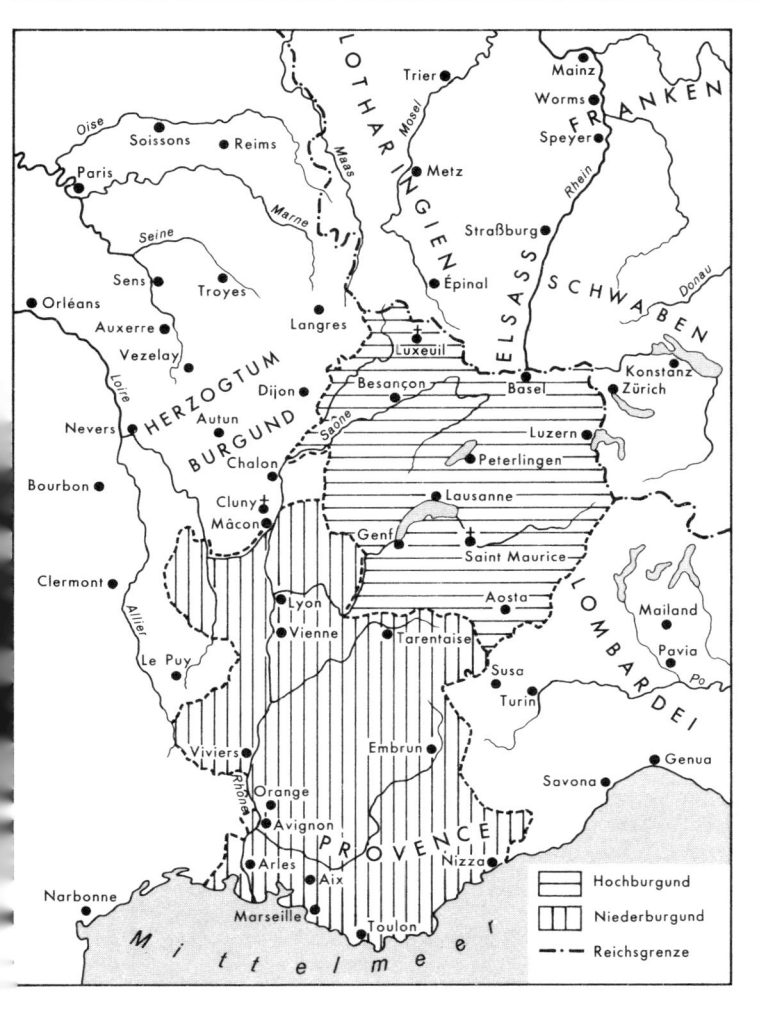

Das Königreich Burgund

Krone« gehend, im feierlichen Zuge von den deutschen, italienischen und burgundischen Größen in die Genfer Peterskirche geleitet, wo das Fest Petri Kettenfeier begangen wurde. Mit diesem glanzvollen Zeremoniell sollte die Vereinigung des Königreichs Burgund mit Deutschland und Italien sinnfällig zum Ausdruck gebracht werden. Das war mehr als eine bloße Personalunion.

Das Imperium Romanum umschloß seit 1034 die drei Königreiche Deutschland, Italien und Burgund. Mit der Einbeziehung Burgunds hatte das römisch-deutsche Kaiserreich eine beachtliche territoriale Erweiterung erfahren. Ein Erfolg Odos von der Champagne hätte wahrscheinlich tiefgreifende politische Folgen gehabt. Der mächtige, ehrgeizige und tatkräftige Graf wäre als Herrscher über Burgund in der Lage gewesen, im Bunde mit antikaiserlich gesinnten lombardischen Fürsten die deutsche Stellung in Oberitalien ins Wanken zu bringen.

Das tatkräftige Handeln Konrads II. hatte diese Gefahr gebannt. Der Kaiser hatte ein Reich der Mitte geschaffen, das sich von der

Nordseeküste und der deutsch-dänischen Grenze an Eider und Schlei bis zu den langobardischen Fürstentümern im Süden der Apenninhalbinsel erstreckte. Die Herrschaft des Kaisers über diesen gewaltigen Raum war natürlich von unterschiedlicher Intensität. Namentlich in Burgund unterstand nur der Norden seiner unmittelbaren Gewalt, während er weiter im Süden den regionalen Kräften das Feld überlassen und sich mit einer lockeren Oberhoheit begnügen mußte. Aber immerhin war mit der Annektion Burgunds ein wirtschaftlich und kulturell weit entwickeltes Gebiet mit alten und bedeutsamen Städten wie Genf, Lyon, Besançon, Vienne, Arles und Marseille an das Reich gefallen. Rhein und Rhône flossen nun innerhalb des Reiches. Die Rheinstraße, die wichtigste Verkehrsader Deutschlands, und ihre Fortsetzung, der Weg durch das Rhônetal, gehörten dem gleichen politischen Verband an. Nicht weniger wichtig waren auch die burgundischen Alpenpässe, der Große Sankt Bernhard, der Mont Cenis, der Simplon und der Mont Genèvre. Alle Alpenpässe waren nunmehr im Besitz des Reiches. Die Zugehörigkeit Burgunds zum Reich diente damit auch der Sicherung der deutschen Herrschaft in Italien.

2. Zeit der Bewährung

Italien sollte freilich die Kräfte des Kaisers noch einmal mit Entschiedenheit fordern. Hohe Politik und fürstliches Machtstreben führten zu neuen Kämpfen, die durch soziale Spannungen verstärkt wurden. Die Spitzen der oberitalienischen Gesellschaft, der Episkopat und die großen Markgrafengeschlechter, strebten nach dem Ausbau ihrer Herrschaft, wurden dabei aber nicht nur durch ihre eigene Rivalität gebremst, sondern auch durch die Emanzipationsbestrebungen der Stadtbevölkerung und des Rittertums.

Um die Jahrtausendwende vollzog sich in Italien ein spürbarer wirtschaftlicher Aufschwung, am gravierendsten in den Seestädten Venedig, Genua und Pisa, aber auch in zahlreichen oberitalienischen Städten des Binnenlandes. Das wachsende Selbstbewußtsein der wirtschaftlich und sozial aufstrebenden Bürgerschaft geriet mancherorts in Konflikt mit dem bischöflichen Stadtherrn, in dessen Händen zumeist die für das Wirtschaftsleben der Stadt so entscheidenden Regalien wie Münz-, Markt-, Zoll- und Geleitsrecht lagen. Die in Handel, Handwerk und Gewerbe tätige Bevölkerung der oberitalienischen Städte meldete ihren Anspruch auf Mitbestimmung und kommunale Selbstverwaltung an.

Ein stärkeres Selbstbewußtsein und Ehrgefühl regte sich auch in den Kreisen der kleinen Vasallen. Diese »Valvassoren« waren einfache Ritter, die zwar einen adligen Lebensstil anstrebten, sich aber ihren Lehnsherren gegenüber meist in einer wirtschaftlich und rechtlich ungesicherten Position befanden. Um die Gefahr eines sozialen Abstiegs zu bannen, mußten sie gegen den erbitterten Widerstand ihrer Herren die Anerkennung der Erblichkeit ihres Lehnsbesitzes erringen.

Es war gerade der reichs- und kaisertreue Erzbischof Aribert von Mailand, dessen Politik die Krise auslöste. Der herrische und machtbewußte Kirchenfürst, schon längst die herausragende Gestalt unter den italienischen Bischöfen, vermehrte den Grundbesitz seiner Kirche, stärkte mit allen Mitteln die Macht seines Erzbistums und war auf dem besten Wege, so etwas wie einen Mailänder Kirchenstaat zu begründen. Ohne Konflikte mit den Betroffenen ging das natürlich nicht ab. Als der Erzbischof 1035 einem angesehenen Ritter seine Lehen entzog, entlud sich der aufgestaute Unmut der kleinen Vasallen in einer wilden Rebellion. Die Mailänder Ritterschaft war dem Erzbischof zunächst nicht gewachsen, fand aber in anderen Regionen Unterstützung. Der »Valvassorenaufstand« breitete sich aus.

Das soziale Gefüge der Lombardei geriet ins Wanken. Gegen die Valvassoren schlossen sich nun auch die weltlichen und geistlichen Fürsten mit der Spitzengruppe der Lehnsträger, den »Capitanen«, zusammen. Oberitalien war in zwei große Lager gespalten. Auf dem Campo Malo zwischen Mailand und Lodi kam es zum Kampf. In der blutigen Schlacht, in der Bischof Alderich von Asti fiel, behaupteten die Valvassoren das Feld. Aber mit den Waffen war der Konflikt nicht zu lösen. Beide Parteien riefen nach ihrem Herrn, dem Kaiser. »Wenn Italien nach dem Gesetz hungert, so will ich es mit Gottes Hilfe mit Gesetzen sättigen«, soll der Kaiser auf den Hilferuf geantwortet haben.[15]

Im Dezember des Jahres 1036 überschritt der Kaiser mit einem stattlichen Heer die Alpen, feierte Weihnachten in Verona und zog über Brescia und Cremona weiter nach Mailand. Aribert empfing den Kaiser mit großer Pracht in der Kirche des heiligen Ambrosius. Doch schon am nächsten Tage kam es zu einer Revolte der Mailänder Bürgerschaft gegen den Kaiser, an deren Ausbruch der Erzbischof vielleicht nicht ganz unschuldig war. Der Kaiser lud Aribert zu einem Hof- und Gerichtstag, der im März 1037 in Pavia stattfand. Mit stolzen Worten weigerte sich der Erzbischof, vor dem Richterstuhl des Kaisers zu erscheinen und auf die Anschuldigungen gegen ihn zu antworten. Der Kaiser war ihm zwar zu großem Dank verpflichtet, aber damit hatte der hochfahrende Prälat seinen Kredit überzogen. Konrad reagierte mit größter Härte. Er ließ den Erzbischof als Hochverräter verurteilen und in Haft nehmen. Der Kaiser schien Herr der Lage, doch der Schein trog.

Dem Erzbischof gelang die Flucht. Sein Bewacher, Patriarch Poppo von Aquileja, fiel in Ungnade und mußte sich vor dem Zorn des Kaisers in Sicherheit bringen. Aribert floh nach Mailand und fand dort Zuflucht. Die Bevölkerung dieser großen und stark befestigten Metropole stellte sich hinter ihren Erzbischof. Die Bedrohung durch den Kaiser und die mit ihm verbündeten gewalttätigen weltlichen Herren schuf in Mailand eine Allianz zwischen dem erzbischöflichen Stadtherrn und der Bürgerschaft. Mit einem gewaltigen Heer erschien der Kaiser vor den Mauern der Stadt; der Thronfolger hatte Verstärkungen aus Deutschland herangeführt, und Aufgebote aus ganz Reichsitalien waren zusammengerufen worden. Die Umgebung der Stadt wurde in der üblichen Weise verwüstet, die Besitzungen der Mailänder Kirche und der Bürger geplündert und zerstört. Der Sturmangriff des kaiserlichen Heeres am 19. Mai 1037 scheiterte aber schon im Vorfeld an einem Ausfall der Mailänder. Die Schlacht kostete Opfer auf beiden Seiten, brachte aber keine Entscheidung.

Im Lager vor Mailand erließ der Kaiser am 28. Mai 1037 sein berühmtes Lehnsgesetz, die »Constitutio de feudis«.[16] Aufgabe dieses wichtigen Gesetzes war es, die Capitane und Valvassores miteinander zu versöhnen und ihre wechselseitigen Lehnsbeziehungen auf eine gesicherte rechtliche Grundlage zu stellen. Allen Vasallen, auch den kleinen Valvassoren, wurde die Erblichkeit ihrer Lehen garantiert. Durch die Einrichtung von Lehnsgerichten, die von den Standesgenossen besetzt werden sollten, wurden die Vasallen vor willkürlichem und unrechtmäßigem Verlust ihrer Güter geschützt. Die von Recht und Sitte vorgeschriebenen Geschenke an die Lehnsherren in Form von Pferden und Waffen sollten auch künftig geleistet werden. Es kam dem Kaiser nicht zuletzt darauf an, die kriegstüchtigen kleinen Ritter für sich zu gewinnen. Gelang dies, so konnten sie als Gegengewicht gegen den Episkopat und die oberitalienischen Markgrafengeschlechter zu einer wesentlichen Stütze der kaiserlichen Herrschaft werden.

Wenig später brach der Kaiser die Belagerung ab. Die Hitze des Sommers drohte, vor allem aber hatte ein fürchterliches Unwetter, das am heiligen Pfingstsonntag aus heiterem Himmel hereingebrochen war, die abergläubischen Gemüter im kaiserlichen Heer in Furcht und Schrecken versetzt. Mehr als sechzig Menschen wären vom Blitz erschlagen worden, andere hätten, erzählte man sich, vor Angst den Verstand verloren.[17] Hatte nicht der Himmel selbst den Kampf gegen die ehrwürdige Stadt des heiligen Kirchenvaters Ambrosius als Frevel gebrandmarkt? Dem Kaiser blieb wohl nichts anderes übrig, als diesen Stimmungen Rechnung zu tragen, aber er selbst wagte in seinem Kampf gegen den rebellischen Erzbischof einen letzten, ganz unerhörten Schritt: Er setzte Aribert ab und ernannte den Mailänder Domherrn Ambrosius zum neuen Erzbischof. Diese scharfe Maßnahme erregte Aufsehen und auch Mißfallen, denn Konrad handelte allein aus kaiserlicher Machtvollkommenheit und verzichtete darauf, seinen Willen durch ein geistliches Gericht wenigstens formal absichern zu lassen.

Erzbischof Aribert ließ sich nicht beeindrucken. »Ich habe dem Kaiser zur Krone verholfen, ich werde sie ihm wieder nehmen«, soll er gesagt haben.[18] Im Bunde mit einigen anderen oberitalienischen Bischöfen bot er dem Grafen Odo von der Champagne nicht nur die italienische Königswürde, sondern auch die Kaiserkrone an. Der Graf hatte gerade einen Feldzug nach Lotharingien gemacht, um in Abwesenheit des Kaisers Rache für seinen Mißerfolg in Burgund zu nehmen. Für ihn war der Burgundische Erbfolgekrieg noch nicht zu Ende. Aber es kam anders. Das Komplott der italienischen Bischöfe mit dem französischen Grafen blieb nicht verborgen. Den Erzbischof schützten zwar die starken Mauern Mailands, aber die drei anderen Rädelsführer, die Bischöfe Peter von Piacenza, Arderich von Vercelli und Hubald von Cremona, wurden gefangengenommen, des Hochverrats überführt und nach Deutschland in die Verbannung geschickt. Der Kaiser zwang auch noch Papst Benedikt IX., über Aribert, den mächtigsten Kirchenfürsten der Lombardei, die Strafe der Exkommunikation zu verhängen.

Im Vertrauen auf einen Erfolg seiner italienischen Verbündeten wagte Odo erneut einen Angriff auf Lotharingien. Sein Ziel war Aachen. Er rühmte sich, er werde in der Aachener Pfalz Weihnachten feiern. Der Symbolwert der Pfalz Karls des Großen war unermeßlich. Wenn Odo wirklich Kaiserträume hegte – und für einen Fürsten jener Zeit waren kühne Pläne ein Lebenselixier –, dann mußte er seinen Anspruch erst einmal durch den Besitz der nordalpinen Kaiserstadt anmelden. Aber der Graf sollte so weit nicht kommen. Der lotharingische Herzog Gozelo I. (1023–1044) zog dem Angreifer entgegen, unterstützt von seinem Sohn Gottfried dem Bärtigen, dem Grafen Albert von Namur, dem elsässischen Grafen Gerhard und den Aufgeboten der Bischöfe von Metz und Lüttich. Bei Bar-le-Duc an der Marne trafen die Heere am 15. November 1037 aufeinander. Die Tapferkeit des Bischofs Reginard von Lüttich entschied die Schlacht, eine der größten und blutigsten jener Zeit. Odo wurde auf der Flucht erschlagen. Seiner Waffen und Kleider beraubt, fand man den Leichnam des Grafen erst am Tage nach der Schlacht und übergab ihn seiner Gemahlin Ermengard zur Bestattung. Als Zeichen des Sieges sandte der Herzog das erbeutete Banner des Grafen dem Kaiser nach Italien.

Die Gefahren, die von einem Zusammenwirken unzufriedener italienischer Kirchenfürsten mit dem tatendurstigen Odo von der Champagne ausgingen, waren gebannt, aber für den Kaiser gab es in Italien noch genug Probleme. Mailand war noch unbezwungen, und ein Aufstand der Bewohner von Parma brachte den Kaiser in Bedrängnis. Straßenkämpfe zwischen den Deutschen und den Bürgern von Parma kosteten Opfer auf beiden Seiten; Brände wurden gelegt, die Stadt zur Plünderung freigegeben, ein Teil ihrer Mauern geschleift.[19] Der Kaiser demonstrierte Härte, um ähnlichen Revolten vorzubeugen.

Er hatte dabei auch den Süden der Apenninhalbinsel nicht aus den Augen verloren. Das Land wurde wie immer von Fehden und Gewalttaten erschüttert. Fürst Pandulf IV. von Capua (1027–1038) hatte sich zum Herzog von Gaeta und zum Herrn der mächtigen Abtei Monte Cassino gemacht. Seine Rivalen im Kampf um die Vorherrschaft waren die Fürsten Waimar IV. von Salerno (1016–1052) und Pandulf von Benevent sowie der Herzog Sergius IV. von Neapel. Hin und wieder gab es arabische Angriffe, und auch Byzanz, wegen der Bemühungen um die Rückeroberung Siziliens zu einer aktiven Süditalienpolitik nicht fähig, suchte im trüben zu fischen.

Im Frühjahr 1038 zog der Kaiser nach Süden, um seine Herrschaft über die langobardischen Fürstentümer wieder zur Geltung zu bringen. Schwer war das nicht. Der Übermacht des kaiserlichen Heeres fühlte sich Pandulf von Capua nicht gewachsen und floh nach Konstantinopel. Fürst Waimar von Salerno, von Konrad auch mit Capua und Gaeta belehnt, wurde nun zur beherrschenden Gestalt im Süden. Er erkannte zwar die Oberhoheit des Kaisers an, beteiligte sich aber auch als Bundesgenosse der Byzantiner am Kampf um Sizilien.

Der Feldzug nach Süditalien, der bis an den Rand des byzantinischen Machtbereichs geführt hatte, war ohne Zweifel ein Erfolg. Allerdings übertreibt der Biograph Konrads, wenn er schreibt: »Der Kaiser aber zog bis an die Grenze seines Reiches, schuf nach Gesetz und Recht Ordnung in Troja, Benevent, Capua und anderen Städten Apuliens, schlichtete durch sein bloßes Gebot Streitigkeiten zwischen den normannischen Einwanderern und den Einheimischen, beseitigte alle dem Reich drohenden Gefahren und kehrte erfolgreich nach Ravenna zurück«.[20]

Aber diesmal gelang es dem Kaiser nicht, das Reichsheer rechtzeitig aus der Gluthitze des italienischen Sommers in kühlere Regionen zu führen. Seuchen brachen aus; unter den zahlreichen Opfern war auch die junge Königin Gunhild. An einen Angriff auf das noch immer widerspenstige Mailand war nicht zu denken. Der Kaiser befahl den Rückzug über den Brenner nach Deutschland.

Das scharfe Vorgehen gegen den Erzbischof Aribert, der Kampf um Mailand und das im Lager vor dieser Stadt erlassene Lehnsgesetz zugunsten der Valvassoren lassen schlaglichtartig die Haltung Konrads gegenüber den verschiedenen gesellschaftlichen Gruppen erkennen. Diese Auseinandersetzungen waren zwar durch aktuelle politische Konflikte heraufbeschworen worden, ihre tieferen Ursachen aber lagen in grundsätzlicheren Verwerfungen.

Da war zunächst das Verhältnis zur Kirche. Konrad setzte die Reichskirchenpolitik seines Vorgängers konsequent fort. Aber während Heinrich II. seine Herrschaft über die Kirche mit der Aura seines eigenen Priesterkönigtums umkleidet und auf eine subtile Weise gemildert hatte, beanspruchte der Salier ohne jede Verbrämung die uneingeschränkte Herrschaft über die Reichskirche. Er setzte

Der Kaiser mit Krone, Schwert und Schild als Initiale. Kopie einer Urkunde Konrads II. vom 14. September 1031 für die Abtei Fulda im Codex Eberhardi (Mitte 12. Jahrhundert).

Bischöfe und Äbte ein, stellte ihre Bistümer und Klöster in den Dienst des Reiches und scheute nicht davor zurück, kirchliche Ämter gegen die Zahlung beträchtlicher Geldsummen zu vergeben. Bischöfe und Äbte waren für ihn Diener der Kirche und Beamte des Reiches zugleich, auf deren Treue und Zuverlässigkeit der Herrscher angewiesen war. Das erklärte auch das rigorose Vorgehen gegen unbotmäßige Bischöfe wie Aribert von Mailand, Burchard von Lyon, Peter von Piacenza, Arderich von Vercelli oder Hubald von Cremona.

Als »Stellvertreter Christi« beanspruchte der Kaiser kraft seiner sakralen Legitimation die volle Verfügungsgewalt über die Kirche. Wenig später sah man das anders, und als sich die Gedanken der strengen gregorianischen Kirchenreformbewegung durchzusetzen begannen, wurde er als Simonist gebrandmarkt und von der lichten Gestalt seines Vorgängers, Heinrichs des Heiligen, abgehoben. Dabei hatte auch Konrad II. die Reichskirche gefördert und gestärkt und die von Lotharingien ausgehende Klosterreform begünstigt, vermutlich mehr im Interesse des Reiches als aus innerem religiösen Engagement.

Konrad II. fühlte sich auch als Herr der Päpste, denen er wenig Achtung und Ehrfurcht entgegenbrachte. Als er zur Kaiserkrönung in Rom erschien, leistete er dem Papst weder den üblichen Sicherheitseid noch fand er sich bereit, die Privilegien zu bestätigen, die seine Vorgänger den Päpsten erteilt hatten. Zwar überließ er die Stadt Rom den Grafen von Tuskulum und ihren Päpsten, aber er beanspruchte kraft kaiserlicher Autorität die Oberhoheit über die als Patrimonium Petri, als »Erbgut des heiligen Petrus«, aufgefaßten päpstlichen Besitzungen. Die Stadt Rom selbst interessierte Konrad zunächst weniger. So kam es, daß er, der »Kaiser der Römer«, nur einmal in seinem Leben die Ewige Stadt betreten hat, obgleich er in seinen späteren Regierungsjahren die römische Wurzel seines Kaisertums stark betonte. Der Kontrast zur rombezogenen Kaiseridee Ottos III. wird deutlich.

Der Heilige Vater wurde fast zum Vollziehungsgehilfen des Kaisers degradiert. Wenn der Kaiser ihn brauchte, ließ er ihn kommen. Im Streit zwischen dem Patriarchen Poppo von Aquileja und Venedig mußte der Papst zugunsten des kaisertreuen Poppo entscheiden, und im Konflikt mit Aribert von Mailand schleuderte er auf Befehl des Kaisers den Bannstrahl gegen den wider kanonisches Recht abgesetzten Erzbischof. Eine demütigende Behandlung widerfuhr dem Papst Johannes XIX. im Zusammenhang mit einem Rangstreit zwischen dem Bischof Warmann von Konstanz und dem Abt Berno von Reichenau, von dem Hermann der Lahme in seiner Chronik zum Jahr 1032 berichtet:

Abt Berno von Reichenau schickt die Privilegien seines Klosters nach Rom und erhält von Papst Johannes das Privileg, im bischöflichen Ornat die Messe zu lesen, dazu auch die Sandalen. Der darüber empörte Bischof Warmann von Konstanz verklagt ihn deswegen beim Kaiser wegen der widerrechtlichen Anmaßung seines Amtes und seiner Würde. Der Abt wird von beiden solange bedrängt, bis er das Privilegium und die Sandalen dem Bischof übergibt, der beides öffentlich auf seiner Synode am Gründonnerstag des folgenden Jahres verbrennen läßt.[21] Mag diese Geschichte nicht mehr sein als eine Arabeske, so offenbart sie doch, welches geringe Ansehen die Päpste damals nördlich der Alpen genossen.

Konrad hat zielbewußt die weltlichen Fundamente der Monarchie gestärkt. Er vermehrte das Reichsgut und war mit Schenkungen an die Kirche sehr zurückhaltend, von der Ausstattung für das salische Hauskloster Limburg an der Haardt und das Bistum Speyer einmal abgesehen. Er bemühte sich, die weltlichen Herren stärker an Kaiser und Reich zu binden. Deutlich wird dies vor allem in Italien, wo die deutsche Herrschaft in der ottonischen Periode vorrangig auf

Konrad II. als Stifter des Speyerer Domes.
Holzschnitt in der »Sachsenchronik« von 1490.

der Koalition mit dem Episkopat beruhte. Auch Konrad verzichtete nicht auf diesen Stützpfeiler seiner Macht, sondern verstärkte ihn vielmehr durch eine konsequente Personalpolitik, indem er zahlreiche Bistümer und Abteien an Geistliche deutscher Herkunft verlieh. Selbst die ferne Abtei Monte Cassino erhielt 1038 mit dem aus Niederaltaich kommenden Mönch Richer einen deutschen Abt. Der Kaiser gewann aber auch große Teile der oberitalienischen Aristokratie für sich, vor allem die mächtigen Markgrafengeschlechter der Aledramiden und Otbertiner.

Das Eintreten des Kaisers für die lombardischen Valvassoren ist ein klarer Beweis dafür, daß er sich bemühte, die soziale Basis der Monarchie zu verbreitern. Er besaß offenkundig einen wachen Blick für die wachsende Bedeutung der militärisch wichtigen Schicht der kleinen Ritter und war deshalb auch in Deutschland bestrebt, sie für sich zu gewinnen. »Die Herzen der Ritter gewann er durch sein Verbot, den Nachfahren die angestammten Lehen der Vorfahren zu entziehen, für sich. Außerdem meinen sie, es gäbe auf der ganzen Welt niemanden, der sie so wie er durch Freigebigkeit zu tapferen Taten anspornt«, berichtet Wipo.[22] Der Aufstieg der kleinen Dienstmannen zum Ritterstand kündigte sich an. Es formierte sich eine Schicht von Reichsdienstmannen, deren große Stunde unter den Kaisern aus staufischem Hause schlagen sollte.

Natürlich war und blieb Konrad als Monarch das Haupt der hierarchisch aufgebauten Adelsgesellschaft, aber er bemühte sich sichtlich, ein »volksnaher Herrscher« zu sein und schenkte den unteren Ebenen der Gesellschaftspyramide mehr Aufmerksamkeit als seine mit großen imperialen Ideen beschäftigten Vorgänger. In Deutschland förderte er auch die Entwicklung städtischen Lebens, während er in Italien mit den unruhigen und höchst reizbaren Bewohnern der Städte schlechte Erfahrungen machte und mehrfach hart zurückschlug. Die bedeutende Rolle, die die Geschichte der mittelalterlichen Stadt und ihrem Bürgertum zugedacht hatte, konnte er sicher noch nicht erkennen.

Die Politik des Kaisers, die darauf abzielte, die Grafen, die freien Herren und die zahlreichen kleinen Ritter unmittelbar an den Herrscher zu fesseln, trug Früchte. Als sich sein Stiefsohn, Herzog Ernst II. von Schwaben, zum wiederholten Mal im Vertrauen auf sein großes Gefolge gegen den Kaiser stellte, verweigerten ihm seine Mannen den Gehorsam. Auf seinen Appell an ihre Ehre und Treue gegenüber ihrem Herzog, antworteten ihm im Namen der übrigen die beiden Grafen Friedrich und Anselm:

Wir wollen nicht leugnen, daß wir Euch unverbrüchliche Treue gelobt haben gegen alle, ausgenommen den einen, der uns an Euch übergeben hat. Wären wir Knechte unseres Königs und Kaisers und von ihm Euch zu eigen übergeben, dann dürften wir uns von Euch nicht trennen. Aber wir sind frei, und der oberste Schutzherr unserer Freiheit auf Erden ist unser König und Kaiser; verlassen wir ihn, so verlieren wir unsere Freiheit, von der geschrieben steht, daß sie ein rechtschaffener Mann nur mit seinem Leben aufgeben darf. Unter diesen Umständen wollen wir Euch in allen ehrenhaften und rechten Dingen Folge leisten. Verlangt Ihr aber etwas anderes, dann werden wir freiwillig zu dem zurückkehren, der uns Euch übergeben hat.[23]

Die schwäbischen Vasallen stellten also die Treue zum König und Kaiser über die zu ihrem unmittelbaren Lehnsherrn. Herzog Ernst mußte sich erneut unterwerfen, verlor sein Herzogtum und wurde auf der als Staatsgefängnis dienenden Burg Giebichenstein bei Halle an der Saale gefangengesetzt. Sehr lange blieb er nicht in Haft. Die Krönung seines Halbbruders Heinrich zum deutschen König Ostern 1028 bot Gelegenheit, den Zwist im Herrscherhause beizulegen, der vor allem für die Mutter des jungen Herzogs, die Kaiserin Gisela, schmerzlich war. Ernst erhielt das Herzogtum Schwaben zurück, aber es gab doch keinen Frieden. Graf Werner von Kiburg, ein Freund und treuer Gefolgsmann des Herzogs, hatte den Kampf gegen den Kaiser fortgesetzt, war geächtet worden und beunruhigte durch seine Fehden das Land. Der junge Herzog weigerte sich, gegen den Freund zu kämpfen. Vor ein Fürstengericht nach Ingelheim geladen, wurde er als Hochverräter verurteilt, verlor sein Herzogtum und wurde mit dem Kirchenbann belegt. Das Herzogtum Schwaben erhielt sein jüngerer Bruder Hermann IV. (1030–1038).

Herzog Ernst bäumte sich gegen das Schicksal auf. Dem Freund hielt er die Treue, aber mehr als ein kurzes abenteuerliches Räuberleben auf verwunschenen Schwarzwaldburgen war ihm nicht mehr beschieden. Am 17. August 1030 wurde er im Kampf getötet. Wipo erzählt vom Ende des sagenumwobenen Herzogs:

Bei seiner neuerlichen Rückkehr nach Schwaben setzte sich Herzog Ernst im einsamen Schwarzwald an gut geschützten Plätzen fest und lebte eine Zeitlang von kümmerlicher Beute. Als ihn endlich kaiserliche Truppen ringsum eingeschlossen hatten, gelang es durch eine List einigen Leuten des Kaisers, die trefflichen Pferde des Herzogs und aller sei-

ner Leute beim Weiden abzufangen. Nach dieser Einbuße wußte der Herzog, der sich auf die Pferde verlassen hatte, ratlos in seiner Not nicht mehr aus und ein; trotzdem beschaffte man sich in der Umgebung allerlei Pferde, wie man sie gerade bekommen konnte; dann verließ er das Waldgebirge mit allen Leuten, die er noch hatte; hielt er doch einen ehrlichen Tod für besser als ein schmähliches Leben. So kamen sie ins schwäbische Waldgebirge Baar; hier stießen sie auf ein leeres Lager, das nachts zuvor ihre Gegner benutzt hatten. Da merkten sie, daß man ihnen auf der Spur war. Manegold nämlich, ein von der Abtei Reichenau mit reichen Lehen ausgestatteter Vasall des Kaisers, war vom Kaiser und von Bischof Warmann von Konstanz, der damals als Vormund Herzog Hermanns in Schwaben waltete, zur Sicherung aufgeboten worden, um Herzog Ernst in dieser Gegend am Rauben und Brennen zu hindern. Da wurden Herzog Ernst und seine Begleiter sehr froh, denn sie glaubten, sich rasch für ihre Unbill an dem Feind rächen zu können, eilends nahmen sie die Verfolgung ihrer Verfolger auf. Graf Manegold und seine Leute hatten in der gleichen Absicht hie und da durch Erkundungen wachsam die Wege des Herzogs beobachtet. Bei dieser Gelegenheit nun kamen beide einander so nahe, daß sie sich sehen und anrufen konnten. Aber auf Manegolds Seite stand viel mehr Kriegsvolk als auf der Seite des Herzogs. Gleich begegneten alle einander in hitzigem Kampfe; die Herzoglichen trieb Wut und wilder Trotz; die anderen lockte Ruhm und Lohn. Die Leute des Herzogs dachten nicht mehr ans Überleben und fanden alle einen schnellen Tod. Auch der Herzog schonte niemanden und fand deshalb in diesem Kampf keinen, der ihn schonte: Vielfach getroffen sank er schließlich tot nieder. Da fiel Graf Werner, des Herzogs Vasall, der das alles verschuldet hatte. Außer vielen anderen wurden dort die edlen Herren Adalbert und Warin erschlagen. Auf der anderen Seite fiel Graf Manegold selbst, der diesen Kampf herbeigeführt hatte und mancher andere um ihn. Die Leiche Herzog Ernsts wurde nach Konstanz überführt, kraft bischöflicher Vollmacht vom Banne gelöst und in der St. Marienkirche bestattet. Manegolds Leib wurde auf der Reichenau beigesetzt. Statt fand dieses Gefecht, das wir ewig von Herzen beklagen, am 18. August. Der Kaiser soll auf die Nachricht hin geäußert haben: »Selten bekommen bissige Hunde eigenen Nachwuchs«.[24]

Der dritte Italienzug, der im September 1038 mit der Rückkehr des deutschen Heeres in die Heimat zu Ende ging, sollte das letzte große Unternehmen des Kaisers sein. Konrad starb ein dreiviertel Jahr später am 4. Juni 1039 in Utrecht, etwa fünfzig Jahre alt. Sein Leichnam wurde in feierlichem Zuge über Köln, Mainz und Worms nach Speyer geleitet und dreißig Tage nach seinem Tode in der Krypta des Kaiserdomes beigesetzt.[25]

Wipo zollt dem Wirken des Kaisers hohes Lob: »Unermüdlich wirkte er zum größten Nutzen des Reiches, und so rasch hatte er solche Erfolge, daß es keine Zweifel daran gab, daß seit Karls des Großen Zeiten niemand des Königthrones würdiger gewesen ist als er«.[26]

Das mag übertrieben klingen. Jedoch hat die zielstrebige und auf das Machbare konzentrierte Politik des ersten Herrschers aus salischem Hause sicher wesentlich dazu beigetragen, das römisch-deutsche Reich, das nun Deutschland und Burgund, Reichsitalien und Rom umfaßte, zur mächtigsten Monarchie Europas zu machen: »Konrad II. gebührt das Verdienst, das Prinzip der weltlichen Gewalt von neuem zu allgemeinem Ansehen gebracht zu haben. Er war der Regent, der durch straffes Zusammenschließen der Macht, die er in seiner Hand hielt, eine feste Ordnung im Reiche begründete. In dieser strengen Durchführung der kaiserlichen Ansprüche und Rechte liegt der Charakter und die Größe seiner Regierung«.[27]

3. »Das Reich ohne Hauptstadt«

Überdies ruft dir, o König, Burgund zu:
Komm und zeige dich, eile herbei! Denn wankend
in ihrer Treue sind die neuen Untertanen,
wenn ihr Herr allzulange fern bleibt.[28]

Das Reich besaß keine Hauptstadt, der deutsche König keine Residenz. Mit der Wahl begann für den Herrscher ein unruhiges, wenn auch nicht rast- und zielloses Wanderleben. Viele Tage verbrachte er im Sattel, Tausende von Kilometern legte er zurück. In Krieg und Frieden durchzog er das Reich, seine Länder nördlich und südlich

Der Bamberger Reiter (um 1230). Die Reiterstatue des Kaisers im Bamberger Dom, in dem ein Papst und ein Kaiser ruhen, ist das Symbol der Macht des Reiches. Das Reiterstandbild ist nicht mit dem Pfeiler verschmolzen, an dem es steht. Roß und Reiter machen nur einen kurzen Halt. Der Blick des Herrschers ist schon wieder in die Ferne gerichtet.

Der Magdeburger Reiter auf dem Alten Markt zu Magdeburg aus der Mitte des 13. Jahrhunderts. Den Kaiser begleiten zwei Jungfrauen, die seinen Schild und Speer tragen. Es sind die »Mägde«, die der Stadt an der Elbe den Namen gegeben haben. Sie beweisen, daß das Reiterstandbild Otto den Großen darstellen soll, den die Magdeburger Bürger als den Gründer ihrer Stadt betrachten.

der Alpen. Feldzüge führten ihn nach Polen, Ungarn und Böhmen, in die Slawenländer östlich von Elbe und Saale, nach Apulien und Kalabrien. Treffend ist die besondere Art der Reichsregierung mit den Worten charakterisiert worden: »Der deutsche König betrieb sein hohes Gewerbe im Umherziehen«.[29]

Dieses Reisekönigtum war karolingisches Erbe, wie so vieles im Reich. »An Konrads Sattel hängen Karls Bügel«, sagte man, um zum Ausdruck zu bringen, daß der erste Salier ein würdiger Nachfolger Karls des Großen sei.[30] Das Volk sah seinen Herrscher, wenn er durch das Land ritt und »vom Sattel aus« regierte. So ist es gewiß kein Zufall, daß die eindrucksvollsten Darstellungen eines mittelalterlichen Herrschers Reiterstandbilder sind, der Bamberger und der Magdeburger Reiter.

Das Reich war groß und mächtig, solange seine Kaiser und Könige – Ottonen, Salier und Staufer – im Sattel saßen. Ihre spätmittelalterlichen Nachfolger stiegen aus dem Sattel, bedienten sich des bequemeren Reisewagens und ließen sich in komfortablen Residenzschlössern häuslich nieder. Mit der Macht und der Herrlichkeit des Reiches war es vorbei; natürlich nicht nur aus diesem Grunde. Etwas anderes zog herauf: das Hausmachtkönigtum des Spätmittelalters.

Konrad II. hat in seinem Hofkaplan Wipo einen Biographen gefunden, der den ersten Herrscher aus dem salischen Geschlecht oft auf der Reise durch das Reich begleiten mußte. Der Hofkaplan war kein Historiker; er wollte keine Chronik, sondern einen Fürstenspiegel schreiben, gekleidet in das Gewand der Biographie eines vorbildlichen Monarchen. Er verzichtete darauf, alle jene Orte zu nennen, die Konrad II. aufgesucht, an denen er Hoftage abgehalten, Synoden veranstaltet und die hohen Kirchenfeste gefeiert hat, und konzentrierte seine Darstellung statt dessen auf die ihm wesentlich erscheinenden Handlungen seines Helden. Er bediente sich großzügig literarischer Stilmittel: fingierter Dialoge, anekdotenhafter Erzählungen und plastischer Ausschmückung symbolträchtiger Handlungen, und überlieferte gerade dadurch ein buntes und lebendiges Bild der Regierungspraxis des reisenden Herrschers.

Nach der Wahl in der Rheinebene zwischen Worms und Mainz und der Weihe in der Mainzer Kathedralkirche besetzte der neue König die Hofämter und ordnete seine Hofhaltung. Wenige Tage später begann das königliche Wanderleben. Mit großem Gefolge, von seiner Gemahlin Gisela begleitet, zog Konrad zum Niederrhein. Er wollte die lotharingischen Großen zur Anerkennung seiner Herrschaft zwingen. Erzbischof Pilgrim von Köln konnte gewonnen werden. Er krönte Gisela am 21. September 1024 in Köln zur Königin, während der Mainzer Erzbischof Aribo die Krönung aus kirchenrechtlichen Bedenken gegen die Rechtsgültigkeit der Ehe wegen zu naher Verwandtschaft abgelehnt hatte. Jetzt galt es, den Thron Karls des Großen in Aachen, den »Erzthron des Reiches«, in Besitz zu nehmen. Seit der Krönung Ottos des Großen 936 erforderte es die Sitte, daß der deutsche König den Thron im Aachener Münster bestieg. Erst dann galt er als Inhaber der vollen königlichen Gewalt. Im Sachsenspiegel, dem berühmten Rechtsbuch aus der ersten Hälfte des 13. Jahrhunderts, hat dieser Brauch dann seinen rechtlichen Niederschlag gefunden: »Den Deutschen gebührt das Recht, den König zu wählen. Wenn er von den dazu berufenen Bischöfen geweiht ist und den Stuhl zu Aachen besteigt, hat er die königliche Gewalt und den königlichen Namen.«[31] So blieb es für Jahrhunderte, bis Frankfurt am Main, seit der Goldenen Bulle von 1356 reichsrechtlich zum Wahlort erhoben, 1562 auch Krönungsort wurde.

Magdeburger Reiter (Detail).

In Aachen nahm Konrad auf dem Thron Karls des Großen Platz, ordnete Reichsangelegenheiten, hielt einen allgemeinen Hoftag und eine Synode ab und fällte Entscheidungen in kirchlichen und weltlichen Angelegenheiten.[32] Der neue König zeigte auf diese Weise, daß er zu Recht den königlichen Namen besaß und die königliche Gewalt auszuüben in der Lage war.

Das Zeremoniell der mittelalterlichen Königserhebung war damit aber noch nicht abgeschlossen. Um seinen Anspruch auf die Krone durchzusetzen, hatte Konrads Vorgänger Heinrich II. die Gebiete aller deutschen Stämme aufgesucht und die Huldigung des Volkes entgegengenommen. Auf diese Weise hatte er sich überall als Herrscher präsentiert, das Reich tatsächlich in Besitz genommen. Konrad folgte seinem Beispiel. Der »Königsumritt« durch das Reich zu Beginn der Regierung wurde zu einem konstitutiven Bestandteil der hochmittelalterlichen Königserhebung.

Vom Niederrhein aus zog der König ins sächsische Stammesgebiet. Die Sachsen waren stolz darauf, daß sie ein Jahrhundert lang den König gestellt hatten. Nun hatte wieder ein Franke den Thron bestiegen, und er mußte sehen, wie er mit dem Mißtrauen der Sachsen gegenüber dem stammfremden Herrscher fertig werden würde. Dem neuen König gelang ein kluger Schachzug. Im Kanonissenstift Vreden empfingen ihn die Äbtissinnen Adelheid von Quedlinburg und Sophia von Gandersheim, zwei Töchter Ottos II. Dies war ein Akt von zeichenhafter Bedeutung: Die vornehmsten Repräsentantinnen des ottonischen Kaiserhauses, das eben die Weltbühne verlassen hatte, begrüßten den Begründer einer neuen Dynastie. Dem König half diese Geste, zumal auch auf das Recht der Blutsverwandtschaft hingewiesen wurde.

In Minden versammelten sich die Sachsen zu einem »Stammeslandtag«. Sie stellten Bedingungen. Erst nachdem ihnen Konrad ihr altes und nach Wipos Meinung grausames Stammesrecht bestätigt hatte, leisteten ihm die sächsischen Großen den schuldigen Treueid.[33] Das Weihnachtsfest feierte der König in Minden. Danach setzte er – von einem großen Gefolge umgeben – den Königsumritt fort. Er besuchte die auf ihren karolingischen Ursprung stolze Benediktinerabtei Corvey an der Weser, die bischöfliche Kultur- und Bildungshochburg Hildesheim, die Pfalzstadt Goslar und das ottonische Kanonissenstift Gandersheim. Über Halberstadt ritt er nach Quedlinburg und weiter nach Magdeburg und Merseburg. Die angesehensten Pfalzen, Bischofssitze und Klöster des Sachsenlandes erlebten die Zurschaustellung der königlichen Macht. Es war für die Herrschaft des neuen Königs von wesentlicher Bedeutung, diese »Königslandschaft« unter seine Kontrolle zu bringen.

Der König hielt sich noch einige Wochen im östlichen Sachsen auf, nicht zuletzt, um durch Verhandlungen die elb- und ostseeslawischen Stämme zur Anerkennung ihrer Tributpflicht gegenüber dem Reich zu veranlassen. Auf dem Wege nach Süddeutschland zog er durch das Land der Thüringer, betete in den Kirchen der Abtei Fulda und durchquerte in raschem Ritt Ostfranken und Schwaben, um in Augsburg das Osterfest zu feiern. Regensburg, Würzburg, Trebur, Konstanz, Zürich und Basel waren weitere wichtige Etappen auf dem königlichen Reiseweg, bevor der König wieder rheinabwärts fuhr, um Weihnachten 1025 endlich die Huldigung der so lange widerstrebenden lotharingischen Fürsten zu empfangen. Der Kreis hatte sich geschlossen. Der neue König hatte alle deutschen Stammesgebiete besucht und seine Herrschaft zur Geltung gebracht. Sein Biograph Wipo faßte Ziel und Sinn des Königsritts prägnant zusammen: »Mit diesem Umritt band er seine Länder durch die Bande des Friedens und des königlichen Schutzes fest aneinander«.[34]

Der Königsumritt war aber nur der Auftakt. Das mittelalterliche Reisekönigtum war eine Regierungsform, die den konzentrierten und fast pausenlosen persönlichen Einsatz des Herrschers und der ihn begleitenden »Regierungsmannschaft« erforderte. Die Männer

Kerngebiete der Königsherrschaft

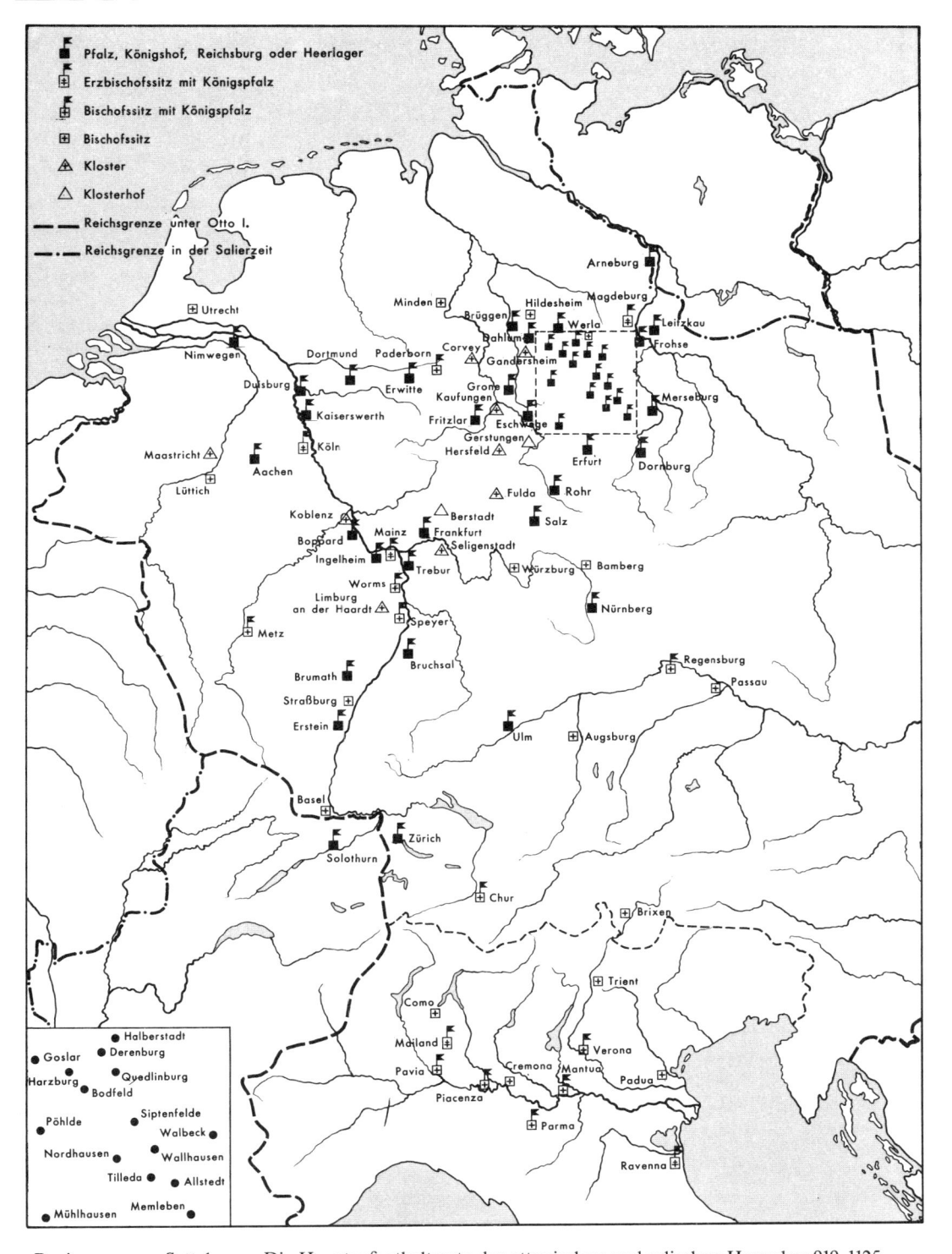

»Regierung vom Sattel aus«: Die Hauptaufenthaltsorte der ottonischen und salischen Herrscher 919–1125

in der Umgebung des Königs waren Hofstaat und Regierungsapparat zugleich. Die »Hofämter«, das Amt des Marschalls, Kämmerers, Truchseß und des Mundschenken, vertraute man zuverlässigen Gefolgsleuten an. Sie sorgten für das persönliche Wohl ihres Herrn, beaufsichtigten die Dienerschaft und befehligten die königliche Leibwache.

Eine große Rolle bei Hofe spielte die Geistlichkeit. Nicht nur die Mitglieder der Hofkapelle, die Hofkapläne, sondern auch die Angehörigen der königlichen Kanzlei, Kanzler, Notare und Schreiber, waren geistlichen Standes. Hofkapelle und Reichskanzlei waren personell und funktional eng verzahnt. Die Hofkapelle war ursprünglich eine rein geistliche Institution, zuständig für den Gottesdienst bei Hofe und die Sorge für den königlichen Reliquienschatz. Schon unter den Karolingern waren die Hofkapläne jedoch mit Verwaltungsaufgaben betraut worden. Soweit die Regierungstätigkeit einen schriftlichen Niederschlag in Urkunden, Mandaten oder Gesetzestexten fand, mußte man auf die der Schrift und der lateinischen Sprache mächtigen Kleriker zurückgreifen. Auch in der deutschen Kaiserzeit blieb Latein die amtliche Schriftsprache. Daher waren die Hofkapläne unter den Ottonen und Saliern die besten und zuverlässigsten Helfer des Königs in der Hof- und Reichsverwaltung.

Hofkapelle und Reichskanzlei waren die zentralen Regierungsorgane. Mit modernen Behörden hatten sie freilich wenig gemein. Man begnügte sich mit einem Minimum an bürokratischem Aufwand. Der Grad der Schriftlichkeit der Verwaltung, der unter Karl dem Großen, Ludwig dem Frommen und Karl dem Kahlen einen hohen Stand erreicht hatte, war schon unter den ostfränkisch-deutschen Karolingern stark zurückgegangen und blieb auch am Hof der Ottonen und Salier auf einem niedrigen Niveau. Die Hauptaufgabe der Reichskanzlei bestand in der Ausstellung von Urkunden, meist königlicher Privilegien zugunsten geistlicher Institutionen. Es gab keine Registraturen, kein Archiv, keine mit schriftlichen Unterlagen arbeitende Rechnungskammer. Erst in der 2. Hälfte des 12. Jahrhunderts wurde das berühmte »Tafelgüterverzeichnis des römischen

Signums- und Datumszeile einer Urkunde Kaiser Heinrichs V. aus dem Jahre 1112 mit Titelmonogramm und Thronsiegel.

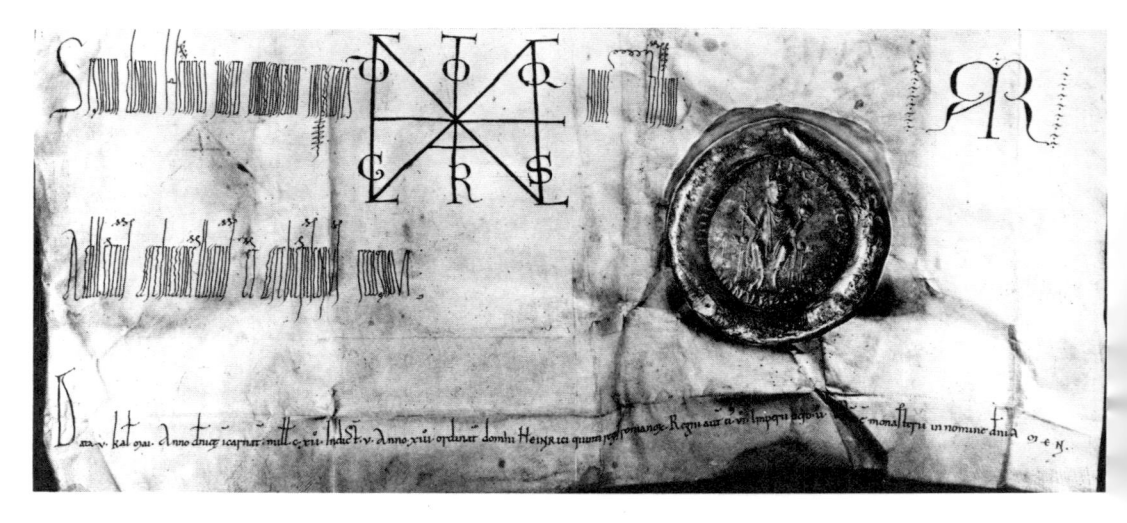

Königs« zusammengestellt.³⁵ Da die Reichsverwaltung immer mit dem König unterwegs war, hätte das Mitführen eines großen bürokratischen Apparats auch unüberwindliche Schwierigkeiten bereitet.

Zum ständigen Gefolge des Herrschers gehörten meist auch einige vornehme Herren geistlichen oder weltlichen Standes, die »das Ohr des Königs besaßen« und ihm als vertraute Ratgeber dienten; sie wurden argwöhnisch betrachtet von denen, die sich dieser ehrenvollen und einträglichen Gunst nicht erfreuen durften. Die Stärke des Einflusses, den diese Männer auf die Entscheidungen des Königs ausübten, hing von den Umständen ab. Am Hofe eines minderjährigen oder noch sehr jungen Königs konnten erfahrene Ratgeber großes Gewicht gewinnen.

Oft genug mußten sich die Königinnen früh von ihren Kindern trennen. Fast im Vorüberreiten übergibt Kaiserin Konstanze ihren neugeborenen Sohn Friedrich einer Edelfrau zur Erziehung (Miniatur in einer Handschrift aus Palermo).

Auch die Königin besaß kein Zuhause. Sie begleitete ihren Gemahl auf vielen Reisen und konnte auf diese Weise in ottonischer und salischer Zeit einen beträchtlichen Einfluß auf die Regierung gewinnen. Sie galt als »Consors regni«, als »Teilhaberin am Reich«. In vielen Urkunden wird ihre Fürsprache hervorgehoben. Fromme Stiftungen erfolgten in ihrem Namen. Ihre Bitten besänftigten den Zorn des Königs und ließen manchem in Ungnade gefallenen Mann die königliche Huld zurückgewinnen.

Wo sich der König aufhielt, schlug das Herz des Reiches. Auf seinem Weg durch die Länder lud er die weltlichen und geistlichen Großen zum Hof- oder Reichstag, versammelte Bischöfe und Äbte auf den Reichssynoden, empfing die Gesandtschaften fremder Fürsten, vergab Bistümer und Abteien, Ämter und Lehen, bestätigte die von seinen Vorgängern verliehenen Privilegien und erteilte Kirchen und Klöstern, aber auch Herzögen und Grafen, Freiherren und Dienstmannen neue Beweise königlicher Huld.

Die wichtigsten innen- und außenpolitischen Entscheidungen fielen in der Regel auf den Reichsversammlungen, die an verschiedenen Orten des Reiches zusammentraten. Normalerweise bestimmte der König Ort und Zeit der Zusammenkunft und entbot Erzbischöfe, Bischöfe und Reichsäbte, Herzöge, Markgrafen, Grafen und andere Herren adligen Standes, doch kam es in bestimmten politischen Situationen vor, daß die Fürsten die Initiative ergriffen. Nach der schweren Niederlage Ottos II. bei Cotrone im Jahr 983 waren es die deutschen Fürsten, die den Kaiser um eine Unterredung baten und ihn zur Einberufung eines Reichstages nach Verona veranlaßten.

Die Zahl der Teilnehmer an den Hoftagen schwankte. Nicht immer waren es wirkliche Reichstage. Vielfach wurden nur die Großen einzelner Stämme oder einer bestimmten Region geladen. Die Eingeladenen waren zum Besuch eines solchen Tages verpflichtet. Blieben sie ohne triftige Gründe fern, erweckten sie den Verdacht der Untreue gegenüber dem Reichsoberhaupt.

Die Aufgaben und Kompetenzen der Reichsversammlung waren nirgendwo schriftlich niedergelegt, sondern wurden durch gewohnheitsrechtliche Normen geregelt. Der König führte selbst den Vorsitz. Die Großen des Reiches waren ihm zu »Rat und Hilfe« verpflichtet. Deshalb lud sie der König zum Besuch der Hof- oder Reichstage, um sich ihres Rates zu bedienen und sich im Fall eines bevorstehenden Krieges ihrer militärischen Hilfe zu versichern. Für ihn war die Reichsversammlung ein Regierungsinstrument, für die Fürsten hingegen ein Ort politischer Willensbildung und der Einflußnahme auf die Reichspolitik. Politische Klugheit gebot dem Herrscher, den Konsens mit den Fürsten zu suchen und nicht gegen ihren erklärten Willen zu handeln. Das vielfach wechselnde Kräfteverhältnis zwischen Königtum und Adel wirkte als ein Steuerungsinstrument für die Reichspolitik.

Auch der Besuch der Reichssynoden, die gern im Zusammenhang mit einem Reichstag oder im Anschluß daran abgehalten wurden, war Königsdienst. Das Recht des Königs auf die Einberufung eines solchen geistlichen Hoftages war unbestreitbar, doch besaß auch der Papst dieses Recht. Die Leitung übernahm in der Regel der Erzbischof von Mainz als Primas der deutschen Reichskirche, die er gegebenenfalls an einen päpstlichen Legaten abgab. In den Fällen, in denen der Papst südlich oder nördlich der Alpen eine Synode abhielt, übernahm er selbstverständlich das Präsidium. Dem König gebührte eine Art Ehrenvorsitz, der ihm auch einen beträchtlichen Einfluß auf die Verhandlungen und Beschlüsse der Synodalen verschaffte. Wie auf den Hof- und Reichstagen war vieles eine Machtfrage, auch wenn der König die Zentralfigur dieses Regierungssystems war und blieb.

Die Aufgaben des Königs erschöpften sich aber nicht in der Regierung und Verwaltung des Reiches. Er galt als der Sachwalter von Frieden, Freiheit und Gerechtigkeit, und man erwartete, daß er diese Verpflichtung auch in eigener Person wahrnahm. Als oberster Gerichtsherr war es seine Aufgabe, die königliche Gerichtshoheit kraft seiner persönlichen Autorität im ganzen Reich zur Geltung zu bringen. Das königliche Hofgericht, in dem die Fürsten und Herren aus dem Hochadel die Urteile fällten, war das höchste Gericht des Reiches. Die hohen geistlichen und weltlichen Würdenträger und die Mitglieder der hochadligen Sippen hatten dort ihren ordentlichen Gerichtsstand. Das Hofgericht war ein an die Person des Herrschers gebundenes Gericht, aber der König konnte außerdem überall, wohin er kam, die Gerichtsbarkeit an sich ziehen und in eigener

Der König – Schutzherr der Armen?

Der König hält Gericht. Bilderchronik des Erzbischofs Balduin von Trier über Kaiser Heinrichs Romfahrt.

Person zu Gericht sitzen.[36] Auf diese Weise war es auch Leuten aus dem Volk möglich, an die Gerechtigkeit des Herrschers zu appellieren. Denn nicht nur die Kirche und die Geistlichkeit, sondern auch Arme, Witwen und Waisenkinder waren seiner Fürsorge anvertraut. Sie konnten sich nicht selbst gegen die Übergriffe der Mächtigen schützen. Deshalb wies die mittelalterliche Herrscherethik dem König einen festen Platz als dem Schutzherrn der Kirche, der Armen, Witwen und Waisen zu.

Wie groß aber war die Diskrepanz zwischen dem ideologisch-propagandistischen Anspruch des Königs auf diese Rolle und der Möglichkeit ihrer Realisierung in der praktischen Politik? Und war der König überhaupt willens, die Erwartungen zu erfüllen, die in dem Katalog der christlichen Herrschertugenden an ihn herangetragen wurden? Waren Frieden und Gerechtigkeit, Frömmigkeit und Milde für ihn mehr als schmückendes Beiwerk? War das Volk, die Masse der einfachen Menschen, im Mittelalter nicht ein Faktor, mit dem das Königtum überhaupt nicht zu rechnen hatte?

In seiner Biographie Konrads II. leitet Wipo den Bericht über die Taten des neuen Herrschers wohl nicht zufällig mit der Schilderung einiger für den modernen Betrachter auf den ersten Blick nebensächlicher Handlungen des Königs ein: Nach der Wahl wurde der Gewählte in feierlichem Zuge nach Mainz geleitet, wo die Königsweihe vollzogen werden sollte.

Während der König seinen feierlichen Einzug hielt, traten ihm drei Menschen mit ihren besonderen Klagen entgegen. Der eine war ein höriger Bauer der Mainzer Kirche, der zweite eine Waise, der dritte eine Witwe. Als der König ihre Klagen entgegennehmen wollte, suchten ihn einige Fürsten davon abzubringen, da er seine Weihe nicht verzögern dürfe und rechtzeitig die Messe hören müsse. Doch als ein echter Stellvertreter Christi entgegnete er tief christlich mit einem Blick auf die Bischöfe: »Wenn das Königsamt mir gebührt und ein aufrechter Mann niemals aufschieben darf, was er tun muß, so erscheint es mir richtiger, meine Pflicht zu erfüllen, als mir von anderen sagen zu lassen, was meine Pflicht ist«. Mit diesen Worten blieb er dort stehen, wo ihm die

363

Unglücklichen entgegengetreten waren und ließ ihnen Gerechtigkeit widerfahren. Kaum war er ein Stück weitergeschritten, da trat ihm jemand entgegen mit der Klage, er sei ohne jede Schuld aus seiner Heimat verbannt worden; der König ergriff ihn bei der Hand und führte ihn vor aller Augen an seinen Thronsitz und übertrug die Sache des Elenden gewissenhaft einem seiner Fürsten. So beglückend sah man seine Regierung beginnen; der Rechtspflege widmete er mehr Eile als der Königskrönung.[37]

Arme und unterdrückte Menschen, ein höriger Bauer, ein Waisenkind, eine Witwe und ein Verbannter, traten also vor den Herrscher hin und forderten Gerechtigkeit. Und der König kannte seine Pflicht. Unter deutlicher Anspielung auf die Ermahnungen, die der Koronator bei der Königsweihe an ihn richten würde, hielt er inne, hörte die Klagen der Armen an und verhalf ihnen zu ihrem Recht. Schon auf dem Wege zur Krönung wandelte der König »auf dem Wege der Gerechtigkeit«.[38]

Wipo war Augenzeuge. Er mag den Ablauf stilisiert, aber gewiß nicht frei erfunden haben. Konrad wollte durch diese Demonstration seiner Herrschertugend die Rechtmäßigkeit seiner Wahl und seine Eignung beweisen. Dies war ein Akt politischer Propaganda des mittelalterlichen Königtums, das damit den Glauben des Volkes an seine Funktion als Garant des Rechts aufrechterhalten und verstärken wollte. Das konnte natürlich nur in einer Weise geschehen, die die Empfindungen breiter Schichten der Bevölkerung ansprach. Symbolhandlungen, wie sie auf dem Zuge zur Krönung vollzogen wurden, konnten vom Volk erlebt und erfahren werden.

In seinem Richteramt war der König an das geltende Recht gebunden, aber man erwartete von ihm, daß er den richtigen Mittelweg zwischen strafender Härte und verzeihender Milde finden würde. Auf das einfache Volk machte es Eindruck, wenn er sich den hohen Herren gegenüber als strenger Richter erwies. Auch dazu fehlte es Konrad II. nicht an Gelegenheit. Aufsehen erregte das kompromißlose Vorgehen gegen einen hochadligen Friedensbrecher, den Grafen Thasselgard von Fermo. Es geschah während Konrads ersten Italienzuges.

Damals lebte in Italien der gewalttätige Thasselgard, der zur Zeit Kaiser Heinrichs im Reich zahlreiche Verbrechen begangen hatte, sich aber in seinen Schlupfwinkeln am Meer und in seinen anderen ungewöhnlich festen Burgen der Verfolgung durch Kaiser Heinrich immer wieder entzogen hatte. Er war edler Herkunft, aber häßlich von Gestalt, von schändlichem Charakter und ein großer Kirchenräuber und Witwenschänder. Kaiser Konrad setzte alles daran, seiner habhaft zu werden und stellte ihm Fallen aller Art. Als er von einer seiner Burgen zur anderen floh, wurde er von den Reitern des Kaisers gefaßt. Auf diese Nachricht hin eilte der Kaiser in solchem Tempo herbei, daß er in 24 Stunden fast 100 römische Meilen zurücklegte. Er fürchtete nämlich, Thasselgard würde wie gewöhnlich wieder entwischen. Doch als der Kaiser eintraf, führte man ihm den Gewaltverbrecher vor. Bei seinem Anblick soll der Kaiser gesagt haben: »Das also ist der Löwe, der die Tiere Italiens gerissen hat. Beim heiligen Kreuz des Herrn! Ein solcher Löwe soll mein Brot nicht mehr fressen!« Und da alle Fürsten des Reiches sogleich seinem Urteil zustimmten, ließ er ihn am Galgen henken.[39]

Ein schimpfliches Ende für einen Aristokraten, dem doch seine edle Geburt wenigstens den Tod durch das Schwert verbriefte.

Gerechtigkeit als Herrschertugend: Ideal und Wirklichkeit

Prozesse vor dem Grafen- und Königsgericht (Sachsenspiegel, Heidelberger Bilderhandschrift aus dem 13. Jahrhundert). Bei Gerichtsverfahren zwischen Deutschen und Slawen (»Wenden«) mußte die Frage der Verhandlungssprache geregelt werden. Ein Angeklagter, der kein Deutsch verstand, konnte verlangen, daß die Klage auf Wendisch vorgebracht wurde. Im Königsgericht durfte der Wende seine Muttersprache gebrauchen, da vor dem König jeder nach seinem eigenen Recht gerichtet wurde (Sachsenspiegel Landrecht III § 71, 1-2).

Es wäre jedoch eine Illusion zu glauben, für das einfache Volk sei es leicht gewesen, das königliche Hofgericht anzurufen und sein Recht zu bekommen. Das beweist eine Begebenheit, die in den Aufzeichnungen des schweizerischen Klosters Muri überliefert ist.

In der ersten Hälfte des 11. Jahrhunderts hatten freie Bauern in dem Dorf Wohlen im schweizerischen Aargau ihre Höfe einem reichen und mächtigen Herrn namens Guntram übergeben, um gegen die Zahlung eines angemessenen Zinses unter seinem Schutz und Schirm in Frieden und Sicherheit leben zu können. Guntram jedoch mißbrauchte seine schutzherrliche Stellung und verlangte von den Bauern Abgaben und Dienste, offensichtlich mit dem Ziel, sie zu seinen Grundholden herabzudrücken. Die Bauern mußten sich beugen, denn sie waren nicht in der Lage, sich aus eigener Kraft wirksam zur Wehr zu setzen. Daher war der König ihre letzte Hoffnung! Als dieser einmal in ihre Gegend kam, zogen sie zu ihm und appellierten an seine Gerechtigkeit: »Unterdessen kam der König zur Burg Solothurn; da zogen die Bauern dorthin und begannen Klage zu erheben wegen der ungerechten Unterdrückung. Aber in der Menge der großen Herren und wegen der unbeholfenen Worte, die sie gebrauchten, drang ihre Klage nicht an das Ohr des Königs«.[40]

Es gibt keinen Grund, an der Glaubwürdigkeit dieser Überlieferung zu zweifeln, zumal Solothurn zu den Orten gehört, die von den Königen in dieser Zeit nicht selten besucht wurden. So könnte sich die Szene auf dem großen Hoftag im Oktober des Jahres 1038 abge-

365

spielt haben, auf dem Kaiser Konrad die burgundischen Großen um sich scharte und seinen Sohn Heinrich zum König von Burgund krönen ließ.

Der König war den Bauern des Aargaues offensichtlich nicht ganz fremd: Er war für sie der Garant ihrer Freiheit; und als sie sich in ihren Rechten verletzt fühlten, wandten sie sich an ihn. Das Bild vom König als dem gerechten Richter, das in der politischen Theorie des Mittelalters eine so zentrale Position einnimmt, war offenkundig auch im Bewußtsein des einfachen Volkes lebendig. Für die Bauern aus dem Aargau war der König die Verkörperung der Gerechtigkeit. Als er in ihr Land kommt, eilen sie ohne Zögern zu ihm. Wegen der Menge der vornehmen Herren, die den König umgibt, können sie nicht bis zu ihm vordringen. Die unbeholfenen Worte der Bauern erreichen das Ohr des Königs nicht. Die letzte Hoffnung der Bedrängten wird dadurch zunichte gemacht, aber sie sind offensichtlich weit davon entfernt, deshalb an der Gerechtigkeit des Königs selbst zu zweifeln. Der Herrscher ist eben vom Volk durch sein fürstliches Gefolge abgeschirmt, und er versteht die einfache Sprache der Bauern nicht mehr. So überliefert es der klösterliche Chronist, der gewiß die Stimmung der unterdrückten und letztlich enttäuschten Bauern zutreffend wiedergibt. Es ist der Glaube des einfachen Menschen an den guten und gerechten König, der helfen würde, wenn er nur von Not und Elend seines Volkes wüßte.

Der Weg des Königs durch das Reich wurde von verschiedenen Faktoren bestimmt, von politischen und militärischen Zielen und Erfordernissen, verkehrstechnischen und wirtschaftlichen Möglichkeiten und Zwängen, religiösen und ideologischen Traditionen und Erwartungen. Einen festen Rückhalt, gleichsam ein System von Stützpunkten, besaß der Herrscher in den Pfalzen und Königshöfen; nicht zuletzt ihre Lage bestimmte daher den Reiseweg. Auf eigenem Grund und Boden fand er hier jederzeit Aufnahme. Eine Pfalz war für die Beherbergung des Königs und seines Hofstaates eingerichtet. Mittelpunkt einer Pfalzanlage war der Palas. Er bot dem König und seiner Familie eine repräsentative und komfortable Unterkunft. Die Kemenate war der eigentliche Wohnbereich. Ein Kamin, ein Kachelofen oder ausnahmsweise sogar eine Fußbodenheizung wie in Goslar, spendete im Winter Wärme und Behaglichkeit. In der Königshalle, einem geräumigen Saal, der sich in großen Arkaden nach außen öffnete, wurden Feste gefeiert, Beratungen abgehalten und Empfänge veranstaltet. In der Pfalzkapelle konnte der Gottesdienst stattfinden, dessen Besuch zu den täglichen Pflichten eines christlichen Herrschers gehörte. Selbstverständlich gab es Wirtschaftsgebäude und Stallungen, Brunnen oder Zisternen, einen Küchentrakt und für die hohen Herrschaften auch einen Aborterker. Im 10. und 11. Jahrhundert war mit der Pfalz wohl regelmäßig ein Wirtschaftshof verbunden.

Die Last der Unterbringung und Verpflegung des reisenden Hofes ruhte aber nicht allein auf den Königspfalzen und Krondomänen. Der König konnte dafür auch die Wirtschaftskraft der Bistümer und Reichsklöster in Anspruch nehmen. Wenn er Bischofssitzen und Reichsabteien seinen Besuch abstattete, war ihm ein gastlicher Empfang sicher, denn Bischöfe und Äbte waren verpflichtet, ihm und seinem Gefolge Unterkunft zu gewähren und für einen ange-

Pfalzen, Reichsabteien und Bischofssitze

Die Kaiserpfalz in Goslar: Palas und Liebfrauenkirche (zeichnerische Rekonstruktion).

messenen Komfort, namentlich für eine reich gedeckte Tafel Sorge zu tragen. Viele Bistümer und Klöster waren von den Königen und Kaisern selbst gegründet oder in den Königsschutz aufgenommen und reichlich mit Gütern, Rechten und Freiheiten beschenkt worden. Aus dieser Hoheit über die Reichskirche leiteten die Herrscher das Recht ab, von Bischöfen und Äbten Abgaben und Leistungen zum Nutzen des Reiches zu fordern, zu denen neben der Verpflichtung zur Heeresfolge und zum Besuch der Hoftage auch die »Königsgastung«, das »Servitium regis«, gehörte.

In ottonischer Zeit haben die Herrscher auf ihren Fahrten die Pfalzen und Königshöfe bevorzugt, aber auch Reichsklöstern wie Corvey, Essen, Werden, Hersfeld, Fulda, Sankt Gallen und Reichenau die Ehre ihres Besuches erwiesen. Bereits Otto der Große und seine beiden gleichnamigen Nachfolger haben zudem nicht selten die Bischofsstädte Magdeburg, Merseburg, Köln, Mainz, Worms, Straßburg, Augsburg und Regensburg besucht und die Königsgastung in Anspruch genommen, auch wenn ihnen in Magdeburg, Merseburg und Köln Königspfalzen zu Gebote standen.

Um die Jahrtausendwende begannen Otto III. und Heinrich II. die zu immer größerer Macht und Reichtum aufsteigenden Reichsbischöfe stärker in die Pflicht zu nehmen. Immer häufiger suchten sie die Bischofsstädte auf. Heinrich II. bevorzugte Merseburg, Magdeburg, Mainz, Regensburg und Paderborn sowie das von ihm selbst gestiftete Bamberg. Unter den salischen Kaisern kamen weitere Bischofssitze hinzu. Als Aufenthaltsorte der Herrscher dominierten dabei eindeutig die rheinischen Städte Mainz, Worms, Speyer, Straßburg, Basel und Köln. Mit ihnen konnten an der Donau nur die bayerische Metropole Regensburg und am Main das fränkische Würzburg ernstlich konkurrieren.

Die Pfalzen traten als Stationen auf dem Reiseweg der Salier zwar zurück, blieben aber nach wie vor wichtige Stützpunkte der Monarchie. Aachen konnte seinen besonderen Rang als »Erzthron des Reiches« ungeschmälert bewahren. Die alten, in die Karolingerzeit zurückreichenden Pfalzen Ingelheim und Trebur wurden weiterhin aufgesucht, ebenso die ottonischen Hauptpfalzen Magdeburg, Quedlinburg, Allstedt, Merseburg und Pöhlde; an Bedeutung gewannen wieder Nimwegen und Dortmund, neue Königspfalzen entstanden in Kaiserswerth am Niederrhein und in Nürnberg. Unter Heinrich III. und seinem Sohn wurde das »wald- und silberreiche Goslar«[41] zum Dreh- und Angelpunkt des königlichen Reiseweges.

Die Reise des Königs und seines Hofes erforderte eine sorgfältige Vorbereitung und eine wenigstens mittelfristige Planung, die freilich nicht selten unter dem Eindruck aktueller Ereignisse geändert werden mußte. Diese Aufgaben waren dem Marschall übertragen, der als Stall- und Quartiermeister diente. Mancherlei organisatorische Probleme waren zu bewältigen. Pferde, Reisewagen und Fuhrwerke mußten bereitgehalten werden, für regelmäßigen Pferdewechsel war Sorge zu tragen, der Zustand der Wege und Straßen mußte erkundet, das Sicherheitsrisiko kalkuliert und der bewaffnete Schutz organisiert werden. An den Zielorten waren Empfang und Aufnahme des Herrschers gebührend vorzubereiten. Die schlechten Straßen- und Verkehrsverhältnisse und das kaum entwickelte, nur auf Botendiensten beruhende Kommunikationssystem erschwerten die Organisation. Genauere Einblicke in die Art ihrer Bewältigung sind uns leider verwehrt. Die zeitgenössischen Geschichtsschreiber schenken diesem profanen Bereich des königlichen Alltags nur selten Beachtung.

Selbst die Größe des reisenden Königshofes ist schwer zu schätzen. Mit den Inhabern der Hofämter, den Hofkaplänen, dem Kanzler, den Notaren und Schreibern, den Dienern, Troß- und Stallknechten und einer Gruppe von bewaffneten Gefolgsleuten mögen es stets weit über hundert Personen gewesen sein. Seit der zweiten Hälfte des 11. Jahrhunderts sind recht häufig Angehörige der Reichsministerialität in der Umgebung des Königs anzutreffen. Der Hof vergrößerte sich, wenn die Königin mit ihren Hofdamen und Dienerinnen ihren Gemahl auf der Reise begleitete. Dazu gesellten sich oftmals weltliche und geistliche Große, die den Herrscher aufsuchten. Sie trugen ihm die Wünsche und Beschwerden vor, gaben ihm eine Strecke Weges das Ehrengeleit und nahmen nach schicklicher Frist wieder ihren Abschied vom Hofe. Selbstverständlich kamen auch sie mit einem stattlichen Gefolge aus Kriegern, Beratern, Notaren, Schreibern und Dienern. Auf diese Weise konnten sich in der Umgebung des Königs leicht einmal einige hundert Personen einfinden. Die Zahl stieg, wenn der Herrscher die weltlichen und geistlichen Fürsten und Herren zu einer Reichsversammlung oder einer Synode geladen hatte.

Die Tagesetappen des reisenden Königshofes schwankten zwischen zwanzig und dreißig Kilometern. Natürlich konnte der König den Troß auch einmal zurücklassen und mit wenigen Begleitern vorausreiten. Auf solchen Eil- und Gewaltmärschen ließen sich dann wesentlich größere Entfernungen bewältigen.

Die Versorgung des Hofes unter den Bedingungen der Naturalwirtschaft erforderte Erfahrung, Kenntnis der regionalen Verhältnisse und auch ein gewisses Maß an vorausschauender Planung. Sicher nicht zufällig konzentrierten sich die Pfalzen in klimatisch günstigen Gegenden mit fruchtbaren Böden. Dies gilt für die oberrheinische Tiefebene, den niederrheinischen Raum zwischen Köln und Nimwegen, das Thüringer Becken und die Goldene Aue, aber auch für die ostsächsische Königslandschaft, die die fruchtbare Magdeburger Börde einschloß. Als besonders ideal für die Zwecke des Königshofes galten die Landschaften, in denen sich fruchtbare Getreidefelder und Weingärten mit wildreichen Wäldern berührten. So heißt es in einer Chronik aus dem 12. Jahrhundert von der Gegend um Worms, sie sei reich an Getreide und Wein, biete eine Fülle an Fischen und lade zur Jagd in den Wäldern zu beiden Seiten des Rheintales ein. Deshalb könnten dort der König und die Fürsten, wenn sie sich nördlich der Alpen aufhielten, am längsten versorgt werden.[42]

Die Versorgung des Königshofes mit den notwendigen Lebensmitteln scheint im allgemeinen gesichert gewesen zu sein. Es handelte sich in Deutschland bis ins 12. Jahrhundert fast ausschließlich um Naturallieferungen, während in Italien schon im 11. Jahrhundert auch Geldzahlungen üblich waren. Geliefert wurden Mastschweine, Ferkel, Rinder, Hammel, Hühner, Gänse, Eier, Brote, Käse, Pfeffer, Bier und Wein, aber auch Tuche, Wachs und Gebrauchsgegenstände verschiedenster Art.[43] Reichten die Erträge der königlichen Tafelgüter nicht aus, wurden die Servitien von den Gütern der benachbarten Bischöfe, Äbte und weltlichen Würdenträger eingefordert. Nicht selten wirkten mehrere Leistungspflichtige zusammen, so daß die Güter auch über größere Entfernungen herangeführt werden mußten.

Das Auftauchen der königlichen Boten, die die Servitien einforderten, löste freilich bei den Heimgesuchten nicht gerade Begeisterung aus, zumal sie nicht immer sehr taktvoll zu Werke gingen. Eine etwas anekdotenhaft ausgeschmückte Begebenheit läßt dies erkennen. Als Heinrich II. größere Feierlichkeiten in Regensburg plante und von dem Eichstätter Bischof Megingaud ein ungewöhnlich reiches Servitium fordern ließ, wies dieser den Boten in rüder Form ab:

Verdammt, Dein Herr ist offenbar wahnsinnig geworden. Woher soll ich denn ein solches Servitium nehmen, wo ich mich doch selbst kaum ernähren kann? Ich war ihm einmal ebenbürtig an Adel, und nun hat er mich zu einem an irdischen Gütern armen Priester gemacht. Und jetzt will er von mir so viele Fässer Wein! Dabei habe ich selbst nur ein winziges Faß, das mir mein Amtsbruder, der verteufelte Bischof von Augsburg, für das Meßopfer geschenkt hat. Beim heiligen Willibald! Kein einziger Tropfen dieses Weines soll durch die Gurgel Deines Herrn rinnen.[44]

Erst nachdem sich sein Zorn gelegt hatte, lenkte der widerborstige Kirchenfürst ein und sandte dem König kostbare Stoffe, wertvoller als das geforderte Servitium.

Über Engpässe bei der Versorgung des Hofes berichten die Chronisten nur selten. Es waren offenbar nur politisch brisante Situationen, in denen der König in materielle Not geriet, weil ihm die schuldigen Abgaben vorenthalten wurden. So berichtet Lampert von Hersfeld, daß der junge König Heinrich im Winter 1065/66 in Goslar so wenige Servitien erhielt, daß Lebensmittel auf dem Markt gekauft werden mußten.[45] Auch als der König im Jahre 1074 das Weihnachtsfest in Worms feierte, konnte er nicht so auftreten, wie es seiner Würde entsprochen hätte: »Denn er erhielt weder aus den Krondomänen irgendwelche Leistungen, noch gewährten ihm die Bischöfe,

Äbte und andere Würdenträger des Reiches die üblichen Abgaben, so daß sein täglicher Bedarf für wenig Geld eingekauft werden mußte«[46] Die Zunahme des Marktverkehrs und der Geldwirtschaft in den Bischofsstädten und Pfalzorten ermöglichte es jedoch dem König, derartige Notsituationen recht und schlecht zu überstehen.

Die Regierung vom Sattel aus eröffnete dem Monarchen unter den vorgegebenen wirtschaftlichen, technischen, sozialen und politischen Rahmenbedingungen durchaus effektive Gestaltungsmöglichkeiten. Große Vorteile besaß das Reisekönigtum für die Versorgung des Hofes. Den ottonischen und salischen Herrschern standen Geldmittel nur in einem relativ geringen Maße zur Verfügung. Die materielle Grundlage der Monarchie war daher der königliche Großgrundbesitz, das Reichs- oder Königsgut. Beträchtliche Teile davon wurden zwar als Reichslehen an die Kronvasallen oder als Dienstlehen an königliche Beamte verliehen, aber die wichtigsten und umfangreichsten Teile der Krondomäne dienten als »Tafelgut« unmittelbar der Versorgung des Herrscherhofes. Angesichts der geringen Transportkapazität war es praktischer, die Überschüsse aus der Bewirtschaftung der Krondomänen an Ort und Stelle zu verbrauchen, als sie über weite Strecken an das königliche Hoflager zu transportieren. Die Herbergs- und Gastungspflicht der Kirche konnte der König ohnehin nur in Anspruch nehmen, wenn er die leistungspflichtigen Bistümer und Klöster besuchte oder sich wenigstens in ihrer Nähe aufhielt.

Es waren aber nicht nur die von der Naturalwirtschaft ausgehenden Sachzwänge, die einen Verzicht auf die Schaffung einer Haupt- und Residenzstadt nahelegten, sondern auch die geringe Entwicklung des Verkehrs- und Nachrichtensystems. Angesichts der gewaltigen Ausdehnung des Reiches wäre wohl jeder Versuch, einen zentralistischen Regierungsstil zu praktizieren, auf nahezu unüberwindliche Schwierigkeiten gestoßen. Eine wirksame Kontrolle der Amtsführung der lokalen Machthaber wäre von einer ständigen Hauptstadt aus ebenso unmöglich gewesen wie die Beherrschung und Befriedung des immer unruhigen und nach Machterweiterung strebenden Stammesadels. Ein gut organisierter Verwaltungsapparat mit fest umrissenen Kompetenzen, eine unabdingbare Voraussetzung für jede ortsfeste leistungsfähige Zentralbehörde, war am Königshof nur in Ansätzen vorhanden.

Die Effektivität einer bürokratischen Zentralverwaltung hängt weitgehend davon ab, in welchem Maße sie sich der Schrift bedienen kann. Im 10. und 11. Jahrhundert war die Kenntnis des Lesens und Schreibens unter den Laien aber so wenig verbreitet, daß die Schriftlichkeit in der Reichs- und Lokalverwaltung nur eine ganz geringe Rolle spielen konnte. Das Rechtsleben vollzog sich in Rede und Gegenrede, begleitet von symbolischen Gesten und Gebärden. Rechtsakte, zu denen auch weite Bereiche der Regierungs- und Verwaltungstätigkeit gehörten, bedurften symbolischer Handlungen, die in aller Öffentlichkeit vor glaubwürdigen Zeugen stattzufinden hatten.

Monarchische Herrschaft war persönliche Herrschaft. Die transpersonalen Institutionen, auf denen die Allgegenwart und das fast automatische Funktionieren des modernen Staates beruht, waren im frühen und hohen Mittelalter noch wenig entwickelt. Persönli-

Der Dom zu Speyer.
Speyer war neben Goslar die Lieblingspfalz der Salier. Konrad II. begann mit dem Bau der gewaltigen Kirche, der erst unter seinem Urenkel Heinrich V. seiner Vollendung entgegenging. Die herbe und strenge Herrschaftsarchitektur des Kaiserdomes diente als Kulisse für die zeremonielle Andacht und die religiös verankerte Macht- und Prachtentfaltung der Monarchie. In der riesigen Krypta des Speyerer Domes sind alle Kaiser des salischen Hauses im Tode vereint.

che Bindungen waren wichtiger als anonyme Behörden. Der König stand an der Spitze eines großen, weitgehend von Adel und Kirche beherrschten Personenverbandes und hatte eine hochbedeutsame Funktion als Integrationsfigur für das Reich zu erfüllen. Daher war die königliche Reisetätigkeit, die den Herrscher in Kontakt mit zahlreichen Menschen brachte, eine wesentliche Voraussetzung für eine wirksame Herrschaftsführung. Der König gewann dadurch Einblick in die Verhältnisse in den einzelnen Landschaften und konnte sich ein Bild von den Zuständen in den Herzogtümern und Grafschaften, den Bistümern und Klöstern machen. Er konnte die Großen des jeweiligen Gebietes um sich versammeln, mit lokalen Adelsfraktionen in Verbindung treten und versuchen, durch persönliches Eingreifen ihre ewigen Streitigkeiten und Fehden beizulegen. Vor allem mußte er bestrebt sein, den weltlichen Adel und den hohen Klerus durch persönliche Verpflichtungen, durch Huldigung, Mannschaft und Treueid, durch Vergabe von Ämtern und Lehen, Rechten und

Einzug des Königs und der Königin. Die kolorierten Federzeichnungen aus der Chronik Ulrichs von Richental (1420–1430) zeigen König Sigismund und Königin Barbara auf dem feierlichen Zug ins Konstanzer Münster.

Freiheiten an sich zu binden. Nur dann hatte er die Chance, von ihnen als das Haupt des großen aristokratischen Personenverbandes anerkannt zu werden. Diese Ziele erforderten eine regelmäßige oder wenigstens gelegentliche Königspräsenz.

Die Versuche Heinrichs IV., das Reich von Goslar aus zu regieren, erregten daher großen Unwillen. 1074 wurde der König im Frieden von Gerstungen verpflichtet, nicht immer nur in Sachsen zu residieren, sondern durch das ganze Reich zu ziehen, »um Kirchen und Klöstern, Witwen und Waisen und anderen, die Unrecht erlitten, ihr Recht zu verschaffen und die königliche Würde und den königlichen Titel im Glanz königlicher Werke und Taten erstrahlen zu lassen«.[47]

Im Glanz königlicher Würde und Pracht wollte das Volk seinen Herrscher sehen, und alle Kaiser und Könige mußten sich bemühen, es in diesen Erwartungen nicht zu enttäuschen. Festlich wurde daher der Einzug und Empfang des Königs, der »Adventus regis«, begangen. Das uralte, aus der heidnischen Antike stammende Zeremoniell war im frühen Mittelalter mit christlichem Geist erfüllt worden. Dem »Sakralkönig« gebührte ein liturgisch ausgestaltetes und überhöhtes Empfangszeremoniell. Geistlichkeit und Volk zogen dem Herrscher entgegen und holten ihn mit Fahnen und Reliquien in feierlicher Prozession ein; die Glocken wurden geläutet und in den Kirchen, die im Licht zahlloser Kerzen erstrahlten, feierliche Messen gelesen. Ein Empfang dieser Art war dem Herrscher allein vorbehalten. Daher löste es Empörung und eine scharfe Reaktion Ottos des Großen aus, als Erzbischof Adalbert von Magdeburg dem Sachsenherzog Hermann Billung bei seiner Ankunft Ehrungen erwies, die nur dem Kaiser, nicht aber einem Herzog zustanden.[48]

Der Festkreis des Kirchenjahres verlieh dem Reiseweg des Königs festere Konturen. Es war nicht gleichgültig, wo der Herrscher die hohen Kirchenfeste feierte. Schon die Annalen der Karolingerzeit verzeichneten sorglich jene Orte, an denen der Hof zu Ostern und zu Weihnachten weilte, und spätere Chronisten übernahmen diesen Brauch. Es gab »Festtagspfalzen«, die zu Epiphanias, am Palmsonntag, zu Ostern, Pfingsten oder Weihnachten aufgesucht wurden, wenn es irgend ging.

Das Volk erwartete, daß der Herrscher die kirchlichen Hochfeste mit der gebührenden Pracht feierte. Während der Prozession von der Pfalz zur Kirche ging der Herrscher im feierlichen Zuge »unter der Krone«. Ein kostbares Kruzifix und das Reichsschwert wurden ihm vorangetragen. Hohe Herren versahen den Ehrendienst des Schwertträgers. Eine besonders eindrucksvolle Art, die Würde der Monarchie prunkvoll zur Schau zu stellen, war die »Festtagskrönung«, die von einem Erzbischof vorgenommene zeremonielle Wiederholung der Erstkrönung. Die Festkrönung war »eine kirchlich-rechtliche Form, die dem König zwar nichts Neues zubrachte, aber ihn von neuem in der symbolischen Sprache der Zeit als Herrscher des Volkes auswies«.[49]

Ein letzter und tiefer Grund für die Verpflichtung des Herrschers, »nach königlichem Brauch die Provinzen und Länder zu durchziehen«,[50] ist wohl in den Hoffnungen zu suchen, die der mittelalterliche Mensch an die Person des Königs knüpfte. Diese Hoffnungen fanden ihren volkstümlichen Ausdruck im Königsmythos. Dieser unbesiegbare Glauben des einfachen Volkes an den friedliebenden und gerechten König schrieb dem Herrscher ein heilbringendes und Wunder bewirkendes, sogar Wetter und Fruchtbarkeit der Felder günstig beeinflussendes Charisma zu, das ihn weit über den Kreis der gewöhnlichen Sterblichen hinaushob. Noch mächtiger wirkte die christliche Königstheologie, die den Herrscher als »Gesalbten des Herrn« und als »Stellvertreter Christi« mit einer sakralen Aura umkleidet hatte. Die Ausübung der Herrschaft durch den König in eigener Person wurde deshalb als unerläßlich empfunden. Man erwartete, daß der christliche Herrscher, der »König von Gottes Gnaden«, die Menschen an der von seiner Person ausstrahlenden Sakralität teilhaben ließ.

II. Im Zenit
Heinrich III. 1039–1056

*Ergreife, Kaiser, das Zepter
 des Reiches,
Beende die Kriege unter den
 Völkern;
Der Friede beschütze die
 Städte des Erdkreises,
Und zu Pflugscharen schmiede
 die Schwerter.*
Loblied auf Kaiser Heinrich[1]

»Schwerter zu Pflugscharen« als Wahlspruch eines mittelalterlichen Herrschers? Konnte das Reich, das Konrad II. mit dem Schwert in der Faust gefügt hatte, unter dem Zepter des Sohnes zu einem Hort des Friedens werden? Große Hoffnungen richteten sich auf König Heinrich III., der schon in jungen Jahren als »Spes imperii«, »Hoffnung des Reiches«, begrüßt worden war. Und vieles sprach dafür, daß der neue Herrscher die in ihn gesetzten Erwartungen nicht enttäuschen würde. Selten war im Mittelalter ein Thronfolger besser auf seine Aufgabe als Monarch vorbereitet worden als Heinrich III., obwohl oder gerade weil er nicht als Königssohn »im Purpur« geboren worden war.

Als Heinrich am 28. Oktober 1017 zur Welt kam, konnte niemand ahnen, daß er nur ein Jahrzehnt später die deutsche Königskrone tragen würde. Aber Konrad II. sorgte nach seiner Thronbesteigung dafür, daß der Knabe zum König erzogen wurde. Unter der Leitung der Bischöfe Brun von Augsburg und Egilbert von Freising genoß er eine vorzügliche Erziehung. Auch seine Mutter Gisela und der Hofkaplan Wipo, der Biograph Konrads II., beeinflußten seine geistige und religiöse Entwicklung. Heinrich III. wurde einer der gebildetsten, nachdenklichsten und wortgewaltigsten deutschen Herrscher des Mittelalters. Die Erziehung des Thronfolgers im Bannkreis eines religiösen Denkens, in dem mehr und mehr die Gedanken der cluniazensischen Kirchenreform zur Geltung kamen, sollte für die europäische Geschichte des Mittelalters gravierende Folgen haben. Seine tiefe, bisweilen schwärmerische und asketische Züge gewinnende Religiosität machte ihn für die neuen kirchlichen Ideen empfänglich, doch wurde die unbedingte und grenzenlose Demut vor Gott und den göttlichen Geboten gleichsam kompensiert durch das Bewußtsein von der eigenen Majestät, von der unvergleichlichen Stellung des Monarchen als Stellvertreter des himmlischen Herrschers.

Der Vater, machtbewußt und weltklug, sah sich selbst als den Begründer eines neuen Königshauses, fest entschlossen, dem Sohn die Krone zu sichern. Er sorgte nicht nur für die geistig-geistliche Ausbildung des Thronfolgers, sondern auch dafür, daß er sich unter

Krönung eines Unterkönigs durch den Kaiser.
Auf dieser Miniatur aus dem Ende des 13. Jahrhunderts krönt Karl der Große den Markgrafen Roland zum König von Spanien. Als Investitursymbol überreicht ihm der Kaiser die Lehnsfahne.

der Führung und Leitung erfahrener Politiker das nötige Rüstzeug für das Regierungshandwerk erwarb. Schon vor dem Aufbruch zum ersten Italienzug wurde der Knabe offiziell zum zukünftigen König erklärt, nach der Kaiserkrönung Konrads von den deutschen Fürsten zum König gewählt und in Aachen vom Erzbischof von Köln gekrönt. Konrad hatte damit eine in die Zukunft weisende Konzeption entwickelt, vorbildhaft für die nächsten Jahrhunderte: Sobald der Vater in Rom die Kaiserkrone empfangen und zur höchsten weltlichen Würde im Abendland emporgestiegen war, konnte der Thronerbe in Deutschland zum »Mitkönig« gekrönt werden. Das Erbrecht der Dynastie erhielt feste Fundamente. Thronvakanzen mit ihren unabsehbaren, in der Regel negativen Folgen wurden vermieden.

Konrad II. ging aber noch einen Schritt weiter. Um das 1026 durch den Tod des Herzogs Heinrich aus dem Haus der Luxemburger frei gewordene Herzogtum Bayern unmittelbar an die Krone zu binden, verlieh er es seinem Sohn. Mit kaum neun Jahren war der Thronfolger Herzog von Bayern. Nachdem er mit vierzehn Jahren mündig geworden war, wurde Bayern das Gebiet, in dem er selbständig Herrschaftserfahrung sammeln konnte. Weitere Aufgaben wurden ihm 1038 anvertraut, als er zunächst das Herzogtum Schwaben und dann die burgundische Königswürde empfing. Problemlos war diese recht intensive Beteiligung des Königssohnes an der Regierung nicht; es gab Konflikte in politischen Fragen, resultierend aus den unterschiedlichen Charakteren von Vater und Sohn.

Ohne Schwierigkeiten konnte Heinrich III. nach dem Tode des Vaters am 4. Juni 1039 die Regierung übernehmen. Der Auftakt war vielversprechend. Nach altem Brauch durchzog er das Reich, um sich in allen deutschen Stammesgebieten im königlichen Schmuck zu zeigen und die Übernahme der Herrschaft in demonstrativer Weise zur Schau zu stellen. Während seine Vorgänger Heinrich II. und Konrad II. durch den »Königsumritt« ihre Herrschaft gegen mancherlei Widerstände erst zur Geltung bringen mußten, war der Umritt Heinrichs III. »eine glanzvolle Repräsentation gefestigter salischer Macht«.[2] Nirgendwo regte sich Widerstand. Heinrich war nicht nur deutscher König und zukünftiger Kaiser, sondern auch

Heinrich III. beim feierlichen Einzug in die Kirche. Zwei Äbte geleiten der König und stützen seine Hände, in denen er Zepter und Reichsapfel, die Zeichen seiner Würde, hält. Selbst beim Kirchgang führt der Schwertträger das königliche Gefolge an. Miniatur im Bremer Perikopenbuch Heinrichs III. (Echternach 1039–1043).

König von Burgund und Herzog von Bayern und Schwaben. Der ganze süddeutsche Raum, Ostfranken, das Rhein-Main-Gebiet und die ottonische Königslandschaft um den Harz und im östlichen Sachsen unterstanden damit unmittelbar der Krone. Kein deutscher Herrscher hatte jemals eine solche Macht in seinen Händen konzentrieren können. Mächtige Herzöge gab es nur noch in Lotharingien und Sachsen, Gozelo I. von Ober- und Niederlotharingien (1023–1044) und Bernhard II. von Sachsen (1011–1059).

Heinrich III. hatte vom Vater ein im Inneren gefestigtes und nach außen hin machtvolles Reich übernommen. Die Macht der Monarchie mußte sich jedoch gegenüber dem aufstrebenden Hochadel immer wieder bewähren, die Herrschaft über Rom und Italien war nur unter ständigen Anstrengungen zu sichern, in der romanischen Welt des Westens regten sich neue geistige und politische Kräfte, und die Hegemonie des Reiches gegenüber den östlichen Nachbarvölkern mußte stets aufs neue zur Geltung gebracht werden. Der junge König war gefordert.

Im östlichen Vorfeld des Reiches waren unruhige Zeiten angebro-

Kaiserin Gisela, die den Witwenschleier trägt, wird von zwei Äbten, vielleicht Humbert von Echternach und Poppo von Sankt Maximin zu Trier, in die Kirche geleitet. Der Kaiserin wird beim Kirchgang die gleiche Ehre zuteil wie dem Kaiser.

Die Inschrift feiert sie als Friedensbringerin und Mutter des regierenden Königs: »Friede wird sein, solange Gisela in dieser Welt lebt; sie gebar den König, der die Völker in Frömmigkeit regiert«.

Miniatur im Bremer Perikopenbuch Heinrichs III. (Echternach 1039–1043).

chen. Die Geburt der neuen Völker des Ostens erwies sich als ein schmerzhafter, von schweren Krisen begleiteter Vorgang. In Polen brach 1034 nach dem Tode Herzog Mieszkos II. und der Vertreibung der Herzoginwitwe Richeza und ihres Sohnes Kasimir die staatliche Ordnung zusammen; in Ungarn geschah das gleiche nach dem Tode des mächtigen Árpádenkönigs Stephan I. 1038. Die dynastischen Wirren wurden durch Auswirkungen sozialer Wandlungsprozesse verschärft; Ansätze eines nationalen Bewußtseins verbanden sich mit der Rückkehr zum alten heidnischen Glauben und der Verfolgung der Kirche und ihrer Diener.

Eine stabile Herrschaftsordnung gab es in Böhmen. Herzog Bretislav I. (1034–1055), einer der tatkräftigsten Herrscher aus dem Hause der Przemysliden, nutzte die Gunst der Stunde und versuchte, seinen Machtbereich nach Norden hin auszudehnen. Bei seinem Angriff auf Polen stieß er kaum auf Widerstand. Er eroberte und zerstörte Krakau und zog mit seinen siegreichen Truppen in Gnesen, Polens damaliger Hauptstadt, ein. Mit reicher Beute kehren die Böhmen heim; kostbarstes Beutestück waren die Gebeine

Königssiegel Heinrichs III.
Das Thron- oder Majestätssiegel wird zum repräsentativen Siegeltypus, den die deutschen Könige und Kaiser bis zu Karl V. gebrauchen.

des heiligen Adalbert, die in feierlichem Zuge am 24. August 1039 nach Prag eingeholt wurden.

Das war weit mehr als ein Akt frommer Devotion gegenüber einem hochverehrten Heiligen. Die Reliquien Adalberts, des ersten Prager Bischofs tschechischer Herkunft, sollten die Sakralität der böhmischen Herzogsstadt steigern und die Erhebung Prags zum Erzbistum vorbereiten. Ohne Zweifel hatte Bretislav erkannt, welche Rolle eine böhmische »Nationalkirche« nach polnischem und ungarischem Muster für die Festigung der inneren und äußeren Macht des Herzogtums spielen konnte. In Rom stießen diese Pläne allerdings auf keine Gegenliebe. Papst Benedikt IX. scheute die schweren Konflikte, die eine Herauslösung Prags aus dem Mainzer Metropolitanverband und damit aus der deutschen Reichskirche unvermeidlich heraufbeschworen hätte. So sollte es noch mehr als drei Jahrhunderte dauern, bis der Bischof von Prag unter der Regierung Karls IV., des böhmischen Königs und deutschen Kaisers, die erzbischöfliche Würde empfangen durfte.

Die Stellung des Reiches als Ordnungsmacht im Herzen Europas schien durch die östlichen Wirren bedroht. Heinrich III. sah sich gezwungen, den großräumigen Expansionsbestrebungen Bretislavs Einhalt zu gebieten, zumal er sich als Schutzherr der polnischen Königin Richeza und des Herzogs Kasimir fühlte, die am deutschen Hof Zuflucht gesucht hatten. Als der böhmische Herzog die vom König geforderte Auslieferung der Beute aus dem Polenfeldzug verweigerte, kam es zum Krieg.

Im Oktober 1039 fiel ein Heer unter Führung des Königs und des Markgrafen Ekkehard II. von Meißen in Böhmen ein. Bretislav lenkte ein und stellte seinen Sohn als Geisel. Aufgegeben hatte der Herzog seine Großmachtpläne allerdings damit noch nicht. Er verbündete sich mit König Peter Orseolo von Ungarn, der ihm Hilfstruppen zur Verfügung stellte. Um diese Koalition zu sprengen, griff Heinrich III. wieder an. Die von ihm selbst geführten bayerischen und fränkischen Aufgebote erlitten aber eine empfindliche Niederlage, die durch einen Erfolg der von dem kriegserfahrenen Markgrafen Ekkehard befehligten Nordarmee nicht aufgewogen wurde.

Erst der Feldzug des nächsten Jahres brachte die Entscheidung. Wieder wurde Böhmen von Westen und Norden her angegriffen. Die Heere vereinigten sich Anfang September 1041 vor Prag. Zur Schlacht kam es jedoch nicht; von Bischof Severus von Prag und Teilen des böhmischen Adels im Stich gelassen, mußte Bretislav um Frieden bitten. Im Oktober des gleichen Jahres erschien er auf dem Hoftag zu Regensburg, überbrachte reiche Geschenke, zahlte den rückständigen Tribut und bat um Gnade. Auf Bitten seines Schwagers, des Markgrafen Otto von Schweinfurt, wurde er wieder mit dem Herzogtum Böhmen belehnt. Von seinen polnischen Eroberungen durfte er sogar Schlesien behalten.

Die Beziehungen zwischen dem deutschen König und dem Herzog von Böhmen wurden damit auf eine solide Grundlage gestellt. In der folgenden langen Friedenszeit erwies sich Bretislav als ein treuer Vasall des Reiches, der zielstrebig an der Konsolidierung seiner Herrschaft arbeitete, eine Politik, die sein Sohn Vratislav (1061–1092) erfolgreich fortsetzte.

Mit deutscher Unterstützung konnte dann auch Herzog Kasimir

Sankt Martins-Rotunde auf dem Vyšehrad in Prag.
Vratislav II. (1061–1092) erbaute auf dem Vyšehrad eine mächtige Fürstenburg und errichtete mehrere Kirchen, darunter die Martins-Rotunde.

von Polen (1040–1058) in seine Heimat zurückkehren und sich allmählich gegen die innere Opposition durchsetzen. Durch seine Ehe mit Maria Dobronega, einer Schwester des Großfürsten Jaroslaw von Kiew, gewann er die nötige Rückendeckung im Osten zum Wiederaufbau des Staates. Nach und nach dehnte er seinen Machtbereich aus und konnte 1050 schließlich auch Schlesien wieder in Besitz nehmen. Sein Wirken brachte ihm den schmückenden Beinamen »Kasimir der Erneuerer« ein.

In Ungarn hatte Stephan der Heilige nach dem frühen Tod seines Sohnes Heinrich seinen Neffen Peter, den Sohn seiner Schwester und des venezianischen Dogen Peter Orseolo, adoptiert und zum Thronfolger bestimmt. In dem Bestreben, sein Land zu modernisieren, hatte König Stephan westlichen Einflüssen in Ungarn Tür und Tor geöffnet. Diese »Verwestlichung«, die an das spätere Wirken Peters des Großen von Rußland erinnert, führte unter dem straffen Regiment Stephans zur Stärkung der monarchischen Gewalt, weckte aber auch geheime und offene Abneigung. König Peter zeigte sich dieser heidnisch-nationalen Widerstandsbewegung nicht gewachsen, zumal er auch noch gegen die Königinwitwe Gisela, die Schwester Heinrichs II., Front machte. Die Ungarn erhoben 1041

Widmungsbild des Olmützer Horologium (um 1130/40).
Um den Kirchenvater Gregor den Großen sind die Bischöfe von Prag und Olmütz, der Abt und die Mönche des Klosters Hradisk versammelt. Der Herzog ist entweder Sobeslav I. (1125–1140) oder Vratislav II., der das Bistum Olmütz 1063 gegründet hat.

den Pfalzgrafen Aba, einen Angehörigen des Árpádenhauses, zum König. Aber auch der neue Herrscher bekam die einander widerstrebenden Parteien des Adels, der Geistlichkeit und der zum Heidentum tendierenden und auf die Wiederherstellung altungarischer Verhältnisse hoffenden einfachen Krieger nicht unter Kontrolle.

König Peter hatte am Hofe Heinrichs III. Zuflucht gesucht, und die Ungarn fürchteten, daß er unter dem Schutz deutscher Waffen zurückkehren würde. Aba wollte wohl einem deutschen Angriff zuvorkommen und sein Prestige durch erfolgreiche Kriegstaten steigern. Ungarische Scharen ergossen sich im Frühjahr 1041 über Kärnten und die bayerische Ostmark. Die Zeiten der verheerenden Ungarneinfälle schienen zurückzukehren. Der deutsche König

Das Giselakreuz, ein Geschenk der Königin Gisela von Ungarn an das Stift Niedermünster zu Regensburg.
Die Königin, die 1043 Ungarn verlassen hatte, wurde Äbtissin des Benediktinerinnenklosters Niedernburg bei Passau.

mußte handeln. Der Reichskrieg wurde beschlossen. Im Herbst führte Heinrich sein Heer nach Ungarn, aber es gelang nicht, Peter wieder auf den Thron zu setzen. Ein Feldzug im nächsten Jahr verlief erfolgreicher. Aba ließ alle Gefangenen frei, zahlte eine hohe Kriegsentschädigung und gab die von Konrad II. an Ungarn abgetretenen Landstriche wieder zurück. Die Zeche zahlte einstweilen Peter; der deutsche König verzichtete auf die Wiedereinsetzung des vertriebenen Herrschers.

Von Dauer war der Friede nicht. Eine Verschwörung gegen die tyrannische Herrschaft des Usurpators gab Heinrich III. Gelegenheit, wieder zu den Waffen zu greifen. Mit einem kleinen Heer, das von böhmischen Kontingenten unter Herzog Bretislav verstärkt wurde, schlug der König die zahlenmäßig überlegenen Ungarn am 5. Juli 1044 in der Ebene von Menfö. Aba fand auf der Flucht den Tod. Peter wurde in der damaligen ungarischen Hauptstadt Stuhlweißenburg (Székesfehérvár) wieder feierlich mit den Insignien der Königswürde bekleidet und auf den Thron gesetzt.

Innerhalb weniger Jahre hatte Heinrich III. die Vormachtstellung des Reiches im Osten wieder gefestigt. Bretislav von Böhmen, Kasimir von Polen und Peter von Ungarn hatten seine Oberhoheit anerkennen müssen.

Der König hatte im Osten so nachhaltig und erfolgreich operieren können, weil seine Autorität innerhalb des Reiches in der Anfangsphase seiner Regierung unangefochten war. Der schwerwiegende Konflikt mit dem abgesetzten und exkommunizierten Erzbischof Aribert von Mailand, den ihm Konrad II. als unseliges Erbe hinterlassen hatte, konnte rasch aus der Welt geschaffen werden. Die Mailänder hatten sich um ihren Erzbischof geschart und unter dem Zeichen des Kreuzes ihre Stadt mit großer Tapferkeit verteidigt. Als im Sommer des Jahres 1039 die Nachricht vom Tod des Kaisers eintraf, löste sich das Belagerungsheer auf. Der Thronfolger hatte die Kompromißlosigkeit, mit der sein Vater den Kampf gegen den mächtigsten der oberitalienischen Kirchenfürsten führte, nie gebilligt, und deshalb konnte Aribert nun auf Entgegenkommen hoffen. Im nächsten Jahr reiste er nach Deutschland, um sich zu rechtfertigen und dem neuen Herrscher zu huldigen. Er wurde begnadigt und wieder in Amt und Würden eingesetzt.

Bald sollte der König Gelegenheit bekommen, seine Autorität in Mailand in einem innerstädtischen Konflikt in die Waagschale zu werfen. Die erfolgreiche Verteidigung der Stadt hatte die Wehrfähigkeit und das Selbstbewußtsein der Bürgerschaft gestärkt. Als die äußere Bedrohung wegfiel, brachen sich die sozialen Spannungen in der aufblühenden lombardischen Metropole ungehemmt Bahn. Es kam zu einem regelrechten Bürgerkrieg, in dessen Verlauf das Volk unter Führung eines Adligen, des Capitano Lanzo, den Erzbischof und seine adligen Anhänger aus der Stadt vertrieben. Lanzo kam an den deutschen Hof und bat um Vermittlung. Gesandte Heinrichs III. ließen einen Frieden zwischen den verfeindeten Parteien beschwören. Mailand gehorchte dem Wort des Königs, der nach dem Tode Ariberts 1045 den Nachfolger bestimmte. Der neue Erzbischof Wido stammte nicht aus dem Hochadel, sondern aus einer Valvassorenfamilie.

Zu den wichtigsten Aufgaben eines mittelalterlichen Königs gehörte es, für den biologischen Fortbestand der Herrscherfamilie Sorge zu tragen. Gerade in dem neuen salischen Herrscherhaus erreichte das Denken in dynastischen Kategorien eine zuvor kaum geahnte Höhe. Eine fürstliche Eheschließung war naturgemäß keine private Angelegenheit, sondern ein Staatsakt, ein Ergebnis politischer Überlegungen. Aber nicht selten kamen menschliches Fühlen und echte persönliche Regungen zu ihrem Recht; Glück und Leid machten auch vor den Königen nicht Halt. Ein gnädiges Geschick hatte den erst zehnjährigen Thronfolger vor der Ehe mit einer für die Vorstellungen früherer Epochen uralten byzantinischen Prinzessin bewahrt, grausam entriß ihm das Schicksal 1038 nach kurzem Glück seine blutjunge Frau Gunhild, die ihm schon eine Tochter geboren hatte. Es dauerte fünf Jahre, bis sich der junge König entschloß, eine neue Ehe einzugehen. Vergeblich hatte ihm Großfürst Jaroslaw von Kiew, der Sohn Wladimirs des Heiligen, seine Tochter als Gemahlin angeboten. Doch die Überlegungen des Königs gingen in eine andere Richtung. Er warb im Sommer 1043 um Agnes, eine Tochter des Herzogs Wilhelm V. von Aquitanien. Die Werbung, von Bischof Brun von Würzburg vorgetragen, hatte Erfolg. Auf die Verlobung im burgundischen Besançon folgten in Mainz die Krönung zur Königin und in der Pfalz Ingelheim die Vermählung. Streng kirchlich gesinnte Geistliche hatten ernste Bedenken gegen diese Ehe, denn die Brautleute waren als Nachkommen König Heinrichs I. nach kanonischem Recht zu nahe miteinander verwandt.

Der König setzte sich über solche Ermahnungen hinweg. Die Vermählung mit der Aquitanierin brachte eine Verbindung mit dem wohl mächtigsten französischen Fürstenhaus, verstärkte den Druck auf das französische Königtum und war geeignet, die Position Heinrichs III. in Burgund zu verbessern. Zuneigung und Liebe zwischen Braut und Bräutigam haben sich wohl rasch eingestellt. Die Braut, höchstens achtzehn Jahre alt, ein zartes, fein gebildetes Mädchen war von einer ähnlich tiefen Frömmigkeit erfüllt wie ihr künftiger Gatte. Die Befürchtungen des Abtes Siegfried von Gorze, die neue Königin würde durch französische Sitten und Modetorheiten die vaterländische Ehrbarkeit zugrunde richten, bewahrheiteten sich nicht.[3] Im Gegenteil. Es erregte Erstaunen, daß Spielleute und Gaukler, die auf keinem mittelalterlichen Fest fehlten, ihre Künste während der Hochzeitsfeier in Ingelheim nicht zeigen durften. Ernst und würdig sollte das königliche Beilager begangen werden.

Agnes von Poitou teilte das Schicksal vieler Fürstentöchter: Als Fremde kam sie in ein fremdes Land. Zwar war sie die Gemahlin des mächtigsten Herrschers des Abendlandes, weilte fast ständig an seiner Seite und wird in zahlreichen Urkunden als Fürbitterin genannt, aber zu eigenen politischen Aktivitäten hatte sie keine Gelegenheit. Solange ihr Gemahl lebte, waren ihre Funktionen als Königin und Kaiserin hauptsächlich repräsentativer Natur, war sie vorrangig Gattin und Mutter. Fünf Kindern schenkte sie binnen weniger Jahre das Leben, drei Töchtern und zwei Söhnen. Mathilde, die Älteste, starb schon im Alter von kaum fünfzehn Jahren, kurz nach ihrer Hochzeit mit Herzog Rudolf von Schwaben, dem späteren Gegenkönig. Judith-Sophie, 1047 geboren, heiratete 1063 König Salomon von Ungarn und nach dessen Tod 1088 den Herzog Wladislaw-Herrmann von Polen. Die 1048 geborene Adelheid wurde für den geistlichen Stand bestimmt und übernahm als Äbtissin die Leitung der ottonischen Reichsabteien Gandersheim und Quedlinburg. Im Jahre 1050 kam endlich der ersehnte Thronfolger zur Welt, der spätere König Heinrich IV. Sein jüngerer Bruder Konrad starb schon im Alter von zwei Jahren. Die Stunde für eine politische Wirksamkeit der Kaiserin Agnes sollte erst nach dem Tode ihres Gemahls 1056 kommen.

Nach den Erfolgen im Osten und der Sicherung der Herrschaft über Burgund lag der Gedanke an Rom und die Kaiserkrönung in der Luft. Doch zunächst führte der Tod des Herzogs Gozelo I. von Lotharingien im Jahre 1044 zu Schwierigkeiten im Westen. Der König hatte sie selbst heraufbeschworen. Gozelo I. (1023–1044), ein

Heinrich III. und Agnes von Poitou

tatkräftiger Fürst, Kaiser und Reich treu ergeben, hatte die beiden Herzogtümer Ober- und Niederlotharingien in seiner Hand vereinigt. Sein Sohn Gottfried der Bärtige, schon zu Lebzeiten des Vaters in der Rolle eines Mitherzogs bewährt, sah sich als der rechtmäßige Alleinerbe, denn sein Bruder Gozelo war offenbar regierungsunfähig. Heinrich III., der die Herzogtümer als Reichsämter betrachtete, war jedoch nicht gewillt, Gottfried die ganze Machtfülle seines Vaters zu übertragen. Gottfried empfing nur Oberlotharingien, während Niederlotharingien an seinen Bruder Gozelo II. gegeben wurde.

Der König hatte aber die Rechnung ohne den ehrgeizigen und willensstarken Gottfried gemacht. Der Herzog fügte sich nicht, suchte Verbündete, folgte aber im Glauben an sein gutes Recht einer Ladung auf den Hoftag nach Aachen. Als er dort abgesetzt, nicht aber in Haft genommen wurde, eröffnete er den Kampf gegen die lotharingischen Anhänger des Königs, den Erzbischof Hermann von Köln, die Bischöfe Wazo von Lüttich und Richard von Verdun und den Pfalzgrafen Otto. Der König mußte selbst ins Feld ziehen, um den rebellischen Herzog zur Unterwerfung zu zwingen. Die Haft Gottfrieds im vornehmsten und sichersten Staatsgefängnis Deutschlands, dem Giebichenstein bei Halle, währte aber nicht lange. Der König, ohnhin zur Versöhnung geneigt, brauchte politische Stabilität im Reich, um den Rücken für den Zug zur Kaiserkrönung nach Rom frei zu bekommen. Deshalb wurde Gottfried schon 1046 begnadigt und erhielt das Herzogtum Oberlotharingien zurück. Niederlotharingien war dem Grafen Friedrich von Luxemburg übertragen worden. Es war von Anfang an zweifelhaft, ob Gottfried der Bärtige diese Einschränkung seines Machtbereiches auf Dauer hinnehmen würde.

Im Herbst des Jahres 1046 war es endlich soweit. Der König führte sein Heer über den Brenner nach Italien, um in der Ewigen Stadt die Kaiserkrone in Empfang zu nehmen. Widerstand gab es nicht; die Herrschaft des deutschen Königs über Italien war unerschüttert. Aber es tauchte ein Problem auf, das der König und seine geistlichen Berater in seiner Schärfe noch nicht wahrgenommen hatten. Während überall im Abendland der Gedanke an die Reinigung und Verbesserung des kirchlichen Lebens an Boden gewann, herrschten in der von Machtkämpfen erschütterten Stadt Rom und an der Kurie wahrhaft abenteuerliche Zustände. Es gab nicht weniger als drei Päpste, alle abhängig von rivalisierenden Adelsgruppen. Der Dienstälteste war jener Benedikt IX., der schon 1032 die Kathedra Petri bestiegen und sich mit Hilfe seiner Sippe, der Tuskulaner, behauptet hatte. Sein Sturz 1044 war die Folge innerrömischer Wirren, ausgelöst durch die Rivalen der Tuskulaner, die von Kaiser Otto III. zunächst entmachteten Creszentier. Benedikt IX. wurde vertrieben, und zum neuen Oberhirten wählten die Römer den Bischof Johannes von Sabina, der sich Silvester III. nannte.

Nun gab es als Exponenten zweier Adelsfraktionen zwei Päpste, aber damit war das Spiel noch nicht zu Ende. Benedikt IX. konnte seinen Konkurrenten wieder aus Rom vertreiben, aber er hatte offenbar die Lust am geistlichen Leben verloren, zu dem er schon im Knabenalter bestimmt worden war. Angeblich wollte er nun heiraten, aber der Graf, um dessen Tochter er warb, hatte begreiflicher-

Heinrich III. und Agnes beugen die Knie vor der Muttergottes. Der König, ein hochgewachsener Mann mit dunklem Bart und scharf geschnittenen Gesichtszügen, überreicht Maria das Evangeliar. Im Hintergrund der Speyerer Mariendom, für den das »Goldene Evangelienbuch« bestimmt war.
Widmungsbild im »Goldenen Evangelienbuch« Heinrichs III. (Echternacher Buchmalerei 1043–1046).

weise keine Lust, einen Papst als Schwiegersohn zu bekommen. Kurz entschlossen verkaufte Benedikt IX. die päpstliche Würde gegen eine hohe Summe an den römischen Erzpriester Johannes Gratianus aus der sehr reichen römischen Familie der Pierleoni. Die Geschichte, in einer der Streitschriften des Investiturstreits in polemischer Absicht überliefert, klingt etwas phantastisch, aber in Rom war damals tatsächlich fast nichts unmöglich.[4]

Johannes Gratianus, als Papst Gregor VI. (1045–1046), war eine integre Persönlichkeit, offenbar gewillt, sein Amt zum Segen der Kirche auszuüben. Daher wurde sein Pontifikat von Petrus Damiani, dem Prior des Klosters Fonte Avellana und einem herausragenden Vertreter der Kirchenreformbewegung in Italien, auch begeistert begrüßt. Wenn Petrus Damiani freilich rühmt, die Simonie, »das tausendköpfige Haupt der giftigen Schlange«, sei nun zertreten worden und das goldene Zeitalter der Apostel ziehe wieder herauf,[5] mutet das angesichts des offenkundigen Pfründenhandels merkwürdig an. Da sich Silvester III. aus Rom zurückgezogen hatte und Benedikt IX. sich weltlichen Vergnügungen hingab, konnte sich Gregor VI. als der legitime Besitzer der Kathedra Petri fühlen. Dem Nahen des deutschen Königs, dessen strenge religiöse Grundsätze in Rom wohl nicht unbekannt waren, dürfte er mit einiger Besorgnis, wenn auch nicht ohne die Hoffnung auf Anerkennung seines Pontifikats entgegengesehen haben.

Doch es kam anders. Schon während der Synode, die in Pavia abgehalten wurde, standen Reformen auf dem Programm, vor allem der Kampf gegen den Verkauf kirchlicher Ämter. Sicher werden die zahlreich versammelten Geistlichen aus Deutschland, Burgund, Ober- und Mittelitalien auch über die Lage an der Kurie hitzig diskutiert haben. Überliefert wird die Aufforderung an den König als den Vertreter Gottes auf Erden, die dreifache Ehe der Kirche zu trennen und einen würdigen Papst einzusetzen. Sonst stürze die Welt ins Chaos, und die verderbliche Krankheit greife vom Haupt auf die Glieder über.[6]

Aber noch schien ein Ausgleich möglich. Papst Gregor VI. eilte dem König entgegen und wurde von ihm in Piacenza ehrenvoll empfangen. Der Handel, dem der Heilige Vater sein hohes Amt verdankte, war jedoch so offensichtlich rechts- und sittenwidrig, daß der König nicht darüber hinwegsehen konnte. Heinrich III. wollte nun reinen Tisch machen. »Vom König als dem Stellvertreter Christi, der von Zeitgenossen als neuer Caesar und David, als Inbegriff sakraler Königsherrschaft gefeiert wurde, erwartete man damals die Beendigung des nachgerade skandalösen Schismas dreier Päpste«.[7] Auf der berühmten Synode von Sutri wurden am 20. Dezember 1046 Gregor VI. und Silvester III. gemäß dem kanonischen Recht abgesetzt. Wenige Tage später ereilte Benedikt IX. auf der Synode in Rom das gleiche Schicksal. Gregor VI., der in Rom den größten Anhang besaß, wurde nach Köln in die Verbannung geschickt, aus der er nicht mehr zurückkehren sollte. Unter den Geistlichen, die ihn auf seinem Weg nach Norden begleiteten, war ein einfacher Mönch namens Hildebrand. Niemand konnte damals ahnen, welche historische Rolle ihm das Schicksal noch zugedacht hatte.

Seit Jahrhunderten stellte Rom den Papst; nur Kaiser Otto III. hatte es in seinem übersteigerten imperialen Selbstbewußtsein gewagt, ohne Rücksicht auf den römischen Klerus und die ihn beherrschende Aristokratie nacheinander einen Deutschen und einen Franzosen auf den päpstlichen Stuhl zu setzen. Mehr als ein Intermezzo waren die Pontifikate Gregors V. und Silvesters II. zwar nicht, aber Heinrich III. konnte bei der Erhebung eines neuen Papstes an diese Tradition anknüpfen. In seinem Bestreben, den Stellvertreter der Apostel Petrus und Paulus aus den Fesseln stadtrömischer Machtkämpfe und Intrigen zu befreien, der römischen Kirche als dem Urquell und der Mutter aller christlichen Kirchen universale Geltung zu verschaffen und das Papsttum doch zugleich kraft königlicher Autorität zu beherrschen, ging er sogar noch einen großen Schritt weiter. Diese Pläne, die unlösbar mit Heinrichs Wunsch nach einer Reform der Kirche an Haupt und Gliedern verbunden waren, ließen sich leichter verwirklichen, wenn einer der Vertrauten des Herrschers, ein Mitglied der deutschen Reichskirche, zum Papst gewählt würde.

Der Wunschkandidat des Königs, Erzbischof Adalbert von Bremen-Hamburg, lehnte die ihm zugedachte Würde allerdings ab. Was zählte der Heilige Vater damals bei den Reichsbischöfen? War die Kathedra Petri für einen der mächtigsten deutschen Kirchenfürsten überhaupt erstrebenswert? Dem Erzbischof Adalbert schien es nicht der Mühe wert, seinen nordischen Missions- und Wirkungsraum aufzugeben, um die Leitung der römischen Kirche zu übernehmen. Er hoffte, seinen Einfluß auf die im Norden entstehenden Kirchen ausdehnen zu können und fühlte sich wohl schon 1046 als eine Art nordischer Papst, als »Patriarch des Nordens«.

Auch Bischof Suidger von Bamberg, auf den nun die Wahl fiel, zeigte sich keineswegs begeistert, mußte seinen anfänglichen Widerstand aber rasch aufgeben. Am 24. Dezember 1046 wurde er dem Willen Heinrichs III. entsprechend von der römischen Geistlichkeit und dem Volk von Rom gewählt, am nächsten Tage geweiht und inthronisiert. Als Papst nannte er sich Clemens II., gewiß um an die urchristliche Gemeinde und die Anfänge der römischen Kirche zu erinnern, an jene Zeiten reiner Frömmigkeit in Erwartung der Wiederkunft des Herrn. Sein geliebtes Bistum Bamberg gab er nicht auf, sicher nicht nur aus Anhänglichkeit, sondern auch auf Befehl des Königs. Als Bischof von Bamberg übte der neue Papst weiterhin ein wichtiges Amt innerhalb der deutschen Reichskirche aus und blieb daher in besonderer Weise an den Herrscher gebunden, der ihm seine bischöfliche Würde übertragen und dem er Treue und Gehorsam geschworen hatte.

Der Weihnachtstag galt seit der Kaiserkrönung Karls des Großen als der würdigste Tag für den Empfang der Kaiserwürde, und so vollzog der neue Papst gleich nach seiner Inthronisation an Agnes und Heinrich die Kaiserkrönung. Nach der Krönungsmesse in Sankt Peter begaben sich der Heilige Vater und das Kaiserpaar unter dem Jubel des Volkes zum Lateranpalast, wo der neue Kaiser von den Römern zum »Patricius Romanorum«, zum »Schutzherrn der Römer«, ausgerufen wurde. Mit dieser aus spätantiken Wurzeln erwachsenen Würde war nach den Vorstellungen jener Zeit das Recht verbunden, die erste und damit entscheidende Stimme bei der Wahl eines neuen Papstes abzugeben. Die Römer haben mit der Verleihung dieser Würde an Heinrich III. den tatsächlichen kaiserlichen Einfluß auf die Papstwahlen nachträglich legitimiert und rechtlich abgesichert.

Wider Erwarten blieb in der Stadt der Aufruhr aus, der die Krönungsfeierlichkeiten abzuschließen pflegte. Es folgten vielmehr friedliche Tage, angefüllt mit Regierungsgeschäften. Auf der für Anfang Januar 1047 nach Rom einberufenen Synode wurden der Kauf kirchlicher Ämter scharf verurteilt und Beschlüsse über das Vorgehen gegen simonistische Priester gefaßt. Mit dieser römischen Reformsynode schaltete sich erstmals das Papsttum in die kirchliche Reformbewegung ein.

Die Ewige Stadt war fest in der Hand des Kaisers. Hatten sich die Römer mit der neuen Lage abgefunden? Sollte Rom wieder eine kaiserliche Stadt werden? Schon Konrad II. hatte in sein Kaisersiegel den stolzen Spruch »Roma caput mundi/tenet orbis frena rotundi« aufgenommen,[8] und sein Sohn schien Rom wirklich wieder zu dem machen zu wollen, was in der großen Idee vom kaiserlichen Rom lebte, zum »Haupt der Welt, das die Zügel des Erdkreises hält«. Der Stern des Kaisers hatte seinen Zenit erreicht. Das theokratische Kaisertum hatte die unbestrittene Führung der abendländischen Christenheit erlangt.

Zugleich begann jedoch 1046 auch ein neues Kapitel der europäischen Geschichte des Mittelalters. »Das Papsttum, das jetzt die aktive Führung in der Kirchenreform übernahm und endlich seinen universalen Charakter zurückgewann, trat in eine ganz neue Phase seiner Geschichte ein, zugleich aber waren die Entscheidungen von Sutri und Rom eine Tat aus dem Geiste der traditionellen christlichen Weltordnung: das sakrale Kaisertum schuf der geistlichen Universalmacht erst wieder den Rahmen zu ihrer wesensgemäßen Entfaltung und war gewillt, auch weiterhin über Rom die Hand zu halten«.[9]

Den ersten beiden kaiserlichen Reformpäpsten bot sich kaum Gelegenheit zu geschichtlich bedeutsamen Taten. Für Clemens II. waren die Kaiserkrönung am Weihnachtstage 1046 und die Reformsynode im Januar 1047 sicher die Höhepunkte seines Pontifikats, das wenig mehr als ein dreiviertel Jahr dauerte. Schon am 9. Oktober 1047 starb der Papst. Nicht in Rom wollte er begraben werden, sondern in seinem heimatlichen Bischofssitz Bamberg, seiner »dulcissima sponsa«, seiner »geliebten Braut«. Unter Mühen und Gefahren brachten seine Gefährten seinen Leichnam nach Bamberg, wo er im Dom beigesetzt wurde, der einzige Papst, der in Deutschland seine letzte Ruhestätte gefunden hat.

Noch weniger Glück hatte sein Nachfolger Damasus II., der allenfalls den wenig verdienstvollen Ruhm für sich beanspruchen kann, mit vierundzwanzig Tagen eines der kürzesten Pontifikate in der langen Geschichte des Papsttums absolviert zu haben. Der abgesetzte Tuskulanerpapst Benedikt IX. nutzte die Vakanz nach dem Tode Clemens II., um noch einmal die Kathedra Petri zu besteigen. Der Kaiser bestimmte jedoch Bischof Poppo von Brixen zum neuen Papst. Auch er behielt sein deutsches Bistum bei, das wegen seiner Lage an der Brennerstraße, dem damals wichtigsten Alpenübergang, für die Italienpolitik von größter strategischer Bedeutung war. Der mächtige und ehrgeizige Markgraf Bonifaz von Tuszien unterstützte zunächst den Tuskulanerpapst, denn die absolute Verfü-

Kaisersiegel Konrads II.
Die Stadtarchitektur auf dem Revers des Siegels ist kein wirklichkeitsnahes Abbild der Stadt, sondern nur Symbol für die »Aurea Roma«, das »Goldene Rom«.

gungsgewalt des Kaisers über Rom und das Papsttum bedrohte die Unabhängigkeit seiner eigenen Herrschaft. Doch ein Machtwort des Kaisers genügte, um ihn zum Kurswechsel zu zwingen. Unter dem Schutz des Markgrafen zog Poppo in Rom ein und bestieg am 17. Juli 1048 als Damasus II. den päpstlichen Stuhl. Aber schon am 9. August dieses Jahres ist er in Palestrina gestorben.

Wieder bestimmte der Kaiser den Nachfolger, wieder fiel seine Wahl auf ein Mitglied der Reichskirche. Die Gesandten, die aus Rom an den Kaiserhof gezogen waren, hatten um den ehrwürdigen Erzbischof Halinard von Lyon als Kandidaten gebeten, doch der lehnte ab. Heinrich entschied sich für Bischof Brun von Toul. Der aus dem Elsaß stammende Grafensohn, seit 1026 Bischof von Toul, erwies sich auch als der richtige Mann, hochadliger Herkunft, gebildet und sprachbegabt, reichs- und kaisertreu, kriegstüchtig und welterfahren, »eine geniale Persönlichkeit von großem Zauber, hinreißender Beredsamkeit und unermüdlicher Aktivität«.[10] Als Reichsbischof hatte er genug Gelegenheit gehabt, Erfahrungen in der Führung von Menschen, in der Verwaltung und in der Ausübung von Herrschaft zu sammeln. Er war im Geiste der lotharingischen Kirchenreform aufgewachsen, und es war zu erwarten, daß er den hohen Idealen der Kirchenreformer auch an der Kurie endgültig zum Durchbruch verhelfen würde.

In der Tat begann mit dem Pontifikat des deutschen Kirchenfürsten Brun von Toul, dem Papst aus der Heimat der Kirchenreformbewegung, die glanzvollste und effizienteste Periode des Reformpapsttums, geprägt vom vertrauensvollen Zusammenwirken zwischen Kaiser und Papst, zwischen »regnum« und »sacerdotium«, den beiden höchsten Mächten der abendländischen Christenheit. Natürlich wußte alle Welt, daß der neue Papst ein kaiserlicher Papst sein würde, aber der Auserwählte bemühte sich geschickt um ein eigenes Profil. Nicht im Schutze eines kaiserlichen Heeres kam er nach Rom, um den römischen Stuhl in Besitz zu nehmen, sondern barfuß und in Pilgertracht hielt er Einzug in der Stadt der Apostel, umgeben von einer Schar geistlicher Herren. Diese großartige Geste der Demut und der Verehrung dürfte die Römer tief beeindruckt und mit der Herrschaft dieses »Pilgerpapstes« versöhnt haben.

Am 12. Februar 1049 bestieg Brun von Toul als Leo IX. (1049–1054) die Kathedra Petri. Mit der Wahl seines Papstnamens bekannte er sich zu den Ideen Leos des Großen (440–461); der auf dem ökumenischen Konzil von Chalcedon 451 über die Reinheit des christlichen Glaubens gewacht und energisch für den Vorrang Roms vor allen anderen Kirchen gekämpft hatte. Leo der Große war es, der das Recht des Bischofs von Rom auf die Herrschaft über die gesamte christliche Kirche als Dogma formuliert hatte; Leo IX. hat durch sein Wirken den Grundstein dafür gelegt, daß seine Nachfolger den päpstlichen Primatanspruch wenigstens gegenüber der abendländischen Kirche durchsetzen konnten.

Leo IX. umgab sich mit einem Stab von Beratern und Helfern. Die wichtigsten Persönlichkeiten berief er aus Lotharingien, dem Heimatland der Kirchenreform. Aus der Benediktinerabtei Remiremont kam Hugo der Weiße (Candidus), aus dem Vogesenkloster Moyen-Moutier der gelehrte, wortgewandte und streitbare Humbert, den Leo IX. zum Kardinalbischof von Silva Candida machte, aus Lüttich der Archidiakon Friedrich, ein Bruder Herzog Gottfrieds des Bärtigen. Aus Toul holte sich Leo IX. seinen Kanzler Udo. Es war eine »lothringische Landsmannschaft«,[11] die der neue Papst in Rom um sich versammelte; doch auch der aus Italien stammende Mönch Hildebrand war mit ihm aus Cluny nach Rom zurückgekehrt, wurde Subdiakon und begann seinen Aufstieg in der kirchlichen Hierarchie. Eine Gruppe von großen Persönlichkeiten, alle vom Geiste kirchlicher Erneuerung erfüllt, hatte der Papst um sich versammelt. Der päpstliche Hof, die Kurie, gewann Profil.

»Es bildete sich – inmitten einer Adelsumwelt, die vorerst nichts von dieser Reform wissen will, sondern am liebsten zu den Verhältnissen vor Sutri 1046 zurückkehren möchte – eine Kerngruppe, die auch über den Tod des einzelnen Nachfolgers Petri hinaus die Fortdauer von dessen Politik verbürgt. Damit verändert sich das Zentrum der Kirche – oder vielmehr: Es entsteht überhaupt erst jetzt eine Mitte, die nicht nur auf die Person des Papstes beschränkt ist. Die althergebrachte stadtrömische Bistumsverwaltung des Palatium Lateranense wandelt sich zur Kurie der katholischen Weltkirche«.[12] Es war die Initialzündung für eine zukunftsträchtige Entwicklung: Aus dem päpstlichen Beraterstab formierte sich eine neue wichtige Institution, das Kardinalskollegium.

Mit den Reformsynoden in Pavia, Sutri und Rom hatte die Erneuerung der Kirche an Haupt und Gliedern 1046/47 unter kaiserlicher Führung begonnen; Leo IX. setzt sie nun unter päpstlichem Vorzeichen in großem Stile und mit bewundernswerter Energie fort. Er weiß: Will der Papst mit seinem Primatanspruch Ernst machen und die Führung der Kirchenreformbewegung an sich reißen, dann muß er den päpstlichen Provinzialismus überwinden und den Wirkungsbereich des Papsttums erweitern. Alljährlich ruft er deshalb die Bischöfe in der Osterzeit zu einem allgemeinen Konzil nach Rom. Doch damit erreicht er nur die, die ohnehin bereit sind, seinem Willen zu folgen. Zu den anderen muß er selbst gehen. Er ist mit der Mentalität seiner ehemaligen Amtsbrüder vertraut. Die Präsenz des Herrschers ist entscheidend.

Also kopiert der Papst den Regierungsstil des Kaisers: Aus dem »Pilgerpapst« wird der »Reisepapst«. Unermüdlich zieht er durch Europa, beruft und leitet Synoden, visitiert Bistümer und Klöster, läßt unwürdige Bischöfe absetzen und Neubesetzungen vornehmen, sorgt sich um die Kirchenzucht und wirkt im Sinne der Erneuerung des religiösen Lebens. »Das Papsttum, bisher eine fremde, unbekannte Macht, trat mitten unter die Leute«.[13] Auf zahlreichen Synoden kämpft Leo IX. mit großer Energie für seine Ideale, die Reform der Kirche und die Verwirklichung des päpstlichen Primatsanspruchs. Der französische König Heinrich I. boykottiert die große Reformsynode, die 1049 unter päpstlicher Leitung in Reims abgehalten wird, aber im Reich kann der Papst dafür um so erfolgreicher wirken. Man weiß, hinter ihm stehen Willen und Macht des Kaisers. So versammeln sich fast alle deutschen Bischöfe und die Äbte zahlreicher Klöster 1049 auf der Mainzer Synode, die von Kaiser und Papst gemeinsam geleitet wird. Heinrich III. und Leo IX. demonstrieren die Einheit von geistlicher und weltlicher Macht.

Die beiden Hauptanliegen der Reform waren nach wie vor der Kampf gegen die Simonie und das Ringen um die Durchsetzung des allgemeinen Priesterzölibats. Natürlich gab es dagegen auch Widerstände. Der Papst, in theologisch-kirchenrechtlichen Fragen zunächst unter dem Einfluß des rigorosen Humbert von Silva Candida, mußte bald erkennen, daß ein zu rigides Vorgehen ins Abseits führen würde. Deshalb schwenkte er auf einen gemäßigteren und geschmeidigeren Reformkurs ein, der Korrekturen ermöglichte. Überhaupt fehlte der von Leo IX. und seinen politisch-theologischen Helfern repräsentierten lotharingischen Erneuerungsbewegung noch die kompromißlose Härte der folgenden gregorianischen Reform.

Dafür leitete Leo IX. an einer ganz anderen kirchenpolitischen Front eine neue Offensive ein, die zu einer wahrhaft ökumenischen Katastrophe führen sollte, zur endgültigen und bis heute nicht überwundenen Spaltung der Christenheit in den lateinisch-katholischen Westen und den griechisch-orthodoxen Osten. Der Bruch kam nicht über Nacht; Spannungen und Differenzen theologischer, liturgischer, kirchenrechtlicher und natürlich machtpolitischer Art gab es seit langem zwischen dem Bischof von Rom und dem Patriarchen von Konstantinopel, aber die Kontrahenten hatten es bisher vermieden, aus dem latenten Schisma eine offene Kirchenspaltung zu machen.

Auch der Kreis um Leo IX. hat den Bruch mit der Ostkirche wohl nicht bewußt betrieben, letztlich aber bewirkt. Der Primatanspruch des Papstes, der aus einer blassen Theorie zu lebendiger Wirklichkeit gemacht werden sollte, war aus päpstlicher Sicht kein bloßer Ehrenvorrang, sondern ein universaler, also auch die anderen hochrangigen Stätten der Christenheit, die »Hochthrone« Jerusalem, Antiochia, Alexandria und Konstantinopel einschließender Machtanspruch.[14] Über Differenzen in theologischen Fragen und im Ritus, so sehr sie auch die Gemüter der Menschen damals erhitzten, hätte man auch ferner hinwegkommen können; die Forderung des Bischofs von Rom als Nachfolger des Apostels Petrus und als Stellvertreter Christi als alleiniges Oberhaupt der Gesamtkirche anerkannt zu werden, mußte im Osten auf erbitterten Widerstand stoßen. Der tatkräftige Papst und seine ebenso versierten wie streitbaren Theologen fanden in dem ehrgeizigen, intriganten und machtbewußten Patriarchen Michael Kerullarios von Konstantinopel (1043–1058), der viel lieber Kaiser als Patriarch geworden wäre, einen ebenbürtigen Gegner.

Der Streit um den Rang in der kirchlichen Hierarchie wurde durch politische und kirchenorganisatorische Spannungen in Süditalien und Sizilien verschärft, nicht zuletzt durch die wunderliche, von den Griechen als Anmaßung und Einmischung in ihre kirchliche Sphäre empfundene Ernennung Humberts von Moyen-Moutier zum Erzbischof von Sizilien. Dabei blickten die auf der Insel unter moslemischer Herrschaft lebenden Christen auf Konstantinopel, nicht auf Rom. Der theologisch-kirchenrechtliche Disput zwischen Rom und Konstantinopel, dessen ursprüngliches Ziel die Wiederherstellung der christlichen Einheit war, wurde zum offenen, mit verletzender Schärfe geführten Kampf. Man schenkte sich nichts in diesem publizistisch und diplomatisch geführten Schlagabtausch. Der Papst schickte eine Gesandtschaft nach Konstantinopel, aus hochrangigen, aber zu wenig flexiblen Leuten. Der Erzbischof von Amalfi und der Abt von Monte Cassino waren Kirchenfürsten in der umstrittenen lateinisch-griechischen Kontaktzone und Gegner der Ostkirche. Zum Delegationschef hatte er den größten Scharfmacher unter seinen Beratern auserwählt, den Kardinalbischof Humbert von Silva Candida.

Das Scheitern der Verhandlungen war abzusehen, trotz der Kompromißbereitschaft des Kaisers Konstantin IX., der energisch auf eine Einigung drängte. So kam es zum Eklat: Statt sachlicher Diskussionen eine Kette von Provokationen und gegenseitigen Beschimpfungen. Am 16. Juli 1054, einem denkwürdigen Tag, legten die Gesandten des Heiligen Vaters die Bannbulle gegen Michael Kerullarios und seine Anhänger auf dem Altar der Hagia Sophia, der Hauptkirche Konstantinopels, nieder. Der Patriarch zahlte mit gleicher Münze heim, verbrannte die Bannbulle und verfluchte die päpstlichen Gesandten und ihre Helfer. Die Tragweite ihres Tuns haben die Akteure, streitbare und rechthaberische Kirchenmänner, die sie nun einmal waren, wohl kaum empfinden können. Der Bruch, den sie vor fast einem Jahrtausend vollzogen haben, dauert bis heute an.

Leo IX. hat das von seinen Gesandten angerichtete Debakel seiner kirchenpolitischen Ostoffensive nicht mehr erleben müssen. Als die päpstlichen Gesandten den Patriarchen verfluchten, war ihr Herr bereits tot. Schon von schwerer Krankheit gezeichnet, war er aus normannischer Gefangenschaft freigelassen worden und am 19. April 1054 in Rom gestorben.

Wie aber und warum war der Heilige Vater in die Hände der süditalienischen Normannen gefallen? Leo IX. hätte seine hochadlige Abstammung und seine Herkunft aus dem machtbewußten Reichsepiskopat verleugnen müssen, wenn es ihm nur um die Steigerung der moralischen, juridiktionellen und kirchenpolitischen Autorität des Papsttums gegangen wäre. Noch etwas anderes war einzufordern, die territorialen Ansprüche, die der Stellvertreter des Apostelfürsten aus der Konstantinischen Schenkung und den Privilegien der karolingischen und ottonischen Herrscher ableiten konnte. Mußte ein Papst, der als unumschränktes Oberhaupt der Christenheit anerkannt werden wollte, nicht auch über eine entsprechende territoriale Machtbasis verfügen? War es nicht an der Zeit, wieder einmal zu versuchen, das Patrimonium Petri, das irdische Fürstentum des Apostels, wirklich in die Hand zu bekommen? Leo IX., auf die Hilfe von Kaiser und Reich vertrauend, entfaltete eine politische und militärische Aktivität, die ihn schließlich ins Unglück stürzte.

Die wirren Zustände im Süden der Apenninhalbinsel eröffneten – so schien es – dem Papst gute Chancen für eine erfolgreiche Territorialpolitik. Daher zögerte Leo IX. nicht, als ihm die Beneventaner, die 1050 ihren Fürsten Pandulf III. verjagt hatten, die Herrschaft über ihre Stadt anboten und ihm den Treueid leisteten. Der Kaiser stimmte zu. Gegen den Verzicht auf alle päpstlichen Rechte an der Abtei Fulda und dem Bistum Bamberg, die sich aus der Exemtion, der unmittelbaren Unterstellung dieser beiden Kirchen unter den päpstlichen Stuhl, ergaben, überließ der Kaiser auf dem Wormser Hoftag im Dezember 1052 dem Papst das Fürstentum Benevent und übertrug ihm eine Art »Reichsvikariat« in Süditalien. Leo IX. aber wollte mehr und Größeres. Die Normannen bedrohten Benevent, und der Papst schrieb den Kampf gegen sie auf seine Fahnen. Mit militärisch schwachen Kräften wagte er den Kampf gegen die kriegserfahrenen normannischen Ritter, die ihre Macht in Süditalien gefestigt hatten und immer weiter ausdehnten. Die von Heinrich III. versprochene Unterstützung durch deutsche Aufgebote blieb jedoch aus; Bischof Gebhard von Eichstätt, der Reichskanzler, hatte von einem solchen Unternehmen nachdrücklich abgeraten. Das Heer, das der Papst nun auf eigene Faust zusammenbrachte, muß ein wahrhaft abenteuerlicher Haufen gewesen sein. Der Chronist, der fromme Klosterbruder Hermann von Reichenau, berichtet:

Es folgten ihm aber sehr viele Deutsche, teils auf Geheiß ihrer Herren, teils aus Hoffnung auf Gewinn, auch viele Verbrecher und Abenteurer, die wegen verschiedener Vergehen aus ihrer Heimat getrieben wurden. Diese alle nahm er gnädig und huldvoll auf, teils aus übergroßem Mitempfinden und seiner gewohnten Barmherzigkeit, teils auch, weil er ihrer Hilfe für den bevorstehenden Krieg bedurfte.[15]

Trotzdem kämpften diese Männer in der Schlacht, die am 18. Juni 1053 bei Civitate, einem nicht mehr bestehenden Städtchen in Apulien, entbrannte, sehr tapfer und unterlagen nur der besseren Bewaffnung und überlegenen Taktik der Normannen. Hermann von Reichenau sieht hinter dem Ausgang der Schlacht natürlich Gottes unerforschlichen Ratschluß, gibt aber zu bedenken, ob die blutige Niederlage des päpstlichen Heeres nicht die Strafe Gottes dafür war, daß das Oberhaupt der Christenheit, statt mit geistlichen Waffen für den Glauben zu streiten, eine Schar von beutelüsternen Verbrechern zum Kampf um Irdisches ins Feld geführt hatte.

Unversöhnlich waren die Sieger nicht. Der Papst mußte den Kirchenbann, den er über sie verhängt hatte, wiederaufheben und wurde von ihnen bis zur Freilassung in ehrenvoller Haft gehalten. Aber die Karriere des Reformpapstes neigte sich ihrem Ende zu.

Konnte der Kaiser die Höhe halten, die 1046 in Sutri und Rom erreicht worden war? Ließ sich im vertrauensvollen Zusammenwirken von Kaiser und Papst das mittelalterliche Ideal der gottgewollten Herrschaft über das Imperium Christianum verwirklichen? Oder geriet das Reich bald nach dem Triumph in die Krise? Leicht fällt die Antwort nicht. Der Kaiser brauchte keine der einmal errungenen Machtpositionen zu räumen, aber ihre Verteidigung kostete Mühe. Es gab Krisen, aber keine Reichskrise. In dem stolzen Bau, den Heinrich III. zusammengefügt hatte, zeigten sich zunächst nur feine Risse.

In Ungarn war König Peter schon 1046 gestürzt und geblendet worden. Ein heidnischer Aufstand erschütterte das Land; der christlichen Kirche drohte Vernichtung. Mit Hilfe des ungarischen Adels und polnischer Söldner konnte wieder ein Árpáde die Herrschaft an sich reißen und den Thron besteigen, Andreas I. (1046–1060). Er lenkte in die Bahnen Stephans des Heiligen zurück, strebte nach Wiederherstellung der Macht der Krone, rief erneut christliche Priester ins Land, gründete Kirchen und Klöster und baute die Kirchenorganisation wieder auf. Er suchte den Frieden mit dem Reich, aber der Kaiser verweigerte ihm die Anerkennung seiner Königswürde und überzog Ungarn mit Krieg. Die deutschen Feldzüge waren letztlich Mißerfolge. Ungarn löste sich vom Imperium und beschritt den Weg zur Nation.

Schwierigkeiten gab es auch im Westen. Der Kaiser wurde ihrer Herr, mit Mühen und ohne Glanz. Es war sein Glück, daß der französische König Heinrich I., ein ebenso langlebiger wie schwacher Herrscher, den Gegnern des Kaisers keinen echten Rückhalt zu geben vermochte. So konnten die Grafen von Flandern einigermaßen gebändigt werden, und der rebellische Graf von Holland fiel im Kampf.

Der hartnäckigste unter den Widersachern des Kaisers, Gottfried der Bärtige, erlebte weiterhin Höhen und Tiefen. Der Herzog gab den Kampf um das väterliche Erbe nie auf und war immer für eine Überraschung gut. Für eine solche sorgte er, als er 1054 Beatrix heiratete, die Witwe des 1052 auf der Jagd ermordeten Markgrafen Bonifaz von Tuszien. Das geschah ohne Wissen und ohne die nach dem Lehnrecht erforderliche Zustimmung des Kaisers, der sich nun doch im Frühjahr 1055 zu einem zweiten Italienzug gezwungen sah. Gottfried der Bärtige hatte in der Toskana kaum Anhänger finden können und floh beim Herannahen des Kaisers. Die Markgräfin Beatrix und ihre Tochter Mathilde, die später so berühmte Markgräfin von Canossa, wurden als Gefangene nach Deutschland abgeführt. Der Kaiser war auch in der wichtigen Markgrafschaft Tuszien wieder Herr der Lage.

Uneingeschränkt und unangefochten schien die kaiserliche Herrschaft über den päpstlichen Stuhl. Die Personalpolitik Heinrichs III. zielte letztlich darauf ab, die römische Kirche fest in das Reichskirchensystem zu integrieren. Fast schien es, als schwebe der Heilige Vater in Gefahr, zum ranghöchsten Reichsbischof herabzusinken. Aber unter den vom Kaiser auf die Kathedra Petri beförderten deutschen Prälaten war zumindest einer, der weit davon entfernt war, ein bloßer Empfänger kaiserlicher Befehle zu sein, Leo IX. An seiner Loyalität gegenüber dem Kaiser gab es zwar keinen Zweifel, aber er achtete auf die Würde seines Amtes und wußte, was er seinem Anspruch auf universalkirchliche Autorität schuldig war. Auch er hatte zunächst sein Bistum Toul behalten, gab es aber 1051 auf, als er sah, daß seine persönliche Einbindung in die Reichskirche der Durchsetzung des päpstlichen Primatanspruches hinderlich war. Der Verzicht auf das Bistum Toul war wohl der Versuch, dem Episkopat gegenüber die für jede echte Autorität erforderliche Distanz zu gewinnen.

Zum Bruch zwischen Heinrich III. und Leo IX. kam es nicht, aber zuletzt doch zu einer leichten Entfremdung. Der Kaiser spürte, daß das wachsende Prestige dieses reformfreudigen, tatkräftigen, politisch versierten und persönlich untadligen Papstes die kaiserliche Kirchenhoheit zu bedrohen begann. Das war wohl auch der Grund, weshalb die Reichsregierung den Heiligen Vater ohne wirkliche Unterstützung in das süditalienische Abenteuer ziehen ließ und auch nach der Katastrophe keine Anstalten machte, ihn aus der Gefangenschaft der Normannen zu befreien. Der frühe Tod Leos IX. bot dem Kaiser schließlich noch einmal die willkommene Gelegenheit, einen ihm ganz ergebenen Mann nach Rom zu entsenden. Die Wahl fiel auf seinen Kanzler Gebhard von Eichstätt, einer erfahrenen Politiker. Er war zugleich der Wortführer jener Gruppe deutscher Bischöfe, die einer extensiven Auslegung des päpstlichen Primatanspruches ablehnend gegenüberstand. Der treue Gefolgs-

Simon- und Judas-Pfennig. Die in der Reichsmünzstätte Goslar geprägten Simon- und Judas-Pfennige zeigen auf der Vorderseite das Porträt des Kaisers, auf dem Revers die Heiligen Simon und Judas.

mann des Kaisers bestieg als Viktor II. am 13. April 1055 den päpstlichen Stuhl. Der zweite Italienzug Heinrichs III. eröffnete die Möglichkeit, auf dem großen, von mehr als 120 Bischöfen und Äbten besuchten Konzil im Juni 1055 in Florenz das gute Einvernehmen zwischen Kaiser und Papst zur Schau zu stellen. Die Reformpolitik sollte fortgesetzt werden, allerdings in einer gemäßigteren, die Reichsinteressen nicht weiter tangierenden Form. Viktor II. wurde im Rahmen der erforderlichen administrativen Umstrukturierungen auch mit territorialpolitischen Aufgaben betraut und bekam die Verwaltung des Herzogtums Spoleto und der Markgrafschaft Fermo übertragen. Der Papst, der sein bayerisches Bistum behielt, wurde wie ein Reichsbeamter mit dem Schutz der südlichen Reichsgrenze beauftragt.

Der Kaiser kehrte bald nach Deutschland zurück. Beunruhigende Nachrichten und die allgemeine politische Lage forderten gebieterisch seine Anwesenheit. Kriegerische Verwicklungen beunruhigten den lotharingisch-flandrischen Raum, politisch-diplomatische Spannungen trübten die Beziehungen zum König von Frankreich, und an der deutsch-slawischen Grenze erlitten die Sachsen in den permanenten Grenzkriegen immer wieder blutige Niederlagen gegen die kriegstüchtigen Liutizen. Höchst bedrohlich war 1055 eine auf den Sturz und die Ermordung des Kaisers abzielende Fürstenverschwörung, angezettelt von Herzog Welf III. von Kärnten, dem ehemaligen Bayernherzog Konrad und dem Regensburger Bischof Gebhard, einem Verwandten des salischen Hauses. Der plötzliche Tod der beiden Herzöge verhinderte die Ausführung des Planes, und mit dem Bischof wurde der Kaiser leicht fertig.

Die Verschwörer hatten wohl darauf spekuliert, daß das politische Klima und eine weitverbreitete Mißstimmung ihr Vorhaben begünstigen würden. Es war unverkennbar, daß zu Beginn der fünfziger Jahre die großen Hoffnungen geschwunden waren, die man auf Heinrich III. gesetzt hatte. Statt dessen wuchs die Entfremdung zwischen Herrscher und Volk. Der Kaiser, dieser hochgewachsene dunkle Mann mit den scharfen Zügen, war kein Mensch, dem die Herzen zuflogen, keine gewinnende Erscheinung, sondern ein herber und strenger Charakter, zunehmend verschlossen und herrisch. Seine Größe schuf Distanz, nicht Sympathie. Der autoritäre Regierungsstil verletzte Ehre und Würde der Großen des Reiches. Seine Maßnahmen zur Stärkung der monarchischen Gewalt erregten Erbitterung bei den Betroffenen. Das einfache Volk, dem die Größe und der Glanz des Reiches, die Erfolge des Kaisers und seine hegemoniale Stellung in Europa ohnehin wenig bedeuteten, bezahlte letzten Endes die Kriege des Kaisers und litt zusätzlich unter Mißernten und Hungersnöten. Die Stimmung war gedrückt. Hermann von Reichenau, obgleich dem Kaiser wohlgesonnen, verschweigt dies nicht:

Zu dieser Zeit murrten sowohl die Großen des Reiches wie die Geringeren mehr und mehr über den Kaiser und klagten, er vergesse seine anfänglich gezeigte Gerechtigkeit, Friedensliebe, Frömmigkeit, Gottesfurcht und die vielfältigen Tugenden, in denen er doch täglich Fortschritte machen müsse, und zeige vielmehr Habsucht und eine gewisse Nachlässigkeit und werde bald schlechter sein als am Anfang.[16]

Die Fürstenverschwörung, die sogar dem Leben des Kaisers galt,

Heinrich III.
Stifterfigur am Portal der Vorhalle von Sankt Simon und Judas in Goslar.

395

Markgraf Ekkehard II. von Meißen (1032–1046).
Kopf der Stifterfigur im Naumburger Westchor.

Uta von Ballenstedt, Gemahlin Ekkehards II. von Meißen.

war ein Symptom für die wachsende Unzufriedenheit in den Kreisen der Aristokratie mit dem autoritären Regiment, dem autokratischen, keinen Widerspruch duldenden Regierungsstil Heinrichs III. Die vom Hochadel seit alten Zeiten beanspruchte »Teilhabe am Reich« betrachtete der Kaiser weniger als Recht auf Herrschaft, denn als Pflicht zum Dienst an Kaiser und Reich. Die Bestrebungen der Fürsten, die ihnen vom Herrscher verliehenen Amtsbezirke in eigenständige Herrschaftsbereiche umzuwandeln, bekämpfte er energisch. Dem Erbrecht der adligen Dynastien setzte er bewußt das königliche Amtsrecht entgegen und ließ sich von seiner Verfügungsgewalt über die Herzogtümer und Grafschaften nichts abhandeln. Der Kaiser wußte: Politik war nicht zuletzt Personalpolitik. Die Schroffheit, mit der er bisweilen zu Werke ging, erregte Aufsehen und Unwillen.

Es war ein für die Monarchie glücklicher Zufall, daß die tüchtigsten Männer jener Zeit als Bischöfe und Erzbischöfe im Dienste der Kirche und damit des Reiches standen. Die Herzöge, mit denen es Heinrich III. zu tun hatte, waren eher schwächliche Charaktere, von denen kaum Gefahr drohte, solange sich der Kaiser auf die Kirchenfürsten verlassen konnte. Ausnahmen waren Gottfried der Bärtige und der langlebige Sachsenherzog Bernhard II. (1011–1059), dem in dem ehrgeizigen, begabten und herrschgewaltigen Erzbischof Adalbert von Bremen-Hamburg aber ein starker Gegenspieler erwachsen war. Auch in anderen Landschaften gelang es dem Kaiser, die Rivalitäten zwischen den weltlichen und geistlichen Fürsten im Interesse der Monarchie auszunutzen. Die Mißerfolge des lothringischen Herzogs haben darin eine ihrer Ursachen.

Mit großer Konsequenz baute Heinrich III. die Machtpositionen der Monarchie im Reiche aus. Er beanspruchte vorbehaltlos die Verfügungsgewalt über die Reichskirche, die Herzogtümer, Grafschaften und Markgrafschaften und alle sonstigen Reichslehen. Es gelang ihm, das Krongut zu vermehren, nicht zuletzt durch die Konfiskation adliger Güter. Markgraf Ekkehard II. von Meißen, der Letzte aus dem Geschlecht der Ekkehardinger, setzte 1046 den König zum Erben seines umfangreichen Allodialbesitzes ein.

Die Salier hatten nicht nur ihren Eigenbesitz dem Reich zugeführt, sondern auch das ottonische Krongut ungeschmälert übernehmen können. Heinrich III. schuf für die »Königslandschaft« um den Harz mit dem großzügigen Ausbau der Pfalz Goslar ein neues repräsentatives Zentrum. Diesem Bemühen diente auch die Gründung eines Pfalzstiftes, das den beiden Heiligen Simon und Judas geweiht war, an deren Festtag der Kaiser das Licht der Welt erblickt hatte. Zusammen mit dem von der Liebfrauenkirche und der doppelgeschossigen Ulrichskapelle flankierten Königspalast bildeten Kirche und Stift von Sankt Simon und Judas ein architektonisch einmaliges Ensemble, dessen großartige Wirkung die erhaltenen und rekonstruierten Bauten heute nur noch erahnen lassen. Aber es ging natürlich nicht bloß um Repräsentation. Das Goslarer Pfalzstift gewann besondere Bedeutung als effektivste Ausbildungsstätte für die Geistlichkeit der Hofkapelle und den Reichsepiskopat, als »Kaderschmiede« und Eliteschule zur Ausbildung eines reichs- und kaisertreuen »Beamtenapparates«. Goslar war in jener Zeit – und da kündigte sich Neues an –, nicht nur Pfalz-, sondern auch Bergbauort, dessen Silbergruben zum Nutzen des Königtums ausgebeutet wurden.

Im wohlverstandenen Interesse der Monarchie lag es auch, wenn der Herrscher in Deutschland die Führung jener mächtigen Friedensbewegung übernahm, die damals – von Südfrankreich ausgehend – ihren Siegeszug antrat. Seit dem ausgehenden 10. Jahrhundert hatte die Kirche unter Führung des cluniazensischen Mönchtums versucht, einige der schlimmsten Übel der Zeit, Fehdewesen und Blutrache, Raub und Mord, Kirchenschändung und Brandstiftung, einzudämmen und den gequälten Menschen wenigstens einige Tage des Friedens und der Sicherheit zu verschaffen. In der Advents- und Fastenzeit sowie an den Tagen einer jeden Woche, die durch die Passion Christi geheiligt waren, von Mittwoch abend bis Montag früh, sollten alle Menschen Frieden haben, einen »Gottesfrieden«, eine »Treuga Dei«. Weltliche und kirchliche Strafen bis hin zur Exkommunikation sollten die Einhaltung des Gebotes erzwingen. Die Idee eines solchen religiös begründeten Friedens war in Frankreich in jenen Landschaften entstanden, in denen die Staatsgewalt zu schwach war, um das Minimum an Frieden, Recht und Ordnung garantieren zu können, welches selbst die an die Unsicherheit des Daseins gewöhnten Menschen des Mittelalters als unabdingbar betrachteten. Die Kirche war hier für das Königtum in die Bresche gesprungen.

In Deutschland waren die Zustände so heillos nicht, aber von einer Idylle natürlich weit entfernt. Der König galt von alters her als der Sachwalter der Gerechtigkeit und des Friedens, doch fiel es ihm nicht leicht, diesem Anspruch gerecht zu werden. Es war schwer genug, das Fehdewesen einzudämmen und die Neigung des Adels zu Rache und Selbstjustiz zu bändigen. Mord und Totschlag, Raub und Brand, Plünderungen und Vergewaltigungen waren die ständigen Begleiter dieser wüsten, so wenig adligen Bräuche.

Von Südfrankreich aus drang der Gedanke des Gottesfriedens in den burgundischen Raum ein. Dort dürfte Heinrich III. die segensreichen Wirkungen der Gottesfriedensbewegung erfahren und das Zukunftsträchtige dieser Idee erkannt haben. Für ihn ergab sich die Möglichkeit, seine in der christlichen Königstheologie verankerte

Kaiserpfalz und Ulrichskapelle in Goslar. Nachdem die Liebfrauenkirche verfallen und das Domstift Sankt Simon und Judas 1819 bis auf die Vorhalle abgebrochen worden war, wurde die Kaiserpfalz 1868–1879 im Stil einer historisierenden Neo-Romantik restauriert.

Widmungsbild im Evangelienbuch aus Goslar. Kaiser Heinrich überreicht Sankt Simon und Judas ein in Echternach geschriebenes Evangeliar.
Simon und Judas waren die Geburtsheiligen Heinrichs III., der ihnen deshalb die Kirche des Goslarer Pfalzstifts weihen ließ. Die Inschrift »Heinricus caesar sublimat moenia Goslariae« feiert den Kaiser als den Bauherrn der Pfalzstadt Goslar.

Rolle als Friedenswahrer den veränderten Verhältnissen anzupassen und sich an die Spitze dieser säkularen Friedensbewegung zu stellen. Er nutzte jede Gelegenheit, um zum Frieden, zu Vergebung und Versöhnung zu mahnen und zeigte sich gern als wortgewaltiger, mitreißender Bußprediger. So predigte er im Jahre 1043 auf der Konstanzer Synode zu den Fürsten und dem Volk, verzieh allen seinen Feinden und ermahnte die Versammelten mit eindringlichen Worten zum Frieden:

Von dort kam er nach Schwaben und vergab auf der Synode von Konstanz selbst allen, die sich gegen ihn vergangen hatten, alle Schuld. Dann versöhnte er durch Bitten und Ermahnungen alle anwesenden Schwaben miteinander, und danach bemühte er sich eifrig, auch in den anderen Landschaften des Reiches die Menschen zur Vergebung der Schuld und zur Beilegung ihrer Feindschaften zu veranlassen. Damit schuf er einen seit vielen Jahrhunderten unbekannten Frieden und bekräftigte ihn durch ein herrscherliches Friedensgebot.[17]

Das Ziel des Herrschers war ein das ganze Reich umspannender Friede, der durch die Verschmelzung von Gottesfrieden und Königsfrieden neue Dimensionen und größere Effizienz erlangen sollte.

Der Wunsch Heinrichs III., ein Friedensfürst zu sein, ging nicht in Erfüllung. Der Krieg gegen äußere Feinde ließ ihn nicht los, und auch der innere Friede war verletzlich und immer gefährdet. Gewiß, der Herrscher war oft bereit, seinen Gegnern zu verzeihen, aber genützt hat ihm dies wenig. Auch sein Leben wurde vom Kampf bestimmt, in diesen Tagen das Los eines jeden Königs.

Nach der Rückkehr vom zweiten Italienzug 1055 blieb dem Kaiser nur noch eine kurze Spanne Zeit. In diese Perioden des Kampfes und der Verschwörung, der Siege und der blutigen Niederlagen fiel die Verlobung des Thronfolgers Heinrich mit Berta von Turin zu feiern, der Tochter der Markgräfin Adelheid von Turin und ihres Gemahls, des Grafen Otto von Savoyen. Zu Weihnachten 1055 wurde die Verlobung der beiden Kinder in Zürich gefeiert. Natürlich mischten sich wieder Privates und Politisches: Die Markgrafschaft Turin, eine wichtige Bastion in Oberitalien zur Sicherung der Westalpenpässe, sollte enger an das Kaiserhaus herangeführt werden.

Schon im Jahr darauf kam überraschend das Ende. Der Kaiser weilte im Spätsommer in Goslar, empfing dort Papst Viktor II. und

Pfalzkapelle Sankt Ulrich, eine von Kaiser Lothar von Supplinburg erbaute Doppelkapelle. Die Kapelle im Obergeschoß war dem Herrscher und dem Hofstaat vorbehalten, das Untergeschoß diente als »Leutekapelle« für Dienerschaft und Hofgesinde.

Heinrich III., ein tragisch Unvollendeter?

ritt dann, vom Heiligen Vater begleitet, zur herbstlichen Jagd in die Wälder des Harzes. In seinem Jagdhof Bodfeld ist der Kaiser nach kurzer Krankheit am 5. Oktober 1056 gestorben, erst achtunddreißig Jahre alt. Im Kaiserdom zu Speyer fand er sein Grab; sein Herz ruht in seiner geliebten Pfalz Goslar.

Zurück blieben eine junge Frau und ein Kind, die Kaiserin Agnes und ihr Sohn, der fünfjährige König Heinrich IV. Der Kaiser hatte vorgesorgt: Der Sohn war bereits zum König gewählt und gekrönt. Das Thronrecht der Dynastie war gesichert. Die Kaiserin übernahm die Regentschaft für den unmündigen König und regierte in seinem Namen.

Die Gestalt Heinrichs III. umweht etwas von der Aura des tragisch Unvollendeten. Seine Regierungszeit war ohne Zweifel ein echter Höhepunkt in der an Höhen und Tiefen so reichen Geschichte des römisch-deutschen Kaisertums. Er beherrschte drei Königreiche, Deutschland, Italien und Burgund. Als Imperator Romanorum war er der ranghöchste und mächtigste Monarch des Abendlandes; an seinem Prestige und seiner Machtfülle gemessen, besaßen die anderen Könige und Fürsten Europas nur geringes Gewicht. Er durfte sich nicht nur als Herr der Welt, sondern kraft seiner Weihe als »Gesalbter des Herrn« auch als Herr der Kirche fühlen. Souverän beherrschte er die Reichskirche, entschied über die Besetzung der Bistümer und Abteien und verlieh den Bischöfen und Äbten die Symbole ihres geistlichen Amtes, Bischofsring und Hirtenstab. Er ist es gewesen, der als erster die Investitur der geistlichen Fürsten mit »Ring und Stab« vornahm und damit die königliche Kirchenherrschaft karolingisch-ottonischer Prägung ins Unermeßliche und für fromme Herzen Unerträgliche steigerte. In Sutri und Rom machte er sich faktisch, wenn auch nicht formal zum Richter über den Papst, ließ drei Päpste absetzen und bestimmte ein Mitglied des deutschen Episkopats zum neuen Inhaber des Heiligen Stuhls. Deutsche Reichsbischöfe, Männer seines Vertrauens, sollten auch in den nächsten Jahren die Kathedra Petri besteigen. Aus dem Anspruch auf Herrschaft über die Kirche leitete der fromme und glaubensstarke Herrscher auch die Verpflichtung ab, über die Reinheit des Glaubens und die Einhaltung der kanonischen Vorschriften zu wachen und die Führung der kirchlichen Reformbewegung zu übernehmen.

Sutri und Rom markierten den Höhe- und Kulminationspunkt in der Entwicklung der Idee vom Herrscher als dem »christus domini«, dem »Gesalbten des Herrn«, dem mit einer sakralen Weihe umgebenen Stellvertreter Gottes auf Erden. »Die Regierung Heinrichs III. in ihrer Vereinigung von gesicherter Machtfülle und idealer Aufgeschlossenheit für den religiös-sittlichen Sinn des christlichen Herrschertums darf uns nach wie vor als der Höhepunkt der Kaiserzeit gelten, als Vollendung und Ausklang der frühmittelalterlichen Weltordnung, des Synergismus beider Gewalten im Zeichen des Weihekaisertums. In der Regierung Heinrichs III. erfüllte sich, was ein monarchisch-dynastisches Zeitalter an äußerer und innerer Größe zu zeitigen vermag, in seinem Tode aber, was einer solchen politischen Ordnung an unheimlicher Gefahr innewohnen kann«.[18]

Kaiser Heinrich III. (spätgotische Grabfigur in der Ulrichskapelle). Das Herz Kaiser Heinrichs III. war 1056 im Goslarer Dom beigesetzt worden. Die Grabtumba wurde 1884 in der Ulrichskapelle aufgestellt.

III. Im Schatten von Canossa: Heinrich IV. 1056–1106

1. Die Jugend eines Königs: Kaiserin Agnes, Anno von Köln und Adalbert von Bremen

In der Herrschaft über das Reich folgten zum großen Schaden für das Kaisertum eine Frau und ein Kind. Nur widerwillig sahen sich die Fürsten durch die Macht einer Frau eingeengt und der Hoheit eines Kindes unterworfen.[1]
Adam von Bremen

An einem Frühlingstag des Jahres 1062 geschah Unerhörtes. Die Kaiserin Agnes und ihr kleiner Sohn weilten in der Pfalz Kaiserswerth am Niederrhein. Erzbischof Anno von Köln (1056–1075) hatte sich eingefunden, finstere Pläne im Herzen. Nach einem festlichen Mahl überredete er den neugierigen jungen König, sein prächtig geschmücktes Schiff zu besichtigen. Das war der Auftakt zur Entführung des Königs, zum »Staatsstreich von Kaiserswerth«. Der Chronist Lampert von Hersfeld, ein wohlunterrichteter Zeitgenosse, schilderte das dramatische Ereignis:

Dazu ließ sich der arglose, an nichts weniger als eine Hinterlist denkende Knabe leicht überreden. Kaum aber hatte er das Schiff bestiegen, da umringen ihn die Helfershelfer und Dienstmannen des Erzbischofs, die Ruderer stemmen sich hoch, werfen sich mit aller Kraft in die Riemen und treiben das Schiff blitzschnell in die Mitte des Stromes. Der König, verwirrt und fassungslos über diese Wendung der Dinge, dachte nichts anderes, als daß man ihm Gewalt antun und ihn ermorden wolle. Kopfüber stürzte er sich in den Fluß, und er wäre in den reißenden Fluten ertrunken, wäre ihm nicht Graf Ekbert trotz der großen Gefahr, in die er sich begab, nachgesprungen und hätte ihn mit Mühe und Not vor dem Versinken gerettet und auf das Schiff zurückgebracht. Nun beruhigte man ihn durch freundlichen Zuspruch und brachte ihn nach Köln.[2]

Die Entführung war geglückt, der Staatsstreich perfekt. Ebenso heimtückisch wie vorausschauend hatte Erzbischof Anno von Köln, das Haupt der Verschwörer, nicht nur den König, sondern auch die Reichsinsignien in seine Gewalt gebracht. Diesem rücksichtslosen Machtstreben hatte die Kaiserin sechs Jahre nach dem Tod ihres Gatten nichts mehr entgegenzusetzen. Ihre Kraft und ihr Wille, sich an der Spitze dieser Männerwelt zu behaupten, waren aufgezehrt. Sie resignierte, verzichtete auf die Regentschaft und zog sich aus der Politik zurück. Nur mit Mühe hielten Freunde sie davon ab, in ein Kloster einzutreten, denn sie hatte schon vor dem Staatsstreich zu

Adlerfibel aus dem »Gisela-Schatz«.
1880 wurden beim Abbruch eines Hauses in Mainz fünfundzwanzig goldene Schmuckstücke gefunden, die so wertvoll sind, daß sie nur eine Kaiserin getragen haben konnte. Neuere Forschungen haben wahrscheinlich gemacht, daß der Schmuck nicht der Kaiserin Gisela, sondern der Agnes gehört hat.

Kaiserswerth am Grabe ihres Gemahls den Schleier genommen und war nun gewillt, ein Leben in strenger asketischer Frömmigkeit zu führen.

Etwa dreißig Jahre war die Kaiserin alt, als sie sich plötzlich an die Spitze des Reiches gestellt sah. Mehr als zwölf Jahre hatte sie an der Seite des Kaisers gelebt und fünf Kindern das Leben geschenkt, aber sie war in Deutschland eine Fremde geblieben; Rückhalt an einer Sippe besaß sie hier nicht. In den ersten Monaten stand ihr Papst Viktor II. tatkräftig zur Seite, dann wurde Bischof Heinrich von Augsburg ihr vornehmster und einflußreichster Berater. Auch andere geistliche Herren wie Anno von Köln, Siegfried von Mainz, Adalbert von Bremen oder Gunther von Bamberg gewannen Einfluß bei Hofe, während weltliche Fürsten in ihrer Umgebung keine Rolle spielten.

Die Reichskirche bekam die Regentin rasch in den Griff. Sie versammelte die Bischöfe und Äbte um sich, bestätigte ihnen im Namen des Königs ihre Privilegien, besetzte vakante Bistümer und Reichsabteien mit zuverlässigen, im Hof- und Reichsdienst bewährten Männern und investierte sie eigenhändig mit Ring und Stab. Mancher, der sich im Investiturstreit gegen den König stellte, verdankte der Kaiserin seine Erhebung, etwa die Erzbischöfe Siegfried von Mainz und Gebhard von Salzburg oder der streitbare Bischof Burchard II. von Halberstadt. Voraussehbar war das natürlich nicht.

Dominierten am Hof und im Rat der Kaiserin die Herren geistlichen Standes als Repräsentanten der Reichskirche, so wuchs im Lande die Macht der weltlichen Fürsten. Als Regentin wahrte Agnes das Vermächtnis ihres Gatten und setzte die Friedens- und Versöhnungspolitik fort, die dieser gegen Ende seiner Regierungszeit begonnen hatte. Sie schloß Frieden mit Herzog Gottfried dem Bärtigen von Lothringien und belehnte den Grafen Balduin von Flandern und seinen gleichnamigen Sohn mit Reichsflandern und der Grafschaft Hennegau. Der Aufstieg der Grafen von Flandern zu eigener Landeshoheit in dieser französisch-deutschen Kontaktzone kam dadurch ein gutes Stück voran. Auch im Süden des Reiches versuchte die Kaiserin, sich Rückhalt an weltlichen Herren zu schaffen, auch wenn das nicht ohne Verzicht auf Herrschaftsrechte möglich war. Schon Weihnachten 1056 verlieh sie das Herzogtum Kärnten, das seit einem Jahr ohne Herzog geblieben war, an den Ezzonen Konrad, einen Bruder des lothringischen Pfalzgrafen Heinrich. Als der schwäbische Herzog Otto von Schweinfurt 1057 starb, gab sie das Herzogtum dem Grafen Rudolf von Rheinfelden, obwohl Heinrich III. die Anwartschaft dem Grafen Berthold von Zähringen verliehen hatte. Einen Ring des Kaisers konnte der Zähringer vorweisen, aber Rudolf von Rheinfelden besaß ein besseres Pfand, die Kaisertochter Mathilde. Er hatte sie entführt, um die Kaiserin zu erpressen. So berichtet es jedenfalls Frutolf von Michelsberg, ein zeitgenössischer Berichterstatter, in seiner Weltchronik.[3] Die knapp zwölfjährige Prinzessin wurde mit dem Herzog verlobt, den sie zwei Jahre später auch heiratete. Der empörte Rivale, Berthold von Zähringen, konnte vertröstet werden; er sollte das nächste freiwerdende Herzogtum erhalten. Einige Jahre später wurde er mit dem Herzogtum Kärnten belehnt.

Bayern, das wichtigste der süddeutschen Herzogtümer, wollte die

Kaiserin nicht aus der Hand geben. Erst außenpolitische Schwierigkeiten, die Auseinandersetzungen mit Ungarn, zwangen sie zu einer Änderung ihres Kurses. 1061 setzte sie den tapferen und kriegserfahrenen sächsischen Grafen Otto von Northeim als Herzog in Bayern ein.

Es wird deutlich: Die Herzogswürde ist ein Reichsamt, über das die Regentin frei verfügen kann. Sie bevorzugt die Einsetzung von Landfremden, aber sie kann die Herzogtümer nicht mehr unmittelbar der Krone unterstellen. Drei junge Männer aus jungen Dynastenfamilien steigen in diesen wenigen Jahren zu herzoglichen Würden empor, Rudolf von Rheinfelden, Otto von Northeim und Berthold von Zähringen. Die Regentin erst macht die Männer groß, die zu den ärgsten Feinden ihres Sohnes werden sollten.

Die Zeit der Regentschaft war aber auch eine Zeit der Unruhe. Gleich zu Beginn regte sich Widerstand unter dem sächsischen Adel, der das strenge Regiment des verstorbenen Kaisers nur widerwillig ertragen hatte. Doch die drohende Rebellion kam gar nicht erst zum Ausbruch, da der »Bannerträger des Aufruhrs«,[4] der sächsische Graf Otto, im Kampf mit Graf Brun von Braunschweig den Tod fand. Auch Unruhen in Franken und Schwaben konnten die Stellung der Kaiserin nicht ernsthaft gefährden. Weitaus gravierender als diese »bloß atmosphärischen Spannungen«[5] waren die Kämpfe, die am Niederrhein zwischen Erzbischof Anno von Köln und dem Pfalzgrafen Heinrich ausbrachen. Ihre Folgen, Raub, Mord und Brand, gingen weit über das gewohnte Maß hinaus. Der Erzbischof hoffte vergeblich auf die Hilfe der Kaiserin.

Fast noch schlimmer erging es dem Erzbischof Adalbert von Bremen, dem Führer der kaisertreuen Partei in Sachsen. Dort saßen die Billunger als Herzöge fest im Sattel: die Herzogswürde war de facto erblich geworden. Herzog Bernhard II., der fast ein halbes Jahrhundert regierte (1011-1059), und seine Söhne Ordulf und Hermann sahen in dem machtbewußten Erzbischof mit Recht einen Rivalen im Kampf um die Herrschaft im nordöstlichen Sachsen. Vor allem Ordulf, der seinem Vater als Herzog folgte (1059-1072), war ein erbitterter Feind der Bremer Kirche:

Noch zu Lebzeiten seines Vaters verheerte Herzog Ordulf mit einem feindlichen Heerhaufen das Bremer Bischofsland in Friesland und ließ Kirchenleute blenden. Auch Friedensboten, die an ihn gesandt wurden, ließ er öffentlich auspeitschen und kahl scheren. Und zuletzt bekämpfte, beraubte, kränkte und mißachtete er die Kirche und ihre Leute, wo er nur konnte. Aber obwohl der Bischof in berechtigter geistlicher Empörung die Frevler mit dem Schwert des Kirchenbannes strafte und seine Klagen am Königshof vorbrachte, erntete er nichts als Spott. Denn auch der Königsknabe soll anfangs von unseren Grafen nur verhöhnt worden sein.[6]

Die rauhen sächsischen Herren zeigten sich von geistlichen Strafen wenig beeindruckt, und von der Regierung einer Frau und eines Kindes hielten sie nicht viel.

Gefährdeten diese Rivalitäten den Frieden im Inneren, so geschahen in Ungarn und in Rom Dinge, die die äußere Machtstellung des Reiches bedrohten. Zunächst schien die Kaiserin mit ihrer Politik des Ausgleichs auch gegenüber Ungarn Erfolg zu haben. König Andreas I. von Ungarn (1046-1060) war am Frieden mit dem Reich

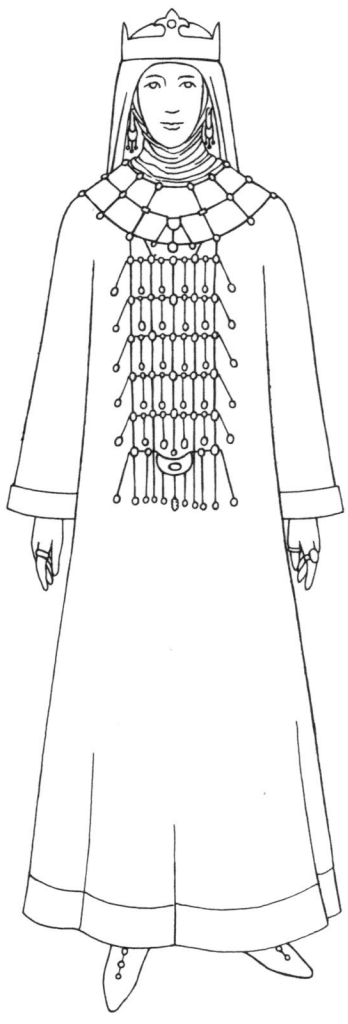

»Gisela-Schmuck«.
Juwelenkragen (Maniakon) und goldener Brustschmuck (Loros).

interessiert. Agnes verhandelte mit ihm auf der Basis der Gleichberechtigung und erkannte damit die uneingeschränkte Souveränität des ungarischen Staates an. »Ein befreundeter Fürst mußte ihr wertvoller sein als ein rebellischer Vasall«.[7] Die Verlobung ihrer Tochter Judith mit dem ungarischen Prinzen Salomon, dem Sohn des Königs, sollte dem Frieden Dauer verleihen. Aber es kam anders. Andreas hatte seinen Sohn 1057 zum König krönen lassen und damit das nach ungarischer Sitte geltende Thronrecht seines jüngeren Bruders Bela beiseite geschoben. Mit polnischer Hilfe wollte Bela im Jahre 1060 seinen Bruder vom Thron stoßen. Der König begehrte deutsche Hilfe, doch der Feldzug endete mit einer Katastrophe. Andreas geriet schwer verwundet in Gefangenschaft, und einen großen Teil der deutschen Krieger ereilte des gleiche Schicksal. Salomon und seine Braut flohen nach Bayern. Das Ansehen des Reiches im Südosten war schwer erschüttert, aber die Kaiserin verzichtete auf Revanche. Die einzige Reaktion auf die Ereignisse in Ungarn war die Einsetzung Ottos von Northeim als Herzog in Bayern. Er war dann 1063 auch der Anführer des deutschen Heeres, das den jungen König Salomon nach Ungarn zurückgeleitete.

Die Kaiserin konzentrierte ihre Regierungstätigkeit auf Deutschland. Burgund und Italien blieben außerhalb ihres persönlichen Aktionsfeldes. Rom und das Papsttum rückten in die Ferne. Am deutschen Hof ging offenbar der Überblick über das verloren, was sich an der Kurie abspielte, die Emanzipation des Reformpapstes von der kaiserlichen Hegemonie. Kardinal Humbert von Silva Candida wirkte politisch und publizistisch in diesem Sinne, auch Petrus Damiani und Bischof Anselm von Lucca, vor allem aber Hildebrand, die graue Eminenz am päpstlichen Hof.

Die große Wende brachte der Tod Viktors II. am 28. Juli 1057. Jäh ging die Ära der kaisertreuen Päpste zu Ende. Die radikalen Reformer handelten rasch und zielstrebig. Schon am 2. August hatten sie einen neuen Papst gewählt, Friedrich von Lothringen, den Abt von Monte Cassino. Als Stephan IX. bestieg er die Kathedra Petri. Ein kluger Schachzug, denn damit gewann die römische Reformpartei die Unterstützung seines Bruders, des Herzogs Gottfried. Als Gemahl der Markgräfin Beatrix von Tuszien kontrollierte er wichtige Wege nach Rom, und als er nun auch noch vom Papst das Herzogtum Spoleto erhielt, beherrschte er Mittelitalien von Meer zu Meer.

Die Regentin erkannte den ohne ihr Wissen und ohne ihre Zustimmung erhobenen Papst an. Eine andere Haltung hätte ohne Zweifel neue Konflikte mit Herzog Gottfried dem Bärtigen heraufbeschworen. Die reichstreuen oberitalienischen Bischöfe, nicht nur vom römischen Stuhl, sondern auch von den radikalen sozial-religiösen Volksbewegungen in ihren Bischofsstädten bedroht, fanden am deutschen Hof keine wirkliche Unterstützung.

Das Pontifikat Stephans IX. währte nur kurz. Nach seinem frühen Tod am 29. März 1058 sah sich die kuriale Partei plötzlich in der Defensive, denn auch in den römischen Adelskreisen war man aufgewacht. Die Schwäche des deutschen Königtums war eklatant; die Gelegenheit, die verlorenen Positionen in Rom zurückzugewinnen, schien günstig. Die römische Aristokratie, von den Tuskulanern geführt, präsentierte bereits am 5. April 1058 einen neuen Papst,

Benedikt X., der schon mit der Wahl seines Papstnamens demonstrativ an die Tradition der römischen Adelspäpste anknüpfte. Die Kardinäle waren aus Rom geflüchtet, kopflos, denn Hildebrand, ihr geistiger Führer, hielt sich gerade als päpstlicher Legat in Deutschland auf. Erst nach seiner Rückkehr wurde in Siena Bischof Gerhard von Florenz gewählt, der sich Nikolaus II. nannte. Die Kaiserin hatte diesem Vorschlag Hildebrands zugestimmt. Das Schisma war da. Kein Papst ohne Gegenpapst – das sollte die Devise für mehr als ein Jahrhundert sein. Die Wahl des Reformpapstes hatte nicht »am rechten Ort« stattgefunden. Der Weg nach Rom mußte freigekämpft werden. Hildebrand, der nicht nur um die Macht der Ideen, sondern auch um die des Geldes wußte, gewann Anhänger unter den Römern. Es entbrannte ein erbitterter Kampf um Rom, der mit Hilfe Gottfrieds des Bärtigen und seiner Ritter zugunsten Nikolaus' II. entschieden wurde.

Als die Kaiserin endlich – zögernd und ohne innere Konsequenz – den Kampf um die Rückgewinnung der kaiserlichen Rechte gegenüber dem Papsttum aufnahm, war es zu spät. Durch das Papstwahldekret Nikolaus' II. »In nomine Domini« von 1058 wurde die Papstwahl in die Hände der Kardinäle gelegt; es richtete sich sowohl gegen das Kaisertum als auch gegen die römische Aristokratie. Der Tod des Papstes Nikolaus II. am 19. Juli 1061 war das Signal zum Ausbruch des Streites. Die Kardinäle wählten ihrem neuen Selbstverständnis entsprechend am 30. September 1061 den erfahrenen Reformpolitiker Anselm von Lucca zum Papst. Anselm war zwar bereits Bischof von Lucca, aber die Reformer hatten das Translationsverbot, das Verbot eines Wechsels von einem Bischofsstuhl auf die Kathedra Petri, aufgehoben, so daß er als Alexander II. (1061–1073) den päpstlichen Stuhl besteigen konnte. Die Kardinäle waren unter dem Schutz der Normannen zur Wahl zusammengetreten. Diesmal verweigerte Agnes die Anerkennung des Gewählten und stellte ihm einen eigenen Kandidaten entgegen, den Bischof Cadalo von Parma.

Am 28. Oktober 1061 wurde Cadalo auf dem Reichstag zu Basel gewählt. Hinter dem kaiserlichen Papst, der sich Honorius II. nannte, standen die reichstreuen Bischöfe Oberitaliens und Burgunds, die Gesandten des römischen Adels und zahlreiche deutsche Bischöfe. Aber die unheilvolle Spaltung der deutschen Reichskirche war unübersehbar. Erzbischof Siegfried von Mainz, verärgert, weil ihm die Kurie das Pallium, das erzbischöfliche Würdezeichen, verweigert hatte, führte die Partei des kaisertreuen deutschen Episkopats, während Erzbischof Gebhard von Salzburg auf die Seite Alexanders II. trat. Andere Bischöfe verhielten sich eher abwartend. Unter diesen Umständen war wohl kaum daran zu denken, dem kaiserlichen Papst mit Heeresmacht den Weg nach Rom zu öffnen. Die Kaiserin glaubte wohl auch, Honorius II. würde das aus eigener Kraft gelingen; er stammte aus einer mächtigen Adelsfamilie und konnte mit der Unterstützung des lombardischen Adels und des oberitalienischen Episkopats rechnen. Auch unter der römischen Aristokratie besaß Honorius II. zahlreiche Anhänger. Zeitweilig residierten die beiden Päpste in Rom, der eine auf dem Kapitol und im Lateran, der andere auf dem Vatikan und in der Engelsburg. So forderte das Schisma wieder blutige Opfer. Mord und Totschlag

»Gisela-Schmuck«.
Ohrgehänge und Buckelfibel.

herrschten in den Straßen und auf den Plätzen der Ewigen Stadt. Honorius II., dem vom Reich keine Hilfe gesandt wurde, mußte schließlich aus Rom weichen und sich in sein Bistum Parma zurückziehen. Auf die päpstliche Würde hat er bis zu seinem Tod 1071 nicht verzichtet, aber das Ansehen des Reiches hatte einen schweren Schlag erlitten. Zum ersten Mal hatte sich ein vom König ernannter Papst nicht durchsetzen können. Das war ein Signal.

Es war nicht allein das von Agnes heraufbeschworene Schisma, das ihr den Boden unter den Füßen wegzog. Ihre Regentschaft war von Anfang an mit Mißtrauen beobachtet worden. Allein die Tatsache, daß sie eine Frau war, erwies sich für die Regentin in dieser von Männern beherrschten Welt als eine schwere Hypothek. Sich den Geboten einer Frau fügen zu müssen, verletzte den Stolz der Männer. Sie erfüllten ihre Pflichten gegen das Reich nur unwillig, suchten den eigenen Vorteil, trafen sich zu Beratungen und machten Stimmung gegen die Kaiserin. Dabei schreckte man nicht einmal davor zurück, die Tugend der Kaiserin in Zweifel zu ziehen:

Während der Minderjährigkeit ihres Sohnes führte die Kaiserin selbst die Regierungsgeschäfte und bediente sich dabei in erster Linie des Rates des Bischofs Heinrich von Augsburg. Deshalb konnte sie dem Verdacht unzüchtiger Liebe nicht entgehen, denn allgemein ging das Gerücht, ein so vertrauliches Verhältnis sei nicht ohne unsittlichen Verkehr erwachsen. Daran nahmen die Fürsten schweren Anstoß. Sahen sie doch, daß wegen der persönlichen Liebe zu einem Mann ihr Einfluß, der im Reich am meisten hätte gelten müssen, fast gänzlich ausgeschaltet war. Diesen unwürdigen Zustand ertrugen sie nicht.[8]

Dies war die Lage, in der sich 1062 eine Gruppe von weltlichen und geistlichen Großen um Anno von Köln zusammengefunden und den Staatsstreich von Kaiserswerth inszeniert hatte. Es waren sicher nicht nur Widerwillen gegen die Herrschaft einer Frau und Haß auf Heinrich von Augsburg, sondern auch Sorge um das Reich, die die Verschwörer zu ihrer verwerflichen Tat trieben. Manches lag im argen, und Agnes schien zu ernsthaftem politischen Handeln nicht mehr fähig zu sein. Mit der Sorge um das Reich verquickten sich freilich auch weniger lautere Motive wie politischer Ehrgeiz, Ruhmsucht und Machtgier und nicht zuletzt Habsucht und Gewinnstreben.

Die Kaiserin, Agnes von Poitou, war nicht zum Herrschen geboren. Ihr fehlten Zielstrebigkeit und Durchsetzungsvermögen, vor allem aber der Wille zur Macht. Als sie nach dem frühen Tod ihres Gemahls gefordert wurde, hat sie sich ihrer Aufgabe als Kaiserin nicht entzogen und die Regentschaft für ihren minderjährigen Sohn übernommen. Die Politik Heinrichs III. fortzuführen, sein Erbe zu bewahren und an den Sohn weiterzugeben, war ihr Bestreben. Neue Impulse gingen von ihr nicht aus, aber das war von der Regentin auch kaum zu fordern. Das Festhalten an der Tradition hatte auch sein Gutes. Und die Kaiserin hat ihre Sache nicht einmal schlecht gemacht. So schreibt der Chronist Lampert von Hersfeld über die Lage nach dem Tode Heinrichs III. und die Übernahme der Regentschaft durch Agnes:

Sein Nachfolger wurde sein Sohn Heinrich, ein fünfjähriger Knabe, drei Jahre nachdem er zum König gesalbt worden war. Die oberste Gewalt und die Durchführung aller notwendigen Regierungsgeschäfte jedoch verblieben bei der Kaiserin, die die Sicherheit des gefährdeten Reiches mit solcher Geschicklichkeit aufrechterhielt, daß die tiefgreifende Veränderung der Lage keinerlei Unruhen und keinerlei Anfeindungen hervorrief.[9]

Verglichen mit den unheilvollen Tagen der Sachsenkriege, des Investiturstreits und des Vater-Sohn-Konfliktes, die da kommen sollten, war die Regentschaft der Kaiserin eine fast glückliche Zeit.

Mit dem Zugriff auf die Person des Königs hatte Anno von Köln die Reichsregierung übernommen. Der königliche Knabe saß auf dem Thron, aber in Wirklichkeit war es der Erzbischof, der die Zügel in den Händen hielt. Im Reich hoffte man auf ein besseres Regiment, aber die Rivalitäten und Feindschaften zwischen den Großen, die ein starker Herrscher hätte zügeln können, brachen sich noch ungestümer Bahn als zuvor. Symptomatisch für das zügellose Machtstreben war der Rangstreit zwischen zwei geistlich-ungeistlichen Kirchenfürsten, dem Bischof von Hildesheim und dem Abt von Fulda, dessen blutigen Höhepunkt in der Goslarer Stiftskirche Sankt Simon und Judas der junge König hilflos miterleben mußte:

Der König feierte Pfingsten in Goslar. Als sich hier der König und die Bischöfe zum Abendgottesdienst versammelten, kam es wegen der Aufstellung der bischöflichen Stühle wieder zu einem Tumult, nicht wie das vorige Mal durch einen zufälligen Zusammenstoß, sondern durch einen seit langem vorbereiteten Anschlag. Denn der Bischof von Hildesheim, der die damals erlittene Zurücksetzung nicht vergessen hatte, hatte den Grafen Ekbert mit kampfbereiten Kriegern hinter dem Altar verborgen. Als diese nun den Lärm der sich streitenden Männer hörten, stürzen sie rasch hervor, schlagen auf die Fuldaer teils mit Fäusten, teils mit Knüppeln ein, werfen sie zu Boden und verjagen die über den unvermuteten Angriff wie vom Donner Gerührten mühelos aus der Kapelle der Kirche. Sofort rufen diese zu den Waffen; die Fuldaer, die Waffen zur Hand hatten, scharen sich zu einem Haufen zusammen, brechen in die Kirche ein, und inmitten des Chors und der psalmodierenden Mönche kommt es zum Handgemenge: man kämpft jetzt nicht mehr nur mit Knütteln, sondern mit Schwertern. Eine hitzige Schlacht entbrennt, und durch die ganze Kirche hallt statt der Hymnen und geistlichen Gesänge Anfeuerungsgeschrei und Wehklagen Sterbender. Auf Gottes Altären werden grausige Opfer abgeschlachtet, durch die Kirche rinnen allenthalben Ströme von Blut, vergossen nicht wie ehedem durch vorgeschriebenen Religionsbrauch, sondern durch feindliche Grausamkeit.

Der Bischof von Hildesheim hatte einen erhöhten Standort gewonnen und feuerte seine Leute wie durch ein militärisches Trompetensignal zu tapferem Kampfe an, und damit sie sich nicht durch die Heiligkeit des Ortes vom Waffengebrauch abschrecken ließen, hielt er ihnen das Aushängeschild seiner Machtbefugnis und seiner Erlaubnis vor. Auf beiden Seiten wurden viele verwundet, viele getötet, unter ihnen vornehmlich Reginbodo, der Fuldaer Bannerträger, und Bero, ein dem Grafen Ekbert besonders treuer Gefolgsmann. Der König erhob zwar währenddem laut seine Stimme und beschwor die Leute unter Berufung auf die königliche Majestät, aber er schien tauben Ohren zu predigen. Auf die Mahnung seines Gefolges, an die Sicherung seines Lebens zu denken und den Kampfplatz zu verlassen, bahnte er sich schließlich mit Mühe einen Weg durch die dicht zusammengeballte Menge und zog sich in die Pfalz zurück. Die Hildesheimer, die mit Vorsatz gerüstet zum Kampf gekom-

Erzbischof Anno von Köln. Der asketische, von leidenschaftlicher Religiosität erfüllte Erzbischof wurde in der Abtei Siegburg, wo er begraben liegt, als Heiliger verehrt. Im Zusammenhang mit der Heiligsprechung 1183 entstand in Siegburg die »Vita Annonis«. Besondere Verdienste erwarb sich Anno als Gründer mehrerer Klöster, darunter Siegburg, Sankt Georg und Mariengraden in Köln und Saalfeld in Thüringen.

men waren, gewannen die Oberhand. Die Fuldaer, die unbewaffnet und nichtsahnend, der Sturm des plötzlich ausbrechenden Aufruhrs zusammengetrieben hatte, wurden völlig geschlagen und aus der Kirche vertrieben. Sogleich werden die Türen verrammelt. Diejenigen Fuldaer, die sich beim Ausbruch des Tumults etwas weiter entfernt hatten, um ihre Waffen zu holen, finden sich jetzt in großer Zahl ein, besetzen die Vorhalle der Kirche und ordnen sich zum Kampf, um die Gegner sofort anzugreifen, wenn sie aus der Kirche herauskämen. Doch die Nacht machte dem Kampf ein Ende.[10]

Die Stellung des Erzbischofs Anno als Regent und Erzieher des Königs blieb nicht unangefochten. Zwar hatte er seine Tat auf einer Fürstenversammlung im Sommer des Jahres 1062 rechtfertigen können, aber bald mußte er nicht nur seinem Mainzer Amtsbruder Siegfried Anteil an der Macht gewähren, sondern auch seinen großen Rivalen Adalbert von Bremen in diesen »Staatsrat« aufnehmen.

Adalbert und Anno haßten einander aus tiefster Seele, grundverschieden wie sie waren: Anno von Köln der Typus des ehrgeizigen Emporkömmlings, Adalbert von Bremen der hochfahrende Herr aus altem Adel. Einig waren sie sich nur in einem Punkte, im Willen zur Macht. Der Konflikt war vorhersehbar, zum Schaden der Monarchie und des Reiches.

Anno von Köln und Adalbert von Bremen, die beiden Protagonisten dieses Rangstreites, haben ihre Biographen gefunden, der eine in dem Hersfelder Mönch Lampert, der andere in dem Bremer Domscholaster Adam. Lampert von Hersfeld nimmt leidenschaftlich Partei, verschweigt aber auch die negativen Charakterzüge seines Helden nicht ganz. Er schildert den Kölner Oberhirten als einen geistig und körperlich hervorragenden, bisweilen leidenschaftlichen und jähzornigen Menschen, einen sittenstrengen Geistlichen und begabten Kirchenfürsten, der sich mit aller Kraft in den Dienst von Kirche und Reich stellt, aber auch für sein Erzbistum nach Kräften sorgt: »Er gab gewissenhaft dem Kaiser, was des Kaisers ist, und Gott, was Gottes ist; denn er prunkte mit dem ehrwürdigen Namen und der weltlichen Pracht Kölns fast stolzer als irgendeiner seiner Vorgänger«.[11]

Es ist die typische Haltung eines Aufsteigers, denn Anno stammte aus einem kleinen schwäbischen Rittergeschlecht, nicht aus dem Hochadel. Er sorgte nicht nur für sein Erzbistum, das er vom Kaiser 1056 gegen den Willen des Kölner Klerus erhalten hatte, sondern auch für seine Verwandtschaft. Das Bistum Halberstadt verschaffte er seinem Neffen Burchard (1059–1088), das Erzbistum Magdeburg empfing wenige Jahre später sein Bruder Werner (1063–1078). Erwies er sich hier und anderswo als ein Meister des Nepotismus, so scheiterte er kläglich, als er im Jahre 1066 den Trierern seinen Neffen Kuno, den Kölner Dompropst, als Erzbischof aufzwingen wollte. Die wilde Geschichte endete damit, daß die Trierer ihren neuen Oberhirten von einem Felsen in die Tiefe stürzten.[12]

Adalbert von Bremen war hingegen vornehmer Herkunft. Sein Vater war Graf Friedrich von Goseck, seine Mutter Agnes stammte aus dem Hause der Grafen von Weimar. Auf Befehl Heinrichs III. wurde er 1043 Erzbischof von Hamburg-Bremen. Er versuchte den Einflußbereich seiner Metropole über die Bistümer Dänemarks, Norwegens und Schwedens auszudehnen und ein Patriarchat des Nordens zu errichten, ein Ziel, das er allerdings nicht erreichen sollte. Der Papst des Südens zu werden, lehnte er 1046 ab, aber ein Papst des Nordens zu werden, blieb ihm versagt. Er bewährte sich im Dienste von Kaiser und Reich, stand mit unwandelbarer Treue auf der Seite der salischen Monarchie, nutzte dies aber auch zur Bereicherung seiner ohnehin schon reichen Bremer Kirche und verstrickte sich immer tiefer in Machtkämpfe mit seinen geistlichen und weltlichen Rivalen. Der Magister Adam, zu Recht berühmt als Geschichtsschreiber der Bremer Kirche und »Tacitus des Nordens«, gibt ein einfühlsames, um Objektivität bemühtes Porträt seines Erzbischofs. Freilich tut er sich dabei schwer, denn Adalbert war von unglaublichem Adelsstolz erfüllt, war zugleich anmaßend und demütig, habgierig und verschwenderisch, klug und naiv, ein begabter Staatsmann und ein prahlsüchtiger Tor, kurzum ein zwiespältiger Charakter durch und durch bis an sein bitteres Ende.[13]

König Heinrich IV.
Miniatur in der Weltchronik Ekkehards von Aura (1113/14).

Ein Jahr nach seiner Aufnahme in den Regentschaftsrat war Adalbert von Bremen zur einflußreichsten Persönlichkeit bei Hofe geworden. Der Kölner Erzbischof Anno hatte seine dominierende Position in der Reichspolitik verloren. Der Aufstieg Adalberts wurde dadurch erleichtert, daß Siegfried von Mainz zusammen mit zahlreichen anderen weltlichen und geistlichen Herren im Herbst 1064 zu einer Pilgerfahrt nach Jerusalem aufbrach und von diesem gefahrvollen Unternehmen erst im Spätsommer des nächsten Jahres zurückkehrte.

Währenddessen hatte der junge König das vierzehnte Lebensjahr vollendet und erwartete sehnlich den Tag, an dem er die Waffen empfangen und endlich selbst die Herrschaft übernehmen würde. Am 29. März 1065, also noch vor Vollendung seines fünfzehnten Lebensjahres, fand in Worms die feierliche Schwertleite statt. Erzbischof Eberhard von Trier sprach den Segen, und Gottfried der Bärtige, der mächtigste unter den Reichsfürsten, trug den Schild des Königs. Nach der Schwertleite wollte der junge König sogleich mit Anno abrechnen. Nur mit Mühe konnte ihn die Kaiserin Agnes, die an der Feier teilnahm, an einem Kriegszug gegen den verhaßten Erzbischof hindern.

Der König war mündig und regierungsfähig, aber zunächst änderte sich nichts. Nach wie vor stritten die Großen um Macht und Einfluß. Sicher lag ihnen auch das Wohl des Reiches am Herzen, aber sie dachten nicht zuletzt an ihren eigenen Vorteil und ließen sich ihre Dienste mit Reichsabteien und Krongütern belohnen. An eine zielstrebige Politik zum Nutzen der Krone war unter diesen Umständen nicht zu denken. Der Romzug, den die politische Situation dringend forderte und der das Ansehen der Monarchie erhöht hätte, kam nicht zustande. Anno von Köln sann auf Rache und schmiedete eine große Koalition zum Sturz seines Rivalen. Die Erzbischöfe Siegfried von Mainz und Gebhard von Salzburg und die Herzöge Rudolf von Schwaben, Otto von Northeim und Berthold von Kärnten gehörten ihr an. Im Januar 1066 wurde Adalbert gestürzt; Anno riß wieder die Macht an sich.

Der junge König sieht sich wieder in den verhaßten Zustand der faktischen Unmündigkeit versetzt. Von jungen Leuten niederen Standes umgeben, die ihm bedingungslos gehorchen, führt er offenbar ein recht lockeres Leben. Er wird schwer krank, fast hoffnungslos, und die Fürsten beraten schon über die Nachfolge. Kaum genesen, muß er die Braut heimführen, die ihm noch der Vater ausgesucht hatte, Berta von Turin. Im Juli 1066 wird die Hochzeit gefeiert. Der Bräutigam ist fünfzehn, die Braut vierzehn Jahre alt. Die beiden Kinder sollen den Bestand der Dynastie sichern. Zunächst geht das schief. Mit der ganzen Unreife seiner Jugend begehrt der König auf; sein Freiheitsdrang richtet sich gegen die Zwänge einer politisch motivierten Ehe, gegen die unschuldige Kindfrau an seiner Seite. Nach gut zwei Jahren fordert er die Scheidung; die Ehe sei nicht vollzogen, die Königin noch Jungfrau. Das unkluge und unwürdige Vorhaben scheitert. Petrus Damiani erscheint als päpstlicher Legat auf dem Frankfurter Hoftag des Jahres 1069 und vereitelt diesen Plan.[14] Heinrich fügt sich, empfängt seine Gemahlin liebevoll und wird im nächsten Jahr Vater einer Tochter. Das Ansehen der Monarchie aber hat Schaden genommen, die moralische Autorität des Papstes ist gewachsen.

Langsam schickte sich der König an, die Regierung wirklich in die eigenen Hände zu nehmen. Zu Weihnachten 1068 verkündete er in Goslar eine Friedensordnung und knüpfte damit an das Programm seines Vaters an. Aber zunächst stand nicht der Frieden, sondern der Krieg auf der Tagesordnung. Im zeitigen Frühjahr 1069 unternahm Heinrich einen Feldzug gegen die Liutizen. Nach vielen Jahren überschritt zum ersten Mal wieder ein deutscher König mit einem Heer die Elbe. Mit den Liutizen war noch eine Rechnung zu begleichen. Wohl im Zusammenhang mit Adalberts Sturz 1066 war östlich der Elbe ein Aufstand ausgebrochen, dem der christliche Abodritenfürst Gottschalk zum Opfer fiel. Im Bunde mit den Liutizen riß der Heidenfürst Kruto die Herrschaft an sich. Die Anhänger Gottschalks wurden getötet. Viele Christen erlitten das Martyrium, allen voran Bischof Johannes von Mecklenburg, der in der liutizischen Kultburg Rethra dem Heidengott geopfert wurde. »So fielen alle Slawen während dieses allgemeinen Aufstandes ins Heidentum zurück, und alle, die am Glauben festhielten, waren erschlagen«. Stormarn wurde verwüstet, viele Menschen getötet oder versklavt, Hamburg gründlich zerstört. »So erfüllte sich an uns das Wort des Propheten: Gott, Heidenvölker sind in dein Erbe eingebrochen und haben deinen heiligen Tempel entweiht«, klagte Adam von Bremen.[15] Bischof Burchard von Halberstadt hat seinen ermordeten Amtsbruder gerächt. Im Winter 1067/68 war er bis nach Rethra vorgedrungen und hatte den Tempel des Svarozic zerstört. Auf dem heiligen Roß des slawischen Gottes war er im Triumph zurückgeritten. Der Angriff des Königs im folgenden Jahr sollte sicher eine Demonstration der Stärke sein, aber viel mehr als ein Präventivschlag war er wohl nicht.

Am Ende des Jahres 1069 starb eine der großen Persönlichkeiten jener Zeit, Herzog Gottfried der Bärtige. Er hatte noch die Achse Lotharingien-Tuszien gesichert, indem er seinen Sohn Gottfried den Buckligen mit seiner Stieftochter Mathilde von Tuszien vermählte. Die Ehe scheiterte am Menschlichen, an der unüberwindlichen Abneigung der Italienerin gegen ihren Gemahl. Aber Gottfried der Bucklige, trotz seines Makels ein großer Kriegsheld, stand treu zu Heinrich IV. und kämpfte an der Seite des Königs. Auch die beiden großen Kirchenfürsten verließen die Bühne; Adalbert, schon seit 1066 zurückgedrängt, starb 1072, Anno zog sich im gleichen Jahr wegen seines hohen Alters vom Hof zurück. Dubiose Machenschaften wurden genutzt, um Herzog Otto von Northeim und den sächsischen Herzogssohn Magnus auszuschalten.

Zu Beginn der siebziger Jahre hatte sich der junge König sozusagen freigeschwommen, aber nur, um sich bald in den wildesten Wogen wiederzufinden, die je über einem deutschen König zusammengeschlagen sind.

2. Der »Heilige Teufel«: Papst Gregor VII. 1073–1085

Überall wiesen ja im elften Jahrhundert die Zeichen auf nahe Veränderung hin, in der Staatenwelt und besonders im Reiche, in der kirchlichen Verfassung, im sozialen Leben. Aber zum Erstaunen war es doch, mit welcher Wucht die Wandlung durchbrach, gipfelnd in so dramatischen Vorgängen wie der wechselseitigen Absetzung von Papst und Kaiser, der Szene von Canossa und Gregors Ende im Exil.[16]

Wolfram von den Steinen

Canossa wurde zum Symbol. Die feste Burg in der unwirtlichen Einsamkeit des Apennin sah den Sieg des Papstes über den König, den Sieg der Hierokratie über die Theokratie. Mitten im Winter hatte der von Papst Gregor VII. gebannte König die Alpen überschritten und war vor die Burg der Markgräfin Mathilde gezogen, wo der Heilige Vater in aller Eile Zuflucht gesucht hatte. Aber der König war nicht mit Heeresmacht gekommen, nicht als Feldherr, sondern als reuiger Sünder. Drei Tage lang stand er mit wenigen Begleitern im Büßergewand vor den Toren der Burg, mit bloßen Füßen in der Winterkälte des Apennin. Erst am dritten Tage, am 28. Januar 1077, empfing er die Absolution, die Vergebung seiner Sünden und die Lösung vom Bann.

Der Gang nach Canossa war mehr als bloß ein religiöser Akt, mehr als die Buße eines sündigen Menschen. Was damals geschah, war aufwühlend, schockierend für Mit- und Nachwelt. Der Papst hatte es gewagt, »den römischen König nicht als den Herren des ganzen Erdkreises zu ehren, sondern als ein wie alle Menschen gleichsam aus Lehm gemachtes tönernes Geschöpf mit dem Schwert des Bannes zu treffen«.[17] Der Heilige Vater hatte den sakramentalen Charakter der Königssalbung geleugnet, den priestergleichen König aus der Gemeinschaft der Gläubigen ausgestoßen und sich zum Richter über den gottunmittelbaren Herrscher aufgeschwungen. Mit dem Gang nach Canossa hatte Heinrich IV. die Rechtmäßigkeit dieses unerhörten Tuns anerkannt und nicht nur sich, sondern auch das Kaisertum tief gedemütigt.

Mit der Entsakralisierung des Reichsgedankens war ein wesentliches Element der Ordnung des christlichen Mittelalters dahin; die Einheit von Reich und Kirche war zerbrochen, unwiderruflich, wie sich zeigen sollte. »Mit diesem bedeutungsvollen Umschwung wandte sich die Zeit von der Vollkommenheit zum Niedergang«, schrieb Jahrzehnte später rückschauend einer der tiefsten Geschichtsdenker des Mittelalters, Bischof Otto von Freising.[18] Canossa war eine epochale Wende.

Aus heiterem Himmel war der Bannstrahl des Papstes, der den König wie ein Blitz traf und diesen Umschwung einleitete, nicht gekommen. Der Weg von Sutri nach Canossa war lang, vielfältig gewunden, steinig und dornenreich, hart und leidvoll für Schuldige und Unschuldige. Voraussehbar und kalkulierbar waren die Dimensionen, die der dramatische Kampf zwischen Kaisertum und Papsttum annehmen sollte, freilich nicht; zu viele Faktoren spielten hinein, zu vielfältig waren die Interessen, zu unübersichtlich die Machtstrukturen, zu sehr kontrastierten neue Ideen und konservative Anschauungen, zu stark vermischten sich machtpolitische Ziele mit religiösen Forderungen. Für Kaisertum und Papsttum ging es um das Verhältnis von weltlicher und geistlicher Gewalt und damit letztlich um die rechte Ordnung der Welt. Gregor VII. und Heinrich IV. wurden zu den Protagonisten dieses säkularen Ringens, das für sie zum Vernichtungs- und Verzweiflungskampf werden sollte.

Ein Vorspiel war der sächsische Aufstand, »eines der verhängnisvollsten Ereignisse der inneren deutschen Geschichte«,[19] ein Menetekel, geeignet, dem König die innere Schwäche der Monarchie vor Augen zu führen. Welche Motive standen hinter dieser Rebellion der Sachsen gegen das salische Königtum? Hatten Fehleinschätzungen und Fehlentscheidungen des Königs die Katastrophe ausgelöst, oder war es eine unvermeidliche Kraftprobe zwischen dem König und dem sächsischen Stamm? Standen Wandlungen im sozialen Gefüge und in der Herrschaftsordnung hinter den blutigen, mit großer Erbitterung geführten Kämpfen? Die Triebkräfte des Geschehens sind schwer zu ergründen, denn es gibt keine Quelle, deren Verfasser nicht leidenschaftlich Partei ergriffen hätte, für oder gegen den König.

Im Jahre 1068 begann der König im Genuß seiner jugendlichen Freiheit im ganzen römischen Reich nur das Land der Sachsen zu bewohnen, die Fürsten zu verachten, die Edlen zu demütigen, die Niedrigen emporzuheben, sich der Jagd, dem Spiel und anderem Zeitvertreib mehr als der Pflege der Gerechtigkeit zu widmen, die Töchter des Adels an Leute unbekannter Herkunft zu verheiraten und voll Mißtrauen gegen die Mächtigen eigene Burgen zu erbauen.[20]

Das war die Sicht der Gegner des jungen Königs, die nicht müde wurden, Anklagen gegen seinen Lebenswandel und seine moralische Integrität mit Angriffen auf seinen Regierungsstil und seine Regierungsmaßnahmen zu verbinden. Als Ausdruck einer unerträglichen, ihre angestammten Rechte mißachtenden Tyrannei erschien den Sachsen der Versuch des Königs, die während der Zeit seiner Minderjährigkeit zerrütteten materiellen Grundlagen der Monarchie wieder zu festigen.

Das Machtvakuum nach dem Tod Heinrichs III. ausnutzend, hatten sich geistliche und weltliche Fürsten königliche Rechte angeeignet und sogar bedeutende Reichsabteien ihrer Herrschaft unterworfen. Reichsgüter und Reichsrechte waren in fremde Hände übergegangen. Der Adel hatte die Schwäche der Monarchie rücksichtslos ausgenutzt, um die eigenen Machtpositionen auszubauen. Sich dieser Herausforderung zu stellen und verlorenes Terrain wiederzugewinnen, mußte ein unverzichtbares Anliegen der königlichen Politik sein.

Der König, von Erzbischof Adalbert beraten und angestachelt, setzte den Hebel in Thüringen und im östlichen Sachsen an. Die Voraussetzungen schienen günstig, denn dort lagen die umfangreichen Krongüter, die als Erbe der Ottonen an die Salier gefallen

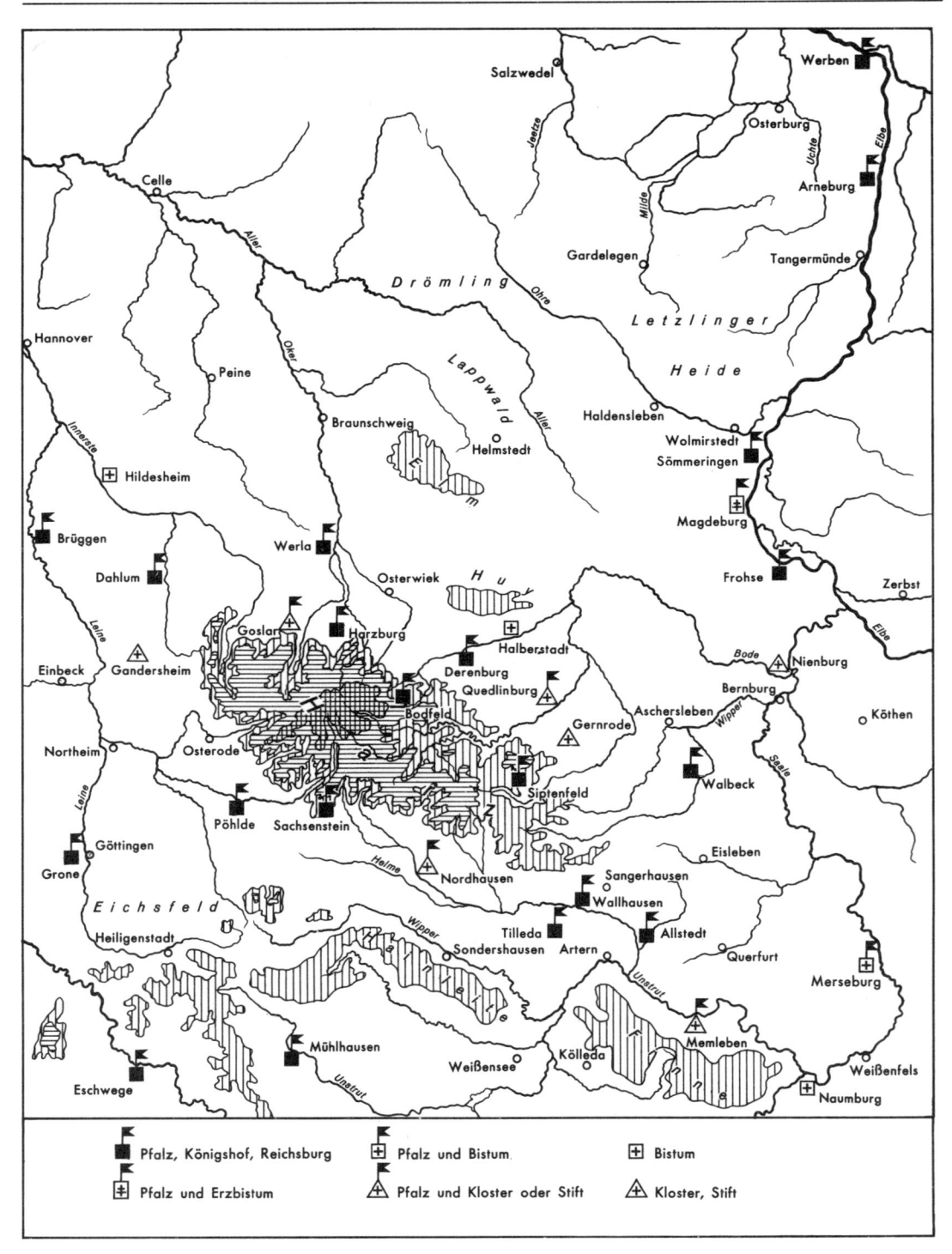

Burgen als Symbole königlicher Fremdherrschaft...

■ Pfalz, Königshof, Reichsburg
✠ Pfalz und Bistum
✠ Bistum
✠ Pfalz und Erzbistum
△ Pfalz und Kloster oder Stift
△ Kloster, Stift

Der Harzraum als »Königslandschaft«

waren. Bald ging es dem König nicht mehr nur um die Rückgewinnung entfremdeter Besitzungen und Rechte, sondern um mehr. Im Umkreis des Harzes sollte ein »Reichsland« geschaffen werden, ein Territorium unmittelbarer königlicher Herrschaft, gleichsam eine deutsche »Ile-de-France«, ein Pendant zum Herzstück des französischen Königreichs.

Das war neu und in der Art der Durchführung revolutionär. Der König sicherte das Krongut durch die Errichtung von Burgen, die als militärische Stützpunkte und Verwaltungszentren dienen sollten, und legte Besatzungen aus königlichen Dienstmannen hinein. Wurde schon die rigoros und ohne Rücksicht auf das Rechtsempfinden des Volkes betriebene Wiedergewinnung entfremdeter königlicher Güter und Rechte mit Unmut betrachtet, so erregte der Bau dieser Burgen Mißtrauen und Angst. Die Sachsen empfanden diese äußerst wehrhaften steinernen Festungen auf einsamer Höhe, die nicht mehr als Fluchtburgen für die Bevölkerung dienten, als Zwingburgen, erbaut um die Freiheit ihrer Heimat zu vernichten. Die königlichen Burgen wurden für die Sachsen zum Symbol einer tyrannischen und sich dem Volk entfremdenden Königsherrschaft. Das sollte Folgen haben.

Goslar, schon von Heinrich III. gefördert und prachtvoll ausgestaltet, sollte Macht- und Herrschaftszentrum dieses Königslandes werden. Die repräsentative Pfalzstadt erhielt eine fortifikatorische Ergänzung durch den Bau der Harzburg, der stärksten und zugleich prächtigsten Reichsburg dieses neuen Typs. Ein Netz von königlichen Burgen legte sich über Thüringen und das östliche Sachsen. Höhenburgen in fast uneinnehmbarer Lage, erbaut nach den modernsten Erkenntnissen der damaligen Festungsarchitektur. Die neben der Harzburg bedeutendsten waren die Heimburg am Nordrand des Harzes, der Sachsenstein an seinem südlichen Rand, die Spatenburg an der Hainleite und die Hasenburg im Eichsfeld. Auch weiter nördlich hatte der König einen wichtigen Stützpunkt gewonnen, nämlich Lüneburg, die Hauptburg der Billunger.

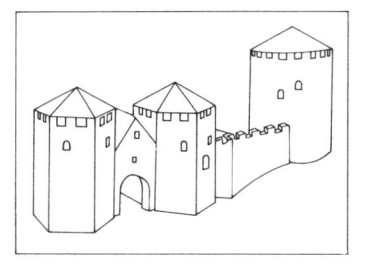

Die Reichsburg Sachsenstein bei Walkenried. Rekonstruktion der Toranlage und des Bergfrieds.

Aber nicht nur die gewaltigen Mauern der königlichen Burgen erregten den Zorn der Sachsen, sondern auch die Männer, die darin hausten. Ständige Besatzungen aus Reichsministerialen hatte der König in seine Burgen beordert, landfremde Dienstmannen einfacher, vielfach unfreier Abstammung. Der Königsdienst bot ihnen die Chance zum sozialen Aufstieg in den niederen Adel; deshalb waren sie ihrem Herrn bedingungslos ergeben, ständig bereit, seine Interessen zu wahren, seine Burgen zu schützen und seine Schlachten zu schlagen. Rücksichtslos forderten sie Dienste und Abgaben von den sächsischen Bauern, die in den Forderungen des Königs nichts anderes sahen als einen Angriff auf ihre angestammte Freiheit. Der Stolz der Sachsen wurde auf eine harte Probe gestellt, zumal es an Willkürakten und Übergriffen der schwäbischen Ministerialen nicht fehlte, wenn auch das von Lampert von Hersfeld entworfene Szenarium sicher weit überzeichnet ist:

Inzwischen bildeten die Besatzungen der erwähnten Burgen eine unerträgliche Belastung für das sächsische und thüringische Volk. Täglich machten sie Ausfälle und raubten alles, was sie in den Dörfern und auf den Feldern fanden, erhoben unerträglich hohe Abgaben und Steuern von Wäldern und Feldern und trieben oft, angeblich als Zehnt, ganze

Herden weg. Die Bewohner des Landes, darunter viele hochgeborene und überaus wohlhabende Leute, zwangen sie wie gemeine Sklaven zu Frondiensten. Ihre Töchter und Frauen vergewaltigten sie mit Wissen und beinahe vor den Augen der Männer. Nicht wenige schleppten sie auch gewaltsam in ihre Burgen, mißbrauchten sie, wenn sie die Lust ankam, in schändlicher Weise und schickten sie schließlich mit Schimpf und Schande ihren Männern zurück.[21]

Der König, so berichtet der Chronist, tat nichts, um diesem wüsten Treiben ein Ende zu bereiten, sondern rechtfertige vielmehr die Zwangsmaßnahmen. Er wollte, so ging das Gerücht, alle Thüringer und Sachsen ihrer Güter berauben und sie zu Sklaven machen.

Die Erbitterung wuchs. Die Bevölkerung Thüringens und Sachsens fühlte sich entrechtet und ausgebeutet, die sächsischen Fürsten fürchteten um ihre eigene Machtstellung und waren empört über die Mißachtung ihrer angestammten Mitsprache- und Herrschaftsrechte. Sie sahen sich von landfremden Emporkömmlingen zweifelhafter Herkunft bedroht. Der Groll der stammesstolzen Sachsen galt vor allem den schwäbischen Ministerialen, die der König ins Land geholt hatte: »Diesen Stamm liebte er nämlich ganz besonders, und viele Schwaben, Leute niederer Herkunft und fast ohne Ahnen, hat er in die höchsten Ämter berufen und zu den Ersten bei Hofe gemacht. Nach ihrem Wink und Willen wurden alle Reichsangelegenheiten geregelt«.[22]

Diese ritterlichen Ministerialen, die das Königtum so zielstrebig in den Dienst des Reiches stellte, waren ein neues, in die Zukunft weisendes Element in der mittelalterlichen Sozialordnung. Die Entstehung dieser Schicht markierte einen grundlegenden Wandel der Gesellschaft, die Überwindung der älteren rechtsständischen Gliederung durch ein neues berufsständisches Prinzip. Zum Hochadel, gebildet aus Fürsten, Grafen und freien Herren, gesellten sich die Dienstmannen freier und unfreier Herkunft, die sich im Laufe des 11. und 12. Jahrhunderts als niederadliger Ritterstand formierten. Auf der anderen Seite verloren die Freien, denen der Eintritt in den Ritterstand nicht gelang, ihr Waffenrecht. Sie sanken in die breite Schicht der hörigen Bauern hinab.

So war es kein Wunder, daß sich gegen die Politik des Königs, die alle überkommenen Machtstrukturen bedrohte und die Auflösung der alten Gesellschaftsordnung signalisierte, der Widerstand formierte. Hochadliges Selbstbewußtsein und bäuerliches Rechtsempfinden waren tief getroffen. Die konservativen Kräfte Sachsens, der alte Hochadel und das freie, jetzt aber vom Untergang bedrohte Bauerntum, fanden sich in einer antiköniglichen Einheitsfront zusammen. Zwar zeigten sich bald Interessengegensätze, aber im Anfangsstadium verlieh diese Koalition zwischen Fürsten und Volk dem sächsischen Aufstand trotz interner Spannungen eine ungeheure Wucht.

Im Sommer des Jahres 1073 war es dann soweit. Eines der bewegtesten Jahrzehnte der deutschen Geschichte brach an. Der König hatte das Aufgebot zu einem Feldzug gegen Polen erlassen. Am 22. August sollten sich die Truppen zur Heerschau versammeln, aber unter den Sachsen kursierten Gerüchte, der Feldzug nach Polen sei nur ein Vorwand, um sie endgültig dem tyrannischen Regiment des Königs zu unterwerfen. Sie rüsteten sich zum Kampf um ihre Freiheit. Bischof Burchard von Halberstadt, Otto von Northeim und Hermann Billung waren die »Urheber und Bannerträger« der Verschwörung, der sich rasch fast der gesamte sächsische Hochadel anschloß, darunter der Erzbischof von Magdeburg, die Bischöfe von Hildesheim, Minden, Münster, Paderborn, Merseburg und Meißen, der Pfalzgraf von Sachsen und die Markgrafen der Nordmark, der Lausitz und der Mark Meißen. Aus dem einfachen Volk seien es über 60 000 gewesen, so wird berichtet, die »zur Rettung der Freiheit des Vaterlandes und zum Schutz des Rechts« ihre Hilfe versprachen.[23] Die wenigen Herren, die dem König treu blieben, Erzbischof Liemar von Bremen und die Bischöfe Benno von Osnabrück und Eppo von Naumburg, mußten bald das Land verlassen und am Königshof Zuflucht suchen.

Anfang August erschienen Gesandte der Verschwörer in Goslar und überbrachten dem König ihre Forderungen. Ultimativ verlangten sie Befreiung von der Heerfahrt gegen Polen, da sie ständig im Kampf gegen die Liutizen stünden. Außerdem solle der König die Burgen niederlegen lassen, den sächsischen Fürsten ihre Güter zurückgeben, seine unwürdigen Ratgeber entlassen und den Fürsten wieder die ihnen gebührende Teilhabe an der Reichsregierung gewähren. Nur dann wollten sie ihm dienen, wie freie Männer in einem freien Land ihrem König zu dienen verpflichtet seien.[24]

Diese Forderungen schienen dem König unannehmbar. Hochfahrend und abweisend fertigte er die Gesandten ab und schürte dadurch den Zorn der Verschwörer. Die Sachsen machten nun Ernst. Sie erschienen mit Heeresmacht in Goslar und zwangen den König, dem die Pfalz keinen Schutz bot, zum überstürzten Rückzug in die Harzburg. Verhandlungen scheiterten. Der König saß auf der uneinnehmbaren Festung in der Falle. Die Belagerer wußten, daß der König in anderen Teilen des Reiches treue Anhänger besaß, die er gegen sie mobilisieren würde, wenn ihm die Flucht gelingen sollte. Sie bewachten die Zugänge zur Burg, konnten aber den Belagerungsring nicht fest genug schließen. Dem König gelang die Flucht. Der Bericht über diese abenteuerliche und beschwerliche Durchquerung des Harzes gibt zugleich einen Einblick in die Natur des mittelalterlichen Berglandes:

Die Burg lag auf einem hohen Berge und war nur auf einem, noch dazu sehr schwierigen Wege zugänglich. Die übrigen Seiten des Berges hüllte ein ungeheuer ausgedehnter Wald in Dunkel, der sich als zusammenhängender Urwald von dort viele Meilen weit bis an die Grenze von Thüringen hinzieht, und deshalb konnte keine Wachsamkeit der Belagerer den Eingeschlossenen Ausgang oder Eintritt versperren. Nach einer Beratung mit seinen Leuten schickte der König noch mehrmals Gesandte zu ihnen, durch die er Frieden forderte und Abstellung aller ihrer Beschwerden versprach. Während die Sachsen nun alle ihre gespannteste Aufmerksamkeit auf diese Verhandlungen richteten und wegen des günstigen Ausgangs schon in unzeitiger Sicherheit lässig wurden, nahm der König in einer Nacht, als sie sich dessen ganz und gar nicht versahen, Herzog Berthold und die beiden oben genannten Bischöfe und viele seiner übrigen Vertrauten mit, schickte in dem Gepäck die Reichsinsignien und einen Teil der Schätze, so viel Zeit und Umstände erlaubten, voraus und verließ dann heimlich die Burg, nach-

dem er den Zurückbleibenden den Auftrag gegeben hatte, am folgenden Tag mit aller nur möglichen List so zu tun, als wäre er noch anwesend, um die Feinde von einem Verdacht, daß er geflohen sei, abzulenken.

Drei Tage lang, so wird berichtet, zogen sie ohne Essen durch den Urwald auf einem schmalen, bis dahin nur wenigen bekannten Fußpfad, den ein Jäger, ihr Führer, entdeckt hatte, als er in seinem Jagdeifer abgelegene Teile des Waldes eingehend durchforschte; dabei spähten sie überall nach einem Schwert umher und erwarteten voll Furcht bei jedem Rauschen des Windes einen feindlichen Angriff und den auf ihre Kehle zielenden Tod. Am vierten Tag langten sie in Eschwege an, bis zum Äußersten erschöpft von Hunger, Nachtwachen und den Anstrengungen der langen Reise. Hier stärkten sie sich ein wenig durch Speise und Schlaf und zogen am folgenden Tage, dem 13. August, als dem König schon zahlreiches Kriegsvolk zuströmte, nach Hersfeld. Hier blieb er vier Tage und wartete auf das Heer, das er aus dem ganzen Reiche für den Feldzug gegen Polen aufgeboten hatte.[25]

Ein halbes Jahr nach seiner schmählichen Flucht wagte der König einen Vorstoß gegen die Aufrührer. Ende Januar 1074 standen sich die Truppen des Königs und das Heer der Sachsen im hessisch-thüringischen Grenzraum gegenüber. Das kleine königliche Heer lagerte bei Hersfeld, das zahlenmäßig weit überlegene Aufgebot der Sachsen bei Vacha an der Werra. Die Lage des Königs war wenig ermutigend. Auf den für den Herbst des Jahres 1073 geplanten Feldzug gegen die Polen hatte er verzichten müssen, und auch seine Hoffnung, die dafür aufgebotenen Truppen gegen die Sachsen führen zu können, hatte sich rasch zerschlagen. Noch im August hatten die Thüringer auf einer Stammesversammlung auf der Treteburg den Beschluß gefaßt, sich den Sachsen anzuschließen und die Königsburgen in ihrem Lande zu brechen. Hermann Billung hatte Lüneburg bereits zurückerobert, die Besatzung als Geisel genommen und damit die Freilassung seines Bruders Magnus erzwungen. Alle Burgen des Königs waren gefallen oder wurden belagert. Auf die Treue der süd- und westdeutschen Fürsten konnte er nur bedingt zählen. Sie scheuten einen Kampf mit ungewissem Ausgang, zumal ein völliger Sieg des Königs zu einer gewaltigen Machtsteigerung der Monarchie geführt und auch ihre eigene Herrschaft bedroht hätte. So stand es um den Kampfeswillen im Lager des Königs nicht zum besten.

Aber auch im Heer seiner Feinde gab es Probleme. Das einfache Volk, noch immer über die Unterdrückung erbittert, wollte losschlagen und empörte sich, als die Fürsten in Verhandlungen einwilligten. Dieser Zwiespalt zwischen Fürsten und Volk hatte ohne Zweifel auch tiefere Ursachen. Ein Sieg über das Ritterheer des Königs hätte das Selbstbewußtsein der freien sächsischen Bauern gesteigert und wäre sicher nicht ohne nachhaltige soziale Folgen für das Verhältnis zwischen Adel und Bauerntum geblieben. Daran konnte den sächsischen Großen kaum gelegen sein. Die geheime Solidarität der Herrschenden brach sich unterschwellig Bahn. Daher war auch Otto von Northeim zum Einlenken bereit, obwohl ihm das Volk sogar die Krone angeboten haben soll.[26] Am 2. Februar 1074 wurde der Friede von Gerstungen geschlossen.

Ein Kompromißfriede war es jedoch nicht. Die Sachsen diktierten die Bedingungen, auf die der König zähneknirschend eingehen mußte: Zerstörung der Burgen in Sachsen und Thüringen, Rückgabe aller konfiszierten Besitzungen, Anerkennung des altsächsischen Stammesrechts, Wiedereinsetzung Ottos von Northeim als Herzog in Bayern, Straffreiheit für alle Teilnehmer an der Empörung und Verzicht auf die als Beeinträchtigung der Freiheit Sachsens empfundene ständige Residenz in Goslar.

Der König versuchte vergeblich seine stolzen Burgen, an denen sein Herz so sehr hing, vor der Zerstörung zu retten. Überall gingen sie in Flammen auf. Nur der Harzburg war ein gnädiges Schicksal zugedacht. Zwar sollten ihre Mauern niedergelegt, die Kirche mit den Gräbern von Angehörigen der königlichen Familie und die repräsentativen Wohngebäude aber erhalten bleiben. Aber gerade die Harzburg war in den Augen des sächsischen Stammes das Symbol der Tyrannei, die »Bastille« der verhaßten salischen Monarchie. Die Bauern der Umgebung rotteten sich nach dem Abzug des Königs zusammen, ohne Wissen der Fürsten, wie der Chronist ausdrücklich betont, stürmten auf die schutzlose Burg, zerstörten die Reste der Mauern und die Gebäude, zertrümmerten die Altäre, plünderten die Gräber, in denen der Bruder und ein Sohn des Königs ruhten, verstreuten die Gebeine der Toten und steckten die Kirche in Brand.[27]

Durch die brutale Zerstörung der Kirche und die Schändung der Königsgräber auf der Harzburg hatten sich die Sachsen ins Unrecht gesetzt. Dem König kam das gerade recht. Seinen Wunsch nach Rache hinter berechtigter Empörung verbergend, nutzte er das Sakrileg propagandistisch aus. Die Stimmung im Reich schlug um. Auch in Sachsen zerbrach die Einheitsfront. Die sächsischen Fürsten schoben alle Schuld auf die Zerstörungswut der Bauern, aber es nützte ihnen nichts, denn der König wollte die Fürsten demütigen, nicht ein paar armselige Bauern bestrafen.

Ein guter Vorwand für einen Reichskrieg gegen die Sachsen war gefunden. Der König konnte auf die Waffenhilfe fast aller weltlichen und geistlichen Fürsten des Reiches zählen. Seit Menschengedenken, so wird berichtet, sei im deutschen Reich kein so gewaltiges Heer aufgeboten worden.[28] Die sächsischen Fürsten waren bereit, die Kirche auf der Harzburg auf eigene Kosten wiederaufzubauen, hohe Opfer an Geld und Gut als Sühne zu erbringen und sich unter Wahrung ihrer Ehre vor dem königlichen Hofgericht zu verantworten. Der König aber forderte die bedingungslose Unterwerfung: unannehmbar für die Sachsen, denn dies hätte die Anerkennung ihrer Schuld bedeutet.

So mußten wieder die Waffen entscheiden. Bei Homburg an der Unstrut kam es am 9. Juni 1075 zur Schlacht.[29] Auch die Sachsen hatten ein riesiges Heer zusammengezogen und gaben sich zuversichtlich und siegessicher. Den Schwaben unter Rudolf von Rheinfelden und den Bayern unter Herzog Welf fügten sie schwere Verluste zu, aber die Attacke der böhmischen Reiterei unter Herzog Vratislav und der lotharingischen unter Herzog Gottfried dem Buckligen entschied den Kampf zugunsten des Königs. Die sächsischen Fürsten und Edlen entkamen dank der Schnelligkeit ihrer Pferde, aber unter den sächsischen Bauernkriegern wurde ein fürchterliches Blutbad angerichtet. Doch auch die Sieger wurden ihres Sieges nicht recht froh. Viele edle Herren waren gefallen, deren Tod natürlich schwerer wog als der des erschlagenen Bauernvolkes auf der anderen Seite.

Nicht leicht läßt sich schätzen, wie viele Tausende auf der einen, wie viele auf der anderen Seite in der Schlacht gefallen waren. Aber soviel ist sicher, daß hier mehr Edle, dort mehr einfache Leute getötet worden sind, so daß die Sieger wegen des Verlustes so erlauchter Herren schwereren Schaden erlitten hatten als die Besiegten.[30]

Die Sieger verheerten Thüringen und Ostsachsen; eine blühende Landschaft versank in Schutt und Asche. Die Sachsen waren dennoch nicht bereit, sich auf Gnade und Ungnade zu ergeben. Erst als der König im Oktober 1075 erneut mit einem kriegstüchtigen Heer heranrückte, gaben sie den sinnlos gewordenen Widerstand auf. Die Fürsten und Edlen, unter ihnen Werner von Magdeburg, Burchard von Halberstadt, Otto von Northeim und Magnus Billung, wurden inhaftiert und über das ganze Reich verteilt.[31]

Das Weihnachtsfest 1075 konnte der König wieder in seiner Lieblingspfalz Goslar feiern. Um Otto von Northeim, den mächtigsten unter den sächsischen Fürsten, für sich zu gewinnen, ließ er ihn frei und holte ihn an den Hof. Die in Goslar versammelten Reichsfürsten versprachen ihm, seinen noch nicht einmal zwei Jahre alten Sohn Konrad zum König zu wählen.

Die deutschen Fürsten gehorchten den Befehlen des Königs, das Erbrecht der Dynastie war anerkannt, die Sachsen auf die Knie gezwungen. Heinrich IV. sah sich auf der Höhe der Macht, als Herr des Reiches und als Haupt der abendländischen Christenheit.

Noch herrschte am Hofe Heinrichs eine euphorisch-kampfesfrohe Stimmung, als am ersten Tag des neuen Jahres eine Gesandtschaft aus Rom eintraf und ein sehr eindringliches päpstliches Mahnschreiben überreichte.[32] Papst Gregor VII. erteilte dem König den üblichen apostolischen Gruß und Segen nur unter der Voraussetzung, daß dieser dem apostolischen Stuhl gehorche, wie es sich für einen christlichen König schickt. Er forderte ihn ultimativ auf, wegen des Umgangs mit seinen Ratgebern, die der Papst mit dem Kirchenbann belegt hatte, reumütig Buße zu tun; andernfalls würde er ihn aus der kirchlichen Gemeinschaft ausschließen. Er protestierte ferner energisch dagegen, daß Heinrich es gewagt hatte, in Mailand einen neuen Erzbischof und in Fermo und Spoleto Bischöfe einzusetzen, und erinnerte ihn daran, daß er seinen Sieg über seine Feinde nur mit Gottes Hilfe errungen habe. Wie ein roter Faden zieht sich durch den ganzen Brief die Forderung des Papstes nach striktem Gehorsam, den der König ihm als dem Nachfolger des heiligen Petrus schuldig sei. Christus habe dem Apostelfürsten seine Herde anvertraut und ihm die Macht gegeben, im Himmel und auf Erden zu binden und zu lösen. Davon sei auch der König nicht ausgenommen.

Am Ende des Mahnschreibens signalisierte der Papst zwar seine Verhandlungsbereitschaft, aber er hatte den Bogen überspannt. Der König und seine Ratgeber nahmen den Fehdehandschuh auf. Der Zeitpunkt schien günstig. Unter den Reichsbischöfen, selbstbewußten und adelsstolzen Herren, war die Abneigung gegen die zentralistischen Bestrebungen des päpstlichen Stuhles gewachsen. Wie seinen Gutsverwaltern, so hieß es, würde der Papst den Bischöfen Befehle erteilen. Der König wußte diese Mißstimmung geschickt zu nutzen.

Am 24. Januar 1076 konnte Heinrich in Worms die wichtigsten Vertreter des deutschen Episkopats um sich versammeln. Aus Rom war Kardinal Hugo Candidus gekommen, ein Abtrünniger, der die Schale der Verleumdung über Gregor ausschüttete und die Stimmung anheizte. Sechsundzwanzig Erzbischöfe und Bischöfe unterzeichneten das berühmte »Wormser Absageschreiben« an den »Bruder Hildebrand« und kündigten ihm den Gehorsam auf.[33] Er habe die apostolische Würde unrechtmäßig an sich gerissen, das von ihm selbst unterschriebene Papstwahldekret mißachtet, die Fackel der Zwietracht in die Kirche geworfen, die Bischöfe der ihnen übertragenen geistlichen Gewalt beraubt und den Eid gebrochen, mit dem er einst Heinrich III. geschworen hatte, den päpstlichen Stuhl nicht ohne Zustimmung des Kaisers oder seines Sohnes zu besteigen. Zu allem Übel habe er vertrauten Umgang mit der Ehefrau eines anderen, und die römische Kirche würde von einem »neuen Senat der Frauen« regiert. Er selbst aber scheue sich nicht, Bischöfe als »Hurensöhne« zu bezeichnen. Seine Wahl zum Papst sei null und nichtig. Gehorsam seien sie ihm nicht schuldig.

Auch der König erhob schwere Vorwürfe gegen den Papst und sagte sich von ihm los. Kraft seiner Würde als Patrizius der Römer befahl er ihm, vom päpstlichen Stuhl, den er unrechtmäßig innehabe, herabzusteigen.[34] In Form eines rhetorisch wirkungsvoll umstilisierten Manifests wurde der Brief des Königs vervielfältigt und im ganzen Reich verbreitet.[35] Die Geistlichkeit und das Volk von Rom forderte Heinrich in einem Schreiben auf, den »Mönch Hildebrand« als »Eindringling in die Kirche, als ihren Bedrücker, als den hinterhältigsten Feind des römischen Gemeinwesens und des Reiches« davonzujagen und im Einvernehmen mit den Bischöfen einen vom König eingesetzten Papst anzuerkennen.[36] Es waren die Anfänge einer gezielten »staatlichen Propaganda«.[37]

Genau drei Jahrzehnte lagen zwischen der Synode von Sutri und der Reichsversammlung von Worms, aber es waren Jahrzehnte des Auf- und Umbruchs. Vieles hatte sich gewandelt, der Schauplatz und die Akteure. Als Heinrich III. ohne sonderliche Mühe gleich drei Päpste ab- und einen neuen einsetzte, beendete er ein skandalöses Schisma und wirkte im Dienste der Reform der Kirche an Haupt und Gliedern. Das war einsichtig für jeden, und wer doch Bedenken trug, schwieg still angesichts des Heeres, das der König vor die Tore Roms geführt hatte. Heinrich IV. hatte es nur mit einem Papst zu tun, aber der wog die drei von damals bei weitem auf.

Gregor VII. (1073-1085) erwies sich als ein ebenbürtiger Gegner. Ihn aus der Ferne von jenseits der Alpen mit Briefen und Manifesten bezwingen zu wollen, war töricht und absurd. Zwar folgten die oberitalienischen Bischöfe dem Beispiel ihrer deutschen Amtsbrüder, aber Geistlichkeit und Volk von Rom hielten zum Papst. Als die Schreiben aus Deutschland auf der römischen Fastensynode im Februar 1076 verlesen wurden, erhob sich ein Sturm der Entrüstung. Gregor VII. nutzte diese Bühne zur Inszenierung eines eindrucksvollen Schauspiels. Feierlich exkommunizierte er den Primas der deutschen Reichskirche, Erzbischof Siegfried von Mainz, suspendierte alle Bischöfe, die das Wormser Absageschreiben freiwillig mitgetragen hatten, von ihrem Amt, exkommunizierte die lombardischen Bischöfe wegen ihres Ungehorsams gegenüber dem päpstlichen Stuhl und schloß gleich ein Dutzend französischer Kleriker und Laien wegen verschiedener Vergehen aus der Gemeinschaft der Gläubigen aus.

Dann der Höhepunkt: In Form eines Gebetes wandte er sich an den heiligen Petrus, der ihm die Gewalt gegeben habe, zu binden und zu lösen, im Himmel und auf Erden:

In dieser festen Zuversicht, zur Ehre und zum Schutz deiner Kirche, im Namen des allmächtigen Gottes, des Vaters, des Sohnes und des Heiligen Geistes, kraft deiner Gewalt und Vollmacht spreche ich König Heinrich, des Kaisers Heinrich Sohn, der sich gegen deine Kirche mit unerhörtem Hochmut erhoben hat, die Herrschaft über Deutschland und Italien ab, löse alle Christen von dem Eid, den sie ihm geschworen haben oder noch schwören werden, und untersage allen, ihm künftig noch als König zu dienen.

Aber damit nicht genug. Gregor VII. vollzog das Unerhörte, das Unfaßbare: Den König, den »Gesalbten des Herrn«, traf der Bannfluch des Papstes.[38]

Gregor VII. handelte aus einer Position der Stärke heraus. Während das Ansehen der Monarchie seit dem Tode Heinrichs III. 1056 schweren Schaden gelitten hatte, war die Autorität des päpstlichen Stuhles in Kirche und Welt gewachsen. Dem ersten Höhepunkt des Reformpapsttums während des Pontifikats Leos IX. (1049-1054) war zwar eine kritische Phase gefolgt, eine Periode raschen Wechsels auf der Kathedra Petri, aber sie konnte gemeistert werden, bis unter Alexander II. (1061-1073) wieder stabilere Verhältnisse eintraten. Für die römische Reformpartei bedeutete es einen gewaltigen Gewinn an Prestige, daß Alexanders Gegenspieler, der von der Kaiserin Agnes erhobene Papst Honorius II. scheiterte, denn zum ersten Mal in der Geschichte hatte sich ein von der Reichsregierung bestimmter Papst nicht durchsetzen können. Das Papsttum war aus dem Schutz und dem Schatten des Kaisertums herausgetreten.

Ein Kreis hervorragender Männer trug in jenen Jahren die kuriale Politik und sorgte für Kontinuität, vor allem der streitbare und scharfsinnige Kardinal Humbert von Silva Candida, ferner Petrus Damiani, der wider Willen und Neigung zum Kardinalbischof von Ostia erhobene Prior der Eremitenkongregation von Fonte Avellana, dazu der politisch agile, begabte, aber charakterlich schwache Hugo Candidus und nicht zuletzt der von einer leidenschaftlichen Religiosität erfüllte Archidiakon Hildebrand.

Ein großes kirchen- und weltpolitisches Programm gewann Gestalt. Das Reformpapsttum adaptierte Ideen und Ideale der cluniazensischen Kloster- und Kirchenreformbewegung und schmiedete daraus die Waffen für einen kompromißlosen und unerbittlichen Kampf für die Universalität und den Primatsanspruch der römischen Kirche. Die Forderung nach der »Libertas Ecclesiae«, nach der uneingeschränkten Freiheit der Kirche von jeder weltlichen Gewalt, wurde zu einem wirkungsvollen Kampfmittel.[39] Die Reformer predigten den unbedingten Vorrang der geistlichen vor der weltlichen Gewalt, die sich nach ihrer Auffassung zueinander verhielten wie Seele und Leib.

Damit wurde aus dem Kampf gegen die Mißstände, die sich aus dem adligen Eigenkirchenrecht ergaben, ein Angriff auf das Kaisertum; denn im Klartext bedeutete das den Vorrang des Papsttums vor

Rom als Sitz des Apostels Petrus. Auf der Miniatur im Liber floridus aus Saint Omer (um 1120) ist Rom nicht mehr der Ursprungsort der kaiserlichen Weltherrschaft, sondern die Stadt der Päpste. Inmitten der ornamental gestalteten Stadtarchitektur thront der Apostel Petrus, durch Pallium und Tiara als der Vorgänger all derer gekennzeichnet, die nach ihm die Cathedra Petri bestiegen haben.

dem Kaisertum. An die Stelle der Idee vom harmonischen Zusammenwirken der beiden höchsten Gewalten der Christenheit trat die Lehre von der Herrschaft der Papstkirche über die Welt. »Das Papsttum begnügte sich nicht länger mit der Rolle eines spirituellen Oberhauptes der Kirche, es beanspruchte nunmehr die Leitung der Christenheit«.[40] Die angestrebte Erneuerung des religiösen Lebens begann die traditionellen Vorstellungen von der rechten Weltordnung zu erschüttern. Aus der Reform wurde eine Revolution.

Herrschaft des Papstes in der Welt, das hieß natürlich erst recht Herrschaft in der Kirche. Der päpstliche Primatsanspruch, der den Bruch mit dem Patriarchen von Konstantinopel herbeigeführt und die Christenheit in eine römisch-katholische und eine griechisch-orthodoxe Kirche gespalten hatte, sollte wenigstens in der abendländischen Kirche durchgesetzt werden. Christus hatte dem Apostel

Petrus seine Herde anvertraut und ihm allein die Macht gegeben, im Himmel und auf Erden zu binden und zu lösen. Der Heilige Vater, Nachfolger und Stellvertreter des Apostelfürsten Petrus, besaß folglich die alleinige umfassende Binde- und Lösegewalt. Kam ihm, dem von Christus selbst auserwählten Oberhaupt der Christenheit, nicht auch die ausschließliche Herrschaft über die streng hierarchisch gegliederte Kirche zu?

Die Idee der päpstlichen Weltherrschaft bot den großen Rahmen für einige enger umgrenzte Ziele, die Ausrottung der simonistischen Ketzerei, das Verbot der Laieninvestitur und die Durchsetzung des Zölibats. Neu waren diese Forderungen nicht, aber sie wurden nun schärfer gefaßt. Das Papstwahldekret von 1059 richtete sich vor allem gegen die römische Aristokratie, doch sollte letztlich auch der Kaiser von einer unmittelbaren Einflußnahme ausgeschlossen werden. Und was bei der Wahl des Papstes galt, sollte generell gelten. Kein Geistlicher sollte seine Kirche aus der Hand eines Laien empfangen, auch nicht unentgeltlich. Das richtete sich zunächst gegen das Eigenkirchenrecht des Adels, dann aber auch gegen den deutschen König, der das Recht für sich in Anspruch nahm, die Bischöfe und Äbte seines Reiches mit Ring und Stab in ihr geistliches Amt und ihre weltlichen Herrschaftsrechte einzusetzen. Humbert von Silva Candida, »Chefideologe« und geistiger Vater des Investiturstreits, entwickelte deshalb in seiner Schrift »Drei Bücher gegen die Simonisten«[41] einen extensiven Simoniebegriff, der auch den unentgeltlichen Empfang eines geistlichen Amtes aus der Hand eines Laien einschloß.

Freilich würde man der Reformbewegung jener Zeit nicht gerecht, wollte man sie nur unter dem Aspekt päpstlichen Machtstrebens sehen. Mißstände gab es genug, wirkliche und vermeintliche. Es galt, die Kirche aus der allzu engen Bindung an die Welt der Laien zu lösen, das religiöse Leben zu reformieren und Mönchtum und Weltgeistlichkeit sittlich zu heben. In diesen Kontext gehört die Forderung nach der Einhaltung des Zölibats, das nun auch uneingeschränkt für den niederen Klerus gelten sollte. Konkubinat und Priesterehe wurden strikt verboten und sollten scharf geahndet werden. Dabei ging es nicht nur um die durch die Weihe gewonnene besondere Würde des Priesters und die von ihm geforderte absolute Hingabe an Gott, sondern auch um die Beseitigung von materiellen Schäden für die Kirche wie die Entfremdung von Kirchenbesitz durch verheiratete oder im Konkubinat lebende Geistliche zugunsten von Frauen und Kindern. Der Priester sollte einzig und allein Gott und der Kirche verpflichtet sein. Ohne Kampf und Widerstand ging das nicht ab, denn der niedere Klerus wehrte sich gegen diesen als Disziplinierung empfundenen Eingriff in seine ureigenste Lebenssphäre.

Das war die Stunde, in der Hildebrand endlich den päpstlichen Stuhl selbst in Besitz nehmen konnte, emporgetragen von einer fanatisierten Volksmenge während der Trauerfeierlichkeiten für Alexander II., gewählt in chaotischen, dem Geist und dem Inhalt der eben geschaffenen Papstwahlordnung hohnsprechenden Formen. Er habe sich gewehrt, verteidigte er sich in einem Schreiben wegen dieser bedenklichen Art seines Aufstiegs, doch wie Wahnsinnige hätten sich die Menschen auf ihn gestürzt. Und konnte man das

Geschehen nicht auch anders deuten? Sprach nicht Gottes Wille aus dem Tun des begeisterten, gewiß vom Heiligen Geist inspirierten Volkes? Und wer anders als Hildebrand hätte denn im Jahre 1073 die Kathedra Petri besteigen sollen? Hielt er doch schon während des Pontifikats seines Vorgängers unzweifelhaft die Zügel in der Hand.

Der neue Papst wählte sich seinen Amtsnamen Gregor mit Bedacht. Erinnerte er doch an Gregor den Großen (590-604), jenen bedeutenden Kirchenlehrer, der sich als erster Papst in stolzer Demut »Knecht der Knechte Gottes« genannt, zugleich aber die Vorrangstellung der römischen Gemeinde und ihres Hirten in der Christenheit betont hatte. Der Name erinnerte aber auch an Gregor VI., den Hildebrand ins Exil begleitet hatte, nachdem er von Heinrich III. abgesetzt und nach Deutschland verbannt worden war. Man konnte in der Wahl des Namens Gregor also auch eine Rehabilitierung des seiner hohen Würde beraubten Papstes und eine Kritik an den Maßnahmen Heinrichs III. auf der Synode von Sutri sehen.

Papst Gregor VII. übergibt Abt Madhelm von Santa Sofia in Benevent eine Urkunde (Chronik von Santa Sofia aus dem 12. Jahrhundert).

Gregor VII. war Italiener. Aus seiner toskanischen Heimat kam er früh nach Rom und wurde wohl im Marienkloster auf dem Aventin erzogen. Seine soziale Herkunft ist dunkel. Nur die Legende weiß, sein Vater sei ein armer Ziegenhirt gewesen. Aus einer sehr vornehmen Familie stammte er sicher nicht, obwohl der Abt des Marienklosters sein Onkel war. Sein Aufstieg in der von der Aristokratie beherrschten Kirche war also nicht vorprogrammiert; er war erdient. Unbändige Willenskraft, unermüdlicher Eifer, leidenschaftliche Religiosität und ein fester Glaube an die eigene Sendung trugen ihn empor. Obwohl er in Cluny Mönch geworden war, lag ihm nichts an monastischer Kontemplation. Etwas Dämonisches erfüllte sein Wesen. Halb heiter-ironisch, halb ängstlich-erschrocken nannte ihn Petrus Damiani einen »Heiligen Teufel«.[42]

Seine Vorstellungen über die Führungsrolle des Papstes in Kirche und Welt hat Gregor VII. in einem berühmten Dokument niederschreiben lassen, dem »Dictatus papae«, eingetragen in Gregors Kanzleiregister zum Jahre 1075.[43] Das Motto »Alle Macht dem Papst« steht hinter den 27 prägnant formulierten Paragraphen, die sicher nicht für die Öffentlichkeit bestimmt waren, sondern als Leitlinien und Richtschnur für die päpstliche Politik dienen sollten. Ohne innere Ordnung, aber wuchtig und lapidar, wie in Stein gemeißelt, reiht sich Rechtssatz an Rechtssatz, Anspruch an Anspruch:

Diktat des Papstes

1. Daß die römische Kirche einzig und allein vom Herrn gegründet worden ist, 2. daß allein der römische Bischof zu recht universal genannt wird, 3. daß er allein Bischöfe absetzen und wieder einsetzen kann, 4. daß sein Legat, auch wenn er nur einen niedrigen Weihegrad besitzt, auf einem Konzil vor allen Bischöfen den Vorsitz führt und er gegen sie ein Absetzungsurteil fällen kann, 5. daß der Papst Abwesende absetzen kann, 6. daß man mit von ihm Exkommunizierten auch nicht in einem Haus leben darf, 7. daß es ihm allein zusteht, entsprechend dem Gebot der Zeit, neue Gesetze zu erlassen, neue Gemeinden zu gründen, ein Kanonikerstift in eine Abtei umzuwandeln und umgekehrt, ein reiches Bistum zu teilen und arme zusammenzulegen, 8. daß er allein die kaiserlichen Herrschaftszeichen tragen darf, 9. daß alle Fürsten nur die Füße des Papstes küssen sollen, 10. daß allein sein Name in der Liturgie genannt werden darf, 11. daß dieser Name einzigartig in der Welt ist, 12.

daß es ihm zusteht, Kaiser abzusetzen, 13. daß es ihm zusteht, nötigenfalls Bischöfe von einem Sitz zum anderen zu versetzen, 14. daß er in der gesamten Kirche nach Belieben Kleriker weihen darf, 15. daß ein von ihm Ordinierter eine andere Kirche leiten, aber nicht in ihr dienen und von keinem Bischof einen höheren Weihegrad empfangen soll, 16. daß kein Konzil ohne seine Weisung universal genannt werden kann, 17. daß kein Rechtssatz und kein Buch ohne seine Autorität als kanonisch betrachtet werden darf, 18. daß sein Urteilsspruch von niemanden angefochten werden darf, er selbst aber kann die Urteile aller aufheben, 19. daß er von niemandem gerichtet werden kann, 20. daß niemand denjenigen verurteilen darf, der an den apostolischen Stuhl appelliert, 21. daß die wichtigeren Rechtsfälle aller Kirchen vor ihn gebracht werden müssen, 22. daß die römische Kirche niemals geirrt hat und nach dem Zeugnis der Heiligen Schrift niemals irren wird, 23. daß der rechtmäßig erhobene römische Bischof nach dem Zeugnis des heiligen Bischofs Ennodius von Pavia, der Bestätigung durch viele Kirchenväter und den Dekreten des heiligen Symmachus wegen der Verdienste des heiligen Petrus unzweifelhaft heilig ist, 24. daß auf seinen Befehl und mit seiner Erlaubnis Untergebene Anklage (gegen ihre Vorgesetzten) erheben dürfen, 25. daß er auch ohne eine Synode Bischöfe ab- und einsetzen kann, 26. daß keiner, der sich nicht in Übereinstimmung mit der römischen Kirche befindet, als rechtgläubig angesehen werden darf, 27. daß er Untertanen vom Treueid gegenüber Sündern lösen kann.

Nicht alles war neu an diesen Forderungen, manches waren alte Ansprüche, aber alles war anmaßend formuliert und kompromißlos übersteigert.

Der Dictatus papae enthält das anspruchsvolle Programm eines universalen Papstkaisertums: Der apostolische Stuhl, von Christus selbst gegründet, ist die höchste und einzige Autorität im Glauben; der Papst hat niemals geirrt und wird niemals irren. Katholisch ist nur, wer mit ihm in Glaubensfragen übereinstimmt. Nur seine Autorität verleiht einem Rechtssatz kanonische Geltung, nur in seiner Macht steht es, neue Kirchengesetze zu erlassen. Die Bischöfe unterliegen seiner Jurisdiktionsgewalt; er darf sie ein- und absetzen, auch ohne die Mitwirkung einer Synode. In seinen Händen liegt die höchste Gerichtsgewalt; er richtet, aber er darf von niemandem gerichtet werden. Unfehlbar und unjustiziabel, höchste und unanfechtbare Autorität in Glaubensdingen, in Rechtsprechung, Gesetzgebung und Verwaltung; so sollte der Papst über die Kirche gebieten. Aber nicht nur das. Auch an der Spitze der weltlichen Hierarchie wollte der Heilige Vater stehen, höher als Kaiser und Könige. Ihm allein, so lautet Gregors Forderung, kommt es zu, die kaiserlichen Insignien zu tragen, ihm haben die Fürsten die Füße zu küssen, er kann Kaiser absetzen und die Untertanen vom Treueid entbinden: »Der wahre Kaiser ist der Papst«.[44]

Gregor VII. war fest entschlossen, dieses Programm zu verwirklichen und die Herrschaft über Kirche und Welt zu übernehmen. Er schickte sich an, alle Fesseln zu sprengen, die dem päpstlichen Machtstreben von der traditionellen Rechts- und Herrschaftsordnung noch angelegt wurden. Ihren Verfechtern begegnete er mit einem von radikalem Reformwillen zeugenden Argument: »Christus hat nicht gesagt, ich bin die Gewohnheit, sondern ich bin die Wahrheit«.[45] Das klang nicht nur revolutionär, das besaß Spreng-

Dictatus papae.

I. Quod Romana ecclesia a solo Domino sit fundata.
II. Quod solus Romanus pontifex iure dicatur universalis.
III. Quod ille solus possit deponere episcopos uel reconciliare.
IIII. Quod legatus eius omnibus episcopis presit in concilio etiam inferioris gradus. et aduersus eos sententiam depositionis possit dare.
V. Quod absentes papa possit deponere.
VI. Quod cum excommunicatis ab illo inter cetera nec in eadem domo debemus manere.
VII. Quod illi soli licet pro temporis necessitate nouas leges condere. nouas plebes congregare. de canonica abbatiam facere. et e contra. diuitem episcopatum diuidere. et inopes unire.
VIII. Quod solus possit uti imperialibus insigniis.
VIIII. Quod solius pape pedes omnes principes deosculentur.
X. Quod illius solius nomen in ecclesiis recitetur.
XI. Quod hoc unicum est nomen in mundo.
XII. Quod illi liceat imperatores deponere.
XIII. Quod illi liceat de sede ad sedem necessitate cogente episcopos transmutare.
XIIII. Quod de omni ecclesia quocumque uoluerit clericum ualeat ordinare.
XV. Quod ab illo ordinatus alii ecclesie preesse potest. sed non militare. et quod ab aliquo episcopo non debet superiorem gradum accipere.
XVI. Quod nulla synodus absque precepto eius debet generalis uocari.
XVII. Quod nullum capitulum nullusque liber canonicus habeatur absque illius auctoritate.
XVIII. Quod sententia illius a nullo debeat retractari. et ipse omnium solus retractare possit.
XVIIII. Quod a nemine ipse iudicari debeat.
XX. Quod nullus audeat condemnare apostolicam sedem appellantem.
XXI. Quod maiores cause cuiuscumque ecclesie ad eam referri debeant.
XXII. Quod Romana ecclesia nunquam errauit. nec imperpetuum scriptura testante errabit.
XXIII. Quod Romanus pontifex si canonice fuerit ordinatus meritis beati Petri indubitanter efficitur sanctus. testante sancto Ennodio papiensi episcopo ei multis sanctis patribus fauentibus. sicut in decretis beati Symachi pape continetur.

Der »Dictatus papae« im päpstlichen Kanzleiregister, eingeordnet zwischen Briefen aus dem Jahre 1075.

kraft in jener Zeit des Umbruchs. Der Universalität seines Anspruchs entsprechend richtete der Papst sein Augenmerk nicht nur auf Europa, auf Frankreich, Spanien, England, Dänemark, Ungarn, Kroatien, Dalmatien und das normannische Süditalien, sondern darüberhinaus sogar auf Konstantinopel und Jerusalem.

Der Papst wollte nicht nur den Primatanspruch der römischen Kirche gegenüber der gesamten Christenheit durchsetzen, sondern auch die Könige und Fürsten Europas lehnrechtlich an den päpstlichen Stuhl binden, das heißt zu getreuen Gefolgsleuten des Apostels Petrus machen. Doch er wußte, daß die wichtigsten Entscheidungen im Reich fallen würden, das noch immer als Zentralmassiv die politische Landschaft Europas beherrschte. Aber die theokratische Königsherrschaft des ottonisch-salischen Imperiums war ins Wanken geraten. Ihre politische Basis und ihre ideologischen Grundlagen waren brüchig geworden. So gewann der Angriff des Gregorianismus Wucht und Wirkung.

Es kamen schicksalsschwere Tage und Jahre für Reich und Kirche. Der Papst, der es nicht einmal für erforderlich hielt, seine Wahl der Reichsregierung auch nur anzuzeigen, hegte zunächst die Hoffnung, seine universalen Ziele mit Hilfe des jungen Königs erreichen zu können. Die fast servilen Ergebenheitsadressen, die er von ihm empfing, nährten diese Zuversicht. Es schien, als könne wieder ein Reformbündnis zwischen Kaisertum und Papsttum geschlossen werden, diesmal mit umgekehrten Vorzeichen, unter der Hegemonie des Heiligen Vaters. Trug sich doch Gregor VII. damals mit einem weltbewegenden Projekt, spätere Ereignisse kühn und großartig vorwegnehmend, der Durchführung eines Feldzuges in den Orient.

Gregor VII., »wohl der kriegerischste Papst, der je auf Petri Stuhl gesessen hat«,[46] plante nichts weniger als den ersten großen Kreuzzug der Weltgeschichte. Die Seldschuken, ein aus Mittelasien stammendes Turkvolk, hatten 1055 Bagdad in Besitz genommen, griffen das oströmische Reich an und waren im Begriff, auch Syrien zu erobern. Gerüchte über Greueltaten an der christlichen Bevölkerung drangen nach Westen. An der Spitze eines aus der gesamten abendländischen Ritterschaft gebildeten Heeres wollte der Papst den von Tod und Verderben bedrohten Glaubensbrüdern zu Hilfe kommen und bei dieser Gelegenheit sozusagen im Vorbeigehen die griechisch-orthodoxe Kirche der Autorität Roms unterwerfen. Mehr als 50 000 Ritter seien bereit, so schrieb er im Dezember 1074 an Heinrich IV., unter seiner und Christi Führung gegen die Feinde Gottes ins Feld zu ziehen und das Heilige Grab von der Herrschaft der Ungläubigen zu befreien. Dem König wollte er während seiner Abwesenheit den Schutz der römischen Kirche anvertrauen.[47]

Welch ein Wandel! Karl der Große hatte Papst Leo III. unmißverständlich klargemacht, daß es die Aufgabe des Königs sei, das Schwert gegen die Heidenvölker zu führen, während der Papst wie Moses in der Schlacht gegen die Amalekiter mit zum Himmel erhobenen Händen für den Sieg zu beten habe, und bei dieser Rollenverteilung war es für Jahrhunderte geblieben. Jetzt wollte Gregor VII. selbst als päpstlicher Heerführer den Sieg erkämpfen und dem König die Geschäfte des Friedens überlassen. Eine neue Ordnung der christlichen Welt:

»Der Papst als Heerführer der abendländischen Christenheit im Kampf gegen den Islam, der Kaiser als sein gefügiger Statthalter in Rom, die Könige Europas als seine getreuen Vasallen und alle Bischöfe als seine gehorsamen Beamten – so malt sich der hochfliegende Geist Gregors VII. den Triumph der Papstkirche aus«.[48]

Gregors phantastische Wachträume vom Heiligen Krieg zerstoben jedoch rasch. Europas Ritterschaft war nicht gewillt, sich unter dem Banner Sankt Peters zu versammeln, und der Papst selbst war viel zu sehr in die tausend Händel seiner Zeit verstrickt, um den Kreuzzugsplan zielstrebig verfolgen zu können. Der Welt blieb es erspart, den Heiligen Vater als Generalissimus der lateinischen Christenheit in den Kampf ziehen zu sehen.

Auch seine machtpolitischen Pläne konnte Gregor nur sehr partiell verwirklichen. Europas Herrscher waren nicht bereit, dem Papst den Lehnseid zu schwören, weder der Normanne Robert Guiskard noch Wilhelm der Eroberer, geschweige denn König Philipp I. von Frankreich. Bald sollte sich zeigen, daß der Papst auch auf den deutschen König nicht zählen konnte, dessen anfängliche Willfährigkeit rein taktischer Natur gewesen war. Als Heinrich IV. im Sommer 1075 in Deutschland die Oberhand gewann, suchte er auch in Italien die Initiative zu ergreifen und die Reichsgewalt wiederherzustellen. Das schien erfolgversprechend. Zwar konnte sich Gregor auf die mächtige Markgräfin Beatrix von Tuszien und ihre Tochter Mathilde stützen, aber die oberitalienischen Bischöfe, ohnehin traditionell reichstreu, setzten ihre Hoffnung auf den König. Sie sahen sich einem massiven Druck ausgesetzt, von oben und von unten, von der Kurie und von den sozial-religiösen Volksbewegungen in ihren Städten.

Ein neuralgischer Punkt in den Beziehungen zwischen der Reichsregierung und dem Papsttum war Mailand, die Metropole der Lombardei. Sie sollte rasch zu einem der Brennpunkte des Kampfes zwischen dem deutschen Königtum und der römischen Kirche werden. Vordergründig ging es um die Besetzung des Mailänder Erzbistums, aber dahinter stand mehr. Die Kurie wollte den angesehenen und traditionsreichen, vom Kirchenvater Ambrosius geheiligten Erzstuhl dem päpstlichen Primatanspruch unterwerfen, der deutsche König hingegen konnte das mächtige italienische Erzbistum nicht ohne Schaden für die Herrschaft über Reichsitalien aus der Hand geben.

Dramatische Ereignisse offenbarten jedoch, daß der Streit um den Mailänder Bischofsstuhl keine Sache war, die die beiden großen Mächte einfach unter sich ausmachen konnten. Längst war die Kraft im Erstarken, der in Oberitalien die Zukunft gehören sollte, die Stadtgemeinde. Ihre Ziele waren politische Rechte für die Stadtbewohner, Mitsprache in kommunalen Angelegenheiten, Einfluß auf die Besetzung der Bischofsstühle und größtmögliche städtische Autonomie. Diese »kommunale Bewegung« erfaßte zahlreiche italienische Städte, unter anderem Cremona, Piacenza, Brescia, Asti, Alba, Lucca und Florenz, vor allem aber Mailand.

Es gärte in dieser großen, aufblühenden, von politischen, wirtschaftlichen, sozialen und religiösen Gegensätzen und Spannungen erfüllten Stadt. Eine Welle religiöser Erregung hatte die Menschen erfaßt, auch und gerade die Angehörigen der unteren Schichten. Zwei militante Priester, der Diakon Ariald und der Subdiakon Landulf Cotta, predigten Gewalt gegen verheiratete oder im Konkubinat lebende Geistliche. Diese unkeuschen Priester wurden aus den Kirchen vertrieben, ihre Häuser geplündert, ihre Frauen mißhandelt.

»Patarener«, das heißt »Lumpengesindel«, wurden die Anhänger dieser gegen die wohllebenden Herrenpfaffen gerichteten Volksbewegung genannt. Ihr harter Kern kam offenbar aus dem Viertel der

Trödler, der »pattari«, doch ihre politischen und ideologischen Führer stammten aus dem Adel. Bald verwischten sich die Grenzen zwischen dem Kampf gegen Simonie, Priesterehe und Konkubinat und dem Ringen um die Macht in der Stadt, denn die von der Pataria angegriffene Mailänder Geistlichkeit stammte größtenteils aus der Schicht der adligen Capitane und Valvassoren.

Die Pataria beherrscht schon kurz nach ihrer Entstehung um 1057 die Straßen und Plätze, die Werkstätten und Tavernen Mailands. Erzbischof Wido (1045-1071) ist zu schwach, um dem wüsten Treiben Einhalt gebieten zu können. Die Kurie interveniert zunächst zugunsten von Recht und Ordnung, erkennt aber bald die Chance, die sich hier zur Verwirklichung kirchlicher Reform- und päpstlicher Machtansprüche bietet. Die Pataria wird zum päpstlichen Stoßtrupp, zur Fünften Kolonne Roms in der Stadt des heiligen Ambrosius. Alexander II. überreicht Erlembald, dem neuen militanten Anführer der Bewegung, eine geweihte Fahne und macht ihn gleichsam zum Feldherrn Sankt Peters. Wido wird vom Papst exkommuniziert, vom Mob in der Kirche mißhandelt, der erzbischöfliche Palast geplündert.

Das ist zu viel für den Stolz der Mailänder, die nun gegen die Pataria Front machen. Ariald wird getötet, doch als der Erzbischof die Stadt verläßt, gewinnt Erlembald wieder an Einfluß; Wido, alt und krank, hat den Streit mit den Mailändern satt. Er schickt Ring und Stab, die Zeichen seiner Würde, an Heinrich IV. Der König bestimmt Gottfried, einen aus Mailand stammenden königlichen Kaplan, zum Nachfolger.

Zu den Wirren, die Mailand in Atem halten, kommt nun noch ein Schisma. Die Mailänder erkennen die Resignation Widos nicht an und hindern den neuen Erzbischof am Betreten der Stadt. Nach Widos Tod im August 1071 beschließen sie, die Sache selbst in die Hand zu nehmen. Die Pataria unter Führung Erlembalds setzt sich durch und erhebt den jungen Mailänder Geistlichen Atto zum Erzbischof. Aber auch Atto kann sich nicht behaupten, obwohl Erlembald als eine Art Volkstribun die Herrschaft über Mailand erringt. Von Papst Gregor VII. unterstützt, werden Erlembald und seine Patarener zum Werkzeug der päpstlichen Politik. Dies verletzt den Bürgerstolz der Mailänder.

Der Revolutionswille, der in der Pataria seine religiös-fanatische Ausdrucksform fand, stärkt den Freiheitsdrang der Stadtbewohner; sie sind nicht gewillt, bloß die erzbischöfliche Stadtherrschaft gegen eine päpstliche Oberhoheit einzutauschen, sondern streben nach städtischer Autonomie. Im Frühjahr 1075 erheben sie sich gegen die tyrannische Herrschaft der Pataria. Erlembald wird erschlagen, viele seiner Anhänger getötet, grausam verstümmelt oder verbannt. Die militante sozial-religiöse Volksbewegung der Pataria geht blutig zu Ende.

Heinrich IV. nutzt die Ereignisse, um den Mailändern wieder einen Erzbischof zu schicken, seinen Kaplan Tedald. Nun gibt es drei Erzbischöfe, aber den selbstbewußt gewordenen Mailändern ist keiner recht. De facto ist der Stuhl des heiligen Ambrosius vakant. Das erneute Eingreifen des deutschen Königs in Mailand aber hat ungeahnte Folgen; es wird zur Initialzündung für den Ausbruch des Investiturstreits, für Gregors provokatorischen Brief an Heinrich IV., für die Überreaktion des Königs und seiner Bischöfe auf dem Wormser Reichstag und den Bannfluch des Papstes. So erlebte das Abendland den unerbittlichen Machtkampf zwischen den beiden höchsten Gewalten der lateinischen Christenheit, das beschämende und erschütternde Schauspiel gegenseitiger Absetzung und Verfluchung.

Der König geriet rasch in die Defensive. Der Bannspruch des Heiligen Vaters zeigte Wirkung. Als dem König die Bannbulle des Papstes übergeben wurde, ließ er zwar seinerseits den Heiligen Vater durch den Bischof Wilhelm von Utrecht exkommunizieren, aber das nützte wenig. Die antipäpstliche Front des deutschen Episkopats brach zusammen. Trotz der Rigorosität seines Vorgehens hatte der Papst den deutschen Bischöfen die Möglichkeit zur Aufhebung der Exkommunikation und Suspendierung eröffnet und ihnen damit eine goldene Brücke gebaut, die sie freilich nur reumütig und im Büßergewand betreten durften. So manch stolzer Kirchenfürst ging dann auch seinen Canossagang, vor oder nach seinem königlichen Herrn. Das Zeitalter der hochmächtigen deutschen Reichskirche neigte sich sichtbar dem Ende zu.

Auf den Reichstagen zu Pfingsten 1076 in Worms und sechs Wochen später in Mainz konnte der König nur noch wenige Bischöfe um sich versammeln. Man erklärte zwar den Bannspruch gegen den König für unrechtmäßig und wiederholte die in Utrecht gegen den Papst ausgesprochene Exkommunikation, aber die Lage des Königs wurde immer kritischer. Sein treuester Gefolgsmann unter den Herzögen, Gottfried der Bucklige, war schon im Februar 1076 ermordet worden. Der Bischof von Utrecht, der die Exkommunikation Gregors verkündet hatte, starb ganz plötzlich. Nicht wenige geistliche Herren wurden wankend und wechselten ins gregorianische Lager über. Die vom Papst ausgesprochene Lösung aller Treueide stellte die auf die Person des Königs zugeschnittene und sehr stark auf persönlichen Bindungen beruhende Reichsverfassung in Frage. Unsicherheit breitete sich aus. Die süddeutschen Herzöge fühlten sich nicht mehr an ihren Treueid gebunden und verschworen sich gegen den König. In Sachsen flammte die Rebellion wieder auf. Otto von Northeim wechselte erneut die Seite und übernahm wieder die Führung des sächsischen Stammes.

Mit dem Verrat des Northeimers, der immer da stand, wo er die stärkeren Bataillone vermutete, war der Versuch des Königs, in Sachsen ein Reichsterritorium zu schaffen, endgültig gescheitert. Im Sommer 1076 kam es zu einer Verbindung zwischen den sächsischen Gegnern Heinrichs und der süddeutschen Fürstenopposition. Den Fürsten ging es nicht um eine Stärkung der Autorität des päpstlichen Stuhls, sondern um einen Umsturz der Reichsverfassung. »Sie bemänteln den eingewurzelten Haß gegen den König durch das neue Wort von den religiösen Bedenken«, schreibt auch der königsfeindliche Lampert.[49] Unter den deutschen Bischöfen wuchs die Partei der Gregorianer, und bald hatte der König dieser großen Koalition nichts mehr entgegenzusetzen. Seine Lage wurde kritisch, als der Plan auftauchte, an seiner Stelle einen anderen zum König zu wählen.

Im Oktober trat in Trebur eine Fürstenversammlung zusammen. Zu der von einem radikalen Flügel angestrebten Neuwahl kam es

Abt Wilhelm von Hirsau. Handschrift aus Klosterreichenbach um 1150.
Das Aureliuskloster Hirsau war unter Wilhelm (1069–1091) ein Zentrum der monastischen Reformbewegung und einer der wichtigsten Stützpunkte der Gregorianer in Deutschland. Die Hirsauer Reformbewegung breitete sich in Deutschland rasch aus.

jedoch nicht. Die Rivalität zwischen Otto von Northeim und Rudolf von Rheinfelden, den beiden herausragenden Persönlichkeiten im Lager der Rebellen, war zu stark, so daß sich ein gemäßigter Flügel durchsetzen konnte. Unerwartete Schützenhilfe erhielt Heinrich vom Papst, dem nicht an der Wahl eines neuen, sondern an der Unterwerfung des alten Königs gelegen war. Die päpstlichen Legaten, Patriarch Sieghard von Aquileja und Bischof Altmann von Passau, handelten in diesem Sinne. Heinrich mußte sich fügen. Er gelobte feierlich, seine gebannten Räte zu entlassen, dem Papst den schuldigen Gehorsam zu leisten und Buße zu tun. Die Fürsten aber beschlossen, Heinrich nicht mehr als König anzuerkennen, wenn er länger als ein Jahr im Kirchenbann bliebe. Sie luden den Papst ein, am 2. Februar des nächsten Jahres auf einer Reichsversammlung in Augsburg zu erscheinen und den Streit zwischen ihnen und dem König zu entscheiden.

Als Gregor VII. die Botschaften des Königs und der deutschen Fürsten empfing, sah er sich am Ziel. Als Schiedsrichter sollte er über das Schicksal des Reiches entscheiden. Mußte es nicht jedem klar werden, daß er, der Stellvertreter des Apostels Petrus, ausgestattet mit der höchsten geistlichen und weltlichen Autorität, der oberste Richter in dieser Welt war? Die Reichsversammlung von Augsburg unter dem Vorsitz des Papstes würde ein Tag des Triumphes für den päpstlichen Stuhl werden. Deshalb wies Gregor brüsk den Wunsch des Königs zurück, schon bald in Rom empfangen und nach Ableistung der schuldigen Buße vom Bann gelöst zu werden. Der Heilige Vater machte sich vielmehr rasch selbst auf den beschwerlichen Weg nach Norden, sein hohes Ziel vor Augen, das er freilich nie erreichen sollte.

Das Unerwartete geschah. Der gedemütigte und entmachtete König ergriff die Initiative. Er wollte die Galgenfrist bis zum Reichstag von Augsburg nutzen, um die Lösung vom Bann zu erwirken. Dem Heiligen Vater würde es schwerfallen, einem reuigen Sünder die Absolution zu verweigern. Zwar beherrschten die Gegner des Königs, die Herzöge von Schwaben, Bayern und Kärnten, den gesamten deutschen Alpenraum und ließen vorsorglich alle Pässe und Klausen bewachen, aber es blieb der Weg über die burgundischen Pässe. In Burgund und im nordwestlichen Italien konnte der König auf Unterstützung durch die Familie seiner Gemahlin hoffen. Von der Königin Berta und ihrem erst dreijährigen Söhnchen begleitet, machte er sich trotz des außerordentlich harten Winters auf den Weg. Graf Wilhelm von Burgund bereitete der königlichen Familie einen ehrenvollen Empfang. Nach dem Weihnachtsfest in Besançon ging es weiter nach Genf und dann über den Mont Cenis nach Italien. Die Gräfin Adelheid von Turin, Heinrichs Schwiegermutter, verstärkte die Familie. Die Überschreitung des über 2000 m hohen Passes mitten im Winter wurde zu einem gefährlichen Abenteuer, zu einer Tortur für Mensch und Tier. Wir verdanken diesem gewagten Unternehmen die erste ausführliche Schilderung eines winterlichen Alpenüberganges:

Der Winter war grauenvoll, und die hoch aufragenden und mit ihren Gipfeln die Wolken berührenden Berge, über die der Weg führte, starrten so von ungeheuren Schnee- und Eismassen, daß auf den glatten steilen Hängen weder Reiter noch Fußgänger ohne Gefahr auch nur einen

Schritt tun konnten. Aber das Nahen des Jahrestages, an dem der König in den Bann getan worden war, duldete keine Verzögerung der Reise. Denn der König kannte den gemeinsamen Beschluß der Fürsten, daß er, wenn er bis zu diesem Tage nicht vom Bann losgesprochen wäre, verurteilt werden und den Thron unwiderruflich verlieren sollte. Daher mietete er einige ortskundige, mit den schroffen Alpengipfeln vertraute Einheimische, die vor seinem Gefolge über die steilen Felsen und die gewaltigen Schneefelder hergehen und den Nachfolgenden auf jede erdenkbare Weise den schrecklichen Weg erleichtern sollten. Als sie unter Führung dieser Leute bis auf die Scheitelhöhe des Berges vorgedrungen waren, gab es kein Weiterkommen; denn der steile Abhang des Berges war durch die eisige Kälte so glatt geworden, daß ein Abstieg hier völlig unmöglich schien. Da bemühten sich die Männer, den Gefahren durch ihre Körperkraft zu begegnen. Bald krochen sie auf Händen und Füßen vorwärts, bald stützten sie sich auf die Schultern ihrer Führer, manchmal glitt ihr Fuß auf dem glatten Boden aus, sie fielen hin und rutschten ein ganzes Stück den Berg hinunter. Schließlich gelangten sie aber doch unter größter Lebensgefahr ins Tal. Die Königin aber und die Frauen ihres Gefolges wurden auf Rinderhäute gesetzt und von den Bergführern hinabgezogen. Die Pferde ließen sie teils mit Hilfe von speziellen Vorrichtungen hinunter, teils schleiften sie sie mit zusammengebundenen Füßen hinab. Von diesen aber starben viele beim Hinunterschleifen, viele wurden schwer verletzt, und nur ganz wenige entrannen heil und gesund diesen Gefahren.[50]

In Italien löste das Erscheinen des Königs zunächst einmal größte Verwirrung aus. Niemand wußte so recht um den wahren Grund seines Kommens. Erschreckt und verunsichert brach der Papst seine Reise ab und floh nach Canossa, in die feste, als uneinnehmbar geltende Burg der Markgräfin Mathilde, seiner treuen Begleiterin. Begeistert zeigten sich hingegen die geistlichen und weltlichen Herren der Lombardei. Seit mehr als zwanzig Jahren hatte sich bei ihnen kein König mehr gezeigt, und folglich gab es für ihn viel zu tun. Noch immer galt die Monarchie als italienische Ordnungsmacht. Für die Lombarden hatte Heinrich IV. nichts von seiner königlichen Würde verloren. Von päpstlichen Bannsprüchen ließen sie sich wenig beeindrucken, und die ewigen Versuche der Kurie, sie zu bevormunden, hatten sie schon lange satt. Sie hofften auf einen fröhlichen Romzug, die Absetzung des verhaßten Papstes und die Wiederherstellung der alten Kaiserherrlichkeit. Lampert von Hersfeld berichtet über die Stimmung im Lande:

Als sich in Italien die Kunde verbreitete, der König sei gekommen und stehe nach dem Übergang über das wilde Gebirge bereits auf dem Boden Italiens, strömten alle Bischöfe und Grafen Italiens um die Wette zu ihm, empfingen ihn mit höchsten Ehren, wie es sich für die königliche Würde geziemt, und innerhalb weniger Tage scharte sich ein großes Heer um ihn. Sie hatten nämlich schon seit seiner Regierungsübernahme sein Kommen herbeigesehnt, weil das Land ständig durch Kriege, Aufstände, Raubzüge und mannigfaltige private Fehden beunruhigt wurde, und weil sie hofften, alles, was sich ruchlose Menschen wider Gesetz und Recht der Vorfahren herausnehmen, werde durch das Eingreifen der königlichen Macht abgestellt werden. Weil sich außerdem das Gerücht verbreitet hatte, er eile voller Zorn herbei, um den Papst abzusetzen, freuten sie sich außerordentlich, daß ihnen Gelegenheit geboten werde, an dem, der sie schon vor geraumer Zeit aus der Kirchengemeinschaft ausgeschlossen hatte, für diese Beleidigung gebührende Rache zu nehmen.[51]

Aber Heinrich IV. kannte die Stimmung in Deutschland zu gut, um sich auf ein solches kriegerisches Abenteuer einzulassen. Er brauchte die Absolution, um den deutschen Fürsten wieder als König entgegentreten zu können. Es war ein hoher Preis, den er dafür zu zahlen bereit war. Er ging nach Canossa und demütigte sich vor dem Papst so tief, wie sich noch nie ein mittelalterlicher Herrscher vor einem Menschen gedemütigt hatte. Der Papst selbst schildert in einem Schreiben an die deutschen Fürsten die Szene:

Drei Tage lang harrte der König vor den Toren der Burg aus, ohne jedes königliche Gepränge in Mitleid erregender Weise, barfuß und in wollener Kleidung, und ließ nicht eher ab, unter reichlichen Tränen Hilfe und Trost des apostolischen Erbarmens zu erflehen, bis alle, die dort anwesend waren und zu denen diese Kunde gelangte, von Mitleid und Barmherzigkeit überwältigt, sich für ihn unter Bitten und Tränen verwendeten und sich über die ungewohnte Härte unseres Sinnes wunderten; einige aber klagten, in unserem Herzen sei nicht die Festigkeit apostolischer Strenge, sondern die Grausamkeit wilder Tyrannei.[52]

Gregor befand sich selbst in der Zwickmühle. Löste er Heinrich vom Bann, gab er seinen höchsten Trumpf aus der Hand. Verweigerte er einem reuigen Sünder die Absolution, verstieß er gegen das Gebot der christlichen Liebe und setzte sich dem Verdacht der Rachsucht und der politischen Berechnung aus. Da auch hochgestellte Persönlichkeiten wie die Markgräfin Mathilde, die Gräfin Adelheid von Turin und der ehrwürdige Abt Hugo von Cluny an sein Mitleid appellierten, blieb ihm nichts anderes übrig, als den König wieder in den Schoß der heiligen Mutter Kirche aufzunehmen, freilich nicht, ohne sich von ihm einen Sicherheitseid schwören zu lassen. Der König versprach, sich im Streit mit den deutschen Reichsfürsten dem Urteil des Papstes zu unterwerfen und sicherte ihm freies Geleit innerhalb seines Machtbereiches zu.[53]

Den Frieden brachte die rührende Versöhnung auf der Burg der Markgräfin am 28. Februar 1077 jedoch nicht. Realpolitisch gesehen war Canossa ein Erfolg Heinrichs. Der Papst hatte ihn vom Bann gelöst und wieder als König anerkannt. Das noch immer drohende Zusammentreffen Gregors mit den deutschen Fürsten würde er schon zu verhindern wissen. Heinrichs Gegner fühlten sich durch den Schachzug des Königs getäuscht, vom Papst verraten. Gregor geriet unter Druck. Seinen Verbündeten gegenüber rechtfertigte er sich wortreich mit den moralischen Zwängen, die ihm sein geistliches Amt auferlegt habe.[54] Für die deutschen Fürsten hatte er als Bündnispartner jedoch an Wert verloren, und sein politischer Einfluß schwand. Doch auch der König konnte sich seines diplomatischen Erfolges nicht ohne Bitternis erfreuen. Das Ansehen der Monarchie hatte außerordentlichen Schaden gelitten. Sie war ihrer sakralen Aura entkleidet worden. Heinrichs Gegner genossen hingegen die Kunde von der demütigenden Behandlung des Königs in Canossa. Phantasievoll ausgeschmückte Erzählungen waren in aller Munde. Erregung löste der Bußgang des Königs in Oberitalien aus. Die lombardischen Großen waren empört.

Der König habe nicht seiner Würde gemäß gehandelt und seiner Ehre

... oder ein sinnloses Opfer?

Rex rogat abbatem Mathildim supplicat atque

Heinrich IV. bittet Mathilde von Tuszien und seinen Taufpaten, Abt Hugo von Cluny, um Fürsprache bei Gregor VII.
Die Markgräfin, Vermittlerin zwischen König und Papst, ist auf dem Höhepunkt ihrer Macht. Ihr Lehnsherr, der König, beugt vor ihr die Knie und bittet um ihre Hilfe. Miniatur in der Vita Mathildis des Donizo von Canossa (1115).

einen niemals mehr zu tilgenden Schandfleck aufgeprägt, weil er die königliche Majestät einem ketzerischen und durch tausend Schändlichkeiten entehrten Menschen preisgegeben habe und weil er, den sie sich zum Beschützer des Rechtes und zum Hüter der kirchlichen Gesetze erkoren hätten, durch seine schmähliche Unterwerfung den katholischen Glauben, das Ansehen der Kirche und die Würde des Reiches preisgegeben habe.[55]

Zwar kam es in Norditalien nicht, wie Lampert übertreibend berichtet, zu Aufständen gegen den König, aber sein Verlust an Prestige unter den Großen Reichsitaliens war unübersehbar.

Plötzlich schien der Gang nach Canossa ein sinnloses Opfer gewesen zu sein. Die oppositionellen deutschen Fürsten, durch die sensationelle Nachricht aus dem Süden aufgeschreckt, reagierten rasch und mit Entschlossenheit auf die veränderte politische Situation. Sie beriefen einen Fürstentag ein, der schon am 13. März 1077 in Forchheim zusammentrat. Die führenden Persönlichkeiten waren die Erzbischöfe Siegfried von Mainz, Gebhard von Salzburg und Werner von Magdeburg, ferner Otto von Northeim und die drei süddeutschen Herzöge Rudolf von Schwaben, Welf von Bayern und Berthold von Kärnten. Der Papst, der sich noch immer in Aufbruchstimmung auf den Burgen seiner Freundin Mathilde von Tuszien aufhielt, war der Einladung zum Fürstentag nicht gefolgt. Der König hatte ihm das freie Geleit verweigert. So hatte er nur seine Legaten nach Forchheim entsenden können.

Die Wahl gerade Forchheims war gewiß nicht zufällig. Hier hatten die ostfränkisch-deutschen Stämme im Jahre 911 das Erbrecht der Karolinger außer Kraft gesetzt und in freier Wahl den fränkischen Herzog Konrad zum König erhoben. Nun sollte an gleicher Stelle die Abkehr vom salischen Kaiserhaus vollzogen werden, gegen dessen zentralistische Machtpolitik die Fürsten zu Felde zogen. Die päpstlichen Gesandten suchten die Wahl eines Gegenkönigs in Abwesenheit des Papstes zu verhindern, aber die Gegner des Saliers waren nicht gewillt, sich ihre Pläne im Interesse der Kurie durchkreuzen zu lassen. Ein Fürstengericht erklärte Heinrich für abgesetzt. Die geistlichen und weltlichen Fürsten wählten am 15. März 1077 einen neuen König, den schwäbischen Herzog Rudolf von Rheinfelden. Fest mit seiner Erhebung rechnend, hatte sich der Herzog schon vorsorglich eine Krone anfertigen lassen.

Die Wähler stellten Forderungen. Rudolf war gezwungen, der Kirche die kanonische Wahl der Bischöfe zuzubilligen. Damit gab der neue König die Herrschaft über die Reichskirche preis. Nicht weniger wichtig war ein anderes Zugeständnis: der Verzicht Rudolfs auf die Erblichkeit der Königswürde. Künftig sollte die königliche Gewalt niemandem, wie es bisher Brauch war, kraft Erbrechts zufallen. Ein Sohn des Königs sollte im Falle seiner Eignung mehr durch freie Wahl als kraft Erbrechts die Königswürde erhalten. »Wenn der Sohn des Königs aber nicht würdig sei oder das Volk ihn nicht wolle, so solle es in der Macht des Volkes stehen, denjenigen zum König zu wählen, den es haben wolle«.[56] Die geistlichen und weltlichen Reichsfürsten fühlten sich stark genug, die Königswahl in ihre Hände zu nehmen. Der Wahlgedanke, unter den mächtigen Herrschern aus ottonischem und salischem Hause zwar nicht ausgelöscht, aber zu einem Schattendasein verurteilt, triumphierte über das Erbrecht, der Gedanke der Eignung über den Mythos des Blutes.

Heinrich IV. war eine viel zu kämpferische Natur, um aufzugeben. Sein Selbstbehauptungswille war ungebrochen. Unter dem freilich schon recht zerfetzten Banner des Gottesgnadentums zog er wieder in den Kampf. Nachdem er in Italien Ordnung geschaffen und reiche Geldmittel zusammengebracht hatte, kehrte er nach Deutschland zurück. Vom Bann gelöst, fand er wieder Anhänger. Der Gegenkönig konnte sich in Schwaben nicht behaupten und zog sich nach Sachsen zurück, dem Zentrum des Widerstandes gegen die salische Monarchie. Heinrich beherrschte die Mitte des Reiches, konnte es aber nicht wagen, in das feindliche Sachsen vorzustoßen. Im Süden behaupteten sich die Welfen und die Zähringer. Heinrich ließ die Herzöge Pfingsten 1077 auf dem Hoftag zu Ulm durch ein Fürstengericht absetzen. Das Herzogtum Schwaben verlieh er 1079 dem Grafen Friedrich von Büren, dem er auch die Hand seiner Tochter Agnes versprach. Damit betrat das Geschlecht der Hohenstaufen die Weltbühne.

Rudolf von Rheinfelden (1077–1080).
Detail vom Grabmal des Königs im Merseburger Dom.

Auch der Heilige Vater trug nicht zur Klärung der Lage bei. Obwohl ihm Rudolf von Rheinfelden eine Wahlanzeige geschickt und dem apostolischen Stuhl Gehorsam gelobt hatte, war Gregor nicht bereit, ihn als rechtmäßigen König anzuerkennen und Heinrich IV. fallen zu lassen. Er glaubte wieder einen Trumpf in der Hand zu haben, denn beide Könige bemühten sich, von ihm die Anerkennung ihrer Würde zu erlangen. So taktierte er abwartend und hinhaltend, mahnte zu Einigkeit und Frieden, vermied jedoch eine klare Parteinahme im Streit der Könige, sehr zur Enttäuschung Rudolfs und seiner Anhänger.

Inzwischen floß Blut. Heinrich IV. verwüstete Schwaben; die durch die zwiespältige Haltung des Papstes verbitterten Sachsen belagerten Würzburg. Zu einer blutigen Schlacht kam es am 7. August 1078 bei Mellrichstadt in Franken.[57] Heinrich erlitt zwar eine Niederlage und verlor manchen Kampfgefährten, verhinderte aber die geplante Vereinigung der Sachsen unter Otto von Northeim mit seinen süddeutschen Gegnern, die am gleichen Tage am Neckar ein aus fränkischen Bauern zusammengewürfeltes Heer niedermetzelten und die Gefangenen entsetzlich verstümmelten.[58] Friede war nicht in Sicht. Im Frühjahr 1079 beklagte der Papst in einem Brief an Rudolf von Rheinfelden die trostlose Lage des Reiches:

Daß ich das Reich der Deutschen – bisher unter allen Reichen der Welt das vornehmste – jetzt von Brand, Mord und Raub verwüstet, zutiefst zerrüttet und zugrundegerichtet sehe, welch großer Schmerz darüber mein Herz erfüllt, welch unablässiges Wehklagen mich im Innersten ergreift, dafür ist allein der Zeuge, der die Herzen aller Menschen erforscht und prüft.[59]

Die Tränen des Heiligen Vaters machten in Deutschland jedoch wenig Eindruck angesichts des doppelten Spiels, das er trieb. Doppelzüngigkeit und Habgier seiner Legaten riefen Erbitterung hervor. Selbst Brun, der Verfasser des Buches vom Sachsenkrieg, ein scharfer Gegner Heinrichs IV., berichtet zornig, »daß apostolische Legaten mehrfach bei beiden Parteien erschienen, bald uns, bald unseren Feinden die Gunst des Papstes versprachen und nach römischer Sitte von beiden Seiten so viel Geld mit sich fortschleppten, wie sie zusammenbringen konnten«.[60]

Zu Beginn des Jahres 1080 wollte Heinrich durch einen Winterfeldzug, an dem auch die Böhmen unter ihrem Herzog Vratislav II. teilnahmen, die Entscheidung erzwingen. Es gab Spannungen im Lager der Sachsen, ihre Kampfmoral schien angeschlagen; aber sie setzten sich tapfer zur Wehr und behaupteten am 27. Januar 1080 in der Schlacht bei Flarchheim südlich von Mühlhausen in Thüringen das Feld.

Dennoch fühlte sich Heinrich als Sieger und forderte den Papst ultimativ auf, Rudolf von Rheinfelden mit dem Kirchenbann zu belegen. Um seiner Forderung Nachdruck zu verleihen, drohte er mit der Erhebung eines Gegenpapstes. Gregor sah sich nun in die Enge getrieben. Zum zweiten Mal schleuderte er den Bannstrahl gegen den König. Auf der Fastensynode des Jahres 1080 exkommunizierte er Heinrich und alle seine Anhänger, sprach ihm die Königsherrschaft über Deutschland und Italien ab und löste alle ihm geleisteten Treueide. Das deutsche Reich aber verlieh er Rudolf von Rheinfelden, den sich die Deutschen in Treue zur Kirche zum

König erwählt hätten. Aus apostolischer Machtvollkommenheit solle er »Gewalt und Würde des Königtums« besitzen. Der päpstliche Bannfluch endete in einer maßlosen Forderung. Da die Kirche und ihre Diener über Geistliches zu richten hätten, stünde ihnen erst recht das Richteramt über das Weltliche zu. Alle Reiche auf Erden, alle Königreiche, Fürsten- und Herzogtümer, Markgrafschaften und Grafschaften stünden unter ihrer Herrschaft, alle Könige und Fürsten seien ihrem Urteil unterworfen.[61]

Gregor wagte sich noch weiter aus der Deckung. Während der Messe am Ostermontag in Sankt Peter prophezeite er den unvermeidlichen Untergang Heinrichs, wenn dieser nicht bis zum 1. August Buße getan hätte. Aber der Bannfluch verfehlte seine Wirkung. Die geistliche Waffe war stumpf geworden. Zu offensichtlich diente sie diesmal politischen Zielen. In Deutschland und Italien warf man dem Heiligen Vater den Mißbrauch spiritueller Zuchtmittel vor und verurteilte die Aufforderung zu Eidbruch und Krieg. Die düstere Prophezeiung des Papstes sollte sich dennoch erfüllen, aber nicht an dem, auf den sie gemünzt war, sondern an dessen glücklosem Widerpart.

Heinrich und seine Anhänger gingen zum Gegenangriff über. Am 25. Juni 1080 traten reichlich zwei Dutzend oberitalienischer und deutscher Bischöfe in Brixen zu einer Synode zusammen. Auch Gregors Todfeind, der Kardinal Hugo Candidus von San Clemente, ein Virtuose in Verrat und Verleumdung, hatte sich eingefunden. Wieder überschüttete er den Papst mit Schmähungen, Anklagen und Diffamierungen. Die Synode wurde zum Tribunal. Die versammelten Kirchenfürsten fällten das Urteil, »daß dieser unverschämte Hildebrand, der Gotteslästerung und Brand predigt, der Meineid und Mord verteidigt, der den apostolischen und katholischen Glauben an Leib und Blut des Herrn als alter Schüler des Ketzers Berengar in Zweifel zieht, der offenkundig an Weissagungen und Träume glaubt, der sich mit Geisterbeschwörung abgibt und deshalb vom wahren Glauben abtrünnig ist, dem kanonischen Recht entsprechend abzusetzen und zu vertreiben ist und daß er, wenn er nach diesem Urteilsspruch von seinem Sitz nicht heruntersteigt, für ewig verdammt werden soll«.[62] Diesen Synodalbeschluß, in dem sich der ganze aufgestaute Haß jener wilden Jahre entlud, unterschrieben dreißig geistliche Herren, an ihrer Spitze Hugo Candidus, der vorgab, im Namen aller Kardinäle der römischen Kirche zu handeln. Auch der König setzte seinen Namen unter das Absetzungsdekret.

Aus den Fehlern von Worms hatte man gelernt. Den Worten sollten Taten folgen. Kraft seiner Stellung als Patrizius der Römer erhob der König den von Gregor VII. abgesetzten und gebannten Erzbischof Wibert von Ravenna zum Papst. Wibert, eine integre und den Idealen der Kirchenreform verpflichtete Persönlichkeit, wählte mit Bedacht den Namen Clemens III. Noch einmal sollte an die Ära der kaisertreuen Reformpäpste angeknüpft werden, die mit Clemens II. in Sutri begonnen hatte. Ein ebenbürtiger Gegner für den »heiligen Teufel« auf der Kathedra Petri war Clemens III. (1080–1100) freilich nicht; einen solchen hätte man auch lange suchen können.

Nun gab es zwei Päpste, so wie es zwei Könige gab. Die geistlichen und weltlichen Fürsten standen sich als Gregorianer oder Heinrizianer haßerfüllt gegenüber, Reich und Kirche waren gespalten. Heinrich IV. war zwar in Brixen noch nicht in der Lage, seinen Papst an der Spitze eines Heeres in den Lateranspalast zu geleiten, aber der Gedanke an einen Romzug lag in der Luft. Zunächst aber gingen die Kämpfe in Deutschland weiter. Heinrich verheerte im Oktober 1080 Thüringen und das östliche Sachsen. Am 15. Oktober stellten die Sachsen das königliche Heer an der Weißen Elster zur Schlacht und erfochten dank der überlegenen Feldherrnkunst Ottos von Northeim einen blutigen Sieg. Reiche Beute fiel in die Hände der Sieger. Dennoch entschied hier das Schicksal den deutschen Thronstreit zugunsten Heinrichs. Rudolf von Rheinfelden empfing im Kampf tödliche Wunden. Er verlor die rechte Hand, mit der er einst dem jungen König Heinrich die Treue geschworen hatte. Am Tag nach der Schlacht ist Rudolf von Rheinfelden gestorben.[63] Im Merseburger Dom fand er seine letzte Ruhestätte. Der Verlust der Schwurhand erschien vielen Menschen als Gottesurteil; die Prophezeiung Gregors über den unvermeidlichen Untergang Heinrichs war eindrucksvoll widerlegt.

Der Tod des Gegenkönigs war für die Fürstenopposition ein schwerer Schlag. Rudolf von Rheinfelden, ein Mann von höchstem Adel, mit dem salischen Königshaus verschwägert, war so leicht nicht zu ersetzen. Zwar hatte er dem Papst Gehorsam gelobt, aber einfach ein »Pfaffenkönig«, wie seine Feinde behaupteten, war er nicht. Selbst Gegner wie der Biograph Heinrichs IV. zollten seinen Tugenden höchstes Lob, auch wenn sie die Rebellion gegen den legitimen Herrscher scharf verurteilten: *Rudolf, ein erlauchter Herzog, ein Mann von großem Ansehen und gutem Ruf im ganzen Reich, der Wahrheit und dem Recht verpflichtet, ein tapferer Kriegsheld, ausgezeichnet in allen Tugenden, dieser Mann ließ sich von der Habgier überwältigen, die alles besiegt; er wurde zum Verräter an seinem Herrn und wegen einer ungewissen Würde vergaß er die Treue.*[64]

Otto von Northeim übernahm wieder die Führung der sächsischen Opposition, aber die Krone boten ihm seine süddeutschen Verbündeten nicht. Erst im August 1081 einigten sich die Fürsten auf einen weniger überragenden Kandidaten und wählten Hermann von Salm aus dem Hause der Grafen von Luxemburg zum König. Erzbischof Siegfried von Mainz krönte ihn am zweiten Weihnachtstag 1081 in Goslar. Das war zwar nicht der rechte Ort für eine Krönung, aber immerhin die Lieblingsresidenz der Salier.

Die Nachricht von der Wahl des nicht eben bedeutenden Grafen zum König empfing Heinrich IV. in Italien. Er hatte va banque gespielt, war schon im Frühjahr 1081 zum Romzug aufgebrochen und ignorierte nun auch die Existenz eines neuen Gegenkönigs. Sein kleines Heer, dessen Kern böhmische Krieger unter dem Herzogssohn Borivoj bildeten, war durch lombardische Aufgebote und Soldritter verstärkt worden. Den Weg nach Rom hatten ihm die Lombarden schon im Jahr zuvor freigekämpft, als sie Mitte Oktober 1080 die Truppen der Markgräfin Mathilde, der treuesten Verbündeten des Papstes, aus dem Felde schlugen. Am 21. Mai 1081 stand der König mit seinen Truppen vor den Toren der Ewigen Stadt. Seine Appelle an die Römer verhallten jedoch ungehört. Die Stadt stand auf seiten Gregors VII. Unverrichteterdinge mußte der König Ende Juni wieder abziehen. Die Rache für Canossa war mißglückt.

Heinrichs Romzug wurde alles andere als ein Spaziergang, auch

Rudolf von Rheinfelden erhielt ein Grabmal wie noch kein mittelalterlicher Herrscher vor ihm. Auf der reich vergoldeten Bronzeplatte ist der König mit allen Abzeichen seiner Würde dargestellt. Die Umschrift preist ihn als gerechten und frommen Herrscher: »Hier ruht König Rudolf, der für das Recht der Väter starb. Er verdient es, beweint zu werden. Kein König seit Karl dem Großen kam ihm gleich in Rat und Tat, wenn er in Frieden regierte. Als die Seinen siegten, starb er als heiliges Opfer des Krieges. Der Tod gibt ihm das ewige Leben, denn er fiel für die Kirche«.

Das Widmungsbild in der Vita Mathildis dokumentiert Macht und Reichtum der Markgräfin. Ihr Thron steht erhöht in einer Ädikula. Als regierende Fürstin wird sie von ihrem Schwertträger begleitet.

MATHILDIS LUCENS. PRECOR HOC CAPE CARA VOLUMEN

wenn er Oberitalien nun weitgehend kontrollierte. Wegen Hochverrats verfiel die Markgräfin Mathilde der Reichsacht, aber die streitbare Dame hatte sich auf ihre festen Burgen zurückgezogen und verteidigte sie unverdrossen. Der König gewann Lucca und Pisa für sich, indem er den beiden Städten umfangreiche Privilegien verlieh. Das Herzogtum Spoleto und die Mark Fermo gab er an einen seiner Anhänger, den Grafen Rainer. Ende Februar 1082 begann die zweite Belagerung Roms, ebenso vergeblich wie die erste. Im April gab der König auf, um das Spiel im Frühjahr des nächsten Jahres zu wiederholen. Diesmal glückte wenigstens die Eroberung der von den Bewohnern nachlässig bewachten Leostadt mit der Peterskirche. Die Engelsburg blieb allerdings in der Hand des Papstes. Mehr als ein vorübergehender Achtungserfolg war das nicht. Der König scheiterte auch im dritten Anlauf.

Verhandlungen mit Gregor VII. waren ohne Ergebnis geblieben. Der Papst war zu keinerlei Konzessionen bereit. Als ihm auf der Lateransynode im November 1083 der Vorschlag gemacht wurde, er solle Heinrich zum Kaiser krönen, wenn dieser dafür den Gegenpapst fallenließe, lehnte er kategorisch ab. Gregor VII., noch immer von hierokratischem Sendungsbewußtsein und vom Glauben an den Sieg der Kirche erfüllt, forderte vom König einen zweiten Gang nach Canossa. Freilich verlor er zunehmend den Sinn für die Realitäten. Seine Lage war inzwischen wenig beneidenswert.

Seine treueste Verbündete, Markgräfin Mathilde, selbst in Bedrängnis, konnte ihm nicht helfen. Der Gegenkönig Hermann von Salm mußte sich nach einigen Anfangserfolgen nach Sachsen zurückziehen, und durch den Tod Ottos von Northeim am 11. Januar 1083 verlor die gregorianische Partei in Deutschland ihren begabtesten Feldherrn. Große Hoffnungen hatte Gregor auf den Normannenherzog Robert Guiskard gesetzt. Er hatte dem Normannen eine Petersfahne überreicht, ihm seine Eroberungen als päpstliche Lehen überlassen und soll ihm sogar die Kaiserkrone angeboten haben. Die kleinen langobardischen Fürstentümer Süditaliens, die der normannischen Eroberung zum Opfer gefallen waren, gehörten nominell zum Reich, und deshalb war Robert Guiskard an einem Bündnis mit dem Papst interessiert. Eine starke Kaisermacht in Rom und Italien lag nicht im normannischen Interesse.

Aber der Papst konnte im Augenblick von seiner normannischen Schutzmacht wenig Hilfe erwarten, denn Robert Guiskard hatte sich in ein gigantisches Abenteuer gestürzt, die Eroberung Konstantinopels. Die glänzende Kaiserstadt am Bosporus war ein lockendes Ziel für die kriegs- und beutelüsternen Normannen. Die Eroberung des von Thronwirren erschütterten und von den Bulgaren, Petschenken und Seldschuken bedrohten oströmischen Reiches wäre dem noch immer vom kriegerischen Geist der Wikingerfahrten erfüllten Robert Guiskard und seinen Söhnen vielleicht gelungen, wenn nicht mit Alexios I. Komnenos (1081–1118), dem Begründer der Dynastie der Komnenen, zur rechten Zeit ein begabter und tatkräftiger Kaiser als Exponent des Militäradels und der Großgrundbesitzer an die Spitze des Staates getreten wäre. Mit Hilfe der venezianischen Flotte konnte er die normannischen Angriffe zurückschlagen.

Alexios I. Komnenos nahm diplomatische Beziehungen zu Heinrich IV. auf und schickte Gesandtschaften mit reichen Geschenken. Byzantinisches Gold sollte die Römer in ihrer Treue zu Gregor VII. wankend machen und den deutschen König zum Kampf gegen Robert Guiskard ermuntern. Tatsächlich griff Heinrich IV., der in Abt Desiderius von Monte Cassino und Fürst Jordan von Capua zwei wichtige Verbündete gewonnen hatte, Anfang Februar 1084 das normannische Apulien an. Während dieses Feldzuges erreichte ihn die Nachricht, daß Rom ihm die Tore öffnen wolle. Die Römer waren den Krieg leid, der ihnen durch die Verwüstung der Umgebung nur Schaden brachte. Zahlreiche Kardinäle, Geistliche und Aristokraten Roms kündigten dem starrsinnigen Papst den Gehorsam. Am Gründonnerstag des Jahres 1084 zog der König feierlich in Rom ein. Am Palmsonntag bestieg Wibert von Ravenna endlich die Kathedra Petri. Am Ostertag fand in Sankt Peter die Kaiserkrönung statt. Heinrich und Berta empfingen die Krone des Imperium Romanum aus der Hand des neuen Papstes. Es war ein Tag des Triumphes, der die Erinnerung an Canossa auslöschen sollte.

Aber das Rad der Geschichte ließ sich nicht zurückdrehen. Die Zeit Heinrichs III., die Mittagshöhe des römisch-deutschen Kaisertums, kehrte nicht wieder. Gregor VII. gab nicht auf. Einige seiner Anhänger aus der römischen Aristokratie hatten sich in ihren Stadt-

Das Ende Gregors VII.
Heinrich IV. und der kaiserliche Papst Clemens III. (Wibert von Ravenna), einträchtig nebeneinander thronend, beanspruchen die Herrschaft über Reich und Kirche, während Gregor zur eiligen Flucht aus Rom gezwungen ist. Im Exil in Salerno verflucht er die Seinen und den Kaiser. Von den Seinen betrauert, wird er zur letzten Ruhe gebettet.
Miniaturenzyklus in der Jenenser Handschrift der Weltchronik Ottos von Freising.

burgen und Wohntürmen verschanzt und leisteten noch Widerstand. Er selbst saß in der fast uneinnehmbaren Engelsburg und hoffte unbeirrt auf normannische Waffenhilfe. Sein Hilferuf verhallte auch nicht ungehört. Robert Guiskard fürchtete nichts mehr als einen gegen ihn gerichteten west-östlichen Zweikaiserbund, dessen Abschluß durchaus im Bereich des Möglichen lag. Ein kaisertreuer Papst in Rom, gestützt von einer wiedererstarkten kaiserlichen Macht, hätte eine ernste Bedrohung der verletzlichen Nordflanke des Normannenreiches bedeutet. Trotz der Verluste, die Robert Guiskard im Kampf gegen Byzanz erlitten hatte, war er stark genug, um ein großes Heer nach Rom zu führen. Nicht nur Normannen und Süditaliener, auch Sarazenen aus Sizilien hatte der Herzog aufgeboten, um die Deutschen aus Rom zu vertreiben. »Es war ein merkwürdiges Schauspiel, als er mit diesen Ungläubigen nach Norden zog, um das Oberhaupt der Christenheit zu befreien«.[65]

Der Kaiser fühlte sich zu schwach, um einen Waffengang mit der Armee des gefürchteten Normannenherzogs zu wagen. Er trat rasch einen wenig ehrenvollen Rückzug an und überließ Rom seinem Schicksal. Robert Guiskard hatte leichtes Spiel. Am 28. Mai stürmten die Normannen die nur von einer schwachen kaiserlichen Besatzung verteidigte Stadt. Der Papst war frei, aber der Preis war hoch. Als sich Bewohner der Stadt gegen die plündernden Normannen und Sarazenen zur Wehr setzten, warfen diese Brandfackeln in die Häuser, verwüsteten ganze Stadtviertel, schändeten die Frauen und verschleppten Tausende von Männern, Frauen und Kindern, um sie in die Sklaverei zu verkaufen. Es war ein »Sacco di Roma«, wie ihn die Stadt seit den Tagen der Goten und Vandalen nicht mehr erlitten hatte.

Robert Guiskards Traum war nicht die Herrschaft über Rom, son-

Hauptportal am Dom von Salerno, der Grabeskirche Gregors VII. Die Bronzetüren wurden am Ende des 11. Jahrhunderts von Herzog Landolf gestiftet.

dern über Konstantinopel. Deshalb verließ er bald mit seinen Scharen die verwüstete Stadt. Schon im Herbst 1084 setzte er nach Griechenland über, um den Marsch auf die oströmische Kaiserstadt wiederaufzunehmen. Wieder wechselten Siege und Niederlagen, bis der Tod dem langen, tatenreichen Leben des Herzogs am 17. Juli 1085 auf der griechischen Insel Kephallenia ein Ende setzte. Das normannische Expeditionsheer unter Robert Guiskards Sohn Roger löste sich auf. Ein Teil der Krieger trat in kaiserliche Dienste. Der Griff nach dem oströmischen Imperium war mißglückt.

Auch Gregors Stern war im Sinken. Er war es gewesen, der die Normannen gerufen hatte, und dafür würde er die Rechnung zu begleichen haben. An ihm, dem Heiligen Vater, würden die geschundenen Römer die Schandtaten der Normannen rächen. Doch nach dem Martyrium stand ihm der Sinn nicht. Anders als einst der Apostel Petrus, dessen Namen er tausendfach im Munde geführt hatte, floh er im Gefolge Robert Guiskards aus Rom, die

Kathedra Petri seinem Rivalen Clemens III. überlassend. In Salerno fand er Zuflucht, umgab sich wieder mit einem päpstlichen Hofstaat, sammelte einen Kreis von Kardinälen und Bischöfen um sich, entsandte seine Legaten, berief eine Synode und schleuderte zum fünften Male den Bannfluch gegen seinen verhaßtesten Feind, Kaiser Heinrich IV. Von Alter und Leiden gezeichnet, aber ungebrochen in seinem apostolischen Sendungsbewußtsein, rief er die ganze Christenheit zum Kampf gegen die Mächte der Finsternis auf. Mit wortgewaltiger Leidenschaft erflehte er tatkräftige kriegerische Hilfe für die römische Kirche, die von Knechtschaft bedrohte Braut Christi. Die Zeit des Antichrist sah er näherrücken, sich selbst im Kampf an vorderster Front in diesem apokalyptischen Ringen auf Leben und Tod.[66]

In diesen Monaten des heißen, leidenschaftlichen, aber vergeblichen Bemühens, Kirche und Welt vom normannischen Exil aus wiederzuerobern, verbrauchte der körperlich geschwächte Papst seine letzten Kräfte. Am 25. Mai 1085 ist er in Salerno gestorben. Hart und unversöhnlich bis zuletzt, brachte er es selbst im Angesicht des Todes nicht übers Herz, allen seinen Feinden zu vergeben, wie dies die Bischöfe und Kardinäle erwarteten, die sein Sterbelager umstanden. Bitter und sarkastisch klingen die letzten Worte des Sterbenden, in denen nicht Siegeszuversicht und Heilsgewißheit zu spüren sind, sondern tiefe Resignation: »Ich habe die Gerechtigkeit geliebt und das Unrecht gehaßt, deshalb sterbe ich in der Verbannung«.[67]

3. Im Schatten von Canossa

Papst Gregor VII. war tot. Seinem großen Gegner, dem Kaiser, gewährte das Schicksal noch zwei bewegte Jahrzehnte, in denen Erfolge und Niederlagen einander abwechselten, aber es gelang ihm nicht, aus dem Schatten von Canossa herauszutreten. Der Glanz der Kaiserkrone war dahin. Der Bannfluch des Papstes wirkte fort. Die Person des Herrschers hatte ihre sakrale Weihe verloren. Die Fundamente der Monarchie waren brüchig geworden. Treue wurde zum leeren Wahn, Verrat zum Kennzeichen der Epoche.

Zunächst ging es aufwärts, trotz des Makels, den der schmähliche Rückzug aus Rom vor den Scharen Robert Guiskards gebracht hatte. Nach der Rückkehr des Kaisers in die Heimat geriet die Fürstenopposition weiter in die Defensive. Auf dem gut besuchten Mainzer Reichstag 1085 ließ der Kaiser zahlreiche gregorianische Bischöfe absetzen und exkommunizieren, verkündete einen Gottesfrieden für das ganze Reich und verlieh seinem treuen Gefolgsmann, Herzog Vratislav von Böhmen, die Königswürde. Durch einen erfolgreichen Feldzug nach Sachsen zwang er Hermann von Salm zur Flucht zu den Dänen. Zwar kehrte der Gegenkönig bald wieder zurück, aber er spielte fortan keine Rolle mehr. Er fiel im September 1088 im Verlauf einer unbedeutenden Fehde, nachdem er offenbar zuvor auf die Königswürde verzichtet hatte. Mit Bischof Burchard II. von Halberstadt war wenige Monate zuvor bereits einer der konsequentesten und fähigsten Gegner Heinrichs IV. aus dieser Welt geschieden. Die militärische Führung der nach wie vor unruhigen Sachsen hatte der mächtige Markgraf Ekbert von Meißen übernommen. Seine hinterhältige Ermordung durch einige Vasallen des Kaisers schwächte die Opposition weiter.[68] Die Phalanx der Gregorianer war damit ins Wanken geraten, jedoch keineswegs besiegt. In Süddeutschland behauptete die Fürstenopposition das Feld, angeführt von Welf IV. und Berthold II. von Zähringen. Dem Welfenhause eröffnete sich sogar eine neue und großartige Perspektive, die Hoffnung auf die Schaffung eines gewaltigen Herrschaftsbereiches diesseits und jenseits der Alpen. Der Sohn Welfs IV., der erst siebzehnjährige Welf V., war im Jahre 1089 mit der seit dem Tode Gottfrieds des Buckligen 1076 verwitweten Markgräfin Mathilde von Tuszien vermählt worden. Durch diese hochpolitische Vernunfts-, wenn nicht sogar Scheinehe – die Braut war sechsundzwanzig Jahre älter als der Bräutigam – sollte ein welfisch-tuszischer Machtblock zusammengefügt werden, zu dem umfangreiche Besitz- und Herrschaftsrechte in Süddeutschland, der Toskana und Lothringien gehörten. Die Markgräfin Mathilde, die Vertraute der Päpste und konsequenteste Gegnerin des Kaisers auf der Apenninhalbinsel, war die Schwiegertochter des seiner Würde entkleideten und in antiköniglicher Opposition verharrenden Bayernherzogs geworden.

Das war eine höchst prekäre Situation für Heinrich IV., denn der Heiratsvermittler, der dieses ungleiche Paar zusammengefügt hatte, war kein Geringerer als der Heilige Vater selbst, der neue Papst Urban II. Über die Stoßrichtung konnten also keine Zweifel bestehen.

Urban II. (1088-1099) war gewillt, das Reformpapsttum aus der Krise herauszuführen, in die es nach dem Tode Gregors VII. geraten war. Sein Vorgänger, Abt Desiderius von Monte Cassino, der sich als Papst Viktor III. nannte, hatte während seines kurzen Pontifikats vom Mai 1086 bis zum September 1087 wenig ausrichten können, zumal er sein Bergkloster offenbar mehr geliebt hat als Rom und die Kathedra Petri. Erst im März 1088 fanden sich die gregorianisch gesinnten Kardinäle zur Neuwahl zusammen, nicht in Rom, sondern in der Bischofskirche von Terracina, einer kleinen Hafenstadt am Tyrrhenischen Meer. Ihre Wahl fiel auf den Kardinalbischof Odo von Ostia, der als ehemaliger Prior von Cluny das Vermächtnis Gregors VII. zu wahren und den Kampf gegen den Kaiser fortzusetzen versprach. Urban II. erwies sich als Meister der Diplomatie, der die Ziele des Reformpapsttums nachhaltig, aber weniger schroff und verletzend als sein großes Vorbild Gregor VII. verfolgte.

Leichtes Spiel hatte der Cluniazenserpapst nicht, denn auch der kaiserliche Papst Wibert von Ravenna (Clemens III.) hatte vielfach Anerkennung gefunden, nicht nur bei den kaisertreuen Bischöfen Deutschlands und Oberitaliens, sondern auch in einigen anderen Ländern. Selbst Rom blieb zwischen den beiden Päpsten umstritten. Ein Ausgleich mit dem Kaiser wäre wohl nur möglich gewesen, wenn dieser seinen Papst fallengelassen hätte. Das war aber Heinrichs Art nicht, der zu Clemens III. stand, auch als Urban II. an Boden gewann. Sicher nicht nur aus Treue, sondern auch um seine Kaiserwürde nicht zu diskreditieren, die er aus der Hand des Gegenpapstes empfangen hatte. Zudem war auch Clemens III. ein Vertreter der Kirchenreformbewegung, die er aber nicht gegen, sondern mit dem Kaiser zu fördern suchte. Um die Position seines Papstes zu stärken und zugleich die welfisch-tuszische Allianz zu sprengen, brach Heinrich IV. im Frühjahr 1090 mit einem stattlichen Heer nach Italien auf.

Das italienische Abenteuer begann vielversprechend. Die Anfangserfolge des Kaisers stärkten die Position Wiberts, der sogar in Rom eine große Synode abhalten konnte. Der Kaiser eroberte Mantua, eine der Hauptbastionen der Markgräfin Mathilde. Auch einige ihrer Apenninburgen fielen. Die Markgräfin geriet in Bedrängnis, aber vor der festen Burg Canossa kam die kaiserliche Offensive zum Stehen. Die Niederlage von Canossa im Jahre 1092 wäre sicher zu verschmerzen gewesen, aber der Verrat des eigenen Sohnes, des Thronerben Konrad, brachte eine Wende. Der Vater hatte den Jüngling, der schon 1087 in Aachen zum König gekrönt worden war, nach Italien gerufen, um dort das reiche Erbe seiner Großmutter, der Markgräfin von Turin und Savoyen, in Besitz zu nehmen.

Unter dem Einfluß der Markgräfin Mathilde wechselte Konrad die Fronten und wandte sich vom Vater ab. Erzbischof Anselm von Mailand, der ebenfalls ins gregorianische Lager abgeschwenkt war, krönte ihn in Monza zum König von Italien. Fast gleichzeitig schlossen die vier lombardischen Städte Mailand, Lodi, Piacenza und Cremona für zwanzig Jahre ein Bündnis, gerichtet gegen den Kaiser. Dieser erste Städtebund in der Geschichte des Mittelalters dokumentierte die Stärke und das wachsende Selbstbewußtsein der oberitalienischen Kommunen, die in den folgenden Jahrhunderten eine ungeahnte geschichtliche Wirksamkeit entfalten sollten.

Für den Kaiser bahnte sich eine Katastrophe an. Von Feinden umgeben saß er in der Falle, gefangen in einem kleinen Gebiet zwischen Verona, Mantua und Padua, militärisch machtlos, politisch handlungsunfähig. Seine süddeutschen Gegner sperrten die Alpenpässe, so daß nicht einmal der Rückzug nach Deutschland gewagt werden konnte.

Papst Urban II. stand hingegen in jenen Tagen auf dem Gipfel seiner Macht. Auch in der Lombardei, dem Kerngebiet des Gegenpapstes, hatte er an Einfluß gewonnen. Die Reformsynode von Piacenza im März 1095 wurde zum Triumph des gregorianischen Papsttums. Die Simonie, der Verkauf kirchlicher Ämter, wurde erneut scharf verurteilt und alle Weihen, die Clemens III. erteilt hatte, für ungültig erklärt. Urban benutzte die Gelegenheit, um den Kaiser auch menschlich zu demütigen und als einen moralisch verworfenen Menschen zu brandmarken. Die Kaiserin Praxedis, die zweite Frau Heinrichs IV., erschien auf der Synode und erhob öffentlich schwere Anklagen gegen ihren Gemahl, der sie zu höchst unsittlichen Handlungen gezwungen habe.

Der Kaiser hatte die junge Russin, die Tochter des Großfürsten Wsewolod von Kiew und Witwe des Markgrafen Heinrich von der Nordmark, schon ein reichliches Jahr nach dem Tode der Kaiserin Berta geheiratet. Zweifel an ihrer ehelichen Treue hatten den Kaiser veranlaßt, sie in Verona wie eine Gefangene, nicht wie eine Kaiserin zu behandeln. Mathilde von Tuszien verhalf ihr zur Flucht, und die Gegner des Kaisers bedienten sich ihrer als eines willfährigen Werkzeugs zur moralischen Vernichtung des Kaisers.

Einen weiteren Triumph erlebte der Papst Urban II. im April 1095 in Cremona. Der Kaisersohn Konrad ging ihm entgegen und leistete ihm ehrerbietig den Stratordienst, indem er wie ein Reitknecht das Pferd des Papstes eine Strecke weit am Zügel führte. Außerdem schwor er dem Heiligen Vater einen Sicherheitseid, der Papst seinerseits stellte Konrad die Kaiserkrone in Aussicht, wenn er sich als treuer Sohn der Kirche erweisen und auf die Investitur der Bischöfe verzichten würde.[69] Urban hatte wiederum Gelegenheit, erfolgreich in Sachen Liebe und Ehe tätig zu werden. Er vermittelte die Vermählung des jungen Königs mit einer Tochter des Grafen Roger I. von Sizilien.

Der Kaiser schien besiegt. Urban II. setzte sich neue Ziele. Er zog nach Frankreich, um König Philipp I. zur Anerkennung der päpstlichen Zuchtgewalt zu zwingen, die in Frankreich weitverbreitete Laieninvestitur zu bekämpfen und die Reform der französischen Kirche voranzutreiben. Die Synode von Clermont im November des Jahres 1095 wurde zum Triumph der römischen Kirche. Ihr Höhepunkt war die Kreuzzugspredigt am 27. November, als der Papst vor einer sehr großen Menschenmenge auf freiem Felde die abendländische Christenheit aufrief, ihren bedrängten Glaubensbrüdern im Osten bewaffnet zu Hilfe zu eilen, den unaufhaltsamen Vormarsch der Seldschuken zu stoppen und Jerusalem zu befreien.

Der Kreuzzugsaufruf Urbans II. fand in Frankreich ein ungeheures Echo. Unter der Devise »Gott will es« nahmen Tausende das Kreuz. Ein allgemeiner Gottesfrieden und ein Kreuzzugsablaß wurden verkündet, die die Bereitschaft zum Kreuzzug noch erhöhten. Am 15. August 1096 sollten die Scharen zur Fahrt ins Heilige Land

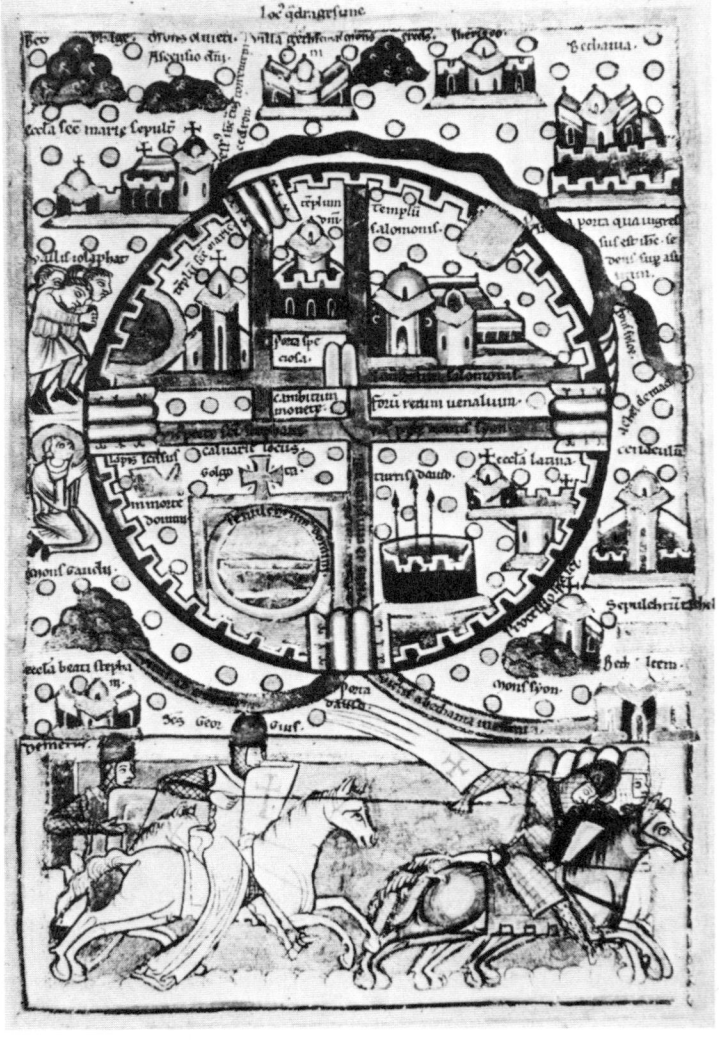

Die Erstürmung Jerusalems am 14. Juli 1099 war der blutige Höhepunkt des Ersten Kreuzzuges. Das Blatt, die Illustration einer Kreuzfahrerlegende (1170/80), bietet eine Karte von Palästina mit dem Stadtplan von Jerusalem. Der heilige Georg in der Tracht der Kreuzritter schlägt an der Spitze des christlichen Heeres die Araber in die Flucht.

aufbrechen. Das Papsttum hatte sich aus der Abhängigkeit vom Kaisertum befreit und war zur Vormacht in Europa geworden. Unter seiner Führung sollten die europäischen Völker nach Osten ziehen, die Ungläubigen besiegen, die heiligen Stätten befreien und die Einheit der Christenheit wiederherstellen.

Während der Papst seine erfolgreiche Frankreichreise unternahm, besserte sich die Lage des Kaisers ein wenig. Das Bündnis zwischen den Welfen und der Markgräfin Mathilde zerbrach. Der Welfenprinz verließ im Jahre 1095 seine Gemahlin. Die Hoffnung auf künftigen Reichtum durch die Mathildischen Güter reichte offenbar nicht aus, um den Altersunterschied zwischen den Ehegatten zu überbrücken. Welf IV. war nun zu einem Ausgleich mit dem Kaiser bereit. Nachdem Heinrich IV. dem Welfen den Besitz des Herzogtums Bayern zugesichert hatte, konnte er zu Pfingsten 1097 endlich nach Deutschland zurückkehren.

Kaiser Heinrich IV. mit seinen Söhnen Heinrich V. und Konrad von Italien. Darunter die Äbte Eberhard I., Ramwald und Rotpert von Sankt Emmeram zu Regensburg (Evangeliar Heinrichs IV. im Krakauer Domschatz).

Die Entsakralisierung des Königtums im Investiturstreit führt dazu, daß das Herrscherbildnis aus den liturgischen Büchern verschwindet. In dem um 1100 in Regensburg geschriebenen Evangeliar lebt die alte Tradition des liturgischen Herrscherbildes noch einmal auf. Vielleicht bedeutete die Darstellung des alten Kaisers zwischen seinen beiden gekrönten Söhnen den – freilich gescheiterten – Versuch, die Eintracht des Kaiserhauses wiederherzustellen.

Sieben Jahre hatte der Italienzug des Kaisers gedauert. Angesichts des auf das »persönliche Regiment« des Herrschers zugeschnittenen Regierungssystems bedeutete das eine empfindliche Schwächung der monarchischen Gewalt im Reich. Dennoch konnte der Kaiser seine Stellung wieder festigen. Zunächst galt es, das Problem der Thronfolge neu zu regeln. Auf dem Mainzer Reichstag im Mai 1098 ließ der Kaiser den treulosen Thronfolger Konrad durch ein Fürstengericht absetzen. An seine Stelle trat der jüngere Bruder Heinrich, der im folgenden Jahr zum König gekrönt wurde. Voll Mißtrauen gegen den eigenen Sohn ließ der Kaiser ihn heilige Eide schwören, sich nie gegen den Vater zu empören. Konrad beherrschte nach wie vor einen Teil Reichsitaliens, doch war der Idee eines eigenständigen, von einheimischen Kräften getragenen italienischen Königreiches keine Zukunft beschieden. Im Jahr 1101 ist Konrad in Florenz gestorben, ohne sich mit dem Vater versöhnt zu haben.[70]

Ein Kompromiß beendete den Kampf der Zähringer und Staufer um das Herzogtum Schwaben. Berthold II. verzichtete zugunsten des Staufers Friedrich I. auf die schwäbische Herzogswürde und wurde durch die Belehnung mit der Reichsvogtei Zürich entschädigt. Um keine Minderung seines Ranges hinnehmen zu müssen, empfing er ein auf die Burg Zähringen und seinen Familienbesitz bezogenes Titularherzogtum. Vergeblich blieben die Bemühungen des Kaisers um einen Ausgleich mit dem Reformpapsttum. Noch immer lastete der Bannfluch Gregors VII. auf dem Kaiser, eine schwere Hypothek für einen christlichen Herrscher, nicht nur politisch, sondern auch menschlich. Selbst der Tod der beiden Päpste im Abstand von etwas mehr als einem Jahr brachte keine Lösung.

Am 29. Juli 1099 starb Urban II., am 8. September 1100 Clemens III. Die Kardinäle der gregorianischen Partei wählten den Kardinalpriester Rainer von San Clemente zum Papst. Der neue Inhaber der Kathedra Petri, Paschalis II. (1099-1118), wie sein Vorgänger ein entschiedener Vertreter des päpstlichen Machtanspruchs, war zur Versöhnung mit dem Kaiser nicht bereit. Er behielt den harten Kurs bei und verhängte auf der römischen Fastensynode des Jahres 1102 sogar erneut den Bann über den Kaiser. Hingegen bemühte sich Heinrich IV., der an der Fortsetzung des Schismas durch die »Wibertisten«, die Anhänger des Gegenpapstes Clemens, keinen Anteil hatte, weiterhin um Versöhnung. Auf dem Reichstag zu Mainz 1103 vergab er allen seinen Feinden, verkündete einen vier Jahre geltenden Landfrieden für das ganze Reich und gelobte eine Kreuzfahrt nach Jerusalem, wenn ihn der Papst wieder in die Gemeinschaft der Gläubigen aufnähme. »Der Mainzer Reichsfrieden war der letzte Höhepunkt und Erfolg Heinrichs IV. in seiner bewegten Regierungszeit«.[71]

Am Ende des Jahres 1104 traf den Kaiser der letzte Schlag, die Rebellion des Sohnes. Dunkle Wolken waren wieder am politischen Horizont heraufgezogen. Noch immer schwelte der Konflikt mit Rom, noch immer war der Kaiser im Bann, noch immer hatte er die für die Monarchie so wichtige volle Verfügungsgewalt über die Reichskirche nicht zurückgewinnen können. Dazu kam, daß sich der Hochadel durch die Politik Heinrichs IV. in seinen Herrschaftsrechten bedroht fühlte und in einen scharfen Gegensatz zur Krone geriet. Der Kaiser bemühte sich, die hohe Gerichtsbarkeit schärfer zu handhaben und durch die Blutbannleihe die monarchische Gewalt zu stärken. Er förderte den wirtschaftlichen, sozialen und politischen Aufstieg des niederen Adels, aber auch des aufstrebenden Bürgertums. Mit seiner Friedenspolitik machte er sich geschickt zum Anwalt der Friedenssehnsucht vieler Menschen und trat als Schutzherr der Armen und Schwachen, der Bürger und Bauern dem kriegs- und fehdelustigen Adel entgegen. Nach den Pogromen, die 1096 in den Rheinlanden von den Kreuzfahrern verübt worden waren, setzte er sich für die Rechte der Juden ein, verfolgte diejenigen, die sich am Vermögen der Ermordeten bereichert hatten, gestattete den zwangsweise Getauften die Rückkehr zum Glauben ihrer Väter und riskierte einen schweren Konflikt mit dem Mainzer Erzbischof Ruthard.[72] Kein Wunder, daß der Thronfolger das Reich, sein Erbe und die Zukunft der Dynastie in Gefahr sah. Für die Anhänger des Kaisers war der junge König freilich nur der Verführte, das Opfer hinterhältiger Einflüsterungen.[73] Wie dem auch sei, seine Handlungsweise zeugte nicht gerade von edler Gesinnung.

Die gregorianisch gesinnten Kirchenfürsten unterstützten den rebellischen Kaisersohn, und auch die Mehrzahl der weltlichen Herren trat auf seine Seite. Paschalis II. löste die Eide, die Heinrich dem Vater geschworen hatte. Der Papst hoffte, in diesem Streit um die

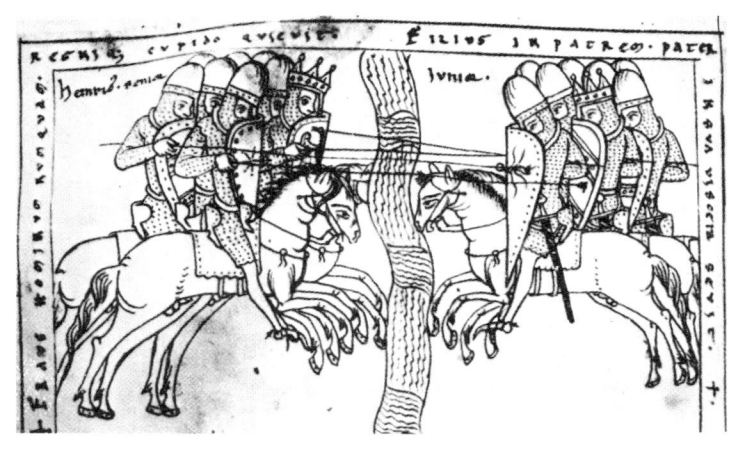

Die Heere des Kaisers und seines Sohnes treffen am Regen aufeinander. Miniatur in der Jenenser Handschrift der Weltchronik Ottos von Freising.

Krone die Rolle des Schiedsrichters übernehmen zu können, die einige Jahrzehnte zuvor Gregor VII. erstrebt, aber letztlich nicht erreicht hatte. Der Kaiser, enttäuscht und erbittert, war sogar zu einem Waffengang mit dem Sohn bereit, aber nun spielten auch die letzten Reichsfürsten, die noch zu ihm hielten, nicht mehr mit. Sie verließen ihn vor der Schlacht. Ein blutiger Bürgerkrieg war vermieden worden.

Auf einem Reichstag zu Mainz 1105 sollte der Streit um die Herrschaft im Reich entschieden werden, aber der Sohn wollte kein Risiko eingehen und schuf vollendete Tatsachen. Hinterlistig nahm er den Vater gefangen, hielt ihn auf der Burg Böckelheim in Haft, erpreßte durch rücksichtslose Behandlung die Auslieferung der Reichsinsignien und zwang ihn schließlich in Ingelheim vor den versammelten Reichsfürsten zum Verzicht auf den Thron.[74] Am 5. Januar 1106 empfing Heinrich V. in Mainz aus der Hand des Erzbischofs Ruthard die Reichsinsignien und nahm die Huldigung der deutschen Fürsten entgegen. Aber der Kaiser, gedemütigt und in Ingelheim in strenger Haft gehalten, gab nicht auf. Schon während des Kampfes mit Gregor VII. hatte Lampert von Hersfeld diesen Charakterzug Heinrichs IV. hervorgehoben:

Doch der König, als Herrscher geboren und aufgewachsen, bewies, wie es so hoher Abkunft, so hoher Ehren und Würden seines Geschlechtes geziemte, in allem Unglück stets königlichen Sinn und wollte lieber sterben als unterliegen. Es erschien ihm als Makel und unaustilgbare Schande, eine Beleidigung ungestraft hinzunehmen; dagegen hielt er es für höchste Ruhmeszier und etwas um den Preis des Lebens selbst zu Erstrebendes, nichts Widriges, das ihm zustieß, ungerächt zu lassen.[75]

Der Kaiser konnte fliehen. Er ging an den Niederrhein, wo er in Bischof Otbert von Lüttich einen treuen Gefolgsmann besaß. Er nahm den Kampf um seine Krone wieder auf. Leidenschaftliche Appelle richtete er an die deutschen Reichsfürsten, aber auch an Heinrich V., König Philipp von Frankreich und Abt Hugo von Cluny, verteidigte seine Haltung und beklagte sich über die Treulosigkeit des Sohnes und die unchristliche Rachsucht des Papstes.[76] Er warb um Verständnis und war zu Reue und Buße bereit, wenn dabei nur der »Honor imperii«, die »Ehre des Reiches«, gewahrt blieb. Er gewann zahlreiche Anhänger unter den lotharingischen Fürsten

Des Kaisers letzter Wunsch: Ein Grab im Speyerer Dom

Der Kaiser ist gezwungen, Zepter, Krone und Reichsapfel dem Sohn auszuliefern. Die Übergabe der Reichsinsignien bedeutete den Verzicht auf die Herrschaft. Federzeichnung in einer um 1130 entstandenen Handschrift der Weltchronik Ekkehards von Aura.

und unter den Bewohnern der rheinischen Städte. Lüttich und Köln waren seine Stützpunkte. Wieder drohte der Konflikt zum blutigen Bürgerkrieg zu werden. Ein Vorstoß Heinrichs V. an den Niederrhein war gerade kläglich gescheitert, als die Nachricht vom Tode des Kaisers eintraf. Heinrich IV. war am 7. August 1106 in Lüttich gestorben. Im Angesicht des Todes hatte er dem Sohn verziehen und befohlen, ihm als Versöhnungszeichen seinen Ring und sein Schwert zu überbringen. Er bat um Gnade für alle, die ihm, ihrem Kaiser, bis zur letzten Stunde die Treue gehalten hatten. Für sich selbst begehrte er ein Grab im Dom zu Speyer an der Seite seiner Ahnen.

4. Der »Königsmythos«

Zahlreich und vielseitig waren die Vorstellungen vom König, die der mittelalterliche Mensch hatte, er assoziierte Ideal- und Wunschbilder geradezu automatisch mit Herrschern der Vergangenheit und der Gegenwart, oft ohne Rücksicht darauf, ob der idealisierte König wirklich gerecht, friedliebend oder tapfer gewesen war.[77]

František Graus

Heinrich IV. war gescheitert. Vom eigenen Sohn verraten, von den Fürsten verlassen, vom Papst aus der Gemeinschaft der Gläubigen ausgeschlossen, hatte ihn am 7. August 1106 in Lüttich der Tod ereilt. Sein großer Gegner Gregor VII. war zwei Jahrzehnte zuvor im Exil gestorben, der Kaiser starb auf der Flucht. Seine lange Regierungszeit war von Kriegen und Krisen erfüllt, unter denen das Volk schwer gelitten hatte, aber die tragische Gestalt des Herrschers, der besiegt und verraten, gebannt und gedemütigt worden war, ließ den Glauben der Menschen aus dem Volke an ihren Herrscher als den Schutzherrn von Frieden und Recht besonders hell emporflammen. Gerade in der Krise der Monarchie bewährte sich der »Königsmythos«, die fast mystische Zuneigung des Volkes zu seinem legitimen König.

Der Papst hatte den König seiner uralten, in der »Königstheologie« fest verankerten sakralen Würde beraubt und zu einer Waffe gegriffen, die noch nie zuvor gegen einen König eingesetzt worden war, den Kirchenbann. Aber diese Entsakralisierung des Königtums stieß offensichtlich auf Ablehnung im Volk.

Bischof Benzo von Alba, ein wortgewaltiger und leidenschaftlicher Parteigänger des Königs, verlieh sicher einer populären Stimmung Ausdruck, wenn er im Angriff des Papstes auf den König einen schweren Verstoß gegen die göttliche Weltordnung sah, gegen den sich selbst die Natur vehement aufbäumte: Der Bannstrahl gegen den König, den Gregor VII. geschleudert hatte, öffnet die Pforten der Hölle, Land und Meer erzittern. Für die Menschen gibt es keine Sicherheit, keine Zuflucht mehr, wenn der König, in dessen Händen das Recht ruht, in den Bann getan wird. Benzo von Alba griff Motive der auch im Volke verbreiteten prophetischen Endreicherwartung auf und sah in Heinrich IV. den heilbringenden Kaiser der Endzeit. Gemäß den sibyllinischen Prophezeiungen wird er alle seine Feinde besiegen und die Krone aus der Hand Gottes in Empfang nehmen. Der Gegner des Königs wird dementsprechend zu einem Vorläufer des Antichrist.[78] Das Ringen zwischen Kaisertum und Papsttum gewann eschatologische Dimensionen.

Mit dem Bannstrahl gegen den König war die Lösung des Treueides verbunden. Das Vorgehen des Papstes stürzte viele Menschen in schwere seelische Konflikte, denn der Eid war im Mittelalter ein wesentliches Element des menschlichen Gemeinschaftslebens. Jeder Zweifel an seiner Unverbrüchlichkeit lockerte die Fundamente der gesellschaftlichen Ordnung. So ist gewiß der gewaltige

Die Miniatur aus einer Rechtshandschrift wirkt fast wie eine Illustration zum Kölner Aufstand von 1074; Erzbischof Anno von Köln hatte aus der Stadt flüchten müssen und kehrte mit einem großen Heer zurück. Seine Truppen erobern die von den Bürgern verteidigte Stadt.

Eindruck zu verstehen, den der Tod des Gegenkönigs Rudolf von Rheinfelden auf das Volk machte. Verlor er doch im Kampf mit Heinrich IV. die rechte Hand, die Hand, mit der er einst dem legitimen Herrscher die Treue geschworen hatte. Der Verlust der Schwurhand, der zum Tode des Gegenkönigs führte, wurde als ein Gottesurteil aufgefaßt. Der Verfasser der Vita Heinrichs, der dieses Geschehen triumphierend und zugleich warnend berichtet, folgte mit dieser Sicht der Dinge ohne Zweifel volkstümlichen Denk- und Verhaltensmustern.[79]

Während dem Herrscher unter den weltlichen und geistlichen Großen des Reiches immer wieder gefährliche Gegner erwachsen waren, hatte er Rückhalt und Unterstützung bei den einfachen Schichten des Volkes gefunden. Nicht nur die ritterlichen Reichsdienstmannen hatten auf seiner Seite gekämpft, sondern auch fränkische und schwäbische Bauern hatten sich von ihm zu den Waffen rufen lassen. Vor allem aber waren es die Bewohner der aufstrebenden mittel- und niederrheinischen Städte, auf deren Hilfe er zählen konnte. Die Bürgerschaft von Speyer, Worms, Mainz und Köln hatte sich auf seine Seite geschlagen und gegen ihre bischöflichen Stadtherren Front gemacht. Vorübergehend schien es so, als könne sich die Monarchie durch eine Allianz mit dem Bürgertum neue Kraftquellen erschließen.

Natürlich gab es für die Bürger handfeste politische Interessen, die sie an der Seite des Königs zu verwirklichen hofften, aber es scheint, als habe es sich bei dieser Hinwendung zu dem bedrängten Herrscher nicht lediglich um rationales politisches Kalkül gehandelt. Offensichtlich schwang dabei auch der Glaube an den legitimen Herrscher als den Schutzherrn des Volkes mit. So war das Volk auch über den Verrat des Sohnes und über die Gefangennahme des Kaisers empört. Der Chronist Ekkehard von Aura, der auf der Seite Heinrichs V. stand, berichtet davon: »Die Torheit des gemeinen Volkes aber verbreitete überall das falsche Gerücht, der Vater sei mit

List vom Sohn gefangengenommen und in Gewahrsam gebracht worden«.[80] Aus Furcht vor einem Volksaufstand verhinderten die Fürsten dann 1106 des Auftreten des Kaisers auf dem Reichstag zu Mainz, »da die Menge mehr der Partei des Vaters als der des Sohnes zuneigte«.[81]

Überraschend deutlich kam der volkstümliche Glaube an die segenstiftende Kraft des Königs beim Tode Heinrichs IV. zum Ausdruck. Der königstreue Biograph Heinrichs IV. eröffnet sein Werk mit einer wortgewaltigen Totenklage, gipfelnd in der Schilderung der Trauer des einfachen Volkes um den Herrscher:

Die Fürsten trauerten, das einfache Volk wehklagte, überall hörte man Seufzen, überall Klagen, überall die Stimmen der Trauernden. Zur Totenfeier strömten Witwen und Waisen und die Armen des ganzen Landes herbei: sie weinten, weil sie den Vater verloren haben, ihre Tränen fließen über seinen Leichnam, und sie küssen seine freigebigen Hände.[82]

Gewiß sind das formelhafte Wendungen, die man nicht ernst zu nehmen hätte, wenn nicht aus anderen Quellen zu erkennen wäre, daß der Tod Heinrichs IV. wirklich bei vielen Menschen Trauer und Bestürzung ausgelöst hat. Eindrucksvoll ist die Schilderung, die Sigebert von Gembloux von den Vorgängen nach dem Tode des Königs in Lüttich gibt.[83] Der König war zunächst in der Lütticher Domkirche beigesetzt worden, mußte aber dann in eine ungeweihte Bergkapelle vor den Toren der Stadt gebracht werden, weil auf ihm noch der Bannfluch lastete. Ein unbekannter Mönch aus Jerusalem sang dort Tag und Nacht Psalmen an der Bahre des toten Königs. Heinrich V. wollte die Leiche seines Vaters nach Speyer überführen lassen, aber als seine Gesandten den Toten wieder nach Lüttich brachten, um von dort aus nach Speyer weiterzuziehen, stießen sie auf den Widerstand der Bevölkerung. Das Volk, das in der Stadt zusammenströmte, ließ den toten König wieder in die Domkirche bringen. Während die Domherren sich weigerten, Gottesdienste abzuhalten und sich deshalb vor der wütenden Menge verbergen mußten, lasen arme Priester nächtliche Totenmessen. Ein faszinierendes Bild: Die Domherren verstecken sich, einfache Priester sprechen die Totengebete, und eine bewaffnete Schar aus dem Volke schützt mit entblößten Schwertern den Leichnam des Königs.

Das Volk glaubte mit einer erstaunlichen Inbrunst an den Segen, der von dem eigentlich glücklosen König ausgeht: schon das Berühren der Bahre bringt Segen. Die Erde vom Grabe des Königs wird über die Felder gestreut und in den Häusern verteilt, um diese zu segnen. Das Saatkorn, das auf der Bahre gelegen hat, soll reichere Frucht tragen.

Was dem Chronisten als Aberglaube des einfachen Volkes erscheint, ist nichts anderes als ein uralter Glaube an das dem König innewohnende »Königsheil«, das nicht zuletzt in einem magischen Fruchtbarkeitszauber zum Ausdruck kommt. Ein archaischer Königsglaube breiter Schichten lebte offenbar unter der Decke der christlichen Vorstellung vom König weiter und kam in dem Augenblick zum Vorschein, als die christlich-sakramentale Herrscherlegitimation in Frage gestellt wurde. Das geschah, als die Kirche das Königtum mit allen Mitteln bekämpfte und selbst dem toten König die ihm gebührende Ehre verweigerte. Das Volk ergriff für den König Partei.[84] Die schillernde, von Leidenschaften beherrschte und noch im Scheitern Mitgefühl erweckende Persönlichkeit Heinrichs IV. erregte die Phantasie des Volkes. In seiner Gestalt bündelten sich alle Elemente des Königsmythos, des im Volk fest verwurzelten Glaubens an den guten und gerechten Herrscher.

Für das Volk war der König der Garant und Repräsentant einer gottgegebenen und daher gerechten gesellschaftlichen Ordnung. Man erwartete, daß der König einem vorgegebenen traditionellen Verhaltenskodex entsprach. Seine Verpflichtung zur Wahrung des Rechtes ließ ihn als eine über den Klassen stehende neutrale Instanz erscheinen. Aber die Neutralität sollte keinesfalls eine nur passive Haltung in Konfliktsituationen bedeuten, sondern ein aktives Eintreten für die Rechte der Schwächeren und Unterdrückten. Und weil verfassungsrechtliche Sicherungen für die Ausübung der königlichen Gewalt nur unzureichend entwickelt waren, kam den persönlichen Qualitäten des Herrschers größtes Gewicht zu. Die Hoffnung auf Frieden und Gerechtigkeit, auf Wohlstand und Fruchtbarkeit, auf reiche Ernten und glückliches Gedeihen von Mensch und Tier wurde mit seiner Person verknüpft. Das Volk umgab den König mit einem Mythos, der auch durch negative Erfahrungen nie völlig zu zerstören war.

Die Könige waren bestrebt, dieser Rolle wenigstens hin und wieder in demonstrativer Form gerecht zu werden. Sie suchten dabei offensichtlich alle Schichten zu erreichen, ein Beleg dafür, daß das Volk für einen mittelalterlichen Herrscher ein Faktor war, mit dem man unter Umständen zu rechnen hatte. Die Behauptung, das Volk habe keine Geschichte und sei eine quantité négligeable, führt also in die Irre. Gewiß lag die tatsächliche Macht in den Händen des Königs, des Adels und der Kirche, aber das Volk im Sinne breiter Schichten der Bevölkerung war durchaus keine Größe, die man außer acht lassen konnte.

Im späteren Mittelalter fand der volkstümliche Glaube an den König als eine für Frieden und Freiheit, Recht und Ordnung notwendige Kraft seinen Ausdruck mehr und mehr in Prophetie und Sage. Der Erwartungshorizont verlagerte sich vom Gegenwärtigen ins Zukünftige. Die Hoffnungen, die die Herrscher der eigenen Zeit nicht mehr erfüllten, wurden in »das kommende Reich des Friedens«[85] übertragen. Der »Königsmythos« wurde zur »Königssage« und »Kaiserprophetie« gesteigert und erhöht.

Je ferner in der Wirklichkeit Kaiser und König dem Volke wurden, desto lebendiger wurden sie in Märchen und Sagen, in Prophetie und Zukunftsvisionen. Die Hoffnung auf den guten und gerechten König wurzelte erstaunlich tief im Volke, vor allem unter den Bauern. Sie spielte noch in den Bauernaufständen des Spätmittelalters und der beginnenden Neuzeit eine nicht unwesentliche Rolle.

IV. Das Ende einer Epoche: Heinrich V. 1106–1125 und das Wormser Konkordat

Überhaupt geschieht es in der Weltgeschichte nie,
daß gewisse Ideen bis zu ihrer äußersten
Konsequenz die Herrschaft erlangen: alles frühere
historische Leben müßte sonst zerstört werden und
eine neue Welt beginnen.[1]

Leopold von Ranke

Der Tod Heinrichs IV. bedeutete nicht mehr als eine Atempause im Ringen zwischen der gregorianischen Papstkirche und dem römisch-deutschen Kaisertum. Der Kaiser war gescheitert, aber er hatte die Rechte des Reiches bis zuletzt verteidigt. »Während seines Lebens wollte er nicht auf die Besetzung der Bistümer verzichten, noch auf irgendein Recht am Reiche«. Mit diesen Worten charakterisiert ein dem Kaiser feindlich gesonnener sächsischer Chronist das politische Wirken Heinrichs IV.[2] Auch das Reformpapsttum war dem Gesetz, unter dem es angetreten war, treu geblieben. Es hatte seine religiösen Ziele immer klarer formuliert und seine kirchenrechtliche und machtpolitische Stellung gefestigt. Der Kampf um die rechte Ordnung in der Welt zwischen Kaiser und Papst erschütterte das Reich nun schon seit Jahrzehnten. Das Reich war zerrissen; in Deutschland, aber auch in Italien tobte ein unerbittlicher Kampf zwischen den Gregorianern und ihren königstreuen Gegnern. Sollte das immer so weitergehen? Gab es keine Hoffnung auf Frieden? Konnten Kaiser und Papst, die doch beide ihren Platz in der göttlichen Weltordnung hatten, einander nicht wenigstens respektieren? Wurde die Zeit nicht reif für einen Ausgleich?

Der Kompromiß sollte kommen, das Wormser Konkordat des Jahres 1122, doch der Weg dahin mußte erst mühsam erkundet werden. Die Kontrahenten waren auch noch nicht bereit, ihn ehrlichen Herzens zu beschreiten. Noch hoffte jeder von ihnen, den Sieg an seine Fahnen heften zu können. Schien nicht die gelungene Rebellion des Thronfolgers gegen den Kaiser die Durchsetzung des päpstlichen Hegemonialanspruches in greifbare Nähe zu rücken? Wagte es doch der unter gregorianischer Flagge angetretene Heinrich V. nicht einmal, den letzten Wunsch seines Vaters zu erfüllen und ihn an der Seite seiner Ahnen im Kaiserdom zu Speyer zur letzten Ruhe zu betten. In einer noch nicht geweihten Seitenkapelle des Domes ließ er den toten, noch immer mit dem päpstlichen Bannfluch belegten Kaiser aufbahren. Da der neue König auch sonst Frömmigkeit, Reformeifer und Ergebenheit gegenüber dem Papst demonstrativ und wirkungsvoll zur Schau stellte, schien der Sieg des Reformpapsttums sicher.

Paschalis II., ein nicht eben mit den Umtrieben der Welt vertrauter Mönchspapst, sah nicht sogleich, daß Heinrich V. ein Meister der

Kaiserbildnis in einer aus Süddeutschland stammenden Handschrift (Anfang 12. Jahrhundert). Der Kaiser, vermutlich Heinrich V., hält die Heilige Lanze in seiner Rechten.

Verstellung war, der seine wahren Absichten hinter propagandistisch überzeugenden Aktionen zu verbergen wußte. Die Periode des Abtastens und der Unsicherheit war nur kurz; dann klärten sich wieder die Fronten. Der König zeigte sich den Zielen der Kirchenreform gegenüber aufgeschlossen, vermied jeden Anschein der Simonie, bevorzugte bei der Besetzung der Bistümer die Anhänger der Kirchenreform, hielt aber am Recht des Königs auf die uneingeschränkte Verfügungsgewalt über die Reichskirche fest. Auch Persönlichkeiten mit einer streng kirchlichen Gesinnung wie die Erzbischöfe Konrad von Salzburg und Adalgoz von Magdeburg und Bischof Reinhard von Halberstadt empfingen ihre Würde aus der

Hand des Königs, der ihnen Ring und Stab überreichte. Der deutsche Episkopat sammelte sich wieder um den König, der als Repräsentant des deutschen Hochadels zur Macht gelangt war.

Währenddessen hatte Papst Paschalis wegen innerstädtischer Parteikämpfe Rom verlassen und war nach Frankreich gereist. Das Land, der päpstlichen Sache heftig zugeneigt und noch immer von den Nachwehen der Kreuzzugseuphorie durchzittert, wurde zur neuen Operationsbasis gegen Heinrich V. Der Papst, überall ehrfurchtsvoll empfangen, besuchte die Abtei Cluny, den glänzenden Bischofssitz Chartres, das Königskloster Saint Denis bei Paris und andere wichtige Orte. Die Beziehungen zum französischen Königtum gestalteten sich günstig. Den höchst unmoralischen Lebenswandel des französischen Königs Philipp nahm der Heilige Vater, einen Zweifrontenkrieg scheuend, vorsorglich nicht zur Kenntnis. Er brauchte Rückendeckung gegen das Reich.

Im Mai 1107 empfing Paschalis in Châlons-sur-Marne eine hochrangige deutsche Gesandtschaft, geführt von Erzbischof Bruno von Trier und Herzog Welf IV. von Bayern. Anmaßend und kriegerisch traten die Gesandten auf, namentlich der Bayernherzog, ein gewaltiger Herr, der sich immer und überall sein Schwert vorantragen ließ. Der Berichterstatter, ein Augenzeuge, der Mönch Suger von Saint Denis, machte aus seiner Abneigung gegen die Deutschen keinen Hehl; nur Bruno von Trier, ein eleganter und höflicher, eloquenter und gebildeter Mann mit guten Umgangsformen und im Französischen perfekt, fand Gnade in den Augen der Franzosen.[3]

Der Prälat erwies sich als vollendeter Diplomat; konziliant in der Form, doch hart in der Sache trat er für die Rechte seines Herrn ein. Der König sei bereit, so lautete die Botschaft, die kanonische Wahl

Erzbischof Bruno von Trier (1101–1124).
Der in majestätischer Haltung auf dem Thron sitzende Erzbischof zeigt das gesteigerte Selbstbewußtsein des zu fürstlicher Stellung emporgestiegenen Reichsepiskopats.

der Bischöfe und Reichsäbte zuzugestehen und auf jede Form der Simonie zu verzichten, wenn jeweils zuvor seine Zustimmung zur Wahl eingeholt würde. Auf die Verleihung der Regalien, der weltlichen Güter der Kirche, durch die Übergabe von Ring und Stab und auf die Leistung von Treueid und Mannschaft könne der König freilich nicht verzichten, denn das sei altes und unverzichtbares Reichsrecht. Wenn der Papst dies respektiere, würden zum Ruhm Gottes Frieden und Eintracht zwischen Reich und Kirche wieder einkehren.

Natürlich lehnte der Papst ab. In seinem Namen antwortete Bischof Aldo von Piacenza: Die Kirche, durch das kostbare Blut des Herrn erlöst und befreit, dürfe nicht wieder zur Magd erniedrigt werden. Wenn kein Prälat ohne Zustimmung des Königs gewählt werden dürfe, befände sich die Kirche im Zustand der Sklaverei. Ring und Stab seien geistliche Symbole. Die Leistung von Mannschaft und Treueid wurde mit dem Hinweis abgelehnt, die durch Christi Leib und Blut geheiligten Hände eines Geistlichen dürften nicht in die vom Schwertblut geröteten Hände eines Laien gelegt werden.

Diese Antwort, maßvoll und zurückhaltend, Würde und Heiligkeit des geistlichen Amtes betonend, erregte dennoch den wilden Zorn der deutschen Herren. »Deutsches Ungestüm« brach sich Bahn. Nicht hier, auf französischem Boden, sondern in Rom würde das Schwert diesen Streit entscheiden.[4] Die Drohung verfehlte ihre Wirkung nicht. Der Papst schickte eilends Gesandte an den Reichskanzler Adalbert, den einflußreichsten Ratgeber Heinrichs V. Aber die Gegensätze waren noch zu tief. Deshalb erneuerte der Papst auf der Synode zu Troyes das Verbot der Laieninvestitur, bedrohte alle, die sich an solch frevelhaftem Tun beteiligen würden, mit dem Kirchenbann, dispensierte mehrere deutsche Bischöfe von ihrem Amt und lud den König seinerseits nach Rom. Auf einem allgemeinen Konzil sollte der Streit zwischen Reich und Kirche entschieden werden.[5]

Auch Heinrich V. hatte Rom im Visier. Nicht als reuiger Sünder wollte er die Ewige Stadt betreten, um sich demütig der Entscheidung der Konzilsväter zu beugen, sondern an der Spitze seines Heeres, um sich die Kaiserkrone zu holen. Mit dem Heiligen Vater würde er dann schon ins reine kommen. Doch drei Jahre sollte es noch dauern, bis auf dem Reichstag zu Regensburg im Februar 1110 der Romzug beschlossen werden konnte.

Am Epiphaniasfest hielt Heinrich zu Regensburg einen Hoftag mit den Fürsten und eröffnete ihnen seinen Entschluß, in die jenseits der Alpen gelegenen Gebiete zu ziehen, um vom Papst in der Stadt Rom, dem Haupt der Welt, die Kaiserwürde zu empfangen und die weiten Provinzen Italiens in die Gemeinschaft mit dem deutschen Königreich in brüderlichem Frieden nach altem Recht und Gesetz wiedereinzufügen, und außerdem seine Bereitwilligkeit gegenüber dem Willen des apostolischen Vaters in allen Dingen, die die Verteidigung der Kirche betreffen, zu zeigen.[6]

Die deutschen Fürsten standen hinter ihrem König und verpflichteten sich durch einen Treueid zur Teilnahme. Englisches Gold tat ein übriges, um die Kampfeslust der deutschen Ritterschaft zu steigern. Heinrich V. verlobte sich zu Ostern 1110 in Utrecht mit der erst achtjährigen Prinzessin Mathilde, der Tochter des englischen

Königs Heinrich I. Die junge Braut, von Erzbischof Friedrich von Köln schon zur Königin gekrönt, wurde von Erzbischof Bruno von Trier in Obhut genommen. Die reiche Mitgift, mindestens 10 000 Mark Silbers, stand dem König schon zur Verfügung. Der Allianz zwischen Frankreich und der Kurie begegnete der deutsche König mit einer Verbindung zum Königreich der Anglo-Normannen. Ein neues System internationaler Beziehungen zeichnete sich in ersten Umrissen ab.

Heinrich V. sammelte ein riesiges Heer, wahrscheinlich das größte, das in der deutschen Kaiserzeit jemals den Weg nach Süden angetreten hat. Nicht weniger als 30 000 Ritter soll es gezählt haben.[7] In zwei gewaltigen Heersäulen überschritt man die Alpen; die eine unter dem Befehl des Königs überwand den Großen Sankt Bernhard, die andere benutzte die Brennerroute. In der Poebene bei Pavia, auf den Ronkalischen Feldern, hielt der König Heerschau.[8] Noch viel später wußten Kriegsveteranen Wunderdinge über die Größe des Heerlagers zu berichten:

Als sie dort in der italienischen Ebene lagerten, entzündete jeder Ritter des Nachts vor seinem Zelt eine Fackel. Das geschah zur Schaustellung weltlichen Ruhms, und es braucht nicht erst gesagt werden, welch überwältigenden Eindruck dies bei dem gewaltigen Umfang des Lagers auf die Bewohner des Landes machte.[9]

In der Lombardei regte sich kaum Widerstand. Schwierigkeiten gab es erst beim reichlich spät im Jahr in Angriff genommenen Zug durch den Apennin:

Der folgende Winter bedrängte den König sehr hart. Er überwand den Monte Bardone unter höchster Anstrengung seines Heeres und unter beklagenswerten Verlusten an Material und Pferden; denn unaufhörlich prasselten dem dortigen Klima entsprechend unermeßliche Regengüsse auf sie herab. Sieben Wochen lang erduldeten sie dies und gelangten endlich ziemlich mitgenommen kurz vor Weihnachten nach Florenz.[10]

Auch dies geht auf einen Augenzeugenbericht zurück, denn Heinrich V. hatte auf seinen Zug sogar einen offiziellen »Kriegsberichterstatter« mitgenommen, den Würzburger Domscholaster und königlichen Hofkaplan David, einen Iroschotten.

Dieser schrieb auf Befehl des Königs den Ablauf und die Taten dieser Heerfahrt in drei Büchern in einem so einfachen Stil nieder, daß er sich kaum von der Umgangssprache unterschied; so trug er auch für die Laien unter den Lesern Sorge und für andere weniger gebildete Leute, damit deren Verstand dies begreifen könne.[11]

Papst Paschalis geriet in Bedrängnis. Auf der Lateransynode im März 1110 war das Verbot der Laieninvestitur noch einmal in aller Schärfe wiederholt worden. Als Tempelräuber sei jeder Laie zu verurteilen, der auf diese Weise über das Gut der Kirche zu verfügen wage, und jeder Geistliche, der die Investitur aus der Hand eines Laien entgegennähme, verfalle der Exkommunikation. Aber unaufhaltsam rückte der deutsche König heran, um vom Papst nicht nur die Kaiserkrone, sondern auch das alte Königsrecht der Investitur zu fordern. Markgräfin Mathilde von Tuszien, die treueste Kampfgefährtin der Päpste, wagte es nicht, dem König Widerstand zu leisten. Seine Gesandten begegneten der großen Frau, die ihrem Lande den Frieden erhalten wollte, mit Ehrerbietung und machten es ihr leicht, wohlwollende Neutralität zu bewahren. Paschalis hatte sich im

Sommer 1110 erneut um normannische Hilfe bemüht, aber innere Wirren lähmten die außenpolitische und militärische Handlungsfähigkeit seiner Verbündeten. Auf die römische Aristokratie und das Volk von Rom, die der König durch schmeichlerische Propaganda für sich zu gewinnen suchte, war ohnehin nie Verlaß. Vor einer Flucht zu den Normannen war Paschalis durch das tragische Ende Gregors VII. gewarnt. Und drohte der Kirche dann nicht ein neues Schisma? Einmal in Rom, würde Heinrich V. gewiß nicht zögern, von willfährigen Kardinälen einen Gegenpapst wählen zu lassen.

Paschalis, ohnehin keine sehr kämpferische Natur, entschloß sich, das Verhandlungsangebot des Königs anzunehmen. Gesandtschaften gingen hin und her, aber der prinzipielle Gegensatz blieb bestehen. Da zerhieb der Papst kühn den gordischen Knoten und schlug eine fundamentalistische Lösung vor. Widersprach es nicht den göttlichen Geboten, daß die Priester so tief in die Geschäfte und Händel dieser Welt verstrickt waren? Waren die Diener des Altars nicht zu Dienern des Staates geworden? Kümmerten sich im Reich die Bischöfe und Äbte nicht mehr um die weltliche Verwaltung ihrer Güter als um ihr geistliches Amt? Zogen sie nicht sogar in den Krieg? Waren Mord und Brand, Raub und Kirchenschändung nicht unvermeidliche Begleitumstände dieses Tuns? War es nicht hohe Zeit, daß die Kirche ihre religiöse Aufgabe wieder ernst nahm und auf ihre weltliche Macht verzichtete?

Paschalis, selbst aus dem Kloster hervorgegangen, besann sich auf das monastisch-asketische Armutsideal. Konnte dessen Verwirklichung der Kirche nicht die wahre Freiheit bringen? Der Papst, der Repräsentant der Hochkirche, nahm Gedanken der franziskanischen Armutsbewegung, ja der Reformation vorweg. Sein Angebot an den König beruhte auf diesen Überlegungen. Es war fast revolutionär. Wenn der König uneingeschränkt und für alle Zeiten auf die Investitur der Reichsbischöfe und -äbte mit Ring und Stab und auf die Entgegennahme ihres Treueides verzichtete, sollten die Kirchenfürsten alle Besitzungen und Herrschaftsrechte, die nachweislich vom Reich herrührten, dem König zurückgeben. Damit wäre der Rechtsgrund für die Investitur der kirchlichen Würdenträger durch den Inhaber der weltlichen Herrschaft und ihrer Verpflichtung zum Reichsdienst entfallen. Die Kirchen sollten sich mit Spenden und den Gütern begnügen, die sie von anderen empfangen hatten.[12]

Ganz konsequent im Sinne einer von weltlichen Sorgen freien christlichen Kirche waren die Vorschläge des Papstes freilich nicht, denn der Kirchenstaat, das Patrimonium Petri, sollte nicht angetastet werden. So weltfremd war Paschalis nicht, daß er die Machtbasis des Apostolischen Stuhles aufs Spiel gesetzt hätte. Dem König mochte der Vorschlag des Papstes zwar überraschend gekommen sein, ungelegen kam er ihm sicher nicht, auch wenn er seinen utopischen Charakter nicht verkannt haben wird. Zwar hätte der Verzicht der Prälaten auf die Regalien die »Liquidierung des ottonisch-salischen Reichskirchensystems« und damit unzweifelhaft einen Erfolg des Reformpapsttums bedeutet, zugleich aber die materielle und rechtliche Basis des Königtums gestärkt.[13] Besitz- und Herrschaftsrechte von gewaltigen Ausmaßen wären an das Reich zurückgefallen und hätten dem König unmittelbar zur Verfügung gestanden.

Der Herrscher wäre in die Lage versetzt worden, mit Hilfe des ehemaligen Kirchengutes neue Reichsvogteien aufzubauen und ihre Verwaltung zuverlässigen Reichsministerialen anzuvertrauen.

Für Heinrich V. eröffnete sich die Aussicht, durch eine offensive Territorialpolitik die Stellung der Monarchie zu stärken und ein Gegengewicht gegen das Machtstreben der Fürsten zu schaffen. Der König war gewillt, diese Chance zu nutzen, aber er rechnete mit Schwierigkeiten und Widerständen. Deshalb sicherte er sich durch den Vorbehalt ab, die Abmachungen sollten nur »in Einklang mit dem Willen der ganzen Kirche und der Zustimmung der Fürsten des Reiches« Rechtskraft erlangen.[14] Würde allein die Idee einer reinen, nur ihrem religiösen Auftrag verpflichteten Kirche ausreichen, um die in Jahrhunderten gewachsenen Strukturen zu verändern?

Am 11. Februar 1111 erreichte das deutsche Heer Rom und schlug sein Lager auf dem Monte Mario auf. Am nächsten Tag, einem Sonntag, hielt der König seinen feierlichen Einzug in Rom, vom Papst, der Geistlichkeit und dem Volk höchst ehrenvoll empfangen. Nach Verlesung und Ratifizierung der Verträge sollte die Kaiserkrönung in Sankt Peter vollzogen werden. Die beiden hohen Herren hatten sicher mit Murren und Unwillen gerechnet, nicht aber mit dem Sturm der Entrüstung, der sich während der Verlesung der päpstlichen Zugeständnisse in der Peterskirche erhob. Bischöfe und Äbte waren schockiert. Sie sahen in dem päpstlichen Vorschlag nichts anderes als einen großangelegten Kirchenraub, einen Angriff auf die Grundlagen ihres reichsfürstlichen Ranges. Was blieb ihnen an wirklicher Macht, wenn sie alle Grafschaften, Reichsvogteien, Reichsburgen und Zentgrafschaften dem König zurückgaben, wenn sie die Herrschaft über ihre Bischofsstädte verloren und auf die Einkünfte aus Münz-, Markt- und Zollrechten verzichteten?

Auch die weltlichen Herren erkannten plötzlich das Zweischneidige des Vertrages. Viele von ihnen fürchteten den Verlust der Güter und Rechte, die sie bisher von der Kirche zu Lehen trugen, und sahen das Gespenst einer absoluten Monarchie heraufziehen.[15] Der feierliche Rahmen zerbrach. Wortgefechte und Tumulte in Sankt Peter folgten, blutige Kämpfe vor der Kirche und in den Straßen Roms. An die Kaiserkrönung war nicht zu denken.

Die Eskalation ließ nicht lange auf sich warten. Der Papst und sein Gefolge, mehrere Kardinäle und zahlreiche vornehme Römer wurden auf Befehl des Königs in Gewahrsam genommen. Die Römer, wie immer leidenschaftlich und leicht erregbar, griffen unter Führung des Kardinalbischofs Johannes von Tuskulum zu den Waffen. Nach schweren und verlustreichen Kämpfen in den Gassen der Leostadt und auf der Engelsbrücke zogen sich die Deutschen mit ihren Gefangenen aus Rom zurück.

Der Papst wurde mit Respekt behandelt, aber er war der Gefangene des Königs. Normannische Hilfe war weniger denn je zu erwarten, die Römer fürchteten einen Angriff des in der Nähe ihrer Stadt lagernden königlichen Heeres, die Fürsten in der Umgebung Heinrichs V. bedrängten den Papst, und selbst die Gefahr eines neuen Schismas drohte, denn der fast vergessene Gegenpapst Silvester IV. hatte sich im Lager des Königs eingefunden. Zum Märtyrer war Paschalis II. nicht geboren, und so willigte er schließlich nach zwei Monaten Haft um des Friedens willen in die vom König diktierten

Der Vertrag von Ponte Mammolo – ein Schandvertrag

Papst Paschalis II. überreicht Heinrich V. während der Kaiserkrönung die Reichsinsignien. Miniatur in der Weltchronik Ekkehards von Aura (1113/14).

Bedingungen ein. Am Ponte Mammolo, der Brücke über den Anio bei Tivoli, wurde am 11. April 1111 der Vertrag geschlossen.

Der König verpflichtete sich, alle Gefangenen freizulassen, der Stadt Rom Frieden zu gewähren, die Besitzungen der römischen Kirche zu schützen, die Würde des Papstes zu achten und ihm den schuldigen Gehorsam zu erweisen, soweit dies mit der Ehre des Reiches und des Kaisertums zu vereinbaren sei. Der Papst erklärte sich damit einverstanden, daß ein mit Zustimmung des Königs ohne Simonie gewählter Bischof oder Abt noch vor der Weihe vom Herrscher mit Ring und Stab investiert werde. Ein von Klerus und Volk ohne Zustimmung des Königs gewählter Bischof oder Abt solle von niemandem die Weihe empfangen. Außerdem verpflichtete sich Paschalis, Heinrich V. zum Kaiser zu krönen, sich für die erlittene Haft nicht zu rächen und über seinen Vertragspartner niemals den Kirchenbann zu verhängen.[16] Schon am 13. April wurde Heinrich V. in der Peterskirche zum Kaiser gekrönt, feierlich und mit großer Pracht, wie es der Brauch war, aber ohne Beteiligung des römischen Volkes. Die Tore der Stadt blieben auch dem Kaiser verschlossen.

Heinrich V. sah sich am Ziel. Er hatte den Papst in die Knie gezwungen und aus seiner Hand die Kaiserkrone empfangen. Die

Bischofswahlen waren an seine Zustimmung geknüpft, sein Investiturrecht verbrieft, die Reichskirche wieder an das Königtum gebunden. Durch das Schicksal seines Vaters gewarnt, hatte er Paschalis die stärkste Waffe des Papstes, den Kirchenbann, aus der Hand geschlagen. Die Eintracht zwischen Reich und Kirche schien wiederhergestellt. »Während so Christus aus seinem heiligen Himmel auf die Erde herabsah, begannen überall christliche Frömmigkeit und Religion, ebenso aber auch glückliches Gedeihen« und Fülle der Feldfrüchte und überall neue Freude zu erwachen«, heißt es in der Kaiserchronik eines anonymen Geschichtsschreibers.[17]

Heinrich V. glaubte, den Kampf seines Vaters zu Ende gekämpft und gesiegt zu haben. Aber noch immer stand der Sarkophag Heinrichs IV. an ungeweihter Stätte. Die Zeit war reif für eine Versöhnung des Sohnes mit dem toten Vater.

Kaiser Heinrich rief im August zahlreiche Bischöfe und Äbte und auch nicht wenige Fürsten in Speyer zusammen. Mit ihrer Zustimmung und Mitwirkung feierte er den Todestag seines Vaters mit großer Pracht. Die fünf Jahre lang verweigerte kirchliche Gemeinschaft im Begräbnis und im Gebet wurde ihm nun kraft päpstlicher Autorität von den gleichen Priestern gewährt, die schon in Rom vor dem Papst seine Bußfertigkeit bezeugt hatten und dies auch jetzt taten. Und mit einer Totenfeier, wie sie erhabener noch nie einem Kaiser zuteil geworden war, wurde er im Kaiserchor des Domes neben seinen Ahnen zur letzten Ruhe gebettet.[18]

Die Bürger der Stadt Speyer, seit den Tagen Heinrichs IV. in der Treue zum salischen Kaiserhaus bewährt, wurden für würdig befunden, die Erinnerung an den Kaiser für alle Ewigkeit wachzuhalten. Am 7. August, dem Todestag Heinrichs IV., sollten sie – brennende Kerzen in den Händen – in den Dom ziehen und dort die Vigilien und die Totenmesse feiern. Dafür empfingen sie kaiserliche Privilegien, die sie von unbilligen Abgaben und demütigenden Einschränkungen ihrer persönlichen Würde befreiten.[19]

Der Frieden zwischen Kaiser und Papst währte nicht lange. Es zeigte sich bald: Der Papst war nicht die Kirche. Paschalis war nach seiner Freilassung in Rom mit Jubel begrüßt worden, aber schon nach wenigen Wochen geriet er ins Kreuzfeuer der Kritik der strengen Gregorianer. Das Investiturverbot war zur Kardinalfrage geworden, und man warf dem Heiligen Vater Verrat an der Sache der Reformbewegung vor. Paschalis wehrte sich zunächst, dachte dann zeitweilig an Rücktritt, wich Schritt für Schritt zurück, bis zum kaum mehr verklausulierten Widerruf. So mußte der Papst erleben, daß das von ihm dem Kaiser erteilte Privileg schon auf der Lateransynode des Jahres 1112 als »Praviläg«, als »Schandvertrag«, verurteilt wurde. Die Führung im kirchenpolitischen Kampf gegen den Kaiser entglitt dem Papst. Persönlichkeiten großen Formats rissen sie an sich, die Kardinalbischöfe Johannes von Tuskulum und Leo von Ostia, der Kardinallegat Kuno von Palestrina und Erzbischof Guido von Vienne. Nicht wie Paschalis durch einen heiligen Eid gebunden, schleuderten sie wieder und wieder den Bannstrahl gegen den Kaiser.

Die Waffe des Kirchenbannes hatte sich freilich abgenutzt. Der Kaiser hätte die Angriffe der Gregorianer wohl abwehren können, zumal der Papst, ängstlich seines Eides eingedenk, nur mit halbem

Der herrische Kaiser kennt keine Gnade

Die Benediktinerabtei Paulinzella in Thüringen wurde zu Beginn des 12. Jahrhunderts von Paulina, einer Tochter des Reichsministerialen Moricho, als Doppelkloster für Männer und Frauen gegründet. Unter dem Gründerabt Gerung (1107–1120), der aus Hirsau gekommen war, wurde mit dem Bau der Kirche begonnen, der erst unter Abt Udalrich (1124–1154/63) vollendet wurde.

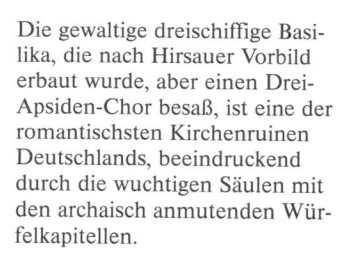

Die gewaltige dreischiffige Basilika, die nach Hirsauer Vorbild erbaut wurde, aber einen Drei-Apsiden-Chor besaß, ist eine der romantischsten Kirchenruinen Deutschlands, beeindruckend durch die wuchtigen Säulen mit den archaisch anmutenden Würfelkapitellen.

Herzen dabei war. Doch in Deutschland regte sich erneut Widerstand gegen das autokratischer werdende Regiment des Kaisers. Lothar von Supplinburg, von Heinrich V. selbst mit dem Herzogtum Sachsen belehnt, wurde zum Führer einer neuen sächsischen Oppositionsbewegung. Zwar scheiterte seine Rebellion 1112, aber noch im gleichen Jahr gab es Unruhen in Thüringen, als der Kaiser nach dem Tode des letzten Grafen von Weimar dessen Reichslehen und Allodialgüter in seinen Besitz brachte. Pfalzgraf Siegfried bei Rhein erhob erbrechtliche Ansprüche. Er fand Unterstützung bei einer Gruppe sächsischer Fürsten, geführt von Lothar von Supplinburg, Rudolf von Stade, Bischof Reinhard von Halberstadt, Graf Ludwig dem Springer und Wiprecht II. von Groitzsch.

Als sich auch noch der zum Erzbischof von Mainz erhobene Kanzler Adalbert, der Vertraute des Kaisers, der Empörung anschloß, griff Heinrich V. hart durch. Er nahm den Erzbischof gefangen und ließ durch seinen Feldhauptmann Hoyer von Mansfeld einen wahren »Vernichtungsfeldzug« gegen die Rebellen füh-

Paulinzella:
Atrium und Hauptportal. Das Portal, das älteste Stufenportal Deutschlands, erinnert an das Westportal der Abteikirche in Cluny.

ren.[20] Pfalzgraf Siegfried starb am 9. März 1113 an seinen Wunden, Wiprecht von Groitzsch geriet in Gefangenschaft, wurde zum Tode verurteilt und erst gegen Verzicht auf seine Güter begnadigt. Ludwig der Springer mußte dem Kaiser die Wartburg abtreten, damals noch nicht die prachtvolle Residenz späterer Jahre, sondern als wehrhafte Bastion der Schlüssel zur Thüringer Pforte. Der Kaiser griff, wo er konnte, nach den Burgen seiner Gegner: Er hatte erkannt, daß sie über ihren militärischen Wert hinaus mehr und mehr zum Gerüst der im Werden begriffenen Territorialfürstentümer wurden.

Nachdem der Kaiser auch im Westen des Reiches seine Gegner niedergeworfen hatte, feierte er am 7. Januar 1114 in Mainz Hochzeit mit der gerade zwölfjährigen Mathilde von England. Es war ein prächtiges Fest. Fünf Erzbischöfe, dreißig Bischöfe, zahlreiche Äbte, fünf Herzöge, viele Grafen und edle Herren mit ihrem Gefolge sorgten für einen festlichen Rahmen. Nicht alle waren aus eigenem Antrieb gekommen. Lothar von Supplinburg warf sich im Büßergewand dem Kaiser zu Füßen und wurde begnadigt; Graf

Ludwig der Springer hingegen fand keine Gnade, sondern wurde verhaftet. Der Kaiser, stolz, kalt und herrisch, demütigte seine Feinde, wo er konnte. Freunde schuf er sich nicht, sondern verbreitete bewußt Furcht und Schrecken. Das wußte man noch viel später:

Noch während der Hochzeitsfeier warf sich ihm Herzog Lothar von Sachsen barfuß, mit einem groben Mantel bekleidet, vor aller Augen zu Füßen und ergab sich ihm auf Gnade und Ungnade. Denn bis zu dieser Zeit beherrschte alle Fürsten des Reiches solche Fucht vor ihm, daß keiner sich zu empören wagte. Wer es trotzdem wagte, wurde nur unter schwerer Einbuße wieder zu Gnaden angenommen oder verlor gar sein Leben.[21]

Der Preis war allerdings hoch. Das Standesgefühl der Aristokratie empörte sich gegen diese Demütigungen. Die Wogen schlugen hoch. Rebellionen im Westen und Osten, am Niederrhein, in Sachsen und Thüringen waren die Folge. Der päpstliche Legat Kuno von Palestrina schürte das Feuer. Am 11. Februar 1115 kam es am Welfesholz in der Nähe von Mansfeld zur entscheidenden Schlacht zwischen den Truppen des Kaisers und den Aufgeboten der sächsischen Fürsten, befehligt von Lothar von Supplinburg und Wiprecht von Groitzsch. Tollkühn wie immer stürzte sich der Feldhauptmann des Kaisers, Graf Hoyer von Mansfeld, in den Kampf. Seine brennende Ruhmsucht bezahlte er mit dem Leben.[22] Das kaiserliche Heer erlitt eine blutige Niederlage. Bald rankten sich Sagen und Legenden um die gewaltige Schlacht am Welfesholz und um den Tod des großen kaiserlichen Feldherrn.

Heinrich V. und seine Gemahlin Mathilde von England beim Hochzeitsmahl in Mainz. Miniatur in der Weltchronik Ekkehards von Aura (1113/14). Die Handschrift, die heute im Corpus Christi College in Cambridge aufgewahrt wird, hat die Kaiserin Mathilde wahrscheinlich mitgenommen, als sie nach dem Tode ihres Gemahls nach England zurückkehrte.

Die Sache des Kaisers stand schlecht. Nicht nur die Schlacht, auch seinen besten Feldherrn hatte er verloren. Hoyer von Mansfeld war nicht zu ersetzen. Nur noch wenige Fürsten hielten zum Kaiser, und selbst die sonst kaisertreuen Mainzer Bürger empörten sich und zwangen ihn, Erzbischof Adalbert von Mainz freizulassen.[23] Der Kaiser verlor in Deutschland den Boden unter den Füßen. Da eröffnete sich ihm in Italien eine neue Chance: Markgräfin Mathilde von Tuszien war am 24. Juli 1115 gestorben. Gelang es dem Kaiser, ihre riesigen Besitzungen und Herrschaftsrechte, ihre Burgen und Städte in seine Hand zu bringen, so gewann er eine transalpine Machtbasis und konnte den Kampf mit den deutschen Fürsten mit mehr Aussicht auf Erfolg fortsetzen. Zugleich bot sich ihm die Möglichkeit, als Herr der Lombardei und der Toskana wieder Druck auf den Papst auszuüben und die gefährliche päpstlich-fürstliche Allianz zu sprengen.

Der Kaiser trat die Flucht nach vorn an. Im Frühjahr 1116 brach er zu einem zweiten Italienzug auf, nicht an der Spitze eines Heeres, aber umgeben von einem recht stattlichen Hofstaat. Mathilde begleitete seinen Zug, denn Heinrich V. hoffte wohl, daß auch sie nach der angestrebten Einigung mit dem Papst die Kaiserkrone empfangen würde. Mehrere Bischöfe und Äbte mit ihrem Gefolge begleiteten das Herrscherpaar. Ohne Widerstand konnte der Kaiser das Mathildische Erbe in Besitz nehmen und die Stellung des Reiches in Ober- und Mittelitalien stärken. An ein Übereinkommen mit dem Papst war jedoch nicht zu denken. Die Fronten hatten sich noch weiter verhärtet.

Auf der Lateransynode im März 1116 war das Verbot der Laieninvestitur wiederholt und verschärft worden. Vor allem aber hatte Paschalis, von den kompromißlosen Reformern unter Führung des Kardinallegaten Kuno von Palestrina geschickt in die Enge getrieben und aus taktischen Gründen sogar der Ketzerei verdächtigt, das Investiturprivileg von Ponte Mammolo förmlich widerrufen und den von Kuno von Palestrina und Guido von Vienne über den Kaiser verhängten Kirchenbann kraft apostolischer Autorität sanktionieren müssen. Die Extremisten der gregorianischen Partei hatten sich auf der ganzen Linie durchgesetzt. Auch der vom Kaiser als Vermittler eingeschaltete Abt Pontius von Cluny (1109–1122) hatte den endgültigen Bruch zwischen Paschalis und Heinrich V. nicht verhindern können, zumal sich der stolze Cluniazenser in einen nicht eben von monastischer Demut zeugenden Rangstreit um das Prädikat »Abt der Äbte« mit dem Benediktinerabt Gerhard von Monte Cassino verstrickt hatte.

Das Laterankonzil war kaum beendet, als in Rom erneut innerstädtische Wirren ausbrachen. Die Kämpfe zwischen den Adelsgeschlechtern der Pierleoni und Frangipani, den Grafen von Tuskulum und dem emporsteigenden Geschlecht der Colonna erschütterten die Stadt. Paschalis setzte auf die falsche Karte und mußte fliehen. Der Kaiser hielt Anfang 1117 seinen Einzug in die Ewige Stadt, wo er Ostern und Pfingsten feierte. Da die Krönung Mathildes von den papsttreuen Kardinälen verweigert wurde, nahm sie der spanische Erzbischof Mauritius von Braga vor, der sich seit einigen Jahren an der Kurie aufhielt. Paschalis antwortete auf diesen Akt mit der Exkommunikation des Erzbischofs. Der Kaiser verließ Rom wieder zu Beginn des Sommers 1117, aber erst Anfang Januar des nächsten Jahres konnte der Papst zurückkehren. Schon am 21. Januar 1118 ereilte ihn der Tod. Für die Stadt Rom und ihre Kirchen hatte er einiges getan, aber zur wirkungsvollen Leitung der Gesamtkirche fehlten ihm die in einer so schwierigen Zeit erforderlichen Führungsqualitäten.

Schon drei Tage nach dem Tod des Papstes hatten sich die Kardinäle auf die Wahl eines Nachfolgers geeinigt und den bisherigen päpstlichen Kanzler Johannes von Gaeta gewählt, der sich als Papst Gelasius II. (1118–1119) nannte. Er war wohl der profilierteste Vertreter einer zwar streng kirchlich gesinnten, aber doch mehr auf einen Kompromiß mit dem Kaiser hinwirkenden Partei an der römischen Kurie. Dafür war die Stunde aber noch nicht gekommen. Wirren in Rom, die wenig diplomatischen Aktionen Heinrichs V., die noch immer unübersichtlichen politischen und militärischen Machtverhältnisse im Reich und die nach wie vor aufgeheizte religiöse Atmosphäre boten wenig Aussicht auf den Anbruch friedlicherer Zeiten. Die für mittelalterliche Begriffe ungewöhnlich lange Amtszeit Paschalis' II. war unter Turbulenzen zu Ende gegangen, und von Turbulenzen erschüttert wurde nun auch das kurze Pontifikat seines Nachfolgers Gelasius II. Heinrich V. hoffte auf ein Entgegenkommen, zumal Gelasius in Rom selbst in den Frangipani mächtige Feinde hatte. Als der Kaiser jedoch überraschend in Rom auftauchte – schon am 2. März und nicht wie angekündigt erst zur Feier des Osterfestes – erinnerte sich der neue Papst an das Schicksal seines Vorgängers, der im Jahr 1111 in die Gewalt des skrupellosen Saliers geraten und zum Abschluß des Vertrages von Ponte Mammolo gezwungen worden war.

Dieses Risiko wollte Gelasius keinesfalls eingehen. Deshalb floh er noch vor der Weihe und der feierlichen Inthronisation auf abenteuerliche und beschwerliche Weise zu Schiff in seine Heimatstadt Gaeta. Der Kaiser lud ihn zur Rückkehr ein, damit er in Sankt Peter der Sitte gemäß inthronisiert werden könne, forderte jedoch die Anerkennung der Rechtsgültigkeit des Vertrages von Ponte Mammolo. Mit der Drohung, andernfalls einen Gegenpast wählen zu lassen, schüttete er zugleich Öl ins Feuer. Natürlich lehnte Gelasius ab. Er schlug vor, den Streit um das Investiturrecht auf einem allgemeinen Konzil in Mailand oder Cremona, im Machtbereich des Kaisers also, aber fern der stadtrömischen Adelskämpfe, durch ein rechtmäßiges Urteil der Konzilsväter entscheiden zu lassen.

Das war ein faires Angebot, aber der Kaiser, Herr der Ewigen Stadt, unterstützt und getrieben von einer Adelsfraktion unter Führung der Frangipani, wollte mehr. Schon am 8. März, noch bevor Gelasius in Gaeta die päpstlichen Weihen empfing, ließ er Mauritius von Braga vom römischen Volk zum Papst wählen und inthronisieren. Der kaiserliche Papst, dem der Spottname »Burdinus« (»spanischer Esel«) anhaftete, nannte sich Gregor (VIII.).

Eine Entscheidung zugunsten seines Papstes konnte der Kaiser freilich nicht herbeiführen, denn Gelasius begab sich nach Capua unter den Schutz der Normannen. Durch die Wahl eines Gegenpapstes gereizt, verhängte er am Palmsonntag des Jahres 1118 feierlich den Bann über den Kaiser. Mit Hilfe des Normannenfürsten Robert von Capua hoffte er, Rom zurückzuerobern. Die normannischen

...ein gewohntes Bild

Expeditionen schlugen jedoch fehl. Erst im Sommer konnte Gelasius nach Rom zurückkehren, nicht als Sieger, sondern noch immer in Furcht vor den Anhängern des Kaisers. Der Gegenpapst behauptete sich in Trastevere, der Leostadt. Das Schisma gehörte nun schon seit einem halben Jahrhundert zum gewohnten Bild des Papsttums. Aber daß die Kontrahenten beide in Rom saßen und der eine in San Paolo fuori le Mura, der andere in Sankt Peter die Messe zelebrierte, war doch seltsam genug.

Zwar zog sich Gregor VIII. bald ins feste Sutri zurück, doch auch Gelasius hatte angesichts der Feindschaft der mächtigen Frangipani einen schweren Stand. Seiner Freiheit und seines Lebens nicht sicher, floh er im September 1118 aus Rom, den Sitz der Apostel ver-

Westfassade des Domes zu Pisa.

Die Prämonstratenser lebten nach einer Regel, die auf den Kirchenvater Augustinus (354–430) zurückgeführt wurde. Die um 1140 entstandene Miniatur zeigt den heiligen Augustinus, wie er Norbert von Xanten die Augustinerregel überreicht.

bittert mit Ägypten, Sodom und Babylon vergleichend. In Pisa weihte er am 26. September den prächtigen Dom dieser aufblühenden Seestadt. Dann schiffte er sich nach Genua ein und fuhr von dort aus weiter nach Marseille. Sein Ziel war Frankreich, das mehr und mehr zur Hauptbastion der gregorianischen Papstkirche geworden war. Er bereiste Burgund und Frankreich, überall ehrenvoll empfangen. Doch seine Kräfte gingen zu Ende. Nachdem er noch eine Synode in Vienne abgehalten hatte, zog er sich in die Abtei Cluny zurück, wo er am 29. Januar 1119 starb.

Fast unbemerkt hatte Gelasius II. auf seiner Frankreichreise etwas Zukunftsträchtiges ins Werk gesetzt. In Saint Gilles war der Xantener Domherr Norbert, der als leidenschaftlicher Wanderprediger das Land durchzog, vor dem Papst erschienen. Mit päpstlicher Erlaubnis durfte Norbert von Xanten seine von anderen kirchlichen Kreisen mit Mißtrauen beobachtete Predigttätigkeit fortsetzen. Gelasius II. öffnete mit dieser Entscheidung den Weg zur Gründung eines Chorherrnstiftes im Tal von Prémontré bei Laon, der Wiege des neuen Ordens der Prämonstratenser. Unter Leitung seines Stifters Norbert von Xanten, der zum Erzbischof von Magdeburg aufstieg (1126–1134), sollte der Orden eine wichtige Rolle bei der Christianisierung und der wirtschaftlich-kulturellen Entwicklung der slawischen Länder östlich von Elbe und Saale spielen.

Der Kaiser hatte die Alpen wieder überschritten und war nach Deutschland zurückgekehrt. Vor seinem Aufbruch zum zweiten Italienzug hatte er den schwäbischen Herzog Friedrich von Staufen, dessen Bruder Konrad und den rheinischen Pfalzgrafen Gottfried

Das Stift Unser Lieben Frauen zu Magdeburg. Kreuzgang und Westwerk.
Durch die Erhebung Norberts von Xanten zum Erzbischof von Magdeburg wurden die Prämonstratenser zum einflußreichsten Orden im Erzbistum Magdeburg. Die Domkapitel in Brandenburg und Havelberg wurden mit Prämonstratensern besetzt. Norbert übergab das von Erzbischof Gero von Magdeburg um 1015 gegründete Augustiner-Chorherrnstift Unser Lieben Frauen dem Prämonstratenserorden. Zu den zahlreichen Tochterklöstern des Magdeburger Liebfrauenstifts gehört auch das von dem berühmten Theologen Anselm von Havelberg 1144 gegründete Prämonstratenserstift Jerichow.

als Statthalter in Deutschland eingesetzt. Sie hielten treu zum Kaiser und suchten die Rechte der Monarchie tatkräftig zu wahren, aber mehr als Achtungserfolge errangen sie nicht. Das Scheitern der Verhandlungen zwischen Kaiser und Papst hatte verheerende Folgen für Deutschland:

Dadurch wurde das Deutsche Reich wieder gespalten, das ein Jahrzehnt oder ein wenig mehr Ruhe gehabt hatte. Und weil der König abwesend war, tat jeder nicht das, was recht war, sondern was ihm gefiel. Zuerst hielten die beiden Parteien wieder Zusammenkünfte ab, dann begannen sie, die Felder der anderen zu verwüsten und die Bauern zu berauben. Vor allem im Bistum Würzburg breitete sich diese Pest durch Konrad, den Bruder des Herzogs Friedrich, aus. Dadurch traten überall massenhaft Räuber auf; sie nahmen weder auf Zeiten noch auf Personen, wie man zu sagen pflegt, Rücksicht, sondern raubten und stahlen, verübten Überfälle und Mordtaten und ließen ihren Opfern nicht das Geringste mehr übrig. Es würde zu weit führen, die Machenschaften des Bischofs von Mainz gegen die Anhänger des Königs und deren listenreiche Unternehmungen gegen ihn aufzuzählen, die Aufstände nicht weniger Bürger zu beschreiben oder zu berichten, wie einige Städte wegen dieser Pestilenz ihrer Bischöfe beraubt waren, wie Befestigungen an ungewohnten Plätzen errichtet, viele Burgen wechselseitig zerstört und ganze Landstriche durch Plünderung und Brandstiftung verwüstet wurden, wie sich die Ritterschaft beider Seiten gegenseitig bekämpfte und ums Leben brachte, wie die Armen und die Fremden bedrückt und gefangengenommen wurden und wie barbarisch Christen gegen Christen verfuhren. Denn weder der Gottesfrieden noch andere durch Eide beschworene Verträge wurden gehalten. Alle Menschen jeglichen Standes und Alters, mit Ausnahme der Menschen fürstlichen Standes, denen beinahe nichts blieb als das elende Leben, wüteten nämlich in dieser Zeit in tierischer Wut gegeneinander. Weil überall die Felder verwüstet, die Dörfer entvölkert und einige Städte und Landstriche fast in Einöden verwandelt waren, fehlte den Priestern der tägliche Unterhalt, so daß in einigen Kirchen der Gottesdienst gänzlich zum Erliegen kam. Und, o ausgegossener Kelch des göttlichen Zornes! Selbst Fulda, das reichste, berühmteste und hervorragendste Kloster Deutschlands, litt äußersten Mangel an den notwendigsten Lebensmitteln.[24]

Über all das hinaus, was sich die Menschen gegenseitig antaten, schüttete Gott nach Meinung des Volkes die Schale seines Zornes über sie aus. Ein heftiges Erdbeben erschütterte Deutschland und Italien, Stürme brachen aus heiterem Himmel hervor. Von Norden zogen Feuerwolken heran und versetzten die Menschen in Furcht und Schrecken. Trotz dieser schlimmen Geschehnisse und mahnenden Vorzeichen hielten die Deutschen, ein unbelehrbares Volk, an ihrem »furor Teutonicus«, ihrer »deutschen Raserei«, mit größter Halsstarrigkeit fest.[25] Die Rückkehr des Kaisers nach Deutschland führte zwar zum Abflauen der Kämpfe und festigte die Stellung der Monarchie, brachte aber nur vorübergehend eine wirkliche Entspannung.

Im Frühjahr 1121 drohte eine neue, höchst gefährliche Eskalation. Der Kaiser suchte eine Entscheidung. Die feste Stadt Mainz, das Bollwerk des Erzbischofs Adalbert, war Ziel eines kaiserlichen Großangriffs. Der Erzbischof führte ein starkes sächsisches Heer heran, um dem Angriff zu begegnen. Eine Schlacht schien unvermeidbar, als in beiden Heeren die Fürsten die Initiative ergriffen und einen Waffenstillstand erzwangen. Eine Verhandlungskommission aus vierundzwanzig Fürsten, je zwölf aus jedem Lager, vermittelte einen Vorvertrag, der auf einem Reichstag endgültig formuliert und abgeschlossen werden sollte. Der »Friedenskongreß« fand im September 1121 in Würzburg statt. Das Sagen hatten die Fürsten. Nicht kaiserliche Autorität entschied, sondern das Urteil der Fürsten. Recht und Frieden sollten dem Reich zurückgegeben werden. Der Chronist Ekkehard von Aura berichtet:

Ein fester und für alle geltender Frieden wurde gesetzlich verankert, Friedensbruch mit dem Tode bedroht. Regalien und Königsgut wurden dem Reich, Kirchengut den Kirchen, Eigentum den Enteigneten, Erbgut den Erben zugestanden. Jede Person und jeder Stand sollte sein angestammtes Recht genießen. Einmütig wurde beschlossen und beschworen, Räuber und Diebe gemäß kaiserlicher Verfügung zu verfolgen und nach alten Gesetzen zu bestrafen.[26]

Den Investiturstreit, »die Saat Satans«, aus der Unheil im Reich erwachsen war, konnten die deutschen Fürsten in Würzburg natürlich nicht aus eigener Machtvollkommenheit beilegen. Der Kaiser, so forderten sie, solle dem Papst den schuldigen Gehorsam erweisen. Andererseits aber waren die Fürsten gewillt, Ehre und Rechte des Reiches der Kurie gegenüber zu wahren. Auf einem vom Papst berufenen allgemeinen Konzil solle, so lautete ihr Vorschlag, durch das Urteil des Heiligen Geistes entschieden werden, was durch menschliches Urteil nicht entschieden werden könne.[27]

Über Kriterien der Urteilsfindung hatten die Theoretiker längst nachgedacht. Der Kampf zwischen Kaiser und Papst hatte sich an der prinzipiellen Frage nach dem rechten Verhältnis von weltlicher und geistlicher Gewalt auf Erden entzündet, war aber mehr und mehr zu einer Auseinandersetzung über Sachfragen geworden. Das Verbot der Simonie und die Forderung nach der Einhaltung des Priesterzölibats waren kaum noch strittig, wohl aber das Verbot der Laieninvestitur, der Vergabe kirchlicher Würden durch weltliche Herren. Vor allem die Könige, nicht nur die deutschen, sondern auch die englischen und französischen, besaßen von alters her das Recht, die hohen geistlichen Würdenträger durch die Überreichung von Ring und Stab in ihr Amt einzusetzen und sich von ihnen den Treueid schwören zu lassen. Die Frage der Investitur wurde zur Kardinalfrage und führte schließlich dazu, daß der ursprünglich viel komplexere Konflikt unter dem Namen »Investiturstreit« in die Geschichte einging.

Die Sache selbst war wichtig genug. Solange der König das Recht besaß, die Erzbischöfe und Bischöfe, die Reichsäbte und Reichsäbtissinnen einzusetzen, konnte von der wahren Freiheit der Kirche, der »Libertas Ecclesiae«, noch keine Rede sein. Die Zeremonie der Investitur mit ihren symbolträchtigen Formalakten wie Überreichung von Bischofsring und Krummstab, Vollzug des Handganges und Leistung des Treueides zeigte deutlich, daß die geistlichen Würdenträger ihre Amtsgewalt nicht vom Papst, sondern vom weltlichen Herrscher in Empfang nahmen. Schockierend für die Gregorianer waren nicht zuletzt die Investitursymbole Ring und Stab. Der Ring symbolisierte die mystische Ehe Christi mit seiner Braut, der Kirche, und ebenso die unlösliche Verbindung des Bischofs mit seinem Bistum. Der Krummstab war das Symbol der Seelsorge, der vornehmsten religiösen Pflicht des Bischofs, der wie ein guter Hirte für die ihm anvertraute Herde sorgen sollte.

Das konnte so nicht länger geduldet werden, doch konnte der König nicht ohne weiteres auf seinen Einfluß bei der Einsetzung der Bischöfe und Reichsäbte verzichten. Gerade in Deutschland waren umfangreiche Besitzungen und wichtige Herrschaftsrechte in die Hand der Kirche gekommen. Auf den Verpflichtungen und Leistungen der Kirchenfürsten für Kaiser und Reich beruhte nicht zuletzt die Macht der Monarchie und ihre Stellung in der Welt. Der König konnte die Herrschaft über die Reichskirche nicht ohne Schaden für das Reich aus der Hand geben.

Die Reduzierung des Konflikts auf das Investiturproblem bot die Chance zu seiner Lösung. Über die Jahrhunderte hinweg hatten die Bischöfe geistliches Amt und weltliche Macht in ihrer Hand vereinigt. Sie hatten die Einheit von Reich und Kirche in ihrer Person sichtbar gemacht: Reichsdienst war Gottesdienst, Gottesdienst auch Dienst am Reich. Aber war das Bischofsamt wirklich eine unauflösliche Einheit? Gab es nicht doch Unterschiede zwischen den religiösen und den weltlichen Funktionen eines Bischofs oder eines Abtes? Der Aufschwung der kirchlichen Wissenschaft, der scholastischen Theologie, brachte auch in dieser Frage neue Erkenntnisse und theoretische Fortschritte, die sich auch in der praktischen Politik bewähren sollten. Der scharfsinnige und hochgelehrte Bischof Ivo von Chartres, ein hervorragender Kenner des Kirchenrechts, trennte die Spiritualien, die Rechte und Pflichten des geistlichen Amtes, von den Temporalien, den irdischen Besitz- und Herrschaftsrechten. Er war nicht der erste, der diese logische Unterscheidung lehrte, aber da seine Autorität auf dem Felde der Kanonistik unangefochten war, wirkten seine Gedanken weiter als die seiner Vorgänger. So darf man in Ivo von Chartres den geistigen Vater des Wormser Konkordats sehen.

Einen Investiturstreit hatte es auch in Frankreich gegeben. Die Trennung von Spiritualien und Temporalien ermöglichte hier ziemlich rasch die Beilegung des Konflikts. Er war in Frankreich auch nie mit der für das Reich charakteristischen Unerbittlichkeit geführt worden, da die Herrschaft über die Kirche für den französischen Herrscher weit weniger wichtig war als für den deutschen. Zwar hatte Urban II. noch 1095 auf der Synode von Clermont die Laieninvestitur verdammt und den Geistlichen die Lehnshuldigung und die Leistung des Treueides verboten, es aber vermieden, dem französischen König gegenüber die Investiturproblematik hochzuspielen. Nachdem König Philipp I. von Frankreich auf die Verwendung der anstößigen Investitursymbole Ring und Stab verzichtet hatte, duldete der Papst stillschweigend eine als vorläufig angesehene Kompromißlösung. Der König verlieh den Bischöfen weiterhin die Temporalien und empfing von ihnen den Treueid.

Eine ähnlich pragmatische Lösung wurde auch im normannisch-angelsächsischen Königreich gefunden. Wilhelm der Eroberer und seine Nachfolger hatten die englische Kirche fest im Griff. Erst der reformfreudige, theologisch hochgebildete Erzbischof Anselm von Canterbury machte gegen die rigide normannische Form der Kirchenherrschaft Front, unterstützt von Urban II. und Paschalis II.

Nachdem der Erzbischof zweimal in die Verbannung gegangen war, kam es mit Zustimmung des Papstes zu einer Einigung mit König Heinrich I. von England. Der König verzichtete auf die Investitur mit Ring und Stab, behielt de facto die Kontrolle über die Wahlen und durfte von Bischöfen und Äbten Handgang und Treueid fordern. Im »Londoner Konkordat« wurde die Kompromißformel im August 1107 auf einer Reichsversammlung der geistlichen und weltlichen Großen gebilligt.

In Deutschland waren die Gedanken Ivos von Chartres nicht unbekannt geblieben, und am Kaiserhof wußte man wohl auch vom Inhalt des Londoner Konkordats. Die kaiserlichen Gesandten, die sich 1109 auf den Weg nach Rom zu Verhandlungen mit Paschalis II. machten, dürften ein Memorandum, den »Traktat über die Investitur der Bischöfe«, in ihrem Diplomatengepäck gehabt haben.[28] Der Verfasser, wahrscheinlich der Lütticher Domherr Sigebert von Gembloux, unterschied in Anlehnung an Ivo von Chartres zwischen den Spiritualien und den Temporalien, die er wegen ihrer Herkunft vom Königtum als Regalien bezeichnetete. Die Investitur sei eine althergebrachte Gewohnheit, auf die der Herrscher wegen der weltlichen Güter und Rechte der Kirchen nicht verzichten könne. Wegen der Regalien müßten die Bischöfe dem König auch Handgang und Treueid leisten. Überdies sichere die Investitur durch den König den kirchlichen Besitz gegen die Angriffe von Tyrannen und Räubern. Der geistlichen Seite des bischöflichen Amtes werde dadurch Rechnung getragen, daß der Erwählte vor der Weihe Ring und Stab auf dem Altar niederlege und sie dann als Zeichen des Hirtenamtes kraft der Autorität des heiligen Petrus wieder in Besitz nehme.[29] Die Verhandlungen mit dem Papst scheiterten zwar, die theoretischen Vorgaben für einen Modus vivendi aber waren immerhin auf dem Tisch.

Den päpstlichen Stuhl hatte inzwischen ein Mann bestiegen, dessen diplomatisches Geschick auf eine politische Lösung hoffen ließ, Calixt II. (1119–1124). Nicht der von dem sterbenden Papst Gelasius II. favorisierte Scharfmacher Kuno von Palestrina war in Cluny zum Nachfolger gewählt worden, sondern Erzbischof Guido von Vienne. Er war höchst vornehmer Herkunft, mit dem Kaiser selbst weitläufig verwandt, ein mit Politik und Diplomatie vertrauter Weltgeistlicher, kein Mönch wie die bisherigen Reformpäpste. Auch er hatte sich als entschiedener Gegner Heinrichs V. profiliert, doch erwies er sich als ein Pragmatiker, zu konstruktiven Lösungen durchaus bereit. Die ersten Verhandlungen zu Mouzon im Oktober 1119, die parallel zum Konzil zu Reims geführt wurden, scheiterten allerdings, nicht zuletzt an dem noch immer fast unüberwindlichen gegenseitigen Mißtrauen. So wurden auf dem Konzil wieder Beschlüsse gegen Simonie, Laieninvestitur und Priesterehe gefaßt und reichlich von der schon zur Routine gewordenen Verhängung des Kirchenbannes Gebrauch gemacht. Die erneute Exkommunikation des Kaisers, seines Papstes und zahlreicher weltlicher und geistlicher Herren regte inzwischen niemanden mehr auf.

Erst anderthalb Jahre nach seiner Wahl konnte Calixt II. im Sommer 1120 in Rom einziehen. Der Gegenpapst, vom Kaiser ohne Skrupel im Stich gelassen, hatte sich in Sutri verschanzt. Als es Calixt im Frühjahr 1121 gelang, seinen Gegner gefangenzunehmen,

Papst Calixt II. (1119–1124). Phantasiebildnis des Papstes (Kopie einer Urkunde Calixts II. im Fuldaer Codex Eberhardi).

ließ er ihn rücklings auf einem Kamel sitzend durch Rom führen, dem Spott und den Mißhandlungen des Pöbels preisgegeben. Schließlich verschwand das unglückliche Werkzeug des Kaisers für immer in dem unwirtlichen Kloster La Cava bei Amalfi.

Mehr und mehr waren die Normannen zu den wichtigsten Verbündeten der römischen Kurie geworden, und auch Calixt II. hatte bei ihnen Unterstützung gesucht. Als jedoch Rivalitäten unter den normannischen Fürsten ausbrachen, befürchtete der Papst Schwierigkeiten. Deshalb war er trotz seines Sieges über den Gegenpapst einem Friedensschluß mit dem Kaiser nicht mehr abgeneigt, zumal er spürte, daß auch unter den weltlichen und geistlichen Großen des Reiches der Wunsch nach Versöhnung stärker geworden war. So sandte er Vertreter der gemäßigteren Reformrichtung als Legaten nach Deutschland, die Kardinäle Lambert von Ostia, Saxo von San Stefano Rotondo und Gregor von Sant'Angelo. Ihrer Beharrlichkeit und ihrem Geschick gelang es, den Kaiser zur Anerkennung des kirchlichen Wahlrechts und zum Verzicht auf die Investitur mit Ring und Stab zu bewegen. Dafür wurde ihm zugestanden, daß im deutschen Reich die Bischöfe und die Reichsäbte in seiner Gegenwart gewählt werden sollten, allerdings ohne Simonie und Gewalt. Die Entscheidung bei einer zwiespältigen Wahl wurde dem König überlassen, der dabei den Metropoliten und die Suffraganbischöfe zu Rate ziehen sollte. Danach sollte der König dem Erwählten durch die Überreichung eines Zepters die vom Reich herrührenden weltlichen Besitzungen und Rechte, die Regalien, übertragen. An die Stelle von Ring und Stab, den Symbolen des geistlichen Amtes, trat ein rein weltliches Herrschaftszeichen, das Zepter. Die Verpflichtungen der Bischöfe und Äbte, die sich aus der Verleihung der Regalien gegenüber dem Reich ergaben, blieben unberührt. In den anderen Teilen des Imperiums, in Italien und Burgund, sollten die Bischöfe innerhalb von sechs Monaten nach der Weihe durch die Überreichung eines Zepters mit den Regalien belehnt werden.[30]

Am Mittelrhein, im Herzen des deutschen Reiches, hatten die schwierigen Verhandlungen stattgefunden. Auf den Lobwiesen vor Worms wurden am 23. September 1122 unter dem Jubel des Volkes die Vertragstexte feierlich verlesen und die Urkunden ausgetauscht. Kardinalbischof Lambert von Ostia, der Leiter der päpstlichen Verhandlungsdelegation, zelebrierte anschließend die Messe, reichte dem Kaiser das Abendmahl und gab ihm den Friedenskuß. Damit war Heinrich V. wieder in die Gemeinschaft der Gläubigen aufgenommen, der Friede zwischen Kaiser und Papst geschlossen. Die gespaltene Christenheit, »der zerrissene Rock Christi«, war glücklich wieder zusammengefügt.[31]

Das Wormser Konkordat war eine Kreuzung aus Waffenstillstand und Kompromißfrieden; formal-juristisch gesehen mit Vorteilen für die Kurie. Die Frage der Investitur hatte zuletzt fast ausschließlich im Mittelpunkt der Diskussion gestanden. Der Verzicht des Kaisers auf das Recht der Investitur mit Ring und Stab war deshalb ohne Zweifel ein spektakulärer Erfolg des Papstes. Überdies war die Urkunde des Kaisers, das »Heinricianum«, deren Rechtskraft von zwei Erzbischöfen, sechs Bischöfen, einem Reichsabt, vier Herzögen, zwei Markgrafen, zwei Pfalzgrafen und einem Grafen beglaubigt wurde, an die Apostel Petrus und Paulus und an die katholische

Kirche gerichtet, während das päpstliche Privileg, das »Calixtinum«, nur Heinrich V. als Empfänger nannte.

Die Zugeständnisse des Kaisers galten also für alle Zukunft, die des Papstes nur für Heinrich V. Ob sie auch für seine Nachfolger auf dem Thron gelten sollten, war zumindest zweifelhaft. Der Herrscher konnte künftig die ihm seit Jahrhunderten zustehenden traditionellen Rechte gegenüber der Reichskirche nur noch in eingeschränkter Form wahrnehmen, und er besaß sie nicht mehr kraft eigenen Rechts, sondern auf Grund eines päpstlichen Gnadenaktes. So konnte der Papst, obwohl er sich auf dem Laterankonzil des Jahres 1123 der Angriffe überstrenger Gregorianer zu erwehren hatte, das Wormser Konkordat als einen herrlichen Sieg der Reformpäpste über ihre Widersacher feiern. Zum ewigen Angedenken ließ er den Triumph des Reformpapsttums im Lateranspalast auch bildlich darstellen.

Der Kaiser dürfte seinen Vorteil mehr auf dem Felde der praktischen Verwirklichung des Konkordats gesehen haben. Seine Gegenwart mochte ausreichen, um im deutschen Reich die kirchlichen Wahlen in einem von ihm gewünschten Sinne zu lenken, zumal ihm die Entscheidung bei zwiespältigen Wahlen vorbehalten war. Sein Recht, dem Gewählten noch vor dem Empfang der Weihen die Regalien zu verleihen, gab ihm die Möglichkeit, auch Huldigung und Treueid zu fordern. Ein starker Herrscher konnte in Deutschland auf diese Weise leicht verlorenes Terrain zurückgewinnen. Ob dies auch in Burgund und Italien möglich sein würde, mußte die Zukunft erweisen. Im Königreich Italien, wo die Stellung der Bischöfe ohnehin durch den Aufstieg der Kommunen geschwächt worden war, glaubte der Kaiser, in der Herrschaft über die Mathildischen Güter ein Äquivalent gefunden zu haben.

Das Wormser Konkordat brachte dem Reich nicht den ersehnten Frieden:

Während es keine Kriege gegen äußere Feinde gab, breitete sich das Unheil des Bürgerkrieges von Sachsen über fast ganz Deutschland aus, und nach dem Wort des Propheten nahmen Lüge und Meineid überhand, und Blutschuld reihte sich an Blutschuld. Zahllose Räuber, die sich den Namen von Rittern anmaßten, überfielen die Dörfer und Felder der Kirchen, plünderten die Bauern zu Hause und auf den Äckern aus und zwangen die Menschen unter der Folter, ihnen, die sich sonst von Wasser und Brot ernährten, üppige Gastmähler zu bereiten. Da jeder das ihm zugefügte Unrecht durch Plünderung und Brandschatzungen rächte, nahmen überall Teuerung und Mangel zu.[32]

Das adlige Recht auf Fehde und Selbsthilfe, das nun auch die Ritter für sich beanspruchten, entpuppte sich als die Inkarnation von Willkür, Gewalt und Ausbeutung.

Nur eine starke und durchsetzungsfähige Monarchie wäre in der Lage gewesen, das Reich wirklich zu befrieden, aber Heinrich V. stieß auf einen Widerstand, der nicht leicht zu überwinden war. Es war vor allem der sächsische Herzog Lothar von Supplinburg, der sich nicht beugte und den Kaiser im Sachsenland nicht zum Zuge kommen ließ. Er beherrschte nicht nur Sachsen, sondern betrachtete auch die östlichen Marken als Zubehör seines Herzogtums. Als der Kaiser 1123 den Grafen Wiprecht von Groitzsch mit der Verwaltung der Markgrafschaften Meißen und Lausitz beauftragte,

Mit Markgraf Konrad I. (1123–1157) begann der Aufstieg des wettinischen Fürstenhauses. Als Markgraf von Meißen ließ er Münzen im eigenen Namen und mit seinem Bild prägen.

Wiprechtsburg in Groitzsch. Reste der Rundkapelle nach der Freilegung und Restaurierung. Der Burgherr, Graf Wiprecht von Groitzsch (um 1050–1124), war im Dienst Heinrichs IV. aufgestiegen und hatte 1084 Judith, eine Tochter Herzog Vratislavs von Böhmen, geheiratet. Durch Burgenbau, Kloster- und Stadtgründungen und die Heranziehung deutscher Siedler konsolidierte Wiprecht seinen Herrschaftsbereich, der nach dem Aussterben seines Geschlechts 1135 an die Wettiner überging.

erkannte der Herzog sofort, daß ihm in Wiprecht ein gefährlicher Gegenspieler erwachsen würde, und verlieh eigenmächtig die Mark Meißen an Konrad von Wettin und die Mark Lausitz an Albrecht den Bären. Ein unerhörter, dem Reichsrecht hohnsprechender Akt herzoglicher Anmaßung, dem der Kaiser freilich wenig entgegenzusetzen hatte. Mit Konrad von Wettin und Albrecht dem Bären traten zwei Persönlichkeiten ins Rampenlicht der Weltbühne, die in der deutschen Geschichte des 12. Jahrhunderts noch eine bedeutende Rolle spielen sollten.

Während dieser innenpolitischen Pattsituation stürzte sich der Kaiser in ein außenpolitisches Abenteuer, einen Feldzug gegen Ludwig VI. von Frankreich. Der Sieg des Herzogs Wilhelm von der Normandie über den angelsächsischen König Harald in der Schlacht bei Hastings 1066 hatte enge Verbindungen zwischen England und Frankreich geschaffen, denn Wilhelm der Eroberer gab nach seiner Krönung zum englischen König das Herzogtum der Normandie nicht aus der Hand. Die Teilung der Herrschaft nach seinem Tode 1087 war nicht von Dauer. König Heinrich I. von England (1100–1135), der jüngste Sohn Wilhelms des Eroberers, gewann die festländischen Besitzungen seines Vaters zurück.

Als Herzog der Normandie war der englische König Inhaber eines französischen Kronlehens, weigerte sich aber als souveräner englischer König, dem König von Frankreich den Lehnseid zu schwören. Permanente englisch-französische Waffengänge waren die Folge. Die englisch-deutsche Allianz, die mit der Vermählung Heinrichs V. mit der anglo-normannischen Königstochter Mathilde besiegelt worden war, wurde 1123 durch einen Militärpakt verstärkt. Der Kaiser rüstete im Sommer des Jahres 1124 zu einem Feldzug gegen König Ludwig VI. von Frankreich.

Erfüllte der Kaiser damit nur seine Bündnisverpflichtung, wie dies der deutsche Chronist Ekkehard von Aura berichtet? Wollte er sich für die Unterstützung rächen, die die Päpste im Investiturstreit in Frankreich gefunden hatten, wie dies Suger von Saint-Denis zu wissen glaubt? Oder träumte der Kaiser gar im geheimen von der englischen Krone? Ganz utopisch schien dieser Gedanke nicht, denn der englische Thronfolger Wilhelm Aetheling, der Zwillingsbruder der Kaiserin, war 1120 auf der Überfahrt über den Kanal beim Untergang des Flaggschiffs »Blanche Nef« ertrunken. Mathilde konnte sich also als Erbin der englischen Krone fühlen. Ein Sieg des kaiserlichen Heeres über den französischen König hätte diesen Anspruch sicher verstärkt.

Doch das Unternehmen scheiterte. Der Kaiser fand wenig Unterstützung bei den deutschen Fürsten; die Neigung der Deutschen, fremde Völker anzugreifen, war in dieser Zeit recht gering. In Frankreich hingegen entfesselte der Angriff auf die Heimat einen Sturm patriotischer Begeisterung.

»Zum ersten Male überdeckte das Gefühl der Zusammengehörigkeit die fürstlichen Rivalitäten und die ständige Opposition gegen das Königtum – ein bedeutsames Indiz für ein sich allmählich ausbildendes Nationalbewußtsein, das in der Fahne des heiligen Dionysius sein von allen anerkanntes Symbol fand. Als Ludwig VI. die ›Oriflamme‹ (auriflamma), das ›goldene, gezüngelte Tuch‹, in der Königsabtei Saint-Denis vom Altar des Heiligen erhob, scharten sich die Fürsten mit einem gewaltigen Heer um ihn«.[33]

Zur Schlacht kam es nicht. Der Kaiser trat den Rückzug an. Frankreich feierte dies zu Recht wie einen Sieg.

Heinrich V. hatte kaum noch Gelegenheit, die Machtverhältnisse im Reich zugunsten der Monarchie zu verändern. Seine Zeit lief ab:

Kaiser Heinrich, der fünfte seines Namens, der in Utrecht das Pfingstfest feiern wollte, wurde von einer Krankheit, die er lange verheimlicht hatte, überwältigt und sah seine letzte Stunde herankommen; er rief diejenigen, die ihn umgaben, nämlich seine Gemahlin, die Königin Mathilde, und seinen Verwandten, Herzog Friedrich von Schwaben, sowie die übrigen Fürsten zu sich, gab ihnen, so gut er konnte, Ratschläge über den Zustand des Reiches und vertraute seinen Besitz und die Königin Friedrich als seinem Erben an. Die Krone und die übrigen Reichsinsignien sollten nach seinem Willen bis zur Versammlung der Fürsten in der sicheren Burg Trifels aufbewahrt werden. Dann empfing er die Wegzehrung der Sakramente Christi und verschied am 23. Mai.[34]

Das war im Jahr 1125. Im Dom zu Speyer fand der Kaiser seine letzte Ruhestätte. Kaiserin Mathilde kehrte nach England an den Hof ihres Vaters zurück. Wenige Jahre später heiratete sie den Grafen Gottfried von Anjou. Ihr Sohn bestieg den englischen Königs-

Eine dramatische Epoche geht zu Ende

Fürstensiegel von 1045.
Auf dem ältesten deutschen Fürstensiegel hat sich Herzog Heinrich VII. von Bayern mit dem Zeichen seiner Würde, der Fahnenlanze, abbilden lassen.

Das Reitersiegel des Markgrafen Luitpold III. von Österreich (1122/1136) dokumentiert das zu Beginn des 12. Jahrhunderts mächtig gestiegene Selbstbewußtsein der deutschen Landesfürsten.

thron (Heinrich II. 1154-1189) und begründete die Dynastie der Anjou-Plantagenet.

Kein zeitgenössischer Biograph hat Charakter und Lebensweg des letzten Saliers beschrieben. Zufall war das sicher nicht. Heinrichs Persönlichkeit war wenig geeignet, Sympathie und Bewunderung oder zumindest doch Mitgefühl zu erwecken. Für einen Biographen besaß der Kaiser nichts Anziehendes. Er galt als herrschsüchtig und kalt, als unversöhnlich, rachsüchtig und sogar als geldgierig. Dazu kam, daß weder bewunderungswürdige Taten noch große Erfolge den Makel tilgten, den Vater verraten, den Papst vergewaltigt zu haben. Züge eines charismatischen Herrschers sucht man an Heinrich V. vergeblich.

Mit dem Tod Heinrichs V. erlosch das salische Kaiserhaus. Eine große und dramatische Epoche der Reichsgeschichte ging zu Ende. Fast genau ein Jahrhundert lang hatten die Salier die Geschicke des Reiches gelenkt. Sie hatten den gleichen Kurs eingeschlagen wie ihre Vorgänger, die Ottonen. Konrad II. hatte sogar sehr bewußt die ottonische Reichstradition für sich in Anspruch genommen und das Reich gefestigt und ausgedehnt. Heinrich III. hatte das hegemoniale Kaisertum auf den Gipfel der Macht und des Ansehens emporgehoben. Doch schon in den letzten Jahren seiner Herrschaft hatten sich Risse in dem stolzen Bau bemerkbar gemacht. Unter Heinrich IV. und Heinrich V. waren Kaiser und Reich in die Krise geraten. Nicht nur die ideologischen Grundlagen des Sakralkönigtums und des römischen Kaisertums wurden in Zweifel gezogen, sondern rasch zeigte sich, daß auch die Machtmittel der Monarchie nicht mehr ausreichten, um den konzentrierten Angriffen des Reformpapsttums und der Fürstenopposition erfolgreich widerstehen zu können.

Das Papsttum löste sich aus der Abhängigkeit vom Kaisertum. Die alte Idee vom Zusammenwirken von Reich und Kirche verlor ihre prägende Kraft. Die Einheit der Christenheit sah man nicht mehr in dem von Kaiser und Papst regierten »Imperium christianum« verwirklicht, sondern in der vom päpstlichen Primats- und Jurisdiktionsanspruch beherrschten römischen Kirche. Canossa hatte dem frühmittelalterlichen Sakralkönigtum den Todesstoß versetzt. Zwar verteidigten die monarchistischen Theoretiker das Gottesgnadentum des gesalbten Königs und seine Herrschaft über die Kirche, aber es waren im Grunde vergebliche Rückzugsgefechte, geführt mit dem Rüstzeug der traditionellen, bis in die Karolingerzeit zurückreichenden Königstheologie. Da half es auch nicht viel, daß sich einige italienische Rechtsgelehrte, denen das römische Kaiserrecht neue, in die Zukunft weisende Argumente lieferte, auf die Seite der Monarchisten schlugen.

Im Wormser Konkordat wurden die Entsakralisierung der Monarchie und die Trennung von Kirche und Staat durch die juristisch-logische Unterscheidung von Spiritualen und Temporalien gedanklich bewältigt und vertraglich besiegelt. Die geistigen Grundlagen des ottonisch-salischen Reichskirchensystems waren damit erschüttert. Heinrich V. rettete für die Monarchie, was zu retten war. Die Wahl der Bischöfe und der Reichsäbte in Gegenwart des Königs, die Investitur mit den Temporalien und das Recht auf den Reichsdienst der Prälaten konnten einem starken Monarchen die Herrschaft über die Reichskirche sichern. Bischöfe und Äbte empfingen ihre weltlichen Güter und Rechte durch die Übergabe eines Zepters aus der Hand des Königs. Die »Zepterlehen« der geistlichen Fürsten traten neben die »Fahnlehen« der weltlichen Kronvasallen.

Der Prozeß der Feudalisierung der Reichskirche war in sein entscheidendes Stadium getreten. Dem König war es nicht mehr möglich, das Reich mit Hilfe des Episkopats zu regieren und ihn als Gegengewicht gegen die weltliche Aristokratie zu nutzen. Nicht anders als die weltlichen Fürsten sahen die geistlichen Herren nunmehr im Aufbau ihrer Territorien das Hauptziel ihrer Politik. Dem fürstlichen Territorialstaat, der eine Intensivierung von Herrschaft und Verwaltung ermöglichte, gehörte die Zukunft. Die bunte politische Landkarte des Alten Reiches gewann erste Konturen.

Die Spitzengruppe der weltlichen und geistlichen Reichsaristokratie, aus der sich im Laufe des 12. Jahrhunderts der Reichsfürstenstand entwickelte, hat während der Krise der Monarchie am Ende des 11. und zu Beginn des 12. Jahrhunderts zunehmend Einfluß auf die Regierung des Reiches gewonnen. Zwar ist die Mitwirkung des Adels bei der Ausübung der politischen Macht ein charakteristisches Merkmal der frühmittelalterlichen Herrschaftsordnung, aber erst jetzt in der letzten Phase des Investiturstreits wird die Teilhabe der Fürsten am Reichsregiment ein gleichsam konstitutives Element der Reichsverfassung. Gerade während Heinrich V. seinen autokratischen Herrschaftsstil durchzusetzen sucht, realisieren die Fürsten ihre Forderung nach Mitsprache in allen Reichsangelegenheiten, zum Beispiel im Heerlager vor Mainz, auf dem Würzburger Hoftag und bei den Wormser Konkordatsverhandlungen.

Mehr noch. Die weltlichen und geistlichen Fürsten begannen, sich als die tragende Kraft im Reich zu fühlen. Aus taktischen Gründen hatten Heinrich IV. und Heinrich V. im politisch-ideologischen Abwehrkampf einen Reichsbegriff propagiert, der die Fürsten als die vornehmsten Glieder des Reiches einbezog. Immer wieder wurden die Fürsten aufgerufen, die Ehre des Reiches, den »honor regni«, zu verteidigen. Die Ehre des Reiches war nicht mehr ohne weiteres deckungsgleich mit der Ehre des Königs. Die Idee eines zwar vom Kaiser und den Fürsten getragenen, jedoch als Institution auch unabhängig von ihnen existierenden Reiches gewann an Boden.

Der Trifels.
Der inmitten von Bergen und Wäldern gelegene Trifels, seit 1081 im Besitz des Reiches, wurde zum Sinnbild der Macht des deutschen Königtums: »Wer den Trifels hat, hat das Reich«. Die Burg, die ihre Glanzzeit unter Friedrich Barbarossa erlebte, diente anderthalb Jahrhunderte als Reichsschatzkammer und Staatsgefängnis. Der prominenteste Gefangene war 1193/94 der englische König Richard Löwenherz.

Die Zeit des hegemonialen Kaisertums war vorüber. Die Idee eines christlichen Universalreiches hatte ihren Glanz verloren. Aber durch ihren zähen Widerstand hatten die beiden letzten Salier die Monarchie vor dem völligen Zusammenbruch bewahrt. Sie hatten nicht ohne Erfolg versucht, die Verluste an Macht und Prestige durch den Einsatz neuer Mittel wie den Bau von Reichsburgen, die Schaffung von Reichsterritorien, den Aufbau einer königlichen Dienstmannschaft und die Förderung des aufstrebenden Bürgertums zu kompensieren. Wie die Fürsten hatten sich Heinrich IV. und sein Sohn um die Territorialisierung ihrer Herrschaftsrechte bemüht. Auf den von ihnen bewahrten und neu geschaffenen Grundlagen konnten ihre Nachfolger aufbauen.

Die Erben des Kaisers waren die Söhne seiner Schwester Agnes, Herzog Friedrich II. von Schwaben und dessen jüngerer Bruder Konrad von Staufen. Der Herzog fühlte sich auch als der rechtmäßige Thronerbe, aber diese Hoffnung erfüllte sich nicht. Die Fürsten wählten den Gegenspieler des Kaisers, Lothar von Supplinburg, zum neuen König. Seine kurze Regierungszeit sollte nur ein Intermezzo sein. Ein neues glanzvolles Zeitalter, das der Staufer, kündigte sich schon an.

Anmerkungen

Die folgenden Anmerkungen sind kein wissenschaftlicher Apparat, sondern sollen dem interessierten Leser den Zugang zu einigen wichtigen Quellen ermöglichen. Deshalb sind die Quellen in der Regel in Übersetzungen oder zweisprachigen Ausgaben angeführt. Wo dies nicht möglich war, werden die Editionen in den Monumenta Germaniae Historica (MGH), dem wissenschaftlich-kritischen Quellenwerk zur deutschen Geschichte des Mittelalters, zitiert.

Erster Teil

Kapitel I

1. Oskar Halecki: Europa, Grenzen und Gliederung seiner Geschichte, Darmstadt 1964, S. 6.
2. Josef Partsch: Mitteleuropa, Gotha 1904, S. 4.
3. Brockhaus Enzyklopädie, Bd. IV, Wiesbaden 1968, S. 592.
4. Hermann Flohn: Das Problem der Klimaveränderungen, Darmstadt 1985, S. 131 (Erträge der Forschung, Bd. 220).
5. Wilhelm Berges: Das Reich ohne Hauptstadt. In: Jahrbuch für Geschichte Mittel- und Ostdeutschlands, Bd. 1, 1952, S. 1–29.

Kapitel II

1. Wolfram von den Steinen: Der Kosmos des Mittelalters, Bern/München 1959, S. 51.
2. Helmold von Bosau, Slawenchronik (Freiherr-vom-Stein-Gedächtnisausgabe, Bd. XIX).
3. Herwig Wolfram: Das Reich und die Germanen. Zwischen Antike und Mittelalter, Berlin 1990 (Siedler Deutsche Geschichte), S. 236.
4. Wilhelm Müller-Wille: Siedlungs-, Wirtschafts- und Bevölkerungsräume im westlichen Mitteleuropa um 500 n. Chr. In: Westfälische Forschungen 9, 1956, S. 5–25.
5. Leben Bischof Bennos II. von Osnabrück, verfaßt von Abt Norbert (Freiherr-vom-Stein-Gedächtnisausgabe, Bd. XXII), Kapitel 1.
6. Thietmar von Merseburg, Chronik (Freiherr-vom-Stein-Gedächtnisausgabe, Bd. IX), Buch VII, Kapitel 3.
7. Leben des hl. Ulrich, Bischof von Augsburg, verfaßt von Gerhard (Freiherr-vom-Stein-Gedächtnisausgabe, Bd. XII), Kapitel 27.
8. Roswitha von Gandersheim, Das Gedicht von der Gründung des Gandersheimischen Klosters, Vers 568ff. (Geschichtsschreiber der deutschen Vorzeit, Bd. 32).
9. Helmold von Bosau, Slawenchronik, Kapitel 57 und 86.
10. Eine aufschlußreiche Quelle ist das »Heinrichsauer Gründungsbuch« aus dem Ende des 13. und dem Beginn des 14. Jahrhunderts: Das Gründungsbuch des Klosters Heinrichsau. Aus dem Lateinischen übertragen und mit Einführung und Erläuterung versehen von Paul Bretschneider, Breslau 1927 (Darstellungen und Quellen zur schlesischen Geschichte, Bd. 29).
11. Adalbero von Laon, Carmen ad Robertum regem. In: Migne, Patrologia latina, Bd. 141, S. 771ff.

12 Honorius Augustodunensis, Gemma animae. In: Migne, Patrologia latina, Bd. 172, S. 586.
13 Der Gedanke dieser Dreigliederung wurde erstmals von Bischof Gérard von Cambrai (1012–1051) vertreten (Gesta episcoporum Cameracensium III. MGH Scriptores VII, S. 465–89).
14 Otto Hintze: Staatsverfassung und Heeresverfassung. In: Ders.: Staat und Verfassung. Gesammelte Abhandlungen, Bd. 1, 3. Auflage Göttingen 1970, S. 62.
15 Der Brief des Papstes an den Bischof, der den Charakter eines propagandistischen offenen Briefes besitzt, wird in Brunos Buch vom Sachsenkrieg (Freiherr-vom-Stein-Gedächtnisausgabe, Bd. XII), Kapitel 73, überliefert. Das Zitat findet sich auf S. 306/307.
16 Zur Reichskirche und zum »ottonisch-salischen Reichskirchensystem« siehe S. 111 ff.

Kapitel III

1 Die Verfassung des Deutschen Reiches vom 11. August 1919. In: Dokumente zur Deutschen Verfassungsgeschichte, hrsg. von Ernst Rudolf Huber, Stuttgart/Berlin/Köln/Mainz 1966, Bd. 3, S. 129–156.
2 Herwig Wolfram: Ethnogenese im frühmittelalterlichen Donau- und Ostalpenraum (6. bis 10. Jahrhundert). In: Helmut Beumann (Hrsg.): Frühmittelalterliche Ethnogenese im Alpenraum, Sigmaringen 1985 (Nationes, Bd. 5), S. 105.
3 Zum Begriff Gerd Tellenbach: Vom karolingischen Reichsadel zum deutschen Reichsfürstenstand. In: Theodor Mayer (Hrsg.): Adel und Bauern im Deutschen Staat des Mittelalters, Leipzig 1943, S. 22–73 (Neudruck Darmstadt 1967).
4 Um Verwechslung mit dem heutigen wesentlich kleineren Lothringen (Lorraine) zu vermeiden, wird im folgenden die Bezeichnung »Lotharingien« verwendet.
5 Zum »jüngeren Stammesherzogtum« siehe auch S. 124 f.
6 Klaus Zernack: Deutschlands Ostgrenze. In: Deutschlands Grenzen in der Geschichte, hrsg. von Alexander Demandt, München 1990, S. 135.
7 Sachsenspiegel Landrecht, hrsg. von Karl August Eckhardt, Hannover ³1973 (MGH Fontes iuris Germanici antiqui, nova series I, 1), II 59 § 3; II 66 § 1.
8 Vita Johannis Gorziensis. In: MGH Scriptores IV, S. 376 f.
9 Theodor Mayer: Die Entstehung des »modernen« Staates im Mittelalter und die freien Bauern. In: Zeitschrift der Savignystiftung für Rechtsgeschichte, Germanistische Abteilung 57, 1937, S. 214.

Intermezzo

1 Martin Lintzel: Miszellen zur Geschichte des zehnten Jahrhunderts. In: Ders.: Ausgewählte Schriften, Bd. II, Berlin 1961, S. 236.
2 Widukind von Corvey, Sachsengeschichte (Freiherr-vom-Stein-Gedächtnisausgabe, Bd. VIII), Buch I, Kapitel 25.
3 Walter Schlesinger: Die Anfänge der deutschen Königswahl. In: Ders.: Beiträge zur deutschen Verfassungsgeschichte des Mittelalters, Bd. I, Göttingen 1963, S. 154.
4 Regino von Prüm, De synodalibus causis, zitiert nach: Helmut Beumann: Erzbischof Hatto I. von Mainz. In: Geschichte, Jahrgang 26, 1971 (Hess. Rundfunk, Schulfunk).

5 Helmut Beumann: Erzbischof Hatto I. von Mainz (wie Anm. 4), S. 40.
6 MGH Diplomata. Urkunden Konrads I, Nr. 4 (pro nostra stabilitate vel tocius regni).
7 Widukind von Corvey, Sachsengeschichte, Buch I, Kapitel 21.
8 Synodus Altheimensis. MGH Constitutiones I, Nr. 433, Kapitel XX.

Zweiter Teil

Kapitel I

1 Heinrich von Sybel: Über die neueren Darstellungen der deutschen Kaiserzeit. In: Universalstaat oder Nationalstaat. Macht und Ende des Ersten deutschen Reiches, hrsg. und eingeleitet von Friedrich Schneider, Innsbruck 1941, S. 12.
2 František Graus: Lebendige Vergangenheit. Überlieferung im Mittelalter und in den Vorstellungen vom Mittelalter, Köln/Wien 1975, S. VII.
3 Carl Erdmann: Beiträge zur Geschichte Heinrichs I.: Die Quedlinburger Heinrichslegende. In: Ders.: Ottonische Studien, hrsg. von Helmut Beumann, Darmstadt 1968, S. 73.
4 Arno Duch: Heinrich der Finkler. Geschichte eines Beinamens. In: Archiv für Kulturgeschichte 34, 1952, S. 200.
5 Carl Erdmann: Ottonische Studien (wie Anmerkung 3), S. 116.
6 Widukind von Corvey, Sachsengeschichte, Buch I, Kapitel 26.
7 Thietmar von Merseburg, Chronik (Freiherr-vom-Stein-Gedächtnisausgabe, Bd. IX), Buch I, Kapitel 6.
8 Widukind von Corvey, Sachsengeschichte, Buch II, Kapitel 9.
9 Thietmar von Merseburg, Chronik, Buch I, Kapitel 9.
10 Liudprand von Cremona, Antapodosis (Freiherr-vom-Stein-Gedächtnisausgabe, Bd. VIII), Buch II, Kapitel 25.
11 Walter Schlesinger: Die Königserhebung Heinrichs I. zu Fritzlar im Jahre 919. In: Fritzlar im Mittelalter. Festschrift zur 1250-Jahrfeier, Fritzlar 1974, S. 121-143. (Neudruck: Ders.: Ausgewählte Aufsätze von Walter Schlesinger 1965-1979, Sigmaringen 1987, Vorträge und Forschungen, Bd. XXXIV, S. 199-220).
12 Widukind von Corvey, Sachsengeschichte, Buch II, Kapitel 1.
13 Widukind von Corvey, Sachsengeschichte, Buch I, Kapitel 15.
14 Carl Erdmann: Der ungesalbte König. In: Ders.: Ottonische Studien (wie Anmerkung 3), S. 1-30.
15 Das Leben des heiligen Ulrich (Freiherr-vom-Stein-Gedächtnisausgabe, Bd. XXII), Kapitel 3.
16 Thietmar von Merseburg, Chronik, Buch I, Kapitel 8.
17 Alfred Thoß: Heinrich I. (919-936). Der Gründer des Ersten deutschen Volksreiches, Goslar 1936, S. 62. Das Buch ist ein Produkt der nationalsozialistischen Blut- und Bodenideologie, gegen die einzelne deutsche Historiker schon damals Einspruch erhoben haben.
18 Ernst Klebel: Eine neuaufgefundene Salzburger Geschichtsquelle: In: Ders.: Probleme der bayerischen Verfassungsgeschichte. Gesammelte Aufsätze, München 1957 (Schriftenreihe zur bayerischen Landesgeschichte, Bd. 57), S. 123-143; Beleg S. 137.
19 Helmut Beumann: Die Ottonen (Urban-Taschenbücher, Bd. 384), Stuttgart 1987, S. 9.
20 Das Leben des heiligen Ulrich, Kapitel 1.
21 Helmut Beumann: Die Ottonen (wie Anmerkung 19), S. 35.
22 Liudprand von Cremona, Antapodosis, Buch II, Kapitel 21-23.
23 Ernst Klebel: Eine neu aufgefundene Salzburger Geschichtsquelle (wie Anmerkung 18), S. 137, Anmerkung 122.

24 Ernst Karpf: Königserhebung ohne Salbung. Zur politischen Bedeutung von Heinrichs I. ungewöhnlichem Verzicht in Fritzlar (919). In: Hessisches Jahrbuch für Landesgeschichte 34, 1984, S. 20.
25 Pactum cum Karolo rege Franciae occidentalis. In: MGH Constitutiones I, Nr. 1.
26 Joachim Ehlers: Geschichte Frankreichs im Mittelalter, Stuttgart/Berlin/Köln/Mainz 1987, S. 23.
27 Widukind von Corvey, Sachsengeschichte, Buch I, Kapitel 33.
28 Widukind von Corvey, Sachsengeschichte, Buch I, Kapitel 30.
29 Eduard Hlawitschka: Lotharingien und das Reich an der Schwelle der deutschen Geschichte, Stuttgart 1968 (Schriften der Monumenta Germaniae Historica, Bd. 21), S. 214.
30 Helmut Beumann: Die Bedeutung Lotharingiens für die ottonische Missionspolitik im Osten. In: Ders.: Wissenschaft vom Mittelalter. Ausgewählte Aufsätze, Köln/Wien 1972, S. 379.
31 Widukind von Corvey, Sachsengeschichte, Buch I, Kapitel 32.
32 J. F. Böhmer: Regesta Imperii, Bd. II, neu bearbeitet von Emil von Ottenthal, Innsbruck 1893.
33 Ekkehard, St. Galler Klostergeschichten (Freiherr-vom-Stein-Gedächtnisausgabe, Bd. X), Kapitel 51.
34 Ekkehard, St. Galler Klostergeschichten, Kapitel 51–56.
35 Widukind von Corvey, Sachsengeschichte, Buch I, Kapitel 35.
36 Vita Wigberti abbatis Friteslarensis auctore Lupo, Kapitel 24. MGH Scriptores XV, Bd. 1, Hannover 1887.
37 Widukind von Corvey, Sachsengeschichte, Buch II, Kapitel 3.
38 Widukind von Corvey, Sachsengeschichte, Buch I, Kapitel 35.
39 Widukind von Corvey, Sachsengeschichte, Buch II, Kapitel 21.
40 Widukind von Corvey, Sachsengeschichte, Buch I, Kapitel 35.
41 Widukind von Corvey, Sachsengeschichte, Buch I, Kapitel 35.
42 Thietmar von Merseburg, Chronik, Buch I, Kapitel 10.
43 Widukind von Corvey, Sachsengeschichte, Buch I, Kapitel 36.
44 Widukind von Corvey, Sachsengeschichte, Buch I, Kapitel 38. Hochdramatische und phantasievoll ausgeschmückte Schilderung bei Liudprand von Cremona, Antapodosis, Buch II, Kapitel 24–31.
45 Widukind von Corvey, Sachsengeschichte, Buch I, Kapitel 39.
46 Helmut Beumann: Einleitung zu Carl Erdmann, Ottonische Studien, Darmstadt 1968, S. VIII.
47 Liudprand von Cremona, Antapodosis, Buch III, Kapitel 48.
48 Robert Holtzmann: Geschichte der sächsischen Kaiserzeit, 3. Auflage, Berlin 1955, S. 103.
49 Widukind von Corvey, Sachsengeschichte, Buch 1, Kapitel 39.
50 Heinrich von Sybel: Über die neueren Darstellungen der deutschen Kaiserzeit. In: Universalstaat oder Nationalstaat. Macht und Ende des Ersten deutschen Reiches. Die Streitschriften von Heinrich v. Sybel und Julius Ficker zur deutschen Kaiserpolitik des Mittelalters. Hrsg. von Friedrich Schneider, Innsbruck 1941, S. 12.
51 Otto von Freising, Chronik (Freiherr-vom-Stein-Gedächtnisausgabe, Bd. XVI), Buch VI, Kapitel 17.
52 Leopold von Ranke: Weltgeschichte, Band 9, Leipzig 1881–1888, S. 248.
53 Robert Holtzmann: Geschichte der sächsischen Kaiserzeit, 3. Auflage, Berlin 1955, S. 68.
54 Widukind von Corvey, Sachsengeschichte, Buch I, Kapitel 41.
55 Widukind von Corvey, Sachsengeschichte, Buch I, Kapitel 40.
56 Hermann Heimpel: Bemerkungen zur Geschichte König Heinrichs des Ersten, Leipzig 1937, S. 45.
57 Alexander Cartellieri: Die Weltstellung des deutschen Reiches

911–1047, München/Berlin 1932 (Weltgeschichte als Machtgeschichte, Band 2), S. 43.

Kapitel II

1 Johannes Haller: Die Epochen der deutschen Geschichte, München 1959, S. 31.
2 Johann Wolfgang von Goethe: Aus meinem Leben. Dichtung und Wahrheit. Berliner Ausgabe 1967, Bd. 13, S. 218.
3 Widukind von Corvey, Sachsengeschichte, Buch II, Kapitel 1.
4 Leopold von Ranke, Weltgeschichte, Bd. IX, S. 272.
5 Widukind von Corvey, Sachsengeschichte, Buch II, Kapitel 2.
6 Karl Hauck, Rituelle Speisegemeinschaft im 10. und 11. Jahrhundert. In: Studium generale 3, 1950, S. 620.
7 Walter Schlesinger: Die Anfänge der deutschen Königswahl. In: Ders.: Beiträge zur deutschen Verfassungsgeschichte des Mittelalters, Band I, Göttingen 1963, S. 163.
8 Walter Schlesinger: Die Anfänge der deutschen Königswahl (wie Anm. 7), S. 165.
9 Walter Schlesinger: Die Anfänge der deutschen Königswahl (wie Anm. 7), S. 167.
10 Widukind von Corvey, Sachsengeschichte, Buch III, Kapitel 69.
11 Widukind von Corvey, Sachsengeschichte, Buch I, Kapitel 41.
12 Thietmar von Merseburg, Chronik, Buch II, Kapitel 2.
13 Widukind von Corvey, Sachsengeschichte, Buch II, Kapitel 10.
14 Widukind von Corvey, Sachsengeschichte, Buch II, Kapitel 11.
15 Jüngere Mathildenvita, (Geschichtsschreiber der deutschen Vorzeit, Bd. 31), Kapitel 6.
16 Jüngere Mathildenvita, (Geschichtsschreiber der deutschen Vorzeit, Bd. 31), Kapitel 6.
17 Liudprand von Cremona, Antapodosis, Buch IV, Kapitel 23.
18 Widukind von Corvey, Sachsengeschichte, Buch II, Kapitel 6.
19 Liudprand von Cremona, Antapodosis, Buch IV, Kapitel 24.
20 Widukind von Corvey, Sachsengeschichte, Buch II, Kapitel 24.
21 Widukind von Corvey, Sachsengeschichte, Buch II, Kapitel 26.
22 Widukind von Corvey, Sachsengeschichte, Buch II, Kapitel 31.
23 Widukind von Corvey, Sachsengeschichte, Buch II, Kapitel 31.
24 Roswitha von Gandersheim. Die Taten Kaiser Ottos I., S. 41.
25 Adalberts Fortsetzung der Chronik Reginos zum Jahr 944 (Freiherr-vom-Stein-Gedächtnisausgabe, Bd. VIII, S. 202).
26 Kurt Reindel: Die politische Entwicklung. In: Handbuch der Bayerischen Geschichte, hrsg. von Max Spindler, Bd. I, München 1967, S. 216.
27 Johannes Haller: Das altdeutsche Kaisertum, Stuttgart 1926, S. 22.
28 Widukind von Corvey, Sachsengeschichte, Buch III, Kapitel 9 und 10.
29 Widukind von Corvey, Sachsengeschichte, Buch III, Kapitel 9.
30 Widukind von Corvey, Sachsengeschichte, Buch III, Kapitel 11.
31 Widukind von Corvey, Sachsengeschichte, Buch III, Kapitel 16.
32 Widukind von Corvey, Sachsengeschichte, Buch III, Kapitel 17.
33 Widukind von Corvey, Sachsengeschichte, Buch III, Kapitel 18.
34 Leopold von Ranke: Weltgeschichte, Bd. X, S. 352.
35 Adalberts Fortsetzung der Chronik Reginos, S. 216.
36 Liudprands Buch von König Otto, Kapitel 3 (Freiherr-vom-Stein-Gedächtnisausgabe, Bd. VIII).
37 Roswitha von Gandersheim (wie Anm. 24), S. 27.
38 Widukind von Corvey, Sachsengeschichte, Buch III, Kapitel 49.

39 Edmund E. Stengel: Den Kaiser macht das Heer. Studien zur Geschichte eines politischen Gedankens, Weimar 1910.
40 Das Leben des heiligen Ulrich (Freiherr-vom-Stein-Gedächtnisausgabe, Bd. XXII), S. 104ff.
41 Widukind von Corvey, Sachsengeschichte, Buch III, Kapitel 44–49.
42 Widukind von Corvey, Sachsengeschichte, Buch III, Kapitel 46.
43 Widukind von Corvey, Sachsengeschichte, Buch III, Kapitel 47.
44 Helmut Beumann: Das imperiale Königtum im 10. Jahrhundert. In: Ders.: Wissenschaft vom Mittelalter. Ausgewählte Aufsätze, Köln/Wien 1972, S. 241–254.
45 Gerd Althoff/Hagen Keller: Heinrich I. und Otto der Große. Neubeginn auf karolingischem Erbe, 2 Bde. Göttingen/Zürich 1985 (Persönlichkeit und Geschichte, Bde. 122–125), S. 169.
46 Paul Joachimsen: Der deutsche Staatsgedanke von seinen Anfängen bis auf Leibniz und Friedrich den Großen. Dokumente zur Entwicklung, München 1921 (Der deutsche Staatsgedanke, R. 1, Bd. 1).
47 Liudprands Buch von König Otto, Kapitel 4.
48 Johannes Haller: Das altdeutsche Kaisertum, Stuttgart/Berlin/Leipzig 1926, S. 27f.
49 Urkundenbuch des Erzstifts Magdeburg, Magdeburg 1937, Bd. I, Nr. 28. (Geschichtsquellen der Provinz Sachsen und des Freistaates Anhalt, Neue Reihe Bd. 18).
50 MGH Urkunden Ottos I. Nr. 235.
51 Gerd Althoff/Hagen Keller: Heinrich I. und Otto der Große (wie Anm. 45), S. 186.
52 Thietmar von Merseburg, Chronik, Buch IV, Kapitel 32.
53 Liudprands Buch von König Otto, Kapitel 15.
54 Liudprands Buch von König Otto, Kapitel 12.
55 Otto von Freising, Chronik, Buch VI, Kapitel 23.
56 Adalberts Fortsetzung der Chronik Reginos, S. 222. Ausführlicher Liudprands Buch von König Otto, Kapitel 25.
57 Das Leben des heiligen Erzbischofs Brun von Köln (Freiherr-vom-Stein-Gedächtnisausgabe, Bd. XXII), Kapitel 41.
58 Otto von Freising, Chronik, Buch VI, Kapitel 24.
59 Die Schriften des Alexander von Roes, Notitia seculi/Weltkunde, Kapitel 12, hrsg. von Herbert Grundmann, Weimar 1949 (Deutsches Mittelalter, Bd. 4).
60 Herbert Grundmann: Grundzüge der mittelalterlichen Geschichtsanschauungen, in: Ders.: Ausgewählte Aufsätze, Bd. II, Stuttgart 1977, S. 216 (Schriften der MGH, Bd. XXV, 2).
61 Bernhard Töpfer: Das kommende Reich des Friedens. Zur Entwicklung chiliastischer Zukunftshoffnungen im Hochmittelalter, Berlin 1964 (Forschungen zur mittelalterlichen Geschichte, Bd. 11).
62 Leopold von Ranke: Weltgeschichte, Bd. VIII, S. 462.
63 Leo Santifaller: Festschrift zur Jahrtausendfeier der Kaiserkrönung Ottos des Großen 1962 (MiÖG Ergbd. 20/1).
64 Friedrich Schneider (Hrsg.): Universalstaat oder Nationalstaat. Macht und Ende des Ersten deutschen Reiches. Die Streitschriften von Heinrich v. Sybel und Julius Ficker zur deutschen Kaiserpolitik des Mittelalters, Innsbruck 1941.
65 Liudprands Gesandtschaft an den Kaiser Nikephoros Phokas in Konstantinopel (Freiherr-vom-Stein-Gedächtnisausgabe, Bd. VIII), Kapitel 15.
66 Die Heiratsurkunde der Kaiserin Theophanu 972 April 14 Rom, Göttingen 1972 (Veröffentlichungen der Niedersächsischen Archivverwaltung, Beiheft 16).

67 Werner Ohnsorge: Das Zweikaiserproblem im frühen Mittelalter. Die Bedeutung des byzantinischen Reiches für die Entwicklung der Staatsidee in Europa, Hildesheim 1947.
68 Hans K. Schulze: Vom Reich der Franken zum Land der Deutschen, Berlin 1987 (Das Reich und die Deutschen), S. 196 ff.
69 Liudprands Gesandtschaft an den Kaiser Nikephoros Phokas, Kapitel 4.
70 Benedikt von San Andrea, hrsg. von G. Zucchetti, 1920 (Fonti per la storia d'Italia Bd. 55), S. 186.
71 Michael Seidlmayer: Geschichte des italienischen Volkes und Staates, Leipzig 1940 (Die Große Weltgeschichte, Bd. 9), S. 82.
72 Adalberts Fortsetzung der Chronik Reginos zum Jahre 967.
73 Liudprands Gesandtschaft zu Kaiser Nikephoros Phokas, Kapitel 7.
74 Widukind von Corvey, Sachsengeschichte, Buch III, Kapitel 70.
75 Liudprands Gesandtschaft zu Kaiser Nikephoros Phokas, Kapitel 11.
76 Georg Ostrogorsky: Geschichte des byzantinischen Staates, 2. Auflage 1952 (Handbuch der Altertumswissenschaften 12/1,2), S. 172.
77 Liudprands Gesandtschaft an Kaiser Nikephoros Phokas, Kapitel 47.
78 Widukind von Corvey, Sachsengeschichte, Buch II, Kapitel 20.
79 Capitulare missorum in Theodonis villa datum. In: MGH Capitularia, Bd. I, Nr. 44, Kapitel 7.
80 Thietmar von Merseburg, Chronik, Buch VI, Kapitel 57; Buch II, Kapitel 19.
81 Widukind von Corvey, Sachsengeschichte, Buch III, Kapitel 54.
82 Thietmar von Merseburg, Chronik, Buch II, Kapitel 19.
83 Widukind von Corvey, Sachsengeschichte, Buch III, Kapitel 52.
84 Widukind von Corvey, Sachsengeschichte, Buch III, Kapitel 53–55.
85 Die zahlreichen Urkunden für das Moritzkloster sind enthalten im Urkundenbuch des Erzstifts Magdeburg, Teil I (937–1192), Magdeburg 1937 (Geschichtsquellen der Provinz Sachsen und des Freistaates Anhalt, Neue Reihe, Bd. 18).
86 Urkundenbuch des Erzstifts Magdeburg, Nr. 28.
87 Urkundenbuch des Erzstifts Magdeburg, Nr. 52.
88 Thietmar von Merseburg, Chronik, Buch II, Kapitel 20/21.
89 Thietmar von Merseburg, Chronik, Buch II, Kapitel 36/37.
90 Thietmar von Merseburg, Chronik, Buch II, Kapitel 37.
91 Miracula Sancti Heinrici. In: MGH Scriptores IV, S. 815.
92 Thietmar von Merseburg, Chronik, Buch II, Kapitel 28.
93 Thietmar von Merseburg, Chronik, Buch II, Kapitel 31.
94 Widukind von Corvey, Sachsengeschichte, Buch III, Kapitel 75. Unter »Awaren« sind die Ungarn zu verstehen.
95 Widukind von Corvey, Sachsengeschichte, Buch II, Kapitel 36.

Kapitel III

1 Leopold von Ranke: Weltgeschichte, Bd. VII, Leipzig 1881–1888, S. 7.
2 Thietmar von Merseburg, Chronik, Buch III, Kapitel 6.
3 Snorris Königsbuch/Heimskringla. Übertragungen von Felix Nieder, 3 Bde. 1965 (Thule. Altnordische Dichtung und Prosa 14–16).
4 Richer von Reims, Vier Bücher Geschichten, Buch III, Kapitel 71 (Geschichtsschreiber der deutschen Vorzeit Bd. 37).
5 Richer von Reims, Buch III, Kapitel 77.
6 Thietmar von Merseburg, Chronik, Buch III, Kapitel 10.
7 Richer von Reims, Buch III, Kapitel 57–65.
8 Helmut Beumann: Die Ottonen, S. 119.
9 MGH Urkunden Ottos II., Nr. 273 982 April 18 Tarent.

10 Leopold von Ranke (wie Anm. 1), S. 25.
11 Brun von Querfurt, Vita quinque fratrum, MGH Scriptores XV, 2.
12 Thietmar von Merseburg, Chronik, Buch III, Kapitel 20.
13 Thietmar von Merseburg, Chronik, Buch III, Kapitel 21f.
14 Pallida mors Saracenorum: Otto von Freising, Chronik, Buch VI, Kapitel 26.
15 Thietmar von Merseburg, Chronik, Buch III, Kapitel 24.
16 Helmut Beumann: Otto III. 983–1002. In: Ders. (Hrsg.): Kaisergestalten des Mittelalters, München 1984, S. 74f.
17 Thietmar von Merseburg, Chronik, Buch III, Kapitel 17–19.
18 Adam von Bremen, Bischofsgeschichte der Hamburger Kirche (Freiherr-vom-Stein-Gedächtnisausgabe, Bd. XI), Buch II, Kapitel 43.
19 Thietmar von Merseburg, Chronik, Buch III, Kapitel 18.
20 Thietmar von Merseburg, Chronik, Buch VI, Kapitel 23–25.
21 Helmut Beumann: Die Ottonen, S. 124f.

Kapitel IV

1 Brun von Querfurt, Vita quinque fratrum. MGH Scriptores, XV, 2, S. 718.
2 Die Jahrbücher von Quedlinburg zum Jahre 1002 (Geschichtsschreiber der deutschen Vorzeit, Bd. 36).
3 Thietmar von Merseburg, Chronik, Buch IV, Kapitel 53.
4 Thietmar von Merseburg, Chronik, Buch IV, Kapitel 1–2.
5 Thietmar von Merseburg, Chronik, Buch IV, Kapitel 9.
6 Mathilde und Karl Uhlirz: Jahrbücher des deutschen Reiches unter Otto II. und Otto III. Bd. 2, Berlin 1954, S. 199.
7 Zitiert nach Percy Ernst Schramm: Kaiser, Rom und Renovatio, Studien zur Geschichte des römischen Erneuerungsgedankens vom Ende des karolingischen Reiches bis zum Investiturstreit. 3. Auflage, Darmstadt 1975, S. 85.
8 Die Jahrbücher von Quedlinburg zum Jahre 996.
9 Erstmals in dem Diplom für die Bürger von Cremona vom 22. Mai 996 (MGH Diplomata. Die Urkunden Ottos III., Nr. 198).
10 Percy Ernst Schramm: Kaiser, Könige und Päpste. Gesammelte Aufsätze zur Geschichte des Mittelalters, Bd. III, Stuttgart 1968–71, S. 274.
11 Michael Seidlmayer: Rom und Romgedanke im Mittelalter. In: Ders.: Wege und Wandlungen des Humanismus, Göttingen 1965, S. 11–32.
12 Percy Ernst Schramm: Kaiser, Rom und Renovatio (wie Anm. 7), S. 106f.
13 Das Leben des Bischofs Adalbert von Prag, Kapitel 23 (Geschichtsschreiber der deutschen Vorzeit, Bd. 34).
14 Franz Dölger: Byzanz und die europäische Staatenwelt, Ettal 1953.
15 Thietmar von Merseburg, Chronik, Buch IV, Kapitel 44.
16 Das Leben des heiligen Bernward (Freiherr-vom-Stein-Gedächtnisausgabe, Bd. XXII), Kapitel 2 und 3.
17 Percy Ernst Schramm: Kaiser, Rom und Renovatio (wie Anm. 7), S. 97.
18 Zitiert nach Percy Ernst Schramm: Kaiser, Rom und Renovatio, S. 101.
19 Zitiert nach Percy Ernst Schramm: Kaiser, Rom und Renovatio, S. 101.
20 Das Leben des Bischofs Adalbert von Prag, Kapitel 23.
21 Walter Heinemeyer: Erzbischof Willigis von Mainz. In: Blätter für deutsche Landesgeschichte, 112, 1976, S. 43.
22 Das Leben des Bischofs Adalbert von Prag, Kapitel 30.
23 Überliefert als sog. »Dagome-iudex-Dokument«. Charlotte Warnke: Ursachen und Voraussetzungen der Schenkung Polens an den heiligen

Petrus. In: Europa Slavica-Europa Orientalis. Festschrift für Herbert Ludat zum 70. Geburtstag, Berlin 1980, S. 127–177.
24 Thietmar von Merseburg, Chronik, Buch IV, Kapitel 44.
25 Thietmar von Merseburg, Chronik, Buch IV, Kapitel 45.
26 Erstmals am 17. Januar 1000 (MGH Diplomata. Urkunden Ottos III. Nr. 344).
27 Kronzeuge für diese Haltung ist Bischof Thietmar von Merseburg, Chronik, Buch IV, Kapitel 45.
28 Gallus Anonymus: Chronik und Taten der Herzöge und Fürsten von Polen, Buch 1, Kapitel 6. Graz, Wien, Köln 1978 (Slawische Geschichtsschreiber Bd. 10).
29 Wipo, Taten Kaiser Konrads II. (Freiherr-vom-Stein-Gedächtnisausgabe, Bd. XI), Kapitel 9. Gegenüber diesem klaren zeitgenössischen Zeugnis verliert die Angabe des erst nach 1100 schreibenden Gallus Anonymus, der von einer Krönung Boleslaws durch den Kaiser berichtet, an Glaubwürdigkeit.
30 Thietmar von Merseburg, Chronik, Buch V, Kapitel 10.
31 Thietmar von Merseburg, Chronik, Buch IV, Kapitel 47.
32 Chronicon Novalese, ed. Cipolla (Fonti per la storia d'Italia) Rom 1901, Buch III, Kapitel 32, S. 197 f. Übersetzung nach Robert Holtzmann: Geschichte der sächsischen Kaiserzeit, S. 365 f. In dieser italienischen Quelle, der Chronik des in Oberitalien, im Tal von Susa, gelegenen Klosters Novalese, wird der Bericht des Pfalzgrafen Otto von Lomello über die Öffnung des Aachener Karlsgrabes wiedergegeben. Der Pfalzgraf gehörte zu den engsten Vertrauten Ottos III., so daß seine Teilnahme an dieser heimlichen Aktion durchaus im Bereich des Möglichen liegt. Allerdings kann nicht sicher nachgewiesen werden, daß er den Kaiser wirklich auf dem Zug nach Gnesen und Aachen begleitet hat. Der Bericht ist interessant, auch wenn sich vielleicht Phantasie und Wirklichkeit in der Erinnerung vermischt haben.
33 Constitutum Constantini. MGH Fontes iuris Germanici antiqui in usum scholarum, Bd. X.
34 Leo von Vercelli an Kaiser Otto III. Neues Archiv XXII, 1897, S. 115.
35 MGH Diplomata, Urkunden Ottos III., Nr. 389.
36 Thietmar von Merseburg, Chronik, Buch IV, Kapitel 47.
37 Das Leben des heiligen Bernward, Kapitel 24.
38 Das Leben des heiligen Bernward, Kapitel 25.
39 Brun von Querfurt, Vita quinque fratrum, S. 718.
40 Die Jahrbücher von Quedlinburg zum Jahre 1002.
41 Vita Adalberti. Das Leben des Bischofs Adalbert, Kapitel 21.
42 Michael Seidlmayer: Geschichte des italienischen Volkes und Staates, Leipzig 1940 (Die Große Weltgeschichte, Bd. 9), S. 87.
43 Otto von Freising, Chronik, Buch VI, Kapitel 26.
44 Brun von Querfurt, Vita quinque fratrum, S. 718.
45 Wilhelm Giesebrecht: Geschichte der deutschen Kaiserzeit, Bd. 2, 5. Auflage Braunschweig 1885, S. 741.
46 Helmut Beumann: Die Ottonen, S. 155.
47 Mathilde Uhlirz: Das Werden des Gedankens der Renovatio Imperii bei Otto III. In: I problemi dell'Europa Post-Carolingia, Spoleto 1955 (Settimane di Studio II), S. 201–244.

Kapitel V

1 Wolfram von den Steinen: Kaiser Heinrich II. der Heilige, Bamberg 1924, S. 30.

2 Thietmar von Merseburg, Chronik, Buch IV, Kapitel 52; Buch V, Kapitel 4–8.
3 Thietmar von Merseburg, Chronik, Buch IV, Kapitel 52.
4 Thietmar von Merseburg, Chronik, Buch V, Kapitel 7.
5 Thietmar von Merseburg, Chronik, Buch V, Kapitel 14–17.
6 Leopold von Ranke: Weltgeschichte, Bd. IX, S. 409.
7 Leopold von Ranke: Weltgeschichte, Bd. IX, S. 411.
8 Thietmar von Merseburg, Chronik, Buch VI, Kapitel 22.
9 Brun von Querfurt, Epistola Brunonis ad Henricum Regem (Monumenta Poloniae Historica, Series nova, Bd. IV, Fasc. 3), S. 101f.
10 Herbert Ludat: Reichspolitik und Piastenstaat um die Jahrtausendwende. In: Saeculum 14, 1963, S. 325–339; ders.: An Elbe und Oder um das Jahr 1000. Skizzen zur Politik des Ottonenreiches und der slawischen Mächte in Mitteleuropa, Köln/Wien 1971, S. 326.
11 Alexander Cartellieri: Weltgeschichte als Machtgeschichte, Bd. 2, München/Berlin 1932, S. 290.
12 Thietmar von Merseburg, Chronik, Buch VI, Kapitel 101.
13 Thietmar von Merseburg, Chronik, Buch VII, Kapitel 1.
14 Klaus-Jürgen Herrmann: Das Tuskulaner Papsttum (1012–1046). Benedikt VIII., Johannes XIX., Benedikt IX., Stuttgart 1973, S. 35.
15 Jahrbücher von Quedlinburg zum Jahre 1014.
16 Die Tegernseer Briefsammlung (Froumund) MGH Epistolae selectae III, Codex III, Nr. XXXIX, S. 118.
17 Thietmar von Merseburg, Chronik, Buch IV, Einleitungsverse.
18 Thietmar von Merseburg, Chronik, Buch VII, Kapitel 2.
19 Thietmar von Merseburg, Chronik, Buch V, Kapitel 43.
20 Thietmar von Merseburg, Chronik, Buch VI, Kapitel 40.
21 Vita Meinwerci episcopi Patherbrunnensis (MGH Scriptores rer. Germ. in usum schol., Bd. 59), Kapitel XI.
22 Jahrbücher von Quedlinburg zu 1013.
23 Jahrbücher von Quedlinburg zu 1014.
24 Thietmar von Merseburg, Chronik, Buch VI, Kapitel 30.
25 Helmut Beumann: Die Ottonen, S. 165f.
26 Thietmar von Merseburg, Chronik, Buch VI, Kapitel 60.
27 Wipo, Die Taten Kaiser Konrads II., Kapitel 1.
28 Wipo, Die Taten Kaiser Konrads II., Kapitel 1.

Dritter Teil

Kapitel I

1 Wipo, Die Taten Kaiser Konrads II., Kapitel 7.
2 Wipo, Die Taten Kaiser Konrads II., Kapitel 2.
3 Ulrich Reuling: Die Kur in Deutschland und Frankreich, Göttingen 1979 (Veröffentlichungen des Max-Planck-Instituts für Geschichte, Bd. 64), S. 14f.
4 Wipo, Die Taten Kaiser Konrads II., Kapitel 2.
5 Wipo, Die Taten Kaiser Konrads II., Kapitel 2.
6 Wipo, Die Taten Kaiser Konrads II., Kapitel 6.
7 Wipo, Die Taten Kaiser Konrads II., Kapitel 12.
8 Wipo, Die Taten Kaiser Konrads II., Kapitel 13.
9 Wipo, Die Taten Kaiser Konrads II., Kapitel 13.
10 Wipo, Die Taten Kaiser Konrads II., Kapitel 16.
11 Die Siegel der deutschen Kaiser und Könige, hrsg. von Otto Posse, Bd. 1, Dresden 1909, Tafel 13, Nrn. 5 und 6, 1028 August 23.

12 Egon Boshof: Die Salier, Stuttgart 1987, S. 48 (Urban-Taschenbücher 387).
13 Die Jahrbücher von Quedlinburg zum Jahre 1025.
14 Die Jahrbücher von Quedlinburg zum Jahre 1025.
15 Wipo, Die Taten des Kaisers Konrad II., Kapitel 34
16 Edictum de beneficiis regni Italici. In: MGH Constitutiones I, Nr. 45.
17 Wipo, Die Taten des Kaisers Konrad II., Kapitel 36.
18 Zitiert nach Johannes Haller: Das altdeutsche Kaisertum, S. 36.
19 Wipo, Die Taten des Kaisers Konrad II., Kapitel 37.
20 Wipo, Die Taten des Kaisers Konrad II., Kapitel 37.
21 Hermann von Reichenau, Chronik (Freiherr-vom-Stein-Gedächtnisausgabe, Bd. XI), S. 667.
22 Wipo, Die Taten des Kaisers Konrad II., Kapitel 6.
23 Wipo, Die Taten des Kaisers Konrad II., Kapitel 20.
24 Wipo, Die Taten des Kaisers Konrad II., Kapitel 28.
25 Wipo, Die Taten des Kaisers Konrad II., Kapitel 39.
26 Wipo, Die Taten des Kaisers Konrad II., Kapitel 6.
27 Leopold von Ranke: Weltgeschichte, Bd. X., S. 456.
28 Wipo, Tetralogus. In: MGH Scriptores rer. Germ., hrsg. von Harry Bresslau, 3. Auflage 1915, S. 82.
29 Alois Schulte: Anläufe zu einer festen Residenz der deutschen Könige im Hochmittelalter. In: Historisches Jahrbuch 55, 1935, S. 132.
30 Wipo, Die Taten des Kaisers Konrad II., Kapitel 6.
31 Sachsenspiegel Landrecht III 52 § 1: »De dudeschen scolen dorch recht den koning kesen. Swen de gewiet wert van den biscopen de dar to gesat sin, unde op den stul to Aken kumt, so hevet he koningleke gewalt unde konigleken namen«.
32 Wipo, Die Taten des Kaisers Konrad II., Kapitel 6.
33 Wipo, Die Taten des Kaisers Konrad II., Kapitel 6.
34 Wipo, Die Taten des Kaisers Konrad II., Kapitel 6.
35 Carlrichard Brühl, Theo Kölzer: Das Tafelgüterverzeichnis des römischen Königs, Köln/Wien 1979.
36 Sachsenspiegel, Landrecht III 60 § 2.
37 Wipo, Die Taten des Kaisers Konrad II., Kapitel 5.
38 Wipo, Die Taten des Kaisers Konrad II., Kapitel 5.
39 Wipo, Die Taten des Kaisers Konrad II., Kapitel 18.
40 Acta Murensia, hrsg. von M. Kiem (Quellen zur Schweizer Geschichte 3), 1883, S. 68 ff. Zitiert nach Günther Franz (Hrsg.): Quellen zur Geschichte des deutschen Bauernstandes im Mittelalter (Freiherr-vom-Stein-Gedächtnisausgabe, Bd. XXXI), Berlin 1967, S. 134 ff.
41 Hermann Heimpel: Deutsches Mittelalter, Leipzig 1941, S. 155.
42 Otto von Freising und Rahewin, Die Taten Friedrichs, Buch II, Kapitel 48.
43 Werdener Urbare, ausgewertet von Bruno Heusinger: Servitium regis in der deutschen Kaiserzeit. Untersuchungen über die wirtschaftlichen Verhältnisse des deutschen Königtums 900–1250, Berlin/Leipzig 1922, S. 152 f.
44 Stefan Weinfurter: Die Geschichte der Eichstätter Bischöfe des Anonymus Haserensis, Regensburg 1987, Kapitel 23, S. 82.
45 Lampert von Hersfeld, Annalen, S. 106/07.
46 Lampert von Hersfeld, Annalen, S. 214/15.
47 Lampert von Hersfeld, Annalen, S. 222/23.
48 Thietmar von Merseburg, Chronik, Buch II, Kapitel 28. Vergleiche dazu S. 241.
49 Percy Ernst Schramm: Kaiser, Könige und Päpste. Beiträge zur allgemeinen Geschichte, Bd. 1, Stuttgart 1968, S. 258.
50 Vita Godehardi des Wolfher (MGH Scriptores, Bd. XI), S. 186.

Kapitel II

1 Percy Ernst Schramm: »Laus Caesaris Heinrici« des Azelin von Reims = Atto von Monte Cassino. In: Ders.: Kaiser, Könige und Päpste, Bd. III, Stuttgart 1969, S. 399–407.
2 Friedrich Prinz: Grundlagen und Anfänge. Deutschland bis 1056 (Neue Deutsche Geschichte, Bd. 1), München 1985, S. 202.
3 Der Brief bei Wilhelm von Giesebrecht: Geschichte der deutschen Kaiserzeit, Bd. 2, 5. Auflage Braunschweig 1885, S. 714.
4 Bonizo von Sutri (MGH Libelli de Lite I), S. 584.
5 Alexander Cartellieri: Weltgeschichte als Machtgeschichte, Bd. 2, S. 473.
6 Alexander Cartellieri: Weltgeschichte als Machtgeschichte, Bd. 2, S. 475.
7 Friedrich Prinz: Grundlagen und Anfänge, S. 208.
8 Das Siegel in: Die Siegel der deutschen Kaiser und Könige, hrsg. von Otto Posse, Bd. 1, Dresden 1909, Tafel 13, Nrn. 7 und 8. Die Urkunde in: MGH Urkunden Konrads II., Nr. 195, 1033 Juli 19.
9 Theodor Schieffer: Kaiser Heinrich III. 1017 bis 1056. In: Die Großen Deutschen, Bd. I, 1956, S. 63.
10 Paul Kehr: Vier Kapitel aus der Geschichte Kaiser Heinrichs III., Berlin 1931 (Abhh. d. Preuß. Akad. d. Wiss. 1930, Phil.-hist. Klasse), S. 54.
11 Paul Kehr: Vier Kapitel, S. 54.
12 Werner Goez: Gestalten des Hochmittelalters. Personengeschichtliche Essays im allgemeinhistorischen Kontext, Darmstadt 1983, S. 111.
13 Johannes Haller: Das altdeutsche Kaisertum, S. 71.
14 Werner Goez: Gestalten des Hochmittelalters (wie Anm. 12), S. 118 ff.
15 Hermann von Reichenau, Chronik zum Jahre 1053 (Freiherr-vom-Stein-Gedächtnisausgabe, Bd. XI), S. 702/703.
16 Hermann von Reichenau, Chronik zum Jahre 1053, S. 702/703.
17 Hermann von Reichenau, Chronik zum Jahre 1043, S. 676/677.
18 Theodor Schieffer: Kaiser Heinrich III. In: Die Großen Deutschen, Bd. 1, S. 67.

Kapitel III

1 Adam von Bremen, Hamburgische Kirchengeschichte (Freiherr-vom-Stein-Gedächtnisausgabe, Bd. XI), Buch III, Kapitel 34.
2 Lampert von Hersfeld, Annalen (Freiherr-vom-Stein-Gedächtnisausgabe, Bd. XIII), S. 74/75.
3 Frutolf von Michelsberg, Weltchronik (Freiherr-vom-Stein-Gedächtnisausgabe, Bd. XV), S. 74/75.
4 Lampert von Hersfeld, Annalen, S. 62/73.
5 Egon Boshof: Die Salier, S. 169.
6 Adam von Bremen, Hamburgische Kirchengeschichte, Buch III, Kapitel 43.
7 Marie-Luise Bulst-Thiele: Kaiserin Agnes, 2. Auflage Hildesheim 1972 (Beiträge zur Kulturgeschichte des Mittelalters und der Renaissance, hrsg. von Walter Goetz, Band 52), S. 61.
8 Lampert von Hersfeld, Annalen, S. 72/73 ff.
9 Lampert von Hersfeld, Annalen, S. 58/59.
10 Lampert von Hersfeld, Annalen, S. 76/77 ff.
11 Lampert von Hersfeld, Annalen, S. 328/329 ff.
12 Lampert von Hersfeld, Annalen, S. 110/111.
13 Adam von Bremen, Hamburgische Kirchengeschichte, Buch III.

14 Lampert von Hersfeld, Annalen, S. 118/119 ff.
15 Adam von Bremen, Hamburgische Kirchengeschichte, Buch III, Kapitel 50 ff.
16 Wolfram von den Steinen: Der Kosmos des Mittelalters. Von Karl dem Großen zu Bernhard von Clairvaux, Bern/München 1959, S. 187.
17 Otto von Freising, Chronik, Buch VI, Kapitel 35.
18 Otto von Freising, Chronik, Buch VI, Kapitel 36.
19 Cartellieri: Der Aufstieg des Papsttums, S. 115.
20 Frutolf von Michelsberg, Weltchronik, S. 78/79.
21 Lampert von Hersfeld, Annalen, S. 174/75.
22 Lampert von Hersfeld, Annalen, S. 176/77.
23 Lampert von Hersfeld, Annalen, S. 180/81.
24 Lampert von Hersfeld, Annalen, S. 180–183.
25 Lampert von Hersfeld, Annalen, S. 188/89.
26 Lampert von Hersfeld, Annalen, S. 224/25.
27 Lampert von Hersfeld, Annalen, S. 232–235.
28 Lampert von Hersfeld, Annalen, S. 282/83.
29 Lampert von Hersfeld, Annalen, S. 284–295.
30 Lampert von Hersfeld, Annalen, S. 294/95.
31 Lampert von Hersfeld, Annalen, S. 314–323.
32 Quellen zum Investiturstreit I, Ausgewählte Briefe Papst Gregors VII. (Freiherr-vom-Stein-Gedächtnisausgabe, Bd. XII a), Nr. 66.
33 Quellen zur Geschichte Kaiser Heinrichs IV, (Freiherr-vom-Stein-Gedächtnisausgabe, Bd. XII), S. 470–475.
34 Quellen zur Geschichte Kaiser Heinrichs IV., Nr. 11, S. 62–65.
35 Quellen zur Geschichte Kaiser Heinrichs IV., Nr. 12, S. 64–69.
36 Quellen zur Geschichte Kaiser Heinrichs IV., Nr. 10, S. 60–63.
37 Carl Erdmann: Die Anfänge der staatlichen Propaganda im Investiturstreit. In: Historische Zeitschrift 154, 1936, S. 491–512.
38 Quellen zum Investiturstreit II, S. 206 ff. Nr. 67; Quellen zur Geschichte Kaiser Heinrichs IV., S. 288/89.
39 Gerd Tellenbach: Libertas. Kirche und Weltordnung im Zeitalter des Investiturstreites, Stuttgart 1936 (Forschungen zur Kirchen- und Geistesgeschichte, Bd. VII).
40 Tilman Struve: Artikel »Gregorianische Reform«. In: Lexikon des Mittelalters, Bd. IV, Spalte 1687.
41 Humberti Cardinalis libri III adversus simoniacos (MGH Libelli de lite I), S. 95–253.
42 Wolfram von den Steinen: Canossa. Heinrich IV, und die Kirche, München 1957 (Nachdruck Darmstadt 1969), S. 36.
43 Quellen zum Investiturstreit I, Nr. 47, S. 148–151.
44 Horst Fuhrmann: Der wahre Kaiser ist der Papst. Von der irdischen Gewalt im Mittelalter, in: Das antike Rom in Europa, hrsg. von Hans Bungert, Regensburg 1985, S. 99–121.
45 Philipp Jaffé (Hrsg.): Monumenta Gregoriana: Epistolae collectae, Berlin 1865 (Bibliothecarum Germanicarum, Bd. 2), S. 50.
46 Carl Erdmann: Die Entstehung des Kreuzzugsgedankens, Stuttgart 1935 (Forschungen zur Kirchen- und Geistesgeschichte, Bd. VI), S. 161.
47 Quellen zum Investiturstreit I, S. 124–129, Nr. 39.
48 Herbert Grundmann: Das hohe Mittelalter und die deutsche Kaiserzeit. In: Neue Propyläen-Weltgeschichte, Berlin 1940, Bd. II, S. 240.
49 Lampert von Hersfeld, Annalen, S. 362/63.
50 Lampert von Hersfeld, Annalen, S. 396–399.
51 Lampert von Hersfeld, Annalen, S. 414–417.
52 Quellen zum Investiturstreit I, Nr. 77.
53 Quellen zum Investiturstreit I, Nr. 78.

54 Bruno, Sachsenkrieg (Freiherr-vom-Stein-Gedächtnisausgabe, Bd. XII), Kapitel 113.
55 Lampert von Hersfeld, Annalen, S. 414/15.
56 Bruno, Sachsenkrieg, Kapitel 91.
57 Bruno, Sachsenkrieg, Kapitel 96–102.
58 Über die Bewahrung der kirchlichen Einheit (Freiherr-vom-Stein-Gedächtnisausgabe, Bd. XII b), Buch II, Kapitel 16.
59 Quellen zum Investiturstreit I, Nr. 138.
60 Bruno, Sachsenkrieg, Kapitel 116.
61 Quellen zum Investiturstreit I, Nr. 107.
62 Quellen zur Geschichte Kaiser Heinrichs IV., S. 476–483.
63 Bruno, Sachsenkrieg, Kapitel 124; Das Leben Kaiser Heinrichs IV., Kapitel 4.
64 Das Leben Kaiser Heinrichs IV., Kapitel 4.
65 Alexander Cartellieri: Der Aufstieg des Papsttums im Rahmen der Weltgeschichte 1047–1095, München/Berlin 1936 (Weltgeschichte als Machtgeschichte, Bd. 3), S. 184.
66 Quellen zum Investiturstreit I, Nr. 143.
67 Quellen zum Investiturstreit I, Nr. 148.
68 Frutolf von Michelsberg, Weltchronik, S. 104/105.
69 MGH Constitutiones I Nr. 394.
70 Ekkehard von Aura, Chronik, S. 162/63.
71 Boshof: Die Salier, S. 263.
72 Ekkehard von Aura, Chronik, S. 110/111.
73 Das Leben Kaiser Heinrichs IV., Kapitel 9.
74 Ekkehard von Aura, Chronik, S. 188/89 ff.; Das Leben Kaiser Heinrichs IV., Kapitel 10.
75 Lampert von Hersfeld, Annalen, S. 372/73.
76 Quellen zur Geschichte Kaiser Heinrichs IV., Nr. 37, 38, 39, 40, 41, 42.
77 František Graus: Lebendige Vergangenheit. Überlieferung im Mittelalter und in den Vorstellungen vom Mittelalter, Köln/Wien 1975, S. 339.
78 Benzo von Alba, Ad Heinricum IV. imperatorem libri VII. In: MGH Scriptores, Bd. XI, 1854, S. 591–681, speziell S. 605.
79 Das Leben Kaiser Heinrichs IV., Kapitel 4.
80 Ekkehard von Aura, Chronik, S. 200/201.
81 Ekkehard von Aura, Chronik, S. 202/203.
82 Das Leben Kaiser Heinrichs IV., Kapitel 13.
83 Sigebert von Gembloux, Weltchronik. In: MGH Scriptores, Bd. VI, S. 371 f.
84 Jahrbücher des Deutschen Reiches unter Heinrich IV. und Heinrich V., bearb. von G. Meyer von Knonau, Bd. IV, 1907, S. 6 ff. – Abweichende Interpretationen der Vorgänge bei Heinrich Sproemberg: Lüttich und das Reich im Mittelalter. In: Ders.: Beiträge zur belgisch-niederländischen Geschichte, Berlin 1959 (Forschungen zur mittelalterlichen Geschichte, Bd. 3), S. 354; František Graus: Volk, Herrscher und Heiliger im Reich der Merowinger. Studien zur Hagiographie der Merowingerzeit, Prag 1965, S. 328, Anm. 139.
85 Bernhard Töpfer: Das kommende Reich des Friedens. Zur Entwicklung chiliastischer Zukunftshoffnungen im Hochmittelalter, Berlin 1964 (Forschungen zur mittelalterlichen Geschichte, Bd. 11).

Kapitel IV

1 Leopold von Ranke: Weltgeschichte, Band VI, S. 187.
2 Pöhlder Jahrbücher zu 1106 (Geschichtsschreiber der deutschen Vorzeit, Band 61, 3. Auflage Leipzig 1941), S. 42.

Anmerkungen

3 Suger, Vita Ludovici Grossi regis, ed. Henri Waquet, Paris 1964 (Les classiques de l'Histoire de France au moyen age), S. 56.
4 Suger, Vita Ludovici, S. 58/60.
5 Ekkehard von Aura, Chronik, S. 248/50.
6 Anonyme Kaiserchronik (Freiherr-vom-Stein-Gedächtnisausgabe, Bd. XV), S. 252.
7 Suger, Vita Ludovici (wie Anm. 3), S. 60.
8 Anonyme Kaiserchronik, S. 254.
9 Otto von Freising, Chronik, Buch VII, Kapitel 14.
10 Ekkehard von Aura, Chronik, S. 300.
11 Anonyme Kaiserchronik, S. 254.
12 Paschalis II. privilegium primae conventionis. In: MGH Constitutiones I, Nr. 90.
13 Helmut Beumann: Das Reich der späten Salier und der Staufer 1056–1250. In: Handbuch der europäischen Geschichte, Band 2, 1987, S. 314.
14 Ekkehard von Aura, Chronik, S. 302/303.
15 Ekkehard von Aura, Chronik, S. 302/303.
16 Conventio apud pontem Mammeum facta. In: MGH Constitutiones I, Nr. 91–95.
17 Anonyme Kaiserchronik, S. 260.
18 Ekkehard von Aura, Chronik, S. 304/06.
19 Urkundenbuch zur Geschichte der Bischöfe zu Speyer, Bd. 1 (ältere Urkunden), Nr. 80, 1111 August 14.
20 Alexander Cartellieri: Der Vorrang des Papsttums zur Zeit der ersten Kreuzzüge 1095–1150, München/Berlin 1941 (Weltgeschichte als Machtgeschichte, Band 4), S. 124.
21 Otto von Freising, Chronik, Buch VII, Kapitel 15.
22 Ekkehard von Aura, Chronik, S. 312/313.
23 Ekkehard von Aura, Chronik, S. 314/315.
24 Ekkehard von Aura, Chronik, S. 324–326.
25 Ekkehard von Aura, Chronik, S. 334/335.
26 Ekkehard von Aura, Chronik, S. 352/353.
27 Ekkehard von Aura, Chronik, S. 352/353.
28 Zur Investitur der Bischöfe. In: Quellen zum Investiturstreit, Teil II, S. 580–594.
29 Zur Investitur der Bischöfe, S. 588.
30 Pax Wormatiensis cum Calixto II. In: MGH Constitutiones I, Nr. 107/108.
31 Ekkehard von Aura, Chronik, S. 356/357.
32 Ekkehard von Aura, Chronik, S. 362/363.
33 Egon Boshof: Die Salier, S. 302.
34 Ekkehard von Aura, Chronik, S. 374/375.

Literaturhinweise

Die Bibliographie ist der Versuch, den Leser dieses Buches zum Weiterlesen anzuregen. Sie enthält daher vorzugsweise Bücher, die ungeachtet ihres mehr oder weniger ausgeprägt wissenschaftlichen Anspruchs zur vertiefenden und ergänzenden Lektüre geeignet sind. Auf die Nennung von Aufsätzen in wissenschaftlichen Fachzeitschriften wurde grundsätzlich verzichtet; hingegen wird auf Ausstellungskataloge verwiesen, die vielfach nicht nur Abbildungen, sondern auch zusammenfassende Beiträge enthalten. Das gelehrte Schrifttum, das ich nach Maßgabe des Möglichen dankbar zu Rate gezogen habe, wird in den umfangreichen Bibliographien der Werke von Helmut Beumann, Egon Boshof, Alfred Haverkamp, Eduard Hlawitschka, Hermann Jakobs, Hagen Keller und Friedrich Prinz aufgeführt.

Übersicht:
A. Darstellungen

Allgemeine Geschichte
Biographien
Naturräumliche Grundlagen
Bevölkerungs-
und Siedlungsgeschichte
Verkehrswesen
Gesellschaft, Wirtschaft
und Technik
Städtewesen
Recht und Verfassung
Kirchen- und Missionsgeschichte
Kunst, Kultur und Geistesleben
Alltagsleben
Benachbarte Völker
Einzelne Regionen

B. Ausstellungskataloge

C. Quellensammlungen
   (mit Übersetzungen)

Freiherr-vom-Stein-
Gedächtnisausgabe
Geschichtsschreiber der
deutschen Vorzeit
Einzelausgaben

A. Darstellungen

Allgemeine Geschichte

Beumann, Helmut: Die Ottonen (Urban-Taschenbücher, Bd. 384), Stuttgart/Berlin/Köln/Mainz 1987, 2. Aufl. 1991.

Boockmann, Hartmut: Stauferzeit und spätes Mittelalter. Deutschland 1125–1517 (Das Reich und die Deutschen, Bd. 4), Berlin 1987.

Boshof, Egon: Die Salier (Urban-Taschenbücher, Bd. 387), Stuttgart/Berlin/Köln/Mainz 1987.

Cartellieri, Alexander: Weltgeschichte als Machtgeschichte, 4 Bde., München/Berlin 1927–1941.

Eickhoff, Ekkehard: Seekrieg und Seepolitik zwischen Islam und Abendland. Das Mittelmeer unter byzantinischer und arabischer Hegemonie (650–1040), Berlin 1966.

Euw, Anton von und Schreiner, Peter (Hrsgg.): Kaiserin Theophanu. Begegnung des Ostens und Westens um die Wende des ersten Jahrtausends. Gedenkschrift des Kölner Schnütgen-Museums zum 1000. Todesjahr der Kaiserin, 2 Bde., Köln 1991.

Giesebrecht, Wilhelm von: Geschichte der deutschen Kaiserzeit, 6 Bde., Braunschweig/Leipzig 1875 bis 1895.

Haller, Johannes: Die Epochen der deutschen Geschichte, München 1959.

Hampe, Karl: Das Hochmittelalter. Geschichte des Abendlandes von 900 bis 1250, 6. Aufl. Darmstadt 1977.

Haverkamp, Alfred: Aufbruch und Gestaltung. Deutschland 1056–1273 (Neue Deutsche Geschichte, Bd. 2), München 1984.

Holtzmann, Robert: Geschichte der sächsischen Kaiserzeit (900–1024), München 1941, Neuausgabe Darmstadt 1967.

Hubmann, Franz und Pohl, Walter: Deutsche Könige Römische Kaiser. Der Traum vom Heiligen Römischen Reich Deutscher Nation 800–1806, Wien/München 1987.

Keller, Hagen: Zwischen regionaler Begrenzung und universalem Horizont (Propyläen Geschichte Deutschlands, Bd. 2), Berlin 1986.

Mayer, Hans Eberhard: Geschichte der Kreuzzüge, (Urban-Taschenbücher, Bd. 86), 7. Aufl. 1989.

Prinz, Friedrich: Grundlagen und Anfänge. Deutschland bis 1056 (Neue Deutsche Geschichte, Bd. 1), München 1985.

Ranke, Leopold von: Weltgeschichte, 9 Bde., Leipzig 1881–1888.

Schulze, Hans K.: Vom Reich der Franken zum Land der Deutschen. Merowinger und Karolinger (Das Reich und die Deutschen, Bd. 2), Berlin 1987.

Southern, Richard William: Gestaltende Kräfte des Mittelalters, London 1953, 1. dt. Ausg. Stuttgart 1960, 2. Aufl. unter dem Titel: Geistes- und Sozialgeschichte des Mittelalters: Das Abendland im 11. und 12. Jahrhundert, Stuttgart/Berlin/Köln/Mainz 1980.

Weinfurter, Stefan: Herrschaft und Reich der Salier. Grundlinien einer Umbruchzeit, Sigmaringen 1990.

Wolfram, Herwig: Das Reich und die Germanen. Zwischen Antike und Mittelalter (Das Reich und die Deutschen, Bd. 1), Berlin 1990.

Zimmermann, Harald: Das dunkle Jahrhundert. Ein historisches Porträt, Graz/Wien/Köln 1971.

Biographien

Althoff, Gerd und Keller, Hagen: Heinrich I. und Otto der Große. Neubeginn auf karolingischem Erbe (Persönlichkeit und Geschichte, Bde. 122/123 und 124/125), 2 Bde., Göttingen/Zürich 1985.

Beumann, Helmut (Hrsg.): Kaisergestalten des Mittelalters, München 1984.

Boshof, Egon: Heinrich IV.: Herrscher an einer Zeitenwende (Persönlichkeit und Geschichte, Bde. 108/109), Göttingen 1979.

Bulst-Thiele, Marie-Luise: Kaiserin Agnes (Beiträge zur Kulturgeschichte des Mittelalters und der Renaissance, Bd. 52), Berlin/Leipzig 1933, Nachdruck Hildesheim 1972.

Engel, Evamaria und Holtz, Eberhard (Hrsgg.): Deutsche Könige und Kaiser des Mittelalters, Leipzig/Jena/Berlin 1989.

Euw, Anton von und Schreiner, Peter (Hrsgg.): Kaiserin Theophanu. Begegnungen des Ostens und Westens um die Wende des ersten Jahrtausends. Gedenkschrift des Kölner Schnütgen-Museums zum 1000. Todestag der Kaiserin, 2 Bde. Köln 1991.

Goez, Werner: Gestalten des Hochmittelalters. Personengeschichtliche Essays im allgemeinhistorischen Kontext, Darmstadt 1983.

Hampe, Karl: Herrschergestalten des deutschen Mittelalters, Leipzig 1927, Nachdruck Darmstadt 1987.

Jäschke, Kurt-Ulrich: Notwendige Gefährtinnen. Königinnen der Salierzeit als Herrscherinnen und Ehefrauen im römisch-deutschen Reich des 11. und beginnenden 12. Jahrhunderts, Saarbrücken 1991.

Schwarzmaier, Hansmartin: Von Speyer nach Rom. Wegstationen und Lebensspuren der Salier, Sigmaringen 1991.

Waas, Adolf: Heinrich V. Gestalt und Verhängnis des letzten salischen Kaisers, München 1967.

Naturräumliche Grundlagen

Gradmann, Robert: Süddeutschland. 2 Bde. (Bibliothek länderkundlicher Handbücher), Stuttgart 1931, Nachdruck 1984.

Halecki, Oskar: Europa. Grenzen und Gliederung seiner Geschichte, Darmstadt 1964.

Maier, Jörg und Wackermann, Gabriel (Hrsgg.): Frankreich (Wissenschaftliche Länderkunden, Bd. 35), Darmstadt 1990.

Meynen, Emil u. a. (Hrsg.): Handbuch der naturräumlichen Gliederung Deutschlands, 2 Bde., Bad Godesberg 1953–1962.

Pletsch, Alfred: Hessen (Wissenschaftliche Länderkunden, Bd. 8, III), Darmstadt 1968, 2. Aufl. 1989.

Pounds, Norman J. G.: Historische und politische Geographie von Europa, Braunschweig/Berlin/Hamburg/Kiel 1950.

Rocznik, Karl: Wetter und Klima in Deutschland, Stuttgart 1982.

Ruppert, Karl; Gräf, Peter; Heckl, Franz X. u. a.: Bayern (Wissenschaftliche Länderkunden, Bd. 8, II), Darmstadt 1987.

Tichy, Franz: Italien (Wissenschaftliche Länderkunden, Bd. 24), Darmstadt 1985.

Bevölkerungs- und Siedlungsgeschichte

Blaschke, Karlheinz: Bevölkerungsgeschichte von Sachsen, Weimar 1976.

Böhme, Horst Wolfgang (Hrsg.): Siedlungen und Landesausbau zur Salierzeit, 2 Bde., Bd. 1: In den nördlichen Landschaften des Reiches, Bd. 2: In den südlichen Landschaften des Reiches, Sigmaringen 1991.

Cipolla, Carlo Maria und Borchardt, Knut (Hrsgg.): Bevölkerungsgeschichte Europas, (Fontana Economic History of Europe, Teilausg. dt.), München 1971.

Herrmann, Bernd (Hrsg.): Mensch und Umwelt im Mittelalter, Stuttgart 1986.

Higounet, Charles: Die deutsche Ostsiedlung im Mittelalter, Berlin 1986.

Schlesinger, Walter: Die deutsche Ostsiedlung des Mittelalters als Problem der europäischen Geschichte (Vorträge und Forschungen, Bd. 18), Sigmaringen 1975.

Verkehrswesen

Ellmers, Detlev: Frühmittelalterliche Handelsschiffahrt in Mittel- und Nordeuropa (Offa-Bücher, Bd. 28), Neumünster 1972.

Hanke, Georg (Hrsg.): Die großen Alpenpässe. Reisebeschreibungen aus 9 Jahrhunderten, München 1967.

Lindgren, Uta (Hrsg.): Alpenübergänge vor 1850. Landkarten - Straßen - Verkehr (Vierteljahresschrift für Sozial- und Wirtschaftsgeschichte, Beiheft 83), Stuttgart 1987.

Ohler, Norbert: Reisen im Mittelalter, München/Zürich 1986, Taschenausgabe München 1991.

Treue, Wilhelm: Achse, Rad und Wagen. 5000 Jahre Kultur- und Technikgeschichte, Göttingen 1986.

Gesellschaft, Wirtschaft und Technik

Abel, Wilhelm: Geschichte der deutschen Landwirtschaft vom frühen Mittelalter bis zum 19. Jahrhundert (Deutsche Agrargeschichte, Bd. 2), Stuttgart 1962, 2. Aufl. 1967.

Arnold, Klaus: Kind und Gesellschaft im Mittelalter und Renaissance, Paderborn 1980.

Battenberg, Friedrich: Das europäische Zeitalter der Juden. Zur Entwicklung einer Minderheit in der nichtjüdischen Umwelt Europas, 2 Bde., Darmstadt 1990.

Bentzien, Ulrich: Bauernarbeit im Feudalismus. Landwirtschaftliche Arbeitsgeräte und Verfahren von der Mitte des ersten Jahrtausends u. Z. bis um 1800 (Veröffentlichungen zur Volkskunde und Kulturgeschichte, Bd. 67), Berlin 1980.

Bloch, Marc: Die Feudalgesellschaft (La société féodale, 2 Bde. [L'Evolution de l'humanité. Synthèse collective 34.1,2] Paris 1939/40), Zürich 1982.

Curschmann, Fritz: Hungersnöte im Mittelalter. Ein Beitrag zur deutschen Wirtschaftsgeschichte des 8. bis 13. Jahrhunderts (Leipziger Studien auf dem Gebiet der Geschichte, Bd. 6.1), Leipzig 1900.

Dannenbauer, Heinrich: Politik und Wirtschaft in der deutschen Kaiserzeit, (Libelli, Bd. 35; Sonderausgabe aus der Festschrift für Johannes Haller 1940), Darmstadt 1966.

Duby, Georges: Krieger und Bauern. Die Entwicklung der mittelalterlichen Wirtschaft und Gesellschaft bis um 1200 (Guerriers et paysans. VII-XIIe siècle. Premier essor de l'economie européenne, London 1973), Frankfurt 1984.

Ennen, Edith: Frauen im Mittelalter, München 1984.

Epperlein, Siegfried: Der Bauer im Bild des Mittelalters, Leipzig/Jena/Berlin 1975.

Greive, Hermann: Die Juden. Grundzüge ihrer Geschichte im mittelalterlichen und neuzeitlichen Europa, (Grundzüge, Bd. 37), Darmstadt 1980, 2. erw. Aufl. 1982, 3. Aufl. 1989.

Grierson, Philipp: Münzen des Mittelalters, München 1976.

Harksen, Sybille: Die Frau im Mittelalter, Leipzig 1974.

Kluge, Bernd: Deutsche Münzgeschichte von der späten Karolingerzeit bis zum Ende der Salier (ca. 900-1125), (Römisch-Germanisches Zentralmuseum. Forschungsinstitut für Vor- und Frühgeschichte, Monographien Bd. 29), Sigmaringen 1991.

Rey, Manfred van: Einführung in die rheinische Münzgeschichte des Mittelalters, (Beiträge zur Geschichte der Stadt Mönchengladbach, Bd. 17), Mönchengladbach 1983.

Rösener, Werner: Bauern im Mittelalter, München 1985.

Suhle, Arthur: Deutsche Münz- und Geldgeschichte von den Anfängen bis zum 15. Jahrhundert, 6. Aufl. Berlin 1973.

Suhle, Arthur: Kulturgeschichte der Münzen, München 1969.

Weber-Kellermann, Ingeborg: Die deutsche Familie. Versuch einer Sozialgeschichte, Frankfurt 1974.

White jr., Lynn: Die mittelalterliche Technik und der Wandel der Gesellschaft (Medieval Technology and Social Change), München 1968.

Städtewesen

Ennen, Edith: Die europäische Stadt des Mittelalters, 3. Aufl. Göttingen 1979.

Hardach, Gerd und Schilling, Jürgen: Das Buch vom Markt. Eine Wirtschafts- und Kulturgeschichte, Luzern/Frankfurt 1980.

Kugler, Hartmut: Die Vorstellung der Stadt in der deutschen Literatur des Mittelalters (Münchener Texte und Untersuchungen zur deutschen Literatur des Mittelalters, Bd. 88), München/Zürich 1986.

Meckseper, Cord: Kleine Kunstgeschichte der deutschen Stadt im Mittelalter, Darmstadt 1982.

Planitz, Hans: Die deutsche Stadt im Mittelalter von der Römerzeit bis zu den Zunftkämpfen, Wien/Köln/Graz 1973.

Recht und Verfassung

Ganshof, Francois Louis: Was ist das Lehnswesen? 4. revidierte deutsche Aufl. Darmstadt 1975.

Kern, Fritz: Gottesgnadentum und Widerstandsrecht im frühen Mittelalter. Zur Entwicklungsgeschichte der Monarchie, 2. Aufl. Darmstadt 1954, 7. Aufl. 1980.

Maurer, Helmut: Der Herzog von Schwaben: Grundlagen, Wirkungen und Wesen seiner Herrschaft in ottonischer, salischer und staufischer Zeit, Sigmaringen 1978.

Mitteis, Heinrich: Der Staat des hohen Mittelalters, Weimar 1940, 9. Aufl. Köln/Wien 1974.

Schulze, Hans K.: Grundstrukturen der Verfassung im Mittelalter, Bd. 1: Stammesverband, Gefolgschaft, Lehnswesen, Grundherrschaft, Bd. 2: Familie, Sippe und Geschlecht, Haus und Hof, Dorf und Mark, Burg, Pfalz und Königshof, Stadt (Urban-Taschenbücher, Bd. 371/372), Stuttgart 1985-1986, 2. verbesserte Auflage 1990/91.

Kirchen- und Missionsgeschichte

Blumenthal, Uta-Renate: Der Investiturstreit, (Urban-Taschenbücher, Bd. 335), Stuttgart/Berlin/Köln/Mainz 1982.

Borst, Arno: Mönche am Bodensee 610-1525 (Bodensee-Bibliothek, Bd. 5), Sigmaringen 1978.

Erbstösser, Martin: Ketzer im Mittelalter, Stuttgart/Berlin/Köln/Mainz 1984.

Haller, Johannes: Das Papsttum. Idee und Wirklichkeit, 5 Bde., Urach/Stuttgart 1950-1953.

Werner, Ernst und Erbstösser, Martin: Ketzer und Heilige. Das religiöse Leben im Hochmittelalter, Köln/Wien/Graz 1986.

Wollasch, Joachim: Mönchtum im Mittelalter zwischen Kirche und Welt, (Münstersche Mittelalterschriften, Bd. 7), München 1973.

Zimmermann, Harald: Das Papsttum im Mittelalter. Eine Papstgeschichte im Spiegel der Historiographie. Mit einem Verzeichnis der Päpste vom 4. bis zum 15. Jahrhundert (UTB, Bd. 1151), Stuttgart 1981.

Zimmermann, Harald. Der Canossagang von 1077. Wirkungen und Wirklichkeit, (Akademie der Wissenschaften und der Literatur. Abhandlungen der geistes- und sozialwissenschaftlichen Klasse Jahrgang 1975, Nr. 5), Mainz 1975.

Kunst, Kultur und Geistesleben

Braunfels, Wolfgang: Die Kunst im Heiligen Römischen Reich Deutscher Nation, Bd. 1: Die weltlichen Fürstentümer, Bd. 2: Die geistlichen Fürstentümer, Bd. 3: Reichsstädte, Grafschaften, Reichsklöster, Bd. 4: Die Grenzstaaten im Westen und Süden, Bd. 5: Die Grenzstaaten im Osten und Norden - Deutsche und Slawische Kultur, München 1979-1985.

Fichtenau, Heinrich: Lebensordnungen des 10. Jahrhunderts. Studien über Denkart und Existenz im einstigen Karolingerreich, 2 Halbbde. (Monographien zur Geschichte des Mittelalters, Bd. 30), Stuttgart 1984.

Fuhrmann, Horst: Einladung ins Mittelalter, München 1987.

Grodecki, Louis u. a. (Hrsg.): Die Zeit der Ottonen und Salier (Universum der Kunst), München 1973.

Literaturhinweise

Gurjewitsch, Aaron J.: Das Weltbild des mittelalterlichen Menschen, Moskau 1972, dt. Ausg. Dresden 1978, weitere Ausgabe München 1986.

Gurjewitsch, Aaron J.: Mittelalterliche Volkskultur. Probleme zur Forschung, Moskau 1981, dt. Ausg. Dresden 1986.

LeGoff, Jacques: Kultur des europäischen Mittelalters, Paris 1964, dt. Ausg. München/Zürich 1970.

LeGoff, Jacques: Die Intellektuellen im Mittelalter, Stuttgart 1986.

Schramm, Percy Ernst und Mütherich, Florentine: Denkmale der deutschen Könige und Kaiser, Bd. 1 München 1962, 2. Aufl. 1981.

Schramm, Percy Ernst: Die deutschen Kaiser und Könige in Bildern ihrer Zeit. 751–1190, Leipzig/Berlin 1928, 2. Aufl. München 1983.

Schubert, Ernst: Stätten sächsischer Kaiser. Quedlinburg, Memleben, Magdeburg, Hildesheim, Merseburg, Goslar, Königslutter, Meissen. Leipzig 1990.

Seibt, Ferdinand: Glanz und Elend des Mittelalters. Eine endliche Geschichte, Berlin 1987.

Steinen, Wolfram von den: Der Kosmos des Mittelalters. Von Karl dem Großen zu Bernhard von Clairvaux, Bern/München 1959.

Winkelmann, Friedhelm und Gomolka-Fuchs, Gudrun: Frühbyzantinische Kultur, Leipzig 1987, 2. Aufl. 1989.

Alltagsleben

Ariès, Philippe und Duby, Georges (Hrsgg.): Geschichte des privaten Lebens, Bd. 2 (hrsg. v. Georges Duby): Vom Feudalzeitalter zur Renaissance, Frankfurt 1990.

Bitsch, Irmgard u. a. (Hrsg.): Essen und Trinken in Mittelalter und Neuzeit, Sigmaringen 1987.

Borst, Arno: Lebensformen im Mittelalter, Frankfurt/Berlin 1973.

Duby, Georges: Die Frau ohne Stimme. Liebe und Ehe im Mittelalter, Berlin 1989.

Goetz, Hans-Werner: Leben im Mittelalter vom 7. bis zum 13. Jahrhundert, München 1986.

Hennebo, Dieter: Gärten des Mittelalters, neu hrsg. und überarbeitet von N. Ott, München/Zürich 1987.

Meyer, Werner: Hirsebrei und Hellebarde. Auf den Spuren des mittelalterlichen Lebens in der Schweiz, Olten 1985.

Peyer, Hans Conrad und Müller-Luckner, Elisabeth (Hrsgg.): Gastfreundschaft. Taverne und Gasthaus im Mittelalter, (Schriften des Historischen Kollegs, Bd. 3), München 1983.

Ohler, Norbert: Sterben und Tod im Mittelalter, Zürich 1990.

Opitz, Claudia: Evatöchter und Bräute Christi. Weiblicher Lebenszusammenhang und Frauenkultur im Mittelalter, Weinheim 1989.

Schipperges, Heinrich: Der Garten der Gesundheit. Medizin im Mittelalter, 2. Aufl. München/Zürich 1987.

Benachbarte Völker

Angelov, Dimitár: Die Entstehung des bulgarischen Volkes (Veröffentlichungen des Zentralinstituts für alte Geschichte und Archäologie der Akademie der Wissenschaften der DDR, Bd. 10), Berlin 1980.

Boehm, Laetitia: Geschichte Burgunds. Politik - Staatsbildungen - Kultur, 2. Aufl. Stuttgart/Berlin/Köln/Mainz 1979.

Cahen, Claude: Der Islam. Bd. 1: Vom Ursprung bis zu den Anfängen des Osmanenreiches, (Histoire Universelle, Bd. 14), Paris 1970, dt. Ausg. (Fischer Weltgeschichte, Bd. 14), Frankfurt 1968.

Ehlers, Joachim: Geschichte Frankreichs im Mittelalter, Stuttgart/Berlin/Köln/Mainz 1987.

Favier, Jean (Hrsg.): Geschichte Frankreichs, 2 Bde. Bd. 1: Karl Ferdinand Werner: Die Ursprünge Frankreichs bis zum Jahr 1000; Bd. 2: Jean Favier: Frankreich im Zeitalter der Lehnsherrschaft 1000-1515, Stuttgart 1989.

Goetz, Walter: Italien im Mittelalter, 2 Bde., Leipzig 1942.

Grunebaum, Gustav Edmund von: Der Islam im Mittelalter, Zürich/Stuttgart 1963.

Györffy, György: Wirtschaft und Gesellschaft der Ungarn um die Jahrtausendwende, Berlin/Köln/Graz 1983.

Herrmann, Joachim (Hrsg.): Welt der Slawen. Geschichte, Gesellschaft, Kultur. Leipzig/Jena/Berlin 1986.

Jäschke, Kurt-Ulrich: Die Anglonormannen, (Urban-Taschenbücher, Bd. 334), Stuttgart/Berlin/Köln/Mainz 1981.

Lange, Reinhold: Imperium zwischen Morgen und Abend. Die Geschichte von Byzanz in Dokumenten, Recklinghausen 1972.

Ostrogorsky, Georg: Geschichte des byzantinischen Staates, (Handbuch der Altertumswissenschaften, Bd. 12/1,2), 2. Aufl. München 1952.

Prinz, Friedrich: Böhmen im mittelalterlichen Europa. Frühzeit, Hochmittelalter, Kolonisationsepoche, München 1984.

Rhode, Gotthold: Kleine Geschichte Polens, Darmstadt 1965, 3. verb. Aufl. 1980.

Seidlmayer, Michael: Geschichte Italiens, (Kröner Taschenbücher, Bd. 341), Stuttgart 1962.

Vajay, Szabolcs de: Der Eintritt des ungarischen Stämmebundes in die europäische Geschichte (862 bis 933), (Studia Hungarica, hrsg. von Georg Stadtmüller, Bd. 4), Mainz 1968.

Einzelne Regionen

Demandt, Karl E.: Geschichte des Landes Hessen, Kassel 1959, Nachdruck der 2. Aufl. Kassel 1980.

Feger, Otto: Geschichte des Bodenseeraumes, 3 Bde., (Bodensee-Bibliothek, Bde. 2-4) Lindau/Konstanz 1956-1963.

Goez, Werner: Von Pavia nach Rom. Ein Reisebegleiter entlang der mittelalterlichen Kaiserstraße Italiens, 4. Aufl. Köln 1980.

Gregorovius, Ferdinand: Geschichte der Stadt Rom im Mittelalter, Stuttgart 1859-1872, neu hrsg. von Waldemar Kempf in 3 Bden. Darmstadt 1953-1957.

Heinemeyer, Walter (Hrsg.): Das Werden Hessens (Veröffentlichungen der Historischen Kommission für Hessen, Bd. 50), Marburg 1986.

Hellmann, Manfred: Grundzüge der Geschichte Venedigs, (Grundzüge, Bd. 28), Darmstadt 1976.

Kohl, Wilhelm (Hrsg.): Westfälische Geschichte, Bd. 1: Von den Anfängen bis zum Ende des alten Reichs, Düsseldorf 1983.

Krautheimer, Richard: Rom. Schicksal einer Stadt 312-1308, dt. Ausg. München 1987.

Patze, Hans (Hrsg.): Geschichte Niedersachsens, Bd. 1: Grundlagen und frühes Mittelalter, Hildesheim 1977.

Patze, Hans und Schlesinger, Walter (Hrsgg.): Geschichte Thüringens, Bd. 1: Grundlagen und frühes Mittelalter, Köln/Graz 1968; Bd. 2: Hohes und spätes Mittelalter, Köln/Wien 1973/74.

Pauli, Ludwig: Die Alpen in Frühzeit und Mittelalter. Die archäologische Entdeckung einer Kulturlandschaft, München 1980.

Petri, Franz und Droege, Georg (Hrsgg.): Rheinische Geschichte, Bd. 1.2: Eugen Ewig, Frühes Mittelalter, Düsseldorf 1980; Bd. 1.3: Egon Boshof u. a., Hohes Mittelalter, Düsseldorf 1983.

Spindler, Max (Hrsg.): Handbuch der bayerischen Geschichte, Bd. 1: Das alte Bayern. Das Stammesherzogtum bis zum Ausgang des 12. Jahrhunderts, München 1967; Bd. 3: Franken, Schwaben, Oberpfalz bis zum Ausgang des 18. Jahrhunderts, München 1971.

B. Ausstellungskataloge

Böhmer, Kurt und Elbern, Victor H. (Hrsgg.): Das erste Jahrtausend. Kultur und Kunst im werdenden Abendland an Rhein und Ruhr, 3 Bde., Düsseldorf 1962-1964.

Euw, Anton von (Konzeption): Vor dem Jahr 1000. Abendländische Buchkunst zur Zeit der Kaiserin Theophanu. Eine Ausstellung des Schnütgen-Museums zum Gedenken an den 1000. Todestag der Kaiserin Theophanu am 15. Juni 991 und ihr Begräbnis in St. Pantaleon zu Köln, Köln 1991.

Gesellschaft für Anthropologie, Ethnologie und Urgeschichte (Hrsg.): Slawen und Deutsche zwischen Elbe und Oder. Vor 1000 Jahren: der Slawenaufstand von 983, Berlin 1983.

Kulturstiftung der Länder und Bayerische Staatsbibliothek (Hrsg.): Das Samuhel-Evangeliar aus dem Quedlinburger Dom, München 1991.

Legner, Anton (Hrsg.): Ornamenta ecclesiae. Kunst und Künstler der Romanik. Katalog zur Ausstellung des Schnütgen-Museums in der Josef-Haubrich-Kunsthalle Köln, 3 Bde., Köln 1985.

Legner, Anton (Hrsg.): Rhein und Maas. Kunst und Kultur 800 bis 1400. Eine Ausstellung des Schnütgen-Museums der Stadt Köln und der belgischen Ministerien für französische und niederländische Kultur, 2 Bde., Köln 1972.

Meckseper, Cord (Hrsg.): Stadt im Wandel. Kunst und Kultur des Bürgertums in Norddeutschland 1150-1650, 4 Bde., Stuttgart/Bad Cannstadt 1985.

Sankt Peter in Salzburg. Das älteste Kloster im deutschen Sprachraum. Schätze europäischer Kunst und Kultur, 3. Landesausstellung, Salzburg 1982.

Wolff, Hans (Hrsg.): Vom Saumpfad zur Autobahn. 5000 Jahre Verkehrsgeschichte der Alpen, (Bayerische Staatsbibliothek, Ausstellungskatalog 15), München 1978.

C. Quellensammlungen (mit Übersetzungen)

Freiherr-vom-Stein-Gedächtnisausgabe

Freiherr-vom-Stein-Gedächtnisausgabe. Ausgewählte Quellen zur deutschen Geschichte des Mittelalters und der Neuzeit: A. Ausgewählte Quellen zur deutschen Geschichte des Mittelalters:

Bd. VII: Rau, Reinhold (Hrsg.): Quellen zur karolingischen Reichsgeschichte. T. 3: Jahrbücher von Fulda; Regino, Chronik; Notker, Taten Karls, Nachdruck der 3. Aufl. Darmstadt 1980.

Bd. VIII: Bauer, Albert und Rau, Reinhold (Hrsgg.): Quellen zur Geschichte der sächsischen Kaiserzeit. Widukinds Sachsengeschichte; Adalberts Fortsetzung der Chronik Reginos; Liudprands Werke, 2. Aufl. Darmstadt 1977.

Bd. IX: Trillmich, Werner (Hrsg.): Thietmar von Merseburg, Chronik, 6. Aufl. Darmstadt 1985.

Bd. X: Haefele, Hans F. (Hrsg.): Ekkehard IV., St. Galler Klostergeschichten, Darmstadt 1980.

Bd. XI: Trillmich, Werner und Buchner, Rudolf (Hrsgg.): Quellen des 9. und 11. Jahrhunderts zur Geschichte der hamburgischen Kirche und des Reiches, 5. Aufl. Darmstadt 1978.

Bd. XII: Schmale-Ott, Irene und Schmale, Franz-Josef (Hrsgg.): Quellen zur Geschichte Kaiser Heinrichs IV., 3. Aufl. Darmstadt 1974.

Bd. XII a: Schmale, Franz-Josef (Hrsg.): Quellen zum Investiturstreit, T. 1: Ausgewählte Briefe Papst Gregors VII, Darmstadt 1978.

Bd. XII b: Schmale-Ott, Irene (Hrsg.): Quellen zum Investiturstreit, T. 2: Schriften über den Streit zwischen Regnum und Sacerdotium, Darmstadt 1984.

Bd. XIII: Schmidt, Adolf und Fritz, Wolfgang Dietrich (Hrsgg.): Lampert von Hersfeld, Annalen, 3. Aufl. Darmstadt 1985.

Bd. XV: Schmale, Franz-Josef und Schmale-Ott, Irene (Hrsgg.): Frutolfs und Ekkehards Chroniken und die anonyme Kaiserchronik, Darmstadt 1972.

Bd. XVI: Lammers, Walther (Hrsg.): Otto Bischof von Freising, Chronik, 4. Aufl. 1980.

Bd. XIX: Stoob, Heinz (Hrsg.): Helmold von Bosau, Slawenchronik, 4. Aufl. 1983.

Bd. XXII: Kallfelz, Hatto (Hrsg.): Lebensbeschreibung einiger Bischöfe des 10.-12. Jahrhunderts, 2. Aufl. Darmstadt 1986.

Bd. XXXI: Franz Günther (Hrsg.): Quellen zur Geschichte des Bauernstandes im Mittelalter, 2. Aufl. Darmstadt 1974.

Geschichtsschreiber der deutschen Vorzeit

Bd. 31: Jaffé, Philipp (Hrsg.): Jüngere Mathildenvita, Berlin 1858.
Bd. 32: Pfund, Th. G. (Hrsg.): Roswitha von Gandersheim, Das Gedicht von der Gründung des Gandersheimischen Klosters, Berlin 1860.
Bd. 34: Hüffer, Hermann (Hrsg.): Das Leben des Bischof Adalbert von Prag, Berlin 1857.
Bd. 36: Winkelmann, Eduard (Hrsg.): Die Jahrbücher von Quedlinburg, Berlin 1862.
Bd. 37: Osten-Sacken, Karl Frhr. v. d. (Hrsg.): Richer von Reims, Vier Bücher Geschichten, Berlin 1854.
Bd. 61: Winkelmann, Eduard (Hrsg.): Pöhlder Jahrbücher, 3. Aufl. Leipzig 1941.

Einzelausgaben

Das Gründungsbuch des Klosters Heinrichsau. Aus dem Lateinischen übertragen und mit Einführung und Erläuterung versehen von Paul Bretschneider (Darstellungen und Quellen zur schlesischen Geschichte, Bd. 29), Breslau 1927.
Gallus Anonymus: Chronik und Taten der Herzöge und Fürsten von Polen, Buch 1, Kapitel 6. (Slawische Geschichtsschreiber, Bd. 10), Graz/Wien/Köln 1978.
Sachsenspiegel Landrecht, hrsg. von Karl August Eckhardt (MGH Fontes iuris Germanici antiqui, nova series I, 1), Göttingen ³1973.
Sachsenspiegel Lehnrecht, hrsg. von Karl August Eckhardt (MGH Fontes iuris Germanici antiqui, nova series I, 2), Göttingen ³1973.
Snorris Königsbuch/Heimskringla. Übertragungen von Felix Nieder, 3 Bde. (Thule. Altnordische Dichtung und Prosa, Bde. 14–16), 1965.
Suger, Vita Ludovici Grossi regis, ed. Henri Waquet (Les classiques de l'Histoire de France au moyen age, Bd. 11), Paris 1964.
Weinfurter, Stefan (Hrsg.): Die Geschichte der Eichstätter Bischöfe des Anonymus Haserensis. Edition - Übersetzung - Kommentar (Eichstätter Studien N. F. Bd. 24), Regensburg 1987.

Personenregister

Aba, König von Ungarn (1041–1044) 380–382
Abderrachman III., Kalif von Córdoba (912-961) 92, 109
Abraham, Meister der Kathedrale von Nowgorod 55
Abul Kasim, Emir von Sizilien 256f., 259
Adalard, Graf 150
Adalbero, Bischof von Augsburg (887-909) 119
Adalbero, Bischof von Laon (977-ca. 1030) 50
Adalbero, Bischof von Metz (929-964) 183
Adalbert von Ivrea, König von Italien (950-972/975) 188-190, 197-200, 202, 214
Adalbert, Erzbischof von Bremen-Hamburg (1043-1072) 387, 396, 402f., 408-411, 413
Adalbert, Erzbischof von Magdeburg (968-981) 193, 217, 238, 241, 246, 373
Adalbert I., Erzbischof von Mainz (1109-1137) 460, 466, 469, 474
Adalbert, Bischof von Prag, Hl. (983-997) 85, 229, 260, 278-281, 284, 292, 378
Adalbert, Edler 353
Adaldag, Erzbischof von Hamburg (937-988) 204, 239
Adalgoz, Erzbischof von Magdeburg (1107-1119) 458
Adalhard, Bischof von Reggio (um 950) 188
Adam von Bremen, Chronist 401, 409, 411
Adelheid, Kaiserin, Gemahlin Ottos I. 9, 39, 138 (Stammtafel), 187-190, 199, 202f., 209f., 218, 249f., 253f., 259, 266, 268, 300, 341, 342 (Stammtafel)
Adelheid, Markgräfin von Turin 399, 432, 434
Adelheid I., Äbtissin von Quedlinburg und Gandersheim 10, 138 (Stammtafel), 299, 358
Adelheid II., Äbtissin von Quedlinburg und Gandersheim 330 (Stammtafel), 383

Adelheid, Tochter Heinrichs IV. 330 (Stammtafel)
Adelhelm, Graf 150
Adolf II., Graf von Schaumburg 45
Aelfgyfu, Königin von Dänemark und England 339
Aethelstan, König von England (925-939) 178
Agapit II., Papst (946-955) 188, 197
Agnes von Poitou, Kaiserin, Gemahlin Heinrichs III. 9, 330 (Stammtafel), 383, 385, 387, 400-402, 404-407, 410
Agnes, Mutter Adalberts von Bremen 409
Agnes, Tochter Heinrichs IV. 330 (Stammtafel), 332, 436, 484
Alarich II., König der Westgoten (485-507) 70
Alberich, Fürst von Rom 188, 193, 197, 201, 252, 272
Albert, Graf von Namur 347
Albrecht der Bär, Markgraf von Brandenburg 96, 480
Alderich, Bischof von Asti (1008-1034) 345
Aldo, Bischof von Piacenza (1096-1118) 460
Alexander II., Papst (1061-1073) 405, 422, 424, 430
Alexander von Roes, Staatstheoretiker des 13. Jahrhunderts 207
Alexios I. Komnenos, byzantinischer Kaiser (1081-1118) 441
Altmann, Bischof von Passau (1065-1091) 432
Ambrosius, Hl., Kirchenvater, Bischof von Mailand (374-397) 346f., 429
Ambrosius, Erzbischof von Mailand (1037-1040) 347
Anastasius-Ascherich, Erzbischof von Gran (1006) 285
Andreas I., König von Ungarn (1046-1060) 393, 403
Anna, Tochter des byzantinischen Kaisers Romanos II. 211, 218-220
Anno, Erzbischof von Köln (1056-1075) 9, 401-403, 406-411, 454

Anselm, Erzbischof von Canterbury (1093-1109) 476
Anselm, Erzbischof von Mailand (1086-1093) 446
Anselm von Havelberg, Theologe, Bischof von Havelberg (1129-1155), Erzbischof von Ravenna (1155-1158) 473
Anselm, Bischof von Lucca siehe Alexander II.
Anselm, Graf 352
Ansfried, Graf 201
Ansgar, Hl., Erzbischof von Hamburg-Bremen (832-865) 239
Arderich, Bischof von Vercelli (1027-1044) 347, 349
Arduin von Ivrea, König von Italien (1002-1015) 271, 305f., 309, 334
Ariald, Hl., Diakon in Mailand 429f.
Aribert, Erzbischof von Mailand (1018-1045) 335, 342, 345-350, 382
Aribo, Erzbischof von Mainz (1021-1031) 313, 325, 332f., 357
Arichis II., Herzog und Fürst von Benevent (758-787) 100
Arn, Erzbischof von Salzburg (798-821) 106
Arnulf von Kärnten, König und Kaiser (887/896-899) 121, 136f.
Arnulf, Erzbischof von Mailand (998-1018) 288, 293
Arnulf, Erzbischof von Ravenna (1014-1029) 307
Arnulf, Hl., Bischof von Metz (gest. ca. 640) 143
Arnulf, Bischof von Orleans (972-1003) 270
Arnulf, Herzog von Bayern (907-937) 120, 122-124, 126f., 131, 141, 143f., 147f., 161f., 169, 173, 185f., 249
Arnulf, Pfalzgraf 190f.
Árpád, Großfürst von Ungarn (893 bis nach 907) 284
Atenulf von Capua 258
Atenulf, Abt von Monte Cassino 311
Atto, Erzbischof von Mailand (1072) 430

507

Personenregister

Augustinus, Kirchenvater, Bischof von Hippo Regius (396-430) 472
Augustus, röm. Kaiser (31 v. Chr.-14 n. Chr.) 12f., 88
Aviko, Kaplan Mstivojs 261
Azzo, päpstl. Geheimschreiber 204

Balderich, Bischof von Utrecht (918-977) 150
Baldewin, Bischof von Utrecht (991-994) 178
Balduin, Erzbischof von Trier (1307-1354) 363
Balduin I., Graf von Flandern 402
Balduin II., Graf von Flandern 402
Barbara, Kaiserin, Gemahlin Sigismunds 372
Bardo, Sohn des Markgrafen Burchard 129
Basileios II. Bulgaroktónos, byzantinischer Kaiser (976-1025) 217, 255, 338
Basileios Bojoannes, byzantinischer Feldherr 310, 312
Beatrix von Tuszien 10, 394, 404, 429
Beatrix II., Äbtissin von Quedlinburg 166f., 330 (Stammtafel)
Beatrix, Tochter Konrads II. 330 (Stammtafel), 332
Bela, Sohn Andreas I. von Ungarn 404
Benedikt V., Papst (964-965/966) 204
Benedikt VI., Papst (972-974) 253, 284
Benedikt VII., Papst (974-983) 252-254, 263
Benedikt VIII., Papst (1012-1024) 306f., 309-311, 317, 337
Benedikt IX., Papst (1032-1045/1047-1048) 306, 347, 385f., 378, 388
Benedikt X., Papst (1058-1060) 405
Benedikt von San Andrea 215f.
Benno II., Bischof von Osnabrück (1068-1088) 38, 417
Benzo, Bischof von Alba (1059-1077 gest. 1089/90) 453
Berengar von Ivrea, König von Italien (950-961) 187-190, 197-200, 202f., 207, 214

Bernhard, Bischof von Halberstadt (923-968) 236f.
Bernhard I., Herzog von Sachsen (973-1011) 261, 266, 284, 300
Bernhard II., Herzog von Sachsen (1011-1059) 376, 396, 403
Bernhard, Markgraf 162
Berno, Abt von der Reichenau 350
Bernward, Bischof von Hildesheim (993-1022) 275, 290f., 299, 314, 317, 319
Bernward, Bischof von Würzburg (990-995) 268
Bero, Gefolgsmann des Grafen Ekbert 407
Berta von Turin, Kaiserin, Gemahlin Heinrichs IV., 330 (Stammtafel), 399, 410, 432f., 441, 447
Berta von Schwaben, Königin von Burgund 187, 342 (Stammtafel)
Berta, Frau Odos I. von Blois-Champagne 342 (Stammtafel)
Berthold, Herzog von Bayern (938-947) 186
Berthold I. von Zähringen, Herzog von Kärnten (1061-1078) 410, 417, 436
Berthold II. von Zähringen, Herzog von Schwaben (1092-1111) 402f., 445, 449
Berthold, Graf, »Kammerbote« 120, 122, 125f.
Bezelin, Graf 258
Bezelin, Graf, Ezelins Bruder 258
Bezprym, Herzog von Polen (1031) 340f.
Bodo II., Bischof von Chalons (917-947) 150
Boleslav I., Herzog von Böhmen (929-967) 159, 162, 179, 234
Boleslav II., Herzog von Böhmen (967-999) 243, 250, 266, 299
Boleslaw Chrobry, Herzog (992-1025), König von Polen (1025) 268, 279-284, 286, 299, 302f., 305f., 339-341
Bonifatius, Hl., Missionserzbischof (722-754) 103, 105, 196
Bonifaz VII., Papst (974, 984-985) 253f.
Bonifaz, Markgraf von Tuszien 335, 342, 388, 394
Borivoj, Herzogssohn aus Böhmen 439

Boso, Graf 150
Boso, Regensburger Mönch, Missionar 240
Bretislav I., Herzog von Böhmen (1034-1055) 377f., 381f.
Brun, Erzbischof von Köln (953-965) 112, 139 (Stammtafel), 178, 188, 191f., 194, 198f., 205
Brun von Querfurt, Missionserzbischof (1002-1009) 258, 264, 304
Brun, Bischof von Augsburg (1006-1029) 139 (Stammtafel), 330, 374
Brun, Bischof von Würzburg (1034-1045) 383
Brun, Herzog von Sachsen (830/840-880) 136, 138 (Stammtafel)
Brun, Graf von Braunschweig 298
Brun, Graf von Braunschweig 403
Brun von Northeim 299
Brun, altsächs. Edler 136
Brun, Autor des Buches vom Sachsenkrieg 437
Bruning, sächs. Vasall Herzog Eberhards 182
Bruno, Erzbischof von Trier (1102-1124) 459, 461
Burchard II., Bischof von Halberstadt (1059-1088) 402, 409, 411, 417, 420, 445
Burchard II., Bischof von Lyon (979-1033) 349
Burchard, Bischof von Worms (1000-1025) 292
Burchard I., Herzog von Schwaben (911) 126
Burchard II., Herzog von Schwaben (917-926) 126, 129, 144-148, 170, 249
Burchard III., Herzog von Schwaben (954-973) 192, 194
Burchard, Markgraf von Thüringen 119, 124f., 127, 129
Burchard, Graf 258

Calixt II., Papst (1119-1124) 465, 469, 477-479
Chlodwig, König der Franken (482-511) 69-71, 103
Chnuba, dänischer Kleinkönig 164
Christina, Äbtissin von Gandersheim 139 (Stammtafel)
Clemens II., Papst (1046-1047) 387f.

Clemens III., Papst (1080-1100) 438, 441f., 444, 446f., 450
Cobbo, Graf 150
Cyriakus, Hl. 232

Damasus II., Papst (1048) 388f.
David, Hofkaplan Heinrichs V. 461
Dedi, Graf des Hassegau 190f.
Dedi, Graf 258
Desiderius, König der Langobarden (757-774) 207
Desiderius, Abt von Monte Cassino siehe Viktor III.
Dietburg, Gräfin 63
Dietrich von der Nordmark, Markgraf 260f.
Dietrich, sächsischer Graf 138, 140
Dietrich, Bischof von Metz (965-984) 256, 258, 325
Dionysius, Hl. 152, 481
Dodilo, Bischof von Brandenburg (968-990) 261
Dodo I., Bischof von Osnabrück (927-949) 150
Dominikus, Venezianer, Bote Ottos I. an Nikephoros Phokas 218
Donizo, Abt von San Apollonio in Canossa 435

Eberhard, Erzbischof von Trier (1047-1066) 410
Eberhard, Bischof von Bamberg (1007-1040) 321
Eberhard I., Abt von Sankt Emmeram zu Regensburg 449
Eberhard, Herzog von Bayern (937-938) 169, 185f.
Eberhard, Herzog von Franken (918-939) 116, 124, 129, 134-136, 141, 173, 177, 179-183, 191
Eberhard, Graf 150, 154
Edgitha, Königin, Gemahlin Ottos I. 39, 138 (Stammtafel), 177, 179, 244, 246
Edward d. Ä., König von England (975-978) 178
Egbert, Erzbischof von Trier (977-993) 249
Egilbert, Bischof von Freising (1005-1039) 374
Einhard, Bischof von Speyer (895-913) 130
Einhard, Biograph Karls d. Gr. 245

Ekbert I., Markgraf von Meißen 401, 407
Ekbert II., Markgraf von Meißen 445
Ekbert der Einäugige, sächsischer Graf 190, 234
Ekkehard I., Markgraf von Meißen 57, 272, 284, 298f., 302, 304
Ekkehard II., Markgraf von Meißen 378, 396
Ekkehard von Aura 332, 452, 454f., 464, 468, 475, 481
Ekkehard, Mönch von St. Gallen 157
Emmeram von Regensburg, Hl., Bischof von Poitiers (2. Hälfte des 7. Jh.) 301
Engilbert, Abt von St. Gallen 157
Eppo, Bischof von Naumburg (1045-1079) 417
Eppo, Graf 336
Erchanbald, Abt von Fulda 292
Erchanger, Pfalzgraf, »Kammerbote« 120, 122, 125f., 130
Erchanger, Graf 150
Erich, Graf 184
Erich, Aufständischer gegen Heinrich I. 238
Erlembald, Anführer der Pataria in Mailand 430
Ermengard, Königin von Burgund 341
Ermengard, Frau Odos II. von der Champagne 347
Ernst I., Herzog von Schwaben (1012-1015) 331
Ernst II., Herzog von Schwaben (1015-1030) 352f.
Erwin, Graf von Merseburg 137
Eugen III., Papst (1145-1153) 296
Ezelin, Graf 258

Flodoard von Reims, Annalist 151
Foldag, Graf 150
Folkmar, Bischof von Brandenburg (980) 261
Friedrich I. Barbarossa, König und Kaiser (1152/1155-1190) 98, 208, 250, 483
Friedrich II., König und Kaiser (1212/1220-1250) 208, 293, 361
Friedrich I., Erzbischof von Köln (1100-1131) 461
Friedrich, Erzbischof von Mainz (937-954) 115, 177, 183, 185, 188-192

Friedrich, Archidiakon aus Lüttich 390
Friedrich, Herzog von Niederlotharingien (1046-1065) 385
Friedrich, Herzog von Oberlotharingien (1019-1026) 333
Friedrich I., Herzog von Schwaben 330 (Stammtafel), 436, 449, 481
Friedrich II., Herzog von Schwaben 330 (Stammtafel), 473f., 484
Friedrich, Graf von Goseck 409
Friedrich, Graf 150
Friedrich, Graf 352
Fromund, Mönch im Kloster Tegernsee 309
Frutolf, Mönch im Kloster Michelsberg 402

Gebhard, Erzbischof von Salzburg (1060-1088) 402, 405, 410, 435
Gebhard, Bischof von Eichstätt siehe Viktor II.
Gebhard, Bischof von Regensburg (1036-1060) 395
Gebhard, Herzog von Lotharingien (900-910) 119, 121
Gebhard, Graf 258
Geiserich, König der Vandalen (428-477) 32
Gelasius I., Papst (492-496) 289
Gelasius II., Papst (1118-1119) 470-473, 477
Georg, Hl. 448
Gerberga, Königin von Frankreich 153, 155, 183, 186, 205, 342 (Stammtafel)
Gerberga I., Äbtissin von Gandersheim 139 (Stammtafel)
Gerberga II., Äbtissin von Gandersheim 139 (Stammtafel), 185
Gerbert von Aurillac siehe Silvester II.
Gerhard, Graf aus dem Elsaß 347
Gerhard, Abt von Monte Cassino 469
Gero, Erzbischof von Köln (969-976) 221f., 246
Gero, Erzbischof von Magdeburg (1012-1022) 473
Gero, Markgraf 96, 179f., 183, 190, 199, 205, 230-232, 234, 261
Gero, Sohn des Markgrafen Gero 232
Gerrich, Abt von Weißenburg 205

Gerung, Abt von Paulinzella 466
Geza, Großfürst von Ungarn (970-997) 284
Gisela von Schwaben, Kaiserin, Gemahlin Konrads II. 328, 330 (Stammtafel), 331, 336, 340, 342 (Stammtafel), 352, 357, 374, 377, 402, 404f.
Gisela, Königin von Ungarn 139 (Stammtafel), 285, 379, 381
Gisela von Burgund, Herzogin von Bayern 139 (Stammtafel), 249, 342 (Stammtafel)
Giselbert, Herzog von Lothringien (925-939) 138 (Stammtafel), 144, 149, 151-155, 173, 177, 181-183, 186
Giselher, Erzbischof von Magdeburg (981-1004) 261, 314
Gisulf von Salerno 216
Godehard, Bischof von Hildesheim (1022-1038) 313f.
Gottfried, Erzbischof von Mailand (1070-1075) 430
Gottfried I., Herzog von Lothringien (gest. 964) 205
Gottfried III., der Bärtige, Herzog von Oberlothringien (1044-1046) und Niederlothringien (1065-1069) 347, 385, 390, 394, 396, 402, 404f., 410f.
Gottfried IV., der Bucklige, Herzog von Niederlothringien (1069-1076) 411, 419, 431, 445
Gottfried, Graf von Anjou 330 (Stammtafel), 481
Gottfried, Pfalzgraf bei Rhein 473
Gottfried, Graf 150
Gottschalk, Fürst der Abodriten (nach 1043-1066) 411
Gozelo I., Herzog von Ober- und Niederlothringien (1023-1044) 347, 376, 383f.
Gozelo II., Herzog von Niederlothringien (1044-1046) 385
Gregor I., der Große, Papst (590-604) 270, 380, 425
Gregor V., Papst (996-999) 269-271, 275, 278, 289, 387
Gregor (VI.), Gegenpapst (1012) 306f.
Gregor VI., Papst (1045-1046) 386, 425
Gregor VII., Papst (1073-1085) 16, 60, 386, 390, 404f., 412f., 420-422, 424-426, 428-432, 434, 437-446, 450f., 453, 462

Gregor VIII., Papst (1118-1121) 469-471
Gregor von Sant'Angelo, Kardinal 478
Gregor I., Graf von Tuskulum 290, 306
Guda, Nonne 64
Guido von Vienne siehe Calixt II.
Gunhild von Dänemark, Königin, Gemahlin Heinrichs III. 39, 330 (Stammtafel), 339, 348, 384
Gunther, Bischof von Bamberg (1057-1065) 402
Gunther, Markgraf von Meißen 220
Gunther, Graf 258
Guntram, Herr im Aargau 365

Hadamar, Abt von Fulda 183, 236
Hadwig, Herzogin von Schwaben 10, 192, 249f.
Hagano, Graf 150f.
Hakon, norwegischer Jarl (= Heerführer) 250f.
Halinard, Erzbischof von Lyon (1046-1052) 389
Harald Blauzahn, König der Dänen (945/50-986) 239, 250
Harald II., König von England (1066) 480
Hartbert, Bischof von Chur (951-970) 188
Hatheburg, Gemahlin Heinrichs I. 137, 138 (Stammtafel), 139, 167, 178f.
Hathui, Äbtissin von Gernrode 10, 39, 190, 232
Hathumod, Äbtissin von Gandersheim 138 (Stammtafel)
Hathuwich, Herzogin von Sachsen 138 (Stammtafel)
Hatto I., Erzbischof von Mainz (891-913) 118-120, 124, 129f.
Hatto II., Erzbischof von Mainz (968-970) 199, 237f.
Hatto, Graf 150
Hedwig, Tochter Heinrichs I. 139 (Stammtafel)
Hedwig II., Äbtissin von Gernrode 231
Heinrich I., König (919-936) 9, 42, 67, 77, 116f., 123, 126f., 129f., 134-137, 138 (Stammtafel), 139, 141-160, 162-166, 168-175, 182, 207, 223f., 229, 238, 243, 250, 266, 281, 298f., 331, 383

Heinrich II., König und Kaiser (1002/1014-1024) 9, 114, 139 (Stammtafel), 243, 296-298, 300-309, 311-325, 328, 332, 334, 339, 341, 342 (Stammtafel), 350, 357, 367, 369, 375, 379
Heinrich III., König und Kaiser (1039/1046-1056) 9, 39, 50, 64, 330 (Stammtafel), 332, 337, 352, 366-368, 374-378, 380-382, 385-387, 389f., 392-400, 402, 406, 409, 413, 415, 421f., 425, 482
Heinrich IV., König und Kaiser (1056/1084-1106) 9, 57, 330 (Stammtafel), 332, 367-369, 372, 383, 399-401, 406, 408, 410-413, 415-422, 428-442, 444-457, 465, 480, 482-484
Heinrich V., König und Kaiser (1106/1111-1125) 9, 39, 57, 330 (Stammtafel), 332, 360, 367, 371, 449, 451f., 454, 457-470, 474f., 477-479, 481-483
Heinrich I., König von England (1100-1135) 461, 477, 480
Heinrich II., König von England (1154-1189) 482
Heinrich I., König von Frankreich (1031-1060) 342, 390, 394
Heinrich I., Erzbischof von Trier (956-964) 198, 205
Heinrich I., Bischof von Augsburg (973-982) 258
Heinrich II., Bischof von Augsburg (1047-1063) 402, 406
Heinrich I., Bischof von Würzburg (956-1018) 292, 298, 321
Heinrich I., Herzog von Bayern (948-955) 139 (Stammtafel), 140, 177-186, 188-190, 192, 195, 212, 249
Heinrich II., der Zänker, Herzog von Bayern und Kärnten (955-976/985-995) 139 (Stammtafel), 205, 249f., 265f., 285, 298, 312, 342 (Stammtafel)
Heinrich III., Herzog von Bayern und Kärnten (983-985/976-978, 985-989) 260, 266, 272, 290, 298, 325
Heinrich V. von Luxemburg, Herzog von Bayern (1004-1009, 1017-1026) 375
Heinrich VII. von Luxemburg, Herzog von Bayern (1042-1047) 482

Personenregister

Heinrich Jasomirgott, Herzog von Bayern und Österreich (1143–1156/1156–1177) 330 (Stammtafel)
Heinrich der Bärtige, Herzog von Niederschlesien (1201–1238) 47
Heinrich der Löwe, Herzog von Sachsen und Bayern (1142–1180) 45, 96
Heinrich, Graf von Katlenburg 299
Heinrich, Pfalzgraf von Lothringien 402f.
Heinrich der Erlauchte, Markgraf von Meißen, Landgraf von Thüringen 96
Heinrich Haupt, Burggraf von Meißen 57
Heinrich, Markgraf von der Nordmark 447
Heinrich, Markgraf von Schweinfurt 321
Heinrich, Graf von Stade 251
Heinrich, Graf von Walbeck 241
Heinrich, Sohn Heinrichs IV. 330 (Stammtafel)
Heinrich, Sohn Ottos I. 190
Heinrich, Sohn Stephans des Hl. 379
Heinrich Zolunta, Ritter 258
Helmold von Bosau, Chronist 31
Herakleios, byzantinischer Kaiser (601–641) 71
Heribald, Mönch von St. Gallen 157
Heribert, Erzbischof von Köln (999–1021) 111, 268, 276, 292, 298, 301
Heribert, Erzbischof von Ravenna (1019–1027) 310
Heribert II., Graf von Vermandois 151f., 165, 183
Heriger, Erzbischof von Mainz (913–927) 129, 135f., 142, 150
Heriveus, Erzbischof von Reims (900–922) 151
Hermann von Salm, deutscher Gegenkönig (1081–1088) 439, 441, 445
Hermann I., Erzbischof von Köln (890–924) 149f.
Hermann II., Erzbischof von Köln (1036–1056) 385
Hermann, Bischof von Metz (1073–1090) 61
Hermann, Abt von Reichenau 393, 395

Hermann der Lahme, Mönch von St. Gallen 66, 350
Hermann Billung, Markgraf, Herzog von Sachsen (961–973) 96, 179, 190, 199, 205, 214, 230, 232, 234, 238, 241, 243f., 373
Hermann I., Herzog von Schwaben (926–949) 170, 173, 183, 186
Hermann II., Herzog von Schwaben (997–1003) 114, 298–300, 302, 331, 342 (Stammtafel)
Hermann IV., Herzog von Schwaben (1030–1038) 352f.
Hermann, Markgraf von Meißen 302f.
Hermann Billung d. J. 403, 417f.
Hermann, Graf 150
Hermann, Sohn Bernhards II. von Sachsen 403
Herminafried, König der Thüringer (gest. 534) 70
Herold, Erzbischof von Salzburg (939–958) 177, 191f.
Herrad, Äbtissin von Landsberg 43
Herzog Ernst, Romanfigur der 2. Hälfte des 12. Jh. 197
Hezilo, Bischof von Hildesheim (1054–1079) 314
Hildebald, Bischof von Worms, Reichskanzler in Italien (979–998) 266, 268, 270
Hildebert, Erzbischof von Mainz (928–937) 172f.
Hildebrand, Mönch, Kardinaldiakon siehe Gregor VII.
Hildeward, Bischof von Halberstadt (968–995) 184, 238, 261
Hoiko, sächs. Graf 275
Honorius II., Papst (1124–1130) 405f., 422
Honorius Augustodunensis, Benediktinermönch 51
Hoyer von Mansfeld, Feldhauptmann Heinrichs V. 466, 468f.
Hubald, Bischof von Cremona (1031–1046) 347, 349
Hugo Capet, König von Frankreich (987–996) 139 (Stammtafel), 151, 183, 251f., 254
Hugo, König von Italien (926–947) 169, 187
Hugo Candidus, Kardinal von San Clemente 389, 421f., 438
Hugo, Abt von Cluny 320, 434f., 451

Hugo der Schwarze, Graf von Portois und Varais 151
Hugo, Markgraf von Tuszien 268, 271f., 290
Hugo, Graf von Worms 111
Hugo, Sohn Roberts II. von Frankreich 334
Hugo von Trimberg, spätmittelalterlicher Autor 40
Humbert, Kardinalbischof von Silva Candida, Erzbischof von Sizilien (1050–1061) 389, 391f., 404, 422, 424
Humbert, Abt von Echternach 377
Hunward, Bischof von Paderborn (917–935) 150

Ida von Schwaben 138 (Stammtafel), 186
Irene, byzantinische Kaiserin (797–802) 267
Isaak, Graf 150
Ivo I., Bischof von Chartres (1090–1115/16) 476f.

Jaroslaw, Großfürst von Kiew (1019–1054) 340, 379, 383
Johannes Tzimiskes (969–976), byzantinischer Kaiser 211f., 221f., 255
Johannes XII., Papst (955–964) 193, 197, 199–204, 236
Johannes XIII., Papst (965–972) 215–217, 237, 253
Johannes XV., Papst (985–996) 269
Johannes XVI., Papst (997–998) 257, 268f., 271f., 275, 278
Johannes XVIII., Papst (1002–1009) 321
Johannes XIX., Papst (1024–1032) 306, 336f., 350
Johannes, Patriarch von Aquileja (984–1017) 323
Johannes, Bischof von Breslau (um 1000) 282
Johannes, Bischof von Mecklenburg (1052–1086) 411
Johannes XIII., Erzbischof von Ravenna (983–998) 260
Johannes, Kardinalbischof von Tuskulum (1093–1112) 463, 465
Johannes, Kardinaldiakon 204
Johannes von Gorze, Benediktinerpater 92

511

Johannes »Stummelfinger«, päpstlicher Diakon 289
Johannes Crescentius I., röm. Aristokrat 253, 269, 271f., 291
Johannes Crescentius der Jüngere 306
Johannes Philagathos siehe Johannes XVI.
Jordan, Fürst von Capua 441
Judas, Hl. 394, 396f.
Judith von Bayern 10, 139 (Stammtafel), 249f.
Judith, Tochter Arnulfs von Bayern 186
Judith, Tochter Heinrichs III. 404
Judith, Tochter Vratislavs von Böhmen 480
Judith-Sophie, Königin von Ungarn 330 (Stammtafel), 383
Justinian, byzantinischer Kaiser (527-565) 70f., 254, 267

Kalonymus ben Meschullam aus Lucca, Rabbiner in Mainz 258
Karl der Große, König und Kaiser (768/800-814) 11-13, 23, 29, 39, 74, 79, 85, 88, 90, 96, 98, 106, 136, 139, 149, 153, 169, 173, 175f., 179, 188, 196-199, 201, 206f., 214, 217, 223, 227, 245, 264, 267, 275, 287f., 289, 301, 334, 347, 356f., 360, 375, 387, 428
Karl IV., König und Kaiser (1346/1355-1378) 378
Karl V., König und Kaiser (1519/1530-1556) 378
Karl der Einfältige, westfränkischer König (893-923 / gest. 929) 117f., 121, 141, 148-154, 153 (Stammtafel)
Karl der Kahle, westfränkischer König (840-877) 75, 90, 149, 360
Karl Martell, fränkischer Hausmeier (717-741) 196, 206f.
Karl, Herzog von Niederlothringien (977-991) 153 (Stammtafel)
Karl, Bruder König Lothars von Frankreich 205
Kasimir I., Herzog von Polen (1034-1058) 341, 377f., 382
Knut der Große, König von Dänemark und England (1016-1035) 336, 339f.
Konrad I., König (911-918) 116-127, 129-131, 134, 136, 141-144, 147f., 154, 181, 436
Konrad II., Kaiser (1024/1027-1039) 9, 325, 328, 330 (Stammtafel), 331-341, 342 (Stammtafel), 343-351, 353f., 356-358, 363f., 366f., 371, 374f., 381f., 388, 482
Konrad III. von Staufen, König (1138-1152) 330 (Stammtafel), 473f., 484
Konrad, König von Italien, Mitkönig (1093-1098) 330 (Stammtafel), 332, 383, 420, 432, 446f., 449
Konrad, König von Burgund (937-993) 187, 249, 253f., 342 (Stammtafel)
Konrad, Erzbischof von Salzburg (1106-1147) 458
Konrad I., Herzog von Bayern (1049-1053) 395
Konrad II., Herzog von Kärnten (1036-1039) 331, 333
Konrad III., Herzog von Kärnten (1056-1061) 402
Konrad der Rote, Herzog von Lotharingien (944-953) 138 (Stammtafel), 177, 186, 189-192, 194f., 269, 298, 331
Konrad, Herzog von Schwaben (982-997) 260, 266
Konrad, Graf von Spoleto 271
Konrad I. von Wettin, Markgraf 479
Konrad der Ältere, Graf 119
Konrad Kurzbold, Graf 183
Konrad, Graf 150
Konrad, Opfer der Schlacht am Capo delle Colonne 258
Konrad, Sohn Eberhards von Franken 191
Konrad von Hirsau 52
Konrad Celtis, Humanist 185
Konradin, König von Sizilien und Jerusalem (1262-1268) 125
Konstantin, röm. Kaiser (306-337) 12, 170, 216, 288f.
Konstantin VIII., byzantinischer Kaiser (1025-1028) 255, 338
Konstantin IX. Monomachos, byzantinischer Kaiser (1042-1055) 338, 392
Konstantin, Sohn des byzantinischen Kaisers Romanos II. 217
Konstanze, Kaiserin, Gemahlin Heinrichs VI. 361
Kruto, slawischer Fürst 411
Kunigunde, Kaiserin, Gemahlin Heinrichs II. 9, 139 (Stammtafel), 296, 301, 307-309, 315, 321-325, 332f.
Kunigunde, Gemahlin Konrads I. 126
Kuno von Palestrina, Kardinalbischof (1109-1122) 465, 468f., 477
Kuno I., Bischof von Regensburg (1126-1132) 114
Kyrill, Hl., Slawenapostel 107, 240

Lambert von Ostia, Kardinal 478
Lambert von Saint-Omer, Forscher und Schriftsteller 13
Lampert von Hersfeld, Geschichtsschreiber 369, 401, 406, 409, 415, 431, 433, 435, 451
Landolf, Herzog von Salerno 443
Landulf, Fürst von Benevent (969-982) 216, 255, 258
Landulf »Cotta«, Subdiakon in Mailand, Anführer der Patara 429
Lanzo, Capitano, Adliger aus Mailand 382
Laurentius, Hl. 236, 261
Leo d. Gr., Papst (440-461) 389
Leo III., Papst (795-816) 12, 106, 201, 214, 428
Leo VIII., Papst (963-965) 203f., 214
Leo IX., Papst (1049-1054) 389-394, 422
Leo, Kardinalbischof von Ostia (1101-1115) 465
Leo, Bischof von Vercelli (999-1024) 277, 305, 335
Leo, päpstl. Kanzler 203
Leo, byz. Gesandter 271f.
Leopold/Luitpold III., Markgraf der Ostmark 330 (Stammtafel), 482
Leopold IV., Markgraf der Ostmark 330 (Stammtafel)
Leovigild, König der Westgoten (568-586) 71
Libutius, Missionsbischof (960-961) 238
Liemar, Erzbischof von Bremen (1072-1101) 417
Liudgard, ostfränkische Königin, Gemahlin Ludwigs des Jüngeren 127, 129, 136, 138 (Stammtafel)

Liudgard, Herzogin von Lotharingien 138 (Stammtafel), 186, 197, 244, 269, 298, 331
Liudgard, Äbtissin von Gandersheim 138 (Stammtafel)
Liudolf, Herzog in Sachsen (gest. 866) 129, 136f., 138 (Stammtafel)
Liudolf, Herzog von Schwaben (948–957) 138 (Stammtafel), 177, 179, 186–191, 197f., 244, 249
Liudolf, Halbbruder Ottos I. 249
Liudprand, Bischof von Cremona (961–ca. 970) 135, 147, 163, 193, 197, 202f., 211, 215, 219f.
Liutfried, Graf 126
Liuthar, Markgraf der sächsischen Ostmark 299
Liuthar, Graf von Stade 162
Liuthar, Graf von Walbeck 162
Longinus, röm. Hauptmann 170
Lothar I., Kaiser (840–855) 13, 74, 155
Lothar III. von Supplinburg, König und Kaiser (1125/1133–1137) 399, 466–468, 479, 484
Lothar II., fränkischer König (855–869) 75, 187
Lothar, König von Frankreich (954–986) 153 (Stammtafel), 205, 207, 251f.
Lothar, König von Italien (948–950) 187, 342 (Stammtafel)
Ludmilla, Hl. 229
Ludwig der Fromme, Kaiser (814–840) 13, 33, 74f., 90, 103, 360
Ludwig der Deutsche, ostfränkischer König (840–876) 74f., 118, 143, 171
Ludwig der Jüngere, ostfränkischer König (876–882) 75, 127, 136, 138 (Stammtafel)
Ludwig das Kind, ostfränkischer König (900–911) 116–119, 131, 147, 198
Ludwig IV., der Überseeische, König von Frankreich (936–954) 138 (Stammtafel), 152, 153 (Stammtafel), 175, 182f., 186, 205, 207
Ludwig V., König von Frankreich (968–987) 153 (Stammtafel)
Ludwig VI., König von Frankreich (1108–1137) 480f.
Ludwig der Springer, Graf 466–468

Luitpold, Markgraf der Ostmark und Markgraf von Bayern 126, 147, 250
Madhelm, Abt von Santa Sofia in Benevent 425
Magnus Billung, Herzog von Sachsen (1072–1106) 411, 418, 420
Majolus, Abt von Cluny 253, 260, 263, 320
Manegold, Vasall Konrads II. 353
Manfred, Markgraf von Turin 334
Manso, Herzog von Amalfi (996–1004) 255
Maria Dobronega, Herzogin von Polen 379
Marinus II., Papst (942–946) 237
Markward von Anweiler, Reichsministerialer 57
Marquard I., Abt von Fulda 119
Matfried, Graf 150
Mathilde von England, Kaiserin, Gemahlin Heinrichs V. 330 (Stammtafel), 460, 467, 469, 481
Mathilde, Königin, Gemahlin Heinrichs I. 9, 39, 129, 138 (Stammtafel), 140, 164, 167, 174, 178, 181, 205f.
Mathilde von Frankreich, Königin von Burgund 342 (Stammtafel)
Mathilde, Herzogin von Kärnten und Oberlothringien 340
Mathilde, Herzogin von Schwaben 330 (Stammtafel), 383, 402
Mathilde, Markgräfin von Tuszien 10, 394, 411f., 429, 433–436, 439–441, 445–448, 461, 469
Mathilde, Pfalzgräfin bei Rhein 138 (Stammtafel)
Mathilde, Tochter Konrads II. 330 (Stammtafel), 332, 342
Mathilde, Äbtissin von Essen 259
Mathilde, Äbtissin von Quedlinburg 10, 138 (Stammtafel), 205, 254, 266
Mauritius, Erzbischof von Braga siehe Gregor VIII.
Mauritius, Hl. 170, 218, 235f., 239, 284, 304
Megingaud, Bischof von Eichstätt (991–1014) 369
Meginhard, Graf 150
Meinwerk, Bischof von Paderborn (1009–1036) 313–315
Melus von Bari, Herzog von Apulien (1020) 310f.

Method, Hl., Slawenapostel 107, 240
Michael IV., byzantinischer Kaiser (1034–1041) 338
Michael Kerullarios, Patriarch von Konstantinopel (1043–1058) 391f.
Mieszko I., Herzog von Polen (960–992) 177, 230, 232, 237, 243, 250, 266, 280f., 285, 339
Mieszko II., König von Polen (1025–1034) 339–341, 377
Milo, Graf 169
Mistislaw, Sohn Mstivojs 261
Mohammed 71
Moricho, Reichsministerialer 466
Mstivoj, Fürst der Abodriten 261, 266
Mudjahid, Emir von Spanien 310

Nakon, Fürst der Redarier 234
Nikephoros Phokas, byz. Kaiser (963–969) 211, 215, 217, 219f.
Nikolaus II., Papst (1058–1059) 405
Nikolaus von Myra, Hl. 101
Nilus, Abt von Gaeta 272, 278
Nithard, Bischof von Münster (bis 922) 150
Norbert von Xanten, Erzbischof von Magdeburg (1126–1134), Stifter des Prämonstratenserordens 472f.
Noting, Bischof von Konstanz (920–935) 150
Notker der Stammler, Mönch von St. Gallen 66

Oda, Königin von Lothringien 127, 136, 139 (Stammtafel)
Oda, Herzogin von Sachsen 39, 137, 138 (Stammtafel)
Odilo, Abt von Cluny 278, 307, 317, 320
Odo, Abt von Cluny 320
Odo I., Graf von Blois-Champagne 342 (Stammtafel)
Odo II., Graf von Blois-Champagne 334, 341, 342 (Stammtafel), 343, 347
Odo, Graf von Paris 151
Odo, Graf von Verdun 152
Ohtrich, Hofkaplan Ottos II. 254
Olga, Großfürstin von Kiew (959–967) 238
Ordulf, Herzog von Sachsen (1059–1072) 403

513

Otbert, Bischof von Lüttich (1092–1117) 451
Otbert, Bischof von Straßburg (906–913) 130
Otbert, Markgraf von Ligurien 198
Otger, Bischof von Speyer (960–970) 204, 215
Otto I., König und Kaiser (936/962–973) 9, 39, 42, 77, 92, 98, 108, 138 (Stammtafel), 141, 144, 147, 153, 155, 159f., 164–166, 170, 172–207, 209–212, 214–222, 229, 232–239, 241–247, 249, 253, 261, 263, 269, 281, 293, 298, 300, 331, 342 (Stammtafel), 356f., 359, 367, 373
Otto II., König und Kaiser (961/967–983) 9, 39, 138 (Stammtafel), 198, 200, 205, 211–214, 217f., 243, 246f., 249–252, 254–261, 263, 265f., 270, 279, 293, 300, 313, 339, 362, 367
Otto III., König und Kaiser (983/996–1002) 9f., 15, 33, 39, 111, 138 (Stammtafel), 204, 253, 263–266, 268–273, 275–278, 280–285, 287–295, 298f., 302, 305, 334, 350, 367, 385f.
Otto, Bischof von Freising (1183–1158) 168, 190, 203, 207, 412, 451
Otto I., Herzog von Bayern und Schwaben (976/973–982) 249, 253f., 258f.
Otto von Northeim, Herzog von Bayern (1061–1070) 403f., 410f., 417–420, 431f., 436f., 439, 441
Otto, Herzog von Kärnten (978–983, 995–1004) 260, 269, 272, 298, 305
Otto, Herzog von Niederlothringien (992–1005) 293
Otto von Schweinfurt, Herzog von Schwaben (1048–1057) 378, 402
Otto der Erlauchte, Herzog der Sachsen (880–912) 119f., 138 (Stammtafel), 127, 130, 136–138, 140, 160, 207
Otto Orseolo, Doge von Venedig (1009–1026) 269
Otto, Pfalzgraf von Lomello 282
Otto, lotharingischer Graf 186
Otto, sächsischer Graf 403
Otto, Graf von Savoyen 399
Otto, Pfalzgraf 385
Otto, Graf 150

Pandulf III., Herzog von Benevent (1033–1053) 255, 392
Pandulf, Fürst von Benevent 348
Pandulf Eisenkopf, Herzog von Capua und Benevent (961–981) 216, 219, 222, 252, 255, 258
Pandulf IV., Herzog von Capua (1026–1069) 311, 348
Pandulf von Teano, Fürst von Capua 311
Pandulf, Fürst von Salerno 252, 255
Paschalis II., Papst (1099–1118) 450, 457, 459–465, 469f., 476f.
Paulina, Begründerin von Paulinzella 466
Peter, Zar der Bulgaren (927–969) 220, 222
Peter Orseolo, König von Ungarn (1038–1041, 1044–1046) 378–382, 393
Peter Orseolo, Doge von Venedig (991–1009) 269, 379
Peter, Bischof von Piacenza (1031–1038) 347, 349
Petrus, Erzbischof von Ravenna (927–971) 216
Petrus Damiani, Prior des Klosters Fonte Avellana 386, 404, 410, 422, 425
Petrus, päpstl. Legat 131
Petrus, Stadtpräfekt von Rom 215
Philipp I., König von Frankreich (1060–1108) 429, 447, 451, 459, 476
Pilgrim, Erzbischof von Köln (1021–1036) 311, 313, 333, 337, 339, 357
Pilgrim I., Erzbischof von Salzburg (907–923) 130
Pilgrim, Bischof von Passau (971–991) 284f.
Pippin, König der Franken (751–768) 74, 118, 197, 201, 207
Pippin, König von Italien (781–810) 197
Polyeukt, Patriarch von Konstantinopel (956–970) 221
Pontius, Abt von Cluny 469
Poppo, Patriarch von Aquileja (1019–1042) 106, 310f., 346, 350
Poppo, Erzbischof von Trier (1016–1047) 313
Poppo, Bischof von Krakau (1013/14–1023) 282
Poppo, Abt von Sankt Maximin zu Trier 377

Praxedis von Kiew, Kaiserin, Gemahlin Heinrichs IV. 330 (Stammtafel), 447

Radim-Gaudentius, Erzbischof von Gnesen (999– um 1013) 281f.
Radoald, Patriarch von Aquileja (963–984) 216
Ragenber, Graf 150
Rainer, Herzog von Spoleto und Markgraf von Fermo 440
Rainer, Markgraf von Tuszien 334, 336
Ramwald, Abt von Sankt Emmeram zu Regensburg 449
Rather, Bischof von Verona (932–968) 169
Reginar Langhals, Graf von Hennegau 121, 149
Reginar, Stammvater der Reginare 155
Reginard, Bischof von Lüttich (1025–1037) 347
Reginbodo, Bannerträger von Fulda 407
Regino, Abt von Prüm, Chronist 120
Reglindis, Markgräfin von Meißen 302f.
Reinbern, Bischof von Kolberg (ca. 1000–1017) 282
Reinhard, Bischof von Halberstadt (1107–1123) 63, 458, 466
Reinhilde, Gräfin 140
Richard Löwenherz, König von England (1189–1199) 483
Richard, Bischof von Verdun (1039–1046) 385
Richard, Abt von Prüm 149
Richer von Reims, Geschichtsschreiber 251f., 254
Richer, Abt von Monte Cassino 351
Richer, Lanzenträger 258
Richeza, Königin von Polen 339, 341, 377f.
Richgowo, Bischof von Worms (914–950) 150
Robert Guiskard, Herzog von Apulien (1058–1085) 429, 441–443, 445
Robert I., König von Frankreich (922–923) 151, 154
Robert II., König von Frankreich (995–1031) 334, 342 (Stammtafel)

Robert, Fürst von Capua 470
Robert, päpstl. Oblationar 282
Roger I. Guiskard, Graf von Sizilien 443, 447
Roland, Markgraf (gest. 778) 375
Romanos II., byzantinischer Kaiser (959–963) 217, 255
Romanos III., byzantinischer Kaiser (1028–1034) 338
Romuald von Camaldoli, Eremit 278, 292
Romulus Augustulus, röm. Kaiser (476) 216
Roswitha von Gandersheim 10, 137, 184f., 193
Rotpert, Abt von Sankt Emmeram zu Regensburg 449
Rüdiger von Bechlarn, epische Gestalt 232
Rudolf, König von Frankreich (923–936) 151f., 155, 165, 175
Rudolf I., König von Burgund (888–912) 342 (Stammtafel)
Rudolf II., König von Burgund (912–937) 117, 146, 165, 170, 187, 342 (Stammtafel)
Rudolf III., König von Burgund (993–1032) 334, 336, 339, 341, 342 (Stammtafel)
Rudolf von Rheinfelden, deutscher Gegenkönig (1077–1080) 383, 402f., 410, 419, 432, 436f., 439, 454
Rudolf, Graf von Stade 466
Rudolf, normannischer Gefolgsmann des Melus von Bari 310
Ruotbert, Erzbischof von Trier (931–956) 188
Ruotger, Erzbischof von Trier (915–930) 149f., 152
Rupert, Abt von Deutz 114
Ruthard, Erzbischof von Mainz (1088–1109) 450f.
Ruthard, Bischof von Straßburg (939–950) 183

Salomo III., Bischof von Konstanz (890–919) 119f., 124, 126, 130
Salomon, König von Ungarn (1063–1074) 330 (Stammtafel), 383, 404
Saxo von San Stefano Rotondo, Kardinal (1121) 478
Sergius IV., Papst (1009–1012) 306
Sergius IV., Herzog von Neapel 348

Severus, Bischof von Prag (1031–1067) 378
Siegfried I., Erzbischof von Mainz (1060–1084) 402, 405, 408, 410, 421, 435, 439
Siegfried, Abt von Gorze 383
Siegfried, Graf von Merseburg 173, 178f.
Siegfried von Northeim 299
Siegfried, Pfalzgraf bei Rhein 466f.
Siegfried, Sohn des Markgrafen Gero 190, 232
Sieghard, Patriarch von Aquileja (1068–1077) 432
Siegmund, Bischof von Halberstadt (896–923) 137
Sigebert, Bischof von Minden (1022–1036) 61
Sigebert von Gembloux, Domherr zu Lüttich, Chronist, Verfasser des Traktats über die Investitur der Bischöfe 455, 477
Sigismund, König und Kaiser (1410/1433–1437) 372
Sigolf, Bischof von Piacenza (951–988) 214
Sikko, Graf, Statthalter von Rom 253
Silvester I., Papst (314–335) 288f.
Silvester II., Papst (999–1003) 254, 276–278, 285, 288f., 294, 306, 387
Silvester III., Papst (1045) 385f.
Silvester IV., Papst (1105–1111) 463
Simeon, Zar der Bulgaren (924–927) 220
Simon, Hl. 394, 396f.
Slavnik von Libice siehe Adalbert von Prag
Snorri Sturluson, nordischer Dichter 251
Sobeslav I., Herzog von Böhmen (1125–1140) 380
Sophia, Äbtissin von Gandersheim 10, 138 (Stammtafel), 299, 358
Stephan IX., Papst (939–942) 404
Stephan der Heilige, König von Ungarn (997–1038) 139 (Stammtafel), 284–286, 338, 379, 393
Stephan, Bischof von Cambrai (909–934) 150
Stoinef, Fürst der Redarier 234
Suger, Abt von Saint Denis, Chronist 459, 481

Sven Gabelbart, König der Dänen (986–1014) 339
Swatoslaw I., Großfürst von Kiew (956–970) 220, 222, 238
Syagrius, röm. Heermeister 70

Tagino, Erzbischof von Magdeburg (1004–1012) 313f.
Tedald, Erzbischof von Mailand (1075–1085) 430
Thangmar, Biograph Bernwards von Hildesheim 290
Thankmar, Sohn Heinrichs I. 137, 138 (Stammtafel), 140, 177–181, 183
Thasselgard, Graf von Fermo 364
Thedald, Markgraf von Canossa 305
Theobald, Abt von Monte Cassino 312
Theoderich, König der Ostgoten (471–526) 69–71, 99, 328
Theoderich, Graf 150
Theodora, Kaiserin, Gemahlin Justinians 254, 267
Theodora, byzantinische Kaiserin (1055–1056) 338
Theofrid, Abt von Echternach 65
Theophanu, Kaiserin, Gemahlin Ottos II. 9, 138 (Stammtafel), 211–213, 250f., 253–257, 259, 266f., 274, 295, 300
Theophanu, byzantinische Kaiserin 217, 221
Thietmar, Bischof von Merseburg (1009–1018) 135, 137, 140, 142, 161f., 179, 232, 240f., 251, 258, 261, 282–284, 290, 299, 307, 309, 313f., 323
Thietmar, Bischof von Prag (973–982) 279
Thietmar, Abt von Corvey 301
Thietmar, Graf 162
Thietmar, Graf, Opfer der Schlacht am Capo delle Colonne 258
Tugumir, Fürst der Heveller 160

Udalrich, Abt von Paulinzella 466
Udalrich, Graf des Linzgaues 122
Udo, Herzog, Opfer der Schlacht am Capo delle Colonne 258
Udo, Graf von Katlenburg 299
Udo von Rheinfranken 260
Udo, Graf in der Wetterau 183
Udo, Kanzler Leos IX. 390

Ulrich/Udalrich, Hl., Bischof von Augsburg (923-972) 39, 146, 191, 194, 249, 301
Ulrich von Richenthal, Chronist 372
Unger, Bischof von Posen (um 1000) 282
Unwan, Erzbischof von Bremen (1013-1029) 313
Urban II., Papst (1088-1099) 445-447, 450, 476
Uta, Markgräfin von Meißen 57, 396
Uta, Äbtissin von Niedermünster 62

Veit, Hl. 239
Viktor II., Papst (1055-1057) 393-395, 399f., 402, 404
Viktor III., Papst (1086-1087) 441, 446
Vratislav II., König von Böhmen (1085-1092) 378-380, 419, 437, 445

Waic siehe Stephan der Heilige
Waimar IV., Fürst von Salerno (1016-1052) 311, 348
Walbert, Erzbischof von Mailand (953-971) 198, 216
Waldo, Bischof von Como (947-967) 198
Waltger, Graf 150
Warin, Edler 353
Warmann, Bischof von Konstanz (1026-1034) 350, 353
Wazo, Bischof von Lüttich (1042-1048) 385
Welf III., Herzog von Kärnten (1047-1055) 395
Welf IV., Herzog von Bayern (1070-1101) 419, 436, 445, 448, 459

Welf V., Herzog von Bayern (1101-1120) 445, 448
Wenzel, Hl., Herzog von Böhmen (1029-1038) 162, 229
Werinhar, Abt von Fulda 259
Werner, Erzbischof von Magdeburg (1063-1078) 409, 420, 436
Werner I., Bischof von Straßburg (1001-1029) 337f.
Werner, Markgraf von Ancona 57
Werner, Graf von Kiburg 352f.
Wibert, Erzbischof von Ravenna siehe Clemens III.
Wichmann, Erzbischof von Magdeburg (1152-1192) 45, 96
Wichmann d. Ä., Graf 179f.
Wichmann d. J., Graf 177, 190, 233f.
Wido, Erzbischof von Mailand (1045-1071) 382, 430
Wido, Bischof von Modena (943-968) 214
Wido von Ivrea 202, 214
Widukind, Herzog der Sachsen 9, 138, 140
Widukind, Mönch in Corvey, Geschichtsschreiber 116f., 127, 135, 139, 141f., 156f., 162, 165f., 169f., 173, 180, 184, 193-195, 219, 223, 232, 234, 244f.
Wigfried, Erzbischof von Köln (925-953) 173
Wilhelm II., der Eroberer, König von England (1066-1087) 429, 476, 480
Wilhelm, Erzbischof von Mainz (954-968) 112, 115, 138 (Stammtafel), 192, 197-199, 205, 214, 230, 236, 238, 244
Wilhelm, Bischof von Utrecht (1054-1076) 431
Wilhelm, Abt von Hirsau 431

Wilhelm Aetheling, engl. Thronfolger 481
Wilhelm V., Herzog von Aquitanien (955-1029) 334, 383
Wilhelm VI., Herzog Aquitanien (1029-1038) 334
Wilhelm, Graf von Burgund 432
Wilhelm I., Graf von Weimar 190f.
Wilhelm II., Graf von Weimar 300
Willa, Königin von Burgund 342 (Stammtafel)
Willa, Königin von Italien 198f., 202f.
Willigis, Erzbischof von Mainz (975-1011) 253, 260, 266, 268f., 279, 299-301, 321
Wipert, Hl., Schutzpatron der Abtei Hersfeld 146, 158
Wipo, Hofkaplan und Biograph Konrads II. 328, 332f., 351-353, 357f., 363f., 374
Wiprecht I., Graf von Groitzsch 44
Wiprecht II., Graf von Groitzsch 466-468, 479f.
Wladimir der Heilige, Großfürst von Kiew (980-1015) 211, 238, 383
Wladislaw-Hermann I., Herzog von Polen (1081-1102) 330 (Stammtafel), 383
Wolfgang, Bischof von Regensburg (972-994) 312
Wsewolod I., Großfürst von Kiew (1078-1093) 447

Ziazo, Graf, Statthalter von Rom 275, 282, 294
Zoe, byzantinische Kaiserin 338
Zwentibold, König von Lotharingien (895-900) 119, 121, 127, 136

Abbildungsnachweis

Archive, Bibliotheken, Leihgeber

Aurig, Rainer, Dresden: 91; – Bayerische Staatsbibliothek München: 301; – Beyer, Klaus G., Weimar: 45, 57, 63, 136, 145, 146, 161, 164, 165, 166, 167, 178, 189, 209, 231, 232, 233, 242, 243, 244, 262, 266, 313, 314, 315, 316, 317, 318, 357, 395, 396, 397, 399, 400, 436, 439, 466, 467; – Bildarchiv Foto Marburg: 60, 86, 99, 250, 274, 355, 443, 483; – Bildarchiv Hans K. Schulze, Marburg: 44, 85, 89, 104, 105, 106, 108, 110, 206, 235, 236, 259 oben, 267, 276, 285, 286, 287, 303, 304, 338, 471, 473, 480; – Billig, Ute, Dresden: 56; – Herzog August Bibliothek Wolfenbüttel: 128; – Lichtbildarchiv Älterer Originalurkunden, Marburg: 116, 119, 135, 193, 213 unten, 237, 270, 306, 341, 349, 360, 378, 388, 478; – Limmer, Ingeborg, Bamberg: 324; – Luftbild Strähle, Meißen: 160; – Niedersächsisches Münzkabinett der Deutschen Bank, Hannover: 268, 394; – Staatsbibliothek Bamberg: 62 oben, 265; – Universitätsbibliothek Bremen: 50, 51, 376, 377.

Publikationen

Andreas, Willy (Hrsg.): Der Aufstieg des Germanentums und die Welt des Mittelalters, Berlin 1940 (Die Neue Propyläen-Weltgeschichte, Bd. 2): 58 oben, 339, 440; – Arnold, Klaus: Kind und Gesellschaft im Mittelalter und Renaissance, Paderborn 1980: 40; – Böhme, Horst Wolfgang (Hrsg.): Burgen der Salierzeit, 2 Bde., Sigmaringen 1991: 367, 415; – Böhmer, Kurt und Elbern, Victor H. (Hrsgg.): Das erste Jahrtausend. Kultur und Kunst im werdenden Abendland an Rhein und Ruhr, 3 Bde., Düsseldorf 1962–1964: 14, 402; – Boockmann, Hartmut u. a.: Mitten in Europa. Deutsche Geschichte, Berlin 1984: 257; – Borst, Arno: Mönche am Bodensee 610–1525, Sigmaringen 1978 (Bodensee-Bibliothek, Bd. 5): 413; – Brackmann, Albert: Magdeburg als Hauptstadt des deutschen Ostens im frühen Mittelalter, Leipzig 1937: 245, 356, 365; – Duby, George: Die Kunst des Mittelalters. Das Europa der Mönche und Ritter 980–1140, Bd. 1, Genf/Stuttgart 1984: 13, 101, 320; – Ebel, Friedrich u. a.: Römisches Rechtsleben im Mittelalter. Miniaturen aus Handschriften des Corpus iuris civilis, Heidelberg 1988: 36 unten, 37, 38 oben, 59 oben, 454; – Eichler, Hans und Laufner, Richard: Hauptmarkt und Marktkreuz zu Trier, Trier 1958: 59 unten; – Epperlein, Siegfried: Der Bauer im Bild des Mittelalters, Leipzig/Jena/Berlin 1975: 42, 43; –Feger, Otto: Große Persönlichkeiten aus Konstanzer Vergangenheit. Salomon III., Bischof von Konstanz und Abt von St. Gallen. In: Almanach 1962, Konstanz 1962: 124; – Fuhrmann, Horst: Einladung ins Mittelalter, München 1987: 427; – Geschichte der Stadt Speyer, Bd. 1, 2. Auflage Stuttgart/Berlin/Köln/Mainz 1983: 351, 371; – Die Goldene Palette. Tausend Jahre Malerei in Deutschland, Österreich und der Schweiz, Zürich 1968: 53, 248, 372; – Grimme, Ernst Günther: Das Evangeliar Kaiser Ottos III. im Domschatz zu Aachen, Freiburg/Basel/Wien 1984: 283; –Grodecki, Louis u. a. (Hrsg.): Die Zeit der Ottonen und Salier, München 1973 (Universum der Kunst): 64 unten, 200, 329; – Guerrier, W. (Hrsg.): Officium et miracula sancti Willigisi. Nach einer Handschrift des XII. Jahrhunderts, Moskau/Leipzig 1869: 299; – Guth, Klaus: Die Heiligen Heinrich und Kunigunde. Leben, Legende, Kult und Kunst, Bamberg 1986: 296 oben, 308, 322, 323, 381; – Harksen, Sibylle: Die Frau im Mittelalter, Leipzig 1974: 38 unten, 62 unten, 64 oben, 166, 384; – Die Heiratsurkunde der Kaiserin Theophanu 972 April 14, Rom. Eine Ausstellung des Niedersächsischen Staatsarchivs in Wolfenbüttel, Göttingen 1972: 212, 213 oben; – Heyen, Franz-Josef: Kaiser Heinrichs Romfahrt. Die Bilderchronik von Kaiser Heinrich VII. und Kurfürst Balduin von Luxemburg (1308–1313), Boppard 1965: 363; – Higounet, Charles: Die deutsche Ostsiedlung im Mittelalter, Berlin 1986: 55 unten, 180; – Hinz, Paulus: Deus homo. Das Christusbild von seinen Ursprüngen bis zur Gegenwart, Bd. 1: Das erste Jahrtausend, Berlin 1973: 221; – Jakobs, Hermann: Eugen III. und die Anfänge europäischer Stadtsiegel, Köln/Wien 1980 (Studien und Vorarbeiten zur Germania Pontificia, Bd. 7): 423; – Janáček, Josef: Das alte Prag, Leipzig 1983: 379; – Kahl, Hans-Dietrich: Die Angliederung Burgunds an das mittelalterliche Imperium. In: Schweizerische Numismatische Rundschau, Bd. 48, 1969: 375; – Keller, Hagen: Zwischen regionaler Begrenzung und universalem Horizont. Berlin 1986 (Propyläen Geschichte Deutschlands, Bd. 2): 54, 361; – Klauser, Renate: Der Heinrichs- und Kunigundenkult im mittelalterlichen Bistum Bamberg, Bamberg 1957: 296 unten; – Krautheimer, Richard: Rom. Schicksal einer Stadt 312–1308, München 1987: 107; – Kürbis, Brygida: Die Epistola Mathildis Suevae an Mieszko II. in neuer Sicht. Ein Forschungsbericht. In: Frühmittelalterliche Studien 23, 1989: 340; – Lammers, Walther (Hrsg.): Otto von Freising, Chronik oder Geschichte der zwei Staaten (Freiherr-vom-Stein-Gedächtnisausgabe, Bd. XVI), Berlin 1960: 190, 442, 451; – Lange, Kurt: Münzkunst des Mittelalters, Leipzig 1942: 479, 482; – Legner, Anton (Hrsg.): Ornamenta ecclesiae. Kunst und Künstler der Romanik, 3 Bde., Köln 1985: 55 oben, 61, 111–114, 380, 435, 448, 449; – Legner, Anton (Hrsg.): Rhein und Maas. Kunst und Kultur 800 bis 1400, 2 Bde. Köln 1972: 408; – Lüdtke, Franz: König Heinrich I., Berlin 1936: 156; – Magistra Barbaritas. I Barbari in Italia, Mailand 1986: 100, 216; – Maurer, Helmut: Der Herzog von Schwaben, Sigmaringen 1978: 259 unten; – Müller, Adriaan von und Müller-Muči, Klara von: Die Ausgrabungen auf dem Burgwall in Berlin-Spandau, Berlin 1983: 225; – Rehm, Walther: Europäische Romdichtung, München 1939: 273; – Rösener, Werner: Bauern im Mittelalter, München 1985: 227; – Rothe, Edith: Buchmalerei aus zwölf Jahrhunderte, Berlin 1965: 65; – Sankt Peter in Salzburg. Das älteste Kloster im deutschen Sprachraum. Schätze europäischer Kunst und Kultur. 3. Landesausstellung, Salzburg 1982: 54 oben; – Scherr, Johannes: Deutsche Kultur- und Sittengeschichte, Meersburg/Leipzig 1929: 185; – Schindler, Reinhard: Ausgrabungen im Althamburg. Neue Ergebnisse zur Frühgeschichte der Hansestadt, Hamburg 1957: 204; – Schmidt-Wiegand, Ruth: Die Wolfenbütteler Bilderhandschrift des Sachsenspiegels und ihr Verhältnis zum Text Eikes von Repgow, Wolfenbüttel 1983 (Wolfenbütteler Hefte 13): 41; – Schramm, Percy Ernst: Die deutschen Kaiser und Könige in Bildern ihrer Zeit 751–1190, 2. Auflage München 1983: 10, 11, 174, 176, 239, 311, 398, 410, 452, 458, 464, 468; – Schulze, Hans K. und Vorbrodt, Günter W.: Das Stift Gernrode, Köln/Graz 1965 (Mitteldeutsche Forschungen, Bd. 38): 230; – Schulze-Dörrlamm, Mechthild: Der Mainzer Schatz der Kaiserin Agnes aus dem mittleren 11. Jahrhundert. Neue Untersuchungen zum sogenannten »Gisela-Schmuck«, Sigmaringen 1991: 297, 404, 405; – Seibt, Ferdinand: Glanz und Elend des Mittelalters. Eine endliche Geschichte, Berlin 1987: 15, 170, 218, 312; – Slawen und Deutsche zwischen Elbe und Oder. Vor 1000 Jahren: Der Slawenaufstand von 983. Ausstellung des Museums für Vor- und Frühgeschichte Berlin, Berlin 1983: 224, 280, 472; – Steinen, Wolfram von den: Homo caelestis. Das Wort der Kunst im Mittelalter, 2. Bde. Bern/München 1965: 66, 82; – Studi Gregoriani, Bd. 1, Rom 1947: 425; – Vajay, Szabolcs de: Der Eintritt des ungarischen Stämmebundes in die europäische Geschichte (862–933), Mainz 1968: 157; – Wäscher, Hermann: Der Burgberg in Quedlinburg, Berlin 1959: 158; – Weinfurter, Stefan (Hrsg.): Die Salier und das Reich, 3 Bde. Sigmaringen 1990: 332, 467.

Kartenmaterial

Für die Herstellung der Karten, die weitgehend neu gestaltet worden sind, wurden die folgenden Werke herangezogen:
Andreas, Willy (Hrsg.): Der Aufstieg des Germanentums und die Welt des Mittelalters, Berlin 1940 (Die Neue Propyläen-Weltgeschichte, Bd. 2): 97; – Boehm, Laetitia: Geschichte Burgunds. Politik – Staatsbildungen – Kultur, 2. Auflage Stuttgart/Berlin/Köln/Mainz 1979: 343; – Deutsche Geschichte, hrsg. vom Zentralinstitut für Geschichte der Akademie der Wissenschaften der DDR, Bd. 2, Berlin 1986: 34 oben; – Engel, Franz: Beiträge zur Siedlungsgeschichte und historischen Landeskunde, Köln/Wien 1970: 46 unten; – Ganssen, Robert: Bodengeographie. Mit besonderer Berücksichtigung der Böden Mitteleuropas, 2. Auflage Stuttgart 1972: 27; – Hardt, Matthias: 93, 102, 109, 359, 414 (Originalentwürfe); – Herrmann, Joachim (Hrsg.): Die Slawen in Deutschland. Ein Handbuch, Berlin 1985: 226; – Herrmann, Joachim (Hrsg.): Archäologie in der Deutschen Demokratischen Republik, 2 Bde., Leipzig/Jena/Berlin 1989: 35 unten, 228; – Heß, Wolfgang: Münzstätten, Geldverkehr und Handel am Rhein in ottonischer und salischer Zeit. In Städteforschung, Bd. 11, Köln/Wien 1982: 83, 84 oben; – Hessisches Landesamt für geschichtliche Landeskunde Marburg: 47 oben; – Higounet, Charles: Die deutsche Ostsiedlung im Mittelalter, Berlin 1986: 46 oben, 48; – Irsigler, Franz: Grundherrschaft, Handel und Märkte zwischen Maas und Rhein im frühen und hohen Mittelalter. In Flink, Klaus und Janssen, Wilhelm (Hrsgg.): Grundherrschaft und Stadtentstehung am Niederrhein, Kleve 1989 (Klever Archiv 9): 84 unten; – Jäger, Helmut (Hrsg.): Stadtkernforschung, Köln/Wien 1987 (Städteforschung, Bd. 27): 34 unten; – Lindgren, Uta: Alpenübergänge von Bayern nach Italien 1500–1850, München 1986: 87; – Meckseper, Cord: Kleine Kunstgeschichte der deutschen Stadt im Mittelalter, Darmstadt 1982: 61; – Militzer, Klaus und Przybilla, Peter: Stadtentstehung, Bürgertum und Rat. Halberstadt und Quedlinburg bis zur Mitte des 14. Jahrhunderts, Göttingen 1980 (Veröff. des Max-Planck-Instituts für Geschichte, Bd. 67): 35 oben; – Roth, Helmut und Wamers, Egon (Hrsgg.): Hessen im Frühmittelalter. Archäologie und Kunst, Sigmaringen 1984: 159; – Schulze, Hans K.: Vordere und hintere Vorsatzblätter, 47 unten, 72, 122 (Originalentwürfe); – Steinbach, Franz: Collectanea. Aufsätze und Abhandlungen zur Verfassungs-, Sozial- und Wirtschaftsgeschichte, geschichtlichen Landeskunde und Kulturraumforschung, hrsg. von Franz Petri und Georg Droege, Bonn 1967: 78.

CIP-Kurztitelaufnahme der Deutschen Bibliothek

Siedler Deutsche Geschichte. – Berlin: Siedler
Teilw. u.d.T.: Deutsche Geschichte. – Teilweise ohne
Angabe des Hauptsacht. – Teilw. mit der Verl.-Angabe
Severin und Siedler, Berlin

NE: Deutsche Geschichte

Schulze, Hans K.: Hegemoniales Kaisertum. – 1991

Schulze Hans K.:
Hegemoniales Kaisertum: Ottonen und Salier/
Hans K. Schulze. – Berlin: Siedler, 1991
(Die Deutschen und ihre Nation) (Siedler Deutsche Geschichte)
ISBN 3-88680-307-4

© 1991 by Wolf Jobst Siedler Verlag GmbH, Berlin

Alle Rechte,
auch das der fotomechanischen Wiedergabe, vorbehalten
Redaktion: Wolf Jobst Siedler, Berlin
Layout: Axel Bongé
Satz: Bongé + Partner, Berlin
Kartenzeichnungen: Günther Füllenbach, Bela Vago, Marburg/Lahn
Reproduktionen: Decker & Wahl, Berlin
Druck: Gerike, Berlin
Buchbinder: Lüderitz & Bauer, Berlin
Printed in Germany 1991
ISBN 3-88680-307-4

*Europa und der Mittelmeerraum
um die Jahrtausendwende*